LA GUERRE DE 70

DU MÊME AUTEUR

Histoire de la Lorraine et des Lorrains, Serpenoise, 2004.

Mémoire et lieux de mémoire en Lorraine (avec Philippe Martin), Pierron, 2003.

Lorraine, France, Allemagne : un parcours d'historien, Serpenoise, 2002.

L'Allemagne de 1815 à 1918, Armand Colin, 2002.

Petite histoire de l'Allemagne au XXᵉ siècle, Armand Colin, 2002.

Raymond Poincaré, Fayard, 2001.

Lorraine, terre d'accueil et de brassage des populations, Actes du colloque Loglaville-Longuy des 12-13 octobre 2000 dirigé par François Roth, Presses Universitaires de Nancy, 2001.

Les Modérés dans la vie politique française, 1870-1965, Actes du colloque de l'université de Nancy-II des 18-20 novembre 1998 dirigé par François Roth, Presses Universitaires de Nancy, 2000.

Encyclopédie illustrée de la Lorraine, « L'Époque comtemporaine : Le XXᵉ siècle, 1914-1994 », vol. 4-2, Presses Universitaires de Nancy, 1994.

Encyclopédie illustrée de la Lorraine « L'Époque contemporaine : de la Révolution à la Grande Guerre », vol 4-1, Presses Universitaires de Nancy, 1992.

La Lorraine dans la guerre de 1870, Presses Universitaires de Nancy, 1984.

Les Lorrains entre la France et l'Allemagne, Presses Universitaires de Nancy, 1981.

La Lorraine annexée (1870-1918), Presses Universitaires de Nancy, 1976.

FRANÇOIS ROTH

LA GUERRE DE 70

Pluriel

Collection fondée par Georges Liébert
et dirigée par Joël Roman

© Couverture : Rampazzo & Associés.
© Illustration : Dagli Orti.

ISBN : 978-2-01-279536-5
Dépôt légal : avril 2011
Librairie Arthème Fayard/Pluriel, 2010.

Avant-propos

19 juillet 1870-10 mai 1871. Ces deux dates encadrent la première guerre franco-allemande, une guerre brève et limitée, une guerre oubliée, ou presque, des Français comme des Allemands. Depuis longtemps les derniers témoins se sont éteints et les grands conflits mondiaux du XXᵉ siècle ont dressé un écran si opaque que son souvenir s'est effacé. Située entre deux bouleversements majeurs de la carte de l'Europe, 1870 est une parenthèse vite refermée dont les conséquences ont été mineures par rapport au cycle guerrier de la Révolution et de l'Empire, ou au traumatisme causé par la Grande Guerre.

Ce n'était pas l'avis des contemporains. La défaite de Sedan, les capitulations de Metz et de Paris, l'invasion du territoire national avaient marqué à ce point l'esprit des Français que la formule de Victor Hugo, « l'année terrible », paraissait naturelle. Du côté allemand, il en allait de même. Sous la conduite de Moltke et de Bismarck, les Allemands victorieux avaient enfin fondé un État national : 1870 était le début d'une ère glorieuse pour la nation allemande.

Pendant les décennies qui ont suivi, officiers, journalistes, anciens combattants ont publié une masse considérable d'ouvrages et de souvenirs, une bibliothèque immense de plusieurs milliers de volumes. Jusqu'en 1914, 1870 a été la guerre par excellence. Puis les centres d'intérêt se sont déplacés. La Marne efface Sedan ; Joffre, Foch et Pétain font oublier les noms de Bazaine et de Mac-Mahon, Hindenburg et Ludendorff ceux de Roon et de Moltke. À peine un douloureux parallèle est-il esquissé en France lors du désastre de 1940. L'oubli s'installe, tellement épais et tenace, que la commémoration du centenaire n'arrive guère à le percer. En France, les célébrations sont discrètes; un seul événement – la Commune de Paris – retient une attention presque exclusive. Du côté allemand, la production historiographique a été plus abondante et de meilleure qualité. Les phénomènes militaires restent à l'arrière-plan; on préfère mettre l'accent sur la fondation du Reich (*Reichsgründung*). On en propose de nouvelles interprétations et on réévalue la personnalité et l'œuvre de Bismarck à la lumière des développements ultérieurs de la « question allemande ».

Ce silence relatif dans lequel est encore enveloppé 1870 a piqué ma curiosité. Il commence à être rompu et le livre récent (1989) de Stéphane Audoin-Rouzeau, *1870. La France dans la guerre*, montre pourquoi, à bien des titres, cette guerre mérite de retenir notre attention. En effet, elle pose aux historiens de multiples interrogations qu'ils sont tentés de résoudre en faisant appel tant à leur expérience des deux grands conflits mondiaux du xxe siècle qu'à leur perception de l'antagonisme franco-allemand. Ce point de vue est légitime et indispensable, il ne doit pas faire oublier que les contemporains jugeaient avec d'autres critères : les Français se référaient aux guerres napoléoniennes, les Prussiens aux guerres contre le Danemark (1864) et l'Autriche (1866).

Nos interrogations peuvent se regrouper autour de quatre grands thèmes :
– *Le déclenchement du conflit*. La crise de juillet 1870, d'où découle la guerre franco-prussienne puis franco-allemande, a été très courte : dix-sept jours (2 juillet 1870-19 juillet 1870) si l'on adopte une chronologie longue, neuf si l'on s'en tient au paroxysme (6 juillet 1870 : déclaration belliqueuse du duc de Gramont, 15 juillet : vote des crédits de guerre par le Corps législatif). Par quel processus et dans quel contexte le gouvernement de Napoléon III a-t-il déclaré si rapidement la guerre à la Prusse ? Quel est le rôle de Bismarck ? Pourquoi en juillet 1870 la guerre est-elle restée jusqu'au bout une guerre entre deux États ?
– *Les opérations de guerre*. Elles durent six mois (août 1870-janvier 1871), quinze jours de plus si l'on tient compte des

opérations dans l'Est et autour de Belfort. Les combats se déroulent entièrement sur le territoire français, où les armées allemandes remportent des succès qui ont étonné les contemporains. Les capitulations de Sedan, Metz et Paris sont restées longtemps dans les mémoires. Comment expliquer les victoires des armées allemandes? Est-ce la stratégie? L'organisation et le commandement? La valeur des troupes? L'armement? Une meilleure cohésion nationale? Pourquoi ces armées sont-elles en mesure d'agir à des centaines de kilomètres de leurs bases les plus proches? Comment mènent-elles simultanément une guerre à deux dimensions, à la fois une guerre de mouvement aux déplacements rapides et une guerre de position dont les sièges de Strasbourg, Metz et Paris ont été les épisodes les plus marquants? Du côté des vaincus, les interrogations ne sont pas moins nombreuses. Comment expliquer la défaite rapide des armées de Napoléon III? Infériorité numérique, inertie du commandement, déficience de l'armement? Est-ce la défaite d'un régime politique ou la défaite d'une nation tout entière? Le 4 septembre 1870, la République est proclamée à Paris. Pourquoi le « miracle » de 1792, le sursaut auquel Gambetta avait appelé les Français n'a-t-il pas été en mesure de se reproduire à quatre-vingts ans de distance? Supériorité d'une armée disciplinée et exercée sur une armée de volontaires? Épuisement des ressources? Affaiblissement du moral?

– *Le rôle des opinions publiques.* Dans les pays belligérants comme dans les pays neutres, les opinions publiques sont un enjeu. Les gouvernants doivent obtenir l'adhésion des civils et répondre à leurs attentes. Comment les Français et les Allemands sont-ils entrés en guerre? Comment cette guerre qui, à l'origine, semble une guerre dynastique, est-elle devenue une guerre nationale? Comment les Français ont-ils réagi devant la succession de défaites et l'invasion de leur territoire? En France et en Allemagne, les journaux, les communiqués télégraphiques ont joué un rôle essentiel dans la diffusion des nouvelles, vraies ou fausses. La transmission et la manipulation de l'information ont aussi été des armes. À cet égard, Bismarck a su utiliser mieux que les Français la puissance nouvelle de la presse pour transformer en succès politiques les victoires gagnées sur les champs de bataille. Quant au télégraphe, il répand à travers l'Europe en moins d'un jour les nouvelles de Sedan ou du siège de Paris et les articles des journalistes qui suivent les armées.

– *La portée du conflit.* Le traité de Francfort (10 mai 1871) clôt la guerre franco-allemande. Il impose au vaincu des pertes territoriales limitées (l'Alsace-Lorraine devient allemande). Il consacre l'émergence d'un grand État, l'Empire allemand, et l'abaissement relatif de la France. Au regard de l'histoire, ces résultats sont-ils durables?

La signature rapide d'une paix ne rétablit pas l'harmonie entre les deux peuples. Cette guerre introduit une césure brutale et durable dans les relations franco-allemandes. Elle engendre pour longtemps un antagonisme nourri de représentations collectives, de souvenirs, de ressentiments, de haines. Pourquoi et comment naît cet antagonisme franco-allemand? Pourquoi s'enracine-t-il? Pourquoi se prolonge-t-il sur trois ou quatre générations? Telle est l'une des interrogations majeures de ce livre.

PREMIÈRE PARTIE

L'invasion de la France

Le 19 juillet 1870, les dés sont définitivement jetés : après une crise internationale d'une quinzaine de jours, la France déclare officiellement la guerre à la Prusse. Immédiatement, celle-ci obtient le soutien des quatre États allemands du Sud, le Bade, la Bavière, la Hesse et le Wurtemberg. De franco-prussienne qu'elle était, la guerre devient franco-allemande. Ce n'est plus une guerre entre deux États, c'est une guerre entre deux nations. C'est un fait radicalement nouveau. En 1866, la guerre austro-prussienne était restée une guerre entre Allemands.

Aucun retour en arrière n'est plus possible, aucune puissance neutre n'a le désir ni les moyens d'imposer une médiation. Les deux belligérants sont décidés à en découdre. Beaucoup de questions viennent sur les lèvres : sur quels champs de bataille ? Guerre courte ou guerre longue ? Guerre limitée ou guerre étendue à l'Europe continentale ?

En France, en Allemagne, parmi les pays neutres, dans l'attente des premières rencontres, chacun calcule et retient son souffle.

CHAPITRE PREMIER

La frontière ouverte

Entre la déclaration de guerre (19 juillet) et la première rencontre militaire sérieuse (Wissembourg, 4 août), une quinzaine de jours se sont écoulés, le temps que chacun des belligérants ait rassemblé ses forces et les ait dirigées vers la frontière. Cette frontière franco-allemande, qui est le fruit des traités de 1814-1815, est en réalité de l'ouest vers l'est une frontière franco-prussienne, une frontière franco-bavaroise et enfin le long du Rhin, une frontière franco-badoise. Depuis 1815, soit cinquante-cinq ans, c'est-à-dire presque deux générations, aucune armée, française ou autre, ne l'a franchie. En 1840, en 1848, en 1860, en 1866, à quatre reprises, la fièvre guerrière avait monté et on avait songé en France à une intervention militaire. On en était resté au stade du discours ou à celui de l'intimidation. Cette fois, il n'en va plus de même. La frontière sera franchie, c'est une certitude. Dans quel sens? À quels endroits? Vers quels objectifs? Les stratèges des deux camps calculent en fonction de leurs rêves mais aussi des moyens dont ils disposent.

Expériences et projets

Ce sont les expériences du passé qui servent de référence aux calculs des uns et des autres : passé proche pour les Prussiens, passé plus lointain pour les Français. Chacun des deux belligérants entend bien porter la guerre sur le territoire de l'autre.

Du côté français, on envisage une guerre de mouvement en Allemagne. Comme au temps de Napoléon Ier, on croit être en mesure d'exécuter des manœuvres rapides et décisives. C'est l'empereur Napoléon III qui détient les responsabilités politiques et militaires. Il est le commandant en chef d'une armée qui avait joué un rôle décisif dans le coup d'État du 2 décembre 1851. Un Bonaparte doit être un général victorieux. En 1859, Napoléon III avait paru sur le champ de bataille d'Italie, la chance avait été à ses côtés. En juillet 1870, il est fatigué, malade, il n'est pas question pour lui de renoncer à son commandement. Ce serait, en quelque sorte, abdiquer. Mais sera-t-il en mesure de l'exercer ? Beaucoup en doutent. À ses côtés, le ministre de la Guerre, le maréchal Le Bœuf, remplit les fonctions de major-général, assisté des deux généraux Lebrun et Jarras. Le Bœuf est un bureaucrate médiocre, Lebrun et Jarras sont plus des diplomates courtisans que des soldats. Les autres maréchaux, Bazaine, Mac-Mahon, Canrobert, Vaillant sont prévus pour les grands commandements. Mac-Mahon, le vainqueur de Sébastopol, de Magenta et de Solférino, est le plus prestigieux, Bazaine, qui s'était enlisé dans l'expédition du Mexique, reste le plus populaire. Il faut également retenir le nom du général Bourbaki, commandant de la garde impériale.

Les comportements des différents acteurs découlent de leurs expériences, de leur culture et d'un arrière-plan militaire qu'il faut brièvement évoquer. À partir de 1830, l'horizon du soldat français s'est tourné vers les colonies, et plus spécialement vers l'Algérie. Il y combat des adversaires certes braves et courageux, mais inférieurs, et qui doivent toujours s'incliner. Dans ses techniques et ses pratiques, la récente expédition du Mexique était apparentée aux guerres coloniales. Celles-ci privilégient la bravoure individuelle ou celle du groupe, la défense d'une position, la charge de cavalerie. La tactique l'emporte sur le calcul stratégique. La conquête coloniale a eu de multiples incidences sur l'armée, l'armement et l'état d'esprit des militaires : création de corps spéciaux comme les turcos, et les spahis, augmentation de la marine de guerre et des troupes de marine, obligation de maintenir des unités en Afrique.

Ces charges militaires nouvelles ont quelquefois eu tendance à détourner le regard de l'essentiel : le théâtre européen et les frontières de l'Est. Ce n'est pas dans les garnisons de l'Est que l'on acquiert la réputation, la gloire et les galons. Dans une carrière d'officier, le séjour en Afrique compte énormément. De même, les investissements militaires privilégient la marine par rapport aux autres armes. Depuis 1815, date à laquelle Sarrelouis et Landau étaient devenues respectivement prussienne et bavaroise, les forteresses existantes, proches de la frontière – Strasbourg, Bitche, Thionville, Phalsbourg, Longwy et Mézières – ou plus éloignées, comme Metz, Toul, Verdun, Montmédy avaient bénéficié de travaux d'entretien ou de restauration. Les magasins étaient approvisionnés en vivres et en armes. L'artillerie défensive était suffisante, quoique de modèle ancien. En revanche, celles qui étaient plus lointaines, comme Besançon, Langres, Soissons, La Fère, Amiens et toutes les places du Nord vieillissaient et se délabraient. La plupart des places semblent en mesure de soutenir un siège assez long, comme en 1814 et en 1815. Pas plus qu'à la fin du Premier Empire, elles ne seraient en mesure d'arrêter des armées d'invasion si une telle situation se reproduisait. Cette négligence relative découle de l'absence de menaces directes. La Confédération germanique placée sous la direction de l'Autriche n'avait pas d'existence militaire. Personne n'envisageait une attaque de l'Alsace par les troupes badoises ou bavaroises. La plus puissante des armées allemandes était l'armée prussienne. Elle devait assurer la protection d'un État divisé en deux tronçons sans négliger une fonction de répression des mouvements révolutionnaires intra-allemands. En 1840, la France avait frémi, et pendant quelques semaines, une guerre contre la Prusse avait semblé inévitable. Puis tout était rentré dans l'ordre. Au cœur de la crise, Adolphe Thiers avait arraché au Parlement les crédits nécessaires à la fortification de Paris. On gardait en mémoire, lors des invasions de 1814 et 1815, la conquête aisée d'un Paris sans défense. Désormais, Paris était entouré d'une enceinte flanquée de forts extérieurs détachés. Selon les critères de l'époque, cette protection rendait Paris imprenable.

Depuis son accession au pouvoir, Napoléon III avait été assez habile pour empêcher la reconstitution d'une coalition européenne analogue à celle qui avait vaincu Napoléon Ier, et dont la Prusse serait une composante. Dans cette hypothèse d'école, où se battrait-on ? Pour les coalisés, ce serait sur le territoire français comme en 1814 et en 1815. Pour la France, ce serait en Allemagne. Le schéma napoléonien était si ancré dans l'esprit des militaires qu'aucun d'eux n'envisageait de mener une guerre défensive sur la frontière. Tous les plans en prévoyaient le franchissement. Quant, en juillet 1866, Napoléon III caresse l'idée d'une médiation armée de la France dans la guerre entre la Prusse et l'Autriche, c'est sur le Rhin que l'armée française irait prendre position.

Le résultat de cette dernière guerre modifie brusquement les données stratégiques. La Prusse victorieuse s'agrandit, elle fonde la Confédération de l'Allemagne du Nord et conclut des traités militaires avec les États de l'Allemagne du Sud (Bavière, Bade, Hesse et Wurtemberg). Elle devient la puissance militaire dominante de l'espace allemand. Brusquement, les dirigeants français réalisent que la Prusse est leur adversaire potentiel et qu'elle est susceptible d'entraîner derrière elle tous les États allemands. Dans ce cas, la frontière serait menacée de Bâle à Luxembourg. Cette hypothèse nouvelle et redoutable pose une multitude de questions. Comment défendre l'Alsace ? Quelles fonctions assigner aux places fortes ? Resteraient-elles de simples relais pour la concentration des unités et du matériel, ou pourraient-elles devenir des éléments actifs d'un système de défense ? Quels effectifs supplémentaires devait-on lever et instruire pour équilibrer les forces adverses ? Les responsables, en premier lieu Napoléon III, sont amenés à envisager les parades indispensables – nous y reviendrons. Dans l'immédiat, on dégage des crédits pour moderniser Metz, Langres et Belfort, on pousse la fabrication du fusil Chassepot et de la mitrailleuse. On prend conscience que le théâtre européen est redevenu vital pour la France. C'est aux frontières de l'Est que peut se jouer sa place en Europe. En 1867, le général Frossard envisage un plan de défense à la frontière. Puis, au début de 1870, on revient à un projet offensif :

l'armée française entrerait la première en campagne, elle culbuterait les Prussiens sur le Rhin ; enfin, avec la neutralité et peut-être la complicité des Allemands du Sud, elle rejoindrait les Autrichiens avec lesquels, par la Saxe, elle irait jusqu'à Berlin porter le coup décisif à la monarchie prussienne. La principale armée française n'a-t-elle pas été appelée « l'armée du Rhin » ? Pour réaliser un tel projet, que certains ont été jusqu'à qualifier de « promenade militaire », il faudrait disposer de trois atouts : l'alliance autrichienne, des appuis sûrs en Allemagne du Sud, être en mesure d'engager le premier l'offensive afin de prendre de court l'adversaire.

Du côté prussien, Guillaume Ier, régent depuis 1859, roi depuis 1861, est le commandant en chef de son armée. Par éducation et par tempérament, c'est d'abord un soldat, il a voulu de toutes ses forces la modernisation de l'armée prussienne. Au prix d'un long conflit avec le Parlement, il a augmenté les crédits militaires, fait appliquer le système des réserves instruites, accru la puissance et l'efficacité de l'outil. Les guerres contre le Danemark et l'Autriche en ont apporté la démonstration. Guillaume Ier est un souverain assez ordinaire, consciencieux et appliqué, de tempérament conservateur, peu porté à la hardiesse et à l'innovation. Il a eu la chance de distinguer et de s'attacher le service de deux hommes exceptionnels, à la fois complémentaires et rivaux, dont les relations ont souvent été délicates : Bismarck le politique et Moltke le soldat. Guillaume Ier a toujours réussi à arbitrer leurs divergences. Dans le système prussien, la séparation des rôles est stricte. Bismarck, président du Conseil et chancelier pour la Confédération de l'Allemagne du Nord, veille à la politique et à la diplomatie. Le général von Moltke, chef de l'état-major prussien depuis 1857, a seul la responsabilité des affaires militaires. Il dépend exclusivement de Guillaume Ier, avec lequel les contacts sont quotidiens par l'intermédiaire du cabinet militaire du souverain. Moltke travaille en liaison étroite avec le ministre prussien de la Guerre, von Roon, un remarquable organisateur. Autour de lui, Moltke a réuni des officiers plus jeunes qu'il a formés et qui possèdent sa confiance. C'est un chef méthodique, précis, un technicien de la guerre plus qu'un meneur d'hommes ou un stratège inspiré. L'état-major est le cerveau de l'armée prussienne : de nombreux officiers de haut rang y sont passés. De retour dans les unités, ils sont autant de relais précieux. À la lumière des résultats obtenus en 1866, Moltke perfectionne l'outil militaire prussien : plan rapide de mobilisation grâce à une administration efficace, acquisition de la supériorité numérique grâce au système des réserves instruites, modernisation de l'armement – en particulier de l'artillerie –, utilisation des techniques modernes de transport et de communication à des fins militaires, mise en place en cas de guerre d'un service de lignes d'étape pour acheminer les réserves et approvisionner les armées en campagne.

Depuis 1866, Moltke fait entrer dans ses calculs l'éventualité d'une guerre contre la France. Napoléon III est devenu l'adversaire principal. Certes, une nouvelle guerre avec l'Autriche ne peut être exclue. Celle-ci pourrait essayer de prendre une revanche. Encore faudrait-il qu'elle trouve des appuis en Allemagne du Sud et des alliés en Europe. C'est à Bismarck de la dissuader de tenter l'aventure.

Dans l'hypothèse d'une guerre déclarée par la France, Moltke pense que la mobilisation française serait plus rapide que celle de sa propre armée et que l'armée française entrerait en Rhénanie et dans le Palatinat. Les forteresses de Sarrelouis et de Landau ne pourraient pas s'y opposer. En revanche, la vallée du Rhin, déjà barrière naturelle, est protégée par une ligne de forteresses : Gemersheim, Mayence, Coblence (Ehrenbreitstein), Bingen, Cologne, Wesel. C'est en avant de cette ligne que Moltke a prévu la concentration des armées confédérées, afin d'être à l'abri d'une offensive française précoce et d'une éventuelle intervention autrichienne. Cette hypothèse d'une guerre sur deux fronts, qu'il voudrait à tout prix éviter, reste intégrée dans ses calculs. L'objectif stratégique recherché vise à acculer l'armée principale de l'adversaire à une bataille décisive et à la détruire. Cette bataille décisive se déroulerait soit sur le Rhin, soit au nord de la Lorraine ; le lieu importe peu, il sera fonction des mouvements de l'adversaire et des opportunités. Le schéma est simple : détruire l'armée principale de l'adversaire, puis foncer sur Paris en neutralisant les places fortes. Le siège de

Metz est explicitement écarté. Moltke pense que l'invasion sera suffisamment foudroyante pour forcer la décision. Quant à un éventuel blocus de Paris, c'est la faim plus que les armes qui le réglera. Moltke s'attache à la préparation de l'outil et à la mise en œuvre rapide des moyens : le reste s'appréciera sur le terrain. Souplesse et capacité d'adaptation sont les qualités maîtresses de l'état-major prussien. Moltke n'a pas de plan préçoncu, il a un projet. Ses adversaires en sont dépourvus ou rêvent.

Concentration des troupes françaises à la frontière

La mobilisation de juillet 1870 ne saurait être comparée à celle d'août 1914 ou de septembre 1939. Les Français ne sont pas encore astreints au service militaire obligatoire. Dans l'immédiat, il s'agit d'acheminer vers la frontière de l'est les unités de ligne et, comme on dit alors, de les mettre sur pied de guerre avant l'entrée en campagne. Néanmoins, la société civile est touchée par le rappel de nombreux réservistes (140 000) et des soldats en congé, et par la convocation de la garde nationale mobile, décidée par le Corps législatif le 17 juillet. Cette dernière disposition est une nouveauté et entraînera un ébranlement dans toutes les catégories sociales.

Les plans de transport des unités avaient été prévus à l'avance en concertation avec les compagnies de chemin de fer. L'Est et le Paris-Lyon-Méditerranée suppriment, sur ordre du ministre de la Guerre, le service civil et forment des convois spéciaux en direction de Metz, Lunéville, Strasbourg et Belfort. Les axes Paris-Strasbourg et Marseille-Lyon-Strasbourg (troupes revenues d'Algérie) sont vite surchargés. On avait prévu une mobilisation plus rapide que celle de l'adversaire et on avait fixé l'entrée en campagne au plus tard à la fin de juillet. Or, pour deux raisons, l'une structurelle, l'autre conjoncturelle, les délais prévus ne seront pas tenus. La raison structurelle tient à la confusion dans le système français entre mobilisation et concentration, alors qu'en Prusse les deux opérations sont séparées. Il aurait été logique que les unités se forment dans les dépôts

et qu'elles soient embarquées vers les lieux de rassemblement une fois leurs effectifs et leurs équipements au
complet. Or il n'en est rien. Les unités partent très vite,
telles qu'elles sont, puis les réservistes sont envoyés les
rejoindre par petits paquets au fur et à mesure de leur arrivée à la caserne. Il en va de même pour le matériel, les
munitions, les vivres, les chevaux, les équipements sanitaires, etc. Les correspondances des chefs de corps au
ministre se font l'écho de retards, de désordres et d'in-
cohérences multiples. Quant aux réservistes, ils prennent
leur temps. Des groupes de soldats errent dans les gares,
dans les trains, s'égarent, prennent du retard, boivent, car
l'été est torride, si bien que les effectifs réels des unités sont
loin de correspondre aux effectifs théoriques. L'évaporation
est considérable. Ces absents ne sont ni des insoumis ni des
déserteurs, mais des retardataires. Il faut attendre le début
d'août pour que la moitié des réservistes convoqués aient
rejoint leurs unités. D'autre part, un changement brutal,
intervenu le 11 juillet dans le plan de concentration, vient
accroître la confusion. Jusque-là était prévue la formation de
trois armées : Lorraine (Metz), Alsace (Strasbourg), réserve à
Châlons. Napoléon III décide d'affecter l'essentiel des
moyens disponibles à l'armée du Rhin qui se formera en arc
de cercle à la frontière lorraine de Thionville à Sarreguemines. En quelques jours, il faut changer les ordres de route
des officiers et des unités. Oublis et erreurs inévitables vont
se cumuler avec l'absurdité des dispositions précédentes et
accroître la confusion.

Beaucoup de feuilles de route sont inexactes : des soldats
et des officiers cherchent leurs unités, des généraux leurs
divisions. Ces négligences ont été aggravées par l'encombrement des voies ferrées et principalement celle de
Paris-Strasbourg. C'était la première fois que l'on passait de
la prévision à la réalisation. Malgré l'effort réel des agents de
la Compagnie de l'Est, on ne compte pas les retards, les
attentes interminables, les erreurs d'aiguillage...

Voulant rassurer les députés et la nation, le maréchal Le
Bœuf, ministre de la Guerre, lance devant le Corps législatif
cette phrase étonnante : « Il ne manque pas un bouton de
guêtre ! » Les républicains ironiseront longtemps sur cette

boutade absurde passée en proverbe. En effet, la mobilisation s'est très mal passée. Les lettres adressées au ministre par Frossard, Ducrot, Bazaine, Ladmirault, etc. sont des litanies de plaintes qui en disent long sur l'état d'impréparation de l'armée. Dans les années qui ont suivi la défaite, on a cité d'innombrables exemples de gabegie, d'ordres contradictoires, absurdes ou inapplicables. Les républicains en ont tiré argument pour faire le procès de l'empire. Il ne faudrait cependant pas avoir une vision trop noire et trop négative de cette mobilisation. Celles des armées de Napoléon Ier étaient bien pires et ses troupes ont fait le tour de l'Europe! En quinze jours, l'armée de ligne a été transportée aux frontières. La Compagnie de l'Est a fait un effort considérable : elle interrompt le trafic civil le 16 juillet et forme en moins de quinze jours 600 trains militaires. De même, les régiments de spahis, de turcos, de chasseurs d'Afrique, débarqués d'Algérie, sont arrivés à temps en Lorraine et en Alsace.

Les lacunes sont plus graves que celles de l'armée qu'on se prépare à affronter : régiments aux effectifs incomplets, artillerie insuffisante et mal approvisionnée, équipement personnel des soldats défectueux. En effet, tous les soldats n'ont pas reçu le matériel de campagne et notamment la demi-toile de tente indispensable pour le bivouac. En 1870, le soldat en campagne porte un sac et campe, il fait lui-même la soupe, le café et le rata avec les vivres distribués par l'intendance. Après leur arrivée en Lorraine, autour de Metz, de Lunéville ou de Thionville, les unités ne sont pas encore à pied d'œuvre. La concentration ayant été prévue trop en arrière, elles doivent s'avancer à pied ou par le rail à proximité de la frontière.

Les services techniques – intendance, génie, santé – n'ont pas été à la hauteur des besoins. Leur défaillance découle du désordre et de l'encombrement des voies ferrées. Contrairement à ce que l'on a souvent écrit, vivres et munitions existaient, l'intendance avait rassemblé des stocks en quantité suffisante. Seulement ils étaient trop rarement là où il l'aurait fallu. Ils n'ont pas été distribués en temps utile et une partie de ces réserves tombera facilement entre les mains de l'ennemi.

Rien n'a été prévu pour le cantonnement des troupes. On

compte sur l'ingéniosité et la débrouillardise du soldat. On lui donne une toile de tente, du lard salé, du riz, du café et quelques ustensiles de cuisine. À lui de s'installer et de vivre au bivouac.

Jules Claretie, journaliste à *L'Illustration*, décrit l'installation d'un régiment au Ban-Saint-Martin (près de Metz) : « Un polygone irrégulier, bordé de grands arbres, un boulingrin rasé de près par le soleil. Le fort Saint-Quentin et le fort des Carrières le dominent. L'emplacement est moucheté de tentes qui vont et qui viennent ; on pose les unes, on enlève les autres, c'est un mouvement incessant. J'ai vu ce matin arriver un régiment. Je vous assure que l'installation n'a pas été longue. Cela connaît notre piou-piou, si vif, si alerte. En un tour de main, l'ordre est fait dans le désordre. Voilà chaque objet à sa place, bon ! Maintenant, aux choses sérieuses ! La chose sérieuse, vous m'entendez bien, c'est la soupe et après la soupe, le café. Un trou dans la terre, dans le trou, quelques branches, une allumette, et cela flambe, cela bout ; c'est fait, c'est avalé. »

Voici le récit d'un jeune employé de commerce de Lyon, H. Franck, arrivé à Bitche le 28 juillet 1870 : « Parti le 17 à trois heures et demie de Lyon-Vaise, je suis arrivé à Strasbourg le lendemain à huit heures du soir ; vingt-quatre heures de chemin de fer ; mais en compensation, à toutes les gares, on nous acclamait ; un peu plus on nous portait en triomphe ; non content de cela, on nous servait à boire et à manger, on nous passait des cigares, du tabac... » De Strasbourg, il part à pied pour Bitche. Il fait chaud et le sac est très lourd ; il arrive le 24 juillet : « Depuis quatre jours nous sommes à Bitche, sale pays ! moitié prussien [...]. Il y a ici une jolie forteresse qui est imprenable, sur une grande hauteur, bâtie sur des rochers [...]. On s'attend d'un moment à l'autre à aller de l'autre côté. » On pourrait multiplier ce type de témoignages. Le long voyage, les marches n'ont pas abattu le moral. Les soldats gardent confiance. Ils brûlent de rencontrer l'ennemi. L'offensive est imminente et, sur les pas de leurs aînés, les grognards de Napoléon Ier, ils iront en Allemagne à la rencontre de la victoire. Rares sont ceux qui songent que la France pourrait bientôt être le champ de bataille.

Cette improvisation laisse dans les esprits des impressions mêlées. Elle n'entame pas l'optimisme robuste des contemporains. Jules Claretie écrit par exemple : « La résolution et l'alacrité française » doivent l'emporter contre les Prussiens. « Je ne doute point du résultat du combat en voyant nos soldats passer : ces fils de fermiers, ces petits paysans, ces ouvriers, ces laboureurs en uniforme. Simples soldats de la ligne, soldats de quatre sous, comme les appelait un prince de Prusse et qui, humbles, sans forfanterie, décidés, lancés, sont les meilleurs soldats du monde. »

La place de Metz, lieu de passage obligé de toutes les unités de la future armée du Rhin, voit défiler dans ses murs généraux, maréchaux et dignitaires du régime impérial. Le maréchal Bazaine et le général Frossard arrivent les premiers, le 17 juillet (la guerre n'est pas encore officiellement déclarée); le maréchal Le Bœuf les rejoint le 24. La garde impériale, que commande Bourbaki, arrive de Nancy le 27 juillet et défile rue Serpenoise; la population applaudit « ce corps dont la tenue est admirable ». Elle précède d'un jour l'arrivée de Napoléon III.

Pendant toute la crise qui avait conduit à la guerre, Napoléon III était resté au château de Saint-Cloud. Malade, mélancolique, conscient qu'il jouait son avenir et celui de sa dynastie, il décida, comme en 1859, d'exercer le commandement en chef des armées. Vu son état de santé et l'expérience peu concluante de la guerre d'Italie, la sagesse aurait été de renoncer. Mais la place d'un Napoléon pouvait-elle être ailleurs qu'à la tête des troupes? Hérédité et honneur obligent! L'impératrice Eugénie pousse à cette décision fatale; elle brûle de jouer un rôle politique. En gagnant le théâtre des opérations, Napoléon lui confie la régence. C'est une nouvelle erreur grave, probablement inévitable. Le 28 juillet 1870, l'empereur, accompagné du prince impérial âgé de quatorze ans, prend le train à Saint-Cloud pour la frontière de l'Est. Il ne reverra plus Paris. En fin de soirée, il arrive à Metz et traverse la ville de la gare à la préfecture, presque à la sauvette : « Ni réception, ni démonstration, ni déploiement de troupes, ni canon, ni Mutte [bourdon de la cathédrale] [...]. L'air froid de l'empereur, son regard mort, son aspect maladif ont péniblement impressionné. » Metz, certes – le récent plébiscite l'avait montré –, est hostile au régime et à son chef, elle n'en souhaite pas moins la victoire de l'armée française. Cet accueil maussade est le signe d'un trouble parmi les habitants qui sont les témoins stupéfaits et scandalisés de l'improvisation. Ceux qui sont mieux informés parce qu'ils ont des parents ou des connaissances parmi les officiers sont encore plus inquiets. L'hôtel de l'Europe, où sont descendus la plupart des généraux, est parcouru par des ordonnances, des officiers chamarrés qui donnent le spectacle d'une insouciante légèreté. Ceux qui sont conscients de ces carences pensent de bonne foi qu'elles peuvent être surmontées. On reste confiant car la bravoure et l'allant du soldat français doivent balayer toutes les insuffisances et les hésitations. Ce sont les débats de l'après-guerre, et notamment ceux du procès Bazaine, qui les mettront en pleine lumière et nourriront l'indignation et les polémiques.

Concentration allemande sur le Rhin

À la déclaration de guerre, le général von Moltke reçoit le haut commandement militaire et il l'exercera durant toute la campagne. C'est un vieillard glabre de soixante-dix ans, mince et sec, qui doit se ménager. Taciturne et calculateur, il est économe de ses mots et de ses gestes. Il est veuf, sans enfant, très attaché à ses frères et à son neveu. Il est totalement maître de ses décisions et n'a de compte à rendre qu'à son roi. Moltke est un homme de cabinet, il reste à l'arrière du théâtre des opérations et apparaît très rarement sur les champs de bataille au milieu des soldats. Il est entouré de quelques officiers supérieurs qui ont toute sa confiance et qui resteront à ses côtés pendant toute la campagne. Von Podbielski, avec le titre de quartier-maître général, est le second du commandant en chef. Puis viennent trois officiers plus jeunes qu'on appellera les « demi-dieux » : von Brandestein s'occupe du transport et de la marche des troupes ; Bronsart von Schellendorf – qui a écrit un précieux journal que nous avons beaucoup utilisé – est responsable des opérations ; Verdy du Vernois, un descendant de huguenots français, a la charge du renseignement et des affaires politiques. Ces trois hommes sont en contact permanent avec les chefs d'état-major des différentes armées. Cette liaison étroite, confiante, efficace repose sur des communications rapides, sur un usage du télégraphe, de la poste de campagne, du chemin de fer. La maîtrise de la logistique a été l'un des points forts du commandement allemand, et à cet égard retenons quelques noms de ceux qui ont contribué aux succès : le major Blum, chef du bureau des opérations, le commandant Meydau, responsable de la télégraphie, le général Stosch, l'intendant général.

La mobilisation prussienne se déroule rapidement et méthodiquement, selon les plans prévus à l'avance. Quelque temps avant la guerre, Moltke avait écrit : « Notre mobilisation est prête jusqu'au dernier détail. Six voies ferrées transversales sont équipées pour le transport vers la région entre Rhin et Moselle. Les tableaux de transport sur lesquels sont inscrits l'heure et le jour du départ et l'arrivée de chaque unité sont prêts. » Rien ne vient troubler l'exécution méthodique de ce dispositif.

Dans la Confédération de l'Allemagne du Nord, la mobilisation commence le 16 juillet : les permissionnaires sont rappelés le 19 et le 20, les réservistes instruits arrivent les 21 et 22, les autres réservistes le 23. Tous les hommes sont convoqués à la caserne de leur unité où ils sont habillés, armés et équipés. Dès le lendemain de leur incorporation ils commencent l'exercice dans la cour de la caserne ou dans ses environs. En treize jours, toute l'infanterie est rassemblée. Le quatrième bataillon est encore en formation, il reste à la caserne car il est destiné à envoyer ensuite des réserves à l'unité combattante. Le 25 juillet, la mobilisation est achevée pour l'infanterie, le 30 juillet pour les autres armes.

Les États du Sud n'ont aucune hésitation tant la guerre paraît préméditée par les Français. La Bavière et le Bade commencent à mobiliser le 16 juillet, le Wurtemberg le 17. Les conventions militaires avec la Prusse sont exécutées sans réticence et les unités viennent se placer sous le commandement prussien. Devant « l'agression française » se réalise spontanément ce réflexe national que Bismarck avait tant espéré.

L'armée active de la Confédération de l'Allemagne du Nord se compose de treize corps d'armée, dont la garde royale prussienne. Viennent s'y agréger deux corps d'armée bavarois, une division wurtembergeoise et une division badoise. Chaque corps d'armée comprend deux divisions d'infanterie, souvent une division de cavalerie et un corps d'artillerie. Toutes les unités ne sont pas dirigées sur le Rhin. Trois corps d'armée et une division d'infanterie sont gardés en réserve. À l'annonce de la neutralité de l'Autriche, Moltke est soulagé d'un grand poids ; il maintient ses dispositions initiales et un corps d'armée de 120 000 hommes est affecté à la surveillance des côtes et des estuaires de la mer du Nord et de la Baltique. On craint une apparition de la flotte française qui pourrait inciter le Danemark à bouger et à prendre sa revanche sur la défaite de 1864.

Avec un léger décalage s'opère la mobilisation des quatre classes de réserve (140 000 hommes). Les appelés se rendent à la caserne de leur unité pour être équipés, encadrés. Ils forment le quatrième bataillon qui pourra rapidement être envoyé sur le théâtre des opérations si le besoin s'en fait sentir. Les hommes appartenant à la *Landwehr* ou garde territoriale, c'est-à-dire les hommes de moins de quarante ans ayant fait trois ans de service actif, sont également appelés sous les drapeaux. Ce sont donc des hommes instruits, encadrés par des officiers de réserve ayant accompli eux-mêmes une année de service sous la forme du volontariat d'un an. Rien de tel en France. En principe, les « landwehriens » sont destinés à garder les ponts, les voies ferrées, les prisonniers, ou tenir garnison dans les territoires occupés. Toutefois, en 1866, des bataillons de *Landwehr* avaient été engagés aux côtés des troupes régulières. *Landwehr* et quatrième bataillon sont encore dans les dépôts. Début août, ils seront disponibles ; soit un apport supplémentaire de 400 000 hommes pour renforcer l'armée de ligne.

La seconde phase est la concentration et la formation des armées. Elle est prévue dans la vallée du Rhin autour de Coblence, Mayence et Hambourg. Les trains amènent les régiments équipés dans les délais prévus. Le journaliste anglais Archibald Forbes, reporter au *Daily News*, arrive en Rhénanie le 19 juillet. Il constate la mise sur pied de guerre des forteresses de Cologne, de Coblence, et de Mayence; il observe dans les gares le débarquement des unités et le fonctionnement à plein rendement de la grande machine de la mobilisation : « Ce que je vis me laissa partagé entre l'admiration pour sa tranquille régularité et sa surprenante efficacité. »

Sur le Rhin, trois grandes armées sont formées : la première confiée au général Steinmetz, se rassemble au sud de Coblence; la seconde, confiée au prince Frédéric-Charles, comprend les troupes d'élite de la garde prussienne et se rassemble au sud de Mayence; la troisième, commandée par le prince héritier Frédéric de Prusse, associe des troupes prussiennes et des contingents d'Allemagne du Sud. Archibald Forbes a obtenu de suivre la deuxième armée; il voyage dans un train militaire, remonte la vallée de la Nahe puis continue à cheval ou en voiture. Pas trace de l'ennemi, les enfants jouent dans les rues des villages, les cheminées des usines fument. À Neunkirchen, « pas un soldat, encore moins un ennemi ». La guerre commence par une marche paisible et prudente.

Les trois commandants d'armées ont déjà fait leurs preuves. Le choix des princes est logique : il répond à des considérations dynastiques. Mais les princes ne seront pas de simples figurants, car ils ont une formation militaire et une expérience de la guerre. Ils se sont battus en 1864 contre le Danemark et en 1866 contre l'Autriche. Par rapport aux généraux qui sont sous leurs ordres, ils sont jeunes : le prince royal Frédéric a trente-neuf ans, le prince Frédéric-Charles, neveu de Guillaume Ier, quarante-deux ans. Chaque commandant d'armée est assisté d'un chef d'état-major en qui Moltke a toute confiance : le général von Stiehle auprès du prince Frédéric-Charles, le général von Blumenthal auprès du prince royal de Prusse Frédéric. La collaboration entre les princes et les généraux sera « facile et agréable ». En revanche, le général Steinmetz est un vieux briscard de soixante-treize ans, entêté et indocile, dont les relations avec le commandement seront vite tendues. Comme leurs homologues français, les généraux placés à la tête des corps d'armée sont des hommes d'âge et d'expérience. La plupart ont dépassé la soixantaine. Citons quelques exemples : Falkenstein a soixante-treize ans, Alvensleben soixante-sept, Manstein soixante-cinq, Werder soixante-deux, Voigts-Rhetz, Manteuffel et Blumenthal soixante et un. Chez les Bavarois, von Hartmann, qui avait combattu dans l'armée française en 1813-1814, est le doyen avec soixante-quinze ans sonnés. Son collègue, von der Thann, surnommé par ses soldats « le vieux Thann » à cause de sa barbe et de ses cheveux blancs, n'a pourtant que cinquante-cinq ans. Les généraux de brigade sont plus jeunes.

Au moment de l'entrée en guerre, on peut estimer l'ensemble des troupes prussiennes et de la Confédération de l'Allemagne du Nord à 382 000 fantassins plus 48 000 cavaliers; avec les contingents des autres États allemands, on atteint le chiffre de 462 000 fantassins, 56 000 cavaliers, 80 000 chevaux et 1 584 pièces d'artillerie.

À partir du 26 juillet, les trois armées progressent lentement vers la frontière française, redoutant une surprise : le général Steinmetz marche à droite, vers Sarrelouis et Sarrebruck; le prince Frédéric-Charles s'avance par Kaiserslautern et Neunkirchen en direction de Sarreguemines; le prince royal de Prusse se prépare à remonter la vallée du Rhin vers l'Alsace.

Durant tous ces préparatifs, Guillaume Ier, Bismarck, le chef d'état-major Moltke et le ministre de la Guerre Roon sont restés à Berlin. Le souverain et son chancelier quittent la capitale prussienne le 30 juillet pour se rendre à Mayence où ils arrivent le 2 août. Guillaume Ier est anxieux de la tournure des événements. Il attend sur les bords du Rhin jusqu'au 8 août. Après la victoire, il a, de temps à autre, rappelé devant ses familiers les inquiétudes qu'il avait éprouvées avant l'ouverture des hostilités. Il s'attendait à une mobilisation française rapide, suivie d'une offensive en Allemagne. Le prince royal, qui a installé son état-major à Spire, partage les craintes de son père : il refuse de se rapprocher de la frontière française. Il faudra que Moltke lui donne des ordres formels pour qu'il se décide à entrer en Alsace. Moltke est confiant dans la valeur de son outil. Il est assuré dans l'immédiat de la supériorité numérique, l'artillerie paraît au point : sa seule crainte est l'infanterie française, dont il redoute l'armement et la valeur combative. Son

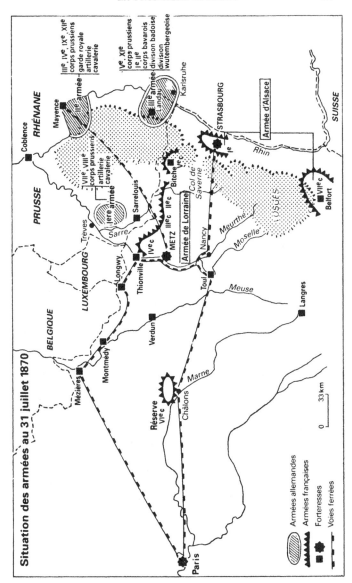

Situation des armées au 31 juillet 1870

objectif consiste à rechercher l'armée française principale et, dès la première bataille, à marquer sur elle une supériorité absolue. Puisque les Français ne sont pas présents au rendez-vous, la bataille décisive qui devait être engagée dans le Palatinat est déplacée vers le sud-ouest, dans la vallée de la Sarre. Bismarck partage cet optimisme. Il est sûr de la valeur des troupes prussiennes et de la supériorité de son commandement. Simplement, il enrage d'être tenu à l'écart des affaires militaires et d'en être, à son gré, trop parcimonieusement informé. Cette exclusion volontaire sera une source de conflits que Guillaume Ier devra arbitrer.

Vers la frontière

Le mouvement des forces françaises est plus précoce que celui des troupes confédérées. À partir du 20 juillet, les premières viennent se coller à la frontière tandis que les secondes sont encore sur le Rhin. Cet éloignement rend la collecte des renseignements délicate, et leur appréciation aléatoire. Avant de donner à ses troupes l'ordre de franchir la frontière, Napoléon III attendait l'entrée en guerre de l'Autriche et de l'Italie. Or, à son grand désappointement, ces deux pays restent prudemment à l'écart. Il renonce à envoyer ses troupes sur le Main, mais maintient cependant un projet offensif en direction de la Prusse rhénane et du Palatinat bavarois. Il donnera l'ordre de bouger quand il aura pris lui-même la mesure de la situation. En attendant, les Français restent l'arme au pied. C'est le sens de l'instruction adressée par le maréchal Bazaine au général Frossard, dont les unités se sont avancées dans le saillant de Forbach : « L'intention formelle de l'empereur est de rester sur la défensive et d'éviter des engagements qui pourraient nous entraîner hors de la frontière avant le moment que Sa Majesté veut fixer elle-même » (22 juillet). Il précise : « Pas de reconnaissances agressives, pas d'opération immédiate sur Sarrebruck. »

Napoléon III prend le commandement en chef le 28 juillet 1870. La souffrance physique l'étreint et le paralyse. Il découvre une armée qui n'est pas prête, et à contrecœur il doit renoncer à ses projets offensifs. Lors d'une conversation avec Mac-Mahon à Metz, le 30 juillet, il l'informe de cet abandon et laisser percer un certain dépit. Durant ces quelques jours, on est mal informé sur la manière dont Napoléon III exerce le commandement : quelles sont les décisions qui lui reviennent en propre ? Quelles sont celles qu'il s'est laissé imposer ? Il subsiste un certain flou qui ne sera probablement jamais levé.

Les effectifs présents dans l'Est à la fin de juillet peuvent être évalués autour de 280 000 à 290 000 hommes. On lit, çà et là, des chiffres plus élevés; mais il ne faut pas raisonner en fonction des effectifs théoriques, car beaucoup d'unités sont incomplètes et voient arriver chaque jour de nouveaux soldats. Si l'on défalque les services, le personnel des places, les combattants seraient autour de 230 000 hommes, un peu plus de 200 000 pour l'infanterie, environ 25 000 pour la cavalerie. Napoléon, qui s'est installé à Metz, ne bouge guère. Il est assisté du maréchal Le Bœuf, major-général, et des généraux Lebrun et Jarras. Ces officiers généraux sont davantage des hommes de liaison qu'un véritable état-major; ils n'ont ni l'autorité ni la capacité de s'imposer aux deux commandants d'armée, les maréchaux Mac-Mahon et Bazaine.

Le dispositif français est articulé autour de deux armées : l'armée d'Alsace (Mac-Mahon) et l'armée de Lorraine (Bazaine), la seconde étant beaucoup plus étoffée que la première. L'empereur garde à sa disposition la garde (Bourbaki) et le VIe corps (Canrobert). L'armée d'Alsace (1er et 7e corps d'armée) devrait compter 70 000 hommes. Elle est commandée par le maréchal de Mac-Mahon, duc de Magenta, gouverneur général de l'Algérie. Cet officier catholique et monarchiste âgé de soixante-deux ans a toujours servi loyalement le régime. Ses états de service sont brillants : siège de Sébastopol, campagne d'Italie en 1859. Avant la déclaration de guerre Napoléon III l'a rappelé d'Algérie et il aurait dit à son sujet : « Cette guerre sera pour le maréchal une petite distraction; il continue à être gouverneur général d'Algérie. » Les sentiments du maréchal, si l'on en croit les souvenirs du général du Barail, qui avait fait avec lui la traversée de la Méditerranée, étaient plutôt réservés. Comme son interlocuteur soulignait devant lui l'allant et la combativité de deux bataillons de tirailleurs algériens qui étaient sur le bateau, Mac-Mahon avait objecté :

> Je partage votre admiration pour nos troupes et votre confiance en elles. Mais ne vous y trompez pas. Il faudra compter avec l'armée allemande : elle vient de terminer avec succès deux campagnes qui ont développé sa puissance morale. Et puis, ses soldats ont des qualités solides. Ils n'ont pas l'ardeur individuelle des nôtres, mais ils sont disciplinés, patients, et ils obéissent passivement à leurs officiers qui en font tout ce qu'ils veulent. Ces qualités-là font aussi une bonne armée.

« Que de fois ces paroles me sont revenues depuis à la mémoire ! » note le général du Barail.

Le maréchal débarque à Marseille le 23 juillet et se rend sur-le-champ à Strasbourg, prendre son commandement. La situation qu'il découvre en Alsace confirme ses pressentiments. Tout est à faire. C'est l'improvisation la plus complète. Il faut mettre les places en état de défense, rassurer la population civile, réunir des vivres, rassembler les unités. À la fin de juillet, les effectifs sont loin d'être au complet ; le matériel fait défaut : des batteries d'artillerie arrivent le 28 juillet, les vivres de campagne et la solde le 2 août, les premières voitures d'ambulance le 5 août !

L'armée de Lorraine, où sont regroupées les meilleures unités françaises, a été confiée au maréchal Bazaine. Achille Bazaine a cinquante-neuf ans ; c'est un soldat courageux issu du rang, qui a gagné ses galons à la force du poignet. Il n'a guère pâti de ses prestations plutôt médiocres au Mexique. Plus de cinquante ans après, l'historien Arthur Chuquet exprimait une opinion très répandue : « Bazaine passait pour le plus jeune, le plus actif, le plus habile des généraux et il était le favori de l'opinion. » C'est pourquoi, parmi les officiers de son grade, il est préféré à Le Bœuf et à Canrobert, dont l'expérience semble plus limitée. Le dispositif de l'armée de Lorraine s'articule comme suit : le IVe corps, venant de Thionville, s'est avancé jusqu'à Boucheporn-Boulay ; le IIIe corps est établi en arc de cercle de Saint-Avold à Sarreguemines ; le IIe corps, commandé par le général Frossard, est en avant du IIIe et occupe le saillant de Forbach, c'est l'élément de pointe en position d'offensive; le Ve doit se porter autour de la forteresse de Bitche et assurer la jonction avec l'Alsace. La garde est échelonnée en réserve de Saint-Avold à Metz. Selon les modes de comptabilité, l'armée de Lorraine rassemblerait 150 000 et 180 000 hommes; certaines de ces unités restent incomplètes. Bazaine s'est avancé vers la frontière et a installé son poste de commandement à Saint-Avold.

L'offensive encore envisagée vers le 25 juillet est abandonnée. Les chefs de corps ne disposent pas de renseignements dignes de foi sur l'emplacement, les mouvements, les effectifs des troupes adverses. Ils tâtonnent, se fient à des rumeurs, à des bribes d'informations invérifiables. Certains croient encore à une promenade militaire, ou pour le moins à des batailles victorieuses dans le Palatinat et en Prusse rhénane. Le sous-préfet de Sarreguemines écrit cette lettre étonnante à un ami le 27 juillet : « Jusqu'à présent, on se borne à s'observer autour de nous et nous n'avons encore eu que d'insignifiantes escarmouches d'avant-postes. Si tu veux voir ça, je t'offre une place dans nos premières loges. En ce moment du reste, ma frontière prussienne se dégarnit et ma frontière bavaroise se garnit de milliers de Prussiens pour empêcher la débâcle bavaroise. Les habitants des frontières prussiennes et bavaroises sont consternés et la misère y marche à pas de géant. Les vivres manquent. Je ne sais encore quand l'action commencera, mais autant on est consterné en Allemagne, autant il y a de gaieté et d'entrain ici. Quoiqu'étant à l'endroit où le branle commencera, tout le monde vit ici. »

Les opérations françaises comportent aussi un volet naval. Dans ce domaine, la France bénéficie d'une supériorité écrasante. La marine prussienne basée à Wilhelmshaven dispose d'un seul cuirassé, quatre autres sont en construction. Même en tenant compte des besoins pour assurer les liaisons avec l'Algérie, la flotte française est en mesure de bloquer les ports prussiens et de débarquer des troupes, soit sur les côtes de la Poméranie soit sur celles du Hanovre. On avait échafaudé un plan auquel on associerait le Danemark qui, pensait-on, brûlait de prendre sa revanche de la défaite de 1864. On croyait aussi que les gens du Hanovre, brutalement annexés en 1866 n'attendaient que l'apparition des « pantalons rouges » pour se soulever contre la Prusse.

Le 24 juillet, une escadre de huit navires (sept cuirassés et un aviso) quitte Cherbourg sous le commandement de l'amiral Bouet-Willaumez. Elle a pour mission de bloquer Wilhelmshaven et d'entrer dans la Baltique. Moltke, qui craint un débarquement français, a étalé une centaine de milliers d'hommes le long des côtes pour repousser une invasion sur les côtes de la mer du Nord. Moltke est encore à Berlin quand il apprend que l'escadre française se dirige vers les côtes allemandes. L'inquiétude des Prussiens, très réelle, est de courte durée car les troupes de marine qui se rassemblent à Brest et à Cherbourg ne sont pas encore opérationnelles.

Une guerre acceptée ou subie ?

Les Français ont-ils voulu la guerre ? L'ont-ils acceptée comme une fatalité ? Ou l'ont-ils seulement subie ? Sont-ils partis à la guerre avec l'intention de prendre une revanche sur 1815 et sur Sadowa, et de mettre la Prusse à genoux comme après Iéna, comme après Friedland ? Ces questions sont essentielles, car on a souvent dit et écrit que la guerre franco-prussienne avait été acceptée, voire souhaitée par la majorité de l'opinion publique. Au début de juillet 1870, personne en France ne songe à une guerre. Tout s'est passé très vite, en dix jours au maximum. Le conflit diplomatique franco-prussien, sur lequel nous reviendrons plus loin, débute le 5 juillet 1870. Le Corps législatif vote les crédits de guerre le 15 juillet. Laissons de côté pour l'instant les rapports franco-prussiens et essayons de saisir comment les Français réagissent à la menace puis à la déclaration de guerre. Ils sont informés par une presse diversifiée, très libre par rapport à celle des années précédentes, et qui ne ménage pas ses critiques à l'égard du pouvoir. Dans l'éventail de cette presse, les journaux impérialistes parisiens jouent un rôle moteur. Au moins autant par conviction que par application des consignes venues du pouvoir, *Le Peuple français*, *La Presse*, *Le Pays*, *Le Moniteur*, etc., sont animés de sentiments belliqueux et dénoncent les prétentions inacceptables de la Prusse et de ses dirigeants qui veulent abaisser la France et l'humilier. Ce « parti de la guerre » est relayé par de nombreux journaux de province et tend à présenter les futures opérations comme une promenade militaire en Allemagne, où les soldats français renoueraient avec la victoire.

Ces journaux commentent et amplifient les propos officiels, dont la déclaration belliqueuse à la tribune du Corps législatif du ministre des Affaires étrangères, le duc de Gramont, a été le point de départ. Les journaux qui expriment les points de vue des opposants royalistes et républicains, comme *Le Siècle, Le Rappel, Le Temps, Les Débats*, ne partagent pas cet enthousiasme guerrier. *Les Débats* parlent même d'une « politique de casse-cou ». Les journaux républicains de province, comme *Le Progrès*, qui paraît à Lyon sous la direction d'Eugène Véron, *Le Courrier de la Moselle* (Metz), *Le Progrès de l'Est* (Nancy), suivent la ligne du *Siècle*. Dans le Midi, beaucoup d'autres journaux ont cette orientation. Le débat diplomatique est ignoré de la plupart des Français ; d'ailleurs, les nouvelles circulent avec deux à trois jours de décalage et dans les campagnes où les journaux sont encore peu répandus, les paysans sont préoccupés par la sécheresse et la moisson. Seule une minorité urbaine est consciente de la gravité de la situation, et une minorité de cette minorité est favorable à la guerre. En 1859, la majorité de la population avait eu longtemps des sentiments pacifiques et elle s'était ralliée à la guerre d'Italie après sa déclaration ; en juin-juillet 1866, lors de la guerre austro-prussienne, le désir de paix et le refus de l'intervention dominaient ; c'est seulement après Sadowa, après la perception des résultats de la victoire prussienne, qu'était apparu dans l'opinion un vif courant d'hostilité à la Prusse, à tel point que certains avaient reproché à Napoléon III sa non-intervention.

Vers le 10-11 juillet, il en va de même. Les Français, dans leur immense majorité, sont soit ignorants, soit étrangers aux sentiments belliqueux. La guerre est très éloignée de leurs préoccupations. À partir du 12 juillet, les choses commencent à changer, la guerre devient possible, la presse parisienne est remplie de dénonciations de la Prusse. L'annonce, le 12 juillet, du retrait de la candidature Hohen-

zollern – un succès français – aurait dû entraîner un relâche-
ment de la pression. Il n'en est rien. La fameuse dépêche
d'Ems est connue à Paris dans la soirée du 14 juillet ; elle est
noyée dans un flot de nouvelles. Elle n'est pas à l'origine,
semble-t-il, des manifestations belliqueuses qui parcourent
le soir, à Paris, les grands boulevards. Le cri : « À Berlin ! À
Berlin ! » que lancent les plus excités renvoie à un imaginaire de gloire et aux souvenirs napoléoniens d'occupation
de la capitale de la Prusse. Ces quelques milliers de personnes au maximum ne sont pas représentatives de la population française, mais elles donnent le ton. C'est à elles que
font référence les ambassadeurs et les journalistes étrangers.
Les gouvernements sont tenus au courant et la presse étrangère en rend compte. C'est le lendemain que tout bascule.
Au terme d'une longue séance (onze heures de débats
confus et passionnés), le Corps législatif vote les crédits de
guerre ; les députés républicains dans leur majorité, malgré
leur hostilité au régime, les ont approuvés. Le jour où le
Corps législatif vote les crédits, Eugène Véron, pas encore
informé, écrit : « Nous préférons la paix à la guerre et nous
nous félicitons de l'apaisement qui semble se produire [...] la
paix est mauvaise mais la guerre serait pire » (15 juillet
1870). Et il dénonce « l'incapacité présomptueuse des gens
qui nous gouvernent ». Le lendemain, 16 juillet, il commente avec amertume l'annonce de la guerre : « La défaite,
c'est l'humiliation et la ruine, la victoire c'est la défaite dans
l'avenir et pour le présent la dictature. » Même son de
cloche à Metz, ville militaire par excellence, et qui dans les
jours à venir sera placée aux avant-postes. *Le Courrier de la
Moselle* regrette que le régime ait engagé la France dans la
guerre. Les sentiments guerriers, le patriotisme anti-
prussien sont le fait d'une minorité plus bruyante que repré-
sentative. Une autre minorité, placée à l'extrême gauche de
l'échiquier politique, surtout influente dans le Midi, continue de la désapprouver ; mais le régime est assez fort pour la
contenir. La majorité des Français accepte la guerre et suit
les orientations officielles et les explications du gouvernement véhiculées par la presse : « Aucune division, aucun
souvenir du passé ne doit affaiblir l'unanimité du sentiment
national. » Cette affirmation du *Journal de Rennes* (18 juillet

1870) reflète une tonalité générale. Partout les mêmes arguments sont avancés : la France a été gravement offensée par la Prusse. Bismarck l'a provoquée pour abaisser sa position en Europe. Il est indispensable de réagir contre cette intolérable prétention, c'est l'honneur du pays qui est en jeu.

Même les opposants au régime pensent que la France mène une guerre juste. Ils craignent seulement qu'une victoire ne consolide la dynastie. Ceux qui, comme Adolphe Thiers, ont émis des critiques et jugé que le gouvernement impérial avait commis une faute l'ont fait sur la forme, sur des questions d'opportunité plus que sur le fond. Personne ne doute du bon droit français. *Le Siècle* parle de « parti patriote ».

La plupart des républicains, défavorables à la guerre, sont aussi des patriotes et ne souhaitent pas une défaite de leur pays. « Puisque le sort en est jeté, écrit Véron, il ne faut pas que la France succombe sous le duel où la maladresse coupable de ses gouvernements l'a engagée... » (20 juillet 1870). Les républicains du Midi et notamment ceux du Gard, étudiés par Raymond Huard, sont plutôt hostiles à la guerre. Ils sont de tempérament pacifique et déplorent cette surexcitation des instincts brutaux qu'enflamme l'approche des combats : « Ils craignent surtout, en cas de victoire, un renforcement de l'empire. La guerre semble une affaire dynastique. Elle est accueillie sans joie, sans manifestation d'enthousiasme. Il est vrai que le théâtre des opérations est lointain. »

Le passage des convois de soldats, l'appel des hommes de la garde nationale mobile, la hausse des prix des denrées alimentaires, l'interruption sur certaines voies ferrées du trafic civil rendent désormais la guerre perceptible à beaucoup de Français. L'opposition à la guerre est très minoritaire. Les républicains commencent à demander l'armement de la nation pour que « la guerre, de dynastique, devienne nationale ». Certains rappellent les invasions de 1814 et de 1815 et réclament une « nation armée ». Déjà se profile le souvenir de 1792. *La Marseillaise*, longtemps interdite parce que subversive, est spontanément chantée par les soldats dans les gares, dans les trains. On entend aussi parfois *Mourir pour la patrie* et le *Chant du départ*. Les soldats sont populaires, ils sont accompagnés, entourés, applaudis, réconfortés; à leur intention, les gestes de solidarité se multiplient. Partout se fondent des comités de secours aux blessés. Les journaux de province et de Paris ouvrent des souscriptions pour installer des lits d'hôpitaux.

Parmi les réactions des provinces, voici celles des habitants de Laon, petite ville picarde où vit le jeune Gabriel Hanotaux, alors âgé de dix-sept ans. Dans ses souvenirs, l'ancien ministre, académicien et historien rapporte en ces termes les événements de juillet 1870 : « Tout à coup, la terrible nouvelle éclata : " C'est la guerre! " Nous n'avions pas compris grand-chose à l'incident Hohenzollern, mais la rumeur générale qui se répandit dans la ville nous secoua comme une étincelle électrique. Tout était sens dessus dessous. [...] Les cœurs étaient à la confiance, sinon à l'enthousiasme. On chantait *La Marseillaise*. [...] Les mobilisés ne partaient pas sans boire. On criait : " À Berlin! À Berlin! " Cependant, il y eut tout de suite de l'inquiétude dans la bourgeoisie. [...] Les hommes prudents étaient préoccupés. À quoi cela nous mènera-t-il ? Ceux qui lisaient les journaux d'opinion comme *Le Temps* ne pouvaient ignorer les avertissements de M. Thiers. » Son père, bonapartiste convaincu, ne doute pas un instant du succès des armées françaises : « J'ai pleine confiance dans Mac-Mahon, dans Canrobert, dans l'empereur. » Passons dans une autre région de France : au nord de l'Alsace, les habitants du petit village de Frœschwiller, tristement célèbre trois semaines plus tard, vaquent aux travaux des champs. D'après le pasteur Klein, la population a été « abasourdie » par la déclaration de guerre. Dans un camp, « c'est la joie exubérante, la certitude absolue de la victoire, la haine implacable des Prussiens ». Dans l'autre, on entrevoyait « les dangers que courait la patrie menacée et on avait un sentiment de pitié à l'égard de l'adversaire qui partageait ses croyances religieuses ». Tous pensaient que les batailles seraient livrées sur le sol allemand et n'imaginaient pas que l'Alsace pût être un champ de bataille. En Bretagne, la guerre est acceptée et on ne doute pas de la victoire française. Un journal légitimiste et catholique écrit avec une naïveté candide : « La France est en situation d'accepter la lutte sans crainte. Elle a des troupes nombreuses, aguerries et parfaitement armées. Elle peut mettre à leur tête des généraux expérimentés qui ont déjà fait leurs preuves. Ses places fortes sont en état de résister à toutes les attaques. Sa flotte n'aurait qu'à se montrer pour faire fuir celle de la Prusse. »

Dans les jours qui suivent la déclaration de guerre, partisans et adversaires du régime impérial se rencontrent sur un point : l'honneur national réclame la mise à la raison de cette Prusse guerrière qui a provoqué la France et qui veut placer toute l'Allemagne sous sa domination. Bismarck est le grand responsable de la guerre, « son machiavélisme est hideux ». On pense que l'Allemagne du Sud ne va pas le suivre, que Francfort va se soulever. D'ailleurs, un peu partout, la levée de la territoriale (*Landwehr*) s'effectuerait dans les pires conditions : « Les soldats [s'en iraient] au milieu des cris de colère et des sanglots. » Une lettre d'Alfred Mézières parue dans *Le Temps* raconte qu'à Sarrebruck, les hommes ont été arrachés à leurs familles et expédiés à la caserne dans des wagons à bestiaux ! Elle a été souvent reproduite, et avec d'autres détails aussi fantaisistes ; elle contribue à accréditer l'idée que la guerre se réduirait à une promenade militaire. Tous ne partagent pas ces illusions. Voici le témoignage de l'industriel Christian Kiener, maire d'Épinal ; c'est un homme mûr (soixante-trois ans), qui a des responsabilités, de la famille et des relations d'affaires en Alsace. Il connaît un peu l'Allemagne du Sud. Voici ce qu'il écrit à son frère André, habitant de Colmar : « Les Prussiens, si on ne les arrête pas, pourraient être ici en deux jours de marche. [...] Ma mairie me retient en permanence. Le passage continuel des troupes nécessite des soins infinis car ces malheureux ont faim et soif et, dans la précipitation, l'administration militaire n'a pas pu pourvoir à tout, de sorte que la municipalité pourvoit à tout ce qui manque. [...] Nous ne devons que souhaiter la victoire afin de calmer l'ardeur conquérante des Prussiens pour pouvoir enfin arriver à un désarmement général » (26 juillet).

En Allemagne, la crise soudaine a surpris les habitants. Le mouvement en faveur de la guerre est unanime ou presque, pour des raisons identiques à celles de la France. Les journaux rendent Napoléon III et son gouvernement responsables de la guerre. Il voulait obliger la Prusse à reculer, et avec elle tous les Allemands, pour reprendre la Belgique et la rive gauche du Rhin. Napoléon III est l'héritier de Napoléon Ier. Pour cette raison, il est depuis longtemps très impopulaire et on pense que la nation française, orgueilleuse et légère, a besoin d'une bonne leçon. Comme en 1813, les Allemands doivent se lever contre l'envahisseur qui rêve de dominer l'Allemagne et de l'humilier. Il faut défendre le sol national contre une invasion française imminente. C'est ce réflexe décisif qui rend la mobilisation si aisée. De Manchester, Friedrich Engels note, admiratif : « Ces messieurs [les dirigeants français] ont réussi à provoquer en Allemagne une guerre totalement nationale » (22 juillet). Des réserves se manifestent en Hanovre, où les partisans de la dynastie déchue (les Welfes) craignent une consolidation de la domination prussienne. En Bavière, les patriotes bavarois redoutent la fin de l'indépendance de leur pays. Mais même à Francfort, durement traitée en 1866, il n'y a pas d'opposition. Les socialistes, une infime minorité, sont divisés. Au Reichstag de l'Allemagne du Nord, les partisans de Lassalle votent les crédits de guerre ; seuls s'abstiennent les deux Eisenachiens (Bebel et Liebknecht) dont le parti est affilié à l'Internationale des travailleurs que Karl Marx dirige de Londres. Le Comité des travailleurs de Brunswick, qui dénonce la guerre en général et les guerres dynastiques, rappelle que l'Allemagne est victime d'une agression française. Les rassemblements hostiles à la guerre qui ont lieu à Leipzig et à Chemnitz sont très limités. Le docteur Kugelmann écrit de Hanovre à Karl Marx : « Ici, la guerre est extrêmement populaire dans toutes les classes de la population parce que, selon les apparences, elle est une guerre d'agression [...] on supporte avec joie toutes les difficultés et tous les sacrifices. Cet enthousiasme général repose, en dehors de la riposte à une insolente invasion, sur la haine contre Bonaparte, sur la conviction que de ces sanglantes semailles naîtra l'unité allemande [...] » (7 août). Devant l'agression française se réalise spontanément ce réflexe national que Bismarck avait tant espéré.

Marx et Engels, qui observent les événements de l'extérieur sans pouvoir peser sur eux, supputent les avantages et les inconvénients de l'un ou l'autre camp. Ils détestent autant Badinguet que Guillaume et Bismarck. Ils sont cependant pour la victoire de la Prusse et l'unité de l'Allemagne. Napoléon III et les chauvins républicains ne leur inspirent que sarcasmes malveillants : « Les Français ont besoin d'une râclée. » À moyen terme, une victoire allemande pourrait avoir sur le mouvement des travailleurs des effets positifs.

Ainsi donc, personne, en Allemagne comme en France, ne s'oppose à la guerre, et cela dans toutes les classes de la société. Avant même que les deux armées ne se soient rencontrées, la guerre a pris une dimension nationale. Ce ne sont plus deux dynasties, deux États qui sont en conflit, mais deux peuples qui se croient offensés et menacés et qui luttent l'un contre l'autre. Français et Allemands sont face à face.

À la fin du mois de juillet, on pressent que les préparatifs s'achèvent et que la phase d'observation touche à sa fin. Les Français sont disposés en arc de cercle le long de la frontière, les forces confédérées s'avancent en masses compactes à la rencontre de l'ennemi et paraissent disposées à chercher le contact. Avec une grande habileté, le gouvernement prussien a accepté la présence auprès de ses armées de correspondants de guerre anglais. À l'étranger, les observateurs s'attendent à des victoires françaises et à une invasion de l'Allemagne. Mais au-delà ? Guerre brève ou guerre longue ? Personne ne se hasarde à avancer un quelconque pronostic sur la durée. On jette un regard sur le passé proche : guerre d'Italie (29 avril 1859 – 8 juillet 1859), guerre austro-prussienne (14 juin 1866 – 27 juillet 1866). Ces deux guerres ont été courtes, et même très courte pour la seconde. En sera-t-il de même pour celle-ci ? Une rencontre décisive comme celle de Sadowa est-elle de nouveau possible ?

Du côté français, c'est toujours la confiance. On annonce l'offensive prochaine : « Gais, libres et fiers, nos soldats ne reculeront devant aucun obstacle. » Les correspondances d'Alsace et de Lorraine, reçues et publiées par les journaux de Paris et de province, sont optimistes. Voici une lettre expédiée du camp de Bitche le 27 juillet et publiée dans *Le Progrès* de Lyon le 31 : « Le soldat est joyeux et la maladie n'a pas de prise sur le régiment. Nos armes nouvelles, même celles de la cavalerie, ont une portée superbe. Celles des uhlans nous envoient à cinq cents mètres, extrême limite, des balles mortes, moins dangereuses que des haricots soufflés dans des sarbacanes. À huit cents mètres, les mousquets des chasseurs et des hussards forcent l'ennemi à se replier en désordre. [...] Nos troupes ont confiance et nous comptons sur un grand succès lors de la première affaire sérieuse. »

Jules Claretie, qui s'est aventuré jusqu'à Sarreguemines, adresse à ses lecteurs parisiens un papier plus grave : « Ceci est probablement ma dernière lettre pacifique. Je veux dire qu'avant huit jours la campagne sera commencée et que ces feuillets sentiront la poudre. Cette fois encore, je n'ai assisté qu'à des marches en plein champ, à des étapes en pleine route, et je n'ai entendu que de loin les coups de feu des premières escarmouches » (1er août 1870). Les dépêches officielles sont optimistes. Celle du 2 août, reproduite les jours suivants par les journaux de province, annonce : « Notre armée a pris l'offensive, franchi la frontière, envahi le territoire de la Prusse. [...] La flotte est arrivée sur les côtes de la Prusse. » Ce jour-là en effet, le général Frossard, ancien gouverneur du prince impérial, et dont les troupes tenaient depuis une dizaine de jours le saillant de Forbach, reçoit l'ordre de franchir la frontière et d'avancer de quelques kilomètres sur les hauteurs dominant Sarrebruck. Il n'est pas question de prendre cette petite ville que l'armée prussienne n'occupe pas. Les Français tirent quelques coups de canon, des détachements d'avant-garde patrouillent sur la rive gauche de la Sarre puis se retirent. C'est une opération de reconnaissance à laquelle participe le prince impérial.

Dans la soirée, Frossard se retire de quelques kilomètres, un peu à l'arrière de la frontière, en négligeant de détruire les ponts sur la Sarre, le télégraphe et la voie ferrée de Saint-Jean-Neunkirchen. Le lendemain, la nouvelle est connue à Paris. Un communiqué officiel transforme cette reconnaissance en une victoire de Sarrebruck au cours de laquelle le prince impérial aurait reçu le baptême du feu. Les journaux publient des récits complètement délirants : « Les décharges formidables des mitrailleuses », qui n'ont pas été employées, auraient fait merveille. « Tout ce qui tenait encore devant notre dernier effort tombe sous cette grêle horrible. L'ennemi se retranche dans les bois, les ponts ont sauté [...] » Il a fallu les articles des journaux étrangers pour que la « victoire de Sarrebruck » soit ramenée à sa véritable dimension, c'est-à-dire une simple escarmouche sans portée militaire. Cette exploitation inconsidérée par le gouvernement de la régente a prolongé quelques jours l'illusion. Le retournement de l'opinion n'en sera que plus brutal.

Mac-Mahon vaincu en Alsace

Le commandant de l'armée d'Alsace a eu un entretien avec Napoléon III à Metz le 30 juillet. Il approuve l'abandon de l'offensive. Il est conscient de la faiblesse des moyens dont il dispose pour couvrir la ligne du Rhin et la frontière avec le Palatinat. Comme ses collègues de Lorraine, Mac-Mahon manque d'informations sérieuses sur les mouvements de ses adversaires. Aussi hésite-t-il sur la conduite à tenir. Doit-il se préparer à affronter un passage du Rhin au sud de l'Alsace ? Doit-il plus classiquement repousser une invasion venant du nord ? Après réflexion, il incline vers la seconde hypothèse et en conséquence dispose au nord d'Haguenau l'essentiel de ses troupes, à savoir le Ier corps d'armée. Une jonction doit être établie avec le Ve corps du général de Failly, placé sous l'autorité de Bazaine, et qui couvre la zone s'étendant de Sarreguemines à Bitche. Le sud de l'Alsace est dégarni ; les places de Strasbourg et de Belfort sont protégées l'une et l'autre par une division.

Du côté allemand, à l'exception de quelques escarmouches de diversion, l'essentiel des forces se concentre dans le Palatinat bavarois, autour de Spire, sous le commandement du prince royal de Prusse Frédéric. Cette troisième armée est composée de trois corps prussiens dont l'un resté à l'arrière, de deux corps bavarois, de contingents badois et wurtembergeois. Le Kronprinz est inquiet et hésitant. Moltke envoie son adjoint Bronsart pour lui donner l'ordre de se diriger vers le nord de l'Alsace et d'attaquer les Français si une occasion se présente. C'est un peu contre son gré et mal informé de la position de son adversaire que le Kronprinz entre en campagne. De son côté, Mac-Mahon donne l'ordre, le 3 août, à la division du général Abel Douay d'avancer vers la ville frontière de Wissembourg. La chaleur est torride et les soldats sont mouillés en route par un orage. À peine la division a-t-elle reconnu ses positions, et sans d'ailleurs être au complet, qu'elle est assaillie par l'avant-garde bavaroise et prussienne qui s'était avancée sans être repérée à travers la forêt de Bienwald. Les premiers coups de feu sont tirés. Nous sommes le 4 août 1870, vers 9 heures du matin. C'est la « surprise de Wissembourg ». Les Français, fatigués par leur marche, sont en situation d'inférioritié : en quelques heures, ils sont repoussés. Au cours de l'action, le général Abel Douay a été mortellement blessé par l'explosion d'un caisson de mitrailleuse. Du côté allemand, les Bavarois ont combattu assez mollement mais les Prussiens du général von Kirschbach ont été pleins d'allant et ont disputé avec acharnement aux Français le Giessberg, un vieux château perché sur un piton gréseux. Vers 2 h 30, l'action est terminée. Les Allemands ont pris Wissembourg. Les Français refluent en désordre, ils ont succombé sous le nombre : ils étaient autour de 10 000 contre 40 000 Allemands.

Alors qu'il quitte Strasbourg, Mac-Mahon est averti des combats de Wissembourg. Il se rend jusqu'au col du Pigeonnier pour observer la situation. Il comprend que, dans les jours à venir, une bataille décisive peut s'engager. Pour l'affronter, il dispose au maximum de 45 000 hommes; c'est un effectif très insuffisant au regard de ce qu'il peut connaître de ceux de l'armée d'invasion. C'est pourquoi il demande d'urgence des renforts et presse son collègue et voisin Failly, établi à Bitche, de lui venir en aide. Le soir même, il apprend que Failly est placé sous ses ordres. Malheureusement, une mauvaise coordination empêchera ce rattachement d'être efficace. C'est le premier de ces multiples malentendus dont la guerre de 1870 est jalonnée.

Alors que les fuyards de la division Abel Douay refluent de Wissembourg, Mac-Mahon fait avancer ses troupes au nord de la forêt de Haguenau. Il veut à la fois surveiller la route de Strasbourg et se ménager une éventuelle retraite par les cols des Vosges. Le 5 août au soir, il établit ses régiments autour de Frœschwiller, sur des collines dominant la vallée de la Sauer, une petite rivière de quelques mètres de large. C'est un paysage alsacien typique, une campagne de vignes et de vergers piquetée de boqueteaux et de houblonnières. Les soldats, qui sont entrés dans les villages clairons et drapeaux en tête, ont été bien accueillis par les habitants. Pourtant, la discipline des troupes laisse à désirer. Le pasteur Klein, observateur attentif, est frappé par le laisser-aller et le débraillé de certaines unités : « Le soldat allait et venait comme il l'entendait, s'éloignait de son détachement, sortait du camp et y rentrait quand bon lui semblait, il faisait ou ne faisait pas ce qui était ordonné, il était seul arbitre de ses actes. » Les unités d'Afrique, l'élite du corps de Mac-Mahon, sont observées avec une sympathique curiosité. Le soir, les habitants viennent admirer au bivouac « ces turcos, ces zouaves, ces spahis dans leurs uniformes bariolés ». On les craint un peu, car ce sont des sauvages et des pillards..., « on aurait cependant sacrifié pour eux sa dernière goutte de vin, son dernier verre de schnaps [...] ».

Les généraux font une curieuse impression. Ils sont pleins d'allant, mais paraissent tout ignorer de la région où ils se trouvent, ils n'ont pas de cartes topographiques. « Ils réquisitionnent en toute hâte les cartes scolaires, les plans de cadastre et font des estimations de distance. »

Mac-Mahon a établi ses unités sur une position défensive à l'abri de toute surprise. L'ennemi est proche mais les informations à son sujet sont confuses et contradictoires. Au cours de la nuit, un violent orage éclate : les soldats sont mouillés jusqu'aux os, le sol est détrempé et la Sauer gonflée par les pluies.

De bon matin, Mac-Mahon, qui a passé la nuit au château de Reichshoffen chez le comte de Leusse, reçoit des informations sur l'avance de l'armée du prince royal. Sur les instances du général Ducrot et de son hôte, il décide de se replier sur les Vosges. Alors qu'il rédige ses ordres, on lui annonce les premiers combats. La bataille de Wœrth pour les Français, de Frœschwiller pour les Allemands, s'est engagée le matin du 6 août 1870 sans que ni Mac-Mahon ni le prince royal n'aient donné le moindre ordre. Ils sont contraints au combat par les initiatives de leurs subordonnés.

Ce sont les Bavarois qui ont attaqué l'aile gauche du dispositif français. Les turcos et les chasseurs d'Afrique, solidement retranchés, résistent sans fléchir. Le général prussien von Bose engage dans la matinée le Ve corps d'armée sur le centre français et fait pilonner les positions adverses par une masse de 90 pièces d'artillerie. Un autre groupe de batteries est installé au village de Gunstett et pilonne l'aile gauche française. Les combats sont confus et jusque-là incertains; des détachements d'infanterie prussienne, qui sont descendus dans la vallée, sont très éprouvés. Vers le milieu de la journée, l'effort prussien se porte sur l'aile gauche, le dispositif français est tourné par le sud. Les Prussiens entrent dans le village de Morsbronn. Pour dégager l'infanterie, Mac-Mahon lance une brigade de cuirassiers. C'est la tragique et inutile chevauchée de la brigade Michel, qui est hachée par l'artillerie prussienne, tirant de Gunstett. Dans la grand-rue de Morsbronn, les cavaliers survivants sont bloqués par des chariots et abattus à bout portant par des tireurs prussiens embusqués dans les maisons.

Pendant ce temps, le prince royal, resté à l'arrière, apprend qu'une grande bataille est en cours et qu'un succès se dessine. Il décide d'engager les réserves dont il dispose et donne l'ordre de l'offensive générale. Après une phase assez confuse, où ils éprouvent de lourdes pertes, les Prussiens entrent à Wœrth, prennent pied sur les collines au sud de Frœschwiller, et s'emparent du village d'Elsasshaussen. Seuls sur la gauche, les turcos tiennent en échec les Bavarois.

Vers 15 heures, la situation des Français devient critique : l'infanterie fléchit, l'artillerie allemande bombarde Frœschwiller. Mac-Mahon décide la retraite vers Reichshoffen et fait donner pour la protéger la brigade de cuirassiers Bonnemain. Cette seconde charge est aussi inutile que la première. Les cavaliers, lourdement harnachés, s'élancent sur un terrain vallonné coupé de vignes et de houblonnières. Les chevaux, qui s'empêtrent dans les perches à houblon et les fils de fer, offrent des cibles de choix aux tireurs embusqués. Balayant les espaces découverts, l'artillerie achève presque à bout portant les cavaliers. Voici le témoignage d'un rescapé, le capitaine d'Orcet : « Nous avons chargé quatre fois à travers des vergers et des houblonnières. Mon régiment a été le

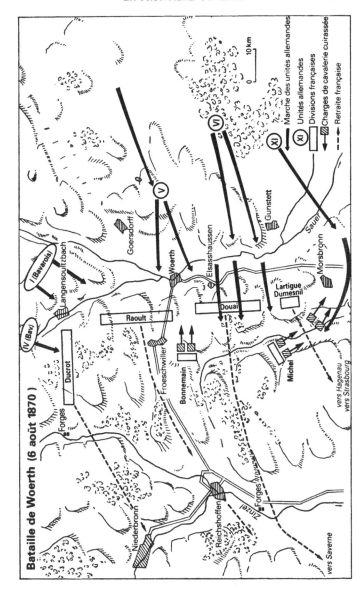

Bataille de Woerth (6 août 1870)

Marche des unités allemandes
Unités allemandes
Divisions françaises
Charges de cavalerie cuirassée
Retraite française

0   10 km

I (Bavarois)
IV (Bav)
V
V
XI
XI

Langensoultzbach
Goersdorff
Woerth
Elsasshaussen
Gunstett
Morsbronn
Sauer

Raoult
Douai
Lartigue
Dumesnil

Ducrot
Froeschwiller
Bonnemain
Michel

Forges
Niederbronn
Reichshoffen
Forges
Zinzel

vers Hagenau
vers Strasbourg
vers Saverne

plus fatigué de la division. En dix minutes, nous avons perdu quatorze officiers (dont neuf tués) sur trente-cinq, cent vingt hommes et cent quarante chevaux sur cinq cents. Pour moi, grâce au ciel, je n'ai rien eu. Mon cheval a reçu deux balles, il s'est renversé sur moi et m'a froissé un peu les reins et beaucoup la jambe gauche, mais cela n'est rien... »

Vers 17 heures, les Prussiens s'emparent de Frœschwiller. Les turcos, qui résistent les derniers, combattent à la baïonnette. La bataille s'achève. Ce qui reste des troupes de Mac-Mahon reflue sur Reichshoffen et Saverne, abandonnant matériel, équipements et blessés; des groupes de cavaliers prussiens râflent quelques prisonniers parmi les fuyards.

La victoire acquise, les vainqueurs se livrent au pillage. Le matin, la cave du pasteur Klein avait été dévastée par les Français. Le soir, les Prussiens lui prennent toutes ses provisions et lui emmènent ses deux vaches. Il proteste avec tant de véhémence qu'un officier compatissant lui en ramène une. Partout, c'est une atmosphère de mort et de désolation. L'hôtel du Cheval blanc est un hôpital improvisé. Dans une arrière-cour, des médecins venus de Strasbourg opèrent les blessés français et prussiens. « L'un des chirurgiens manipulait en maître ses instruments qui après chaque acte d'amputation ou d'extraction de balles ou d'éclat d'obus, étaient trempés dans un baquet d'eau chaude renouvelé par une infirmière qui se tenait à ses côtés. Ce qui faisait tourner l'âme, c'était un grincement perçant et écœurant des scies pour trancher les os. » Vers le soir, une fanfare prussienne entre dans la cour de l'auberge et joue le choral de Rinckart *Nun dunket alle Gott*. Officiers et soldats se mettent à genoux et prient. À quelques pas de là, les morts sont étendus à l'entrée des maisons; on entend les blessés gémir. Il fait très chaud. L'atmosphère est irrespirable. Dans la nuit, un orage vient calmer les nerfs et apaiser les tensions. Les jours suivants, on ramasse les blessés, les cadavres des chevaux et des combattants. On entasse les cadavres enveloppés de bâches sur des chars à foin tirés par des bœufs pour les conduire vers des fosses communes creusées par les habitants réquisitionnés. Quelques jours plus tard, un service de désinfection commandé par un médecin prussien vient assainir les maisons et les chambres de l'hôtel. « Ils répandirent, à l'aide de seringues à lavement, d'éponges et d'immenses balais, du lyset, en arrosant chaque coin, les meubles, les planches, les escaliers, la cuisine, la cave et même nos propres lits... »

Frœschwiller a été une défaite cuisante aux conséquences très graves. On l'a souvent expliqué par l'infériorité numérique des Français. À cet égard, les chiffres ne sont pas sûrs et les ouvrages français, surtout ceux qui sont proches des événements, exagèrent les forces adverses. Il est courant de lire que les Français se seraient battus à un contre trois. Une critique serrée aboutit aux chiffres suivants : 35 à 40 000 combattants du côté français, 60 000 au maximum du côté allemand. C'est en fin de journée que la supériorité numérique fait la différence. Au moment décisif, le prince royal peut lancer des troupes fraîches, alors que la division de secours envoyée par Failly n'est pas encore arrivée. Ce manque de coordination entre généraux français a probablement été fatal car au début de la bataille, l'infériorité numérique avait été compensée par la supériorité de la position et la précision des chassepots des tirailleurs. Ces soldats d'élite ont infligé de lourdes pertes aux unités prussiennes et bavaroises. En effet, Frœschwiller a été une rencontre meurtrière : les Allemands ont eu 10 600 hommes hors de combat, dont deux généraux blessés; les Français ont perdu 9 800 hommes, dont quatre généraux tués parmi lesquels Colson, chef d'état-major de Mac-Mahon. Il faut y ajouter environ 6 000 prisonniers. Un régiment comme le 3e zouave a perdu 40 officiers sur 65 et 1 580 hommes sur 2 190. La cavalerie cuirassée française a été sacrifiée dans des chevauchée inutiles. Quant aux attaques frontales de l'infanterie bavaroise et prussienne, elles se sont soldées par des échecs sanglants masqués par le succès final. Aucun des deux camps n'a ménagé le sang de ses soldats. Finalement, l'atout allemand décisif a été l'artillerie de campagne. Ce sont les tirs groupés des batteries judicieusement disposées qui ont brisé la cavalerie française et désorganisé une infanterie très solide.

Du côté du commandement, il faut souligner que ni Mac-Mahon ni le prince royal n'avaient voulu une bataille dont la direction leur a largement échappé. Mac-Mahon aurait pu rompre le combat et se replier. Il a préféré s'accrocher à la position défensive qu'il avait choisie. Quant au prince, il a pris en main une bataille alors que le succès se dessinait. Tout le mérite en revient aux généraux prussiens dont le coup d'œil et l'esprit offensif ont tiré de la situation des avantages décisifs. Ce sont eux qui ont lancé la double attaque sur les ailes françaises et tourné avec succès l'aile gauche adverse. De cette victoire, le prince royal retire un prestige qui accroît son autorité et celle de sa maison. Guillaume Ier s'en réjouit dans sa correspondance avec la reine Augusta : « Notre Fritz » a reçu le baptême du feu ; il a été victorieux ; la presse allemande narre les vertus guerrières du prince héritier qui a conduit au combat Prussiens, Bavarois, Badois. Des chansons de circonstance célèbrent les héros allemands : « Notre prince héritier s'appelle Fritz, il nous conduit ensemble au combat... » Les Prussiens ne se sont pas contentés de battre l'armée de Mac-Mahon et de s'ouvrir la route de Strasbourg, ils ont fait de nombreux prisonniers. Et parmi eux deux journalistes parisiens, Cardon, du *Gaulois*, et Chabrillat, du *Figaro*, qui s'étaient réfugiés dans le clocher de l'église de Wœrth pour mieux observer les combats.

Première défaite en Lorraine : Spicheren

Ce même jour, 6 août 1870, le corps d'armée du général Frossard, fer de lance de l'armée de Lorraine, est accroché près de la frontière prussienne à Forbach-Spicheren. Le seul lien entre cette bataille et celle de Frœschwiller est une simple simultanéité de date. Entre les deux secteurs, aucune coordination n'avait été prévue.

Après son mouvement sur Sarrebruck (2 juillet), le général Frossard avait replié ses unités de quelques kilomètres. Des éclaireurs lui annoncent la progression de l'armée Steinmetz, et en prévision d'une attaque prochaine, il établit ses 25 000 hommes sur les hauteurs du plateau de Spicheren et dans la vallée en avant des villages de Stiring et de Schœneck. Il connaît cette position, qu'il a personnellement étudiée. De son poste de commandement installé chez le maire de Forbach, il se tient en liaison avec celui de Bazaine à Saint-Avold. Dans la matinée du 6 août, les avant-gardes de l'armée Steinmetz, qui franchissent la Sarre, ont l'impression qu'un simple rideau de troupes protège les gares de Stiring et de Forbach et que les troupes françaises sont en train de se retirer. Informé de la situation, le général Kamecke décide d'attaquer sans avoir reçu d'ordre ce qui a été pris pour une arrière-garde. Il fait grimper à ses soldats la Metzer Strasse et la côte qui conduit à la frontière. Il fait très chaud et en fin de matinée, deux divisions prussiennes accrochent les Français dans la vallée à Schoneck et à la Brême d'Or. La bataille fait bientôt rage et, au début de l'après-midi, les Prussiens escaladent la bordure du plateau de Spicheren, cherchant à s'emparer d'un éperon dit Roteberg. Malgré la précision des canons Krupp, les Français se défendent bien et chargent à la baïonnette pour repousser les assaillants avec de lourdes pertes. Kamecke est seul jusque vers 3 heures de l'après-midi. Les généraux des divisions voisines, avertis par leur collègue, font accélérer la marche. Zastrow, Alvensleben puis Rheinbaden arrivent en renfort. Le rapport de force évolue en faveur des Prussiens qui prennent dans la vallée le hameau frontalier de la Brême d'Or puis s'emparent du Rote Berg. Ils arrivent à installer des avant-postes sur le Forbacher Berg tandis que des corps à corps sanglants se poursuivent dans la forêt de Gifertwald. Vers 19 heures, Frossard, « dépourvu de réserves et de renforts », décide l'évacuation du village de Stiring. Des combats sans merci à l'arme blanche se prolongent jusqu'au début de la nuit dans l'usine de Stiring, « autour des tas de scories et des piles de rails » et dans les maisons du village où des isolés étaient restés dans l'ignorance de l'ordre de retraite.

Les Prussiens, dont les pertes sont très lourdes, relèvent leurs morts et leurs blessés; ils les évacuent sur Sarrebruck car les ambulances de campagne ne sont pas encore arrivées. Ils sont maîtres du terrain. Dans la nuit, Frossard s'est retiré vers Sarreguemines. Le lendemain matin, les Prussiens occupent sans combat la ville de Forbach : la route de Metz est ouverte.

Une première certitude est acquise : la bataille de Spicheren est un engagement que le commandement allemand

n'avait pas prévu. Moltke et l'état-major sont encore à
Mayence. Ils ignorent les positions françaises et n'ont donné
aucun ordre d'attaque. Forbach-Spicheren est le fruit d'une
rencontre de hasard. Ce sont des divisionnaires du général
Steinmetz, couverts ensuite par leur chef, qui ont pris la
décision d'attaquer un ennemi retranché sur de fortes positions sans en avoir apprécié le nombre. C'était une décision
risquée qui aurait pu tourner au désastre et qui, de toute
façon, a été très coûteuse en hommes, car les pertes allemandes ont été très lourdes (4 300 morts et blessés sur moins
de 20 000 hommes réellement engagés). Pourquoi donc ce
qui aurait pu être une faute professionnelle grave a-t-il pu
être transformé en victoire ? Les généraux prussiens n'ont
fait preuve d'aucune habileté tactique particulière. Ils ont
attaqué à l'aveuglette et lancé une série d'opérations dispersées sans lien entre elles, principalement des attaques frontales d'infanterie. C'est du côté du commandement français
qu'il faut en chercher les raisons. Au début de l'après-midi,
Frossard, qui est à Forbach, est informé que les Prussiens
reçoivent des renforts et qu'il risque d'être dominé. Il
adresse à son supérieur, le maréchal Bazaine, commandant
de l'armée de Lorraine, une demande pressante de renforts.
Bazaine est à moins de 30 km ; il a des troupes sous la main,
le chemin de fer fonctionne ; il tarde à envoyer des unités
qui ne pourront être utilisées. Vers 19 heures, alors
qu'aucune nécessité militaire ne l'impose – Spicheren n'est
pas Frœschwiller –, Frossard décide la retraite. Les Prussiens occupent le champ de bataille et se déclarent les vainqueurs. Ils sont tout surpris. Le prince Frédéric-Charles
note dans ses mémoires : « Ni moi ni Steinmetz n'étions présents ; les généraux se sont soutenus aussi bien qu'ils ont pu ;
cette journée est l'œuvre des soldats et non d'un général. »

La décision de retraite a été prise par le seul général Frossard. Il n'a pu obtenir le soutien de Bazaine, il a mal apprécié la réalité du rapport de forces sur le terrain. Il a cru les
Prussiens plus nombreux et plus offensifs qu'ils ne l'étaient.
Dans l'immédiat, Bazaine paraît étranger à ce revers, sa
réputation n'en est pas affectée. En revanche, après le drame
de Metz, on a scruté sa conduite antérieure et les appréciations sont devenues très sévères. Voici, parmi d'autres, celle

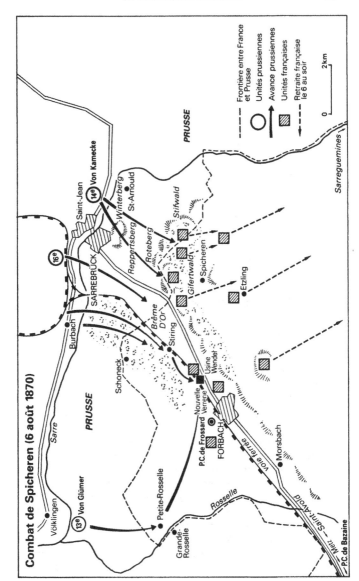

Combat de Spicheren (6 août 1870)

Frontière entre France et Prusse
Unités prussiennes
Avance prussiennes
Unités françaises
Retraite française le 6 au soir

0   2 km

PRUSSE

Sarreguemines

14e Von Kamecke
Saint-Jean
Winterberg
St-Arnould
Stifwald
Reppertsberg
Roteberg
Spicheren
Gifertwald
16e
SARREBRÜCK
Etzling
Burbach
Brême D'OR
Stiring
Usine Wendel
Schoneck
Nouvelle Verrerie
P.C. de Frossard
FORBACH
Morsbach
PRUSSE
Sarre
Voie ferrée
Petite-Rosselle
Rosselle
Völklingen
13e Von Glümer
Grande-Rosselle
Saint-Avold
P.C. de Bazaine

du général du Barail, lequel n'a pas été témoin direct mais a dû recueillir des confidences : « Le maréchal Bazaine fit preuve d'une incurie criminelle qui aurait dû le disqualifier à jamais. [Il laisse] écraser le corps du malheureux général Frossard, qu'il pouvait soutenir avec deux corps d'armée, à portée du combat et dont l'arrivée eût changé la défaite en une victoire dont les suites eussent été incalculables. »

Cette inertie de Bazaine est une catastrophe. A-t-elle été volontaire, délibérée ? A-t-il voulu gêner Frossard dont il était jaloux et le disqualifier ? Quoi qu'il en soit, la conséquence immédiate est la retraite généralisée sur Metz de toute l'armée de Lorraine. Forbach, Bitche, Sarreguemines, Saint-Avold sont abandonnées tandis que par le col de Saverne, non défendu, refluent en désordre les troupes de Mac-Mahon. Cette retraite sur Metz s'effectue dans une atmosphère de défaite alors que la plupart des soldats n'avaient pas encore tiré un seul coup de fusil. Les journalistes Jules Claretie et Edmond About sont réveillés par le piétinement des troupes : « Les soldats poudreux, sordides, superbes, mais invaincus, les uns harassés, l'œil fixe, les autres relevant le front, les yeux en feu. [...] Les visages sont fermes et résolus avec une sorte de fureur. »

À l'arrière, Napoléon III et le maréchal Le Bœuf semblent être restés totalement passifs. Dans la nuit du 6 au 7 août, Napoléon III s'est rendu à la gare de Metz dans l'intention de partir pour la frontière se placer à la tête des troupes ; puis il est rentré à la préfecture, abattu et incertain, laissant la retraite s'opérer.

Dans toute la Lorraine, les bruits les plus contradictoires circulent. Des événements graves se sont passés aux frontières. Lesquels ? Le témoignage du général du Barail, qui forme à Lunéville son régiment de cavalerie, montre bien les incertitudes initiales, la rapide désorganisation des services, la pagaille qui règne sur les voies ferrées, dans les administrations, le passage des premiers blessés et des premiers groupes de fuyards. Il raconte : « Isolé à Lunéville, sans nouvelles, sans ordres, ne disposant encore que de deux régiments et d'un seul escadron du 3e, j'étais dans une anxiété facile à comprendre et je cherchais à me renseigner par tous les moyens. Le 6, je dînais chez le sous-préfet de

Lunéville qui me dit : " Il a dû se passer un événement considérable, car aujourd'hui le télégraphe n'a cessé de fonctionner toute la journée. " Je cours à la gare, avec le général Margueritte et mon aide de camp. J'interroge le chef de gare ; je vois un homme embarrassé, troublé par l'idée de se compromettre en répandant de fausses nouvelles. Je le presse. Je lui fais comprendre l'intérêt que j'ai à tout savoir, même les fausses nouvelles. " Eh bien ! me dit-il enfin, mon général, puisque vous l'exigez, voici ce que j'ai entendu dire, sans pouvoir le garantir : on assure que le maréchal de Mac-Mahon a perdu une grande bataille, dans la forêt de Haguenau. On assure même qu'il est tué ou dangereusement blessé. " »

Le lendemain, c'est la confirmation de la nouvelle, et les régiments de cavalerie reçoivent l'ordre de gagner Saint-Mihiel par Nancy. « Je prescrivis le départ pour midi, et j'allai d'abord conduire à la gare ma femme qui m'avait accompagné à Lunéville, afin de rester auprès de moi jusqu'au dernier moment. Le service des trains était déjà désorganisé ; il n'y avait plus d'horaire. On attendait des convois de blessés. On formait des trains militaires pour aller chercher le grand parc d'artillerie. [...] Sur la route de Nancy, les populations me parurent tristes, inquiètes, abattues. »

À peine est-il arrivé à Saint-Mihiel qu'un nouvel ordre du général Lebrun, adjoint du maréchal Le Bœuf, l'invite à rejoindre Metz dans les plus brefs délais. C'est dans ces conditions que Barail et ses cavaliers vont partager à Metz le destin de l'armée du Rhin.

Premières réactions

L'annonce des premières victoires prussiennes et de l'entrée des troupes allemandes en France est une surprise à l'étranger. En France, c'est la stupeur. On tombe de haut !

Les Parisiens sont d'autant plus dépités que, le 6 août, le bruit a couru d'une victoire de Mac-Mahon. « On s'agite, on s'informe, on se félicite, les gens pavoisent. » Le lendemain 7 août, Émile Ollivier, qui a retenu quelques heures les informations fatales, ne peut cacher longtemps la douloureuse vérité : une double défaite en Alsace et en Lorraine. Touchée dans son orgueil et sa fierté, la population rend Napoléon III et les siens responsables de ces revers. Des troubles éclatent dans la rue. Ils sont vite réprimés, mais c'est un frémissement annonciateur d'événements plus graves. Ces premières défaites font l'effet d'une douche froide. L'optimisme et la certitude de triompher sont ébranlés. Les adresses des conseils municipaux, des conseils généraux exprimaient une foi naïve dans la supériorité française. On sous-estimait l'armée prussienne. Cependant, on pense que l'accident sera vite réparé.

La régente Eugénie réunit le Conseil des ministres auxquels se joignent les présidents des deux Chambres, Schneider et Rouher, les membres du conseil privé et le général Trochu jusque-là sans commandement. On demande que l'empereur abandonne le commandement de l'armée et on suggère le nom de Bazaine pour le remplacer.

Le sort de Napoléon III préoccupe Émile Ollivier qui voudrait faire revenir l'empereur à Paris. Les burgraves du régime sont d'avis contraire et Eugénie les approuve. Un Napoléon ne peut rentrer dans sa capitale que victorieux. Dans l'esprit de l'impératrice, le cabinet Ollivier est condamné. Depuis plusieurs jours, les bonapartistes autoritaires – Jérôme David et Clément Duvernois – font son siège. Les républicains ironisent « sur le cabinet de la honte et de la défaite ». Devant le Corps législatif, qui se réunit le 9 août, Émile Ollivier est attaqué de toutes parts ; il sent qu'il a perdu la confiance des parlementaires et que l'entourage de la régente pousse à son départ. Il est découragé et démissionne. Ainsi s'achève sans gloire l'expérience de l'empire libéral.

C'est l'impératrice, conseillée par Eugène Rouher, président du Sénat, qui forme le nouveau gouvernement. L'empereur a été tenu à l'écart. En moins d'un mois, il a été dépouillé de ses pouvoirs. Les ministres d'Ollivier sont tous éliminés et remplacés par des bonapartistes autoritaires dont les plus connus sont Jérôme David et Clément Duvernois. L'homme clé de la combinaison est un vieux général de soixante-quatorze ans, Cousin-Montauban, qui avait participé à l'expédition de Chine en 1860. À son retour, il avait été fait comte de Palikao et c'est par ce nom que le désignent les contemporains. Palikao cumule la présidence du Conseil et le portefeuille de la Guerre, éliminant le maréchal Le Bœuf. Pas plus que ses collègues il n'a une expérience sérieuse des affaires. Son cabinet représente uniquement les bonapartistes autoritaires dévoués à l'impératrice. Il n'a pas d'assise solide dans le pays. A-t-il l'énergie nécessaire et surtout l'autorité requise pour redresser une situation compromise ? On peut en douter. Dans l'immédiat, il doit affronter une vigoureuse offensive parlementaire des républicains. Ceux-ci réclament à corps et à cri l'armement immédiat de la garde nationale de Paris et des gardes nationales sédentaires qui sont en cours de rassemblement dans les départements. Affirmant que la nation armée est invincible, les républicains exigent que l'on distribue des fusils à la population. L'un d'eux, le futur ministre Ernest Picard, prophétise : « Nous aurons en huit jours cinq cent mille soldats exercés ! »

Palikao arrive aux affaires dans des circonstances délicates : commandement des armées défaillant, menace d'invasion allemande, stupeur des Français auxquels on avait laissé entendre une victoire facile. Il est vite débordé par l'avalanche des mauvaises nouvelles et la fragilité croissante de son assise politique. Ses premières mesures sont dictées par l'urgence : cours forcé des billets, création d'un comité de défense, préparation de Paris à un siège éventuel, achat d'armes à l'étranger, appel sous les drapeaux des célibataires ou veufs de vingt-cinq à trente-cinq ans. On rétablit la garde sédentaire, on accélère le rassemblement de la garde nationale mobile. Les Saint-Cyriens sont nommés sous-lieutenants et envoyés dans les dépôts.

Dans la presse républicaine on proclame la patrie en danger et on lance le slogan « Aux armes citoyens ! ». *La Marseillaise* fournit la réponse naturelle, logique, aux difficultés de l'heure. Partout se pose le problème du commandement. L'empereur Napoléon n'est plus en mesure de l'exercer. Citons quelques phrases du journaliste avancé Edouard Lockroy qui adresse de Boulay (Moselle) au quotidien *Le Rappel* les lignes suivantes : « J'ai vu pleurer des officiers. J'ai vu pleurer des soldats. Mais faut-il se décourager ? Non ! Nos défaites ont démontré la supériorité de l'armée française. Supériorité incontestable! Il nous faut un général. Un général et les Prussiens seront refoulés. [...] Un général, n'importe lequel, un général qui commande en chef!» Le nom de Bazaine est sur toutes les lèvres, il est populaire dans l'armée et les républicains l'acceptent. Même Mac-Mahon conserve sa réputation, on écrit que son armée est «plus forte qu'avant l'échec» et on parle de son «admirable retraite».

Pendant ce temps, les opérations maritimes suivent leur cours et l'escadre commandée par l'amiral Bouet patrouille au large des côtes prussiennes de la Baltique. En France, une rivalité oppose le ministre de la Marine et le prince Napoléon Jérôme qui revient d'une croisière sur les côtes de Norvège (à laquelle avait participé Ernest Renan) et qui prétend contrôler l'expédition. Le ministre refuse d'être subordonné au prince et ces conflits entravent quelque peu les préparatifs. Le 7 août, un groupe de huit navires dont sept cuirassés quitte Cherbourg sous le commandement de l'amiral Fourichon. Il arrive le 12 dans les parages de l'île d'Héligoland, alors anglaise. Fourichon bloque les ports de Brême et de Hambourg et patrouille en mer du Nord. Il n'ose engager une action contre le port prussien de Wilhelmshaven car il manque de cartes et de moyens d'interventions. À l'annonce des victoires prussiennes, les Danois, jusque-là dans l'expectative, sont confortés dans leur neutralité. Quant au gouvernement impérial, confronté à un terrible manque d'effectifs, il décide d'abandonner le projet de débarquement. Le 8 août 1870, le ministre de la Marine, l'amiral Rigault de Genouilly appelle les troupes de marine encore non embarquées à participer à la défense de Paris. La division Vassoigne (les marsouins qui combattront à Bazeilles) est envoyée à Châlons pour renforcer l'armée de Mac-Mahon. Le grand projet d'invasion maritime de la Prusse s'est évanoui. Il était moins chimérique qu'il ne paraissait au premier abord. S'il avait été sérieusement préparé et conduit, il aurait été un redoutable danger et aurait pu mettre en péril la stratégie de Moltke. À partir du début d'août, la marine française n'est plus une arme offensive. Elle maintient cependant jusqu'au début de septembre un blocus efficace des ports allemands de la mer du Nord.

En Allemagne, à l'annonce des premières victoires, c'est une explosion de joie et de fierté, parfois un véritable délire. Berlin est très animée, la ville est pavoisée, on tire 101 salves d'honneur, des groupes joyeux circulent devant le palais royal. La reine Augusta se montre au balcon pour les remercier. On se bouscule un peu pour lire les communiqués. Les journaux tirent des éditions spéciales, ils dénoncent les destructions que les Français auraient commises à Sarrebruck et insistent sur le rôle particulier du prince royal Frédéric dans la victoire de Wœrth. L'héritier de la dynastie est l'un des artisans des premiers succès militaires. Il a reçu le baptême du feu. En Bavière et dans les zones proches de la frontière française (Bade, Palatinat, Province rhénane), où, quelques jours plus tôt, on avait craint l'invasion française, c'est la même satisfaction. On tourne en dérision Napoléon III, le fauteur de guerre. On plaisante ces Français, légers, présomptueux, donneurs de leçons. Les accents vengeurs de 1813 se mêlent aux espoirs nationaux de 1848. Dans la presse on peut lire les premières revendications de l'Alsace, terre allemande.

Dans les pays étrangers, c'est un peu la surprise. Tous les pronostics sont déjoués, on croyait l'armée française plus solide. Les correspondants anglais et belges qui suivent les opérations sont assez étonnés. Le *Times* titre le 8 août : « La victoire prussienne »; l'opinion anglaise n'est pas mécontente de cet avertissement adressé à Napoléon III, le fauteur de guerre. La Belgique et la Suisse, qui pourraient être menacées par une éventuelle extension des hostilités, mobilisent pour se protéger. Les autres États sont confortés dans leur neutralité. La France est plus isolée que jamais. Les velléités de mobilisation autrichienne sont abandonnées. Quant à l'Italie, à une demande pressante d'aide française elle répond par une fin de non-recevoir (8 août).

Les raisons profondes de ces premiers revers sont plus délicates à dégager qu'il ne le semble au premier abord. On ne peut guère les imputer aux défauts de la mobilisation. L'ignorance totale des positions de l'adversaire est plus grave. Celui-ci n'est d'ailleurs pas mieux informé. Les combats s'engagent par hasard, ne sont pas vraiment conduits et s'achèvent dans la confusion. Les soldats français se battent aussi bien que les allemands, surtout l'infanterie. Mais le commandement est défaillant, les liaisons entre unités voisines inexistantes. Ni Mac-Mahon ni Frossard n'ont été en mesure de se faire épauler en temps utile. Tous deux ont pris seuls des décisions graves et malheureuses. De son côté, le commandement allemand a été surpris. Il n'avait pas vraiment voulu la bataille aux frontières; les résultats lui sont évidemment agréables mais ses projets ont été bouleversés par des initiatives imprévues. Il va falloir s'adapter à une situation nouvelle et la gérer.

CHAPITRE II

Moltke entre en Lorraine

Le 6 août, les armées allemandes s'engagent en territoire français, lentement, prudemment, assurant leurs arrières. Elles ne rencontrent aucune résistance. Moltke veut retrouver le contact avec l'armée française pour la contraindre à un combat décisif. Du côté français, après quelques jours de flottement Napoléon III abandonne le commandement en chef de l'armée du Rhin au maréchal Achille Bazaine. Nous sommes le 12 août 1870. En une semaine, autour de Metz vont se dérouler des combats imprévus qui vont faire basculer le régime de Napoléon III et décider du sort de la guerre.

La progression des forces allemandes

Les succès tactiques inespérés aux frontières laissent aux trois armées allemandes le champ libre. Elles s'avancent en territoire français.

La troisième armée, celle du prince royal de Prusse, franchit le col de Saverne. Au passage, elle essaie sans succès d'emporter la forteresse de Phalsbourg, puis elle incurve sa trajectoire vers le sud-ouest en direction de Lunéville et Nancy. D'autres unités de cette même armée, auxquelles des détachements badois viennent prêter main forte, progressent dans la plaine d'Alsace pour mettre le siège devant Strasbourg. La conquête de cette « ville allemande » aurait un immense retentissement et une signification symbolique.

Les première et deuxième armées s'avancent en Lorraine. La première, celle de Steinmetz, progresse en direction de Metz par Saint-Avold et Boulay. Un coup de main contre la place de Thionville échoue. La seconde armée, celle du prince Frédéric-Charles, marche plus au sud en direction de Pont-à-Mousson. La Moselle est atteinte le 11 août et le même jour, la voie ferrée Paris-Metz est coupée à Frouard. Le 12 août, Frédéric-Charles écrit : « Il faut couper l'armée ennemie de ses approvisionnements, de ses communications avec la France. Nous devrions cerner Metz rapidement; dans l'espace de trois à quatre jours, cela est exécutable. Si seulement je pouvais voler! [...] Une bataille ne peut plus guère avoir lieu que sur la Marne. »

Les Mémoires de Moltke, le Journal de Bronsart montrent la difficulté de la conduite des opérations. Au milieu des incertitudes, Moltke a un atout capital : un dispositif militaire qui s'articule et répond aux ordres du commandement. L'armée prussienne sait manœuvrer en territoire ennemi. Moltke se heurte à une situation confuse et insaisissable qu'il a du mal à analyser. Il ignore où se trouvent les Français, leur nombre, leurs intentions. L'espoir de les contraindre à un combat décisif sur la Sarre, puis sur la rive droite de la Moselle en avant de Metz s'évanouit. Puisque l'ennemi se dérobe, il décide de passer sur la rive gauche. Il prend le risque énorme d'allonger ses lignes de communication. Se déplacer en territoire ennemi demande de la prudence et de la vigilance. Éclairé par les uhlans, le mouvement se déroule aisément : les troupes sont disciplinées, les armées sont suffisamment éloignées pour opérer les réquisitions indispensables et cependant assez rapprochées pour s'épauler en cas de nécessité.

À une étape du gros des troupes suivent le roi Guillaume Ier, Bismarck et leurs collaborateurs. Ils sont acclamés à Sarrebruck, puis entrent en France le 11 août à Saint-Avold. Le 14, ils couchent à Herny. « J'habite, écrit Bismarck à sa femme, une maison paysanne abandonnée par ses habitants; la voisine est restée et m'a régalé avec un coq qui, deux heures avant d'arriver sur la table, était encore vivant; mes bonnes dents ont eu du mal à venir à bout de sa chair coriace. [...] Les dragons sont toujours de six à huit mille devant nous; aujourd'hui, du côté de la Moselle, entre Metz et Nancy, se déroule une grande bataille. » Le 16 août, ils arrivent à Pont-à-Mousson. Bismarck rapporte : « Les gens me prennent ici pour un chien sanglant. Les vieilles personnes, quand elles entendent mon nom, tombent à genoux et me prient de leur garder la vie; Attila était un agneau par rapport à moi. »

La fuite précipitée des soldats de Mac-Mahon et de Failly par Saverne, Lunéville, Nancy, Neufchâteau, surprend les civils et provoque des phénomènes de panique. Nancy, ville ouverte, est rapidement menacée. Le directeur du journal catholique *L'Espérance* s'en remet à Dieu : « Dieu, protège la France! C'est le cœur navré, les larmes aux yeux que nous transmettons à nos lecteurs les tristes nouvelles arrivées depuis 24 heures. Nos héroïques soldats ont été réduits à se retirer devant les masses énormes que partout l'ennemi leur opposait... » (6 août 1870). En quelques jours, c'est la débandade : « Le dimanche 7 août, un premier convoi d'ambulances arrivait à Nancy, c'était les glorieux blessés de Reichoffen! Ce fut pendant trois jours un lamentable défilé. La ville se remplit de turcos, de zouaves, de fantassins; tous allaient, isolés, au hasard, devant eux. [...] Le 10, les derniers soldats français évacuent la ville... » La Compagnie de l'Est évacue une centaine de locomotives et la plupart des wagons. Sur ordre militaire, on détruit le télégraphe. Un témoin indigné rapporte : « Nancy se trouve séparée de la France, sans dépêches, sans journaux, avec les fusils de ses pompiers et les épées des sergents de ville, livrée à l'inconnu. » Dans son journal, Louis Lacroix, professeur d'histoire à la faculté des Lettres, note : « Le désarroi officiel est plus grand que jamais, tout achève de se désorganiser; l'évacuation s'exécute avec une précipitation qui la fait ressembler à une grande panique » (11 août). À Toul, où on craint un siège, « beaucoup de familles quittent la ville; les derniers trains vers Paris sont encombrés de fuyards... ». Le 12 août, Nancy est occupée sans combat.

Les Français de l'Est – Alsaciens, Lorrains, Champenois – subissent l'invasion et l'occupation ennemie. Comme aucune résistance armée ne vient les gêner, les Prussiens sont corrects dans la mesure où leurs exigences matérielles

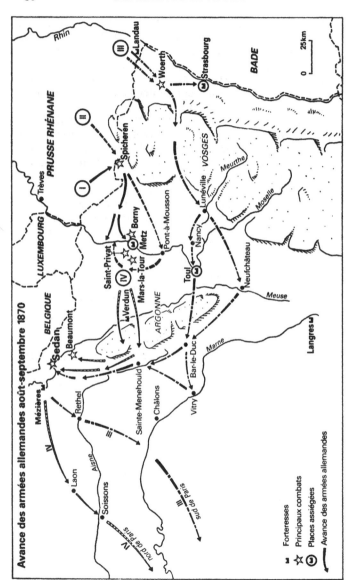

Avance des armées allemandes août-septembre 1870

sont à peu près satisfaites. L'occupation de Sarreguemines s'est effectuée, pourrait-on dire, en douceur. Au début de l'après-midi du 7 août, un jeune lieutenant prussien, von Koenig, est venu constater le départ des troupes françaises; il s'est fait conduire auprès du maire pour lui demander de faire enlever les barricades qui fermaient le pont de la Sarre et de préparer des vivres pour les troupes d'occupation. Sachant l'arrivée des Prussiens imminente, le sénateur-maire de Geiger accepte ces conditions et calme quelques-uns de ses administrés qui voulaient résister. En fin d'après-midi, les troupes prussiennes occupent pacifiquement la ville. Le lendemain, vers 13 heures, le prince Frédéric-Charles entre « musique en tête »; il établit son quartier général au café de Paris et au tribunal. La ville est « obligée de lui fournir 40 bouteilles de champagne et de bordeaux... » Dans les gares de Sarreguemines et de Forbach, les Prussiens saisissent une quantité considérable de vivres, de munitions et de matériel divers que l'intendance avait entreposés en prévision d'une offensive en Allemagne, et qu'elle n'avait pu réexpédier à l'arrière.

Colportés par les fuyards et les unités en retraite, d'inquiétantes rumeurs se répandent à propos des Prussiens avant même qu'ils soient apparus. Ce ne sont pas des soldats mais des barbares, qui violentent, détruisent, brûlent. Mille faits viendront ultérieurement confirmer ces craintes. Une armée en pays ennemi vit sur l'habitant, elle réquisitionne, elle rançonne, pille et, parfois sans raison, tue. Il est du devoir de l'historien de relever les exagérations et les bobards dont le plus répandu a été l'arrivée, derrière l'armée, d'une masse de civils, d'immenses files de voitures, « des nuées de gens en blouse prêts à tout prendre et à tout emporter ». Un journaliste affirme péremptoirement : « Ce peuple d'affamés se rue au repas immense. C'est farouche, la venue de ce fleuve humain. » L'abbé Risse, « le saint Vincent-de-Paul de Metz » envoie à l'un de ses amis parisiens, en date du 17 août, cette lettre étonnante : « Ah! bon père, priez pour nous et pour la France. On dirait des hordes de barbares qui envahissent le territoire et c'est presque une guerre d'extermination!!! Quelle cruelle nécessité que la guerre! Ah! comptons sur le bras du Tout-Puissant et sur le puissant crédit de la Très

Sainte Vierge. Elle sauvera son pays privilégié! On dit que
ces hérétiques ont, dans un village, coupé la tête à une statue
de la Très Sainte Vierge et l'ont remplacée par une tête de
vache. Jésus vengera l'honneur de sa mère outragée! »
Toute guerre sécrète ses propres légendes; en 1939-1940, on
évoquait à tout propos les méfaits de la « cinquième
colonne ». Une population dérangée dans ses habitudes, ter-
rifiée par l'invasion, privée d'information est toujours prête à
accueillir les rumeurs les plus folles dès qu'elles paraissent
authentifiées par un témoin oculaire. 1870 a fourmillé de
rumeurs et de fausses nouvelles. Celles-ci sont les premières,
il y en aura beaucoup d'autres.
    La retraite de l'armée française impose la mise en
défense rapide des places fortes de Phalsbourg, Toul,
Thionville et Metz. Partout, les officiers qui prennent leur
commandement trouvent une situation préoccupante. Le
général de Cissey, qui arrive à Thionville le 21 juillet pour
se placer à la tête de sa division, est frappé par le désordre
et l'indiscipline. Il est ballotté par des ordres contradictoires. Le commandant de la place, le colonel Turnier se
retrouve, après le départ de l'armée vers la frontière, « plusieurs jours sans un homme »; il lance des appels désespérés
et finit par recevoir 1 500 jeunes soldats et des gardes
mobiles dont une partie ne savait pas se servir d'un fusil!
Metz doit jouer un rôle essentiel. Napoléon III a nommé
gouverneur de la place un officier du génie âgé de cinquante-neuf ans, Coffinières de Nordeck. Ce bon technicien était arrivé à Metz le 9 juillet où le ministre l'avait
envoyé dès cette date examiner les mesures à prendre en
cas de guerre. Ce n'est ni un homme de ressources ni un
homme de caractère. Il est gêné par la présence dans la
ville du souverain, des maréchaux et d'officiers ayant un
rang hiérarchique supérieur au sien. Il doit composer avec
la municipalité que dirige Félix Maréchal et la garde
sédentaire messine qui se forme et demande à servir sur les
remparts. Les travaux en cours depuis deux ans sont loin
d'être achevés. Si « le corps de place » était dans un état
satisfaisant et pouvait résister à une attaque surprise, les
forts extérieurs en construction étaient loin de posséder,
selon la formule pudique d'un général du génie, « la consis-

tance que doivent avoir les ouvrages de fortifications permanentes ». Relisons quelques dépositions au procès Bazaine : le fort de Saint-Privat « n'était qu'un tas de terre » ; à l'intérieur de celui de Queuleu « marchaient encore les voitures de l'entrepreneur ; on achevait de masser le cavalier ; sur l'un des fronts, il y avait deux grandes brèches par où passait la voie de chemin de fer servant à l'entrepreneur pour amener ses matériaux aux forts ». En revanche, les forts de Plappeville et de Saint-Quentin étaient presque achevés : escarpes et contrescarpes terminées, fossés creusés, casernements habitables moyennant quelques aménagements ; Saint-Quentin, très profondément creusé dans le roc et protégé par Plappeville, occupait une position dominante et ses canons balayaient la vallée de la Moselle jusqu'à Ars. Devant l'imminence du danger, on hâte les travaux, on découvre soudain qu'une partie des ouvriers employés sont de nationalité prussienne ! On les expulse et on les remplace par des paysans des environs. Parmi les multiples dépositions au procès Bazaine, celle du maire de Plappeville, Vianson, est tout à fait éclairante : « Les pièces de canons se trouvaient dans les cours, aucune n'était en place. Le 26 juillet, le capitaine du génie, qui se trouvait alors le seul habitant du fort de Plappeville, vient nous trouver pour nous demander de l'aider. Je fis appel aux habitants du village qui ont créé les embrasures, fait des plates-formes et mis en batterie des pièces du fort. » Désormais, chaque minute compte. Coffinières décide l'armement des forts, la libération des zones de servitude, le rassemblement d'approvisionnements pour six mois. Sa tâche est presque insurmontable tant, en quelques jours, la situation s'est détériorée : les environs sont encombrés des unités de l'armée du Rhin qui ont reflué ; les habitants des villages placés sous les canons des nouveaux forts, saisis de panique, se réfugient en ville, poussant leurs bêtes devant eux, ce qui augmente de 20 000 le nombre de bouches inutiles. On a reproché ensuite à Coffinières de les avoir laissé entrer. Le 11 août, les communications ferroviaires normales avec Paris sont coupées à Frouard. La ligne du nord, par Thionville et Mézières, permet encore un trafic minimum. Jules Claretie, qui revient de la frontière, trouve une atmosphère très dégradée : « Comme elle a changé la pauvre ville! L'attaque approche, l'ennemi vient; Metz est grave, recueillie et sombre. On a détaché du fronton des maisons et des balcons les drapeaux officiels qui frissonnaient par les jours de soleil. L'oriflamme arboré au sommet de la cathédrale pend, tristement battu par la pluie. On abat les grands arbres sur les routes. Autour de Metz, les demeures se vident et les usines se taisent. [...] On charge sur des voitures de foin, sur des voitures à bras, les lits, les chaises, la vaisselle et surtout les chers objets muets qui sont des souvenirs. [...] Tout fuit. »

Bazaine, commandant en chef

Depuis son arrivée à Metz, Napoléon III n'a guère quitté la préfecture où il se terre. C'est là qu'il a appris les défaites aux frontières. Selon le journal du général Castelnau, l'un de ses aides de camp, c'est le 6 août vers 14 h 30, qu'est arrivé un télégramme laconique de Mac-Mahon : « On bat en retraite, je me sauve. » Il est bientôt confirmé par d'autres : « Mac-Mahon en retraite! » Vers le soir, le souverain a confirmation de la déroute. En Lorraine, l'issue du combat de Forbach reste incertaine; le lendemain matin, on sait à quoi s'en tenir. Napoléon III, dominant ses souffrances, envisage d'aller se placer à la tête de l'armée. Il se rend à la gare, se ravise, revient à la préfecture et donne l'ordre de concentration sur Metz puis de repli de l'armée sur Châlons. À Paris, on est en désaccord : Metz doit être le centre de résistance. Napoléon III cède. Il est abattu et en proie à de vives douleurs. Le 8 août, il laisse échapper : « Je souffre trop, je n'en puis plus [...] laissez-moi. » Le 9 août, il pousse jusqu'à Faulquemont, puis revient. Le maréchal Canrobert et les généraux Changarnier et du Barail sont arrivés à Metz. Son entourage le presse d'abandonner le commandement de l'armée. De Paris, l'impératrice appuie dans le même sens. Le nom du maréchal Achille Bazaine est sur toutes les lèvres. Le 12 août, Napoléon III se résigne à abandonner le commandement en chef de l'armée du Rhin entre les mains de Bazaine; c'est une abdication de fait. Ce jour-là, on apprend à Metz l'occupation de Nancy par les Prussiens et un brillant fait d'armes des chasseurs d'Afrique du général Margueritte, qui ont délogé de Pont-à-Mousson une avant-garde prussienne. Mais aucune unité française n'occupe cette petite ville. Les Prussiens reviennent et trouvent le pont sur la Moselle intact. Personne n'a donné au génie l'ordre de le faire sauter. Incroyable négligence!

La prise de commandement de Bazaine semble bien accueillie au sein de l'armée. En réalité, ceux qui le connaissent et l'ont vu de près au Mexique et depuis une quinzaine de jours savent à quoi s'en tenir. Mais ils gardent le silence. Le général Ladmirault se serait exclamé : « Nous sommes perdus! » Les réflexions du général de Cissey, dont le nom avait été envisagé pour les fonctions de chef d'état-major, sont à cet égard révélatrices. Napoléon III impose à Bazaine le général Jarras, un général courtisan jugé sans indulgence par ses pairs et qui ne manifestera pas à ce poste essentiel plus d'aptitude que son prédécesseur Le Bœuf. Auprès de Bazaine, un homme peu connu joue le rôle d'éminence grise, c'est le colonel Napoléon Boyer; il est le confident, le conseiller, l'homme des missions obscures. On le découvrira bientôt. Dans l'immédiat, la nomination de Bazaine est saluée par des commentaires flatteurs. Même les députés de l'opposition républicaine l'avaient recommandée! Les appréciations dans la presse parisienne et de province sont favorables. On peut lire dans *Le Journal d'Indre-et-Loire* : « L'armée est commandée par un soldat qui a fait toutes les guerres et dans lequel la France peut avoir confiance » (14 août). Bazaine est brave, courageux, il n'a pas peur du danger et n'hésite pas à se mêler à la bataille. Cela suffit à le rendre populaire. *Le Progrès* de Lyon affirme : « L'armée a confiance dans le maréchal Bazaine » (16 août). Un jeune sous-lieutenant, frais émoulu de Saint-Cyr, et qui s'est battu à Wissembourg note à son passage à Nancy : « Des blessés qu'on transporte; des traînards; tous les corps confondus; des régiments sans officiers; des officiers sans soldats et ce je ne sais quoi d'indéfinissable, le deuil et la rage, un voile de douleur enveloppant le pays » (15 août 1870). Il arrive au camp de Châlons le 19 août : « Deux choses me font plaisir : le réveil de la France et la nomination de Bazaine [...] un vrai chef d'armée... »

Bazaine se trouve placé à la tête d'une armée de 175 000 hommes (16 divisions d'infanterie), 40 000 chevaux (6 divisions de cavalerie) et plus de 500 pièces d'artillerie de campagne. Ses troupes se composent des IIe corps (Frossard), IIIe corps (Decaën), IVe corps (Ladmirault), VIe corps (Canrobert), auxquels s'ajoute la Garde impériale commandée par le populaire Bourbaki.

En quelques jours, Napoléon III a été dépouillé de ses pouvoirs politiques et militaires. Comme on lui a interdit de revenir à Paris, il décide de gagner le camp de Châlons. Mac-Mahon est en train de se replier et Bazaine doit venir les y rejoindre quelques jours plus tard. En effet, le dernier ordre donné par Napoléon à Bazaine a été d'assurer le repli de l'armée du Rhin sur Châlons afin de couvrir en priorité la capitale. En raison de l'avance ennemie, seule la direction de Verdun reste libre. Or, en 1870, il n'y a pas de voie ferrée Metz-Verdun. L'armée du Rhin devra donc faire retraite à pied. L'opportunité de cette décision pouvait être discutée. Certains pensaient qu'il valait mieux livrer bataille sur place et rapidement car, à l'exception du corps de Frossard, les autres unités n'avaient jamais été engagées. Une nouvelle retraite fatiguerait inutilement les soldats et affaiblirait leur moral. En revanche, d'autres approuvaient l'empereur, estimant qu'il fallait obliger l'ennemi à allonger ses lignes de communication pour l'éloigner de ses bases et préparer un affrontement décisif du côté de Châlons avec la supériorité numérique. Personne n'envisageait que l'armée du Rhin devait se laisser enfermer dans Metz. Si la place pouvait, grâce à l'artillerie de ses forts, apporter un appui tactique, elle n'était ni équipée en matériel ni pourvue de vivres pour entretenir une armée de 150 000 hommes venus s'ajouter aux 20 000 de la garnison ordinaire et aux 70 000 de la population civile.

Bazaine est probablement hostile à l'ordre impérial. Il se garde toutefois de le laisser paraître. Il doit encore compter avec Napoléon III qui, sur la route de Verdun, s'est arrêté à Longeville-lès-Metz. Par sa seule présence, l'empereur hypothèque la liberté d'action du commandant en chef. Celui-ci donne enfin l'ordre, le 14 août, d'exécuter le mouvement sur Verdun. Le passage de la Moselle est contrarié par une crue subite de la rivière. Des ponts de bateaux sont emportés. Le génie est si lent à les réparer que plusieurs unités doivent transiter par les rues étroites de Metz et prennent du retard.

Pendant ce temps, les avant-gardes de l'armée Steinmetz s'approchent à quelques kilomètres des forts détachés de Metz. Elles ont reçu l'ordre d'observer l'adversaire et de se tenir sur une position strictement défensive. Mais au début de l'après-midi du 14 août, le général prussien von der Golz prend l'initiative d'attaquer, près des villages de Colombey et de Borny, des unités françaises en retraite. Comme à Spicheren, un général de division a engagé le combat de son propre chef sans en référer à son supérieur hiérarchique. Quand le général Steinmetz, commandant de la première armée, apprend que des unités ont sérieusement accroché les Français, il s'écrie en colère : « Une bataille, ce n'est pas possible ! Je n'en ai pas donné l'ordre ! » Les combats se poursuivent et il faut engager des unités nouvelles. De son côté Bazaine, averti, s'est porté sur le champ de bataille et il a fait revenir plusieurs unités ; il est même contusionné par un éclat qui bouscule son épaulette gauche. Jusqu'à la nuit, les combats font rage. Les Allemands se retirent alors au-delà de la portée des obus du fort de Queuleu. Ils ont le sentiment d'avoir remporté un succès tactique, les Français aussi. Bazaine croit avoir repoussé les Prussiens. Il est vrai que les troupes françaises se sont bien comportées. Napoléon III félicite le maréchal « pour avoir rompu le charme ». Des deux côtés, les pertes sont lourdes, Steinmetz le reconnaît : « Nous avons eu de grosses pertes ; nous avons acheté la victoire trop cher. » Le général français Decaën (IIIe corps) est blessé mortellement. L'avantage allemand n'est pas sur le terrain ; il est ailleurs : la retraite française sur Verdun est retardée par cet accrochage. Pendant ce temps au sud de Metz, la seconde armée, celle de Frédéric-Charles, peut poursuivre sa progression sans être inquiétée. L'échec tactique allemand est donc plus que compensé par cet avantage stratégique.

La poursuite : Rezonville-Mars-la-Tour

Moltke sait maintenant où est le gros de l'armée française. Les informations dont il dispose lui confirment qu'elle est passée sur la rive gauche de la Moselle et se dirige vers Verdun. En conséquence, il fait donc franchir le fleuve aux siens, décision audacieuse qui bénéficie d'une chance extra-ordinaire. Aucune unité française ne lui barre la route. Dans la confusion, le génie français avait négligé de faire sauter les ponts sur la Moselle au sud de Metz. Moltke établit son poste de commandement à Pont-à-Mousson. Pendant que les troupes de Frédéric-Charles franchissent sans encombre la rivière, des groupes de uhlans s'avancent déjà en éclaireurs sur le plateau, recueillant de précieux renseignements.

On en signale à Gorze, Corny, Novéant, Ancy. Le témoignage du vigneron Ferdinand Guépratte, futur maire d'Ancy-sur-Moselle, est très précieux. Le 14 août, vers 4 heures du soir, un groupe de uhlans, « le pistolet au poing, traverse les rues de la localité du côté ouest ». Le lendemain matin, 15 août, vers 8 heures, « une reconnaissance de sept uhlans, venant également de Novéant, passe sur la route et se dirige vers Ars. Vis-à-vis d'Ancy, un jeune étourdi leur jette des pierres et s'enfuit. Les soldats le poursuivent, mais il leur échappe en traversant une ruelle. Les uhlans croient qu'il reste dans la maison longeant cette ruelle [...] ils y entrent ; ils mettent le feu puis se retirent. [...] Le tocsin fut sonné pour appeler les habitants à combattre l'incendie. Mais deux escadrons, l'un de dragons, l'autre de uhlans arrivent au galop et tirent sur ceux qui manœuvrent la pompe. Ceux-ci se sauvent précipitamment. Les soldats ennemis, rendus furieux par le tocsin, et s'imaginant qu'on appelait les Français, mirent le feu à huit autres maisons, entre autres celles du maire et de l'adjoint. [...] Ils se retirèrent emmenant le curé, l'accusant d'avoir sonné la cloche... »

Le même jour, à quelques kilomètres de là, l'armée du Rhin reprend son mouvement sur Verdun. Bazaine peut utiliser trois routes : au nord, celle de Briey, au centre celle d'Étain, au sud celle de Gravelotte-Mars-la-Tour. Au lieu de répartir ses unités entre les trois pour limiter les encombrements, il décide, à la suite d'une information erronée indiquant que les Prussiens auraient coupé la route de Briey, de faire passer toute l'armée par celle de Rozérieulles à Gravelotte. Cette décision entraîne une pagaille indescriptible. Des corps sont séparés et beaucoup d'hommes perdent leur unité. Parmi les témoignages, retenons celui du général de Ladmirault : « Il y avait d'abord – je le sais par des reconnaissances qui ont été faites par mes aides de camp car, moi je ne suis pas allé dans le ravin de Lessy – un équipage de ponts qui s'étendait sur une distance considérable car la route n'est pas large. C'était une route d'intérêt commun qui n'était pas pavée partout. On y rencontrait de tout, des bagages de tous les corps, même de l'artillerie et il me serait impossible de dire à quel corps elle appartenait. Il y avait jusque de la réserve. Enfin! Toutes les armes étaient représentées et la route était encombrée d'impédiments appartenant à tout le monde. »

L'armée française en mouvement s'étire sur une vingtaine de kilomètres; des unités campent déjà à Rezonville tandis que d'autres cheminent encore le long de la Moselle et dans le val étroit de Génivaux.

Moltke, qui a l'impression d'avoir rejoint le gros de l'armée française, n'envisage ni une attaque immédiate de Bazaine ni un encerclement de Metz. D'ailleurs, les moyens d'attaquer lui font défaut : une partie de l'armée Steinmetz se tient sur la rive droite pour surveiller Metz, la troisième armée est entre Nancy et Toul, des détachements de cavalerie atteignent Commercy le 16, les réserves sont à deux jours de marche. Lancer l'armée du prince Frédéric-Charles contre Bazaine serait suicidaire. Celui-ci reçoit la directive de marcher du sud-est vers le nord-ouest en parallèle avec Bazaine jusqu'à la Meuse. Là, Moltke pense pouvoir engager cette fameuse bataille décisive. Le hasard donne bientôt aux opérations un tour inattendu et nouveau. Le 16 août s'engage, à l'initiative du général prussien Alvensleben la bataille de Rezonville-Mars-la-Tour. Comme celle de Borny deux jours plus tôt cette bataille n'a pas été voulue ni par l'état-major prussien ni par Bazaine. C'est pourtant l'une des plus importantes de la guerre.

Le théâtre des opérations s'étend à l'ouest de Metz sur une

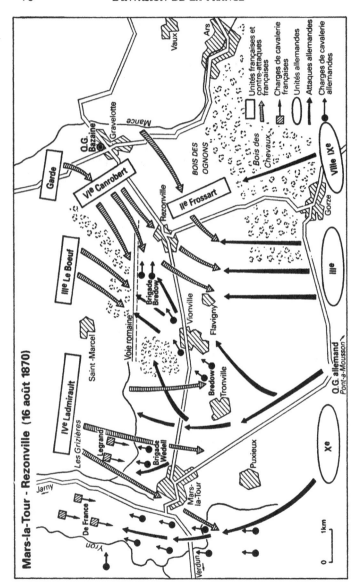

Mars-la-Tour - Rezonville (16 août 1870)

Unités françaises et contre-attaques françaises

Charges de cavalerie françaises

Unités allemandes

Attaques allemandes

Charges de cavalerie allemandes

ligne d'une vingtaine de kilomètres. La route de Metz-Verdun de Gravelotte au-delà de Mars-la-Tour peut servir de point de repère approximatif. C'est un plateau à peine ondulé d'une altitude de 250 à 300 mètres, un paysage de champs découverts piquetés de rares boqueteaux et coupés de quelques vallées sèches, des ravins disent les militaires dans le langage de l'époque. Parmi les ruisseaux qui descendent en s'encaissant vers la Moselle, le plus important est le ruisseau de Mance (où s'est déroulé, au nord-est de Gravelotte, l'un des plus sanglants combats de cavalerie). En bordure de la côte de Moselle, la couverture forestière reprend ses droits. Sous la protection du bois des Ognons, du bois des Trois Têtes, les troupes prussiennes du général Alvensleben du corps de Frédéric-Charles grimpent de la vallée de Gorze et arrivent sans être inquiétées à proximité des troupes françaises. Celles-ci sont encore au bivouac et préparent la soupe avant de reprendre leur marche. Les unités s'étirent sur la route de Verdun, des environs de Mars-la-Tour au lieu-dit le Point du Jour, au sommet de la côte de Rozérieulles. Vers 9 heures du matin, Alvensleben reconnaît la masse de l'armée française ; avec deux divisions et sans aucun ordre supérieur, il engage l'action près de Mars-la-Tour contre la brigade de Forton encore au repos, puis les combats gagnent les environs de Gravelotte. Voici le témoignage inédit du soldat Jean-Baptiste Doridant, qui campait depuis la veille à Gravelotte et dont nous avons respecté l'orthographe : « Le 16 au matin, on abbât les tentes et on fait la popote ; elle étais toute prête à manger que le canon commence a tonné et un bon coup de pied contre la marmite envoya cette pauvre popote au ven. C'est la manière de manger la soupe en campagne et en moins de cinq minutes, tout le monde étais sous les armes. Il était à peu près neuf heures et nous n'avions pas mangé. On nous fait avancer. Le régiment était en première ligne ; après une demi-heure de marche les premiers obus passe au dessus de nos têtes et le capitaine nous dit : " Mes enfants, nous avonts le bathème du feu... " »

Du côté allemand, voici le témoignage d'Hans von Kretschmann, officier dans une unité d'Alvensleben : « S'il avait obéi à l'ordre du 15 août, l'armée française aurait librement marché de Metz vers Châlons. En dépit de l'ordre reçu, il nous fit avancer jusqu'à trois heures du matin, le 15 nous avions passé la Moselle et le 16 au matin, alors que l'ennemi dort encore, nous nous présentons prêts sur son flanc. Nos premiers tirs donnent l'alerte aux Français... » Kretschmann écrit à sa femme le 19, après les victoires allemandes. Il fait un vif éloge de son chef, des mains duquel il recevra la croix de fer quelques semaines plus tard : « J'ai rarement rencontré un tempérament aussi exceptionnel que celui de notre général. Il ne connaît pas son intérêt personnel. Bien qu'il soit l'un de nos généraux le plus capable, il est d'une touchante modestie... »

L'initiative d'Alvensleben marque le début des combats. Les unités françaises sont accrochées successivement; le corps de Canrobert qui, depuis 4 h 30 du matin, attendait à Vionville un ordre de Bazaine pour poursuivre sur Verdun, est attaqué vers 10 heures; il se fortifie sur ses positions et riposte avec son artillerie. Vers midi, c'est le tour du corps de Le Bœuf; ce dernier cherche en vain sa troisième division d'infanterie qui n'est pas au rendez-vous! Une enquête ultérieure lui apprendra que cette division était restée bloquée par 300 voitures d'équipage, plus un équipage de ponts dépendant du grand quartier général. Après bien des péripéties, elle est arrivée sur le champ de bataille entre 6 et 7 heures du soir! À ce détail, on mesure la confusion.

Bazaine, qui a pris le commandement, se porte aux avant-postes; il est enveloppé par l'ennemi, son escorte réussit à le dégager. Vers midi, les Allemands coupent la route Metz-Verdun et prennent les villages de Vionville et de Flavigny. Les Français se regroupent, font face aux unités prussiennes qui arrivent les unes après les autres et bientôt, sur le plateau, une mêlée confuse fait rage. À l'ouest, Frossard, menacé, bat en retraite sur Rezonville, fait lancer les cuirassiers de la garde et des combats acharnés se poursuivent du côté de Mars-la-Tour. Les cavaliers tirés à moins de 100 mètres par les fantassins prussiens s'écrasent sur les baïonnettes; les rescapés sont pourchassés par les hussards prussiens. Frédéric-Charles, averti après le déjeuner de l'intensité des combats à Rezonville, se rend avec son état-major sur le champ de bataille. Il y arrive vers 15 heures et est acclamé par les Brandebourgeois. Les Allemands se heurtent à la résistance opiniâtre des Français qui contiennent leurs assauts. L'artillerie est efficace et les fantassins s'accrochent au terrain.

À l'aile droite, la division Cissey, qui se trouvait vers 11 heures à Saint-Privat, entend la canonnade. Elle reçoit l'ordre de se diriger vers le champ de bataille. Les hommes marchent pendant 10 km, sans halte. Près de Doncourt, ils se placent en position de combat pour prêter main forte à la division Grenier qui semble fléchir. Ils subissent d'abord un assaut de tirailleurs prussiens, puis ils doivent faire face à la charge de la brigade Wedell. Comme leurs collègues prussiens quelques heures plus tôt, les fantassins français tirent les cavaliers presque à bout portant. Ceux-ci s'embrochent sur les baïonnettes. Dans la mêlée, Cissey est renversé de cheval ; il se relève indemne et reprend son commandement. Les cavaliers prussiens ont des pertes énormes ; c'est au cours de cette charge qu'Herbert Bismarck, le fils du chancelier, est blessé à la jambe. Excités par leur succès, les tirailleurs chargent, descendent, puis remontent le ravin de la Cuve, emportent le drapeau d'un régiment prussien. Cissey voudrait poursuivre, reprendre Mars-la-Tour et dégager la route de Verdun. Il demande au général Ladmirault l'ordre d'avancer. Croyant avoir en face de lui deux armées prussiennes, Ladmirault refuse, à la grande déception de Cissey et de ses hommes. L'exploitation tactique de ce succès localisé aurait permis de repousser l'aile gauche allemande et peut-être de marquer un avantage décisif sur cette partie du front où le grand combat de cavalerie de la journée, au cours duquel le général Legrand a été tué, a donné des résultats indécis. À l'exception du lieutenant-colonel Rousset, assez critique, la plupart des historiens militaires portent une appréciation favorable sur le comportement de la division Cissey et pensent qu'une occasion a été manquée. Bazaine, il est vrai, n'a jamais porté la moindre attention à ce secteur de la bataille.

Au centre, les Allemands, qui ont reçu des renforts, lancent les cuirassiers de la brigade Bredow ; dans une charge fantastique, ceux-ci passent puis repassent les lignes françaises en subissant des pertes très lourdes ; la fine fleur

de la cavalerie prussienne est sacrifiée dans cette « chevauchée de la mort » au ravin de Gravelotte, épisode dramatique sur lequel la littérature militaire allemande a beaucoup insisté. Sur l'aile gauche, Bazaine masse beaucoup de
troupes car il redoute d'être coupé de Metz. Les divisions
allemandes affaiblies et décimées réagissent faiblement.
Alors que la nuit tombe, les Français gardent le contrôle du
champ de bataille ; ils ont même regagné du terrain sur les
Prussiens qui ont reculé dans les bois du rebord du plateau.
Les deux armées bivouaquent à quelques centaines de
mètres l'une de l'autre.

Pendant toute la durée des combats, Bazaine a disposé
d'une supériorité numérique incontestable. Vers midi environ, 35 000 Allemands sont engagés contre 50 000 Français ;
vers 16 heures, les Allemands seraient 60 000 contre 80 000
Français. En fin de soirée, Bazaine aurait disposé d'environ
140 000 hommes contre 90 000 Allemands. Le commandement allemand a eu une grande chance : Bazaine n'a pas
exploité sa supériorité numérique. Environ un tiers des soldats français n'ont pas combattu. Si Bazaine les avait utilisés,
il aurait eu des chances raisonnables de remporter un succès. D'ailleurs, les troupes engagées ont bien tenu. Alors que
le jour tombe, les Français ont remporté un avantage tactique. Lors du procès Bazaine, c'est-à-dire deux ans après les
événements, les témoignages concordent : l'impression était
plutôt positive. Voici la déposition du maréchal Canrobert :
« Nous étions maîtres du champ de bataille, par conséquent
nous étions victorieux. [...] Nous n'étions pas démoralisés, la
garde avait été magnifique ; à notre gauche, mon corps
tenait parfaitement, le corps du maréchal Le Bœuf était
reconstitué, c'était celui qui avait le moins souffert ; celui du
général de Ladmirault avait eu un succès très réel ; je crois
qu'il eût été possible de marcher en avant, mais je le répète,
je suis loin de l'affirmer. » Son collègue Le Bœuf partage cet
avis, avec une certaine prudence toutefois : « Mon impression était qu'on se battrait très probablement le lendemain,
avant de se remettre en avant. Se remettre en mouvement
dans ces conditions-là, avec l'ennemi sur le flanc gauche,
n'eût peut-être pas été très sage. »

Du côté allemand, les munitions sont épuisées, les

hommes exténués, les chevaux fourbus et sans fourrage depuis quinze heures. Dans l'immédiat, on est plutôt pessimiste. Les pertes ont été très lourdes, notamment dans la division Alvensleben et dans la cavalerie. Beaucoup de familles nobles prussiennes sont frappées. Le roi, Bismarck et leur entourage sont atterrés et pensent que l'armée prussienne a subi une terrible saignée dont elle aura du mal à se remettre. Frédéric-Charles passe la nuit à Gorze; son chef d'état-major, Stiehle, envisage de reprendre la bataille « si l'ennemi l'accepte » et si des renforts arrivent. Moltke garde son sang-froid; il accélère la marche des réserves et fait passer sur la rive gauche une partie des troupes de l'armée de Steinmetz. Dans son journal, Bronsart note : « On s'est battu à Vionville et à Gravelotte sur des hypothèses tactiques fausses; cela nous a coûté de gros sacrifices et nous avons eu une grande, très grande chance... »

Du côté français, Bazaine, qui tient le champ de bataille, ne comprend pas qu'il a un avantage relatif et qu'il faut l'exploiter. En simplifiant, trois hypothèses s'offrent à lui. La première serait de rester sur place et de reprendre le combat le lendemain en s'appuyant sur les ressources de Metz et en engageant les troupes de réserve. Dans ce cas, il faudrait abandonner, provisoirement peut-être, la retraite sur Verdun. Une telle décision – audacieuse – aurait probablement reçu l'agrément de ses subordonnés et l'appui des soldats. La seconde solution serait de profiter de l'avantage relatif pour décrocher de la place de Metz et gagner rapidement Verdun. Sans avoir discuté les avantages et les inconvénients de ces deux solutions, Bazaine prend une autre décision, qu'il avait probablement mûrie depuis quelques jours, et qui a surpris ses subordonnés comme ses adversaires : il ordonne le repli progressif de tous les corps autour du plateau de Plappeville sur une ligne allant de Rozérieulles à Amanvillers. Bazaine justifie sa décision – et il le répètera au procès de Versailles – par la nécessité de refaire ses approvisionnements et son stock de munitions.

Frédéric-Charles, qui a à peine dormi et commence avant l'aube la tournée de bivouacs, est averti de la retraite des Français. Il fait immédiatement occuper le terrain : « Maintenant seulement, nous pouvons dire que nous avons gagné la bataille », laisse-t-il tomber.

Une victoire allemande décisive : Saint-Privat (18 août 1870)

Moltke analyse la situation : Bazaine se retire vers le nord-ouest, reprenant son mouvement vers Verdun. Du point de vue allemand, c'est une décision juste. Les unités françaises qu'il aperçoit fortifiées au-dessus du ruisseau de Mance ont, pense-t-il, pour fonction de protéger la retraite du gros de l'armée de Bazaine. En conséquence, il donne comme directive à la deuxième armée de « marcher aussi vite que possible vers l'ouest ». L'idée est toujours la même : reprendre le combat avec la principale armée ennemie, l'envelopper vers le nord-ouest et l'acculer à cette bataille décisive vainement espérée.

Une fois de plus, les prévisions de l'état-major allemand ont été déjouées. Au début de la matinée du 18 août, Frédéric-Charles découvre les Français adossés au fort Saint-Quentin, dessinant un arc de cercle qui va de Rozérieulles à Sainte-Marie-aux-Chênes. Il fait donner l'artillerie et attaquer vigoureusement le flanc gauche du dispositif français. Vers 3 heures de l'après-midi, il oblige le régiment du colonel de Geslin à abandonner le village de Sainte-Marie-aux-Chênes.

Pour sa part, Moltke, qui avait donné des directives assez vagues, est avec Steinmetz sur la droite près de Gravelotte. Il se heurte aux soldats de Frossard installés sur des positions défensives et qui infligent de lourdes pertes à ses hommes. Moltke est sans nouvelle de Frédéric-Charles et ne semble guère s'en préoccuper. Quant à Bazaine, qui a établi son poste de commandement au fort de Plappeville, il reste ce jour-là éloigné du champ de bataille ; ses liaisons avec ses subordonnés sont défectueuses, il n'apprécie pas à leur juste mesure les combats qui se déroulent. « C'est une affaire d'avant-poste », aurait-il laissé tomber.

Vers 17 heures, Frédéric-Charles décide de faire porter l'effort principal sur le village de Saint-Privat où depuis la fin de la matinée, un combat d'artillerie l'oppose à Canrobert en position défensive. En avant du village, les régiments de la garde prussienne sont lancés en vagues successives à la conquête d'un espace découvert de près de 3 km où ils sont la cible des Français.

Ce moment crucial a été vécu sur le terrain par un jeune lieutenant de la garde de vingt-trois ans, Paul von Hindenburg, le futur commandant en chef de la Première Guerre mondiale. Vers 5 h 30, sa brigade est engagée : « Toute la zone autour de Saint-Privat est enveloppée par la fumée des tirs des lignes françaises. La quatrième brigade de la garde, qui n'appartient pas à notre division, s'avance au sud de la route. Contre elle se tourne toute la force de destruction ennemie. En un temps très court, cette troupe est anéantie. Nous, la première brigade, nous devions attaquer le plus tôt possible pour apporter un peu de soulagement. Rapidement il paraît impossible de passer par là. Mon commandant se porte en avant avec moi à cheval pour reconnaître le terrain et indiquer la direction de marche. [...] Un ouragan de feu se déchaîne contre nous. Cependant, il faut essayer de poursuivre le mouvement engagé. Il faut réussir à traverser la route. Au-delà de celle-ci, les colonnes se pressent en rangs serrés, font front à la ligne de feu ennemie ; elles se séparent les unes des autres pour s'élancer vers Saint-Privat et déboucher aussi près que possible de l'ennemi afin que les hommes puissent utiliser leurs fusils, inférieurs au chassepot. [...] Le sol se couvre de morts et de blessés mais la brave troupe progresse en avant, poussée par ses officiers et ses sous-officiers qui doivent être bientôt remplacés par les plus expérimentés des grenadiers et des fusilliers... » À travers le récit d'Hindenburg, on voit à l'œuvre la tactique de l'assaut frontal par colonnes. L'assaut paraît coûteux mais irrésistible. En réalité, les hommes sont massacrés pour exécuter un ordre suicidaire sur un terrain découvert et en pente. 6 000 hommes sur 15 000 engagés sont mis hors de combat en moins d'une heure. Le fameux « glacis de Saint-Privat » des écrivains militaires est le tombeau de la garde prussienne. Dans le bataillon d'Hindenburg (1 060 hommes), 17 officiers sur 36 sont tués ou blessés, plus de 300 hommes sont manquants. Dans un régiment voisin (820 hommes de troupe), 321 hommes sont présents à l'appel du lendemain. Le tir des chassepots a fait vraiment merveille !

Frédéric-Charles, qui s'est rendu compte de l'erreur, vit une heure d'angoisse terrible. Vers 18 h 30, plusieurs batteries prussiennes arrivent à se hisser sur un mamelon. Elles tirent sur Saint-Privat, ce qui soulage un peu les attaquants sans débusquer les fantassins français abrités derrière les murets de pierre des jardins. C'est l'arrivée opportune des Saxons sur la droite qui décide le commandement allemand à donner l'assaut du village de Saint-Privat. Il est environ 19 heures. Canrobert constate qu'il est sur le point d'être débordé, que ses batteries n'ont plus de munitions, qu'aucun renfort n'arrive.

Isolé, Canrobert juge qu'il ne peut plus tenir et ordonne la retraite : « Saint-Privat était en feu : cet endroit était le point de mire de toutes les batteries qui convergeaient de la gauche, de front et de la droite : l'armée saxonne avait fait son mouvement vers Roncourt, que je n'avais pu fortifier. »

Dans Saint-Privat, on se bat au corps à corps, à l'arme blanche, dans les ruelles, les maisons, le cimetière. Ce dernier épisode a été évoqué à la manière héroïque par le tableau du peintre Alphonse de Neuville. Beaucoup de Français résistent avec acharnement, se font tuer sur place ; mais, inférieurs en nombre, invités à la retraite, ils refluent en désordre. Le capitaine Mège évoque la « panique indescriptible ». « On se bat, on s'écrase. C'est à qui fuira le plus vite... » Vers 10 heures du soir, il retrouve son unité dans la vallée de la Moselle non loin de Woippy : « Nos sacs, nos campements sont perdus. Nous n'avons rien à manger ni à boire...

Les Allemands sont maîtres de Saint-Privat. Sur le reste du front, ils n'ont rien gagné. Les unités installent leur bivouac sur les lieux où elles se sont battues. Beaucoup de soldats n'ont pas mangé. Le soir tombe, le moral est assez bas. Selon la relation du septième bataillon de chasseurs à pied prussien, « personne, ni officiers ni chasseurs, n'avait la moindre idée de l'importance de la victoire acquise [...] le brouillard d'automne, le manque absolu de subsistances, l'interdiction formelle de faire du feu influaient sur le moral ».

Alors qu'à Metz, le 18 au soir, en raison de la perception de la débandade, on a l'impression d'une défaite, le commandement allemand reste dans l'ignorance de la réalité. Moltke et Guillaume Iᵉʳ apprennent les pertes élevées des régiments de la garde ; ils sont assez pessimistes et se pré-

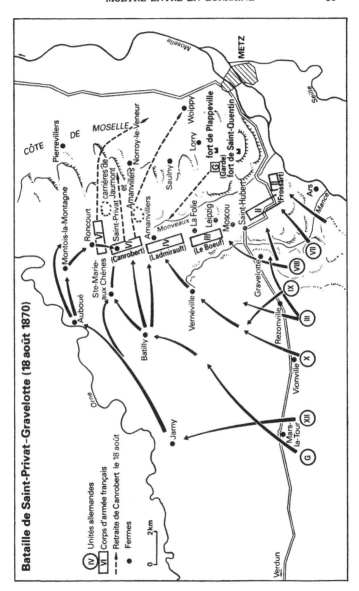

Bataille de Saint-Privat-Gravelotte (18 août 1870)

Ⓘ Unités allemandes
▭ Corps d'armée français
→ Retraite de Canrobert le 18 août
● Fermes

0 2km

parent à une nouvelle bataille. Dans la nuit et au petit matin, ils reçoivent des informations de plus en plus précises. Les Français se sont retirés, les Allemands sont maîtres du champ de bataille. C'est la victoire, victoire chèrement achetée car Saint-Privat a été le combat le plus meurtrier de la guerre de 1870. Tous les soldats ont souffert de la chaleur, de la faim et de la soif. Comme le rappelle Canrobert au procès de Bazaine : « Non seulement le soldat n'avait ni pain ni biscuit, mais il n'avait pas d'eau, il n'y en avait pas à Saint-Privat. Les soldats se sont battus toute la journée sans avoir ni bu ni mangé. » Beaucoup d'unités allemandes ont souffert un véritable martyre car certaines d'entre elles avaient marché 25 à 30 km avant d'être engagées alors que les Français les attendaient sur place en position défensive.

Une vingtaine d'années après les événements, du Barail, qui avait assisté le maréchal Canrobert et apprécié son sang-froid et son coup d'œil, raconte la retraite nocturne. Les dernières lignes sont des réflexions *a posteriori*, que seule la connaissance des événements ultérieurs de la guerre explique :

> La nuit était venue. Sous peine de compromettre la sécurité de ses troupes, le maréchal dut régulariser son mouvement de recul, et donna à tout son corps Woippy comme lieu de ralliement et de concentration. Nous écoulâmes par les nombreux ravins qui sillonnent cette partie des environs de Metz, lentement, péniblement, nous enchevêtrant dans les convois de blessés qui rentraient, relevant les voitures qui versaient leur chargement endolori et résigné dans les sentiers étroits, et craignant à tout instant de voir arriver de l'artillerie allemande qui eût transformé en épouvantable confusion cette retraite laborieuse. La brigade de la Jaille arriva, au milieu de la nuit, au Ban Saint-Martin et la brigade de Bruchard y parvint le lendemain à l'aube.
>
> Rien ne peut donner une idée du désordre qui régnait sur cette esplanade, où s'entassaient sans ordre, sans liaison, des soldats appartenant à tous les corps et à tous les régiments. Pour la première fois, le moral de ces troupes était atteint. Pour la première fois, les hommes eux-mêmes comprenaient l'inutilité des efforts et des sacrifices qu'on leur avait demandés. Pour la première fois, ils sentaient la vanité des espoirs si longtemps entretenus et, de fait, le rôle actif de l'armée du Rhin était terminé et, le lendemain de la bataille de Saint-Privat, le 19 au matin, son sort était fixé.

Du côté des Allemands, la situation est loin d'être claire. Ils ont conquis de haute lutte le village de Saint-Privat. À 18 h 30, les Allemands avaient perdu ; deux heures plus tard, ils sont gagnants. Pourquoi ? Il semble que deux éléments aient fait pencher la balance en leur faveur : la mobilité de l'artillerie de campagne et le renfort décisif des troupes saxonnes. Sur un point précis du front, l'équilibre des forces s'est renversé en faveur des Allemands. Lointain, mal informé, Bazaine a cru à des combats d'avant-poste et n'a envoyé aucun renfort. Au moment décisif, cette inertie a été fatale alors que les Allemands avaient commis des fautes tactiques graves et très coûteuses en hommes.

Le lendemain, 19 août, les résultats sont sans équivoque. Les troupes de Bazaine sont toutes repliées autour de Metz. Les Allemands remontent aisément vers le nord et contrôlent la route de Briey-Longwy. Le 20 août, ils coupent le télégraphe et la voie ferrée Metz-Thionville, et opèrent la jonction avec leurs troupes de la rive droite. Un encerclement imprévu a été mené à bien en moins d'une semaine. Le blocus de Metz commence.

Les troupes prussiennes refluent vers les villages du pays messin ; les soldats sont affamés car l'intendance n'a pas ou peu suivi. À Ancy-sur-Moselle, 10 000 Prussiens sans provisions pillent, de midi à 6 heures du soir. C'est la dure loi de la guerre. Les Français, qui disposent de troupes fraîches qui n'avaient pas été engagées dans la bataille de Saint-Privat, ne songent pas à les inquiéter. Dans chaque camp, une trêve tacite s'est instaurée ; sur le champ de bataille, on ramasse les très nombreux morts et blessés.

Le résultat des batailles autour de Metz est très mal connu dans le pays. Les dépêches adressées à Paris sur les combats de Borny et de Rezonville étaient plutôt optimistes. À partir du 19, Bazaine ne transmet plus rien. Les nouvelles qui circulent sont incertaines et invérifiables. Sur la foi d'un communiqué du ministre de la Guerre, il s'est répandu dans le pays l'un des bobards les plus incroyables de la guerre. Les journaux parisiens ont imprimé, et ceux de province ont répété pendant une dizaine de jours que Bazaine avait remporté une grande victoire et jeté les Prussiens dans les carrières de Jaumont! Or la réalité est tout autre : les Français ont bel et bien été battus, même si leurs unités n'ont pas été détruites. Il faudra connaître les informations et les reportages de la presse étrangère pour que se dégage la signification réelle des batailles sous Metz.

Bilan des batailles sous Metz

Ces batailles, dont nous venons de décrire rapidement les épisodes les plus marquants, ont été, de toute la guerre, celles où furent engagés les effectifs les plus importants; elles ont été aussi les plus coûteuses en hommes. Elles ont mis aux prises deux armées de métier, disposant de troupes solides et aguerries. À chaque fois, l'armée allemande est en position offensive et c'est elle qui manœuvre. À Borny, elle n'est pas en mesure de déborder les Français adossés sur les défenses de Metz. À Rezonville-Mars-la-Tour, elle attaque Bazaine sur le flanc gauche et en tête; elle l'oblige à accepter une bataille de flanc; à deux reprises au moins, la cavalerie prussienne cherche à rompre sans y parvenir le front français. Le 18 août, le succès est obtenu par un débordement de l'aile droite du front français et par l'artillerie de campagne, que délogent les derniers défenseurs de Saint-Privat. Les Français n'ont jamais attaqué, pas plus qu'ils n'ont contre-attaqué. Ils se tiennent sur des positions défensives et ils les conservent, à l'exception de celle de Saint-Privat. Ils n'ont jamais manœuvré, ils ont été manœuvrés. Le théâtre des opérations est constamment mouvant. Il n'y a pas de front à proprement parler, même si on emploie ce terme. Chaque bataille dure au maximum une journée et s'arrête avec la tombée de la nuit. C'est une série d'actions particulières où les combattants ont un horizon très limité. Même les commandants en chef n'arrivent pas à se faire une vue d'ensemble. À Saint-Privat, personne ne l'a eue, pas plus Moltke que Bazaine. Les reconstitutions postérieures regroupent et coordonnent des actions qui sur le terrain ne l'ont pas été. On comprend pourquoi les récits des témoins sont très embrouillés et très partiels, d'autant plus qu'ils se préoccupent principalement des faits d'armes de leur unité.

Malgré leur insuffisance et leurs erreurs, ils sont précieux car ils sont au ras de la réalité vécue : la charge de cavalerie, le déplacement d'une section de fantassins, les corps à corps à l'arme blanche, l'assaut d'une position... Voici un premier témoignage, celui de Jules Louis, un fantassin de vingt ans originaire de la région de Briey, qui s'est battu le 16 août 1870 au « Fond-de-la-Cuve », près de Mars-la-Tour (je remercie François Heller d'avoir eu l'amabilité de me communiquer ce texte inédit). « Nous voici sac au dos et formés très vite en colonnes par sections [...] nous nous mettons en marche et quittons nos abris derrière le remblai de la route pour le franchir [...] aussitôt les obus et les balles sont venus nous balayer, faisant dans nos rangs des vides cruels. [...] Lorsque enfin nous arrivâmes sur les crêtes du lieu-dit le " Fond-de-la-Cuve ", près d'une de nos batteries d'artillerie, nous prenons nos dispositions pour déployer notre ligne de bataille. [...] Nous n'avons pas eu le temps de nous déployer en tirailleurs pour ouvrir le feu. Nous avons tiré par section, les deux premiers rangs à genoux, les autres debout sur une brigade à bout portant, car il y en a qui sont tombés [des Prussiens] à dix pas de nos pieds. Mon premier coup de fusil dans cette bataille, je l'ai tiré sur un officier supérieur à cheval qui commandait " For vers " [*Vorwärts*], j'ai su après que ce commandement voulait dire " en avant ". Je l'ai sûrement tué car je suis bon tireur. Les roulements de la fusillade et des coups d'artillerie étaient assourdissants et terrifiants. Les rangs par endroits – les morts – ne tombaient plus. Ils étaient étançonnés par leurs camarades qui venaient de tomber. La fusillade durait depuis environ trois quarts d'heure avec la même furie, lorsque le commandement : " En avant ! À la baïonnette ! " retentit. Et aussitôt les clairons et les tambours se mirent à sonner une charge furieuse. Nous nous élançâmes [...] en cet instant terrible, je me heurtai contre un gros saule au fond de la vallée, derrière lequel était abrité un officier prussien en train de recharger son revolver. Il n'en eut pas le temps [...] d'un coup lancé, je lui enfonçai mon sabre-baïonnette dans le corps jusqu'à la garde. Sans le quillon, le canon de mon fusil serait entré. Mon ennemi tomba en m'envoyant un dernier regard qui n'était pas doux. C'est triste la guerre, mais il vaut mieux tuer le diable que de se laisser tuer par lui [...] nous eûmes à livrer un combat terrible, vers Mars-la-Tour à l'arme blanche tout en continuant la fusillade... » Autour de Mars-la-Tour s'est déroulé ce même soir un combat de cavalerie où près de 6 000 hommes, Français et Allemands, se sont affrontés dans une mêlée furieuse, s'entretuant presque au hasard. Le comte de La Tour du Pin-Chambly, aide de camp du général de Ladmirault, a rédigé un long récit, plus élaboré et plus littéraire que le précédent et dont voici un extrait significatif. « Le choc fut rude : les dragons prussiens poussent leur " hurrah ", déchargeant à vingt pas les mousquetons pendant à l'arçon, et aussitôt les sabres jouent chez eux au taillant, chez nous à la pointe. Les plus vigoureux de nos cavaliers, dont le général de Montaigu, fendent les rangs allemands ; mais la masse des chevaux français, petits, essoufflés, se brise contre le mur que leur oppose une troupe supérieure en stature et en cohésion [...] le général de France n'a que le temps de se jeter à l'encontre, ses lanciers à peine formés sur la gauche en bataille. Son centre perce complètement les dragons allemands, mais la gauche est prise, à cause de ses habits bleus, pour des dragons ennemis tandis que l'escadron de droite est culbuté par une colonne de uhlans qui accourait de l'ouest. Sur le flanc que prêtent à leur tour ces uhlans se jettent nos dragons de la garde et les abîment. Enfin, sur les derrières de la mêlée, arrivent du côté des Allemands des hussards puis des cuirassiers, qui ne peuvent guère y pénétrer ; de notre côté, les infatigables chasseurs d'Afrique qui s'y enfoncent en fourrageurs. Ce n'était plus un combat, mais un tumulte furieux [...] »

À la fin de la journée du 16 août, le général prussien Voigts-Rhetz lance contre la brigade Cissey les dragons de la garde prussienne. Voici le récit de la riposte du côté français : « On s'aborde, à soixante pas de distance, de chaque côté d'un petit ravin qui coupe en biais le champ de bataille ; nos soldats, après une décharge qui couche par terre la moitié des ennemis, descendent dans le ravin à la suite des débris de la brigade prussienne et engagent avec eux un combat furieux. On se larde à coups de baïonnette, on se tue à coups de revolver. L'acharnement est tel que personne, en ce moment, ne serait capable de mettre un peu d'ordre dans cette masse confuse qui s'agite, grouille et tourbillonne [...] » Le bilan de cette attaque insensée est effroyable : 22 officiers sur 47 et 208 hommes sur 651 sont hors de combat !

Il faut aussi souligner le rôle de l'artillerie de campagne. Sur ce plan, les Allemands ont souvent eu la supériorité, notamment à Saint-Privat ; au moment décisif, Canrobert a manqué d'artillerie, tous les rapports sont formels sur ce point. Donnons encore la parole au caporal Jules Louis : « Leur artillerie était plus puissante que la nôtre car, en cet instant, il nous arriva des feux de batterie qui faisaient sauter nos artilleurs de leurs pièces. J'ai vu une partie du corps d'un de ces braves camarades à bien dix mètres en l'air. Pour mon compte, j'ai seulement été culbuté et blessé légèrement. J'ai été plutôt commotionné car j'ai craché du sang bien longtemps. »

À la lecture de ces témoignages, on devine l'étendue des pertes ; beaucoup de tués, encore plus de blessés, lesquels, en raison des conditions sanitaires de l'époque, sont souvent perdus. Les descriptions des champs de bataille sont insoutenables : cadavres agglutinés ou éparpillés souvent effroyablement mutilés, agonisants qui gémissent après une nuit passée à même le sol. Les habitants des villages voisins, conduits par leurs maires et leurs curés, recueillent les blessés, creusent des fosses communes et ensevelissent, côte à côte, Français et Allemands. Ils font aussi enfouir les innombrables cadavres de chevaux qui se décomposent au soleil de l'été et qui répandent dans la campagne des odeurs pestilentielles. Plus tard, l'exaltation de l'héroïsme et de l'esprit de sacrifice a transfiguré les morts ; la réalité de ces premiers jours, de ces premières semaines, est atroce. Dans sa brutalité concise, une expression passée ensuite en proverbe résumait l'impression des témoins : « Ça tombait comme à Gravelotte ! » Les évaluations sont délicates et varient selon les sources. Les auteurs français ont souvent tendance à surestimer les pertes adverses. Du côté allemand, les chiffres du grand état-major paraissent les plus fiables. Du côté français, des dénombrements effectués par Martinien au début du siècle cernent la réalité au plus près :

	Allemands	Français	Total
Borny-Noisseville	4 906	3 608	8 514
Rezonville	15 790	16 959	32 749
Saint-Privat	20 159	12 275	32 434
Total	40 855	32 842	73 697

Au total, les batailles sous Metz ont été très coûteuses; près de 75 000 morts, blessés et disparus. C'est un chiffre considérable, bien qu'éloigné des boucheries ultérieures de Verdun et de Stalingrad. Les vainqueurs sont effrayés par l'ampleur des sacrifices. Au lendemain de Rezonville, Bismarck écrit à sa femme : « À la suite de l'attaque de cavalerie insensée ordonnée par Voigts-Rhetz, les régiments qui y participaient ont perdu la moitié de leurs officiers et le tiers de leurs hommes. Chacun d'eux a été certes un héros, mais nous n'avons aucun officier de trop si nous voulons aller jusqu'à Paris. » Hans von Krestschmann, qui s'est battu à Vionville, fait ce commentaire : « Notre belle et brave armée! Combien de vainqueurs qui ne sont plus. Dans les combats d'hier les pertes ont été cruelles. [...] Notre corps a été décimé à Vionville. » Trois jours plus tard, il poursuit : « Tu connais maintenant les pertes considérables subies le 18 par le corps de la garde, la plus grande partie des officiers blessés seront rapatriés dans la patrie. Les deux Finkenstein, Geyer, Schack, le commandant Röder, Stulpnagel, Treskow, tous sont soit tués, soit blessés. [...] La pauvre garde! Un commandement insensé lui a fait subir des pertes qui ne pourront jamais être remplacées; pour le corps des officiers, il n'y a aucun bataillon de réserve... » En une demi-heure, sur 15 000 hommes engagés sur le plateau de Saint-Privat, 6 000 sont hors de combat. C'est la première fois que se manifeste à ce point la puissance du feu.

Tirons enfin les enseignements stratégiques de ces journées. Aucun des trois combats sous Metz n'avait été ni prévu ni voulu, pas plus que la manœuvre d'encerclement. Moltke envisageait au contraire, et c'est encore son objectif le 18 août au matin, de contraindre Bazaine à un combat décisif sur la Meuse! Son collaborateur, Verdy du Vernois, note : « Je ne sais pourquoi nous avons attaqué aujourd'hui... »

Cette journée décisive du 18 août (Saint-Privat-Gravelotte) est une série de combats frontaux indépendants les uns des autres. Moltke a fait porter ses efforts sur l'aile droite (Gravelotte) alors que la décision a été obtenue à l'aile gauche (Saint-Privat). Le commandant en chef n'a pas dirigé la bataille; les vrais vainqueurs sont le prince royal de Albert Saxe et Auguste de Wurtemberg. Il ne faut pas majorer, comme on l'a fait ensuite, le rôle historique du commandement allemand. Ce jour-là, Moltke n'a pas été supérieur à Bazaine.

Comment expliquer les échecs français alors que les troupes se sont bien battues? À aucun moment, sauf à la tombée de la nuit, à Saint-Privat, elles n'ont lâché prise. Le premier élément de réponse est la négligence du génie français. En laissant intacts les ponts sur la Moselle, il a permis aux forces adverses de se déployer rapidement sur la rive gauche. Sans doute, le fleuve aurait-il été franchi de toute manière, mais moins facilement et plus lentement. Le second est l'esprit d'initiative sur le terrain du prince Frédéric-Charles et de ses généraux. Moltke a toujours laissé une grande liberté et une marge de manœuvre à ses subordonnés. C'est leur allant, leur sens tactique, parfois leur témérité folle qui ont permis d'engager des actions finalement fructueuses.

En face, Bazaine hésite, prend des décisions discutables quoique prudentes, puis se réfugie dans une inertie fatale. À ses côtés, aucun divisionnaire ne se distingue par une initiative opportune. La première faute de Bazaine est de ne pas avoir, sur le champ de bataille du 16 août, utilisé la supériorité numérique dont il disposait pour arrêter puis refouler l'adversaire. Sa seconde faute est d'avoir abandonné le repli sur Verdun en laissant les autorités politiques et militaires dans l'ignorance de ses intentions. Placer l'armée du Rhin sous la protection des forts de Metz pouvait se comprendre dans la mesure où c'était une préparation pour mettre en difficulté une armée adverse coupée de ses bases. Or cette situation périlleuse n'a pas été exploitée. Enfin, Bazaine a commis l'erreur de laisser à Saint-Privat les troupes de Canrobert sans renforts alors qu'il pouvait aisément et rapidement lui en envoyer. Par sa passivité, Bazaine a permis que l'attaque hasardeuse et presque suicidaire de Saint-Privat s'achève par un succès inespéré et devienne pour les Allemands la victoire de Saint-Privat.

Dans les batailles sous Metz, les Français n'ont été inférieurs ni en nombre ni en moyens ni en courage; ils ont été vaincus par une force adverse plus offensive, capable de prendre des risques énormes et d'exploiter à son profit leurs négligences et leurs erreurs d'appréciation.

Vers un siège de Paris

À partir du 10 août, le gouvernement Palikao, pressé par les républicains et les journaux, envisage l'éventualité d'un siège de Paris. Il faut préparer la population, faire entrer dans la capitale troupes et approvisionnements, prendre une multitude de dispositions.

Le camp fortifié de Paris est à l'époque le plus important du monde. Il a été construit dans les années 1840 sur l'initiative de Thiers qui avait arraché aux Chambres les crédits nécessaires. Il se compose d'une enceinte précédée de forts détachés (voir carte p. 194).

L'enceinte – les remparts, disait-on alors – entoure les vingt arrondissements de Paris. C'est un mur bastionné de 33 km, haut de 10 m, précédé d'une fosse de 3 m de profondeur. Les escarpes sont en maçonnerie, la contrescarpe en terre. Les portes, dont le nom est resté après la disparition des remparts, permettent d'isoler la capitale et de surveiller les relations avec la banlieue. En avant de l'enceinte s'étend un glacis et une zone de servitudes avec jardins, vergers et constructions provisoires. En arrière, un chemin de fer circulaire approvisionne les défenseurs. Cette zone des « fortifs » a été détruite après la Première Guerre mondiale et sur les terrains devenus libres on a construit des immeubles, créé des jardins et des espaces verts et ouvert le boulevard périphérique.

L'enceinte est précédée de vingt-cinq forts isolés et bastionnés qui assurent la protection avancée de la capitale. Ces forts sont armés de pièces lourdes dont les tirs se flanquent mutuellement et dont la portée moyenne est de 4 à 5 000 m.

Des ouvrages de campagne fournissent des points d'appui aux unités d'infanterie. Les lignes nord et est sont très fortes; Saint-Denis est un véritable camp retranché. Les redoutes de Saint-Maur tiennent la boucle de la Marne et s'appuient sur le château de Vincennes. Le point faible du dispositif est la ligne sud où les forts, trop rapprochés de l'enceinte, pourraient être bombardés par des batteries installées sur les hauteurs de Châtillon. Vers l'ouest, un ouvrage perché sur le Mont-Valérien (162 m) domine la boucle de la Seine et balaie le plateau de Garches en direction de Versailles.

Tel qu'il se présente en 1870, l'ensemble fortifié rend difficile une attaque de vive force. Il faudrait briser la défense des forts, c'est-à-dire amener à pied d'œuvre une importante artillerie de campagne, l'installer, la rendre opérationnelle. Au moment de la construction, cette hypothèse était impensable : les chemins de fer étaient dans leurs premiers balbutiements, la portée utile des canons lourds atteignait 3 000 m avec peine. En trente ans, les données ont changé et leur portée est passée à 6 000-8 000 m, un réseau ferré couvre l'Europe occidentale. Un bombardement de Paris ne pourrait plus être exclu si un assaillant arrivait à installer des pièces. Néanmoins, l'ensemble fortifié paraît aux yeux des spécialistes imprenable.

Les mesures préparatoires au siège sont exécutées avec plus de fébrilité et de précipitation que de méthode. Pour tenir les forts avancés, le gouvernement fait venir de Brest, Rochefort et Toulon les troupes de marine désormais inutiles depuis que l'on avait renoncé à l'expédition projetée en mer Baltique. On confie aux marins les six forts de Noisy, Romainville et Rosny à l'est, d'Ivry, de Bicêtre et de Montrouge au sud. Les pièces fixes d'artillerie sont renforcées et approvisionnées. On compte 2 500 bouches à feu dont les trois quarts rayées; 200 pièces de 12 très mobiles peuvent être déplacées et groupées selon les besoins. Les préparatifs sont coordonnés par un Comité de défense de Paris présidé par le maréchal Vaillant. Sa principale décision est de faire construire des redoutes avancées (Châtillon, Hautes-Bruyères, Montretout) pour protéger les forts du sud et empêcher l'éventuelle installation de l'artillerie ennemie sur les hauteurs d'où elle pourrait bombarder Paris. Pour occuper les positions entre les forts, le gouvernement appelle des corps spéciaux, des douaniers, des forestiers, des bataillons de gardes nationaux de province. Ces hommes affluent à Paris dans le plus grand désordre, sans qu'aucune mesure ait été prévue pour leur casernement. Pagaille, improvisation règnent en maître.

La défense des remparts proprement dite n'est pas confiée à l'armée de ligne (d'ailleurs elle ne serait pas assez nombreuse pour l'assurer), mais à la garde nationale sédentaire, c'est-à-dire aux habitants de Paris. Ceux-ci commencent à former leurs unités; ils n'ont reçu aucune instruction militaire. Les républicains exigent leur armement immédiat.

Préparer un siège, c'est aussi faire entrer des subsistances de toutes sortes et des combustibles. C'est le ministre de l'Agriculture, le bonapartiste Jérôme David, qui en est chargé. Les vivres arrivent massivement, ainsi que des animaux sur pied : 250 000 moutons et 40 000 bœufs sont parqués un peu partout, notamment aux Bois de Boulogne et de Vincennes.

Combien doit-on nourrir de personnes? Cela dépend du nombre d'habitants qui resteront à Paris. Dans les familles aisées, les femmes et les enfants sont envoyés en province, loin du théâtre de la guerre. Ce n'est pas le cas des familles populaires. Le gouvernement n'a pas envisagé l'évacuation de la population civile. Il recense les places disponibles dans les hôpitaux et prépare l'évacuation de l'hospice d'aliénés de Bicêtre sans d'ailleurs pouvoir la mener à bien.

Finalement, on fait rentrer la nourriture de 2 millions de personnes pour quarante-cinq jours. Ce chiffre est approximatif, car il va s'accroître des habitants des villages de banlieue situés dans le rayon des forts et qu'il va falloir évacuer. Loin de se vider, la capitale voit affluer des soldats, des réfugiés et des étrangers.

Étrangement, l'atmosphère reste calme. La police tient la situation en main. Une attaque contre la caserne de la Villette a été réprimée sans difficulté. Charles de Rémusat, qui arrive de province le 18, constate : « La ville avait encore son caractère accoutumé ». Il voit Thiers, qui est à la fois pessimiste – « Nous perdrons l'Alsace » – et optimiste devant

« l'état rassurant et formidable des moyens matériels de la défense ». Le maréchal Bazaine conserve la confiance du gouvernement, des républicains, des Français. L'arrivée du général Trochu nommé par Napoléon III gouverneur de Paris est plutôt bien accueillie par les Parisiens : « Énergique et actif... il est l'homme de la situation. » Le point noir est l'absence de nouvelles sûres et le laconisme des communiqués officiels intrigue : pas de nouvelles, bonnes nouvelles ? Palikao cache-t-il quelque chose ? On peut lire dans les journaux des commentaires plutôt favorables sur les batailles sous Metz. On parle de « succès qui aurait été remporté sur la rive gauche » (allusion à la bataille de Borny) mais en raison « du laconisme de la dépêche, on hésite à chanter victoire ». Puis on annonce que Bazaine a acculé plusieurs régiments prussiens dans les carrières de Jaumont près de Metz, où il les aurait exterminés. Ce bobard, l'un des plus étonnants de la guerre, a été lancé par le chef du gouvernement lui-même et a fait le tour de toute la presse de province. Vers le 20 août, les nouvelles officielles font toujours défaut, l'inquiétude grandit ; on ne cesse d'osciller entre deux attitudes opposées. Selon les optimistes, les pertes des Prussiens seraient énormes, le mouvement de Bazaine sur Verdun aurait réussi, Bazaine aurait un plan et ce plan commencerait à s'exécuter. De toute façon, les Prussiens seraient dans un triste état : le choléra ravagerait « les armées faméliques » de Guillaume, la Prusse appellerait « ses dernières réserves ». Dans un sens opposé, la lecture de la presse étrangère, en particulier du *Times*, n'est pas très réjouissante ; mais on ironise sur les articles « de l'organe dévoué de M. de Bismarck ». Les nouvelles qu'il annonce sont catastrophiques : le pays ouvert à l'invasion, Bazaine coupé de Châlons puis bloqué sous les murs de Metz par deux armées prussiennes... On a du mal à comprendre pourquoi l'armée du prince royal de Prusse marche sur Châlons alors que les armées prussiennes auraient subi des « échecs terribles ». À Paris, les esprits s'échauffent. Au Corps législatif, les séances sont de plus en plus houleuses. Les républicains dénoncent la persistance du silence officiel. Par le *Times* et *L'Indépendance belge*, des bribes d'informations parviennent à Paris. Gambetta brandit à la tribune un fragment du journal

L'Espérance de Nancy qui annonce la prise de la ville par
quatre soldats prussiens. Il s'indigne de la coopération du
préfet impérial Poidevin avec les autorités d'occupation. Le
ministre de l'Intérieur en prend acte et le révoque immédiatement. Nancy, ville ouverte, avait été occupée le 12 août
sans combat. La présentation des faits par le journal pouvait
être discutée et ne correspondait pas tout à fait à la réalité. Il
ne s'agit pas d'apprécier dans ce contexte la situation en historien. Gambetta veut souligner que personne ne s'est battu
et que l'administration bonapartiste a accepté d'entrer en
contact avec l'ennemi. Ce manque d'énergie, de détermination, montre que le régime est fini. À ses yeux, il n'est plus
capable de défendre le pays. Le gouvernement dissimule ce
qu'il sait. En quelques jours, le climat est devenu très mauvais.

Alors que le gouvernement semble perdre pied dans l'opinion, un sourd et grave conflit surgit entre Trochu et Palikao, président du Conseil et ministre de la Guerre. Ce dernier tient le gouverneur de Paris à l'écart, le prive des
informations officielles, le laissant tributaire « des journaux
et des on-dit ». Trochu, qui doit préparer Paris à un siège
prochain, voudrait réduire le nombre des bouches inutiles
car les approvisionnements sont insuffisants. « Des mesures
très graves sont encore à prendre » (22 août 1870). Un autre
conflit porte sur l'utilisation des troupes de ligne. Trochu
voudrait les maintenir autour de Paris, en revanche Palikao
veut envoyer des renforts à Mac-Mahon. Il enlève à Trochu
les 20 000 hommes commandés par Vinoy et les envoie à
Mézières pour soutenir Mac-Mahon. Ce conflit empoisonne
les préparatifs de la défense de Paris à laquelle l'impératrice
Eugénie voudrait associer Adolphe Thiers. Elle le fait
approcher de divers côtés sans succès. Thiers se dérobe. Il ne
veut pas servir de caution à un régime qui l'a toujours
combattu, auquel il s'est opposé lors de la guerre et qui est
maintenant discrédité. Il faut toute l'insistance de ses amis,
des républicains et un vote unanime du Corps législatif pour
qu'il entre au Comité de défense que préside le vieux maréchal Vaillant. Les journaux de province, qui célèbrent
« l'indomptable leçon de patriotisme » que donnent au pays
les places de Strasbourg, Phalsbourg, Toul et Verdun, se

félicitent de cette décision. Car le nom de Thiers est inséparable des fortifications de Paris. *Le Progrès* de Lyon raconte, émerveillé : « Monsieur Thiers ne dort plus. Dès 5 heures du matin, accompagné de députés et de généraux, il visite les fortifications de Paris et les forts détachés. Il s'informe de tout, inspecte les canons, interroge les soldats... » (30 août 1870). Avec Thiers, Paris sera défendu. L'intéressé est moins optimiste qu'il y a dix jours. Il constate « l'inactivité, l'imprévoyance, l'incurie » – tableau trop noir sans doute. La réalité est plus prosaïque, car tout n'est pas négatif dans ce qui a été entrepris depuis le 10 août.

C'est dans cette atmosphère d'attente, étrange et mouvante, que se poursuivent les préparatifs du siège. Les journaux de la capitale deviennent critiques, les grands journaux étrangers, *Times, L'Indépendance belge*, peu rassurants. Les Parisiens reprochent au gouvernement de ne pas les préparer au siège, de les laisser dans l'ignorance de ce qui se passe sur les divers théâtres de la guerre. Ils ont l'impression que le gouvernement les trompe ou leur dissimule ce qu'il sait. Ils sont à l'affût du moindre indice, de la moindre nouvelle. Que font respectivement Bazaine et Mac-Mahon ? Vont-ils s'épauler pour engager une bataille décisive ? Où ? Quand ? Dans quelles conditions ? L'incertitude dans ces derniers jours d'août est totale. Le gouvernement de la régente est isolé dans sa capitale. À l'annonce d'une nouvelle défaite, il peut être balayé sans pouvoir opposer la moindre résistance.

Du côté allemand, on s'interroge. Ce qui s'est réalisé est totalement imprévu. Contre toute attente, Bazaine s'est laissé enfermer dans Metz et ses forces sont intactes. Moltke n'a pu lancer la bataille décisive qu'il méditait. Il doit maintenant conduire le siège de Metz, une opération qu'il excluait totalement quelques semaines plus tôt : « Cette place sera contournée par la gauche et restera ensuite seulement en observation », avait-il prescrit alors. Désormais, l'enjeu militaire et politique que représente l'armée de Bazaine est tel qu'il faut essayer de la détruire. Le siège est une nécessité qui va immobiliser des forces énormes.

Rapidement, les lignes d'étape se mettent en place. Les premiers civils, les premiers techniciens arrivent dans les territoires occupés. Le premier train allemand entre en gare de Nancy le 21 août, en gare d'Ars-sur-Moselle le 23 août. La logistique de soutien est d'une rapidité exceptionnelle. Il reste un point noir, le ravitaillement de ces milliers d'hommes. L'intendance est embryonnaire; le soldat doit vivre de réquisitions sur l'ennemi et les villages du pays messin sont mis en coupe réglée pour satisfaire les besoins élémentaires des assiégeants.

Au lendemain de l'encerclement de Bazaine, les dirigeants prussiens sont réunis à Pont-à-Mousson. Moltke est résolu à marcher sur Paris. C'est là que sera obtenue la décision. Il décide de rejoindre l'armée du prince royal, qui est déjà au-delà de Bar-le-Duc. Steinmetz, qui ne devine pas encore sa prochaine disgrâce et rêve d'entrer à Paris, écrit dans son journal le 24 août : « On arrivera à Paris autour du 9 septembre puisqu'une grosse opposition n'est plus à attendre de la part des Français. »

Des événements imprévus, imprévisibles, vont détourner les stratèges allemands de leur objectif principal et orienter leurs forces dans une autre direction. Il n'empêche que, cette parenthèse close, les armées allemandes reprendront leur marche vers la capitale et l'atteindront vers le 19 septembre, soit un décalage de dix jours seulement par rapport aux prévisions de Steinmetz.

CHAPITRE III

La capitulation de Sedan

Pendant que se noue le drame de Metz, un autre désastre se prépare, celui de Sedan. Pendant une dizaine de jours, l'histoire semble hésiter. À la fin août 1870, les dés sont jetés. L'armée dite de Châlons, commandée par le maréchal de Mac-Mahon et qu'accompagne Napoléon III, est encerclée entre Sedan et la frontière belge. Le 2 septembre 1870, à 11 h 30, après une journée de combats et une nuit d'angoisse est signée la capitulation de Sedan. Par quels enchaînements a-t-on abouti à ce désastre sans précédent dont la portée politique et morale a pesé sur toute une génération?

Autour de Strasbourg et de Châlons

Au lendemain de la défaite de Frœschwiller, Napoléon III avait ordonné à Mac-Mahon de repasser le col de Saverne et de replier l'armée d'Alsace sur le camp de Châlons. L'Alsace est découverte. Les seules troupes qui restent sont les faibles garnisons des places fortes : Strasbourg, Belfort, Sélestat, Neuf-Brisach.

Le 6 août au soir, Strasbourg vit des heures de panique et d'angoisse quand arrivent en gare les premiers blessés; la population réclame des armes. Le lendemain se présentent des groupes de fuyards; on mesure l'étendue du désastre. Sans rencontrer la moindre unité constituée, les Allemands s'avancent prudemment dans la plaine. Ils occupent Haguenau et Saverne et lancent un appel aux populations civiles.

Leur objectif est Strasbourg, la « ville admirable », la ville allemande « volée » au Reich par Louis XIV. Avec ses 80 000 habitants, Strasbourg est alors la plus grande ville de la France de l'Est. Le ministre nomme comme gouverneur un vieux général, Uhrich (soixante-huit ans), à la retraite depuis six ans. Quand il arrive le 21 juillet, rien n'a encore été prévu pour la défense. À la hâte, il faut mettre la place en état de siège, armer les remparts, puis former une garnison avec les fuyards disparates qui se présentent. Sont rassemblés ainsi environ une quinzaine de milliers d'hommes, parmi eux trop peu d'artilleurs de métier. Strasbourg peut-elle soutenir un siège ? La réponse est douteuse. L'enceinte de pierre bastionnée, en bon état, n'est précédée d'aucun fort détaché. Le rôle des défenseurs est d'empêcher les assaillants d'installer son artillerie à une distance convenable, sinon la place est vulnérable et peut être bombardée. Tout est question de moyens et de stratégie de défense. La population de Strasbourg, patriote et républicaine comme celle de Metz et de Paris, est ardente. Elle forme rapidement une garde nationale sédentaire qui participe au service des remparts. Défend-on une place avec des civils bien intentionnés ?

Les premiers cavaliers allemands circulent dans les environs à partir du 8 août, les premières unités régulières se présentent le 13 et coupent les communications avec Paris.

L'état-major prussien attache à Strasbourg une valeur particulière. Il souhaite prendre la ville assez vite car il voudrait donner à cette opération une signification nationale. C'est pourquoi la majorité des troupes engagées sous le commandement du général Werder sont des unités d'Allemagne du Sud, badoises et wurtembergeoises. Entre le 15 et le 18 août, les villages autour de Strasbourg sont occupés. Le blocus est effectif le 20 août, le même jour que celui de Metz. Uhrich a laissé les troupes adverses s'approcher et s'installer. Sans doute n'a-t-il pas assez de moyens pour les repousser et les harceler. Mais cette passivité permet aux assiégeants d'engager immédiatement le bombardement de la ville.

Voici un témoignage sur la situation dans les villages proches. Oberhausberger « était bondé de troupes; de tous côtés se trouvaient des boutiques de cantiniers, et comme le corps d'armée assiégeant se composait principalement de Badois, il était naturel que les soldats reçussent de leur pays si proche des masses de visites de parents et d'amis, les mains pleines de cadeaux. [...] L'alimentation des troupes était organisée par l'intendance, mais il n'en avait pas été ainsi dans les premiers temps de l'investissement. Il fallait alors acheter à des cantiniers à un prix très élevé le pain, le vin, le beurre, le fromage, etc. Certaines maisons étaient abandonnées, leurs propriétaires, en apprenant la défaite des Français à Wœrth, s'étant réfugiés en ville. Dans ces maisons la soldatesque s'en donnait à cœur joie. »

Les sympathies des habitants et des notables n'étant pas douteuses, les assiégeants sont très vigilants et procèdent à des arrestations préventives comme celle du comte de Bussière, député et propriétaire de l'usine de Graffenstaden, qui est interné à la forteresse de Rastadt. L'annonce du siège de Strasbourg a un grand retentissement à Paris. On ne s'émeut pas outre mesure. Le patriotisme des Strasbourgeois est connu. Comme en 1814 et en 1815, la ville de Kléber est invulnérable. À la nouvelle du siège, le jeune Ernest Lavisse a haussé les épaules : « Ils s'en prennent à Strasbourg. Eh bien, ils verront ! » Il ignore que les fortifications de Vauban sont incapables de résister longtemps à la puissance de feu des canons modernes. Le bombardement commence le 18 août et s'intensifie le 22 : le Temple Neuf est détruit, la cathédrale atteinte, la bibliothèque, riche en manuscrits et incunables, réduite en cendres. Les Parisiens sont indignés. Ils dénoncent le feu d'artifice et les incendies; ce sont les premiers signes de la « barbarie allemande ». Strasbourg devient la « ville héroïque ».

Pendant que s'opère l'investissement de Strasbourg, les unités de Mac-Mahon ont reflué en désordre sur Châlons sans être inquiétées. Elles franchissent les 250 km qui les séparent du camp en partie à pied, en partie par voie ferrée. Les traînards sont nombreux. La poursuite allemande est lente. La troisième armée, que commande le prince royal de Prusse, franchit le col de Saverne. Au passage, elle s'empare de vive force de Marsal mais échoue devant Phalsbourg. Elle poursuit sa progression vers le sud-ouest, traversant la Lorraine en écharpe, sans rencontrer de résistance. Elle occupe

Lunéville le 11 août, Nancy le 12, Vaucouleurs le 17, Bar-le-Duc le 18. La place de Toul, qui résiste aux sommations, est contournée et surveillée. Les souvenirs d'Étienne Olry, instituteur à Allain, petit village du sud de la Meurthe, sont un précieux témoignage sur cette invasion qui déferle sur les paysans comme en 1814 : « Les premiers uhlans arrivent le 16 août vers 11 heures. Allain est occupé. C'est alors que commencent nos misères. Il faut nourrir les soldats et les chevaux qu'on a à loger.

Jeudi 18 août. De nombreuses et profondes colonnes d'infanterie arrivent bientôt, elles passent sans interruption en rangs serrés sur huit hommes de front. De midi à 2 heures, le village se remplit de troupes, des camps s'installent aux abords. [...]

Vendredi 19 août. Les camps se lèvent, les troupes logées partent, mais bientôt arrivent de nouvelles colonnes d'infanterie, de cavalerie, d'artillerie qui se succèdent sans interruption. Une première réquisition nous arrive vers 10 heures et demie... »

Étienne Olry se rend dans un village voisin. À son retour, « un triste spectacle se présente à mes yeux ; c'est une vraie nuée d'Allemands qui s'est abattue sur ce village qui, lui-même, en est encore tout rempli car certaines maisons en abritent 50, 60, 80 et jusqu'à 100. Le long du chemin, quantité de bouteilles vides sont jetées dans les fossés [...] pendant mon absence, le village a été pillé. [...]

Lundi 22 août. Passage du train des équipages allemands ainsi que d'un matériel de pont considérable. Un convoi de plus de 400 voitures réquisitionnées autour de Nancy lui fait suite. Sur le soir, le duc de Saxe-Weimar loge chez le curé et chez moi, un général prussien d'artillerie... ».

Entre les deux groupes d'armées des forces d'invasion, la distance se creuse dans la mesure où les troupes opérant au sud s'avancent sans rencontrer d'adversaire. L'objectif immédiat du prince royal est le camp de Châlons, l'objectif plus lointain est Paris. À mi-distance des deux groupes d'armées se tiennent Guillaume Iᵉʳ, Bismarck et leur suite ; ils logent quelques jours à Pont-à-Mousson où ils attendent avec anxiété le résultat des combats autour de Metz. Après la victoire de Saint-Privat et l'encerclement de Bazaine, Moltke confie le siège de Metz au prince Frédéric-Charles. Pour protéger le flanc ouest des assiégeants, il forme une armée de la Meuse placée sous le commandement du prince royal de Saxe. Cette armée doit occuper la Woëvre et neutraliser les places fortes de Verdun et de Montmédy. À l'origine, armée de Metz et armée de la Meuse doivent s'épauler mutuellement.

Ces dispositions prises, Moltke accorde une attention prioritaire à la marche de l'armée du prince royal. Il sait que c'est à Paris que la guerre sera gagnée. Avec Guillaume Iᵉʳ et Bismarck, l'état-major gagne Commercy puis Bar-le-Duc, où il s'installe le 20 août.

Revenons maintenant à l'ex-armée d'Alsace. Au cours de la retraite, ses effectifs ont fondu. Elle a laissé en route armes, matériel et traînards. Les soldats qui se regroupent entre le 13 et le 17 août au camp de Châlons sont assez démoralisés. Ils sont mal accueillis car le camp avait été partiellement incendié par une mutinerie des gardes mobiles parisiens. Mac-Mahon retrouve à Châlons Napoléon III arrivé de Verdun par le train et le général Trochu venant de Paris. Cet ancien collaborateur de Bugeaud et de Niel avait été jusque-là tenu à l'écart. Il a la réputation d'être un soldat énergique et capable. On vient de lui confier le commandement du 12ᵉ corps d'armée en formation. Son influence va bientôt grandir. Ces trois hommes, auxquels se sont joints le prince Napoléon-Jérôme et les généraux Schmitz et Berthaut, s'interrogent sur la conduite à tenir. Au sujet des combats qui se sont déroulés autour de Metz, leurs informations sont confuses et contradictoires. Ils ignorent la position de Bazaine et sont réduits à supputer ses intentions. Leur seule certitude est la rapidité de l'avance de l'armée du prince royal qui vient d'atteindre Bar-le-Duc. Si aucune disposition n'est prise, Paris sera menacé dans quelques jours. Pour coordonner la défense de la capitale, Napoléon III nomme le général Trochu gouverneur militaire de Paris, avec mission d'y préparer son retour. Le XIIᵉ corps d'armée sera mis à sa disposition. Immédiatement, Trochu part pour Paris ; à son arrivée il est très fraîchement accueilli par l'impératrice et le président du Conseil, Palikao, qui désapprouvent les décisions prises. Ils ne veulent à aucun prix du retour à Paris de Napoléon III. Toutefois, ils n'osent pas destituer Trochu dans la crainte de réactions populaires. Ils le laissent installer son poste de commandement au palais du Louvre, sans lui faciliter la tâche.

Vers Sedan

Les Allemands envisagent un combat autour de Châlons. Si les troupes françaises se replient vers Paris, la poursuite continuera. Moltke espère bien, à un moment ou un autre, être en mesure d'accrocher cet ennemi qui se dérobe. Les choix opérés à Paris vont obliger le commandement allemand à s'adapter à la stratégie de l'adversaire. Ces choix sont les suivants : le gouvernement Palikao réunit les corps de Trochu et de Mac-Mahon sous le nom d'armée de Châlons. Il en confie le commandement à Mac-Mahon et lui donne l'ordre de remonter vers le nord, à la rencontre de Bazaine dont on pense que le mouvement de repli sur Verdun a été seulement retardé. Palikao a pris le risque considérable de découvrir totalement Paris.

Mac-Mahon obéit à cet ordre. Le 21 août, il engage à l'aveuglette l'armée de Châlons dans une marche incertaine vers le nord. La première étape est Reims. Il pleut à verse. Pendant dix jours, le mauvais temps ne cessera pas. Cette armée a été évaluée entre 80 000 et 140 000 hommes. Ce dernier chiffre paraît très exagéré. Elle comprend les rescapés du corps de Mac-Mahon (15 à 20 000 hommes), le corps de Failly éprouvé par la retraite, le corps de Trochu confié à Lebrun (XIIe corps), des gardes mobiles et une excellente unité de marine, la division Vassoigne. Cet ensemble hétérogène peut espérer être ravitaillé et recevoir des renforts par la voie ferrée Mézières-Montmédy.

Tout est suspendu aux mouvements de l'armée du Rhin. Bazaine est-il encore à Metz ? A-t-il pris la route de Longuyon-Montmédy ? L'incertitude est totale et elle le demeurera plus d'une semaine. Mac-Mahon ignore les positions réelles de son collègue. Il télégraphie à Verdun, Montmédy, Thionville. En vain. Il envoie un aide de camp, le capitaine Magnan, jusqu'à Thionville, lequel télégraphie le 19 août ce message : « Je ne crois pas l'armée en mouvement. » En parcourant ce qui est conservé des dépêches, on sent Mac-Mahon angoissé et hésitant. Eugène Rouher, l'ancien « vice-empereur », maintenant président du Sénat et toujours conseiller écouté de l'impératrice, rejoint Reims pour se rendre compte de la situation. Il confère avec Napoléon III et Mac-Mahon. Les trois hommes envisagent la nomination de Mac-Mahon à la tête de l'armée et le repli vers Paris. Toujours opposé à cette solution, Palikao intime l'ordre de continuer vers le nord. Mac-Mahon est perplexe. Le 22 août, il reçoit à Reims un télégramme de Bazaine, daté du 19 août et libellé ainsi : « Je compte toujours prendre la direction du nord et me rabattre sur Montmédy. » Ce télégramme unique et qui ne sera suivi d'aucun autre, puisque à partir du 20 août Metz ne communique plus avec l'extérieur, le décide, semble-t-il, à obéir au gouvernement. Le 23 août, l'armée de Châlons quitte Reims et remonte sur Vouziers et Montmédy ; en cas de danger, elle garde encore la possibilité d'obliquer vers Mézières. Napoléon III, malade et inutile, suit l'armée ; les soldats ne le saluent plus. C'est le début de la déchéance.

Pendant ce temps, l'armée du prince royal progresse vers Paris et s'empare aisément de Revigny, Vitry-le-François et Saint-Dizier. Aucune formation ennemie n'est en vue. Des éclaireurs s'approchent du camp de Châlons vide de troupes et devinent que l'armée française remonte vers le nord. Un numéro du *Temps*, daté du 24 août, tombe entre les mains allemandes et confirme les informations recueillies sur le terrain. On peut entre autres y lire les phrases suivantes : « Notre seconde armée est prête à Châlons, commandée par un homme qui brûle de prendre sa revanche ; nous allons sans doute apprendre avant peu que cette armée est entrée en ligne et puisse-t-on avoir à vous dire bientôt qu'elle a réussi en dépit de tous les efforts de l'ennemi à donner la main à celle du maréchal Bazaine. » Moltke reçoit l'information le 26 août à Sainte-Menehould. Il est troublé, car il ne peut supposer que les Français renoncent à couvrir Paris. Ayant réuni des indices convergents, il donne le soir même à la troisième armée l'ordre d'abandonner la direction de Paris et de s'engager vers le nord, à la poursuite des troupes de

Mac-Mahon. C'est une décision rapide et capitale. La région de Châlons, Vitry et Bar-le-Duc reste occupée. Le contact est vite pris par les Saxons et les éléments de pointe allemands harcèlent les traînards. Plus encore que leurs chefs, les soldats français ignorent la situation. Parmi de multiples témoignages, retenons celui du vicomte Melchior de Vogüé, âgé de vingt-deux ans : « Au bivouac, nous ne savions rien : il était trop visible que nos officiers n'en savaient pas davantage. L'ennemi alors, c'était une entité vague [...] qui allait déboucher à gauche ou à droite, devant ou derrière. [...] Ce jour-là et les jours suivants, nous ne vîmes de l'ennemi que quelques uhlans. [...] Tout était confus dans ces journées troubles, tout est confus dans le souvenir qui en reste. »

L'armée de la Meuse, qui devait se cantonner dans un rôle passif de protection à l'ouest de Metz, est maintenant appelée à jouer un rôle actif. Elle reçoit l'ordre de s'avancer vers l'ouest pour bloquer toute tentative de la part de Mac-Mahon d'infléchir sa marche vers Metz. La Meuse est franchie sur des ponts restés intacts au nord et au sud de la forteresse neutralisée de Verdun, puis elle emprunte les défilés de l'Argonne laissés sans surveillance. 800 gardes mobiles sont surpris à Sainte-Menehould et faits prisonniers (25 août). L'armée de la Meuse débouche sur le flanc droit des Français. En l'espace de quelques jours, Moltke a placé ses deux armées en position de poursuite avantageuse. Il dispose d'environ 200 000 hommes, soit une nette supériorité sur Mac-Mahon. Il a l'inconvénient d'avoir des lignes très étirées. L'approvisionnement en vivres et en munitions est lent. Les hommes sont fatigués par des marches forcées. Moltke pense livrer bataille soit du côté de Damvillers, soit plus au nord, autour de Marville-Longuyon. Il agit toujours en fonction du même schéma initial : acculer la principale armée française à la frontière d'un pays neutre.

Averti de ces mouvements, Mac-Mahon sent l'étau se resserrer. Sa retraite vers le nord est coupée; sa marche vers le nord-est est très compromise. Pour franchir la Meuse, il lui faut remonter jusqu'à Stenay dans de mauvaises conditions. À moins que Bazaine ne vienne par un coup d'audace lui tendre la main, Mac-Mahon a conscience qu'il court à sa perte. Le 27 août au soir, il envisage la retraite sur Mézières, où il pourrait s'appuyer sur la place et sur le 13ᵉ corps du général Vinoy qui vient de s'y installer. Une nouvelle fois, le gouvernement dit non. Mac-Mahon s'incline en soldat obéissant. Il est pris au piège.

Dans le pays

En l'absence d'un dépouillement systématique de la presse, des rapports des autorités publiques et des documents privés, il est très difficile de connaître les réactions des Français à la fin de ce mois d'août. Dans l'ensemble, le pays est resté calme. Malgré la guerre, les élections municipales se sont déroulées au début d'août, les conseils ont été installés et les maires nommés. Il n'en demeure pas moins que les premières défaites, l'impuissance totale de l'empereur, l'insuffisance du gouvernement de l'impératrice régente sont perçues comme des signes de faiblesse. En quinze jours, tout le crédit que la dynastie avait engrangé avec le succès du plébiscite de mai 1870 semble épuisé. De Nohant où elle séjourne, George Sand écrit le 13 août : « Il faut que je vous dise ce que vous ne savez pas à Paris, ce qui se passe dans nos campagnes les plus paisibles, les plus patientes, les moins révolutionnaires de France [...] c'est une consternation, une fureur, une haine contre ce gouvernement qui me frappe de stupeur [...] je crois l'empire perdu, fini... »

L'inquiétude, le pessimisme ne dissipent pas les illusions. Les Français restent sûrs de leur bon droit. L'invasion a renforcé la détermination de se battre. Nul ne discute l'urgence du devoir patriotique. Le rassemblement des jeunes gens du contingent, de la garde mobile, continue ; des soldats et des officiers retraités s'engagent ; des particuliers rassemblent des amis et arment des compagnies de francs-tireurs. Les souvenirs de gloire guerrière entretenus par la dynastie, le rappel des grands ancêtres de la Révolution dont les vertus sont sans cesse évoquées par les républicains, tout se conjugue pour inciter à la résistance à l'invasion. De toute façon, les pertes ne sont pas irréparables et la nation dispose de ressources qu'il faut mobiliser.

Armer la nation est une exigence de salut public, c'est

préparer le sursaut victorieux des citoyens comme en 1792-1793. Les Français ont oublié qu'ils avaient déclaré la guerre ; ils luttent contre une invasion. Le rassemblement de la garde nationale s'opère dans la plus grande improvisation. Ces opérations interfèrent avec la formation des compagnies de corps-francs nationaux et de francs-tireurs volontaires auxquelles le gouvernement Palikao a donné son accord sous réserve que leurs capitaines soient nommés par les généraux gouverneurs des régions militaires.

J'ai raconté les combats autour de Metz tel qu'un historien d'aujourd'hui, à la lumière des témoignages disponibles, peut les comprendre. À la fin du mois d'août 1870, les contemporains n'avaient à leur disposition que des informations incomplètes, contradictoires, où le faux se mêlait au vrai sans qu'il soit possible de démêler l'un de l'autre.

À la lecture des journaux de la deuxième quinzaine d'août, on est frappé par une atmosphère étrange : on est inquiet, incertain, mais on pense que la situation peut être redressée. On ne sait pas bien ni comment ni par qui. Rumeurs, fausses nouvelles se mêlent à des extraits de journaux étrangers plus lucides et mieux informés que leurs confrères français. Les Parisiens et les citadins de la France du Nord et de l'Est sont beaucoup plus sensibles que les ruraux et les habitants du Midi. Au Sud de la Loire, les Prussiens sont des inconnus. Certains évoquent vaguement les Cosaques de 1815. Personne n'imagine que les Prussiens dépasseront et même qu'ils prendront Paris. On compte sur Bazaine, dont on dit l'armée intacte ; on pense qu'appuyé sur les ressources de la place de Metz, il saura redresser la situation. D'ailleurs, il a frôlé le succès en détruisant des régiments prussiens dans les carrières de Jaumont ! On lit des nouvelles extravagantes : Bazaine est sorti de Metz, Frédéric-Charles a failli être fait prisonnier, le roi Guillaume est devenu fou. Sa raison n'aurait pu tenir aux détails de l'horrible scène dont auraient été témoins les carrières de Jaumont, en Bavière les soldats refusent de partir, l'ennemi accentue son mouvement de retraite, etc. Un peu partout dans le pays se fondent toutes sortes de comités pour venir en aide aux soldats, aux blessés, aux prisonniers, aux réfugiés ; on collecte de l'argent, des médicaments, des vêtements, les communautés religieuses sont sollicitées; c'est le début d'un immense élan de charité et de solidarité.

Les travaux de Claude Farenc sur la Champagne montrent que, dans la deuxième quinzaine d'août, la situation se détériore. Les habitants, mal informés, sont victimes de rumeurs invérifiables. Ils savent, par des réfugiés venant de Lorraine, que les Prussiens approchent; ils constatent que le chemin de fer ne fonctionne plus, que le télégraphe est coupé. L'indiscipline des mobiles parisiens a provoqué l'indignation, des réflexes d'ordre à l'égard de toute agitation parisienne. Mais d'autre part, on accuse les chefs d'incapacité, on parle de trahison, les fonctionnaires du régime impérial perdent tout crédit; les notables font partir pour la Belgique ou la France de l'ouest leurs femmes et leurs enfants. Plus grave, la gendarmerie, la police, l'administration préfectorale se replient et laissent les maires responsables des habitants bientôt seuls face aux envahisseurs. L'espionnite fait des ravages; on voit partout des espions prussiens; il suffit d'avoir un nom de famille de consonance germanique ou un accent alsacien pour devenir suspect; il est très difficile en cette matière de relever les faits réels de toute une mythologie qui a l'avantage d'expliquer les défaites françaises. Devant cette défaillance de l'administration, les notables lancent des appels à la formation de corps francs, les maires regroupent la garde nationale sédentaire. Les plus lucides, comme Camille Margaine, maire de Sainte-Menehould, se rendent compte qu'il est trop tard. N'ayant ni le temps ni les moyens d'organiser et d'équiper des compagnies, il propose aux hommes qui veulent se battre de s'engager dans l'armée et dans la garde mobile; de même, il est inutile d'envoyer des armes qui seraient saisies par l'ennemi ou utilisées par des hommes inexpérimentés; il vaut mieux les réserver pour l'armée régulière. En même temps que l'on apprend le passage de cavaliers prussiens, on annonce des victoires fantastiques. Dans la région de Laon se propage autour du 29 août la nouvelle de l'anéantissement de l'armée du prince royal : « Des villes, la nouvelle est portée aux campagnes par les voitures publiques : les paysans voient arriver la diligence ornée du drapeau tricolore, ils courent à l'auberge où le conducteur s'empresse de faire le récit de la victoire. Verres en main, des groupes joyeux écoutent les coups lointains et sourds du canon. » (E. Lavisse). On comprend que l'annonce de Sedan, quelques jours plus tard, ait singulièrement refroidi cet enthousiasme.

À partir du 15 août, la convocation, le rassemblement, l'équipement, l'instruction de la garde nationale mobile est la grande affaire. Ce sont les préfets, assistés des commandants de subdivision, qui en ont reçu la responsabilité. Ils doivent habiller, armer, loger, nourrir des dizaines de milliers d'hommes. Les arsenaux, les magasins, les réserves sont vidés de leur contenu. Rien n'avait été prévu pour une telle opération : ni les moyens financiers ni les moyens matériels ni les locaux. Il faut réquisitionner, improviser. Le plus étonnant est que le pays ait répondu rapidement et sans trop murmurer à l'appel qui lui a été lancé. G. Lefebvre, capitaine du 2ᵉ bataillon du 16ᵉ régiment des mobiles de l'Yonne, a fait le relevé quotidien de la vie du bataillon. Les hommes se rassemblent à Tonnerre à partir du 16 août. Ce n'est qu'à la fin du mois que le bataillon est au complet. Les deux tiers seulement des hommes sont armés de fusils dits « à tabatières ». Comme habillement, ils reçoivent en tout et pour tout « des blouses bleues et des képis »; quelques-uns seulement ont une paire de souliers. Le bataillon reste à Tonnerre près de deux mois, il élit ses officiers, s'exerce plus ou moins. Le 11 octobre, il est transféré à Dijon où il reçoit des pantalons et des demi-couvertures. À Valence, les gardes mobiles qui arrivent à partir du 20 août reçoivent une blouse bleue avec des pattes rouges sur l'épaule et un képi! Le 28 août, on distribue à deux compagnies des vareuses en molleton et des fusils à piston. L'étudiant en droit Louis Gensoul, de Bagnols-sur-Cèze, suit des cours d'instruction militaire au collège d'Uzès où se forme sa compagnie. Il n'y a pas de fusils pour l'exercice : « J'avais trouvé au grenier un vieux fusil à pierre de mon père et je m'en étais emparé; j'étais le seul à posséder une arme! » On lui fait commander le peloton.

Dans plusieurs départements de l'Est, la menace d'invasion accroît le désordre et la confusion. Les mobiles de la Meuse sont rassemblés au début d'août autour de la place de

Verdun où rien n'avait été prévu pour les accueillir : « Tous ces jeunes gens sont partis avec d'excellentes dispositions mais à leur arrivée à Verdun, ils n'ont trouvé aucun préparatif pour les recevoir. Il n'y avait pas de literies dans les casernes, pas d'ustensiles de cuisine; ils ont été 4 à 5 jours sans faire la soupe. Ils n'ont reçu ni habillement, ni arme. [...] Tous disent qu'on aurait mieux fait de les laisser achever leur moisson que de les appeler à Verdun pour y perdre leur temps. »

La place de Langres, dont les travaux de modernisation sont loin d'être achevés, devient le lieu de rassemblement de nombreuses unités. À la fin d'août, plus de 8 000 gardes mobiles campent dans les villages des alentours dans le plus grand des désordres. C'est le cas du 3e bataillon de mobiles des Vosges (environ 1 200 hommes), qui se rassemble à Épinal à partir du 10 août. Il n'y a pas d'armes dans les magasins. Les hommes reçoivent des blouses blanches, quelques-uns des chemises. Les sous-officiers touchent des tuniques. Puis le bataillon est embarqué pour Langres où il arrive le 16 août. Il y reste jusqu'au 21 septembre. Voici le récit de Pierre Rémy : « Les hommes sont logés à la Citadelle. On continue les exercices de peloton, comme à Remiremont et à Épinal. Mais toujours sans armes. [...] Il y eut également distribution d'effets d'habillement et d'équipement. Jusqu'au 21 septembre, les mobiles travaillèrent surtout aux fortifications. Ils vécurent à l'ordinaire. Les compagnies qui surent se faire du boni furent heureuses de le retrouver plus tard. Il n'y eut à Langres ni exercices de tir ni école de tirailleurs, mais seulement quelques leçons d'escrime à la baïonnette. À la suite d'une revue, après la capitulation de Sedan, des fusils à tabatières sont distribués, mais pour beaucoup d'armes il faut attacher la baïonnette avec une ficelle et faire une bretelle avec une lanière quelconque. Les trois cinquièmes de ces armes avaient besoin de réparations. Une faible partie put être remise en ordre... » La formation du premier bataillon de la Marne, étudié par son officier Léon Dagonet, est très révélatrice. Dagonet avait été proposé par le préfet au maréchal Le Bœuf comme commandant du bataillon en novembre 1868, parce qu'il avait été commandant de la garde nationale châlonnaise et avait conduit un détachement à Paris lors des journées de juin 1848. Il offrait pour cette raison une garantie politique. Sa nomination intervient en 1869; on lui adjoint un capitaine d'active pour former le bataillon. En mai 1870, il propose ses officiers. En juillet 1870, le bataillon n'a jamais été réuni. Pressé par la nécessité le 19 juillet, on convoque les cadres des bataillons de la Marne; ce jour-là, Dagonet apprend enfin l'effectif de ses officiers et leur identité, et les hommes sont encore dans leurs foyers; le 25 juillet, on décide enfin de procéder à la convocation échelonnée des bataillons eux-mêmes. Le 7 août, à la suite de la proclamation de l'état de siège dans la Marne, c'est la mobilisation générale des bataillons; les deux premiers à Châlons, le troisième à Reims, le quatrième à Vitry. À Châlons, on ne sait où loger les gardes mobiles. Malgré le départ de la garnison, les deux casernes sont encombrées de réservistes rappelés, d'engagés et de nouvelles recrues. La garde mobile devra se contenter d'une caserne et d'un établissement privé, près de Châlons. Le 12 août, les gardes mobiles sont pourvus d'armes, en l'occurrence de fusils à tabatières!

Dans beaucoup de départements, les préfets télégraphient : « aucun désordre »; certains forcent la note : « grand élan populaire et patriotique ». Souvent, l'enthousiasme se désagrège en quelques jours d'attente sur une place publique ou dans la cour d'une caserne; le mécontentement monte et dégénère en désordre, voire en rébellion. On a recensé des événements graves à Perpignan, Besançon, Montluçon « qui compte de nombreux éléments démagogiques », et Paris. Les gardes mobiles de Charonne envoyés au camp de Châlons ont accueilli à coups de pierres le maréchal Canrobert, puis brûlé des baraques. Apprenant que d'autres bataillons parisiens devaient être dirigés à Lille, le préfet fait rapporter l'ordre de départ, car il craint de donner une « armée au parti avancé ». Dans les Deux-Sèvres, le sous-préfet de Bressuire pense avoir limité l'insoumission « malgré les menaces faites par les réfractaires et par les chouans ».

À la fin août, rien n'est prêt à Albi, Avignon, Draguignan et dans bien d'autres chefs-lieux. Là où elle a été rassemblée, armée et exercée sommairement, la garde nationale a effectué à pied ou en chemin de fer des pérégrinations invraisemblables. Les déplacements absurdes imposés aux mobiles des Vosges durant les mois d'août-septembre 1870 montrent à quel point l'énergie et le moral d'hommes bien disposés au départ ont pu être inutilement émoussés. La valeur militaire des mobiles est donc faible, pour ne pas dire nulle. On peut leur confier des missions de surveillance des voies ferrées, des lignes télégraphiques. Le député des Vosges, Louis Buffet, suggère au ministre de leur confier « le soin de garder et d'intercepter plusieurs défilés qui pourraient livrer passage à l'armée ennemie ». Il rappelle qu'il faut éviter de renouveler la faute de 1814-1815 où « le col de Bussang avait été franchi sans difficulté par l'armée d'invasion car il n'était pas défendu ».

On touche du doigt l'une des plus grandes carences de l'administration militaire française. Non seulement les réserves n'avaient pas été instruites, mais encore rien n'avait été prévu pour leur éventuel rassemblement, armement et habillement. Par rapport à la Prusse, l'infériorité est trop accablante pour ne pas être une fois de plus soulignée. Cette remarque vaut pour les mobiles comme pour les engagés volontaires qui sont nombreux et qui vivent des situations absurdes ou cocasses. Voici un exemple, celui de Marcel Poilay, un jeune commis d'agent de change parisien âgé de vingt-sept ans; il suit pendant quelques jours une instruction bâclée dans une caserne parisienne avant d'être envoyé à Belfort. Il voyage pendant 20 heures dans un train bondé et débarque dans sa garnison l'après-midi du 15 août; il y règne le plus grand désordre; il erre à la recherche de son corps. Il n'est pas le seul dans ce cas! Dix jours après Frœschwiller, la garnison insouciante fête la Saint-Napoléon et Marcel s'exerce à reconnaître à leurs uniformes « les artilleurs, les cuirassiers, les hussards et la foule innombrable des lignards ». On ne passe pas comme par enchantement de l'état civil à celui de militaire. Il faut une préparation préalable, des structures pour accueillir les hommes, du matériel pour les équiper, des cadres pour les commander. Dans ce domaine, l'improvisation se paie toujours très cher. C'est pourquoi, dans l'hypothèse d'un affaiblissement ou d'une destruction de l'armée de ligne, les unités de la garde nationale mobile qui se rassemble ne pourraient en aucun cas être une armée de substitution.

Bazaine reste enfermé dans Metz

Pendant que l'armée de Châlons marche à l'aveuglette vers le nord, Bazaine est toujours à Metz. Quelles sont ses intentions? Dans quelle mesure est-il informé des mouvements français et allemand? A-t-il les moyens de forcer le blocus?

Les unités de l'armée du Rhin ont installé leurs campements au-delà de l'enceinte de Metz. Tous les villages environnants sont bondés de soldats. « Le matin vers 5 heures, la diane et les musiques militaires annoncent le réveil de tous les camps. Le soir, tous les environs de Metz se couvrent de feux de bivouac. C'est un spectacle grandiose et imposant que celui de cette vieille forteresse qui s'endort entourée d'une armée de 120 000 hommes veillant avec 120 batteries d'artillerie et prête à repousser les attaques de l'ennemi qui couronne toutes les côtes environnantes » (Henri Jeandelize). Les principaux chefs ont établi leur poste de commandement dans des maisons de maître près de leurs corps : Frossard est à Montigny, Canrobert à Devant-les-Ponts, Ladmirault à Plantières, Le Bœuf et Changarnier à Saint-Julien, Bazaine est au Ban-Saint-Martin. Il ne se rend jamais en ville, où il a perdu sa popularité initiale. Dans cette dernière semaine d'août, Bazaine est privé d'information. Il ignore les intentions du gouvernement comme la position de son collègue Mac-Mahon. Il doit se déterminer seul. Les 120 000 soldats de l'armée du Rhin sont, après quelques jours de repos, aptes à reprendre le combat. Une inaction prolongée dégraderait leur moral. L'attente comporte un autre inconvénient majeur : le renforcement progressif des moyens des assiégeants. C'est pourquoi Bazaine est pressé par ses subordonnés de tenter une percée avant qu'il ne soit trop tard. C'est ce que les Français attendent et que les Allemands redoutent.

De son côté, Frédéric-Charles est dans une situation inconfortable. Avec 150 000 hommes, l'armée d'investisse-

ment n'est pas en mesure de boucler un aussi vaste périmètre. Frédéric-Charles, qui est en conflit avec le général
Steinmetz, dont Guillaume Ier lui accorde enfin la tête le
8 septembre, masse l'essentiel de ses forces sur la rive
gauche pour empêcher une éventuelle jonction de Bazaine
avec Mac-Mahon. Il doit également protéger Remilly et
Pont-à-Mousson, point d'arrivée des liaisons ferroviaires
avec l'Allemagne. Tant que les assiégés restent passifs, ses
moyens paraissent suffisants ; en cas de tentative de percée,
rien n'est assuré. Bazaine pourrait s'échapper si l'affaire était
rondement menée.

Cette percée, on y songe dans l'entourage de Bazaine. On
choisit d'engager l'opération au nord, sur la rive droite de la
Moselle, point faible du dispositif adverse. En cas de succès
on prendrait la direction de Thionville. La réussite suppose
la rapidité. Or lenteurs et hésitations font douter de la détermination de Bazaine. Une première attaque, prévue pour le
27 août, est abandonnée en raison des intempéries persistantes. Le plus grave est moins d'avoir renoncé que d'avoir
imposé de fausses manœuvres aux troupes. On leur avait fait
traverser la Moselle sur des ponts de bateaux puis refaire le
mouvement inverse pour regagner leurs campements. Ce
renoncement a été si vivement critiqué que Bazaine, sur les
instances de ses généraux, fixe une nouvelle date le 31 août.
Comme l'essentiel des troupes est sur la rive gauche, il faut
de nouveau les amener à pied d'œuvre sur la rive droite. La
traversée de la Moselle est si lente que la préparation d'artillerie débute seulement vers 2 heures de l'après-midi.
L'infanterie s'élance vers 4 heures du soir et remporte les
premiers résultats vers 9 heures ; les villages de Noisseville,
Montoy, Servigny sont occupés ; la ligne d'investissement est
percée en deux endroits et les « landwehriens » sont très
éprouvés. La nuit tombe. Au lieu de poursuivre coûte que
coûte ou de se fortifier sur place, Bazaine ne donne aucune
instruction. Dans la nuit, Manteuffel achemine des renforts
allemands qui reprennent Noisseville et Montoy à la baïonnette. Les Français refluent et les Allemands rétablissent
rapidement la supériorité numérique et colmatent les
brèches. À la fin de la matinée du 1er septembre, l'échec est
patent. Bazaine se résigne au repli. Comme à Gravelotte-

Saint-Privat, les responsabilités du commandant en chef sont accablantes : préparation lente et insuffisante, absence d'exploitation des premiers succès, abandon de la position conquise, manque de vigueur et de mordant. C'est pourquoi on s'est demandé si Bazaine voulait la percée. N'avait-il pas engagé l'opération uniquement pour désarmer les critiques qui fusaient de toutes parts ? Le fantassin Jean-Baptiste Doridant, qui a vécu ces deux journées, conclut ainsi : « On aurait pu facilement sortir de Metz et pour prix de tant de sang versé on nous a fait revenir au camp où on est resté jusqu'à la capitulation de Metz. » Tristesse, inaction, indignation, voilà les éléments qui nourrissent à la base le procès de Bazaine, incapable et traître.

Imaginons un instant l'hypothèse d'un succès de la percée. Dans la nuit du 31 août-1er septembre 1870, l'armée du Rhin, en partie ou en totalité, réussit à sortir de Metz. Que se serait-il passé ? Elle avait une seule solution, marcher vers le nord-ouest puis, faute de vivres et de munitions, elle aurait été acculée soit à la capitulation, soit à la dispersion. De toute façon, elle était trop éloignée du théâtre des opérations pour infléchir l'issue de la bataille qui s'était engagée le même jour à Sedan. En revanche, elle aurait troublé les généraux et les soldats allemands et rendu l'exploitation politique et militaire de Sedan très aléatoire.

L'anéantissement

À la recherche de cette armée du Rhin introuvable, Mac-Mahon se résout à passer sur la rive droite de la Meuse à Mouzon. Il perd un temps précieux. Le 30 août, les Allemands accrochent le corps de Failly qui se reposait sans protection. C'est ce que les historiens militaires appellent pudiquement la « surprise de Beaumont ». C'est une panique effroyable. Failly réussit à décrocher, au prix de lourdes pertes : 1 800 tués, 3 000 prisonniers, plus de 50 canons abandonnés. Pour la seconde fois, il administre la preuve de son incapacité, il est démis de son commandement.

Le 30 août, à la tombée de la nuit, Napoléon III arrive incognito à Sedan. Il passe le lendemain à la sous-préfecture, complètement accablé. Dans la soirée, il sort en ville; à son passage, il ne recueille aucune marque de sympathie. Pendant ce temps, les troupes installent leur bivouac à l'est de Sedan. À l'intérieur de la vieille forteresse, l'atmosphère est inquiétante; on murmure le mot de trahison. « Les rues sont encombrées de telle sorte qu'on avait peine à se frayer un passage. Des soldats, des fuyards, des voitures du train, des canons, des fourgons se croisaient en tout sens. Le découragement se peignait sur toutes les figures [...] un chaos d'hommes armés. » Mac-Mahon n'a l'intention ni de livrer bataille ni de rester à Sedan. Il espère s'y ravitailler car il sait qu'à la gare, un million de rations attendent les soldats. Or par une initiative malheureuse, le chef de gare de Sedan fait évacuer sur Mézières 800 000 rations ainsi que la compagnie du génie qui devait faire sauter le pont de Donchery! Mac-Mahon établit les corps en état de combattre sur des hauteurs de la rive droite de la Meuse à quelques kilomètres des murs de la forteresse. Il ne donne aucun ordre, pas plus qu'il n'envisage une coordination avec le général Vinoy qui vient d'arriver à Mézières avec 17 000 hommes. Pourtant, ce dernier a fait prendre contact par son officier de liaison.

De leur côté, les Allemands progressent sur les deux rives de la Meuse; ils disposent 170 à 180 000 hommes. Ils ont l'intention, sinon d'encercler Sedan, tout au moins d'acculer l'armée adverse vers la frontière belge toute proche. Le mouvement en tenaille est favorisé par la non-destruction des ponts sur la Meuse et sur la Chiers. Sur la rive droite, le prince de Saxe s'efforce de couper les relations avec Montmédy. Sa cavalerie patrouille entre Carignan et Sedan. Sur la rive gauche, la troisième armée occupe les hauteurs dominant Sedan et s'avance jusqu'à Donchery dont le pont est intact, afin de franchir la Meuse et de couper la route de Mézières. Au 31 août au soir, l'armée de Mac-Mahon est tout entière sur la rive droite, dans un triangle délimité par la Givonne, le ruisseau d'Illy, la place de Sedan. À la pointe sud, une division de marine – la division bleue – repousse, après des combats très violents, des Bavarois qui se sont emparés du pont de chemin de fer et avancés jusqu'au village de Bazeilles dont les maisons seront durant deux jours âprement disputées dans de furieux corps à corps.

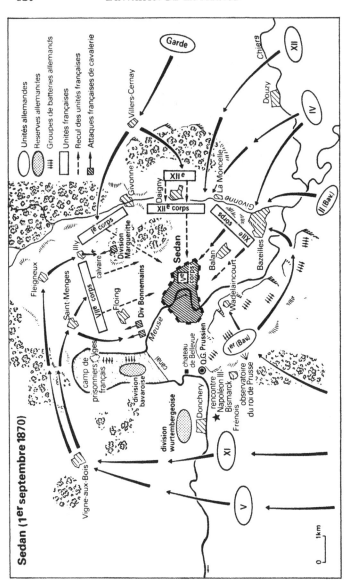

Sedan (1er septembre 1870)

Le 1er septembre 1870, vers 4 heures du matin, les Bavarois reprennent l'attaque du village de Bazeilles. Dans la nuit, ils se heurtent à la résistance des marsouins. Verdy du Vernois s'est levé à 4 heures du matin et a rejoint le roi et l'état-major, qui se sont installés à Frénois sur une hauteur de la rive gauche de la Meuse, dominant la citadelle de Sedan : « C'était un matin beau et frais, les nappes de brouillard matinal s'élevaient et s'accrochaient aux forêts. Mêlées à la fumée des feux de bivouac, elles formaient une mer de nuages impénétrable. [...] Au-dessus de ces murs, les sommets du plateau étaient totalement dégagés. [...] Bientôt, on entendit dans le lointain le tonnerre du canon, mais d'après le son, le combat était loin de nous dans la direction du nord-est, ce devait être les Saxons et les Bavarois... »

Sur l'ensemble du théâtre d'opération, les Allemands se mettent en mouvement : l'armée du prince royal a traversé la Meuse et progresse vers le nord-est, l'armée de la Meuse et la garde royale, qui ont traversé la Chiers, attaquent les positions françaises au sud-est de Sedan, à la Moncelle, Daigny. C'est en inspectant ces positions que le maréchal de Mac-Mahon est blessé à la cuisse gauche par un éclat d'obus vers 6 heures du matin. Il décide d'abandonner le commandement de l'armée et de le transmettre au général Ducrot. Pendant que l'on cherche Ducrot, les combats s'intensifient et le flottement s'accentue. Vers 7 h 30, Ducrot prend les choses en main. Il examine rapidement la situation et décide, sans avoir tous les renseignements, la retraite sur Mézières. L'ordre commence à s'exécuter quand se présente le général Wimpffen. Ce général était arrivé la veille d'Oran avec en poche un mandat de Palikao lui confiant le commandement en chef en cas de défaillance de Mac-Mahon. Il revendique avec hauteur la fonction. Ducrot s'incline, puis Wimpffen rapporte l'ordre de retraite et fait porter tout l'effort sur Bazeilles où les Bavarois reculent.

Pendant ces heures confuses, un corps prussien a traversé la Meuse à Donchery sur un pont resté intact et s'avance sur la rive gauche, tandis que sur toutes les hauteurs dominant Sedan à l'ouest (Bellevue, Frénois, Vadelaincourt), l'artillerie se met en place et prend sous son feu Sedan et la rive droite. Le roi Guillaume et ses aides de camp se sont installés près de la grande batterie à Frénois et observent le champ de bataille. Au sud, à Bazeilles, les combats sont violents et indécis. À l'est, les troupes prussiennes se déploient sur les hauteurs de la rive droite de la Givonne, la garde et les Saxons remontent vers le nord-ouest pour couper la route de Bouillon et opérer la jonction avec les troupes venant de l'ouest. Celles-ci, après avoir franchi la Meuse, progressent sur Saint-Menges et à Fleigneux. Des régiments français entiers se débandent et les groupes de fuyards gagnent la forêt d'Ardenne pour s'échapper vers Mézières et la Belgique. Vers 11 heures, la situation est presque désespérée. On se bat avec acharnement autour de Floing et du calvaire d'Illy, où l'artillerie allemande écrase le corps de Douay. Le mouvement d'encerclement est en bonne voie. Le commandant en chef Wimpffen est incapable de coordonner l'effort de ses unités. Il veut soulager l'infanterie qui donne des signes de défaillance et essayer de lui ouvrir un passage vers l'ouest. Il donne à Ducrot l'ordre de faire charger les cavaliers d'Afrique du général Margueritte. Le résultat est le même qu'à Frœschwiller ; ces soldats magnifiques sont envoyés à la mort dans des charges inutiles plusieurs fois répétées. Le général Margueritte est mortellement blessé d'une balle qui lui traverse les joues et lui coupe la langue. Une dernière charge vient mourir sur les lignes d'infanterie prussienne. Gallifet, qui prend le commandement des rescapés, est sollicité par Ducrot pour un ultime effort ; il répond crânement : « Tant que vous voudrez mon général, tant qu'il en restera un ! » Vers midi, tout est consommé, le cercle est fermé. Les Prussiens occupent le calvaire d'Illy et les tentatives de reconquête se heurtent au barrage meurtrier de l'artillerie. Les Français n'ont plus les moyens de desserrer l'étau. Le général Vinoy, qui était arrivé la veille à Mézières, entend dans le lointain la canonnade. Il apprend que des patrouilles placées sous son commandement ont eu des accrochages avec des éléments allemands assurant la protection de l'armée de Sedan. Vers 13 h 30 arrivent de mauvaises nouvelles ; elles sont confirmées une heure plus tard par le colonel Tissier, sous-chef d'état-major de Mac-Mahon, qui avait quitté vers 9 heures le champ de bataille « où le désastre semblait déjà inévitable ».

Bientôt, des fuyards par milliers se présentent. Vinoy avertit le ministre par télégraphe et donne à son corps d'armée un ordre de repli immédiat vers Paris.

Pendant ce temps, Napoléon III parcourt le champ de bataille. On le voit à Bazeilles, à la Moncelle, au cimetière de Balan. Il y aurait cherché la mort mais les balles et les éclats d'obus l'épargnent. Vers midi, il rentre dans Sedan. Au début de l'après-midi, il prend sa dernière décision de souverain et il fait hisser le drapeau blanc au-dessus de la forteresse. Il a compris que la poursuite des combats ne conduirait qu'à d'inutiles tueries. Le commandant en chef Wimpffen refuse la décision de l'empereur et fait arracher le drapeau blanc. Il repart au début de l'après-midi avec une poignée de soldats fourbus, caressant le chimérique projet d'une percée vers le sud-est en direction de Carignan. Il doit rapidement se rendre à l'évidence et rentrer dans Sedan.

À ce moment, le journaliste anglais Archibald Forbes, qui se trouve sur la rive gauche du côté prussien, observe la ville de Sedan : « L'investissement était réalisé. Jamais la citadelle ne serait en mesure d'accueillir la moitié de l'infanterie française sans parler de la cavalerie, de l'artillerie et du train. Du champ de bataille, la ville donnait l'impression d'être densément occupée même du côté exposé du glacis. [...] Autour de nous, une rumeur courait : la place avait capitulé. C'était prématuré. Le feu d'artillerie reprit du sud-ouest à partir de 4 heures. Personne ne put nous dire sur quel objectif était dirigé ce feu. Bientôt, des masses de fumée noire s'élevant de l'intérieur des remparts nous indiquaient que c'était bien la ville. Les Français avaient presque abandonné toute résistance. [...] Puis un silence douloureux s'établit, il contrastait avec le terrible vacarme de la journée. Avant la tombée du jour, les Allemands s'étaient retirés en arrière du champ de bataille et avaient entouré la ville d'un cordon d'artillerie. Les canons étaient attachés à leurs avant-trains et étaient pointés sur la ville tout prêts à tirer – 24 batteries, 142 pièces. C'était une discrète allusion aux intentions allemandes au cas où le lendemain la résistance reprendrait. »

Un capitaine d'infanterie de Thuringe, Auguste Roese, participe aux ultimes combats au début de l'après-midi. Son récit très concret nous fait saisir la réalité de la progression d'un groupe de fantassins : « L'attaque s'orienta vers un bois occupé. Côte à côte, une compagnie d'infanterie et une compagnie de chasseurs progressaient vers un angle du bois d'où un canon cherchait à couvrir la retraite des Français. Les chasseurs abattirent les servants de la pièce puis les deux compagnies prirent le canon. Toute la lisière était aux mains de nos détachements puis nous traversâmes la partie nord de la forêt de Garenne jusqu'à la route conduisant de Sedan à Illy. L'ennemi, où l'on remarquait beaucoup de combattants de Wœrth, résistait avec acharnement. Enfin nous arrivâmes à prendre la route jusqu'à la lisière de la forêt. L'ennemi s'enfuit. Beaucoup de ceux qui, jusque-là, avaient combattu bravement, jetèrent leurs armes découragés quand ils entendirent les hourras allemands.

Près d'une ferme voisine se tenaient environ 1 000 soldats français qui avaient jeté leurs armes. De tous côtés apparaissaient des troupes allemandes. Le feu de l'infanterie s'était presque tu. On tirait encore quelques coups. Seul le tonnerre des canons rappelait que nous nous trouvions encore sur un champ de bataille. »

À une vingtaine de kilomètres de Sedan, non loin de la frontière belge, se trouve le petit village de Guignicourt-sur-Vence. La fille du châtelain, Marie de Wignacourt, âgée de vingt ans, écrit dans son journal : « Les uhlans qui étaient ici ce matin campent au-dessus de la route sous la garenne d'Yvernaumont; on voit le feu de leur bivouac. [...] Nous avons passé tout l'après-midi à déménager les salons et les chambres en tas, car nous nous attendons d'un jour à l'autre à avoir des logements prussiens. On a enlevé les tableaux des salons. Nous sommes depuis trois jours privés de lettres et de journaux. Quand en aurons-nous? Dieu seul le sait. »

Du côté allemand, on avait aperçu le drapeau blanc. Moltke envoie pour s'informer un émissaire de haut rang en la personne de l'un de ses officiers d'état-major, le colonel Bronsart von Schellendorf. À sa grande surprise, celui-ci est introduit à Sedan auprès de Napoléon III qui lui remet, à l'intention du roi Guillaume, la lettre suivante : « Monsieur, mon frère! N'ayant pas eu le bonheur d'être tué à la tête de mes troupes, il ne me reste qu'à remettre mon épée à Votre Majesté. Napoléon. »

Accompagné du baron Reille, aide de camp de Napoléon, Bronsart retourne auprès des siens. Guillaume Iᵉʳ est très étonné d'apprendre la présence de Napoléon III dans la place. En fin de soirée, les combats s'arrêtent, les Allemands occupent les positions que les Français tenaient le matin ; les hauteurs dominant Sedan sont garnies d'artillerie. Les troupes françaises en désordre ont reflué sous les glacis de la forteresse, beaucoup de soldats ont cherché refuge dans la ville malgré la fermeture des portes. Dans la vieille cité de Turenne règne une atmosphère de défaite ; des soldats en rupture d'unité errent dans les rues ; les églises et les bâtiments publics ont été transformés en ambulances improvisées. Autour de Napoléon III, les généraux français sont abattus et divisés. Wimpffen refuse d'aller rencontrer les Prussiens. Il faut un ordre formel de Napoléon III pour que, la mort dans l'âme, il accepte de prendre la tête de la délégation française.

Du côté prussien, l'atmosphère est plus détendue. Guillaume Iᵉʳ invite à sa table les généraux et Bismarck et il leur porte le toast suivant : « Vous, général Roon, vous avez tiré l'épée ; vous, général Moltke vous l'avez conduite ; vous, comte Bismarck, vous dirigez ma politique depuis des années d'une manière si parfaite que, quand je remercie l'armée, je pense tout particulièrement à vous trois. Vive l'armée ! » À la fin du repas, Moltke offre à Bismarck une prise de tabac. Bronsart, observant la scène, risque ce calembour : « Voici la prise de Sedan ! »

Au château de Bellevue, vers 11 heures du soir, les deux délégations se rencontrent. Puisqu'il s'agit uniquement d'une affaire militaire, Moltke dirige la délégation prussienne, Bismarck l'assiste. Verdy décrit l'atmosphère de cette rencontre : « Une scène étonnante, extraordinaire ! Deux candélabres munis de chandelles à demi-brûlées et une vieille lampe ne suffisaient pas à éclairer la pièce très remplie. Autour de la table s'étaient assis les généraux et le comte Bismarck, nous autres entourions leurs chaises. Les uniformes variés, le silence impressionnant, les visages graves couverts de sueur et de poussière dans un éclairage presque magique, tout cela restera pour nous inoubliable. De temps à autre, une lueur de la lampe éclairait sur le mur une étonnante image de Napoléon Ier. Du monde des esprits, celui-ci contemplait silencieux l'étonnante scène qui se déroulait à ses pieds. »

Le général prussien prend la parole et exige la capitulation totale. Wimpffen se récrie, plaide pour obtenir une atténuation. Moltke et Bismarck sont d'autant plus inflexibles qu'ils apprennent que Napoléon III rend seulement son épée, et non celle de la France. Puisqu'aucune négociation politique n'est envisageable, l'alternative est simple : capitulation totale ou reprise des combats. Moltke donne un court délai de réflexion, puisqu'il accepte un armistice jusqu'au lendemain matin 9 heures. Dans la nuit, Wimpffen rentre à Sedan découragé.

Les soldats allemands passent la nuit sur le champ de bataille dans l'attente de la décision de leur commandement. Voici le récit du capitaine Roese : « Après ce jour sanglant, je passai la nuit sans manteau, sans couverture dans le sillon d'un champ. Une pluie douce et persistante se mit à tomber du ciel. Elle lava le sang répandu sur la terre et la masse des cadavres. Elle me chassa de mon sillon ; j'allai près du grand feu de bivouac de ma compagnie près duquel je séchai mes vêtements mouillés.

À l'aube du 2 septembre, commença une vie mouillée de bivouac. Très tôt, notre fourrier Bayer arriva avec une voiture de vivres et une partie de nos bagages. On distribua d'abondantes rations de viande, pain, vin, cognac et autres vivres... »

Au petit matin, Napoléon III réunit un conseil de guerre et met chacun devant ses responsabilités. Il faut se soumettre à l'inéluctable. Risquer une reprise des combats serait exposer Sedan au feu d'une artillerie qui se livrerait à un effroyable carnage. La capitulation est signée au début de la matinée du 2 septembre. Dans l'histoire militaire du XIXe siècle, c'est un fait sans précédent par son ampleur. Celle du général Dupont à Baylen durant la guerre d'Espagne (1808), celle des Hongrois à Villagos (1849) n'avaient pas concerné de tels effectifs. La présence de Napoléon III parmi les prisonniers accroît encore la portée du succès.

De bonne heure, avant même que la capitulation soit signée, Napoléon III a quitté Sedan et l'armée française.

Accompagné d'une simple escorte, il se porte à la rencontre des dirigeants prussiens et s'arrête dans une pauvre maison de paysan près de Donchery. C'est là que Moltke vient saluer l'empereur vaincu. Verdy du Vernois, qui accompagne Moltke, en trace la silhouette suivante : « L'empereur m'apparut assis sur une chaise devant la maison, fumant cigarette sur cigarette. Je le voyais pour la première fois, il me parut petit, assez corpulent, le teint terreux, le menton reposant sur la poitrine ; il regardait autour de lui extraordinairement calme, presque indifférent, une respiration légère traduisait le trouble intérieur. » Dans la matinée, il a un entretien avec Bismarck dans la chambre d'un ouvrier tisserand. Cette scène a souvent été représentée par l'iconographie populaire allemande. Après la signature officielle de la capitulation, Guillaume Iᵉʳ reçoit brièvement et avec des égards le souverain déchu au château de Bellevue. Puis Napoléon III, accompagné des officiers de sa maison, part pour le château de Wilhelmshöhe près de Cassel qui lui a été assigné comme lieu de captivité. C'était une ancienne résidence que son oncle le roi Jérôme avait occupée quand il était roi de Westphalie.

Auguste Roese est un témoin de ce départ furtif pour la captivité : « Le régiment reçut l'ordre d'occuper Sedan dans l'après-midi. Pendant que nous étions occupés aux divers préparatifs, une nouvelle se répandit soudain dans le bivouac : Napoléon, Napoléon le vaincu traverse le bivouac. Nous courûmes en bordure de la route et, de chaque côté, formâmes une haie. Accompagné d'une escorte de cavalerie, Napoléon était assis dans une voiture française tirée par quatre chevaux... » Il gagne la Belgique, couche à Bouillon puis se rend à Wilhelmshöhe.

Dans l'après-midi, les Allemands entrent dans Sedan. Ils récupèrent un énorme matériel (400 pièces de campagne, 150 pièces de place), 10 000 chevaux et beaucoup de vivres. À Bazeilles, les Bavarois, très durement éprouvés car la population civile avait aussi combattu, se livrent à d'atroces représailles : une partie du village est incendiée, des habitants sont fusillés, blessés, brûlés vifs, des otages arrêtés et déportés. Le nombre des victimes civiles a dépassé la quarantaine. Cette affaire montre que la guerre touche maintenant les civils. Si les troupes ennemies régulières ont l'impression – vraie ou fausse – qu'on leur tire dans le dos, elles sont capables des pires représailles. Bazeilles, en quelque sorte, préfigure Châteaudun, Châtillon-sur-Seine, Fontenoy-sur-Moselle...

Bilan

Sedan change les données de la guerre. La dernière armée française régulière est détruite. Si le réalisme avait prévalu chez les hommes politiques français, la guerre aurait pu et peut-être aurait dû s'arrêter là. Nous savons qu'il en a été autrement.

Le bilan est lourd : les Allemands ont eu 9 000 hommes tués ou blessés, dont 460 officiers; près de la moitié sont tombés à Bazeilles. Les Français ont 13 000 hommes tués ou blessés, dont cinq généraux tués. Ils laissent entre les mains des Allemands une masse considérable de prisonniers. Les premiers rapports avancent le chiffre très exagéré de 120 000 prisonniers, 25 000 Français capturés sur le champ de bataille, 83 000 pris dans la place, 14 000 blessés. Si l'on admet que l'effectif de l'armée de Châlons ait été au maximum de 100 000 hommes et que 10 000 se sont échappés sur Mézières et 5 000 par la Belgique, les Allemands ont au maximum fait 75 000 prisonniers, chiffre colossal pour l'époque. Les Prussiens ont été submergés par cette masse énorme qu'ils ont parquée dans un camp établi dans un des bras de la Meuse, la presqu'île d'Iges. Sur un sol marécageux et détrempé par les pluies, sans matériel de campement, les hommes ont passé dix à quinze jours avant d'être transportés en Prusse. Pour les nourrir, il a fallu conclure une trêve provisoire avec la place de Mézières qui a acheminé des rations. Puis des convois les ont conduits à pied jusqu'à Pont-à-Mousson, où ils ont trouvé des trains qui les ont conduits vers les lieux de captivité. Beaucoup se sont échappés en route. Les officiers ont gardé leurs armes et leur liberté à condition de donner la parole de ne pas reprendre les armes contre la Prusse. Certains ont préféré suivre le sort de leurs hommes; parmi eux le général Ducrot, qui a faussé compagnie aux

Prussiens à Pont-à-Mousson et qui s'est ensuite placé au service du gouvernement de la Défense nationale. Nous le retrouverons durant le siège de Paris.

Les raisons du succès des forces allemandes apparaissent clairement : supériorité numérique incontestable – 100 à 120 000 Allemands ont dominé 75 à 80 000 Français – et commandement en pleine possession de ses moyens. Moltke a su lancer la poursuite et combiner la manœuvre d'encerclement et d'anéantissement. C'est une victoire personnelle du commandant en chef. Son prestige est au zénith. La légende de Moltke commence. Jusque-là, des subordonnés n'avaient pas hésité à prendre des initiatives, parfois heureuses, le plus souvent dangereuses et le commandement avait paru à la remorque de généraux audacieux ou tout simplement du hasard ou de la chance. Désormais, l'autorité de Moltke est incontestée et incontestable. Surtout la victoire de Sedan est une nouvelle et impressionnante démonstration du rôle décisif de l'artillerie. Par sa mobilité et son efficacité, elle a appuyé la progression de l'infanterie, désorganisé les unités adverses et pris enfin la cuvette de Sedan sous son tir. La puissance de feu rassemblée a imposé la capitulation.

Du côté français, la défaite résulte d'une succession d'erreurs dont la responsabilité incombe d'abord aux politiques parisiens, c'est-à-dire à l'impératrice-régente et au président du Conseil Palikao. C'est leur aveuglement obstiné qui a acculé l'armée de Mac-Mahon vers une position intenable.

Le maréchal, qui avait perçu l'impasse dans laquelle on l'engageait, a été obéissant jusqu'au bout. Il n'a fait preuve ni d'esprit d'initiative ni de décision. En s'installant dans la cuvette de Sedan, il a laissé se refermer sur l'armée qu'il commandait le piège fatal avec une résignation triste. Napoléon III ne lui a été d'aucun secours ; c'était un malade pitoyable, ballotté au milieu de l'armée et qui se sentait totalement inutile. Malgré cette accumulation d'erreurs, les soldats français se sont bien battus. Une fois de plus, l'infanterie a été désarticulée par l'artillerie prussienne. Il y a de brillants faits d'armes localisés, comme la défense de Bazeilles par les marsouins ou la charge héroïque de la brigade Margueritte à Floing. Cette charge a été le dernier grand combat de la cavalerie cuirassée. Désormais, Français et Allemands n'utiliseront plus cette arme. Seule la cavalerie légère gardera longtemps encore sa fonction de reconnaissance et de protection.

Au lendemain de Sedan, Moltke et ses collaborateurs font leurs comptes. Quatre semaines après l'entrée en campagne, c'est un résultat inespéré. Certes les pertes allemandes sont lourdes, trop lourdes. En contrepartie, l'armée de ligne française a presque entièrement disparu ou elle est bloquée derrière les murailles des places fortes. Ce qui reste, sans artillerie, sans cavalerie, ne peut opposer de résistance sérieuse. La marche sur Paris, qu'il faut reprendre dès que possible, sera une promenade militaire. Moltke attend la capitulation de Bazaine dans un délai de deux à trois semaines. Il est extraordinairement optimiste. À son frère il écrit le 11 septembre : « À vrai dire, la guerre devrait être finie [...] peut-être dans une quinzaine de jours. » Personne n'imaginait que la République provisoire proclamée à Paris serait en mesure de prolonger la guerre plusieurs mois. Au début de septembre, c'est encore l'hypothèse d'une guerre courte qui prévaut, à condition d'aller chercher la décision et d'imposer la paix à Paris.

La République proclamée

La capitulation de Sedan balaie le régime impérial. Le gouvernement et la régente, rapidement avertis, taisent les mauvaises nouvelles car ils sont atterrés et incapables d'y faire face. Dans l'après-midi du 3 septembre, le Corps législatif se réunit, les discussions y sont tendues; en fin de soirée, les mauvaises nouvelles se confirment; dans les rues de Paris, des groupes se forment, chantent *La Marseillaise* et réclament la déchéance de Napoléon III. Le gouvernement se résout à informer la nation de l'étendue du désastre et de la captivité de l'empereur. Il est sans illusion et sait le régime condamné sans appel.

Les événements parisiens de la journée du 4 septembre, au cours de laquelle la République a été proclamée au balcon de l'Hôtel de Ville, ont été souvent racontés. Paris retrouve la liberté, la gaieté et la fraternité par une merveilleuse journée ensoleillée. Gambetta réussit à contrôler la rivalité entre l'extrême gauche et les républicains bourgeois. Contrairement à 1830, à 1848, il n'y a pas, ce jour-là, de violences. L'armée ne s'oppose pas à la révolution et à la République. Le seul incident sérieux est le pillage du palais des Tuileries, dont l'impératrice s'était échappée à temps. La joie d'avoir chassé Badinguet et ses complices se teinte de sourdes craintes : on sait que les Prussiens sont en marche, qu'aucune armée ne peut les arrêter et qu'un siège est proche.

Le gouvernement provisoire qui s'installe dans les palais officiels prend le nom de gouvernement de la Défense nationale. Au-delà de la République retrouvée, il veut souligner une priorité absolue. Ses membres sont les onze députés républicains de Paris. Les principaux portefeuilles sont ainsi répartis : Jules Favre va aux Affaires étrangères, Adolphe Crémieux à la Justice, Léon Gambetta à l'Intérieur, Ernest Picard aux Finances, Jules Simon à l'Instruction publique, Étienne Arago devient maire de Paris et Jules Ferry préfet de la Seine ; Rochefort, qui représente l'extrême gauche, n'obtient aucun portefeuille et on crée pour lui la dérisoire présidence d'une « commission des barricades ». Aucun de ces hommes n'a une expérience des affaires. Tous les anciens députés ont voté les crédits de guerre le 15 juillet, sauf Jules Favre absent. Ils passent directement de l'opposition au pouvoir, dans une situation exceptionnelle et dramatique. Leur vocabulaire est celui de la liberté et du patriotisme. Ils empruntent leurs références à la Révolution, à 1792, à la « Patrie en danger ». Cette période dramatique de l'histoire nationale semble se répéter. Comme en 1792, la République, une et indivisible, sera le salut de la France.

La poursuite de la guerre ne fait aucun doute. Un siège de Paris peut commencer dans les prochains jours, les civils feront une place aux soldats. Le général Trochu, gouverneur de Paris qui avait été nommé à cette fonction par Napoléon III, reçoit les pleins pouvoirs militaires et devient président du Conseil. Le général Le Flô, autre proscrit du

2 Décembre, est appelé au ministère de la Guerre; la marine revient au vice-amiral Fourichon, qui apprend sa nomination en mer du Nord. Ces trois soldats marquent à la fois la priorité et la continuité, ainsi qu'une ouverture discrète vers le centre-droit. D'autres ministres techniciens sont aussi nommés, comme Dorian aux Travaux publics et Magnin à l'Agriculture et au Commerce (avec la tâche redoutable de poursuivre l'approvisionnement de Paris).

Le nouveau gouvernement exclut d'emblée une paix déshonorante, c'est-à-dire une paix qui entraînerait une cession territoriale. « Nous ne céderons ni un pouce de notre territoire ni un pouce de nos forteresses [...] une paix honteuse serait une guerre d'extermination à courte échéance », affirme Jules Favre le 6 septembre dans une circulaire aux agents diplomatiques français à l'étranger. Les Parisiens ont la fibre guerrière et les discours qu'ils entendent flattent leurs rêves de gloire. « Après les forts, les remparts; après les remparts, les barricades, Paris peut tenir trois mois et vaincre; s'il succombait, la France, debout à son appel, le vengerait; elle continuerait la lutte et l'agresseur y périrait. » L'esprit de 1792, le souffle de la Révolution, le combattant de la barricade peuvent-ils retourner une situation très compromise? On se plaît alors à le croire.

Au milieu de tous ces appels, de toutes ces proclamations, il y a un absent, l'opposant le plus connu ou du moins celui qui, parmi les opposants, avait la plus grande notoriété internationale : Adolphe Thiers s'est tenu délibérément à l'écart. Sans doute n'a-t-il pas grande confiance dans l'expérience qui s'engage et préfère-t-il se réserver. Cette absence affaiblit le nouveau gouvernement.

Terminons par une note d'atmosphère. Auguste Neffzter, le directeur du *Temps*, écrit au soir du 4 septembre à sa femme qui est partie pour Granville avec ses enfants :

> Paris est dans un état indescriptible. La République a été proclamée révolutionnairement. Tout le monde fraternise. La ligne, la garde impériale elle-même, la garde nationale, les bourgeois, le peuple, tout le monde est dans l'enthousiasme et, hélas! croit tout sauvé par la proclamation de la République qui ne sauvera rien du tout, tant s'en faut. Pour moi, qui suis depuis longtemps revenu de toutes les illusions, tout cela me fait l'effet d'un carnaval tragique. Les Prussiens

n'en viendront qu'un peu plus facilement à Paris, parce que
la crise intérieure va nécessairement prendre une partie du
temps si nécessaire aux préparatifs de défense. Il y aura pendant quelques jours plus de discours que de mesures
sérieuses. Mais l'enthousiasme irréfléchi de ce peuple n'en a
pas moins quelque chose de touchant et d'émouvant.

Tu connaîtras certainement, même quand le journal te
manquerait encore, les dernières nouvelles – les effroyables
désastres de Mac-Mahon, sa mort probable, la captivité de
l'empereur, le meurtre du général de Failly par ses propres
troupes – il n'y a jamais rien eu de plus désastreux dans
aucune histoire.

En contraste avec l'agitation de Paris, revenons à Guignicourt-sur-Vence. Marie de Wignacourt est inquiète; des
rumeurs de défaite circulent : « Vers 10 heures arrivent plusieurs régiments de cavalerie et un d'infanterie qu'il faut
maintenant loger et nourrir. [...] Ils sont environ 5 000
hommes. [...] Ils pillent et ravagent tout. [...] Ils nous ont dit
que l'empereur s'est rendu hier à Sedan ainsi que le maréchal de Mac-Mahon avec 100 000 hommes, mais comme
nous sommes toujours sans lettres ni journaux depuis mer-
credi, nous ne pouvons savoir si ce qu'ils disent est vrai. Oh!
mon Dieu, n'aurez-vous pas pitié de notre pays? » C'est
l'occupation qui commence : « Nous logeons 25 officiers et
le général. Ils s'établissent ici comme chez eux. »

En Normandie, beaucoup de jeunes femmes de la bourgeoisie parisienne attendent avec leurs enfants. Parmi elles,
une provinciale, Marie Poincaré, est arrivée à Dieppe avec
ses deux fils, Raymond et Lucien. Son mari, Antoni Poincaré, ingénieur des Ponts-et-Chaussées à Bar-le-Duc, les a
conduits il y a une quinzaine de jours car la Lorraine est la
route des invasions. Le jeune Raymond, qui a dix ans, tient
déjà son journal. Voici ce qu'il a noté le 4 septembre :
« Devant la mairie, une foule nombreuse se pressait autour
des affiches. Nous approchâmes à grand-peine et apprîmes
le désastre de Sedan, la captivité de l'empereur, la régence
de l'impératrice. [...] Dans la nuit du 4 au 5, Cécile vint nous
annoncer la chute de la régente et la proclamation de la
République. On entendait les cris des contents mêlés à ceux
des mécontents. » Pour sa part, Marie de Wignacourt n'est
pas contente. Les noms de Gambetta et de Rochefort lui

font peur : « Le général Trochu est le seul homme honnête au pouvoir. »

Dans les grandes villes assiégées, Metz et Strasbourg, la catastrophe de Sedan est vite connue, car Werder et Frédéric-Charles se hâtent de faire parvenir aux assiégés des dépêches et des coupures de journaux. Quant aux assiégeants, ils fêtent leur victoire. Le 4 septembre, ils illuminent, chantent, tirent des salves d'honneur. Ce n'est que quelques jours plus tard qu'ils apprennent la déchéance de l'empereur et la proclamation de la République. Ce sont les délégués suisses qui l'annoncent aux Strasbourgeois. Émile Kuss, le nouveau maire, reconnaît immédiatement le gouvernement de la Défense nationale. À Metz, Bazaine s'y refuse absolument.

Enthousiasme en Allemagne, étonnement en Europe

En l'espace de quelques semaines, l'opinion publique a beaucoup évolué, et plus spécialement en Allemagne rhénane, en Bade, en Palatinat, où la France conservait des sympathies. L'armée prussienne, qui avait réprimé sans ménagement les troubles révolutionnaires de 1849, avait laissé de mauvais souvenirs. On craignait à la fois une invasion française et les pillages des « turcos » et le retour des troupes prussiennes. Les premières victoires apportent un immense soulagement et beaucoup de fierté. En Palatinat, le passage du prince royal de Prusse avait été ressenti comme une protection. En Bavière, Hohenlohe note que les populations paysannes sont plutôt favorables, car le nom de Napoléon réveille des sentiments d'hostilité. Le paysan se dit : « Il faut la guerre sinon nous n'aurons pas de repos! Ce misérable coquin de Napoléon, il faut le chasser, alors tout ira mieux. » Les victoires autour de Metz entraînent une grande excitation : on pavoise, on sonne les cloches, on défile dans les rues. Bientôt arrivent les premiers prisonniers français. Les 2 et 3 septembre, dans la ville de Berlin, les rues sont décorées de drapeaux et d'oriflammes, les canons tirent des salves d'honneur. La presse est très optimiste et pense à une paix rapide. Les combats autour de Metz ont été le premier acte, Sedan vient de régler le second, le troisième sera achevé prochainement à Paris. Les journaux national-libéraux de Berlin, de Cologne et d'Allemagne du Sud soulignent que les Wurtembergeois, les Hessois, les Badois, les Saxons, les Bavarois, etc., se sont battus aux côtés des Prussiens. Ils ont versé leur sang pour une cause commune. Les victoires remportées sont d'abord des victoires allemandes. La coupure entre la Confédération de l'Allemagne du Nord et les États du Sud est effacée. L'artificielle ligne du Main, à laquelle on s'était tant référé, a disparu. Le processus de fondation de l'empire allemand est engagé. Bismarck doit maintenant trouver la formule politique acceptable par tous les princes.

Les victoires remportées sont les victoires de la nation allemande réunie contre la France éternelle, la France conquérante, celle de Louis XIV avec le rappel insistant du sac du Palatinat et la conquête de Strasbourg, celle de la Révolution, celle de Napoléon Ier. Les Allemands sont dans leurs droits car ils ont été placés dans une situation de légitime défense. Dans cette perspective, les journaux qui multiplient les rappels historiques sur les exactions françaises réclament des annexions, et d'abord celle de l'Alsace, la plus belle des provinces allemandes. Certes, une minorité qui a du mal à s'exprimer ne partage pas ce vertige nationaliste. C'est le cas des socialistes lassalliens qui, après avoir appelé à l'union nationale contre Napoléon III, ennemi de la paix, demandent une paix équitable et sans annexion avec la République française. C'est le cas des sociaux-démocrates de Bebel qui demandent la reconnaissance de la République française et, au nom du droit des peuples à disposer d'eux-mêmes, condamnent les annexions envisagées. *La Gazette de Francfort, Le Futur,* journaux démocrates de gauche, sont aussi dans cette ligne. Il y a des arrestations, comme celle du démocrate Jacoby, qui passe un mois en résidence surveillée dans une forteresse. Une partie des catholiques bavarois est mal à l'aise. Mais ces hommes sont en porte-à-faux avec la majorité de l'opinion. « Hurra, Germania ! », s'écrie l'ex-démocrate Freiligrath. Les Allemands ont mené une guerre défensive, donc juste, les victoires remportées collectivement justifient l'appel à l'unité nationale. Elle est faite dans l'opinion et dans les cœurs avant que les princes aient trouvé la formule politique. Les victoires ont donné aux Allemands une fierté et une identité collective, puisqu'ils combattent ensemble contre un ennemi héréditaire. « De tout temps, la France a été l'ennemie héréditaire de l'Allemagne », écrit la très prussienne et réactionnaire *Gazette de la Croix*. Cette formule revient souvent sous la plume d'autres journalistes. Chez certains, la guerre est devenue une guerre sainte. Le soldat allemand est le bras de Dieu, celui qui va châtier Paris, cette ville insolente, cette Babylone de tous les vices. Comme en 1814 et en 1815, il faut retourner à Paris, et cette fois imposer aux Français une solution conforme aux intérêts de l'Allemagne. Napoléon III est maintenant captif. Il n'est pas l'unique responsable. Aucun Allemand n'oublie que la France presque tout entière, républicains compris, a accepté la guerre. Maintenant que l'empereur est hors jeu, c'est contre les démons de la nation française que les Allemands se battent.

Les nouveaux dirigeants français sont des inconnus. À Londres, le gouvernement de Gladstone adopte une attitude d'attente, la déchéance de Napoléon III ne l'attriste guère. Il veut bien servir de boîte aux lettres mais il se refuse à engager une quelconque médiation entre les belligérants. Le roi des Belges est soulagé par la tournure des événements. Dans une lettre privée à la reine Victoria, Léopold II s'exprime sans détour : « Pour parler franchement, je considère ce qui se passe comme politiquement heureux. Si la France avait été victorieuse, le repos du monde était compromis à jamais. Je trouve que l'Angleterre comme la Belgique, vous chère cousine comme nous, devons nous féliciter de la tournure prise par la guerre » (11 septembre 1870). Tous les Belges ne s'exprimaient pas de cette façon. D'ailleurs, les malheurs des Français touchent les Belges et un grand élan de charité vient secourir les blessés, les prisonniers, les réfugiés. Le grand journal *L'Indépendance belge* est favorable à la République. L'Autriche, qui avait esquissé des mesures de mobilisation, comprend qu'elle doit ménager la Prusse. Comme l'indique Jean-Paul Bled dans sa biographie de François-Joseph, le souverain « ressent cruellement les victoires prussiennes ». Les lettres à sa mère l'archiduchesse Sophie sont sans équivoque : il plaint le sort de la France, mais il n'a aucune sympathie pour le gouvernement de la Défense nationale. L'Autriche se réfugie dans la neutralité. Elle est sans prise sur une situation qu'elle déplore et à laquelle il faudra bien s'adapter.

La Suisse neutre sent les menaces se rapprocher de ses frontières du nord-ouest qui sont mises en état de défense. Le sort des Strasbourgeois bombardés suscite un élan de solidarité ; des délégués suisses cherchent en vain à obtenir l'évacuation des civils menacés. La Société internationale de secours aux blessés, installée à Bâle, apporte les premiers secours. En même temps, parmi les dirigeants suisses se dessine l'idée d'obtenir des compensations. La *Realpolitik* est-elle interdite à un pays neutre ? Mulhouse ne pourrait-elle redevenir un canton suisse ? N'y aurait-il pas un aménagement des frontières du côté de la Haute-Savoie ? Il s'agit de virtualités. La défaite de la France ouvre soudain des perspectives.

Du côté italien, l'objectif est limpide et à portée de main. Victor-Emmanuel, qui avait été tenté de soutenir Napoléon III, s'exclame en apprenant Sedan : « Pauvre empereur ! Nous l'avons échappé belle. » Il donne bientôt l'ordre à ses troupes d'entrer dans la cité des papes dont les Français se sont retirés sur la pointe des pieds. La question romaine est tranchée sans délai. Le 20 septembre, les troupes italiennes entrent dans Rome. Pie IX proteste en vain contre la violence qui lui est faite et s'enferme dans la Cité du Vatican.

Aucun des grands pays n'a donc de raison de venir au secours du gouvernement républicain de Défense nationale. Seuls des minoritaires, comme le républicain Garibaldi, proposent leurs services. Les milieux dirigeants de l'Empire russe attachés à l'alliance prussienne s'inquiètent d'un possible réveil révolutionnaire de la « Grande Nation ». La présence de Gambetta effraie les Cours. La seule évocation de son nom et de ses propos suffit à consolider les neutralités autrichienne et russe. Le nouveau gouvernement français est aussi isolé que le précédent. Thiers, envoyé à Londres, ne parvient pas à faire bouger d'un pouce les positions anglaises. Quand Jules Favre demande une intervention active des puissances européennes, Gladstone répond par la négative.

Bismarck conserve donc un atout maître, à savoir la limitation du conflit armé grâce à l'attentisme des autres grandes puissances. En quelque sorte, Sedan renforce les chances de Bismarck de tenir l'Europe à l'écart du conflit franco-allemand. À lui de ne pas la réveiller par des propos ou des projets qui l'inquiéteraient, et de consolider par la diplomatie la victoire acquise sur les champs de bataille, tâche quotidienne, aléatoire et incertaine où Bismarck va donner toute sa mesure.

Mémoire de Sedan

Au-delà des conséquences immédiates et déterminantes pour la suite de notre récit, le nom de Sedan est désormais entré dans la mémoire des peuples. Pour les Allemands, c'est la victoire par excellence, la victoire commune. L'anniversaire de Sedan devient une fête militaire, nationale et impériale. Chaque année, le *Sedantag*, le jour de Sedan, rappelle aux générations nouvelles les vertus guerrières des fondateurs de l'empire. Jusqu'à la fin du Second Reich, le *Sedantag* sera la fête nationale de la victoire. À ce titre, elle sera célébrée entre 1914-1918 dans les tranchées de Flandre et de l'Argonne. Les dessinateurs, les graveurs, les caricaturistes, les peintres se sont emparés des faits marquants de la bataille de Sedan. Toute une imagerie populaire, souvent très naïve, met en valeur la bravoure des soldats prussiens, bavarois, saxons, le courage et le génie des chefs militaires. Les dessins d'August Beck parus dans l'*Illustriete Zeitung* ont été reproduits et diffusés. Dans la littérature militaire, on trouve une riche iconographie de Sedan. Les peintres académiques, comme Wilhelm Camphausen et Anton von Werner, peintres officiels de l'Empire, ont représenté Moltke et Guillaume, à cheval, entourés du Kronprinz et de généraux, l'entretien de Napoléon et de Bismarck. Le plus célèbre de ces tableaux est le grand panorama peint par Werner et ses élèves et installé à Berlin Alexanderplatz. Inaugurée au début des années 1880, *La Bataille de Sedan* a été longtemps l'une des curiosités de Berlin. Plus encore que Königgrätz (Sadowa), la mémoire de Sedan apporte au monde militaire prusso-allemand toute une série de thèmes héroïques et moraux, autant de confirmations de sa valeur et de sa supériorité.

Chez les Français, Sedan signifie désastre et malheur national. Longtemps il sera impossible de l'oublier. On ne trouve aucun précédent comparable. Waterloo était tragique mais honorable, et la mémoire de Napoléon Ier n'en avait pas souffert. En revanche, la responsabilité exclusive retombe sur Napoléon III et son régime. L'homme de Sedan rejoint dans le mépris celui du 2 Décembre, car il a commis deux crimes majeurs, l'un contre la patrie et l'autre contre la liberté. Combien de fois cette association stéréotypée est-elle revenue sur les lèvres des hommes politiques sous les approbations indignées de leurs auditeurs? À la légende noire du Second Empire, Sedan apporte une conclusion décisive et irréfutable. Et pourtant, la mémoire des Français est sélective. Le maréchal de Mac-Mahon a eu une chance inouïe, celle d'être blessé au début de l'action. Ont été épargnées au duc de Magenta la défaite et l'obligation de signer une humiliante capitulation. Il reviendra de captivité la tête haute et la conscience du devoir accompli. Tout de suite, on lui confie le commandement de l'armée de Versailles. Deux ans plus tard, il sera élu président de la République! Son impopularité ultérieure aura des causes autres que militaires.

Comme dans toute bataille perdue, des combattants ont sauvé l'honneur par leur bravoure et leur esprit de sacrifice. Grâce à ces soldats exemplaires, la défaite est transfigurée et la mémoire a conservé le souvenir des marsouins de Bazeilles défendant la maison de leurs dernières cartouches, des cavaliers de Margueritte au plateau de Floing, des fantassins du calvaire d'Illy. Les eaux-fortes de Lançon, les dessins de Dick de Lonlay et de beaucoup d'autres ont été largement diffusés. Ils ont répandu et imposé la conviction qu'à Sedan comme à Gravelotte ou à Saint-Privat le soldat français avait fait son devoir.

Le nom de Sedan est passé dans le langage courant. Tout comme Bazaine est devenu synonyme de traître, Sedan signifie la catastrophe totale, l'effondrement, et ce dans tous les domaines – on est même allé jusqu'à parler de « Sedan commercial ». Toute une génération a vécu dans la hantise d'un nouveau Sedan. Le capitaine Danrit (Driant), gendre du général Boulanger, tombé au bois des Caures au début de la bataille de Verdun, donne à l'un de ses livres ce titre-choc : *Vers un nouveau Sedan*. Au début de la Première Guerre mondiale, la ville est rapidement occupée et n'apparaît pas ou si peu dans les communiqués de guerre. En mai 1940, dans un tout autre contexte, le nom de Sedan entre une seconde fois dans les bulletins de victoire allemands. La percée victorieuse des blindés du général Guderian est le prélude de la débâcle rapide et totale de l'armée française. Tragique rebondissement de l'histoire !

Cent ans après, le général de Boissieu, chef d'état-major général de l'armée de terre et gendre du général de Gaulle, vient à Sedan rendre hommage aux cavaliers de la brigade Margueritte. Il porte un jugement global et réfléchi auquel nous souscrivons : « Sedan ne fut pas imputable aux fautes des officiers et des soldats, mais à celles d'une politique militaire incohérente, d'une stratégie à la dérive, d'une tactique de résignation. »

CHAPITRE IV

La défaite de la France impériale

Une défaite aussi rapide, aussi totale, aussi inattendue continue de nous interpeller comme elle avait interpellé les contemporains. On veut savoir pourquoi on en est arrivé là. Depuis un siècle, les armées françaises ont connu d'autres paniques et subi d'autres défaites. Napoléon III a trop long-temps servi de bouc émissaire commode. Chaque défaite, comme chaque victoire, pose des questions redoutables et peut-être insolubles. Quelle est la part du régime politique du moment ? Quelle est la part aussi de la nation tout entière ? Pour écarter les explications réductrices, il faut explorer les trois domaines principaux où interviennent les décisions des dirigeants : la déclaration de guerre, la prépa-ration du conflit, la conduite politique et militaire des opéra-tions.

Les rapports franco-prussiens

Une déclaration de guerre s'inscrit toujours dans une double dimension : le court terme, c'est-à-dire la crise inter-nationale qui se dénoue brutalement par le recours aux armes ; le moyen terme, c'est-à-dire la période plus ou moins longue durant laquelle les relations entre deux États et deux peuples oscillent entre l'indifférence, l'amitié et l'hostilité. Dans le cas de la France et de la Prusse, le régime de Napo-léon III n'a pas créé une situation ; il a géré un héritage et un jour s'est retrouvé au pied du mur.

Pour comprendre la racine du conflit, il faut remonter aux traités de 1815 depuis lesquels la France et la Prusse ont une frontière commune. Cette présence de la Prusse sur la rive gauche du Rhin a été voulue par les grandes puissances. La Prusse était le gendarme qui montait la garde sur le Rhin pour empêcher la « Grande Nation » de reconquérir ses « frontières naturelles ». Dans la France de l'Est, dans les cercles parisiens, parmi les groupes avancés, la Prusse était un État avec lequel les Français entretenaient des relations ambiguës. D'un côté ils l'admiraient pour ses institutions, son régime « éclairé », de l'autre ils regrettaient qu'elle ait annexé des départements français. Jusqu'en 1840, les relations de voisinage avaient été correctes. Cette année-là, le ton avait monté et un frisson belliqueux avait parcouru les deux pays. Thiers n'avait pas été étranger à cette fièvre. Puis les passions étaient retombées. Dans les années cinquante, les relations entre les deux pays étaient restées correctes. Et dans les milieux intellectuels, la Prusse continuait à bénéficier d'un certain prestige et même de considération. Pour les hommes de gauche, les républicains, la Prusse apparaît comme un pays éclairé; ils semblent en ignorer les tendances réactionnaires et militaristes. Les catholiques en revanche, favorables à l'Autriche, se montrent méfiants vis-à-vis de cet État protestant.

À l'égard de la Prusse, Napoléon III cultive une amitié un peu condescendante. De toute façon, elle n'est pas un pays de taille à défier seul la France, et Napoléon III ne peut reprendre les « frontières naturelles » sans un bouleversement de la carte de l'Europe dont il mesure tous les risques. Au début des années 1860, il recherche l'alliance prussienne. Il signe avec elle et le *Zollverein* un traité de libre-échange (1862) qui accroît le niveau des échanges. Le « Piémont du Nord » peut lui être utile pour ses projets italiens; il pense aussi qu'une recomposition de la carte politique de l'Allemagne est inévitable et que la Prusse devrait y trouver un avantage, comme la France et l'Italie d'ailleurs. C'est pourquoi il pense à l'alliance italo-prussienne, clé de voûte indispensable d'une éventuelle guerre austro-prussienne. Cette guerre qui éclate en juin 1866 ne le surprend pas; en revanche il est pris de court par la rapidité des succès de l'armée prussienne, par la victoire de Sadowa. Torturé par la maladie, Napoléon III est incapable d'élaborer une parade au « coup de tonnerre de Sadowa ». L'armée française reste l'arme au pied, sa diplomatie est paralysée. En quelques semaines, Bismarck pousse ses avantages et manœuvre Napoléon III qui avait sous-estimé ses capacités. Désormais, le rapport de force entre la France et la Prusse agrandie et victorieuse est modifié. La Prusse veut assumer le sentiment national unitaire allemand. Depuis l'élimination de l'Autriche de l'Allemagne (1866), la France est devenue le dernier obstacle à la formation de l'État prusso-allemand.

L'opinion française perçoit avec un certain décalage le danger prussien. Des sentiments d'hostilité la parcourent, mais dans sa majorité elle redoute la guerre. Le prestige de Napoléon III est atteint : sa diplomatie a été mise en échec, aucune des compensations, aucun des « pourboires » qu'il avait espérés ne lui sont accordés. Désormais, il est acculé à la défensive et sa politique allemande est de préserver l'indépendance des quatre États de l'Allemagne du Sud – la Bavière, le Wurtemberg, la Hesse et le Bade – pour maintenir la Prusse au nord d'une ligne du Main inventée pour la circonstance par la diplomatie française. En Allemagne, les journaux attaquent Napoléon III et la France. La propagande prussienne joue un rôle, mais elle ne saurait tout expliquer. Le sentiment national allemand, dans l'affaire du Luxembourg (1867) par exemple, se dresse contre l'annexion éventuelle par la France de ce territoire de langue allemande. Plus que ses compatriotes, Napoléon III se rend compte qu'une guerre avec la Prusse pourrait survenir. Il est informé par les remarquables rapports de l'attaché militaire français Stoffel. Pour y faire face, il faudrait esquisser un nouveau réseau d'alliances : se rapprocher de l'Autriche, donner satisfaction à l'Italie. C'est un peu la quadrature du cercle; malade, englué dans les problèmes de politique intérieure avec l'expérience de l'empire libéral, Napoléon est affaibli et incertain.

De son côté, Bismarck ébauche, après ses premières victoires, la poursuite d'objectifs nationaux et unitaires. Le particularisme des États du Sud, et surtout celui de la Bavière, reste très vif. Arriver à l'unité par des négociations paraît une voie longue, incertaine, compliquée. Les années postérieures à Sadowa sont décevantes. Guillaume Ier craint de ne pas voir de son vivant l'aboutissement de l'unité. Dans l'esprit de Bismarck, seul un choc pourrait accélérer le dénouement. Ce choc serait une guerre nationale contre un ennemi commun. Comme il s'est préparé quelques années plus tôt à l'éventualité d'une guerre contre l'Autriche, Bismarck se prépare et cherche à préparer l'opinion allemande à un affrontement avec Napoléon III. Ce conflit, Bismarck ne le programme pas mais il l'intègre dans ses calculs. En aucun cas il n'en prendra la responsabilité directe. Au début de l'année 1870, cette hypothèse est hautement improbable. Émile Ollivier, le nouveau président du Conseil de l'empire libéral, est attaché à la paix; il a donné des gages de sympathie à l'idée nationale allemande; il sait la ligne du Main fragile et ne s'opposerait pas à l'unité si celle-ci résultait d'un mouvement populaire incontestable. Du côté français, il n'y a aucune préparation à la guerre et le Corps législatif abaisse le contingent de 100 000 à 90 000 hommes! Toutefois, en mai 1870, la nomination à la tête du ministère des Affaires étrangères du duc de Gramont, qui a été ambassadeur à Vienne et est un partisan de l'alliance autrichienne, inquiète Bismarck. Le régime de Napoléon III, qui a gagné le plébiscite de mai 1870, apparaît renforcé. La diplomatie française pourrait être tentée de jouer un rôle plus actif. N'y aurait-il pas opportunité à entraver ses projets avant qu'ils ne prennent quelque consistance? Ne serait-il pas utile que l'adversaire se découvre et se mette dans son tort? Jamais la Prusse ne déclarera la guerre à la France, il faut que l'Allemagne soit agressée par une France arrogante et belliqueuse. Cette hypothèse est trop séduisante pour se présenter un jour. Or, en juillet 1870, le rêve est devenu réalité.

La crise de juillet 1870

La crise de juillet 1870 – crise très brève – est incompréhensible sans cet arrière-plan. Le détonateur est une affaire anodine aujourd'hui bien oubliée : la candidature d'un prince de la famille de Hohenzollern au trône d'Espagne. La littérature historique est très abondante et encombrée de polémiques et de controverses. Il est indispensable d'en faire un bref résumé.

Les militaires et hommes politiques espagnols qui ont mené la « révolution » de septembre 1868 cherchent un successeur constitutionnel à la reine Isabelle exilée. C'est un choix particulièrement délicat en raison du contexte espagnol très troublé et des implications internationales découlant de tout changement de dynastie. Les recherches s'orientent vers des familles princières catholiques (Orléans, Aoste, Bragance, Saxe-Cobourg). Aucune solution ne se dégageant, le nom de Léopold de Hohenzollern-Sigmaringen est lancé. Le jeune prince appartient à une branche cadette et catholique de la famille des Hohenzollern. Il est libéral et ferait un monarque constitutionnel acceptable. C'est un bon candidat, soutenu par le maréchal Prim alors Premier ministre d'Espagne. Le gouvernement français, qui suit avec attention les affaires espagnoles, prend ombrage de cette candidature. Ce serait un avantage donné à la Prusse. La presse s'enflamme et réveille de vieux fantômes évoquant les menaces que ferait peser sur les frontières du Sud et de l'Est l'alliance de la Prusse et de l'Espagne (février 1870). La France serait encerclée comme au temps de Charles Quint! Une négociation s'engage pour obtenir le retrait de Léopold. Cette levée de boucliers est efficace. Le roi de Prusse, Guillaume Ier, chef de la maison de Hohenzollern, déjà réticent, obtient de son parent qu'il se retire. La très vigoureuse réaction de Napoléon III se comprend aisément : il craint que l'Espagne ne s'éloigne de la mouvance française et que le choix de Léopold ne soit interprété par l'opinion publique comme un nouveau succès prussien.

Tout s'apaise rapidement. Quelques mois plus tard, l'affaire est tellement oubliée qu'Émile Ollivier peut déclarer à la tribune du Corps législatif : « De quelque côté que l'on regarde, on ne voit aucune question irritante engagée et à aucune époque le maintien de la paix en Europe n'a été plus assuré » (30 juin 1870). Il est applaudi et personne ne pense autrement.

Au début de juillet 1870, la candidature de Léopold de Hohenzollern est de nouveau à l'ordre du jour. Bismarck a secrètement préparé cette réactivation ; il y voit un moyen d'inquiéter l'opinion publique française et, pourquoi pas, de faire commettre un faux pas au gouvernement de Napoléon III. Quant aux Espagnols, ils y voient d'abord leur propre intérêt et ils comprennent mal l'hostilité de Napoléon III. Peut-être pensent-ils pouvoir la surmonter.

La nouvelle est connue à Paris le 2 juillet. La presse réagit immédiatement. Le gouvernement français est surpris et irrité par ce rebondissement imprévu. Il adopte aussitôt une position négative ; il y voit la main de la Prusse, il refuse de prendre en considération les apaisements des Espagnols qui assurent « leur partenaire français de la traditionnelle loyauté espagnole » (H.O. Kleinmann). Le ton est donné par le ministre des Affaires étrangères, le duc de Gramont, homme impulsif et dont les capacités de discernement sont limitées. Sans attendre le résultat des négociations engagées avec la Prusse, il fait, le 6 juillet 1870, une proclamation enflammée et provocatrice à la tribune du Corps législatif. Il est appuyé par son président du Conseil, par les bonapartistes autoritaires et par l'opinion. Ce discours est un acte d'énergie. Il accuse la Prusse de vouloir changer l'équilibre européen et de porter atteinte à l'honneur et aux intérêts vitaux de la France. En lui demandant de retirer cette candidature, il lance un véritable défi public. Les journaux de toute tendance et l'opinion parisienne lui emboîtent le pas. Il sera impossible de les arrêter. « Les esprits sont montés ici contre la Prusse au paroxysme, note un diplomate étranger en poste à Paris, on a le sentiment d'avoir été humilié par la Prusse. Il faut réparer Sadowa » (9 juillet). La candidature Hohenzollern n'est plus une affaire espagnole, elle est devenue tout de suite une affaire franco-prussienne. Comme le remarque avec perspicacité et concision un journaliste autrichien, du point de vue français, « c'est une affaire de sécurité et d'équilibre en dehors, une question d'honneur national au-dedans » (7 juillet 1870).

Le gouvernement de Napoléon III s'active pour obtenir le retrait de la candidature Hohenzollern ; il agit à Madrid, il agit auprès des grands et des petits pays européens, il agit auprès de Guillaume Ier, chef de la maison de Hohenzollern. Celui-ci est très embarrassé par ce rebondissement. A-t-il été tenu au courant de ses ultimes développements ? C'est peu probable. Présentement, il cherche plutôt à calmer le jeu. Comme chaque année, il prend les eaux à Ems, loin de Berlin et de Bismarck. L'ambassadeur français, le comte Benedetti, qui l'a accompagné, dîne avec lui le 9 juillet. Après quelque hésitation, Guillaume Ier admet qu'il peut parler de cette affaire à son parent. Il laisse agir les intermédiaires, et, le 12 juillet, à la grande déception de Bismarck, le père du prétendant annonce le retrait de la candidature contestée. Tout paraît réglé à la satisfaction du gouvernement français. Celui-ci a remporté un succès; il aurait été sage de s'en contenter. Bismarck, qui observait les événements depuis sa propriété de Varzin, rentre à Berlin et paraît pris au dépourvu. Il songe un instant à démissionner. Or en quelques jours, contre toute attente, on glisse de la paix à la guerre. Il faut essayer de comprendre où se situent les responsabilités qui ont rendu la guerre inévitable. Au sein des dirigeants français, un groupe, dont Gramont est le chef de file et auquel appartiennent l'impératrice et les bonapartistes autoritaires, souhaite obtenir sur la Prusse une victoire diplomatique. Ce succès pourrait affaiblir les partisans de l'empire libéral, ramener au pouvoir les vrais bonapartistes et consolider la dynastie. Ils font monter la tension en agissant sur la presse parisienne qui persiste, malgré le succès obtenu, dans son ton belliqueux et antiprussien. Les passions l'ont emporté sur la raison.

Agité de sentiments contradictoires, soumis aux pressions de son entourage, Napoléon III, malade et vacillant, hésite. Il connaît la fragilité de son armée. Le 12 juillet au soir, mi-lucide mi-résigné, il cède aux instances de Gramont et des bonapartistes autoritaires et rédige avec ce dernier un télégramme directement adressé à Benedetti. Les exigences françaises s'accroissent, on demande désormais à l'ambassadeur d'obtenir du roi Guillaume Ier une confirmation écrite du retrait de la candidature Hohenzollern. Le président du Conseil Émile Ollivier n'a pas été mis dans la confidence. Il apprend la démarche dans la nuit, alors que le télégramme est déjà parti. Mesurant le risque énorme qui vient d'être pris, celui d'acculer la Prusse, de s'exposer à un refus et d'entrer dans un processus de guerre, il est inquiet et impuissant. En tout cas, les bonapartistes autoritaires l'ont mis entre parenthèses et ont entraîné l'empereur dans leur camp.

La journée du 13 juillet est décisive. Guillaume Ier est à Ems. Moltke a été rappelé par télégramme la veille au soir à Berlin. Bismarck est rentré de méchante humeur; tout est perdu, pense-t-il, et il songe à s'en aller. Napoléon III, torturé par la douleur, est au château de Saint-Cloud. Il réunit un Conseil des ministres. Beaucoup d'incertitudes demeurent sur les discussions qui s'y sont tenues. Il semble toutefois que la tendance ne soit pas à la rupture. Pendant ce temps, l'ambassadeur Benedetti va s'acquitter de sa mission auprès du roi Guillaume Ier. Il le rencontre à la promenade des Sources et lui présente la demande écrite de garantie. Guillaume Ier, un peu excédé, envoie un officier de son cabinet militaire, le prince Radziwill, confirmer la nouvelle du retrait du prince et qu'il « n'a plus rien d'autre à dire à l'ambassadeur ». C'est un peu sec, mais le ton reste poli et les contacts ne sont pas rompus. Le lendemain matin, à la gare d'Ems, avant son départ pour Berlin, Guillaume Ier salue cordialement Benedetti.

Sur cette journée, les légendes les plus invraisemblables ont été propagées : Guillaume aurait insulté l'ambassadeur, il l'aurait menacé, il aurait même levé sa canne dans sa direction, bref il l'aurait outragé jusqu'à perdre le contrôle de lui-même... Ultérieurement, on a fait retomber sur l'ambassadeur la responsabilité de ces malencontreuses démarches dont tout le mal serait venu. Or celui-ci a agi sur instructions et non sur initiative personnelle. En relisant les télégrammes échangés le 13 juillet 1870 dans la soirée entre Benedetti et son gouvernement, on en retire l'impression que déjà ce dernier s'était enfermé dans l'alternative fatale : ou la défaite diplomatique ou le processus qui conduit à la guerre. Comme il ne pouvait accepter la défaite diplomatique, il était acculé à la guerre. Dans ce contexte est prise la décision, gardée secrète, de mobilisation française.

À Berlin, Bismarck est tenu au courant de ce qui se passe à Ems par des télégrammes d'Eulenburg, le ministre de l'Intérieur et d'Abeken, le conseiller diplomatique. Il craint que Guillaume ne soit trop conciliant. L'un des derniers télégrammes reçus est un récit succinct de la matinée et du début de l'après-midi. Guillaume laisse à son ministre le soin d'exploiter ou non les événements, en quelque sorte de les mettre en perspective s'il le juge opportun. Dans un passage célèbre de ses *Souvenirs*, Bismarck a raconté comment il avait procédé. Sans aucun doute la réalité est-elle déformée car vingt ans se sont écoulés entre le récit et les faits. Bismarck dînait à Berlin avec Moltke et Roon. Les convives, moroses, avaient l'impression que tout leur échappait. Soudain, Bismarck avise la dépêche télégraphiée d'Ems par le conseiller Abeken. Il s'assied à une table voisine, raye quelques phrases, bref contracte le texte. À dessein, Bismarck glisse une maladresse volontaire de traduction qui laisse entendre que l'ambassadeur de France a été renvoyé comme un laquais par « l'adjudant de service ». Il lit le texte à ses deux convives. Leurs visages s'éclairent. « À la bonne heure, s'écrie Moltke, j'avais cru entendre battre la chamade; maintenant c'est une fanfare. »

Abeken à Bismarck
Ems, le 13 juillet 15 h 10

1. Sa Majesté le Roi m'écrit :
2. « Le comte Benedetti m'aborde à la promenade pour exiger avec, de sa part, une insistance très pressante, que je l'autorise à télégraphier immédiatement, que je m'engage pour l'avenir à ne donner en aucun cas mon accord si les Hohenzollern reposaient leur candidature.
3. Je lui réponds immédiatement un peu sérieusement qu'on ne peut ni ne doit "à tout jamais" prendre un tel engagement.
4. Naturellement, je lui dis que je n'avais plus à la recevoir une nouvelle fois et, puisqu'il est, autant que moi, informé sur Paris et Madrid, il comprend pleinement que mon gouvernement est de nouveau en dehors du jeu. »

Dépêche rédigée par Bismarck
Berlin, le 13 juillet au soir

Après que la nouvelle de la renonciation du prince héritier de Hohenzollern ait été officiellement communiquée au gouvernement impérial français par les Espagnols, l'ambassadeur français a encore demandé à Ems à Sa Majesté le roi de l'autoriser à télégraphier à Paris que Sa Majesté le roi s'engageait à l'avenir à refuser toujours son accord si les Hohenzollern devaient renouveler leur candidature.

À la suite de cela, Sa Majesté le roi a refusé de recevoir encore une fois l'ambassadeur français et lui fait dire par l'adjudant de service que Sa Majesté n'avait plus rien d'autre à communiquer à l'ambassadeur.

Communiquez cela à l'étranger.

5. Sa majesté a depuis reçu une lettre du prince.

6. Alors que sa Majesté avait dit au comte Benedetti qu'elle attendait une communication des princes, elle a pris au vu de l'exigence ci-dessus et sur le conseil du comte Eulenburg et de moi-même, la décision de ne plus recevoir le comte Benedetti mais de lui communiquer seulement par un adjudant : que Sa Majesté maintient la confirmation de la nouvelle apportée par les princes que Benedetti connaît déjà par Paris et qu'elle n'a rien d'autre à dire à l'ambassadeur.

7. Sa Majesté s'en remet à Votre Excellence pour décider si oui ou non, la nouvelle demande de Benedetti ainsi que son renvoi doivent être annoncés à nos ambassadeurs et à la presse.

Le texte de Bismarck doit être lu en parallèle avec le télégramme confidentiel d'Abeken qui est à son origine. En supprimant des paragraphes entiers, en faisant disparaître les arguments du roi et les noms propres, Bismarck produit un texte abrupt, sans chronologie, peu explicite sur ce qui s'est réellement passé. Il met l'accent sur l'insistance de l'ambassadeur et le refus naturel du roi. Il ne coupe pas les ponts. Ce n'est pas une fin de non-recevoir. Seulement, pour un Français, l'expression « adjudant de service » est délibérément insultante. Bismarck a manipulé l'information ; il l'a mise en perspective, il ne l'a pas, comme on l'a trop souvent répété en France, falsifiée. Son objectif est double : prendre à témoin l'opinion internationale de l'insistance déplacée de l'ambassadeur, agir sur les nerfs fragiles des Français et de leurs dirigeants. La suite des événements a montré l'habileté machiavélique de ce calcul. *La Gazette de l'Allemagne du Nord* (Berlin) publie la dépêche en édition spéciale. Le lendemain, 14 juillet, au début de l'après-midi, la « dépêche » est connue à Londres et à Paris, elle est entre les mains des

chancelleries et du public. On a souvent écrit que la
« dépêche d'Ems » aurait produit sur les boulevards des
manifestations violentes. C'est inexact, « car elle a été noyée
dans un flot d'informations diverses et contradictoires »
(Jean Stengers). La réaction prévue par Bismarck − « le
chiffon rouge sur le taureau gaulois » − s'est bien produite,
mais avec un décalage d'une journée. C'est la presse parisienne du 15 juillet qui dénonce « l'outrage », le « soufflet »,
« l'affront public », « l'humiliation ». Maintenir la paix, ce
serait une preuve de faiblesse et d'abaissement, car l'honneur et la dignité de la France sont en jeu. Le pays est provoqué, il doit relever le défi. La mobilisation décrétée par le
gouvernement français est justifiée. Cette analyse est celle
des journaux et du gouvernement français. Les gouvernements et les journaux étrangers ont reproduit la fameuse
dépêche sans y prêter attention ; à leurs yeux elle est presque
anodine, alors que pour les Français elle est provocatrice.
Les réactions françaises, disproportionnées, modifiaient la
situation psychologique en Prusse, en Allemagne, en Belgique, en Grande-Bretagne. Dans les États du Sud, les réactions sont nationales. « Ici, écrit le ministre-président de
Bavière de Bray, la nature de l'affaire est transformée, la
candidature espagnole a disparu, la question allemande
commence... » Les réactions des Allemands du Sud, des
Belges, des Anglais sont identiques, c'est la France qui est
l'agresseur. C'était l'objectif recherché par Bismarck.
　　Une question doit encore être posée. Est-ce que la
dépêche, comme on l'a souvent écrit, est à l'origine de la
guerre ? Il semble maintenant établi que le gouvernement
français avait pris le 13 au soir la décision de mobilisation,
mais l'avait gardée secrète. Certes, une mobilisation, selon
une formule ultérieure, n'est pas la guerre. Il est néanmoins
évident qu'elle y conduit. La publication de la « dépêche
d'Ems » vient à point nommé. Elle permet au gouvernement
français de rendre publique cette décision. Grâce au climat
d'excitation porté à son paroxysme par le texte de Bismarck,
il fait approuver le 15 juillet, dans l'enthousiasme, par le
Corps législatif, l'ordre de mobilisation et voter les crédits de
guerre. Durant le débat, Gramont déclare : « Messieurs, il
suffit de ce fait que le gouvernement prussien a informé

tous les cabinets de l'Europe qu'il avait refusé de recevoir notre ambassadeur et de continuer à discuter avec lui. Cela est un affront pour l'empereur et pour la France et si, par impossible, il se trouvait dans mon pays une chambre pour le supporter et pour le souffrir, je ne resterais pas cinq minutes ministre des Affaires étrangères. » Gramont a été acclamé. La « dépêche d'Ems » n'avait donc pas été la cause mais la justification *a posteriori* de la guerre.

En dix jours, on est passé de la paix à la guerre. C'est beaucoup plus rapide qu'en 1866, où plusieurs mois de manœuvres diplomatiques avaient précédé la déclaration de guerre de la Prusse à l'Autriche. En 1914, six semaines s'écouleront entre l'attentat de Sarajevo et la guerre européenne. Au début de juillet 1870, les dirigeants français n'avaient pas prémédité la guerre ; rien de tel n'était dans leurs intentions. En l'espace de quelques jours, ils se sont enfermés dans une alternative qui les a acculés à la décision fatale. Les facteurs passionnels ont joué un rôle essentiel. Le plus dangereux a été l'appel à l'opinion publique. Il faut entendre par là celle de Paris et de quelques grandes villes. La province est restée calme et les campagnes, où la moisson commence, sont totalement étrangères à cette montée des passions nationales et antiprussiennes. La publicité tapageuse donnée par la presse gouvernementale parisienne, relayée par celle de province, a restreint l'espace dévolu à la négociation. Ce qui aurait pu être réglé dans le calme des chancelleries a tourné à un affrontement entre deux peuples. Quand la raison s'efface devant les passions, tout compromis apparaît comme un recul ou une perte de prestige. L'ambassadeur anglais Lyons a bien senti ce glissement fatal où les dirigeants se sont placés à la remorque de l'opinion publique parisienne. « Le parti de la guerre a gagné le dessus, écrit-il le 13 juillet. Après l'article de la *Gazette de l'Allemagne du Nord*, la guerre paraît absolument inévitable. » Alors que tout est joué, il rappelle : « Dans cette affaire, le gouvernement français n'était pas à la tête de la nation, il la suivait » (19 juillet 1870). Contrairement à la guerre d'Italie de 1859, le gouvernement français n'a pas prémédité le conflit ; il s'est engagé par une succession de décisions au terme desquelles il ne pouvait plus reculer : la déclaration à la Chambre du 6 juillet, qui a mis l'opinion publique en ébullition, la demande écrite de garanties du 12 juillet, que Bismarck a retournée à son avantage, l'ordre de mobilisation du 14 juillet, qui faisait de la France l'agresseur aux yeux des Allemands et de l'Europe. À partir du 7 juillet, la guerre est une éventualité de plus en plus probable. On envisage la mobilisation. Le 12 juillet, le général Gresley arrive à Alger avec un ordre du ministre pour préparer les rapatriements.

On peut s'interroger sur la part des différents acteurs : Napoléon III ? L'impératrice Eugénie ? Les ministres et conseillers ? En ce qui concerne Napoléon III, il n'a pas cherché la guerre, il s'est laissé entraîner par une partie de l'entourage et l'opinion. On lui avait tant reproché son inaction en juillet 1866 que, cette fois, il fallait réagir. C'est l'impression de Charles de Rémusat, un orléaniste ami de Thiers, qui écrit dans son journal : « Napoléon III n'a pas cédé à une inspiration purement personnelle, il a pu croire céder à une inspiration du dehors. » C'est la version des faits que, le 2 septembre, Napoléon présente à Guillaume Iᵉʳ et à Bismarck : « Je n'ai pas voulu cette guerre mais l'opinion publique m'y a forcé. » C'est ce qu'il répète sous le pseudonyme de marquis de Gricourt dans une brochure rédigée en captivité : « Le pays a voulu la lutte [l'empereur] y a été vraiment encouragé si ce n'est contraint par les manifestations de l'esprit public. »

Du côté de l'impératrice et des bonapartistes autoritaires qui brûlent de reprendre le pouvoir, ils pensent à la guerre et ce sont leurs journaux qui font monter la fièvre. Ultérieurement, ils ont rejeté, eux aussi, sur l'opinion publique, la responsabilité fatale. Doit-on les suivre tout à fait ? Assurément non. Quant à Émile Ollivier, une version des faits le présente comme la victime des bonapartistes autoritaires. Le seul à vouloir la paix dans le ministère, il aurait été, en raison de ses fonctions, obligé de couvrir la guerre. L'histoire a retenu la petite phrase prononcée devant le Corps législatif : « J'accepte la guerre d'un cœur léger » (19 juillet), petite phrase affreuse si on la sort de son contexte, petite phrase qui a brisé à jamais sa carrière. Les témoignages des ambassadeurs étrangers apportent des retouches au beau portrait qu'Émile Ollivier a eu le temps de ciseler pour la postérité dans *L'Empire libéral* et *Philosophie d'une guerre*. Nerveux, anxieux, soucieux aussi d'effacer l'affront, Émile Ollivier n'a, pas plus que les autres dirigeants français, dominé les événements. Sans doute n'a-t-il pas été en flèche et la phrase qu'il écrit le 25 juillet comporte une grande part de vérité : « La guerre a été voulue par l'impératrice et Le Bœuf, elle a été imposée par Bismarck. » En se mettant en dehors du processus, il masque une partie de la vérité.

La responsabilité réelle de Bismarck est plus difficile à dégager, car elle a été tour à tour exagérée et minimisée. Il y a deux niveaux, semble-t-il, à prendre en considération : d'abord celui des contemporains, dont très peu sont réellement informés, ensuite celui des historiens, qui ont eu peu à peu accès aux documents, qui peuvent se dégager des passions du moment et des préjugés nationaux, et juger par comparaison. La comparaison juillet 1870-juillet 1914 est, à certains égards, très éclairante.

Pour les contemporains, le jugement est simpliste et expéditif. Du côté français, Bismarck est le grand responsable ; il a voulu la guerre, il l'a préparée, il l'a pensée, il a monté de toutes pièces l'affaire espagnole. À l'appui de ces affirmations, on cite des bribes de déclarations, des bons mots, de petites phrases méprisantes, toutes exactes, mais qui ne sont en aucun cas des preuves décisives. Tout le comportement de Bismarck, pendant et après la guerre, vient confirmer cette conviction qu'il serait indécent de mettre en doute. Cependant, les Français ne rejettent pas tout sur le machiavélisme cynique de Bismarck. Les républicains, les royalistes, disent et écrivent que Napoléon III et ses ministres ont commis des fautes : ils ont été maladroits, ils ont été dupes, ils n'ont pas su trouver la riposte adaptée à cette provocation. Du côté allemand, Bismarck n'est pas responsable, il a simplement répliqué à une agression française : l'examen du calendrier des événements, les déclarations publiques des ministres de Napoléon III démontrent que c'est une France arrogante et sûre d'elle-même qui a engagé le conflit. On est sur cette même longueur d'onde dans la plupart des pays neutres. Dans ces convictions primaires, les opinions publiques française et allemande sont restées ancrées, jusqu'au milieu du XXᵉ siècle. Pour les Français, juillet 1914 et septembre 1939 sont des confirmations de 1870 : Guillaume II et Hitler, héritiers de Bismarck, ont rejoué un scénario du même type.

Du côté des historiens, la question des responsabilités est au centre de nombreux ouvrages et les publications de documents sont si nombreuses et si touffues qu'il faut s'en dégager pour aller à l'essentiel. Deux questions majeures doivent être pesées : Bismarck a-t-il joué un rôle de « provocateur » dans l'affaire espagnole ? Bismarck a-t-il voulu ou non la guerre avec la France comme il avait voulu, quatre ans plus tôt, la guerre avec l'Autriche ?

Longtemps, les historiens allemands ont voulu ignorer ou ont minimisé les responsabilités de Bismarck dans l'affaire espagnole, à tel point que Zechlin pouvait écrire : « La thèse selon laquelle Bismarck aurait monté la candidature Hohenzollern pour tendre un piège à la France et l'utiliser pour déclarer une guerre depuis longtemps désirée n'a plus aujourd'hui besoin d'être sérieusement discutée. » Autour des années 1970, une controverse complexe a opposé les historiens allemands sur la crise de juillet 1870 et la nature et l'ampleur des campagnes de presse lancées en juillet-août 1870 dans les pays germaniques. Eberhard Kolb a publié un livre important, *La Déclaration de guerre de 1870*, où il se livre à une analyse serrée sur l'enchaînement des décisions qui ont conduit au dénouement fatal. Il ne peut être question en quelques lignes ni de discuter ni de résumer une argumentation très dense. Nous retiendrons seulement deux points : Bismarck ne peut être tenu à l'écart ni de la genèse de la crise de juillet ni de son rebondissement après la demande française de garanties. Depuis 1868, c'était un observateur attentif des affaires espagnoles qu'il cherchait à exploiter contre la politique de Napoléon III. Lors de la première candidature de Léopold, il était resté en retrait mais avait été frappé par la vivacité des réactions françaises. Pourquoi ne pas essayer d'en tirer parti ? La relance secrète de la candidature du prince Léopold avec le voyage à Madrid de ses deux collaborateurs, le major von Wersen et Lothar Bucher, est largement son œuvre. Le 21 juin, la nouvelle candidature du prince Léopold est acquise ; elle est rendue publique le 2 juillet. Bismarck affecte d'être étranger à une question en apparence espagnole. Il a quitté Berlin et attend dans sa propriété de Varzin. Peu lui importe que Léopold monte ou non sur le trône d'Espagne. Tant mieux s'il y parvient. L'objectif est d'embarrasser la diplomatie française et peut-être de lui faire commettre un faux pas. C'est un calcul parmi d'autres, probablement voué à l'échec. Il a réussi au-delà de toute espérance.

Un autre aspect qui mérite examen est celui de l'attitude de Bismarck à l'égard de la guerre et de la paix. On peut trouver beaucoup de citations de Bismarck en faveur de la paix, ou du moins qui semblent impliquer une attitude pacifique. En 1867, Moltke lui expliquait que l'affaire du Luxembourg était un terrain favorable pour engager une guerre nationale contre la France ; il a écarté cette proposition et opté pour un règlement diplomatique. Au début de 1870, alors que le processus unitaire marque le pas et que certains désespèrent, il écrit : « Nous pourrions conduire une guerre contre la France et la gagner. [...] Ce serait une sottise, un crime si on peut y parvenir par voie pacifique. » (27 février 1870). En revanche, en 1864 contre le Danemark, en 1866 contre l'Autriche, Bismarck n'a pas hésité à franchir le Rubicon. Comme l'observe Raymond Aron, il « part d'une conception instrumentale de la guerre ». Il ne la condamne pas en tant que telle, ni en politique ni en moraliste. Il l'intègre dans ses calculs et pense que si les circonstances sont favorables on doit en prendre le risque. Dans son esprit, la guerre contre la France est une hypothèse parmi d'autres. À l'inverse de 1866, il ne la déclarera pas ; il veut que l'adversaire se place dans des conditions telles qu'aux yeux de l'Allemagne et de l'Europe la Prusse paraisse victime d'une agression. C'est pourquoi tout est affaire d'opportunité. Il peut se présenter une situation à exploiter à fond. Sa démarche est purement empirique. Bismarck sait qu'un parti de la guerre existe parmi les dirigeants bonapartistes, il sait que dans l'opinion française il y a un ressentiment à l'égard de la Prusse, des rêves de gloire militaire, un désir de revanche sur Sadowa.

Durant ces jours décisifs, Bismarck est loin de Berlin et

attend à Varzin. Seul Roon, le ministre de la Guerre, veille dans la capitale. Guillaume Ier suit sa cure annuelle à Ems, Moltke est dans son domaine de Kreisau en Silésie. Un de ses proches collaborateurs, le général Verdy du Vernois, est en permission dans son domaine de Templin. Le 12 juillet, Roon qui, la veille, avait pris des mesures militaires partielles, le rappelle d'urgence à Berlin. Ce jour-là, l'affaire de la candidature Hohenzollern paraît désamorcée. Si les dirigeants français s'étaient contentés de ce succès, elle aurait pu l'être définitivement. Bismarck aurait dû réaliser par d'autres voies l'union de l'Allemagne du Sud et de la Confédération de l'Allemagne du Nord. La guerre franco-prussienne était évitable et la formation de l'État prusso-allemand reporté à des jours meilleurs.

La demande de garantie présentée par le gouvernement français met l'affaire à un autre niveau, celui des relations entre la France et la Prusse. Le gouvernement français cherche à faire reculer Berlin. Ce qui est en jeu, c'est la place respective des deux pays dans le système européen. La France veut marquer un avantage sur la Prusse. Le roi de Prusse ne peut accepter un nouvel Olmutz, c'est-à-dire une humiliation comparable à celle que l'Autriche lui avait infligée en 1849. Depuis vingt ans, la Prusse a grandi, elle a une excellente armée, l'environnement international lui est favorable. Jusque-là en retrait, Bismarck monte en première ligne. Guillaume Ier lui a donné toute latitude pour utiliser ou non la démarche de Benedetti. Il saisit la balle au bond et rédige la « dépêche d'Ems ». Bismarck souffle volontairement sur la braise ardente des passions françaises. Il enferme le gouvernement français dans l'alternative fatale : ou il ne réagit pas et il est discrédité, ou il répond par la guerre et il devient l'agresseur. La « dépêche d'Ems » ne fermait pas la porte à la poursuite des négociations mais les rendait du côté français psychologiquement impossibles. On ne pouvait plus parler avec un pays qui vous insultait. Bismarck a favorisé un accord passager et illusoire entre l'opinion parisienne et le ministère. Thiers est l'un des rares à garder la tête froide et ses mises en garde tombent dans un silence gêné. Presque tous les républicains sont emportés par le courant guerrier. Mi-lucide mi-résigné, Napoléon III est incapable de s'opposer à des ministres légers, à des députés excités et au vertige qui a saisi les Parisiens. Comme en 1859, dans un contexte moins favorable et contre un adversaire autrement redoutable, il s'abandonne au destin.

La crise de juillet 1870 pouvait s'achever pacifiquement sur un succès français. Le 12 juillet, c'était l'issue la plus probable. Le 14, sur la foi de ces informations, le *Times* annonce : « Tout est bien qui finit bien! » Ce jour-là, après les démarches de Benedetti et la « dépêche d'Ems », un point de non-retour a été franchi. Guillaume Ier rentre immédiatement à Berlin et le 16 juillet, sans attendre la notification française officielle, signe l'ordre de mobilisation.

En trois semaines, Bismarck a atteint un but inespéré. Il a su tirer parti des fautes de ses adversaires pour les acculer à une guerre dont il mesure les incertitudes. La partie est plus délicate qu'en 1866. L'armée française a meilleure réputation que l'armée autrichienne, la cohésion nationale française, forgée aux épreuves de l'histoire, est incomparablement plus forte que celle de l'Empire autrichien. Une guerre est toujours un coup de dés. Une seconde fois, Bismarck prend ce risque énorme. Il part avec le maximum d'atouts de son côté.

Quant au gouvernement français, pourquoi s'est-il, en quelques jours, laissé glisser à la guerre ? La réponse tient en peu de mots : il est sûr de son bon droit, il croit avoir l'opinion publique avec lui, il croit disposer d'une armée solide, il croit pouvoir trouver des alliés en Europe. Autant d'illusions qui ont emporté l'empire en moins de deux mois. Rarement dans l'histoire un gouvernement a accumulé si vite autant d'erreurs de jugement. Comme l'a écrit Jacques Droz, « la guerre pouvait être évitée de sang-froid. Or, l'empereur, ses ministres, son entourage en ont cruellement manqué. »

La France isolée

Le 16 juillet, la France, l'empire et son gouvernement se retrouvent au ban de l'Europe. Les presses belge et anglaise sont presque entièrement contre la France. L'éditorial du

Times donne le ton : « Le plus grand crime national que nous ayons eu la douleur de rapporter dans ces colonnes depuis le Premier Empire français vient d'être consommé. La guerre est déclarée, une guerre injuste mais préméditée. C'est maintenant trop clair, c'est l'acte de la France, d'un seul homme en France. » Dans les guerres européennes précédentes – de Crimée, d'Italie – la France avait trouvé des alliés et gagné chez les neutres des sympathies agissantes. Cette fois, il n'en va pas de même. Les alliés potentiels se dérobent et les neutres sont mal disposés. Pourquoi ? Il faut en chercher les raisons dans la diplomatie de Napoléon III. Depuis 1866, elle avait inquiété plusieurs pays sans être en mesure de nouer avec d'autres des liens utiles.

L'Espagne, qui avait été au cœur de la crise les jours précédents, tire habilement son épingle du jeu. Elle proclame sa neutralité (20 juillet) en dépit d'une tentative sans lendemain de Bismarck pour l'attirer de son côté. Elle restera prudemment à l'écart pendant tout le conflit.

Les relations avec la Grande-Bretagne s'étaient dégradées quand Bismarck avait, avec une hostilité perfide, fait connaître les vues de Napoléon III sur le Luxembourg et la Belgique. L'opinion britannique avait réagi négativement. Pour de multiples raisons le gouvernement libéral de Gladstone est favorable à la Prusse et hostile à tout agrandissement de l'empire napoléonien.

Il doit ménager son opinion publique. Quant à l'armée (110 000 hommes au total), elle est trop faible pour intervenir sur le continent, même pour appuyer une médiation. Comme le montre sa correspondance privée, la reine Victoria, dont la fille aînée a épousé Frédéric, le prince héritier de Prusse, a des sympathies pour la Prusse et une grande méfiance à l'égard des projets tortueux de Napoléon III. Elle le juge responsable de la guerre et le soupçonne, en cas de victoire, de vouloir annexer la Belgique. Son cousin le roi des Belges Léopold II est du même avis et une lettre de Napoléon III (16 juillet) assurant que la France respecterait la neutralité de la Belgique ne dissipe guère ses inquiétudes. Il met immédiatement l'armée belge « sur grand pied de guerre ». À la fin de juillet 1870, 80 000 hommes sont sous les drapeaux. Bismarck, qui connaît la sensibilité de l'opinion anglaise à la question belge, communique à Nothomb, l'ambassadeur belge à Berlin, un texte d'août 1866 appelé « traité Benedetti », qui envisageait l'annexion de la Belgique par la France. Le directeur du *Times*, Delane, qui a des contacts avec Bismarck, publie ce document sensationnel le 23 juillet, ce qui conforte les Anglais dans leur hostilité à l'égard de Napoléon III. Le ministre Granville, qui sait que Bismarck a provoqué la France, n'en soutient pas moins la thèse de la responsabilité française. Les menaces réelles ou supposées contre l'indépendance de la Belgique maintiennent la Grande-Bretagne dans une neutralité hostile.

Dans les milieux dirigeants belges, on remarque la même attitude. Le roi Léopold II s'appuie sur les Anglais, tant sur le Premier ministre Gladstone, « un ami sincère de la Belgique », que sur le dirigeant conservateur Disraeli « pour l'appui accordé par l'Angleterre à notre petit pays ». Dans une lettre à Victoria, il livre en ces termes le fond de sa pensée : « L'empereur est un conspirateur ; il trouve toujours quelque chose, rentre souvent ses projets sans les oublier tout à fait et pour mieux les reprendre. De vous à moi, chère cousine, c'est l'empereur Napoléon qui est le grand coupable : c'est lui du reste qui devait prendre la Belgique. Si l'Europe tout entière ne profite pas de l'occasion actuelle pour dicter à la France ses conditions, j'ai bien peur que le jour viendra où elle le regrettera amèrement » (4 août 1870).

Pour d'autres raisons, les dirigeants de l'Empire russe ont aussi des griefs. Le tsar Alexandre II n'a pardonné à Napoléon III ni la guerre de Crimée ni le traité de Paris. Il attend une occasion favorable pour dénoncer la neutralisation de la mer Noire. Les liens entre la famille impériale et la cour de Prusse sont étroits et cordiaux. Bismarck ménage habilement les susceptibilités russes et a apporté, lors de l'insurrection polonaise de 1863, un soutien apprécié. Restent le royaume d'Italie et l'empire d'Autriche-Hongrie. Napoléon III dispose d'amitiés et d'appuis dans le premier et peut tirer parti de l'hostilité à l'égard de la Prusse chez le second.

Entre Français et Autrichiens, on a beaucoup causé et même ébauché des projets. Les Français pensent que l'Autriche attend la première occasion favorable pour prendre sa revanche sur la Prusse. Le duc de Gramont, qui avait été ambassadeur à Vienne et avait pris au pied de la lettre tous les propos antiprussiens entendus dans les salons et à la cour, est convaincu qu'en cas de guerre contre la Prusse, l'Autriche marcherait aux côtés de la France. Aucun de ses espoirs ne se confirme. Certes, depuis 1866, les entretiens et les négociations entre les deux pays n'ont pas cessé. François-Joseph voudrait bien effacer Königgrätz (Sadowa). L'aristocratie conservatrice, les militaires, une fraction des bureaucrates, très hostiles à la Prusse, songent à l'alliance française; ils sont encouragés par l'ambassadeur à Paris, Metternich. Toutes sortes de contacts sont pris. L'archiduc Albert, un partisan de l'alliance française, a séjourné à Paris au début de 1870; le général Fleury, proche de Napoléon III, s'est rendu à Vienne en juin de la même année. On envisage une offensive française en Allemagne du Sud, offensive à laquelle les Autrichiens, plus lents à mobiliser, se joindraient en Haute-Franconie. Puis les deux armées se dirigeraient ensemble sur Berlin par la Saxe. Une bataille décisive pourrait se produire autour de Leipzig, comme en 1813! Projet surréaliste, qui suppose l'accueil à bras ouverts des Allemands du Sud, la neutralité des Russes et la quasi-paralysie de l'armée prussienne!

Lors de la crise de juillet 1870, une partie des dirigeants autrichiens penche du côté de la France et envisage de saisir l'occasion de rentrer en Allemagne. D'autres sont très réservés. Il en va de même dans l'opinion; les Allemands libéraux et les Hongrois sont favorables à la Prusse. D'autre part, dans les États allemands du Sud, les sentiments ne sont plus les mêmes qu'en 1866. Les Autrichiens risquent d'y être accueillis non plus en libérateurs mais en adversaires du mouvement national. Cela donne à réfléchir, d'autant plus que les Autrichiens n'ont contracté à l'égard de la France aucune obligation. Le conseil de couronne qui se réunit à Vienne le 18 juillet se prononce en majorité pour la neutralité. Certains seraient tentés d'intervenir aux côtés de la France. L'archiduc Albert et le ministre de la Guerre Kuhn y sont favorables. Le chancelier Beust, un Allemand contraint de quitter le royaume de Saxe après les événements de 1866 et qui a souvent été présenté comme un adversaire implacable de Bismarck, adopte une position nuancée et attentiste bien qu'il n'ait jamais soutenu l'idée nationale allemande. Les Hongrois, dont le président du Conseil Andrassy est le porte-parole, sont pour la neutralité. Ils veulent assurer les positions acquises en 1867 et font valoir que les intérêts de la Double-Monarchie ne sont plus en Allemagne mais dans les Balkans. Si celle-ci se range aux côtés de la France, un risque d'intervention russe en Galicie est probable. Le 16 juillet, Alexandre II a promis à Bismarck de masser 300 000 hommes sur la frontière autrichienne. L'armée austro-hongroise peut-elle envisager une guerre sur deux fronts ? La réponse étant négative, il faut dans l'immédiat garder la neutralité. François-Joseph se range à ce point de vue. Si les sympathies pour Napoléon III sont mitigées, il espère un succès de la France, succès auquel il pourrait ensuite s'associer. Les premiers rapports de l'ambassadeur Metternich vont dans ce sens. Dans l'attente des résultats des premières rencontres, il fait prendre des mesures préparatoires à la mobilisation.

Le jeune royaume d'Italie était l'État le plus proche de la France. Le roi Victor-Emmanuel II avait de la sympathie personnelle pour Napoléon III. Toutefois, les relations entre les deux pays butent depuis dix ans sur la question romaine. Pour ménager les catholiques, Napoléon III maintient à Rome une garnison qui protège le pouvoir temporel du pape et empêche la Ville éternelle de devenir la capitale de l'Italie. Pour se ranger aux côtés des Français, les Italiens veulent une solution satisfaisante de la question romaine. Or, Napoléon refusant de « perdre son honneur sur le Tibre », l'Italie garde la neutralité.

Dans l'immédiat, la France se retrouve seule face à l'Allemagne qui se rassemble derrière la Prusse. Le potentiel démographique de chacun des belligérants est à peu près équilibré : environ 38 millions d'habitants chacun. La victoire ou la défaite dépendent de la capacité des dirigeants à engager dans le conflit les ressources et les hommes de leur nation. Un élargissement du conflit n'est pas exclu si l'armée française se montre à la hauteur de sa réputation. De son côté, la Prusse, sûre de son bon droit, peut compter sur la Russie si l'Autriche-Hongrie se décide à franchir le pas.

La préparation de l'armée

C'est de loin le domaine le plus délicat de l'analyse car les données sont multiples, étroitement imbriquées et susceptibles d'interprétations subjectives et contradictoires. Dès Sedan s'est imposée la conviction que l'armée française avait été très mal préparée et que le régime de Napoléon III en portait la lourde responsabilité. Après deux guerres mondiales et la défaite de 1940, une telle affirmation demande un réexamen attentif.

L'armée française était une armée de conscription ; une partie du contingent annuel seulement était appelée selon le système du tirage au sort. Ceux qui tiraient un « bon numéro » étaient exemptés ; les jeunes gens de milieu aisé qui tiraient un « mauvais numéro » pouvaient acheter un remplaçant. Les appelés faisaient un service long de sept ans ; certains se réengageaient et devenaient excellents sous-officiers. Le soldat français est courageux, il sait se battre, il l'a montré en Italie, en Crimée, au Mexique et dans les campagnes coloniales. En France, on croit – légende napoléonienne oblige – que le soldat français est le meilleur du monde.

Les événements militaires de 1866 avaient mis en évidence les qualités de l'armée prussienne. Ce pays de 22 millions d'habitants avait été capable de mobiliser en un mois plus de 500 000 hommes et de remporter une victoire rapide. Dans l'hypothèse d'une guerre qui se déroulerait en Allemagne, la France, en raison de ses obligations outre-mer, pourrait au mieux aligner dans l'immédiat 200 000 hommes. C'est insuffisant. Napoléon III, chef des armées, conscient du manque dramatique d'effectifs, appelle le maréchal Niel au ministère de la Guerre avec mission de les augmenter. Niel est un homme lucide et, à bien des égards, remarquable. L'un de ses collaborateurs est le général Trochu, que nous retrouverons bientôt en première ligne. Les projets de Niel sont attaqués au Corps législatif et dans l'opinion, et le texte voté en 1868 est très en retrait par rapport à ses intentions. Il prévoit la formation, à côté d'une armée de ligne (cinq ans de service), d'une garde nationale mobile qui pourrait, en cas de conflit, servir de réserve instruite. Ce projet, qui s'inspire du modèle prussien, se heurte à des obstacles variés que Niel aurait peut-être surmontés si la maladie ne l'avait pas prématurément emporté. En tout cas son successeur, le maréchal Le Bœuf, renonce à la mettre en œuvre. En 1870, la garde nationale mobile n'existe que sur le papier. Les raisons de ce renoncement découlent de l'imbrication de trois facteurs : le principal est l'hostilité de larges fractions de la population. La bourgeoisie urbaine et la paysannerie aisée, dont les fils peuvent toujours échapper au service actif, perçoivent la garde nationale mobile comme une extension inutile du service armé ; à tort ou à raison, on l'assimile, dans les campagnes, à la conscription qui a laissé de mauvais souvenirs. La plupart des Français ne perçoivent pas clairement une menace extérieure qui justifierait un accroissement des charges militaires. Le projet Niel avait été mal compris ; il aurait fallu l'expliquer, vaincre les réticences des Français. Bien plus, la majorité parlementaire, pourtant favorable à Napoléon III, se fait l'écho de toutes ces inquiétudes et les amplifie ; elle refuse de voter les crédits nécessaires. Le gouvernement ne se sent pas assez fort pour lui forcer la main, d'autant plus qu'il se heurte à une vive hostilité des républicains. Ceux-ci font campagne contre le renforcement de l'armée, la garde prétorienne du régime. Certains sont si hostiles à l'armée de métier qu'ils proposent « la suppression des armées permanentes ». En cas de nécessité, il suffirait, comme en 1792, d'appeler à la levée en masse et d'armer les citoyens. Le résultat est l'absence de réserve instruite. En cas de nécessité, on peut lever la garde nationale, ce que Palikao a ordonné. Mais on ne s'est donné les moyens ni de l'équiper ni de l'encadrer. Les vieux soldats et les officiers retraités n'ont pas la valeur de l'officier de réserve prussien. La *Landwehr* est une troupe encadrée et instruite, la garde nationale non. Or les conditions de la guerre ont changé. Cette dangereuse utopie à laquelle, par faiblesse, Napoléon, Le Bœuf et quelques autres ont feint de croire, a privé l'armée de ligne de renforts et de réserves. Au plébiscite de mai 1870, où le vote de l'armée est compté à part, on relève 325 000 hommes inscrits, armée de terre et marine, signe non équivoque de la faiblesse des effectifs présents sous les drapeaux. Lors d'un débat au Corps législatif en juin 1870, Émile Ollivier accepte, sous la pression des députés, d'abaisser le contingent de 10 000 hommes! Pour toutes ces raisons, on comprend que lors de l'entrée en campagne, fin juillet 1870, 280 000 hommes peuvent seulement être opposés à 500 000 Allemands.

Un autre aspect de la politique militaire concerne la formation du corps des officiers et la sélection du haut commandement. En cas de guerre, Napoléon III, comme Guillaume Ier, est le généralissime des armées. Or il n'a aucune des capacités militaires de son oncle. Il le sait. Il en a administré la preuve lors de la guerre d'Italie sans en tirer les leçons. Le ministre de la Guerre est un simple gestionnaire des services. À l'inverse de la Prusse, il n'y a pas en France d'état-major général chargé de la sélection des officiers, de l'utilisation à des fins militaires des découvertes techniques, de l'élaboration de projets stratégiques. De même, la formation de l'officier français, sauf pour les armes savantes, se fait sur le terrain; il est courageux, sait entraîner ses hommes et n'hésite pas à aller jusqu'au sacrifice de sa vie. Il a cette mentalité chevaleresque qui s'accompagne de préjugés à l'égard de la formation technique et intellectuelle. Ces qualités et ces défauts se reflètent parmi les généraux (trois ont été tués le 16 août). Diverses nominations s'expliquent par le favoritisme ou des choix politiques. Néanmoins, pour la majorité d'entre elles, les critères de compétence ont été retenus. Or ces critères ne sont pas pertinents. On comprend pourquoi les maréchaux Le Bœuf, Canrobert, Vaillant, Mac-Mahon, Bazaine et beaucoup de généraux se sont révélés, à des degrés divers, inférieurs aux fonctions qui leur ont été confiées... Bourbaki, idole des « turcos », dont la bravoure est légendaire, est un cas tout à fait typique.

Un domaine qui a fait l'objet de discussions passionnées est celui de l'armement. Les ingénieurs français avaient mis au point un nouveau modèle de fusil, le chassepot. C'est une arme excellente, précise (1 200 m de portée utile), rapide (6 à 7 coups/minute). Elle est très supérieure au fusil prussien à aiguille Dreyse, plus lourd et à la portée utile plus réduite (600 m). C'est Napoléon III qui, personnellement, a imposé la fabrication de cette arme de qualité. Les premiers chasse-pots sortent des manufactures (Saint-Étienne est la principale) fin 1866 et au 1er juillet 1870, on dispose de plus d'un million d'exemplaires dont 100 000 environ ont été fabriqués à l'étranger. Pour l'armement de la garde mobile, on a transformé les modèles 1857 dits « à tabatière ». Ce renouvellement des armes portatives a exigé un effort budgétaire exceptionnel. En contrepartie, le Corps législatif a limité et parfois réduit la part des autres équipements et spécialement ceux de l'artillerie. Les études entreprises pour mettre au point un canon en acier se chargeant par la culasse n'ont pas encore abouti et on s'est contenté de rayer les canons de bronze à âme lisse se chargeant par la bouche. Ce matériel ancien n'a pas l'efficacité des canons Krupp. Encore faut-il distinguer la performance théorique du matériel et son utilisation sur le terrain. C'est sur le second point surtout que les Français ont été inférieurs à leurs adversaires.

On a souvent écrit que c'était les canons Krupp qui avaient gagné la guerre. Or l'armée française avait d'excellents canons de portée utile à peu près équivalente (environ 2 500 m) de celle des adversaires. Leur service était même plus facile que celui des canons allemands, dont le chargement par la culasse était assez laborieux. Mais les canons français, pas assez nombreux, se réglaient trop lentement. Leurs obus, munis de fusées percutantes, n'éclataient pas toujours au point de chute. La supériorité de l'artillerie allemande a été essentiellement tactique : leurs batteries sont nombreuses, plus mobiles et savent plus vite se grouper. Partout où l'artillerie prussienne a été en mesure de se déployer, elle a obtenu la décision : à Frœschwiller, elle hache la cavalerie et disperse l'infanterie ; à Saint-Privat, elle est l'appui indispensable de l'assaut du village ; à Sedan, c'est l'artillerie qui détruit la cavalerie, prend sous son tir la citadelle et l'ensemble du champ de bataille, et place l'adversaire dans une alternative fatale : capitulation ou destruction.

La mise au point d'un outil de combat suppose une réflexion stratégique. Or sur cet aspect essentiel, la préparation française est fragile et à la limite inconsistante. Certes, les plans les mieux élaborés sont ceux qui ne sont jamais réalisés ; mais il y a une indigence de réflexion et de pensée qui contraste avec l'effort mené par Moltke et son état-major. Le manque de sérieux, ou plutôt l'imprévoyance, se remarque également quand on étudie les prévisions concernant la mobilisation, la concentration des forces, l'usage des chemins de fer. On a commis l'erreur de séparer la mobilisation et la concentration. La formation des unités s'est accomplie dans la pagaille la plus noire. Dans les gares et les trains, partout des soldats isolés, débraillés, indisciplinés. Les chemins de fer ont été mal utilisés : goulots d'étranglement, ordres inutiles, défaillances graves. On le remarque dans le déplacement des unités, l'acheminement des vivres et des munitions. Dans l'ensemble, les corps techniques n'ont pas été à la hauteur, les enquêtes ordonnées par l'Assemblée nationale fourmillent de témoignages accablants. Faut-il pour autant tout rejeter sur le régime ? Ce serait trop facile. Napoléon III, chef des armées, est vieilli, malade, diminué. Il n'a pas su déléguer des fonctions qu'il était incapable de remplir. Cependant, après 1866, il a eu la claire perception des besoins mais il n'a pas été en mesure d'imposer, à ses partisans comme au pays, les solutions qui, en août 1870, auraient peut-être limité les dégâts. Là se situent les véritables responsabilités du souverain. Pour le reste, les officiers, les hommes politiques républicains et l'ensemble de la nation ont aussi leur part. La mobilisation de juillet 1870 est une illustration caricaturale du mal français car elle a reflété certains aspects que l'on relèvera ultérieurement de notre tempérament national. C'est pourquoi il faut être prudent dans l'attribution des responsabilités. Il faut maintenant chercher si ces faiblesses réelles ont été les véritables raisons des défaites d'août 1870.

La conduite de la guerre

Rien ne s'est réalisé comme on l'avait imaginé ou prévu, ni du côté français ni du côté allemand. Il en va ainsi de toutes les guerres. C'est pourquoi, pour comprendre la défaite française, il faut réfléchir sur l'exercice du commandement, les objectifs stratégiques et le comportement des troupes sur le terrain.

Du côté français, Napoléon III exerce le commandement en chef des armées jusqu'au 12 août. Il est paralysé par la maladie et mal entouré. Le major général Le Bœuf est inapte. Il n'a pas d'autorité réelle sur les chefs d'armée, Bazaine et Mac-Mahon. Ceux-ci, et surtout le premier, n'exercent pas vraiment leur commandement sur leurs subordonnés. Les décisions incohérentes de Frossard à Spi-cheren-Forbach ont prouvé qu'aucune coordination n'est assurée par l'échelon supérieur. Napoléon III n'a pas été totalement passif. Il a donné un certain nombre d'ordres : opération limitée sur Sarrebruck, retraite de Mac-Mahon sur Châlons après Frœschwiller, retraite de l'armée du Rhin sur Verdun. Le 12 août, Napoléon III s'efface et Bazaine prend le commandement de l'armée du Rhin. Rapidement, les cir-constances ont voulu qu'il perde le contact avec le gouverne-ment; à partir du 19 août son autorité est restée limitée à l'armée du Rhin. Il n'a jamais daigné expliquer ses projets à ses subordonnés. En avait-il ? Le maréchal de Mac-Mahon, qui reçoit le commandement de l'armée de Châlons, est gêné par la présence à ses côtés de l'empereur. Il est placé sous l'autorité du gouvernement de Paris et ce sont les ordres du chef de ce gouvernement qui l'ont conduit jusqu'à Sedan. Jamais l'armée de Châlons n'a été efficacement commandée, car l'autorité était diluée entre plusieurs pôles aux relations difficiles. Sur le champ de bataille de Sedan le 1er septembre 1870, trois commandants en chef se sont suc-cédé en l'espace de quelques heures, et celui qui a capitulé était arrivé sur les lieux la veille.

Incapacité et courage peuvent aller de pair. Bazaine, Can-robert, Le Bœuf, Mac-Mahon n'ont pas peur de s'exposer au feu. Bazaine a été bousculé par les Prussiens à Rezonville. Entre le 4 août et le 2 septembre, 16 généraux ont été tués, 45 blessés dont Mac-Mahon. Le courage physique et la bra-voure individuelle sont évidents. Suffisent-ils pour exercer un commandement ? Le haut commandement a été inca-pable de concevoir un plan; il n'a pas su s'adapter à la marche de l'adversaire. Il n'a jamais su faire manœuvrer ensemble plusieurs unités. Bazaine, au lieu de manœuvrer, s'est laissé manœuvrer. Personne n'a fait détruire les ponts sur la Moselle et sur la Meuse. Cissey, excellent divisionnaire, futur ministre de la Guerre, n'a pas exploité à Rezonville la défaite de la brigade Wedell, personne ne lui en a donné l'ordre, il n'en a pas pris l'initiative. Failly, placé à Bitche entre Bazaine et Mac-Mahon, arrive trop tard à Frœschwiller, puis se replie en abandonnant tous ses bagages. À Beaumont, il n'a prescrit aucune mesure de protection pour assurer la sécurité des soldats au repos. C'est la « surprise » de Beaumont qui aurait pu s'achever en catastrophe.

Du côté allemand, les choses sont plus claires. Moltke a la haute main sur l'armée en campagne ; certes il doit tenir au courant le roi Guillaume, mais c'est lui qui dirige la guerre. Il est entouré d'un état-major de qualité. Il ne faudrait pas croire que les commandants d'armée obéissent au doigt et à l'œil. Le vieux Steinmetz est si insubordonné qu'il faut le relever de son commandement. Les relations avec les princes – Frédéric-Charles et le prince royal de Prusse – sont délicates. Lors des combats sous Metz, le chef des opérations allemandes a vécu des heures difficiles. Les terribles pertes subies par les troupes allemandes ont ébranlé de nombreux officiers. Guillaume Ier est troublé ; les critiques de Bismarck portent. Moltke est discuté et, semble-t-il, lui-même ne voit pas très clair sur ce qu'il convient de faire. Il garde cependant son sang-froid ; la victoire inespérée de Saint-Privat éclaircit la situation stratégique.

Contrairement à ses collègues français, Moltke avait réfléchi à une éventuelle guerre contre la France. Il avait élaboré des plans, ébauché une stratégie. Il s'attendait à une offensive française sur le Rhin. Comme elle ne s'est pas produite, il s'est avancé à la rencontre de l'ennemi puis est entré sur le territoire français. Son objectif permanent est la recherche du combat décisif où la force principale de l'adversaire serait anéantie. Moltke l'a successivement envisagé sur la Sarre, sur la rive gauche de la Moselle, sur la Meuse. Or les batailles aux frontières, comme les combats sous Metz, ont été des rencontres de hasard, des combats frontaux sanglants qui n'apportent pas la décision espérée. C'est la marche tout à fait inattendue et absurde de Mac-Mahon sur Sedan qui lui permet d'engager la manœuvre vers le nord-ouest, de rejeter l'armée française vers la frontière belge et d'obtenir à Sedan l'anéantissement de l'armée de Châlons.

Toute une génération d'Allemands a idéalisé Moltke. Il n'a rien d'un Alexandre ou d'un Napoléon. Ce n'est ni un conducteur d'hommes ni un stratège inspiré. Il est rarement apparu sur le champ de bataille. Quand il s'y est aventuré, comme le 18 août, il a fait porter ses efforts sur l'aile gauche alors que c'est à l'aile droite que se décide tardivement et sans son concours, la victoire. Quant à ses projets stratégiques, ils se sont dérobés les uns après les autres, ses subordonnés ont engagé des combats qu'il n'avait ni prévus ni voulus. La supériorité de Moltke réside dans sa maîtrise d'un outil militaire qui sait répondre aux missions qui lui sont confiées. Il sait s'adapter rapidement aux circonstances et tirer parti des erreurs des adversaires. La poursuite de l'armée de Mac-Mahon et la bataille d'anéantissement de Sedan l'ont consacré définitivement. Il a fait la preuve de sa capacité à faire manœuvrer des armées et des corps d'armée. À partir de ce moment, le général en chef a acquis une position dominante.

Si l'on se penche maintenant sur les aspects tactiques, on constate que les soldats français avaient autant de qualités que leurs adversaires. Ces qualités ont été le plus souvent inutilisées ou gâchées.

Le fantassin français est endurant à la fatigue, brave, intrépide. Il conserve son entrain et sa jovialité malgré l'approvisionnement en vivres si déficient; il a confiance dans les lieutenants et capitaines qui marchent à la tête des sections. C'est un excellent tireur; le chassepot précis, rapide, a une portée utile plus longue que le Dreyse prussien. Le fantassin français accepte le corps à corps; il pose le sac à terre, s'élance au pas de charge, baïonnette en avant. Les régiments coloniaux de zouaves et de turcos sont redoutables dans le corps à corps à l'arme blanche. À Rezonville, la division de Cissey volatilise la brigade Wedell. À Frœschwiller, Saint-Privat, Bazeilles, les troupes de ligne n'ont pas fléchi.

Les amicales régimentaires et les associations patriotiques ont trouvé après guerre de multiples faits d'armes à célébrer et de multiples héros à honorer. Les Allemands ont été les premiers à le reconnaître et à rendre hommage à la valeur de l'ennemi. Voici deux témoignages du côté français. Dans ses mémoires, le général du Barail n'est pas avare de compliments : « Je dois rendre cette justice aux braves gens que j'ai vus autour de moi, de dire que, si les Allemands furent mieux conduits, que s'ils l'emportèrent sur nous par la préparation matérielle et morale, le soldat français ne leur céda en rien sous le rapport du courage et de l'abnégation. Il fut digne de sa réputation. Il fut digne de ses ancêtres. Tout ce que j'ai vu de l'armée impériale, en 1870, m'a rempli d'admiration et de respect pour le soldat français. Il a été malheureux, mais il a été sublime de valeur et de discipline. » Son collègue républicain Thoumas, historien militaire prolixe qui a rédigé un livre sur *Les Combattants de 1870,* trouve que « l'élan, l'ardeur, l'entrain, l'audace [...] sont les qualités maîtresses du soldat français [...] ces soldats sont les dignes fils des héros de Bouvines, de Fontenoy, de Zurich et d'Austerlitz ». Alors pourquoi ont-ils été vaincus si facilement ? La médiocrité du commandement français est loin d'être l'unique raison. Les soldats français n'ont pas eu les moyens de résister à la puissance du feu, aux tirs bien groupés d'une artillerie adverse mobile ; les fantassins, les cavaliers ont été hachés par le feu de l'artillerie. Quant aux Prussiens, ils ont longtemps redouté le tir des chassepots.

Le combat de 1870 se rapproche plus de celui du Premier Empire que de celui de 1914-1918. En 1870, il n'y a jamais eu de front continu. C'est une guerre de mouvement, où l'on marche beaucoup plus que l'on se bat. La recherche de l'adversaire prend plus de temps que le combat. La bataille classique se déroule dans la journée ; elle commence avec le jour et s'interrompt à la nuit ; il est rare qu'elle reprenne le lendemain. Presque toujours, ce que nous appelons par commodité une bataille est une succession de combats isolés dont les liens les uns avec les autres sont très ténus. Le commandant en chef a rarement une vision globale, le combattant jamais ; celui-ci ignore ce que font ses camarades à quelques kilomètres de là ; l'information circule à peine, le plus souvent sous forme de rumeurs, sources des paniques.

Dans tous ces combats, les Allemands sont toujours les attaquants. Les Français, pourtant sur leur territoire national, s'établissent sur des positions défensives difficiles à prendre de vive force. C'est le cas à Spicheren, à Frœschwiller, à Gravelotte-Saint-Privat, à Sedan. On a souvent avancé que les Français avaient succombé sous le nombre après s'être vaillamment battus. À Wissembourg, Wœrth, Beaumont, Sedan, les Français ont été en situation grave d'infériorité numérique; à Spicheren et à Saint-Privat, cette infériorité était aisée à corriger si le commandement l'avait voulu; à Sedan, ce n'est pas ce désavantage réel qui les a acculés à la capitulation. À Borny-Colombey (14 août) et à Rezonville-Mars-la-Tour (16 août), les Français avaient une supériorité numérique qu'ils n'ont pas su exploiter. C'est pourquoi, à l'exception de Wissembourg et de Frœschwiller, les Français ont été vaincus pour d'autres raisons que le nombre.

L'esprit offensif des généraux prussiens est bien connu; ils accrochent l'adversaire sans avoir reçu d'ordres et engagent leurs unités en comptant sur la solidarité des unités voisines. Cette solidarité n'a jamais fait défaut, alors qu'il n'en a pas été de même du côté français. Souvent, ils attaquent sans avoir toujours apprécié le rapport de force sur le terrain. C'est le cas à Frœschwiller, à Spicheren, à Borny-Colombey, à Rezonville-Mars-la-Tour. Ils sont imprudents, présomptueux, n'ont guère le souci de ménager leurs hommes.

Il y a une arme dont les combats d'août-septembre 1870 ont sonné le glas, c'est celle de la cavalerie cuirassée. À Frœschwiller, à Gravelotte, à Sedan, elle a fait preuve de son inefficacité totale. La charge insensée de la brigade prussienne Bredow n'a d'équivalent que celles des cuirassiers de Reichshoffen ou de la brigade Margueritte. En revanche, la cavalerie légère conserve toute son utilité : elle protège sur les flancs la marche de l'infanterie, elle se porte en avant pour recueillir des informations. Les compagnies de uhlans ont été très précieuses; les uhlans sont des messagers et des éclaireurs; ils précèdent, accompagnent et protègent le gros des troupes. Bien souvent, les armées allemandes ont l'impression de s'avancer en territoire ennemi un peu à l'aveuglette, et cependant elles ont été mieux informées que leurs adversaires. De toute façon, l'officier allemand, grâce aux cartes dont il dispose, a d'emblée une meilleure connaissance du terrain et des lieux que l'officier français. La supériorité allemande est manifeste dans les corps techniques. Du côté français, l'acheminement du matériel, des munitions, des équipements a été très défaillant.

Le génie n'a jamais été en mesure de faire sauter les ponts ni autour de Metz ni dans la région de Sedan; l'intendance n'a pas été capable de transporter les rations là où elles auraient été utiles, les services de santé sont tragiquement inexistants. Du côté prussien, on relève beaucoup de carences. L'intendance est embryonnaire; le soldat se nourrit et loge chez l'habitant. Il mange ce qu'il trouve et ce qu'il peut réquisitionner. Souvent, il couche sur la dure ou dans une grange. Il est mieux habillé et mieux chaussé que le soldat français, la discipline a limité le nombre des traînards. Le blessé allemand est aussi démuni que son camarade français. À part les officiers de bonne famille, très vite rapatriés en Allemagne, il attend dans des installations de fortune ou chez des particuliers; pour survivre, il ne peut compter que sur sa robuste constitution.

On peut affirmer qu'en juillet 1870, les Français ne partaient pas battus d'avance. Les désordres de la mobilisation et l'infériorité numérique initiale ne sont pas les causes majeures de la défaite. La médiocrité du commandement, l'émiettement des pôles de décision, le manque de solidarité entre chefs de corps se sont combinés pour placer à chaque rencontre les troupes françaises en position d'infériorité.

Quant à la marine, elle a été très mal utilisée alors qu'elle aurait pu être un atout décisif. En 1870, la Prusse ne dispose quasiment pas de marine de guerre. Nous avons indiqué plus haut l'envoi dans la mer du Nord et la Baltique des escadres des amiraux Bouët et Fourichon. Au début de septembre, elles s'y trouvent encore, assurant un blocus efficace des côtes. Du 5 au 8 septembre, une terrible tempête s'abat sur toute l'Europe occidentale; plusieurs vaisseaux subissent des avaries telles qu'il faudrait relâcher à terre pour les réparer. Le ravitaillement en charbon, qui doit s'effectuer en pleine mer, est très difficile. Fourichon, qui a appris par l'aviso *L'Hirondelle* la catastrophe de Sedan et sa nomination comme ministre de la Marine dans le gouvernement de la Défense nationale, décide de rentrer en France. Pour sa part, Bouët quitte la Baltique et regagne la France à la fin de septembre. Jusqu'à la fin de la guerre, la marine restera confinée dans une quasi-passivité, à l'exception des transports entre la France et l'Algérie. Seuls ses arsenaux seront en mesure de travailler pour la Défense nationale et de fournir des armes.

La carence totale du renseignement a été un facteur aggravant. De leur côté, les Prussiens ont commis beaucoup d'erreurs tactiques qui auraient pu leur coûter très cher si l'adversaire avait su les détecter et les exploiter. Ils se sont avancés très loin en territoire ennemi sans avoir pris soin d'assurer leurs arrières, la marche sur Sedan a été une marche forcée qui a épuisé les soldats. À ce moment, l'unique liaison ferroviaire avec l'Allemagne s'arrêtait à Pont-à-Mousson. L'état-major allemand a eu beaucoup de chance et il en a eu conscience. Doit-on cependant attribuer toutes les victoires à la chance ? Assurément non. Il faut d'abord souligner l'esprit offensif des généraux et des colonels, et l'efficacité de l'artillerie de campagne. Cette arme a été décisive. Il faut enfin rappeler que les opérations ont été dans le quotidien remarquablement gérées par un commandement unique et respecté, que ce commandement a su déplacer et faire manœuvrer entre elles, sur de longues distances, des armées nombreuses. C'est une victoire de la logistique et de l'organisation.

Les buts de guerre prussiens

Les victoires d'août-septembre 1870 sont-elles décisives ? Sont-elles en mesure de dicter une paix, et quelle paix ? Après les succès des soldats, l'heure des politiques a-t-elle sonné ? Pour répondre à ces questions, il faut s'interroger sur les buts de guerre du gouvernement prussien. Bismarck se retrouve ici au premier plan. Il est l'acteur majeur, l'interlocuteur obligatoire des dirigeants français.

À l'occasion du centenaire de 1870, un débat animé a agité les historiens allemands; une nouvelle fois, ils se sont interrogés sur les projets d'annexion de l'Alsace-Lorraine. Étaient-ils prémédités, prévus de longue date ? Ou ne sont-ils uniquement que le fruit des circonstances soudainement favorables? En écartant les passions et les préjugés, il importe d'examiner si les projets d'annexion évoqués dans la presse allemande dès l'entrée en guerre étaient spontanés ou découlaient d'une campagne orchestrée en haut lieu. En ce qui concerne l'Alsace, l'idée d'une annexion revient périodiquement. En 1848, le Parlement de Francfort avait déjà émis des vœux en ce sens, sans avoir les moyens d'aller plus loin. Les travaux de l'historien allemand Joseph Becker dégagent l'existence d'une campagne annexionniste très forte en Allemagne du Sud (Bade), qui aurait gagné ensuite le reste de l'Allemagne et sur laquelle Bismarck se serait aligné. Dans la presse de Berlin, des allusions à d'éventuelles annexions apparaissent à partir du 27 juillet. Si Bismarck n'est pas le responsable de tous les entrefilets annexionnistes parus dans les journaux, il en a inspiré un certain nombre, et, comme beaucoup d'Allemands, il pensait qu'en cas de victoire l'Alsace devrait redevenir allemande.

Dès les premiers succès à la frontière, cette exigence est formulée. Bientôt s'ajoute celle de la Lorraine germanophone. Dans une conversation avec le député libéral de Mayence Bamberger (7 août), Bismarck évoque pour la première fois l'annexion de Metz. Puis les ambitions se précisent vite, comme le confirme le témoignage d'un familier de Bismarck, Maurice Busch, l'un des membres de la petite équipe qui entoure le « chef » en campagne : « Un télégramme envoyé en Allemagne et au déchiffrage duquel j'avais aidé le matin m'avait déjà dit la part que nous devions en garder; il annonçait que nous garderions l'Alsace si telle était la volonté de Dieu » (Herny, 15 août 1870). Dans une dépêche à l'ambassadeur prussien à Londres Bernstorff (17 août), Bismarck indique : « Le seul but pour nous est la sûreté stratégique de notre frontière. Jusqu'à ce que soit à peu près atteint par la cession de l'Alsace et de la Lorraine, nous sommes résolus à poursuivre la guerre. » Alors que les dirigeants prussiens passent à Pont-à-Mousson, où le roi Guillaume rédige l'ordre de cabinet par lequel il crée le gouvernement d'Alsace-Lorraine, Busch note dans son journal : « Il n'y a plus de doute, nous garderons en cas de victoire définitive l'Alsace et Metz et ses environs. » Le quotidien berlinois *Die Post* publie son premier éditorial annexionniste le 17 août. Avant même que l'encerclement de Metz ne soit réalisé – et il faut insister sur cette observation –, les dirigeants prussiens songent à l'annexion de la ville. Bien sûr, tout est fonction des circonstances : l'évolution de la situation militaire, l'intervention des grandes puissances peuvent balayer ces projets.

Pour ne pas trop abaisser la France, certains Prussiens envisageaient une solution intermédiaire, la neutralisation de ces territoires. D'autres, pour hâter la formation du nouvel Empire allemand, formation qui s'annonçait laborieuse, envisageaient l'attribution à la Bavière du nord de l'Alsace et de la Lorraine. Bismarck repousse la neutralisation comme le partage avec les arguments suivants : « Le vieux *Reichsland*, si nous le regagnons, ne doit pas être partagé mais déclaré Terre d'Empire et administré au nom du grand Empire que formera la réunion de tous les États allemands. Aussitôt après les premières victoires, cette idée a obtenu l'agrément de Sa Majesté le roi. La neutralité me semble impossible. Les nouveaux pays doivent former une partie intégrante de l'Allemagne pour laquelle leurs forteresses créeront une base indispensable qui manquait jusque-là à la défense de l'Allemagne. La neutralité présente le danger suivant : en cas de guerre avec la France, les sympathies françaises que garderaient sûrement la majorité de la population constitueraient un dangereux péril de cristallisation en faveur de l'armée française. » Quant au partage entre les États allemands, Bismarck y voit la source de difficultés inextricables ; il refuse d'agrandir le territoire de la Bavière et pense parvenir à ses fins sans une concession aussi dangereuse.

Aucun contact officieux ou indirect n'a, semble-t-il, été pris entre les deux gouvernements dans le courant du mois d'août. Le 2 septembre 1870, Napoléon III se présente devant Guillaume Ier ; c'est un vaincu qui rend son épée et non celle de la France. Il attend qu'on lui indique le lieu de sa captivité. Il n'envisage aucune négociation, il n'en a plus les moyens ; d'ailleurs, Bismarck s'y refuserait probablement.

Alors qu'il s'avance vers Paris, celui-ci est à la recherche d'un interlocuteur français. Peut-il négocier avec le pouvoir légitime, celui de l'impératrice-régente Eugénie? Elle s'est réfugiée en Grande-Bretagne et a perdu tout crédit. Un accord conclu avec elle resterait probablement lettre morte. Elle conserve un atout, l'armée de Metz commandée par Bazaine. Bismarck ne peut négliger cet atout, mais il sait que sa valeur militaire s'amenuise de jour en jour. Sans trop d'illusion, Bismarck noue des contacts avec les agents bona- partistes. Ils peuvent toujours servir, ne serait-ce que comme moyen d'intimidation sur le gouvernement républicain de la Défense nationale, l'autorité de fait. Bismarck méprise ces républicains bavards, héritiers de la Révolution française conquérante et dont il tourne en dérision le langage révolu- tionnaire. Une négociation valable peut-elle s'engager avec ce gouvernement auquel il manque la légitimité du suffrage universel? Or seule cette légitimité pourrait faire appliquer un traité impliquant des pertes territoriales. Dans l'immé- diat, Bismarck est ouvert à toutes les discussions, même s'il est sceptique sur leur aboutissement rapide. Au gouverne- ment de la Défense nationale, la responsabilité des Affaires étrangères est confiée, à défaut de Thiers qui s'était récusé, à un célèbre avocat républicain, Jules Favre. Éloquent, idéa- liste, généreux, la tradition républicaine dont il se réclame ne le porte pas à un examen réaliste de la situation. Son expérience des prétoires et des assemblées est un maigre bagage pour des négociations internationales ardues. Peut-il entrer en contact avec l'ennemi? Faut-il engager des pour- parlers? Toute la tradition républicaine s'y oppose. D'ins- tinct, les amis de Jules Favre renouent avec les souvenirs de la Révolution qui leur sont si familiers. Devant l'invasion, la Révolution avait levé des armées populaires qui avaient trouvé en leur sein des chefs courageux. Face à une situa- tion comparable, une nouvelle levée en masse s'impose. Il ne s'agit plus de Bonaparte, le sol est envahi, il faut se battre.

Les Français ont oublié que deux mois plus tôt leur gou- vernement avait déclaré la guerre et qu'ils l'avaient approuvé! On ne croit pas que le pays soit vaincu; les soldats français ont été mal conduits. Le pays conserve en lui-même les ressources nécessaires pour se sauver du péril où les gou- vernants incapables l'ont entraîné. On pourrait citer beau- coup de textes allant dans ce sens. Voici une lettre inédite d'un habitant de Plombières (Vosges) : « Tout n'est pas perdu, on le sent, on le dit, mais il faut faire un effort vigoureux. Le gouvernement nous a odieusement trompés, la nation doit se sauver elle-même, la République a l'énergie qui manque aux trembleurs en ce moment. Seule elle peut nous sauver d'une situation aussi critique et il est à croire qu'elle est déjà proclamée à Paris... » On sent dans ces lignes un frémissement, une conviction instinctive, une communion d'esprit avec ce que Léon Gambetta exprime dans ses proclamations. Réclamer la levée en masse est facile, la réaliser avec efficacité est autre chose. Peut-on renouveler en 1870 ce que les Assemblées révolutionnaires avaient réussi en 1792-1793 ? À l'étranger, on en doute. Friedrich Engels est plus réaliste que les Parisiens : « Peut-on continuer la guerre après Sedan ? D'armée, il n'y en a plus en France. Dès que Bazaine capitulera, ce qui sera sans doute le cas cette semaine, la moitié de l'armée se portera devant Paris, l'autre traversera la Loire et nettoiera le pays de tous les groupements armés » (4 septembre 1870).

DEUXIÈME PARTIE

Un long et courageux sursaut

Septembre 1870. La guerre aurait pu et peut-être dû s'arrêter. C'est l'avis des observateurs étrangers. Au contraire, elle rebondit pour cinq mois encore. Comme en 1792, le gouvernement provisoire de la Défense nationale, que la révolution parisienne du 4 septembre a porté au pouvoir, croit être en mesure de répondre à l'invasion par la levée en masse.

Le théâtre des opérations se déplace de la France de l'Est vers Paris et la France du Centre. La guerre prend un double visage : elle est en même temps une guerre de position et une guerre de mouvement. C'est d'abord une guerre de position autour des places fortes, avec les sièges de Metz et de Paris. Paris, où le gouvernement de la Défense nationale a commis l'erreur de se laisser enfermer, est l'objectif essentiel. Le commandement allemand s'est installé à Versailles. Il est près de Paris, bien relié à l'Allemagne et en mesure de contrôler les autres théâtres d'opération. La guerre de mouvement se déploie en province, au nord, à l'ouest, au sud et à l'est de Paris. Léon Gambetta, qui a été envoyé à Tours pour animer la résistance, lance un sursaut à la fois admirable et désespéré.

Il lève des armées de secours. Pour les repousser les Allemands doivent s'avancer sur la Loire et la Seine, en Franche-Comté et en Bourgogne, en Normandie et en Picardie.

CHAPITRE V

Paris assiégé

Le 20 septembre 1870, commence le siège de Paris. C'est désormais le pôle central de la guerre. Tout s'ordonne autour de lui, tant du côté français que du côté allemand. L'étranger tourne ses regards vers cet événement insolite, d'autant plus mystérieux que les informations sont rares et proviennent presque exclusivement du camp prussien. Nul ne se hasarde à faire des pronostics, mais rares sont ceux qui croient à une longue résistance.

Paris se défend

Les Parisiens veulent se battre. Pas question comme en 1814 et en 1815 de laisser la ville ouverte. La résistance populaire devrait repousser et tailler en pièces les armées d'invasion.

L'urgence est grande et les Parisiens pressentent que les jours de liberté sont comptés. En effet, le 6 septembre, les éléments de pointe des armées allemandes se sont remis en marche. Ils s'avancent vers le sud en direction de Reims, Château-Thierry, Lagny. Ils ne rencontrent aucune troupe régulière. Le 8 septembre, l'état-major allemand est à Reims. Moltke visite même la cathédrale. Guillaume Ier et Bismarck restent quelques jours dans la ville des sacres avant de s'installer dans le château d'Alphonse de Rothschild à Ferrières. Les troupes du prince royal progressent vers le sud-ouest avec l'intention de franchir la Seine vers Juvisy, puis d'obliquer sur Versailles. Les troupes du prince Albert de Saxe (ex-armée de la Meuse) ont reçu la mission d'avancer vers la banlieue nord ; des unités doivent aller franchir la Seine plus à l'ouest, dans les environs de Mantes-la-Jolie.

Le responsable unique de la défense est désormais le général Trochu, gouverneur militaire de Paris. Au soir des événements du 4 septembre 1870, il se range aux côtés des avocats républicains qui prennent le pouvoir et leur apporte la caution militaire dont ils avaient le plus urgent besoin. Il est nommé président du Conseil de gouvernement de la Défense nationale et est « chargé des pleins pouvoirs militaires ». C'est une fonction écrasante dans une situation mouvante et insaisissable. Trochu est un homme de cinquante-cinq ans, de taille moyenne, la tête ronde et chauve, la moustache et la barbiche cirées à l'impériale. Il avait eu un début de carrière rapide dans l'entourage du général Bugeaud, dont il avait été l'aide de camp. Il est nommé général très jeune puis végète, n'étant ni un homme du monde ni un courtisan. Ses critiques sévères de l'armée impériale l'avaient éloigné des cercles du pouvoir. Il est revenu au premier plan dans les circonstances indiquées plus haut. Il a la réputation d'être un général intègre et capable. Sa popularité est considérable. Elle sera de courte durée !

Trochu a installé son état-major au Louvre. Son cabinet militaire est dirigé par le général Schmitz, chef d'état-major général, un bureaucrate dévoué ayant aussi peu d'initiative que son patron. Son cabinet civil est dirigé par un avocat, Léon Béquet, et l'un des frères Cambon y fait son apprentissage. Les généraux placés sous ses ordres sont médiocres. Le plus en vue, Vinoy, un vieillard de soixante-dix ans encore vert, a réussi la retraite de Mézières. Il commande sur la rive gauche et réside à Montparnasse. Les généraux Blanchard et d'Exéa sont des esprits routiniers. Tamisier, qui a la responsabilité de la garde nationale sédentaire, est sans aucune autorité sur ses hommes. Quant aux sept vice-amiraux et aux neuf contre-amiraux qui commandent les forts, ils sont efficaces à leur place. On ne peut leur en demander plus.

À la mi-septembre, 450 000 hommes sont sous les drapeaux à Paris. C'est un chiffre considérable, mais en réalité, il y a peu de vraies troupes. La garde nationale mobile est inégale, et la garde nationale sédentaire est une cohue mal organisée et à peine exercée.

Les 80 000 soldats de l'armée de ligne forment le noyau solide de la défense de Paris, celui sur lequel le commandement peut compter. Ils sont regroupés dans deux corps d'armée : le 13e corps ramené de Mézières auquel viennent s'ajouter les divisions d'Exéa et de Blanchard, le 14e corps d'armée formé en catastrophe le 31 août avec des zouaves échappés de Sedan et des engagés volontaires. Les 14 000 marins sont des « troupes d'élite, bien commandées, instruites, disciplinées, d'une solidité à toute épreuve » ; elles tiennent une partie des forts extérieurs. Elles montent aussi les 19 embarcations de la « flottille de la Seine », dont les bateaux baptisés *La Baïonnette*, *Le Sabre*, *L'Estoc* sont une des grandes curiosités, sinon une des grandes utilités de la défense. Quelques marins sont également détachés au service des ballons. Les corps spéciaux (train, administration, gendarmerie, douaniers et forestiers) se montent à 20 000 hommes.

La garde nationale mobile est estimée à 100 000 hommes. Il faut distinguer la garde nationale mobile de la Seine (17 500 hommes) ramenée de Châlons, « troupes turbulentes et frondeuses », et la garde nationale mobile des départements (71 bataillons, 73 000 hommes), souvent mal encadrée et à peine exercée mais plus sûre au point de vue politique. Tous ces bataillons arrivent par le train à partir du 1er septembre ; les derniers sont entrés le 17 septembre. Par exemple, le 2e bataillon d'infanterie de la Drôme (1 235 hommes) quitte Valence le 8 septembre et débarque à Paris le 9 septembre à 21 heures. Les Bretons, les Picards, les Normands, les Bourguignons sont nombreux ; en revanche, les départements du Midi n'étant pas prêts, seuls le Tarn, la Drôme et l'Hérault ont envoyé des bataillons à temps. Tous ces provinciaux doivent être logés, nourris et équipés. En attendant, ils campent sur les boulevards, aux bois de Boulogne et de Vincennes.

La garde nationale sédentaire, composée de Parisiens hâtivement armés, s'est enflée en l'espace d'un mois jusqu'à 250 bataillons, soit 300 000 hommes. C'est une masse d'hommes sans instruction et sans discipline qui élit ses officiers et joue au soldat. Les généraux éprouvent à son égard une extrême réserve. Ces gardes nationaux, aux uniformes fantaisistes et pittoresques, habitent chez eux et continuent éventuellement de travailler. Ils font chaque jour l'exercice et montent, selon leur tour, la garde nocturne aux remparts.

Il faut enfin signaler les unités de corps-francs, de francs-tireurs et d'éclaireurs, dont les exploits réels ou enjolivés vont occuper les colonnes des journaux. Ce sont des volontaires qui se sont équipés à leurs frais et auxquels on confie, en avant de la ligne des forts, des tâches de renseignements et de reconnaissance. Ils ont pris des noms pittoresques, les « Éclaireurs de la Seine », les « Francs-tireurs à la branche de houx », les « Francs-tireurs de la presse », etc.

Pour éviter la contamination avec les unités parisiennes, l'ensemble des troupes de ligne et de nombreux bataillons de gardes mobiles sont envoyés au-delà des murs. Les mobiles du Gard et du Tarn, après avoir reçu des chassepots et des équipements, sont installés près du fort de Rosny où ils resteront jusqu'en janvier 1871.

La géographie militaire est la suivante : le XIIIᵉ corps est cantonné au sud d'Ivry, à Vanves ; la division d'Exéa, qui est presque autonome, est à Vincennes sur la rive droite. Le XIVᵉ corps est massé à l'ouest, sur la rive droite de la Seine, entre Billancourt et Saint-Denis. Une division a réoccupé la presqu'île de Gennevilliers dont l'abandon avait été initialement prévu.

État des esprits

Le gouvernement de la Défense nationale s'installe dans le désordre et l'improvisation : Jules Favre est au quai d'Orsay, Léon Gambetta place Beauveau. Le ministre de l'Intérieur déploie une intense activité ; en l'espace de quelques jours, de nouveaux préfets et sous-préfets partent pour la province. L'atmosphère est à la résistance et la circulaire de Jules Favre aux agents diplomatiques laisse entendre que le nouveau gouvernement n'acceptera aucune concession territoriale. La République fera son devoir et tous les Français sont appelés à défendre la patrie en danger. Toutefois, les princes d'Orléans, qui étaient accourus à Paris se mettre au service de la Défense nationale, sont priés de repartir pour la Belgique. Thiers a conseillé cette solution et, avec politesse, Jules Favre leur a fait comprendre que leur présence dans la capitale n'était pas souhaitée.

La population se prépare à un siège inévitable avec un mélange d'ardeur, de gravité et d'inconscience. Les gares sont prises d'assaut. Dans beaucoup de familles de la bourgeoisie, on conduit les femmes, les enfants, les vieux parents en province, sur la côte bretonne ou normande, puis les hommes reviennent dans la capitale pour servir dans la garde nationale. À combien se montent ces départs ? On les a évalués à environ 100 000 personnes. Cette diminution de la population est largement compensée par l'afflux des habitants de la banlieue et par les soldats des régiments de ligne, marins, gardes mobiles de province. Environ 2 200 000 personnes vont se trouver bloquées par le siège et il va falloir les nourrir.

Sur l'atmosphère de Paris en ces jours incertains de septembre, les témoignages sont innombrables. Les journaux qui ont retrouvé une totale liberté depuis la fin de l'empire fourmillent d'informations et d'impressions. Francisque Sarcey, journaliste au *Gaulois*, a publié un *Siège de Paris* très précieux. Dans le *Journal* d'Edmond de Goncourt, on trouve une foule de notations piquantes sur la vie quotidienne. L'écrivain, qui habite Auteuil, est un infatigable piéton de Paris. C'est un observateur précis du spectacle de la rue et des réactions de ses confrères. Le 6 septembre, il dîne chez Brébant dans le salon rouge, avec Ernest Renan et quelques autres amis. Il note leurs propos de table : « Cette sauvagerie prussienne qui recommence Genséric », « L'incapacité des onze hommes de la Défense nationale et leur désolant manque d'influence auprès des gouvernements neutres. » Il observe le va-et-vient inconscient de Paris, puis s'exclame mélancolique : « Peut-être que dans quinze jours ce seront les Prussiens qui dîneront à cette table sur nos chaises ? » Quelques jours plus tard, il veut voir l'avancement des travaux de défense. Il se rend boulevard Suchet, le long du chemin intérieur des fortifications, il observe « l'ani-

mation allègre et le grandiose mouvement de la Défense
nationale, la fabrication des fascines, des gabions, des sacs de
terre, le creusement des tranchées ».

Pendant une dizaine de jours, c'est un peu l'illusion. La
fin de l'été est douce et ensoleillée. On fête la République,
on chante *La Marseillaise* et *Le Chant du Départ*; on se gar-
garise de grandes phrases : « La République proclamée, c'est
la France debout. [...] Elle guérira les plaies sanglantes de la
patrie et rendra à la France le rang qu'elle occupe en
Europe. » Les proscrits rentrent d'exil, et parmi eux Victor
Hugo, qui reçoit à la gare du Nord le 5 septembre un accueil
chaleureux. De Bruxelles, il avait annoncé dans un vibrant
appel qu'il participerait au combat de Paris, capitale universelle : « J'irai, je rentrerai dans ta muraille sainte, ô Paris, ô
ma mère, et porter un anneau de ta chaîne, je le veux! » Dès
son arrivée, il prend contact avec les ministres, les directeurs
de journaux, les hommes politiques de gauche, publie des
adresses lyriques aux Allemands, aux Français et aux Parisiens, prépare des lectures publiques des *Châtiments*. Dans
ce délire verbal et humanitaire, les Parisiens ont oublié que
la France avait déclaré la guerre. On répète à satiété la
phrase de Bismarck : « la force prime le droit » pour se persuader que « la Prusse, c'est la force et la France, c'est le
droit. » On est convaincu de la victoire de Paris. Certains
rêvent tout haut : cette victoire conduira à la « République
européenne! » Les démocrates comptent sur leurs frères
d'Allemagne; tout le monde croit à l'intervention prochaine
de l'Europe.

Tous les hommes ont revêtu l'uniforme de la garde nationale : pantalon à bandes rouges, vareuse avec ceinturon noir,
képi. On prend très au sérieux l'exercice et le service de
garde aux remparts. L'arrivée des gardes mobiles de province, des Bretons, des Bourguignons, des Champenois, renforce l'exaltation patriotique. Les mobiles sont les héros de
Paris. On affirme que le prodige de 1792 s'accomplira une
seconde fois dans l'histoire. Le volontaire et la mitrailleuse
dont les journaux racontent les ravages effrayants sont « les
deux éléments de notre salut ». Cette « immense forteresse »
de Paris est imprenable. Jamais les Prussiens ne réuniront
les 700 à 800 000 hommes nécessaires à son investissement

et on se persuade que Paris tiendra, que Paris doit tenir, que
« Paris est le rempart le plus solide de l'indépendance française ».

À partir du 15 septembre, l'étau se referme progressivement. Sur les mouvements, les reconnaissances et les
combats d'avant-poste, les Parisiens ne reçoivent que des
informations émiettées. Les journaux du 15 titrent :
« L'armée est sous Paris [...] des coureurs prussiens sont vus
un peu partout... » On annonce le retour en bon ordre du
corps de Vinoy et l'arrivée de 22 000 gardes nationaux bas-
bretons avec leur musique auxquels la population parisienne
fait une ovation énorme. Le lendemain, on annonce des
accrochages au nord du Raincy, à Avron, à Bondy. Un peu
partout, on signale des uhlans. La destruction des ponts sur
la Marne, l'Oise et la Seine ne retarde guère la progression
car les Prussiens jettent des ponts de bateaux à Pontoise,
Triel, Joinville et Corbeil. Les liaisons ferroviaires sont
interrompues ; le 15 septembre, les Prussiens cueillent le
train à son arrivée à Senlis ; le 16 septembre, la ligne
d'Orléans est coupée à Ablon, le 18 septembre, vers 5 heures
du matin passent à Versailles les derniers trains vers l'ouest.
Dans la matinée arrivent des groupes de uhlans qui préparent l'arrivée des troupes, tandis qu'on signale des Bavarois à Arpajon.

Sur les grands boulevards où règne l'animation habituelle,
l'atmosphère est paisible. Aux portes de Paris militairement
gardées, on remarque « des files de voitures de toutes
espèces, les unes attelées, les autres traînées à bras et chargées de vieillards, de femmes et d'enfants, d'animaux, de
provisions. Ce sont les habitants des villages voisins qui se
réfugient en ville [...] cet encombrement dure depuis plusieurs jours ».

En effet, en banlieue, la situation est fluide et insaisissable. À Saint-Denis, un soldat en état d'ivresse a tiré en l'air
et provoqué la panique. Les habitants des villages en avant
des forts, ceux de Bondy, de Drancy, du Bourget ou encore
au sud, ceux de Villejuif, de Bagneux et de Vanves, ont fui
dans la crainte du pire. Un journaliste s'avance jusqu'à Villejuif en voiture : « Les rues sont désertes, les maisons abandonnées. Une douzaine de curieux ont poussé jusque-là, en

majorité des femmes. On entre dans les jardins comme chez soi ; on y cueille des fleurs, des légumes et des fruits. Nous descendons de voiture et nous avançons dans la campagne. Rien à l'horizon. Cependant, au bord d'une route, derrière un bouquet d'arbres, flânent des mobiles... » Ce tableau idyllique n'est qu'une illusion trompeuse. On lit que les moblots parisiens « sont remplis d'enthousiasme ; c'est à qui d'entre eux marchera à l'ennemi ». Et on cite un exemple : « Ce matin, six hommes de la 3e compagnie du 8e bataillon de la mobile de la Seine, les nommés Arnoult, Masse, Caboche, Stomper, Foux, commandés par le sergent Longuet, se sont embusqués au pont de Choisy-le-Roi et ont mis en déroute, après un engagement de quelques minutes, un escadron de dragons bavarois qui ont laissé plusieurs des leurs sur le terrain. Le sergent Longuet a abattu pour sa part deux ennemis. Tous nos " moblots " sont revenus sans blessure, chargés des dépouilles des Bavarois. Ils ont rapporté des casques, des carabines, des sabres et une paire de chaussettes trouvée sur le cœur d'un blessé. »

À Saint-Cloud, toutes les boutiques sont fermées, le parc est désert, les appartements abandonnés. « La voie de chemin de fer est coupée. À la gare, les voyageurs se présentent vainement dans l'espoir de prendre le train pour Paris. »

Alors que les troupes allemandes encerclent Paris par le sud et se dirigent vers Versailles, Trochu prend, le 16 septembre, la décision de faire évacuer les ouvrages inachevés qui avaient été commencés sur les hauteurs de Montretout et de Châtillon. Il abandonne sans combat Clamart, Bagneux et Bourg-la-Reine. Il veut être prêt à riposter à une attaque de vive force qu'il estime imminente et qui ne se produira jamais.

C'est alors qu'intervient le général Ducrot. Il s'était courageusement battu à Frœschwiller et à Sedan, puis avait faussé compagnie aux Prussiens à Pont-à-Mousson et vient se mettre au service du gouvernement de la Défense nationale. Il arrive à Paris le 15 septembre.

Trochu, dont il est l'ami de longue date, lui confie le commandement des XIIIe et XIVe corps, c'est-à-dire de l'essentiel des troupes de ligne disponibles. Au premier coup d'œil, Ducrot juge désastreux l'abandon du plateau de Châtillon et plaide auprès du gouverneur l'intérêt stratégique de cette position qui domine les forts du sud. Si les Allemands s'y maintenaient, cela raccourcirait leur ligne d'investissement et rendrait possible un bombardement ultérieur de Paris. « C'est la clé de Paris et de Versailles. » Ducrot veut reprendre la redoute de Châtillon avant que les Prussiens n'aient eu le temps de s'y installer. Sceptique, Trochu finit par céder. Cette tentative est restée dans l'histoire du siège sous le nom de combat de Châtillon (19 septembre). Ducrot, auquel ont été attribués des moyens insuffisants, est incapable d'atteindre les objectifs fixés. Plusieurs unités de moblots pris de panique se sont débandées aux cris de : « Nous sommes trahis. » Les pertes sont élevées. Cet épisode confirme les pressentiments de Trochu : la valeur militaire des troupes dont il dispose est médiocre. Il a aussi démontré, mais rares sont ceux qui déjà le perçoivent, son incapacité à remplir sa fonction. La conscience professionnelle ne supplée pas le coup d'œil, l'esprit de décision. Le maintien des Français sur le plateau de Châtillon était possible si le commandant en chef en avait pris les moyens. Le même jour, Versailles tombe sans combat entre les mains des Prussiens.

À Paris, on a entendu la canonnade ; le soir, les ambulances ramènent les premiers morts et les premiers blessés. La guerre est là, lourde de menaces imprécises. Edmond de Goncourt parcourt les grands boulevards. Il y côtoie « la foule, l'immense foule des mauvais jours, une foule agitée et houleuse... ».

À partir du 19 septembre, l'investissement est effectif. Tous les ponts sur la Seine et la Marne ont sauté, à l'exception de celui de Neuilly qui assure la liaison avec le Mont-Valérien.

Ce jour-là, Paul von Hindenburg arrive avec son unité à Gonesse. Des hauteurs, il aperçoit pour la première fois la capitale française : « Les coupoles dorées du dôme des Invalides et d'autres églises brillaient dans le soleil du matin. » Le jeune lieutenant est loin d'imaginer qu'il va passer ici plus de quatre longs mois.

Une question vient immédiatement à l'esprit : pourquoi le gouvernement s'est-il laissé enfermer dans Paris ? L'affaire a été rapidement tranchée. Le 7 septembre, malgré les réserves de Gambetta, le gouvernement décide de rester dans la capitale quoi qu'il arrive. Vu l'état d'esprit de la population parisienne, la confiance que l'on avait dans les fortifications, il était difficile d'agir autrement. Les Parisiens auraient assimilé le départ du gouvernement à une désertion, à une trahison. Il faut cependant prendre aussi en charge la province. C'est pourquoi on décide d'envoyer une délégation à Tours. Adolphe Crémieux, le ministre de la Justice, quitte le premier Paris, le 12 septembre. Il est suivi par deux autres collègues, Glais-Bizoin et l'amiral Fourichon. Ce ne sont ni les plus actifs ni les plus compétents ni les plus représentatifs. Ces choix malheureux seront lourds de conséquences pour l'avenir.

Dans ses *Souvenirs,* publiés longtemps après les événements, Freycinet a bien saisi la faille : « Refermer le gouvernement dans la place assiégée, c'était le condamner à capituler avec elle ; c'était briser d'avance la résistance de la France et la limiter à la défense de Paris. »

Il ne faut pas rêver et la lucidité *a posteriori* et l'indignation rétrospective sont faciles. Ces hommes ont été pris dans une situation inextricable et aussi, il faut bien le dire, totalement inédite ; ils parent au plus pressé et réagissent en fonction des opportunités et des attentes.

À cette erreur politique vient s'ajouter une décision stratégique extrêmement fâcheuse. Trochu hésitait entre deux solutions : fallait-il ramener toutes les troupes dans Paris ? Fallait-il au contraire laisser une armée à l'extérieur pour gêner les assiégeants ? Thiers juge préférable que Paris ne soit pas bloqué et propose de laisser une armée de 80 000 hommes manœuvrer sur les deux rives de la Seine. Les troupes que Vinoy avait repliées de Mézières auraient pu être le noyau de cette future armée. Trochu tranche en faveur de la première solution parce qu'il s'attend, dans les jours qui suivent, à une attaque de vive force de la part des Prussiens. Les Parisiens pensent de même. Pour repousser les Prussiens Trochu divise Paris en neuf secteurs triangulaires à partir du centre et concentre dans la ville les troupes disponibles. L'assaut des Prussiens viendra se briser sur les bastions et dans des combats de rues. Ces prévisions se sont révélées complètement erronées.

On comprend maintenant pourquoi les Allemands ont rapidement et facilement encerclé Paris. Ils se sont avancés sans rencontrer d'unités constituées.

Les assiégeants

Le 19 septembre, les forces confédérées achèvent l'encerclement de Paris. Les premières unités installent leur cantonnement provisoire dans les villages sans subir le moindre harcèlement. Elles se tiennent entre 10 et 12 km de la capitale, au-delà de la portée des canons des forts. La nécessité de maintenir cette distance va obliger les assiégeants à établir une ligne d'investissement de plus de 100 km, soit plus du double de ce que Frédéric-Charles doit assurer autour de Metz. Pour tenir une telle distance, il faudrait des effectifs considérables. Au début, les Allemands disposent d'environ 150 000 hommes, soit un chiffre inférieur aux troupes qui se sont retirées dans le camp retranché de Paris. Progressivement, au fur et à mesure que les moyens le permettront, elles s'élèveront à 400 000 hommes.

Dans l'immédiat, Moltke est très prudent. Ses forces doivent soutenir trois sièges : Strasbourg, Metz et Paris. Il ne veut prendre devant Paris aucun risque inutile. Il est conscient de son infériorité numérique ; c'est pourquoi il exclut toute attaque de vive force. Ce serait suicidaire d'engager les Allemands dans des combats de rues où ils seraient en situation d'infériorité et où ils massacreraient des civils sous les yeux de la presse internationale.

À la fin de septembre, le dispositif allemand est organisé comme suit : au nord, l'armée de la Meuse occupe tout l'espace compris entre l'Oise et la Marne. Au sud, les corps de la troisième armée se déploient de la Seine à la Marne. À l'angle sud-est, les Saxons et les Wurtembergeois sont à la charnière des deux armées. Plusieurs ponts de bateaux établis sur la Seine et la Marne relient entre eux les différents corps. L'essentiel de ces troupes sont des unités d'infanterie et d'artillerie qui ont reçu comme consigne d'utiliser les éléments naturels, les maisons des villages, pour se fortifier sur place et repousser une éventuelle attaque adverse. Plusieurs

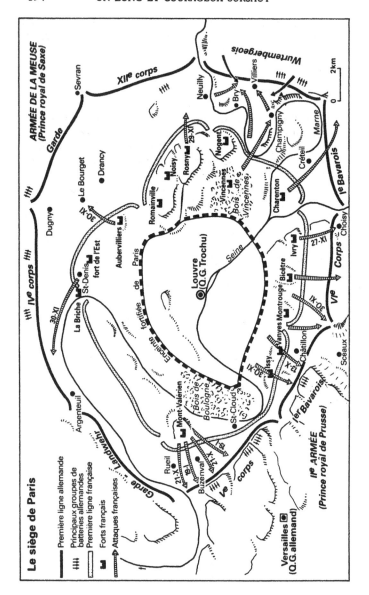

Le siège de Paris

— Première ligne allemande
††† Principaux groupes de batteries allemandes
▭ Première ligne française
◾ Forts français
⇨ Attaques françaises

unités sont en réserve pour se porter le cas échéant vers un secteur menacé. Entre les lignes prussiennes et les forts s'étend une zone de quelques kilomètres où des groupes d'éclaireurs et de francs-tireurs échangent des coups de fusil et ramènent de temps à autre un prisonnier. De leur côté, les Prussiens envoient des patrouilles nocturnes pour inquiéter les défenseurs des forts. Vers le 25, on a l'impression à Paris que l'ennemi s'est installé, qu'il commence à construire des ouvrages de campagne et à harceler par des tirs d'artillerie les groupes adverses visibles.

Les Allemands sont conscients de la précarité de leur dispositif. Le général von Blumenthal, chef d'état-major du prince royal, écrit : « Nos lignes sont si faiblement tenues que si l'ennemi les attaquait en un point avec ses forces concentrées, il le crèverait et nous battrait. Heureusement, il ne connaît rien à son métier et il gaspille ses forces en attaquant aveuglément dans toutes les directions. »

Pendant quelques jours, le commandement français attend de pied ferme l'attaque de l'armée prussienne. En vain! Les Prussiens n'ont aucun goût pour le suicide. Ils s'installent, creusent des tranchées, construisent des bastions, fortifient des maisons. Ils ne se rendent même pas compte que le Mont-Valérien a été abandonné par les mobiles de la Seine et laissent les Français le réoccuper! Les généraux français sont très mal informés des intentions des Prussiens. On interroge les rares prisonniers pour connaître la position de leurs corps, leur armement, leur nombre. On recherche les journaux étrangers dont quelques-uns arrivent par les valises diplomatiques américaine et suisse. Les Prussiens font aussi passer des informations aux assiégés, avant tout pour les manipuler et les démoraliser.

Ducrot et Vinoy pensent que l'inaction est la pire des attitudes. Depuis les combats de Châtillon (19 septembre), les Français n'ont rien fait. Pour maintenir les troupes en haleine et tester les positions adverses, deux opérations limitées sont lancées le 3 octobre au sud de Paris. Ducrot fait attaquer le parc de la Malmaison; de son côté, Vinoy veut éprouver les défenses prussiennes de Chevilly. Aucune de ces opérations n'est concluante. Vinoy subit des pertes sévères tandis que les mobiles parisiens envoyés détruire le mur du parc de la Malmaison se débandent dès que les Prussiens apparaissent. Après ces deux échecs, c'est de nouveau l'inaction. Les seuls à se battre sont les francs-tireurs. Voici comment les juge le contre-amiral commandant du fort de Noisy : « Ils se battent bien et font beaucoup de mal à l'ennemi qui ne les ménage pas à l'occasion en fusillant leurs blessés. Ils sont pillards, voleurs, ivrognes, mais très entreprenants. [...] La discipline est bien difficile à établir dans ce corps. Nous sommes bien obligés de tourner la difficulté, mais au moins, ils font quelque chose... » (18 octobre 1870).

Du côté de la province, les Allemands sont vigilants. Dans l'immédiat, aucune armée de secours ne risque de les gêner. Il faut cependant se prémunir contre les éventuels coups de main. Des unités de cavalerie parcourent la région parisienne : au nord, la cavalerie saxonne et la cavalerie de la garde ; au sud, la cavalerie bavaroise s'est installée à Brétigny et à Longjumeau et sillonne la Beauce.

Le siège de Paris est d'abord une guerre d'attente. Rien n'exclut qu'un jour ou l'autre la guerre de mouvement ne retrouve ses droits.

Versailles, quartier général allemand

Versailles, ville ouverte, a été occupée sans combat le 19 septembre. Le prince royal de Prusse et l'état-major de la troisième armée (près de 400 personnes) s'installent à la préfecture. À 18 km de Paris, à 10 km de la ligne de blocus, Versailles offre toutes sortes de ressources pour loger les états-major. C'est une ville de prestige et une ville symbolique : c'est la ville de Louis XIV, de ce Louis XIV qui avait pris Strasbourg à l'Allemagne et ravagé le Palatinat. La situation paraît suffisamment sûre pour que viennent s'y installer le roi et le quartier général. Le 5 octobre, Guillaume Ier et sa suite, Moltke, Bismarck quittent le château de Ferrières et arrivent à Versailles. Ils vont résider cinq mois dans la cité royale. Le roi Guillaume réside à la préfecture ; il y mène la vie régulière et simple qui a toujours été la sienne ; le matin, il travaille et reçoit, fait une promenade à cheval l'après-midi et préside quelques réunions; le dîner, sauf circonstances exceptionnelles, est sans apparat. Chaque soir, il écrit ses impressions à la reine Augusta restée à Berlin. Le vieux souverain – il a soixante-treize ans – évoque de temps à autre ses nombreux souvenirs; la fuite à Königsberg après Iéna, l'humiliation de Tilsitt, la campagne de France en 1814 avec la bataille de Bar-sur-Aube où il reçut le baptême du feu, l'entrée victorieuse dans Paris, sa dernière visite à Napoléon III à l'occasion de l'Exposition universelle de 1867. Il a l'intuition qu'il remplit une mission nationale mais aussi providentielle. C'est Dieu qui a guidé ses actes de souverain et la victoire qui se dessine est voulue par Lui. Ces convictions sont discrètement et rarement exprimées, mais elles sont très profondes.

Le général Moltke et ses collaborateurs logent dans un hôtel particulier assez modeste. Sur une simple pancarte est indiqué « État-major général ». Les Mémoires de Bronsart von Schellendorf nous renseignent sur ses méthodes de travail, ses réactions et ses habitudes, ses relations avec le roi, le chancelier et les chefs de corps. C'est avant tout un temporisateur et un calculateur. En dehors de quelques inspections autour de Paris, il ne se rend pas sur le terrain, il travaille en cabinet, avec ses officiers, sur plans et sur cartes. Il ne reçoit aucun journaliste, ne fait part d'aucun de ses projets. Pour le « grand taciturne », le silence est un moyen de faire la guerre. Chaque soir, il fait sa partie de whist avec ses familiers et rêve parfois de finir la guerre pour Noël et d'aller tirer quelques lièvres dans sa propriété silésienne de Kreisau.

Non loin de là, Bismarck s'est installé rue de Provence à l'hôtel de Jessé. Pendant plusieurs mois, cette maison est le centre nerveux de la politique allemande et de la diplomatie européenne. Bismarck travaille beaucoup, se couche très tard dans la nuit, a des réveils tardifs et laborieux, quelquefois la goutte le tourmente. Ses lettres à sa femme permettent d'entrer dans son intimité, de juger de ses réactions, de ses craintes et de ses espoirs. Ses relations avec les militaires ne sont pas aisées. Il n'est pas invité au conseil de défense mais pas un ordre n'est donné qu'il ne soit tenu au courant. Plus le siège dure, plus Bismarck s'impatiente et de graves tensions surgissent avec l'état-major.

Autour de Bismarck s'affairent une dizaine de collaborateurs permanents et de nombreux occasionnels. L'un de ses attachés de presse, Maurice Busch, a laissé sous le titre *Bismarck et ses gens* une relation pittoresque où les bons mots, les sarcasmes, la gourmandise du maître de céans sont rapportés avec une indiscrétion calculée. Parmi ses gens, citons son cousin Bismarck-Bohlen, bientôt envoyé à Strasbourg, Abeken, Bucher, Keudell, qui rédigent les dépêches et la correspondance. Holstein, future éminence grise de la Wilhelmstrasse et Hatzfeld, futur ambassadeur à Londres, font leurs débuts. À côté de ces permanents laborieux et dévoués, fidèles au « chef », on voit passer à Versailles, quelques heures, quelques jours, quelques semaines, des diplomates, des ministres, des banquiers, des amis, des intermédiaires. Parmi les ministres, il faut faire une place particulière à Rodolphe Delbrück, ministre délégué à la chancellerie, qui est chargé des négociations interallemandes et fait la navette entre Berlin, Versailles et Munich. Busch a comparé l'hôtel de Bismarck à un « pigeonnier, tant il entrait et sortait de visiteurs ». Les repas, surtout ceux du soir, sont très animés; les visiteurs de passage sont conviés à partager les délicatesses et les vins que Bismarck reçoit d'Allemagne. Devant les diplomates étrangers et les journalistes, il se livre à des confidences calculées. L'homme d'État est bien renseigné sur ce qui se passe à Paris, mieux que le gouvernement français sur ce qui se passe à Versailles et dans le reste du pays.

Le ministre de la Guerre, Roon, est aussi à Versailles. Une sourde rivalité l'oppose à Moltke dont il critique la lenteur et la prudence. Au début d'octobre, il écrit : « Maintenant que Toul a capitulé, j'espère que d'ici 8 à 15 jours nous aurons suffisamment d'artillerie lourde pour donner de la basse dans le concert qui se prépare » (1er octobre). Ce n'est pas sans une secrète satisfaction que cet austère protestant s'installe à Versailles, « faubourg de Sodome », pour mieux préparer la capitulation de Paris, « résidence de Satan ». Mais l'attente est longue, beaucoup plus longue que prévu. C'est la faute aux armées de Tours! Roon ronge son frein quand il apprend qu'en Allemagne on s'impatiente : « Ces Berlinois. [...] Il faudrait un Sedan au café tous les jours. Qu'ils viennent prendre la garde en face du Mont-Valérien! Là, ils pourront s'époumoner à leur aise! »

La présence de l'état-major allemand a attiré de nombreux journalistes, des Allemands, des Anglais, des Belges, des Américains. Ceux-ci ne recueillent des informations qu'auprès des sources allemandes. Ils sont soumis ou se prêtent aux tentatives d'intoxication de Bismarck et de son entourage. Sur ce qui se passe à l'intérieur de Paris, ils sont tributaires des rumeurs, des on-dit, parfois des informations confidentielles obtenues des rares diplomates qui reçoivent la permission de franchir les lignes. Parmi ces reporters se détachent deux Anglais, William Howard Russel du *Times* et Archibald Forbes du *Daily News*. Le premier est attaché au *Times* depuis la guerre de Crimée, il est comblé d'égards par Bismarck. Le second, actif et débrouillard, est toujours présent au bon moment, à Saint-Privat, à Sedan. Ses reportages vivants et drôles sont très appréciés. Parmi les Allemands, citons Ludwig Pietsch, de la *Vossische Zeitung* (Berlin), qui réside au quartier général du Kronprinz, Constantin Rössler, de la *National Zeitung* (Berlin), qui a des entretiens fréquents avec Busch, Gustave Schneider, le correspondant de la *Kölnischer Zeitung*. De Versailles partent donc des informations allemandes ou des informations recueillies auprès des autorités allemandes. Cette source unique explique l'orientation de la presse internationale.

La population de Versailles souffre de cette présence. Beaucoup de maisons particulières ont été réquisitionnées pour loger la garnison nombreuse et exigeante; la police militaire, commandée par Wilhelm Stieber, qui doit assurer la protection du souverain et des officiels, est sur les dents. Versailles devient la capitale de la future Allemagne. Ministres, hauts fonctionnaires, princes allemands vont et viennent. Toute une faune mi-militaire, mi-oisive, s'installe à l'hôtel des Réservoirs et, entre les fêtes, les parades et les négociations interallemandes, se promène à cheval dans le parc du château. Tous ces gens voudraient aller à Paris. Ils disent aux Versaillais : « Paris ne peut résister, nous avons de bons soldats. » Les Versaillais leur répliquent : « Paris sera votre tombeau. » Cette présence ennemie exaspère et réveille le patriotisme. Ils espèrent une sortie heureuse des Parisiens qui enfin les délivrerait. Dans l'après-midi du 21 octobre, lors de l'attaque du parc de la Malmaison, les

Allemands ont eu peur quelques heures. C'est la seule alerte sérieuse. Jusqu'à la fin de la guerre, ils ne seront plus vraiment inquiétés.

Quant aux Français des zones non occupées, ils ont appris par les journaux la présence de l'état-major à Versailles. Les informations que l'on peut y lire sont pour la plupart totalement fantaisistes : bons mots douteux attribués à Bismarck, remarques acerbes sur la barbarie ou la gloutonnerie allemande. On met en doute ce qu'on dit dans la presse anglaise, notamment dans le *Times*, qualifié de journal de Bismarck. Voici, à titre d'échantillon, quelques phrases du *Progrès* (Lyon) : « Le sénile Guillaume sable nos vins et admire les beautés de Versailles. L'armée prussienne, semée à tous les vents, rongée par la faim, se tord dans les convulsions de la dysenterie... » On pourrait multiplier les sottises de ce genre.

Liaisons

L'approvisionnement des troupes stationnées autour de Paris suppose des relations rapides et efficaces avec l'Allemagne. Il faut acheminer de l'artillerie, des munitions, des vivres, des équipements, des soldats. Le rétablissement du trafic ferroviaire sur la ligne Paris-Strasbourg est vital pour les assiégeants. Or les voies sont bloquées par la résistance des places de Toul et de Strasbourg et par l'éboulement de quatre tunnels. On peut à la rigueur suppléer à la fermeture de la ligne d'Alsace par la ligne Frouard-Sarrebruck, à condition de contourner Metz. C'est pourquoi les opérations vigoureuses qui sont montées contre les places de Toul et de Strasbourg sont liées au siège de Paris. Des pièces lourdes sont amenées à pied d'œuvre puis on soumet les deux villes à un bombardement violent et destructeur. Toul capitule le 23 septembre, Strasbourg le 29.

La remise en état de la voie est beaucoup plus longue que prévu. C'est seulement à la fin de novembre que les trains pourront rouler de Strasbourg jusqu'à Lagny sans rupture de charge. L'exploitation du réseau ferré a été confiée à une commission exécutive dirigée par un officier supérieur,

Brandenstein, assisté d'un directeur ministériel, Weishaupt. Un conseiller rapporteur, Kinel, établi à Versailles, fait la liaison entre la commission exécutive et les commissions régionales de Sarrebruck, Wissembourg, Nancy, Épernay. Dans chaque gare-étape – Nancy, Commercy, Bar, Châlons, Épernay – une garnison de « landwehriens » protège les voies.

Dans l'immédiat, on jette des ponts provisoires de bois sur le canal de la Marne à Châlons, puis on trace des déviations pour contourner les tunnels éboulés de Mauvages, Nanteuil-sur-Marne, Rilly-la-Montagne, Vierzy. Parallèlement, plusieurs centaines de soldats, aidés par des mineurs et des techniciens venus d'Allemagne, travaillent d'arrache-pied pour ouvrir les tunnels obstrués. Des travailleurs français sont réquisitionnés pour transporter les déblais. En l'espace de quelques jours, les trains roulent jusqu'à Commercy où le tunnel de Mauvages (Meuse), en partie éboulé, impose une rupture de charge. Le 14 octobre, les premiers convois atteignent Nanteuil, terminal provisoire de la ligne. En octobre, une moyenne quotidienne de 5 trains arrive jusqu'à Épernay, puis 12 à 15 trains circulent entre Wissembourg et Nanteuil. Les accidents et les déraillements sont nombreux. Le service fonctionne uniquement de jour et ses capacités sont très insuffisantes pour acheminer le matériel de siège. À plusieurs reprises, Moltke se fâche et tempête. En vain. Il faut attendre le 22 novembre pour que le tunnel de Vierzy soit enfin déblayé. Quelques jours plus tard, les trains arrivent jusqu'à Lagny, puis les voitures amènent à pied d'œuvre les équipements et le matériel.

À côté de cet axe vital, les techniciens allemands s'affairent pour remettre en état le réseau au nord de Paris, indispensable pour le ravitaillement de l'armée de la Meuse. Dans cette tâche, ils sont aidés par un ancien ingénieur de la Compagnie du Nord, Glaser, expulsé de France le 16 août 1870 en tant que sujet allemand et qui leur a apporté sa connaissance du réseau et ses compétences techniques. C'est Reims, siège d'un gouvernement général et où est installée une forte garnison allemande, qui est la plaque tournante. Beaucoup de ponts ont sauté; il faut les réparer ou jeter des ponts provisoires de bois. La ligne Reims-Soissons est ouverte le 29 octobre, celle de Reims-La Fère est praticable le 25 novembre, celle de Reims-Crépy-en-Valois-Chantilly-Gonesse, qui demande d'énormes réfections, est opérationnelle seulement le 25 décembre!

Au fur et à mesure de l'avance allemande, la longueur du réseau à exploiter s'accroît; il faut assurer les liaisons avec l'armée de Bourgogne, avec l'armée de la Loire. D'après Hermann Bude, un auteur allemand qui a étudié le fonctionnement des chemins de fer français pendant la guerre, le déficit en machines et en wagons a été permanent. Sur les 400 locomotives en service au début de janvier, 280 seraient allemandes, un peu plus de 100 françaises. Dans le personnel d'exploitation, et notamment les conducteurs de locomotives, les Allemands sont majoritaires, mais on a requis de nombreux Français. À la fin de janvier 1871, les employés allemands seraient 3 600, soit environ 40 % du personnel.

La hantise des Allemands a toujours été le sabotage : sabotages individuels (pierres sur la voie, rails ou traverses arrachés), opérations de corps-francs ou de francs-tireurs. Pour cette raison, l'occupation est très dense le long de la voie ferrée Strasbourg-Lagny où tous les ouvrages d'art importants sont surveillés. L'état-major allemand a décidé de rendre les communes responsables des attentats commis sur leur territoire. Amendes, arrestations, prises d'otages, réquisitions brutales, violences de toutes sortes s'abattent sur les habitants au moindre acte de malveillance. On fait aussi monter des notables en otages sur les locomotives. Nos contemporains, auxquels le cinéma a donné en modèle la bataille du rail, ont du mal à comprendre l'impuissance ou plutôt l'inaction des Français de 1870. Certes, on connaît des ébauches et même des projets précis. Celui qui a été le plus proche de parvenir à ses fins a été le capitaine Varaigne, qui avait projeté de faire sauter fin septembre-début octobre le tunnel de Lutzelbourg entre Saverne et Sarrebourg.

La remise en route du réseau ferré a été relativement lente. Le service du télégraphe et le service des postes ont été opérationnels dans un délai plus rapide et ont pu être efficaces beaucoup plus tôt.

La stratégie de la guerre d'usure découle moins d'une conception *a priori* que de nécessités pratiques. Les Alle-

mands n'ont pas les moyens d'attaquer Paris. C'est seulement à la fin de novembre que l'acheminement de l'artillerie lourde peut commencer. C'est pourquoi Moltke doit
attendre. Il compte sur le temps, l'émeute et la faim. Il doit
« laisser Paris cuire dans son jus ».

Paris au quotidien

Revenons dans Paris où la guerre est à la fois présente,
immédiatement sensible et lointaine. Partout, on voit des
militaires, des hommes armés. Aux Tuileries livrées à l'artillerie, on construit des baraques. Les Vendéens campent boulevard Rochechouart, les Bourguignons boulevard de Cli-
chy. À l'entrée des Champs-Élysées, le spectacle est insolite :
« chevaux tristes, dragons couchés, casques perdus, selles
empilées... »
Edmond de Goncourt parcourt les rues par une belle journée de septembre et ne se lasse pas d'observer ce spectacle
inédit : « Les deux rives de la Seine pleines de chevaux de
cavalerie et des jambes nues des mobiles se lavant dans les
remous faits par le sillonnement incessant des mouches.
Toujours de placides pêcheurs à la ligne, mais aujourd'hui
tous coiffés d'un képi de garde national. Les fenêtres des
galeries du Louvre sont blindées avec des sacs de sable. [...]
Au Luxembourg, des milliers de moutons serrés et remuants
[...] dans la cour de la Bibliothèque Sainte-Geneviève, une
montagne de sable. »
Le Bois, orgueil des Parisiens, est méconnaissable ; les
beaux arbres ont été abattus, des unités campent un peu partout. « Le Bois est émaillé de chemises blanches et de pantalons rouges. La lumière ruisselle sur des baïonnettes et des
tubes de chassepots en faisceau... » Ceux qui continuent à
travailler emportent leur arme au bureau, à la boutique ou à
l'atelier. Sur les boulevards, sur les places, on croise des
groupes de citoyens armés qui font l'exercice. Pour les officiers, ce carnaval militaire est totalement inutile mais les
Parisiens s'attendent d'un jour à l'autre à combattre les Prussiens derrière les barricades. Sur les boulevards, la fièvre
martiale est surtout verbale et vestimentaire. Francisque

Sarcey est séduit par « un carnaval de costumes les plus fantaisistes [...] quelques-uns de ces corps avaient adopté un
habillement sévère mais d'autres s'étaient déguisés en brigades d'opéras-comiques : la plume au chapeau, les ceintures multicolores, les bottes à revers, les galons les plus
extravagants. » Même le pacifique Edmond de Goncourt
rêve d'être « chef de partisans, surprenant des convois, déci-
mant les Prussiens, débloquant Paris... ». Revenu sur terre, il
reconnaît avoir été victime « d'une patriotique hallucination
du cerveau » (12 octobre 1870). Souvent les Parisiens vont
aux remparts, en famille, regarder les bivouacs et les préparatifs guerriers.

Dans la journée, on pourrait croire que rien n'est changé :
les voitures, les omnibus, les piétons circulent comme à
l'accoutumée, les boutiques sont ouvertes, les Halles
débordent de denrées. Autour du Pont-Neuf, les camelots
vantent leurs marchandises. Au jardin du Luxembourg, « les
jardiniers ont repris leur tâche, les allées sont arrosées, les
plantes rares et délicates reçoivent des soins ». Dans les
commerces, les administrations, l'activité continue. La
Bourse reste ouverte et la rente est cotée bien qu'une partie
des agents de change et de leurs commis soient aux remparts. Les ateliers des chemins de fer et les gares ont été
reconvertis : on usine des affûts de canons à la gare de Lyon,
on monte des ballons-postes à la gare d'Orléans, on a transformé le hall de la gare du Nord en moulin. Les usines Cail
fabriquent des « canons se chargeant par la culasse » ; Géve-
lot sort des fusils et des cartouches. L'artisanat d'art, l'article
de Paris, le textile et l'habillement, le bâtiment sont arrêtés.
Les ouvriers en chômage sont gardes nationaux. Quand ils
ne sont pas de service, ils flânent et fréquentent volontiers
les clubs. Dès que la nuit tombe, l'animation disparaît. Les
théâtres, les lieux de plaisir sont fermés ; toute la vie de
société est paralysée ; le couvre-feu est imposé à 22 heures.
La ville-lumière est devenue une ville de couche-tôt.

Coupés du monde extérieur, les Parisiens ont à leur disposition une presse variée et militante (50 quotidiens auraient
paru !). Ils sont sollicités par les multiples rumeurs qui se
colportent de bouche à oreille. Les journaux publient les
rapports militaires quotidiens, les dépêches officielles. Par

exemple, le rapport de Jules Favre relatant ses entretiens avec Bismarck paraît *in extenso* le 22 septembre. La liberté d'expression est totale et le maire, le gouvernement, les généraux ne sont pas ménagés. Durant les heures de garde et de faction, les Parisiens dévorent la presse et la commentent. Vers 17 heures, des vendeurs viennent apporter aux remparts les journaux du soir. Si l'on parcourt ces journaux, on s'aperçoit qu'ils colportent des rumeurs, de fausses nouvelles et aussi des espoirs insensés. Entre ce qu'ils écrivent et la réalité, le décalage est considérable. L'opinion publique, mobile, anxieuse, influençable, dépend beaucoup des journaux. Les journaux impérialistes ont disparu. *Les Débats, Le Temps, Le Siècle* (qui soutient Jules Favre), *Le Gaulois* sont favorables au gouvernement de la Défense nationale, *Le Rappel*, que dirigent les fils Hugo, est plus critique. Enfin, les derniers nés sont les « journaux rouges » qui ont de l'audience dans les milieux populaires. Il faut citer *La Patrie en danger* de Blanqui, *Le Réveil* de Delescluze, *Le Combat* de Félix Pyat rentré d'exil de Londres. La plupart de ces journaux publient en feuilleton des documents et des lettres saisis aux Tuileries et tournent en dérision Badinguet, sa famille et ses partisans. L'empire n'est plus qu'une parenthèse oppressive et funeste. Sedan a clos un des épisodes les plus noirs de l'histoire de France.

Au début du siège, les Parisiens mangent à leur faim, les boulangeries sont régulièrement approvisionnées. On craint davantage les espions que la famine. Ces derniers pourraient livrer Paris! Certains voient des signaux lumineux émis à l'intention de l'ennemi; d'autres dénoncent des individus qui auraient jeté dans la Seine des informations aux Prussiens. Chaque nuit, des espionnes franchiraient les lignes françaises pour porter des journaux et raconter ce qui se passe aux officiers prussiens. Ce péril largement imaginaire est pris au sérieux et la chasse aux espions fait rage. Des invididus suspects sont arrêtés et fusillés sans preuves. Un lieutenant de la garde nationale aurait même arrêté trois officiers supérieurs prussiens dînant dans un restaurant du boulevard Saint-Michel! Paris fourmille de rumeurs, de ondit. Cette donnée est fondamentale pour comprendre la psychologie d'une population assiégée.

Dans les premières semaines du siège, le ravitaillement demeure aisé ; les halles, les boutiques sont bien approvisionnées et les prix restent raisonnables. Fin septembre, les questions de nourriture deviennent un sujet de préoccupation et de conversation. Les magasins sont assiégés et chacun fait des réserves dans l'attente des jours de privation et de disette. Francisque Sarcey, observant son entourage, fait cette réflexion : « Chacun s'appliquait à manger plus et mieux. La chère était plus abondante et plus délicate. Il semblait qu'on se dît à part soi : Autant de pris sur l'ennemi ; encore un que les Prussiens n'auront pas ! Jamais dans la classe bourgeoise les invitations ne furent plus nombreuses qu'en cette première phase du blocus. " Un dîner de siège ! ", c'était l'expression consacrée. Et l'on prenait je ne sais quel plaisir à narguer les Prussiens en servant à ses convives de bons morceaux, qu'ils engloutissaient en se plaignant des horreurs de la famine. »

Les classes populaires ont des soucis plus immédiats. Elles n'ont guère d'économie et de réserves. La solde de garde national est souvent l'unique ressource d'une famille. Elle est insuffisante pour joindre les deux bouts. Le gouvernement prend diverses mesures : moratoire des loyers (trois mois), taxation du prix du pain (20 septembre), taxation de la viande de bœuf puis de cheval (fin octobre). Les prix du lapin, du poulet, du veau s'envolent. Ceux des conserves, des denrées d'épicerie subissent des hausses sensibles. La viande de cheval, abordable, est peu appréciée. Les premières queues devant les boucheries apparaissent. Les mairies d'arrondissements ouvrent des boucheries qui vendent à prix réduit 100 g de viande par personne contre présentation d'une carte. Les légumes restent abondants car les jardiniers de la proche banlieue comme ceux de Grenelle et de Vaugirard peuvent approvisionner les commerces et les particuliers. Des groupes de Parisiens s'avancent même au-delà des lignes pour arracher des pommes de terre et les légumes laissés sur pied. Les Prussiens laissent faire, mais parfois les maraudeurs sont sévèrement rappelés à l'ordre. Les habitants des villages de banlieue évacués sont dans une situation bien plus précaire que les Parisiens. Ils ont été relogés dans les appartements vides. Certains sont venus avec leurs animaux et sont jugés comme des rustres mal dégrossis par les citadins.

La banlieue est séparée de la capitale par la muraille des remparts. Chaque soir, les portes sont fermées à 5 heures et les relations interrompues. Les villages les plus proches des lignes prussiennes ont été abandonnés par leurs habitants. Dans les maisons vides se sont installés des gardes mobiles qui « sèment le désordre et donnent l'exemple du pillage ». Les maires d'Aubervilliers, d'Arcueil, de Montrouge, de Courbevoie, de Boulogne se plaignent de leur indiscipline et ils recueillent les doléances des maraîchers dont les champs et les jardins sont pillés par des maraudeurs civils et militaires.

Jusqu'en octobre, les dégâts sont limités car l'artillerie ennemie est encore peu active. Quelques obus sont tombés sur Saint-Cloud et le château a été incendié.

La garde nationale reste l'arme au pied, les familles parisiennes ne sont pas frappées par les deuils. Le son assourdi des canons des forts rappelle qu'en banlieue on se bat peut-être. L'atmosphère guerrière découle de la garde quotidienne aux remparts, du rythme militaire auquel la plupart des hommes sont astreints, du ton des proclamations officielles et des journaux. Jusqu'à son départ, Gambetta multiplie les déclarations : « Citoyens, le canon tonne, le moment suprême est arrivé. Paris est debout et en haleine » (19 septembre). À l'occasion de l'anniversaire de la proclamation de la République, il lance : « Ils ont tenu leur serment; ils ont vaincu et la République de 1792 est restée dans la mémoire des hommes comme le symbole de l'héroïsme et de la grandeur nationale » (21 septembre). On joue et chante *La Marseillaise*. Devant la statue de Strasbourg, la « ville héroïque », défilent des groupes qui déposent des couronnes et des drapeaux et font le serment de mourir pour la patrie. Les prisons se sont ouvertes, les exilés sont revenus, et parmi eux Victor Hugo qui met sa plume et sa notoriété au service de la République. Tous les journaux publient ses adresses aux Français, aux Allemands, aux Anglais : « Que toutes les communes se lèvent! Que toutes les campagnes prennent feu! Tocsin! Tocsin! Que de chaque maison il sorte un soldat, que le faubourg devienne un régiment, que la nation se fasse armée. Les Prussiens sont huit cent mille, vous êtes quarante millions d'hommes! » Les Parisiens sont grisés par cette prose enflammée. Alors que personne n'a encore combattu, Paris est déjà « la ville héroïque ».

Tensions politiques

Les républicains bourgeois qui se sont saisis du pouvoir le soir du 4 septembre ont ravi la victoire à l'extrême gauche. Rochefort, d'ailleurs peu représentatif, a obtenu un strapontin au gouvernement et la présidence d'une Commission des barricades. L'autorité du gouvernement sur la population est mal assurée et l'armistice, passé tacitement avec l'extrême gauche, précaire. Le nouveau pouvoir a perdu les moyens classiques grâce auxquels son prédécesseur contrôlait Paris. La préfecture de police a été démantelée. Le nouveau préfet, Kératry, assisté du jeune Antonin Dubost, est sans autorité. Raoul Rigault, qui est entré dans la place, communique des renseignements à ses amis. Le personnel d'exécution est démoralisé. À la tête de la mairie de Paris, rétablie, a été placé Étienne Arago, membre du gouvernement. Ancien de 1848, Arago est un homme éloquent et généreux; il est vite débordé et se repose sur ses adjoints Floquet et Tirard qui se feront plus tard une place dans le personnel républicain. Dans chacune des vingt mairies d'arrondissement ont été nommés des maires provisoires (7 septembre). Pour celle de Montmartre, Arago choisit un jeune médecin républicain, Georges Clemenceau, qui a de bonnes relations avec les chefs d'extrême gauche Blanqui et Delescluze; il espère qu'il contiendra leur hostilité. Les maires ont des tâches administratives et aussi une fonction politique. Ils prennent très à cœur leur rôle, ils inspectent, contrôlent, stimulent. Corbon, maire provisoire du XV*, adresse à Étienne Arago un texte d'une rude franchise : « Citoyen-maire, le siège de Paris se fait comme la bataille de Sedan. Des fuyards nous arrivent par bandes, répandent des bruits les plus fâcheux et les plus mensongers. Les zouaves dépassent tout en fait de lâcheté et de mensonge » (19 septembre). À Trochu, il se plaint de la « manière dont s'exécutent sur les remparts les travaux de terrassement et de gabionnage »; la « mollesse est scandaleuse ». Dans la garde nationale, le laisser-aller est inquiétant. Dans son secteur, Corbon constate : « Les bataillons de mobiles et de sédentaires ne sont astreints à aucun exercice sous les remparts; ils flânent, ils jouent, ils chantent, ils boivent surtout. [...] Si l'état des choses n'a pas changé, je croirai que la fatalité nous poursuit jusqu'au bout. » Il ne faudrait sans doute pas généraliser. Le jeune Henri Bauer, qui s'est engagé dans l'artillerie de la garde nationale, raconte son entraînement : « Chaque matin, je fais l'exercice à notre parc derrière Notre-Dame et, au bout de trois semaines, je sais à peu près écouvillonner, servir une pièce, la démonter et la mettre en batterie. » Malgré ces méritoires efforts, qui ne trouveront d'ailleurs pas à s'employer, la valeur militaire de la garde sédentaire est nulle. Depuis qu'elle a été autorisée à élire ses officiers, cette garde se politise. Dans les quartiers bourgeois, ceux-ci sont favorables au gouvernement; dans les quartiers populaires, les chefs de l'extrême gauche, Pyat, Flourens, Delescluze etc., dirigent les exercices, réclament des armes et portent auprès des autorités les revendications de leurs mandants. Au début, tout se passe dans le calme. Flourens interpelle le ministre en ces termes : « Citoyen, nous venons auprès de vous réclamer des chassepots pour les dix mille hommes qui nous accompagnent et dont l'attitude virile et digne vous garantit de leur patriotisme. » Le ministre ne peut leur donner satisfaction. Les gardes nationaux se retirent dignement, leur musique joue *La Marseillaise*. On en retire une impression de malaise, une impression que le gouvernement ne contrôle pas la garde nationale.

En dépit de cette situation qui n'échappe pas aux esprits avertis, les deux premières semaines ont été plutôt bien vécues par la population. L'automne est beau et ensoleillé. Les Prussiens sont loin. On présente l'armée assiégeante comme « démoralisée, affaiblie et affamée ». On écrit que les départements se lèvent en masse, « pleins d'enthousiasme, que l'armée d'Orléans serait déjà en marche non loin d'Étampes ». Le 24 septembre, un journaliste interroge Nadar qui s'affaire place Saint-Pierre sur la colline de Montmartre, près de ses fameux ballons : « Là-haut, nous répond Nadar, on juge bien mieux que sur terre sans s'illusionner quoiqu'on soit dans les nuages. Mes dernières observations m'ont conduit à cette conclusion : l'armée prussienne est à moitié démoralisée; elle laissera 300 000 hommes sous les murs de Paris et nous irons traiter la paix à Berlin! » Et le journaliste, très satisfait, ajoute ce commentaire : « À la bonne heure! C'est avec la foi qu'on soulève les montagnes et c'est avec la foi que nous anéantirons l'armée prussienne. » Quelques jours plus tard, des nouvelles inquiétantes viennent assombrir ces perspectives. Toul et surtout Strasbourg, « la ville héroïque », ont capitulé. Faut-il annoncer ou cacher les mauvaises nouvelles? Gambetta tranche le débat : « Le gouvernement doit la vérité sans détour. » D'autres ministres pensent autrement et, à tort ou à raison, la population a l'impression que le gouvernement lui cache quelque chose. L'armée de secours tarde à venir; on se demande ce que fait la délégation de Tours.

Dans les bataillons populaires de la garde nationale, on doute de la détermination du gouvernement. Sur la place de l'Hôtel-de-Ville, haut lieu par excellence, députations, rassemblements, manifestations se succèdent dans une atmosphère bon enfant; les groupes sont pacifiques, les ministres acceptent de les recevoir et de s'expliquer. La principale crainte est que les négociations avec les Prussiens aboutissent. On sait que Jules Favre, ministre des Affaires étrangères, s'est rendu auprès de Bismarck et on pressent une capitulation. Le 19 septembre, les gardes nationaux de Montrouge, Belleville, Ménilmontant, la Villette, des faubourgs Saint-Antoine et du Temple manifestent aux cris de « Vive la République! À bas la Prusse! À bas Bismarck! [...] Nous ne voulons pas de paix honteuse ni pour le pays ni pour nos concitoyens, plutôt mourir jusqu'au dernier. » On lance des proclamations martiales : « Paris est résolu à s'ensevelir sous ses ruines plutôt que de se rendre. » La rupture des pourparlers, annoncée par un communiqué retentissant, ne calme guère les appréhensions. Dans *La Patrie en danger*, Blanqui écrit le 22 septembre : « Depuis le 4 septembre, le gouvernement prétendument de Défense nationale n'a qu'une pensée à l'esprit : la paix. Non pas une paix victorieuse, non pas une paix honorable, mais la paix à tout prix. » Cette accusation est claire et a des résonances. Non seulement le gouvernement ne combat pas comme il le faudrait, mais il ne respecte pas la démocratie. Il avait laissé entendre que la municipalité de Paris et les municipalités d'arrondissement seraient élues au suffrage universel. On se réunit aux cris de « Vive la Commune ». Cette Commune, rêvée, attendue, dont on attend la solution des difficultés présentes, le gouvernement l'écarte.

L'ajournement des élections jusqu'à la levée du siège, car « des élections faites sous le canon seraient un danger pour la République » (décret du 7 octobre), est perçu comme une volonté de rupture. L'agitation s'amplifie, les manifestations devenues quotidiennes sont menaçantes et, pour se protéger, le gouvernement doit faire appel à des bataillons venus des quartiers bourgeois. *Le Gaulois* minimise d'ailleurs la manifestation du 9 octobre :

> On aurait pu croire pourtant qu'après la journée de samedi, après les articles conciliants de quelques journaux avancés, après la lettre de Rochefort au citoyen Flourens, les partisans de la Commune renonceraient momentanément à leurs revendications tumultueuses et comprendraient enfin qu'à cette heure, il n'y a plus qu'un ennemi : le Prussien. Mais non, trois ou quatre cents acharnés ont essayé – une dernière fois, espérons-le – d'ameuter la population de Paris contre le gouvernement de Défense nationale. Hâtons-nous de dire que leurs cris de " Vive la Commune ! " sont restés sans écho et que leurs excitations n'ont qu'un seul résultat, résultat excellent, celui de prouver que l'immense majorité de Paris ne veut pas du désordre, et est bien décidée à protéger les membres du gouvernement contre toute tentative d'émeute.
>
> La manifestation de la place de l'Hôtel-de-Ville a été bien vite dispersée par la garde nationale, qui manœuvre d'ailleurs avec une précision et un ordre tout à fait remarquables.

Avant d'être un moyen militaire, la garde nationale est un enjeu politique. Moins d'un mois après le début du siège, la situation intérieure est très dégradée et le gouvernement est à la merci d'un coup de force.

CHAPITRE VI

La guerre en province

Jusqu'ici, les événements survenus à Paris ont retenu l'attention. Tournons maintenant nos regards sur ce qui se passe en province. Les situations sont confuses et variées. La France du Nord, de l'Est et bientôt celle du Centre sont confrontées aux réalités de la guerre et de l'invasion. Dans le reste du pays, les débats politiques se mêlent étroitement à l'effort de guerre que la plupart des Français acceptent sans murmurer.

La province se rallie

La nouvelle de Sedan et de la captivité de l'empereur sont connues des Français les 3 et 4 septembre. Dans les Ardennes, l'Aisne, la Somme, la Marne, le Nord, le reflux des blessés, le passage des fuyards avaient laissé pressentir la défaite de l'armée française. Certains préfets bonapartistes, comme celui du Nord, retardent la publication des télégrammes officiels, prenant le risque de laisser les fausses nouvelles amplifier le désarroi. Le 4 septembre dans la soirée, ou le 5, au plus tard le 6, toute la France apprend par le télégraphe la proclamation de la République et la mise en place du gouvernement de Défense nationale. En quelques jours, Gambetta, ministre de l'Intérieur, nomme des préfets et des sous-préfets républicains. Souvent il choisit des militants locaux pour faciliter leur installation et leur acceptation par la population. Dans l'ensemble, les autorités bonapartistes s'effacent sans résistance : la dynastie est tellement accablée par le désastre de Sedan que ses partisans sont sans réaction devant le déferlement des réquisitoires contre le pouvoir personnel et ses méfaits. Dans le Sud-Ouest et le Midi, les républicains locaux ont devancé les circulaires et les hommes de Gambetta. À Toulouse, les élus républicains proclament la république au Capitole et installent une commission municipale. Gambetta nomme comme préfet de Haute-Garonne Armand Duportal, qui quitte la prison de Sainte-Pélagie pour revêtir l'uniforme de préfet. Il arrive à Toulouse le 9 septembre où il trouve une situation tendue. C'est le cas dans beaucoup de villes du Midi où les troubles, qui avaient commencé à la fin du mois d'août, s'amplifient et se compliquent de rivalités entre républicains modérés et républicains avancés.

À Lyon, le préfet envoyé par Gambetta, Challemel-Lacour, est appelé « délégué de Paris, citoyen préfet » ; c'est un signe de défiance à l'égard du pouvoir central même devenu républicain. Pourtant, les républicains de province sont ralliés à la Défense nationale et unanimes pour poursuivre les combats. La plupart d'entre eux pourraient se réclamer de la formule que Raymond Huard a appliquée à ceux du Gard : « Il faut gagner la guerre pour sauver la République. » Cette liaison qui renvoie à la Révolution française est essentielle. Les plus avancés trouvent l'organisation de la Défense trop molle, entravée par des généraux bonapartistes ou royalistes accusés de complicité avec le régime déchu. Ils en réclament la destitution et l'obtiennent parfois. Le gouvernement provisoire est très embarrassé ; il ne peut se décharger de l'effort de défense et de recrutement sur des comités locaux, si républicains et si ardents soient-ils. C'est aux autorités militaires appuyées par les préfets que cette tâche incombe, aux militants républicains de les aider et non de les entraver. C'est dans ce contexte qu'un certain nombre de comités républicains se fédèrent et se réunissent sous le nom de Ligue du Midi (18 septembre). Ils s'attribuent des pouvoirs en matière de recrutement, d'armement, d'équipement. La situation est particulièrement grave à Marseille et à Perpignan. La Ligue du Midi publie un manifeste le 26 septembre et envoie des délégués à Tours, qui sont assez mal reçus.

Dans la plupart des régions de France, la République est acceptée sans difficulté, voire avec enthousiasme. Le nouveau préfet des Vosges, l'avocat Émile Georges, télégraphie d'Épinal : « Je suis malade, ne pouvant sortir de mon lit avant plusieurs jours. Ce qui me reste de forces est au service de la patrie. [...] Ici, la République a été admirablement accueillie par le peuple, elle a soulevé des courages. » Le nouveau préfet de l'Yonne, l'avocat républicain Hippolyte Ribière, prend comme chef de cabinet le professeur de physiologie Paul Bert, un enfant du pays. Il lance une ardente proclamation : « Levons-nous de toutes parts et préparons-nous à la résistance. » Les rapports des nouveaux préfets sont plutôt optimistes : « État politique excellent » (Drôme), « État satisfaisant » (Cher), « Aucun trouble » (Côte-d'Or), « Pays calme » (Aube), « République partout acceptée sans réticence, en beaucoup de points avec enthousiasme » (Nord).

Cette dernière affirmation mérite d'être nuancée. Si les conservateurs catholiques et les monarchistes appellent à l'union nationale pour ne pas être accusés plus tard d'avoir fait obstacle au salut du pays, on remarque des oppositions plus ou moins passives à la fois chez les notables restés attachés au régime déchu et des mouvements d'hostilité parmi les ouvriers de Roubaix, du Cambrésis et du Valenciennois où les bonapartistes avaient des racines populaires. Ces réticences et ces troubles limités expliquent la prudence des nouvelles autorités et leurs déclarations apaisantes. *Le Progrès du Nord*, qui les soutient de son mieux, écrit : « La République ne menace personne, au contraire, elle est l'ordre, la sécurité, le respect de la propriété, la protection de la famille » (9 septembre). Dans les départements catholiques de l'Ouest où l'on pouvait craindre des réactions hostiles des légitimistes et des catholiques à la suite de la prise de Rome par les Italiens, le calme est total. La présence à la tête du gouvernement du général Trochu, « l'ardent Breton que tout Paris acclame », semble rassurer. Dans les villes – Rennes, Nantes, Brest – où existent des noyaux républicains actifs, on retire les portraits de l'empereur et de l'impératrice ; les républicains s'installent dans les mairies. À Nantes, le docteur Guépin devient préfet et René Waldeck-Rousseau (le père du futur président du Conseil) maire. Ils approuvent la détermination de Gambetta; la population de la ville est assez passive; les défections dans la garde nationale sont nombreuses alors que les paysans s'engagent volontiers. Waldeck-Rousseau fils, jeune avocat de vingt-quatre ans, exempté de service, est satisfait de ne pas être mobilisé.

Les royalistes et les catholiques apportent leur concours et le gouvernement cherche et trouve sans difficulté l'appui des évêques et des prêtres. Les volontaires pontificaux qui avaient défendu l'État pontifical contre les garibaldiens et les Piémontais sont de retour en France et, sous la conduite de leurs chefs Charrette et Cathelineau, intégrés dans l'armée de la Loire. En revanche, à l'égard des prétendants royalistes, les Bourbons et les Orléans, aucune concession n'est envisagée. Au lendemain du 4 septembre, les princes d'Orléans demandent à réintégrer l'armée et la marine et accourent secrètement à Paris. Thiers, qui trouve leur présence dangereuse, conseille à Jules Favre de les renvoyer en Belgique. Les princes sont très mécontents. Quant au comte de Chambord qui vivait en exil en Autriche, il avait gagné la ville suisse d'Yverdon le 18 août 1870. Il avait, semble-t-il, envisagé de prendre la tête de volontaires sous l'égide du drapeau blanc. Bedonnant et boiteux, Chambord n'avait rien d'un chef de guerre et ses fidèles étant incapables de constituer cette troupe, il renonça à son projet et rentra en Autriche. Il revint à Yverdon au début d'octobre 1870, prit, semble-t-il, des contacts et lança un manifeste que reproduisirent les journaux légitimistes. Il annonçait, évoquant la France, qu'il était disponible : « Je suis prêt à me dévouer à son bonheur. » La restauration serait le seul moyen de réparer le désastre, d'assurer l'intégrité du territoire. Il écrit dans ce sens une lettre au roi de Prusse dont il ne reçut qu'une réponse évasive. À ce moment, Chambord n'est pas un interlocuteur valable. Au niveau intérieur, il semble que Chambord pense aux futures élections. Royalistes et catholiques se résignent au provisoire (tous soulignent le caractère provisoire de la République) et font sans aucune réserve leur devoir de Français.

L'intérêt national doit passer au-dessus de toute autre

considération. « La France avant tout », c'est une nécessité absolue. « La France peut être sauvée et Paris doit sauver la France », écrit le légitimiste breton Arsène de Kérangal qui fait un éloge dithyrambique de Trochu : « Trochu est de la race de Duguesclin. Il saura tenir d'une main ferme l'épée du connétable. Il en a la valeur et la foi. Ses compatriotes vaincront ou périront avec lui. Dieu et Notre-Dame les aident ! » Les mêmes illusions qui avaient accompagné la nomination de Bazaine se renouvellent une fois de plus ! Les préfets et sous-préfets sont conscients des arrière-pensées et des ambiguïtés de ce soutien : « Malgré l'idée patriotique développée », celui de Vendée sent « un fond d'hostilité », celui du Finistère prévoit « des complications probables après la paix ».

Autant pour des raisons de politique extérieure que de politique intérieure, le gouvernement provisoire avait décidé l'élection d'une Assemblée nationale constituante (décret du 8 septembre 1870). La date du scrutin avait été fixée au 28 septembre puis reportée au 16 octobre. Tous les partis approuvaient cette décision. Autour des journaux catholiques et républicains s'organisèrent des comités qui préparèrent des listes de candidats. Cette activité préélectorale occupe dans leurs colonnes presque autant de place que les nouvelles de la guerre. Si les modalités électorales sont reprises de celles de 1849 (retour au scrutin de liste départemental), on voit mal comment le scrutin pourrait se tenir dans les territoires occupés sans un accord préalable avec les Prussiens et la signature d'un armistice. Bismarck est favorable à ces élections car il souhaite avoir en face de lui des interlocuteurs reconnus par le suffrage universel, mais il ne peut les accepter sans sérieuse contrepartie. Après l'échec des entretiens de Ferrières, il est clair que les élections seront ajournées mais aucune décision n'est prise. En revanche, le gouvernement décide la dissolution de tous les conseils municipaux (ils venaient d'être élus au début d'août 1870) et leur remplacement par des commissions nommées. Cette décision, qui apparaît aux catholiques et aux comités royalistes comme un coup de force républicain pour contrôler les collectivités locales, a été appliquée selon les départements avec plus ou moins de doigté ; elle a permis l'élimination, dans les villes, des maires bonapartistes qui s'étaient maintenus et leur remplacement par des républicains. Le député républicain Hénon devient maire de Lyon, le jeune Émile Loubet, le futur président de la République, devient maire de Montélimar. Dans les campagnes, la plupart des maires ont été maintenus et les conservateurs ménagés (dans le Nord et le Pas-de-Calais par exemple). Dans le Finistère et les Côtes-du-Nord, certaines révocations causent beaucoup de mécontentement.

La Défense nationale est la priorité des priorités. Après Sedan, après l'échec des négociations de Ferrières, il faut continuer la lutte, la France ne cédera pas. Les réticences, quand il y en a, sont individuelles. Aucun groupe, aucune tendance ne se prononcent en faveur d'une paix immédiate ou de négociations sans condition. Un employé de la gare de Rennes crie à l'adresse des mobiles montant dans le train de Paris : « Les voyageurs pour Berlin, en voiture ! » (7 septembre 1870). Gustave Flaubert, pourtant de tempérament paisible et assez désabusé vis-à-vis de ses concitoyens comme de la République, écrit à George Sand : « Nous sommes décidés ici à marcher sur Paris si les compatriotes d'Hegel en font le siège. Tâchez de monter le bourrichon à vos Berrichons » ; à Edmond de Goncourt, il annonce : « Je me suis engagé comme infirmier à l'hôtel-Dieu de Rouen, en attendant que j'aille défendre Lutèce, si on en fait le siège (ce que je ne crois pas). J'ai une envie, un prurit de me battre. »

Dans une atmosphère désordonnée et fiévreuse se poursuivent les opérations de révision pour la classe 1870 et la formation de la garde nationale mobile. Les préfets qui sont chargés de rassembler et d'équiper les compagnies de gardes nationales mobilisées indiquent que « beaucoup de jeunes gens devancent l'appel » et que les mobiles sont pleins d'enthousiasme. Partout, ils déplorent le manque de vêtements, de souliers et de fusils. À Nantes, beaucoup d'hommes ont des pantalons en lambeaux et on attend toujours les fourreaux de baïonnettes. Dans le Gers, « 3 000 mobiles rassemblés sont armés avec des fusils à percussion modèle 1822 tranformé bis ». Tout le monde réclame des chassepots, or il n'y a plus de chassepots à distribuer.

Les préfets des départements envahis sont les plus zélés.

Celui des Vosges déploie une activité fébrile : poursuite des opérations de révision, rassemblement de gardes mobiles que l'on encadre avec quelques officiers venus de Paris ou de Besançon. Il attire à Épinal des corps-francs parmi lesquels les francs-tireurs de Mirecourt (170 hommes) et les francs-tireurs des Vosges recrutés à Paris (25 hommes). Ces derniers arrivent de Langres couverts de gloire avec des prisonniers prussiens capturés à Gondrecourt.

Le maire d'Épinal Christian Kiener observe avec un mélange d'inquiétude et de fatalité l'arrivée de ces unités dans sa bonne ville. Il écrit à son frère le 25 septembre 1870 : « Quoique nous n'ayons pas les Prussiens, nous sommes aussi écrasés de logements et de charges. Les francs-tireurs, corps-francs et mobiles sont presque constamment ici en attendant qu'on les enrégimente. [...] Le Midi paraît indifférent à nos souffrances... » La valeur militaire de ces soldats improvisés lui paraît douteuse : « Je n'ai pas confiance dans les mobiles qui ne connaissent rien au tir et sont craintifs » (7 octobre). Les premières rencontres avec les troupes allemandes se chargent de confirmer, et bien au-delà, ces intuitions.

À quelques kilomètres du territoire sillonné par les troupes badoises et prussiennes, l'industriel Jules Grosjean s'installe à Colmar, préfecture du Haut-Rhin, où il organise la résistance.

Le préfet de l'Yonne, proche des départements envahis de la Seine-et-Marne et de la Seine-et-Oise, forme un Comité départemental de défense dont Paul Bert est l'âme. Il se heurte au général de Kersalaun, commandant la subdivision, dont il finit par obtenir la mutation à Évreux. En l'espace de deux mois, le département livre 56 bataillons de gardes sédentaires et parmi ces hommes forme cinq compagnies dites de marche destinées à opérer dans les limites du département. Les compagnies sont organisées, équipées, habillées par le département. Elles subissent le baptême du feu à la fin de septembre. Dans l'attente de l'ennemi, le préfet fait creuser des tranchées sur les routes.

L'armement, l'habillement, l'équipement des gardes nationaux sont à la charge des communes et des départements. Les collectivités locales doivent voter les crédits ou contracter des emprunts. Dans le Nord, certaines d'entre elles, qui comptaient sur les pouvoirs publics, sont réticentes. Valenciennes, Douai et Dunkerque votent un petit crédit pour les chassepots. Lille, plus généreuse, vote 150 000 francs. Les conseils généraux se sont montrés beaucoup plus coopératifs. Sur leur propre initiative ou sur proposition des préfets, ils ont dégagé d'importantes sommes, le plus souvent en faisant appel à l'emprunt. À titre d'exemples, l'Yonne vote 1 360 000 francs, le Finistère 600 000 francs, le Loiret 1 500 000, la Sarthe 250 000, le Nord 15 000 000.

Le rassemblement des gardes mobiles s'effectue dans une pagaille indescriptible. Dans l'Ouest, le Centre, le moral est bon, la discipline correcte, les hommes sont décidés à marcher. On signale des désordres à Toulon, Marseille, Perpignan, Digne, Bayonne. Dans la région parisienne, le centre-est, on remarque des réticences. Dans l'Aube, une commune a renvoyé les cartouches en raison de la proximité de l'ennemi. En Côte-d'Or, les campagnes sont tièdes et aspirent à la paix. Dans le Gers, la population est « apathique ». Dans le Nord, Bernard Ménager décèle « une répugnance à s'engager dans la guerre à outrance ». Beaucoup de conscrits cherchent à échapper à l'enrôlement, obtiennent des dispenses scandaleuses. Le recensement de la garde nationale mobilisée entraîne « un déluge de réclamations ». Testelin, nommé le 25 septembre commissaire de la République pour les quatre départements du Nord, écrit dans un moment de découragement : « Si chacun mettait à me seconder la dixième partie de l'ardeur que l'on déploie généralement pour échapper à la garde nationale mobilisée, les choses iraient vraiment mieux » (18 octobre). Pour des raisons diverses et sûrement non politiques, l'élan patriotique est loin d'avoir eu l'intensité qu'on lui a prêtée.

L'Algérie est aussi directement sollicitée. Certains généraux se font tirer l'oreille. Le ministre Le Flô télégraphie au général Esterhazy (Oran) : « Les intérêts de la France nous obligent avant ceux de l'Algérie. Veuillez exécuter sans retard les ordres reçus ou rentrez en France. » C'est l'un des derniers télégrammes expédiés avant l'investissement définitif de Paris. À partir du 18-19 septembre, les communications sont coupées avec Paris, c'est vers Tours désormais que doivent se tourner les départements.

Flaubert a repris confiance. Il écrit à son ami Maxime du Camp : « Il y a un revirement général, nous savons que c'est *duel à mort*. Tout espoir de paix est perdu ; les gens les plus capons sont devenus braves. [...] Bref, l'enthousiasme est maintenant réel. Quant à Paris, il peut tenir et il tiendra... » (30 septembre).

La Délégation de Tours : une antenne gouvernementale fragile

À l'approche du blocus, le gouvernement avait décidé de se dédoubler en envoyant une délégation à Tours. Elle est composée de trois hommes âgés : Adolphe Crémieux, ministre de la Justice, Glais-Bizoin et le vice-amiral Fourichon. Le plus connu, Crémieux, est un avocat républicain, âgé, aimable et sympathique. C'est plus un homme de parole qu'un homme d'action. Ses deux collègues sont bien intentionnés, mais ce sont des esprits étroits et très jaloux de leurs prérogatives. Ce « triumvirat de vieillards pacifiques, nullement révolutionnaires, à peine républicains » va être submergé par les événements et l'ampleur des tâches.

Pendant quelques jours, les communications avec Paris sont maintenues grâce à un câble immergé dans la Seine qui arrive à Rouen. Mais les Prussiens le repèrent et le sectionnent. Désormais, les relations avec Paris sont à la merci des ballons et des pigeons-voyageurs.

Pour les ministères dont les titulaires sont restés à Paris, des délégués ont été envoyés à Tours. Les plus importants sont Clément Laurier, un ami de Gambetta, à l'Intérieur, le général Lefort à la Guerre, le comte de Chaudordy aux Affaires étrangères. Rien n'avait été prévu à l'avance pour loger tout ce monde. Les ministres et les délégués s'installent dans les bâtiments publics de la cité tourangelle. Les ministres délibèrent dans la bibliothèque de l'archevêché. Ils doivent tout improviser, recruter des collaborateurs, trouver de l'argent. Tous les témoignages sont concordants : désordre, manque de moyens, disputes mesquines sur les compétences, absence totale d'objectifs. Cette situation préfigure à toute petite échelle ce que l'on verra se reproduire à Bordeaux et à Vichy soixante-dix ans plus tard. Une partie du corps diplomatique, et parmi eux Lord Lyons, ambassadeur de Grande-Bretagne et Metternich, ambassadeur d'Autriche, ont suivi la Délégation et sont installés à l'hôtel. Des journalistes célèbres comme Émile de Girardin et Taxile Delors (*Le Siècle*) arrivent également à Tours où affluent des étrangers et des solliciteurs de toutes sortes. À son retour de Londres, Thiers fait étape à Tours; son passage le 20 septembre est « un éclair de joie ». Tours devient une ville bruyante et animée; les hôtels sont bondés; le soir, on discute dans les cafés et les clubs; un peu partout des troupes campent dans la pagaille et l'indiscipline. Des groupes de francs-tireurs arrivent et s'installent. Il n'y a aucune fièvre, aucun mouvement de rue, aucune menace contre l'ordre public, partout une atmosphère bon enfant, mais une impression d'incapacité. Les pronostics d'Émile de Girardin sont très sombres. Un des problèmes clés est celui des élections législatives. Le gouvernement provisoire les avaient prévues et annoncées. Après l'échec des négociations de Ferrières, elles sont ajournées au 16 octobre. Va-t-on pouvoir les tenir? De quelle façon? L'anarchie qui gagne les départements devient très préoccupante. La délégation est sans prise directe sur le pays. Celui-ci n'est plus gouverné et donne l'impression qu'il se défait. Dans l'Ouest, les préfets de Gambetta, appuyés sur les bourgeois laïcs des villes, se heurtent aux royalistes et au clergé. Dans le Midi, on est au bord de l'anarchie. À Toulouse, le préfet Duportal entre en conflit avec les officiers. Marseille est en état de quasi-insurrection, Lyon n'obéit plus au gouvernement. On a du mal à communiquer avec le Nord.

La tâche la plus urgente de la délégation est la reconstitution des armées. Il faut poursuivre ce qu'avait engagé le gouvernement Palikao, c'est-à-dire l'armement et l'instruction de la garde nationale mobile qui se réunit dans les chefs-lieux. Le ministre de la Guerre et les services sont restés à Paris. Glais-Bizoin, qui reçoit la responsabilité de la Guerre, est formaliste et à cheval sur le règlement. Le vrai travail est réalisé par le délégué, le général Lefort; ses bureaux sont encore embryonnaires. Il recrute quelques officiers de mérite comme Véronique et Thoumas. C'est à ces hommes de bonne volonté, sans moyen, sans liaison, qu'incombe la reconstitution d'une force armée.

On accélère le rapatriement des régiments de ligne (cinq) encore en Algérie. On manque cruellement d'officiers. Dans les armes savantes (artillerie, génie), les corps sont désagrégés. Il reste une batterie d'artillerie de campagne à Mézières; quelques autres batteries échappées de Sedan se reforment à Grenoble, Valence et Lyon. On manque de chevaux, de chariots, de harnachements. Les fabriques de cartouches et d'aiguilles pour chassepot sont à Paris. Il faut d'urgence ouvrir des ateliers dans le Centre et le Sud-Ouest. Les arsenaux de la marine et les manufactures d'armes de Saint-Étienne, de Tulle et de Châtellerault ne peuvent satisfaire les immenses besoins. Il faut passer des commandes à l'étranger, en Grande-Bretagne, aux États-Unis, en Belgique.

Les unités de ligne de la garde mobile sont réunies en trois armées selon des critères géographiques : une armée de l'Est ou des Vosges, une armée de l'Ouest et une armée de la Loire. La formation de l'armée du Nord intervient seulement en octobre. L'armée de l'Est n'existe que sur le papier. Dans l'esprit de ceux qui veulent la former, elle doit regrouper les unités éparses, les bataillons de gardes mobiles, les corps-francs et les francs-tireurs que l'on signale dans la France de l'Est, à Épinal, à Langres, à Besançon. C'est la forteresse de Belfort qui peut lui servir de pivot. Le général Cambriels, échappé de Sedan, en reçoit le commandement malgré une blessure à la tête qui le fait horriblement souffrir. Il arrive à Belfort le 30 septembre. Autour de la citadelle et des forts qui la protègent, 10 000 à 12 000 gardes mobiles se rassemblent venant du Haut-Rhin, de la Haute-Saône, de la Saône-et-Loire, du Rhône, de la Haute-Garonne. Le jeune Pascal Victorion, un mobile du Rhône, arrive à Belfort le 18 septembre, voici ses premières impressions : « Il fait froid, quel changement de climat! Notre escouade est installée provisoirement dans une étable et notre première nuit s'est écoulée sur une mauvaise paille puante. [...] De la gare au château, c'est un flot humain où s'agitent pêle-mêle tous les uniformes. » Les mobiles n'ont ni uniforme ni tente ni couverture. On leur a distribué de vieux fusils à piston. Quelques jours plus tard, l'escouade de Victorion est envoyée au fort des Perches, un haut mamelon à 1 km de la citadelle ; ils reçoivent des tentes mais les couvertures sont distribuées seulement le 24. Des fusils Snydeers de meilleure qualité servent au tir à la cible ; les hommes font deux heures d'exercice par jour et passent le reste du temps dans les cabarets. Ils reçoivent du courrier et des visites de Lyon. Le seul signe de la guerre est le passage des fuyards et des réfugiés.

L'armée de l'Ouest est en formation au Mans sous le commandement du général de réserve Fiereck, dont l'autorité s'étend sur seize départements. Ce vieux briscard notoirement insuffisant est remplacé par d'Aurelle de Paladines, un ancien d'Algérie. Lors de son passage à Tour le 1ᵉʳ octobre, ce dernier est effrayé par l'improvisation, l'ignorance et le manque de moyens. Son pessimisme naturel n'en est que renforcé. Quand il arrive au Mans, c'est bien pis ; il est totalement démuni : aucune force régulière, aucune artillerie, aucune cavalerie, quelques colonnes de gardes mobiles battent le pays, 3 000 hommes en avant de Chartres, 4 000 hommes entre Pacy-sur-Eure et Vernon. Bref, aucune force militaire sérieuse n'est en mesure de s'opposer à une éventuelle offensive allemande.

L'armée de la Loire, un projet du ministre Le Flô, doit jouer un rôle essentiel. Autour d'Orléans, de Bourges, de Nevers, de Vierzon, on regroupe quelques régiments de ligne, des troupes rapatriées d'Algérie, des unités de mobiles, des prisonniers échappés en cours de transport vers l'Allemagne. C'est le général de réserve La Motte-Rouge (soixante-huit ans) qui en reçoit le commandement.

Le véritable organisateur en est le général Lefort, délégué à la Guerre. De Tours, il prépare la formation de deux nouveaux corps d'armée : les 15ᵉ et 16ᵉ. La base est constituée par des éléments de la Légion et quatre régiments de zouaves et de tirailleurs rentrés d'Algérie. À ces troupes de métier sont associés des bataillons de la garde nationale et de nouveaux régiments formés dans les dépôts.

Il n'est pas possible d'improviser en quelques jours. Le général de Pallières, qui prend son commandement le

23 septembre, note : « J'ai trouvé les troupes dans le plus misérable des états. » Les tribulations du soldat Védrine sont un bon exemple. Son unité quitte Paris le 16 septembre. Elle arrive à Bourges le 20 après un crochet par Le Mans et Tours. Sa compagnie est logée à l'abattoir, dans les cabines des porcs et des vaches, puis dirigée au nord d'Orléans. Elle bivouaque à la lisière de la forêt. L'automne est chaud et ensoleillé. Heureusement! Les soldats n'ont pas reçu de vivres : ils achètent dans les fermes et arrachent des pommes de terre dans les champs. De temps à autre ils échangent des coups de feu avec des patrouilles allemandes isolées.

Le manque de cadres est effrayant; pour l'atténuer, on fait revenir des officiers d'Afrique (comme le général Chanzy) et on rappelle à l'activité beaucoup d'officiers de réserve ayant dépassé la limite d'âge.

Une autre caractéristique de ces semaines incertaines est la formation d'un nombre incalculable de corps-francs et de francs-tireurs. Une loi impériale de 1868 avait donné un statut légal à ces corps de volontaires qui étaient tenus de s'habiller, de s'armer et de s'équiper à leurs frais. Avant guerre s'étaient formées quelques compagnies comme les Francs-tireurs de Frouard, qui prennent part au siège de Metz. De nouvelles unités s'étaient formées à Paris dans le courant d'août; elles sont dirigées vers l'est pour s'agréger à la future armée des Vosges. L'une d'elles est la Compagnie des francs-tireurs alsaciens formée par un officier d'active, le lieutenant-colonel Alfred Braun à la suite d'un appel aux Alsaciens de Paris. Braun, blessé au début d'août en Lorraine, a été soigné au Val-de-Grâce. Durant sa convalescence, il recrute cette compagnie; il combat fin septembre aux environs de Belfort puis dans les Vosges. Il se replie sur Langres puis est agrégé en novembre à l'armée Garibaldi.

Parmi les unités formées à Paris, quelques-unes sont restées dans la capitale. Elles opèrent entre les lignes; d'autres se sont repliées vers l'ouest et se déplacent aux confins de la Beauce, du Perche et des Pays de la Loire. Entre septembre et novembre 1870 sont apparues une centaine d'unités nouvelles dont le recensement précis n'a été opéré qu'après la guerre. Le ministère de la Guerre découvre leur existence quand elles s'annoncent ou quand elles débarquent en gare de Tours et demandent une affectation. C'est ainsi que du sud de la France se présentent les Francs-tireurs de la ville d'Agen, les Éclaireurs béarnais, les Francs-tireurs aveyronnais, les Francs-tireurs des Cévennes, les Francs-tireurs de la Dordogne, les Francs-tireurs du Tarn etc. La plupart de ces compagnies ont des effectifs modestes, entre 50 et 100 hommes. Ce sont des « poignées de braves » qui se sont spontanément armés pour défendre le pays. Comme l'annoncent avec emphase les Francs-tireurs du Gard, ils ont offert « au gouvernement de la Défense nationale leurs poitrines pour la défense de la France, malheureusement déjà souillée par la présence de l'ennemi ». Toutes les unités que nous avons citées ont été affectées comme éclaireurs à l'armée de la Loire.

Aux confins de la Normandie et du Bassin parisien, dans la zone qui n'est pas occupée mais seulement parcourue par des groupes de cavaliers prussiens et bavarois à la recherche de ravitaillement pour l'armée assiégeante, de nombreux groupes d'éclaireurs et des francs-tireurs se sont formés fin septembre-début octobre à Elbeuf, Breteuil, Évreux, Verneuil, Rugles, Les Andelys et La Ferté-Bernard, etc. Ces unités se mêlent aux gardes mobiles et aux francs-tireurs de la Seine du colonel de Lipovski et se livrent à une guerre d'embuscades contre les groupes d'ennemis isolés. La compagnie des francs-tireurs de la Seine-et-Oise opère dans le Vexin entre Mantes où une garnison allemande s'est installée le 23 septembre et Magny. Ce n'est pas facile car les maires et les habitants craignent les représailles ennemies. Le capitaine note sans commentaire : « Tous ces maires me reçurent mal, ne voulant se mêler de rien. » On est loin de l'esprit de résistance et des proclamations de Gambetta. La France profonde a peur et attend.

D'autres compagnies de francs-tireurs ont une tonalité politique très avancée, ce sont des francs-tireurs républicains ; ils l'affirment dans leur uniforme, leurs devises, leur proclamation. La plupart d'entre elles seront rattachées à l'armée des Vosges confiée à Garibaldi. Citons parmi eux la Compagnie des francs-tireurs de la mort d'Alger, les Enfants perdus du Beaujolais, le Bataillon de l'égalité de Blida, etc.

Une autre zone où les francs-tireurs se sont levés nombreux, ce sont les confins de l'Argonne et du Nord, avec comme point de rattachement la place forte de Mézières. Autour de Mézières opèrent la Compagnie des destructeurs des Ardennes, la Compagnie des sangliers, la Compagnie des éclaireurs des Ardennes. Elles harcèlent les détachements isolés et, en cas de danger, se replient sous la protection de la place. On peut citer également les Chasseurs de l'Argonne qui lancent des coups de main avec les Montagnards de Revin et les Francs-tireurs belges. Autour de la place de Langres se forment également des compagnies qui remontent en Lorraine et en Champagne.

L'apparition de ces francs-tireurs sans uniforme qui montent eux-mêmes des opérations, attaquent les soldats allemands isolés puis se retirent inquiète l'état-major allemand. Il y voit l'amorce d'une guerre populaire, d'une guerre de guérilla, d'une guerre déloyale où les soldats réguliers sont frappés dans le dos. Moltke rédige une directive extrêmement dure : « Tout franc-tireur sera assimilé à un malfaiteur ; il sera passible du conseil de guerre immédiat qui peut prononcer la peine de mort. S'il est établi que dans un village un tireur non identifié a attaqué des soldats, celui-ci sera déclaré responsable et subira des représailles » (27 septembre). Il ne faut exagérer ni le nombre ni le rôle militaire de ces groupes que les autorités françaises ne contrôlent guère. En septembre-octobre, les actions isolées des francs-tireurs créent un climat d'insécurité dans l'Est et dans les campagnes du Bassin parisien. Et pourtant, en ce début d'octobre, ni dans l'Est ni sur la Loire, aucune armée nouvelle digne de ce nom ne s'est encore rassemblée.

Gustave Flaubert se rend bien compte de l'étendue du désastre : « Les Prussiens sont maintenant à douze heures de Rouen, et nous n'avons pas d'ordre, pas de commandement, pas de discipline, rien, rien. On nous berne toujours avec l'armée de la Loire. Où est-elle ? En savez-vous quelque chose ? Que fait-on au centre de la France ? Paris finira par être affamé, et on ne lui porte pas secours ! Les bêtises de la République dépassent celles de l'empire » (11 octobre).

Strasbourg tombe : les Allemands passent à l'action

Le 28 septembre, l'annonce de la capitulation de Strasbourg est une vive satisfaction pour le commandement allemand. Depuis une quinzaine de jours, la situation des assiégés s'était aggravée. L'intervention de délégués suisses avait permis l'évacuation de quelques milliers de civils. Dans la ville, les autorités bonapartistes s'étaient effacées, l'avocat Émile Küss avait accédé à la mairie et proclamé la république (12 septembre), le gouverneur et les officiers avaient reconnu le gouvernement de la Défense nationale. Quelques jours plus tard, le préfet nommé par Gambetta, Edmond Valentin, réussit à entrer dans la ville assiégée au péril de sa vie en franchissant les lignes allemandes puis en traversant les fossés à la nage. Si la situation politique est très différente de celle de Metz, la situation militaire se dégrade rapidement. Tirant parti de la passivité de la défense, les assiégeants creusent des parallèles, s'approchent de la muraille où ils ouvrent une brèche praticable. Une attaque de vive force est désormais possible. Avec l'accord de la municipalité, le gouverneur Uhrich décide d'épargner aux Strasbourgeois déjà très éprouvés ce redoutable assaut et se résigne à la capitulation de la place. 500 officiers et 17 000 soldats sont prisonniers et prennent le chemin des camps de l'Allemagne du Nord. Quelques officiers, comme le général Uhrich, sont libres sur parole à condition de ne pas reprendre les armes contre l'Allemagne. La population civile a été durement touchée : 200 morts, 3 000 blessés et 10 000 sans-abri. Le soir du 28 septembre, les troupes victorieuses entrent dans la ville et cantonnent chez l'habitant. Les jours qui suivent, les autorités civiles allemandes, qui attendaient à Haguenau, s'installent dans la ville conquise et laissent entendre qu'elle est redevenue allemande. Des habitants du pays de Bade viennent en touristes visiter les ruines ou prendre des nouvelles de leurs parents. Ils sont mal reçus car le patriotisme français est à vif.

La prise de Strasbourg a une double signification, politique et militaire. À l'annonce de la capitulation, la presse allemande de toutes tendances fait éclater sa satisfaction :

c'est le retour à la patrie de la ville volée par Louis XIV; c'est la réparation d'une injustice presque bi-séculaire. À Ferrières, alors que la ville résistait encore, Bismarck avait déjà indiqué à Favre que Strasbourg était « la clé de la maison » et qu'elle redeviendrait allemande. Cette prétention exaspère les Français et renforce leur attachement à « la ville héroïque », à la ville où Rouget de l'Isle avait chanté pour la première fois *La Marseillaise*. Quant au général Uhrich, personne ne pense qu'il a démérité. Il est reçu et félicité par la Délégation de Tours (2 octobre). Plus tard, à son grand étonnement et à sa grande peine, on lui reprochera une coupable passivité.

Du côté allemand, la chute de Strasbourg présente un triple avantage. Elle permet d'abord de remettre rapidement en service la voie ferrée indispensable pour l'approvisionnement de l'armée qui assiège Paris. Ensuite, elle démontre qu'une forteresse à la Vauban est incapable de résister à un bombardement bien conduit. Si les assiégeants laissent approcher les canons ennemis, leur sort est scellé. Enfin, elle libère les 40 000 Badois et Bavarois du général von Werder. Moltke saisit cette opportunité pour former la treizième armée à laquelle il donne l'ordre de balayer les unités en formation des Vosges au plateau de Langres. Werder, renforcé de contingents badois qui ont franchi le Rhin, prend immédiatement l'offensive dans deux directions, le sud de l'Alsace et les Vosges. Dans le Haut-Rhin subsistent quelques compagnies de mobiles et de francs-tireurs, parmi eux un groupe du Haut-Rhin recruté et commandé par le député Émile Keller. Les unités disparates sont balayées. Mulhouse est occupé le 3 octobre, Colmar le 8, la forteresse de Sélestat est enlevée le 24 octobre, celle de Neuf-Brisach, bombardée le 7, investie le 14, résiste et doit faire l'objet d'un siège en règle. Dans la vallée d'Altkirch et au nord de la trouée de Belfort ont lieu des accrochages sporadiques.

L'essentiel de l'armée Werder franchit les Vosges aux cols du Bonhomme et du Donon sans rencontrer de résistance et s'engage dans la vallée de la Meurthe. Averti de cette avance, le général Cambriels se rend à Épinal où vient d'arriver de Vierzon une brigade d'infanterie. À peine débarquée du train après quarante-huit heures de voyage, elle reçoit l'ordre de marche. Il s'agit de rejoindre des bataillons de mobiles et des groupes de francs-tireurs repliés au sud de la Meurthe à une dizaine de kilomètres de Saint-Dié, autour des villages de Nompatelize et de la Bourgonce. Les soldats de Dupré font une cinquantaine de kilomètres à pied et arrivent dans la nuit du 5 octobre à Nompatelize. Ils bivouaquent dans le froid et l'humidité. Au matin, alors qu'un épais brouillard enveloppe la vallée de la Meurthe, Dupré donne l'ordre de s'avancer vers Raon et Étival avec pour objectif d'atteindre le Donon dans la soirée. Cambriels, pour sa part, avec d'autres unités, s'est avancé jusqu'à Bruyères. Le soleil d'automne dissipe à peine le brouillard, que les soldats de Dupré se heurtent à l'avant-garde de l'armée de Werder. De part et d'autre, environ 5 000 combattants sont engagés. Du côté français, alors que certaines unités se battent courageusement, les mobiles des Deux-Sèvres se débandent. L'artillerie allemande de campagne fait la différence. Dupré et plusieurs officiers sont blessés et, vers le soir, les Allemands sont maîtres du champ de bataille. Apprenant ce revers, Cambriels ordonne l'évacuation générale du département des Vosges. Cette retraite s'effectue en désordre sous une pluie froide et persistante. Les gardes mobiles du Jura, qui devaient surveiller la route de Saint-Dié au Bonhomme, étaient arrivés à Plainfaing par un temps épouvantable : « Rien n'est prévu pour le logement ; le quart de la compagnie est sans souliers, les vivres manquent, le commandant se décide à réquisitionner une vache ; le biscuit manquait toujours et le pays fort pauvre ne pouvait en fournir. » Privé de tout appui, le bataillon se replie sur Gérardmer-La Bresse et gagne Besançon le 15 octobre.

Le deuxième Bataillon de l'égalité, corps-franc formé à Sidi-Bel-Abbès, arrive à Épinal le 11 octobre à 6 heures, « où nous entendions pour la première fois le canon prussien », rapporte la relation régimentaire. Il est pris dans la débâcle et se replie sur Remiremont où le sous-préfet vient prévenir le capitaine que les Prussiens arrivaient : « Il me prie de quitter Remiremont me disant que la ville aurait à souffrir de ma présence [...] puis nous fûmes à Lure, Belfort, Besançon sans nous battre ! »

Les Allemands progressent lentement sans rencontrer de résistance sérieuse. Une poignée de gardes mobiles sédentaires sauve l'honneur à Rambervillers et à Épinal. Le chef-lieu des Vosges est occupé le 12 octobre en fin d'après-midi. Le 16, les Allemands sont à Remiremont, le 18 ils passent au Val d'Ajol. Ils suivent les Français à deux ou trois journées de marche.

La retraite des Français ressemble à une déroute. Voici le spectacle que décrit un habitant de Plombières le 13 octobre au soir : « Plombières était inondé de francs-tireurs de tous les points de France, de toutes les couleurs, de toutes les nuances. On distinguait entre autres les Bretons au chapeau rond et le corps entièrement recouvert par une espèce de mante en laine grossière, à long collet et à raie blanche, bleue et brune, qui leur descendait jusqu'à la cheville du pied. Ceux de l'Isère avaient vareuse et pantalon gris. [...] Cependant, il faut l'avouer, malgré la bravoure reconnue de la majeure partie de ces soldats, rien n'avait l'air si peu militaire que leur tournure et leur équipement... » Quant aux officiers logés au Grand Hôtel, « [...] non contents de piller, ils ont enfoncé leurs baïonnettes dans les lits qu'on leur avait donnés et les ont horriblement dégradés, puis ils ont déposé leurs ordures sur les fauteuils et les divans ». Le préfet de Haute-Saône, qui voit affluer ces hommes, écrit, consterné, à Cambriels : « Les gardes mobiles qui arrivent en foule à Vesoul paraissent abandonnés à eux-mêmes et démoralisés. Ils ont une conduite et tiennent des propos de nature à démoraliser la population. [...] Il faut donner des ordres pour que ces fuyards soient dirigés sur Besançon. [...] Ces hommes auraient déposé le long des voies ferrées des armes, des cartouches et même des vêtements » (16 octobre 1870). Tirant parti de cette débandade, Werder pousse son avantage et bouscule à Cussey (22 octobre) les mobiles des Hautes-Alpes et des Vosges qui cherchent à tenir les ponts de l'Ognon. Ils résistent une partie de la journée mais la pression du nombre et de l'artillerie est plus forte. En fin de soirée, il faut se replier. Voici le récit de Pierre Rémy : « Les munitions manquent. Il faut battre en retraite. Il n'y a pas d'autre issue que la chaussée et les ponts sur l'Ognon. La chaussée et les ponts sont balayés par les balles et les obus allemands.

L'église, la mairie, malgré son drapeau d'ambulance, les maisons de Cussey sont criblées de projectiles. C'est sous la mitraille que les Vosgiens se replient, franchissant le pont sur les morts et les blessés. La cavalerie allemande les charge. Un certain nombre sont faits prisonniers dans la prairie, entre autres le sergent André de la Ire compagnie. Les Allemands rudoient les prisonniers, les dépouillent. D'autres mobiles passent l'Ognon à la nage. Quelques-uns se noient. D'autres encore, chargés à la baïonnette par les Badois, vont mourir dans l'Ognon. » 200 à 300 prisonniers vont rejoindre dans les camps allemands leurs camarades de batailles d'Alsace et de Sedan. Werder poursuit sa progression vers la vallée de la Saône. La route de Dijon est ouverte.

À l'ouest et au sud de Paris, aucune armée en formation ne menace les forces allemandes. Moltke estime indispensable de se couvrir de toute mauvaise surprise. Il fait occuper Corbeil, Melun, Moret, Nemours, Fontainebleau. Vers l'ouest et le sud-ouest, des unités de cavalerie s'installent à La Ferté-Alais, Rambouillet et Houdan. Des accrochages avec des gardes mobiles ont lieu à Épernon. En ce début d'octobre, la plaine de Beauce est une vaste zone sillonnée par les Bavarois qui recherchent des approvisionnements pour l'armée de Paris. Les Français sont représentés par quelques groupes de francs-tireurs qui attaquent les ennemis isolés et les convois et font quelques tués et prisonniers. Des escarmouches se produisent à Janville et à Pithiviers. Personne ne sait très bien où l'on en est. Sur la fausse annonce d'une avance allemande, les Français évacuent Orléans le 24 septembre et se replient au sud de la Loire. « Cette nuit, Orléans s'est trouvé dépeuplé de ses soldats. À la fausse nouvelle que 16 escadrons ennemis chevauchaient derrière la forêt, on a tenu un conseil de guerre, jugé toute résistance impossible et suivant le mot trouvé dans je ne sais quel sentiment de pudeur habile, on s'est replié. » Trois jours plus tard, comme aucun Allemand n'est en vue – Pithiviers a toutefois été occupé le 26 septembre –, le général de Polhès revient à Orléans. La cité de Jeanne d'Arc, si paisible à l'ordinaire, s'anime et prend l'aspect d'une ville de guerre; des régiments de toutes armes la parcourent; des gardes mobiles arrivent du Lot, de la Nièvre, du Cher, de la Savoie...

Pour contrôler le sud-ouest du Bassin parisien, le grand-duc de Mecklembourg reçoit le commandement d'une fraction de corps d'armée avec des divisions prussiennes et bavaroises. Il s'installe solidement à Arpajon et à Étampes.

Des unités de mobiles et de francs-tireurs se tiennent entre Chartres et Châteaudun. L'une d'elles, les Francs-tireurs de Paris du colonel de Lipovski, lance dans la nuit du 7 au 8 octobre un coup de main contre un cantonnement prussien à Ablis. Ils tuent 5 officiers et font de nombreux prisonniers. Quelques jours plus tard, ils ramènent à Châteaudun 69 hommes et 89 chevaux. Les habitants font fête aux francs-tireurs, les prisonniers sont bien traités, on leur offre même de la galette et on leur sert de l'eau-de-vie!

Ces nouvelles font très mauvais effet. La division Wittich occupe Chartres et les Bavarois de von der Thann reçoivent l'ordre de s'emparer d'Orléans. Le XVᵉ corps que commande le général de La Motte-Rouge a des unités dispersées entre Orléans et Gien. Il n'est pas en mesure d'opposer une résistance sérieuse. Quelques combats ont lieu au nord d'Orléans, à Artenay et aux Aydes où se distingue un bataillon de la Légion étrangère.

À Orléans, la population est anxieuse, les habitants interrogent les soldats. Des curieux sont montés dans les clochers des églises, cherchant à suivre dans le lointain l'évolution du combat et le mouvement des troupes. Les fausses nouvelles fusent de partout; on annonce même la victoire. Mais dans l'après-midi du 11 octobre, les fuyards annoncent la réalité, les Français sont vaincus, et les Bavarois et les Prussiens les suivent. Voici la relation de ces événements rapportés dans le *Journal du Loiret* du 12 octobre et qui en donne en quelque sorte la tonalité :

Cependant dans la rue Bannier, on s'interroge avec une secrète inquiétude. Un officier supérieur arrive du faubourg, l'air calme mais le visage triste; on remarque que pour aller au pas, il retient son cheval comme malgré lui. On devine sur ses traits qu'il dissimule une vérité fâcheuse.

Il entre à l'hôtel du Loiret, où séjourne l'état-major, et la foule se rassemble plus loin, autour d'un jeune homme qui plusieurs fois répète ces mots : " Tout va bien. Un gendarme revenu d'Artenay l'annonçait il y a peu d'instants. "

On remonte toujours la rue Bannier. Voici qu'accourent

des dragons couverts de boue; puis vient une voiture où sont assis de pauvres soldats, l'un pâle et qui tremble sous sa capote grise, l'autre la tête entourée de linges sanglants. On les questionne; et dans un silence où la stupeur vous tient immobiles, ils prononcent ces funestes paroles : " Les Prussiens nous suivent! On ne peut se battre avec leurs canons! " 150 à 200 cavaliers démontés dans la bataille prirent la fuite avec une vertigineuse rapidité, entraînant à leur suite des voitures, des fourgons... En arrivant à Orléans, ils crient Sauve qui peut! et la foule rangée sur la place Bannier fut en proie à une terreur qui se répandit, de proche en proche, avec la rapidité de l'éclair, dans la ville entière.

Alors ce furent des cris épouvantables. Les femmes portant leurs enfants se précipitaient affolées dans les rues, les boutiques se fermaient, et chacun croyait déjà voir les Prussiens sur ses pas.

Mais, ce que nous constatons avec une douleur profonde, c'est que beaucoup de soldats rangés sur le boulevard n'ont pas montré plus de sang-froid que les mères éplorées. L'un d'eux ayant déchargé son arme, un grand nombre l'imitèrent, et pendant un instant un véritable feu de peloton fit siffler les balles aux oreilles des curieux.

Pendant ce temps, des cavaliers effarés passaient la Loire [...]. On en vit aller jusqu'à La Ferté et Sandillon.

Orléans est occupé le 11 octobre au soir sans grand effort. L'essentiel des troupes s'est replié sur La Ferté-Saint-Aubin, à l'exception de la division Morandy qui, placée en forêt, couvre Gien dont le pont sur la Loire ouvre la route de Bourges.

Au nord de la Seine, la situation est moins préoccupante. Les unités de gardes mobiles en formation à Rouen et à Amiens ne sont pas un danger immédiat. Pour repérer les mouvements, la cavalerie prussienne patrouille dans le périmètre Gisors, Beauvais, Clermont et Montdidier. À Saint-Quentin, la garde nationale sédentaire attend les Prussiens de pied ferme : « Les ponts sur la rivière et sur le canal avaient été coupés; les maisons commandant les routes d'accès étaient fortifiées et crénelées [...] les rues de la ville se hérissaient de barricades, des postes de défense avec chevaux de frise étaient placés sur des points bien choisis dans la campagne. La ville, quoiqu'elle n'eût aucune garnison, s'était équipée en manière forte » (Gabriel Hanotaux). Le 8 octobre au matin, une patrouille de uhlans se présente au faubourg d'Isle ; les habitants résistent ; toute la ville est en émoi, « le tocsin sonne au beffroi. Son glas lugubre met la ville en alarme. Le tambour battait la générale et rassemblait les gardes nationaux qui se rendaient gravement à leur poste ». Les cavaliers ennemis, trop peu nombreux, doivent reculer et laissent onze prisonniers. Les républicains locaux célèbrent « l'héroïque défense de Saint-Quentin ». Cet épisode insignifiant montre la réalité de la guerre dans cette région où les effectifs engagés d'un côté comme de l'autre sont dérisoires.

L'heure de Gambetta

Le gouvernement de la Défense nationale est vite conscient de l'insuffisance de la Délégation de Tours. Il faut la renforcer en lui adjoignant de nouveaux membres, compétents et énergiques. Après quelques hésitations, Léon Gambetta, ministre de l'Intérieur, accepte cette mission et prend le risque énorme de quitter Paris en ballon. C'est le début d'une expérience tout à fait extraordinaire et imprévue.

Le 7 octobre 1870, Gambetta, vêtu d'un gros manteau fourré et accompagné du fidèle Eugène Spuller, monte dans la frêle nacelle du ballon *Armand Barbès*. Sur la butte Montmartre, l'instant est solennel. Louis Blanc donne l'accolade aux voyageurs. Nadar s'active. Les photographes fixent la scène. Quand tout est prêt, Nadar crie : « Lâchez tout ! » Il est 10 heures 50, « Une immense clameur " Vive la République ! Vive Gambetta ! " retentit sur la place et sur la butte. Pendant quelque temps, le ballon s'élève vers le nord puis il disparaît au-dessus des lignes prussiennes. » Gambetta, qui a pris avec courage des risques énormes, fait un voyage passablement mouvementé. À deux reprises, le ballon qui avait perdu de l'altitude est touché par des balles prussiennes. En tentant de se poser, il s'accroche dans les branches d'un arbre près du village d'Épineuse entre Corbeil et Montdidier. Des paysans accourent pour délivrer les voyageurs. Ils devancent de peu des uhlans qui, ayant vu passer un ballon, l'ont suivi. Gambetta échappe à ses poursuivants et se rend à Montdidier où il rédige la dépêche annonçant son atterrissage. Puis il gagne Amiens et par Le Mans arrive à Tours le 9 octobre. Il réunit immédiatement ses collègues. Adolphe Crémieux, son ancien patron, est bien disposé et l'aide à arracher au pointilleux et incapable Glais-Bizoin le portefeuille de la Guerre. En quelques heures, il s'impose et cumule les deux responsabilités majeures, l'Intérieur et la Guerre.

Âgé de trente-deux ans, jeune et ardent, Gambetta est un homme discuté. Pour les conservateurs et les catholiques, c'est un tribun révolutionnaire dangereux et ses références permanentes à la révolution ne font qu'aggraver son cas. Chez ses amis politiques, il est loin de faire l'unanimité; parmi eux, il trouvera les critiques les plus acerbes, ceux qui imposeront à l'histoire le surnom du « dictateur de Tours ». *A priori*, Gambetta ne paraît pas apte à réaliser autour de lui l'union nationale qui s'impose en pareille circonstance. Certains sont sceptiques. C'est le cas de George Sand qui écrit de Nohant : « Cette fuite en ballon à travers l'ennemi est héroïque et neuve [...] des personnes qui connaissent Gambetta nous disent qu'il va tout sauver : que Dieu les entende! »

Gambetta crée la surprise. Il va faire preuve d'une énergie, d'une largeur de vue, d'une capacité d'action tout à fait imprévue. Au milieu des difficultés et des critiques, il réussit à s'imposer rapidement et à devenir en quelque sorte la voix de la France. Il sait trouver les mots et poser les actes. En quelques semaines, il acquiert la stature d'un homme d'État.

Gambetta a d'abord su s'entourer, choisir des collaborateurs et leur déléguer le maximum d'autorité et de pouvoir. Dans l'entourage immédiat, il y a Eugène Spuller et Arthur Ranc chargés de la sécurité générale. Ils tiennent son cabinet, organisent son emploi du temps, préparent les rendez-vous et les contacts, écartent les importuns, recueillent les informations. Gambetta a en eux une confiance absolue et tient le plus grand compte de leurs avis. Discrets, dévoués à leur patron, Spuller et Ranc ont soulagé Gambetta de multiples tâches matérielles et préservé sa réflexion et son sommeil.

Les autres collaborateurs ont été trouvés sur place. À

l'Intérieur, le délégué général Clément Laurier est un vieil ami avec lequel il avait voyagé, notamment en Grèce. Laurier est chargé des relations avec les préfets et les collectivités locales. Il a fort à faire avec les incidents graves qui agitent depuis le 4 septembre Marseille, Toulouse et Lyon. Certains ont l'impression que la France se défait, s'émiette, que la faiblesse de la Délégation de Tours a favorisé toutes les aspirations centrifuges à l'autonomie, à l'indépendance des communes. Clément Laurier agit avec doigté et efficacité. Il faut à la fois préserver toutes les chances de la République et faire en sorte que toutes les énergies soient tendues vers la guerre, vers la guerre à outrance qui seule, selon Gambetta, peut repousser l'invasion. Les proclamations que Gambetta lance au pays et que le télégraphe répercute dans les meilleurs délais jusqu'aux extrémités du territoire ont du style, de l'élan. Elles donnent à la masse des Français l'impression qu'après plusieurs semaines de flottement et de désastres sans précédent, ils sont enfin gouvernés par un homme qui a du tempérament, du courage, le sens de l'intérêt national. Cette perception entre pour beaucoup dans l'image positive que les Français se sont formée de Léon Gambetta. *L'Impartial du Finistère*, journal légitimiste qui critiquait sans ménagement « les séniles divagations de MM. Crémieux et Glais-Bizoin », change de ton : « Déjà on sent que l'impulsion donnée sort de la misérable ornière où la Délégation de Tours nous enfonçait de plus en plus. » Il reproduit la proclamation de Gambetta et conclut : « Il n'y a rien à ajouter à cette proclamation qui fait un exposé complet et vrai de la situation. C'est aussi bien dit que bien senti. » On pourrait multiplier ce type de citations. Ce n'est pas un ralliement. Les critiques ne manqueront pas de se manifester. « Tout pour Dieu pour la Patrie ! » n'a pas la même résonance que les proclamations républicaines mais l'invasion du territoire impose l' « union sacrée » (l'expression n'a jamais été employée mais c'est bien cette situation qu'elle définit). Dans leurs mandements, les évêques mettent l'accent sur le devoir patriotique ; les prêtres partent aux armées comme aumôniers et les séminaristes s'engagent comme soldats ou infirmiers, les maisons religieuses se transforment en hôpitaux pour accueillir les blessés. Dans un manifeste publié le 9 octobre, le comte de Chambord avait expressément engagé ses fidèles dans cette voie. Le journal de Louis Veuillot, *L'Univers*, qui publie une édition à Nantes, combat dans ce sens.

Gambetta n'a aucune compétence militaire. Il le sait. En revanche, il comprend vite et il a le sens politique dont tant d'officiers estimables sont dépourvus. En lui transmettant ses pouvoirs, Crémieux lui présente un polytechnicien de quarante-deux ans, Charles de Saulces de Freycinet qu'il vient de nommer délégué général à la Guerre. Gambetta le conserve et lui fait totalement confiance. Les deux hommes sont complémentaires. Autant Gambetta a de l'énergie et de l'enthousiasme, autant Freycinet est précis, méthodique, efficace. C'est un excellent chef d'état-major; il a su étoffer les bureaux, concevoir les opérations, faire travailler chacun au maximum. Gambetta et Freycinet se sont bien entendus et l'effort de guerre peut à bon droit leur être attribué. Gambetta se réserve la responsabilité des décisions politiques et stratégiques. En ce qui concerne les nominations de généraux, il a été sans exclusive. Il a fait confiance aux monarchistes d'Aurelle, Sonis, Charrette; il a donné un commandement au bonapartiste Bourbaki dans lequel il voyait, à tort d'ailleurs, l'un de nos meilleurs généraux. Il avait même songé à lui confier le commandement en chef. Il a découvert les talents de Chanzy et de Faidherbe.

Les communications avec Paris, où sont enfermés Trochu et les autres ministres, vont être l'un des talons d'Achille de Gambetta. Paris envoie des informations par ballons. Quelques hommes politiques accompagnent les aéronautes et renforcent l'entourage de Gambetta, Arthur Ranc qui devient son chef de cabinet, Kératry chargé d'organiser l'armée de Bretagne, le jeune Antonin Dubost futur président du Sénat, Alexandre Ribot futur président du Conseil. La bonne réception d'un ballon dépend de l'habileté du conducteur mais surtout de la direction du vent. Des vents contraires ont poussé en Allemagne *La Ville de Paris*. *La Ville d'Orléans* se pose en Norvège le 24 novembre, le *Jules Favre* se fracasse sur des rochers à Belle-Isle-en-Mer le 1er décembre, le *Bayard* atterrit à La Roche-sur-Yon le 18 décembre, le *Gambetta* près de Clamecy le 9 janvier. Sur les 65 ballons lancés de Paris, 47 seraient arrivés à bon port. Pour répondre aux dépêches reçues par ballon, le seul moyen dont dispose Tours est le pigeon voyageur. Le directeur des postes Steenackers, qui est un intime de Gambetta et dans lequel ce dernier a pleinement confiance, se charge lui-même de la volière qui abrite les précieux oiseaux, de la confection et de la rédaction des messages. Un procédé de réduction photographique a été mis au point et de minuscules pellicules portant de nombreux messages sont insérées dans des tubes de plume fixés à la queue des pigeons. On lâche ensuite les pigeons. Beaucoup de ces messagers ailés n'arrivent pas au but : sur les 302 pigeons envoyés de Tours, 59 seulement seraient arrivés à bon port avec leur lot de précieuses pellicules. Selon une autre source, 407 pigeons auraient franchi les lignes d'investissement du 25 septembre 1870 au 28 janvier 1871. De cette difficulté de communiquer découlent des retards, des attentes, des incompréhensions, l'impossibilité de coordonner les opérations militaires.

Gambetta veut réunir des armées de secours et les diriger vers Paris. Sans cesse, il a présent à l'esprit l'exemple de 1792. Cette levée en masse qui avait jadis sauvé la nation est la seule carte qui reste à jouer si l'on veut éviter la capitulation. Pour réussir, il faut combiner deux registres : la parole et l'action. Gambetta est la voix de la France qui galvanise les énergies, fait comprendre que le pays est enfin gouverné et que tous les Français doivent répondre, quelles que soient leurs convictions politiques et leur appartenance religieuse. « Des armes, je vous les donnerai et avec de l'énergie et du patriotisme, nous sauverons la France » (Gambetta au Mans); « Levons-nous en masse et mourons plutôt que de subir la honte du démembrement. Si la France a une armée qui sait mourir, elle est sauvée » (proclamation aux départements).

Le rassemblement et l'instruction des gardes mobiles se poursuivent. Ceux de la Drôme reçoivent des chassepots vers le 20 octobre, puis ils sont dirigés sur Dijon où ils arrivent le 27 octobre. Leur nombre étant insuffisant, le décret du 14 octobre 1870 mobilise les célibataires et veufs sans enfants de vingt à quarante ans sous le nom de Garde nationale mobilisée. Ce sont les préfets encore qui sont chargés de les rassembler, de les habiller et de les équiper, puis ils sont pris en charge par l'État, dont ils reçoivent une allocation. Paul Planche, un Manceau républicain de vingt-sept ans, a raconté dans le *Journal d'un mobilisé de la Sarthe à l'armée de la Loire* ses premières semaines de vie militaire. Son bataillon se rassemble au Mans le 22 octobre : « L'habillement, l'équipement, l'armement faisaient défaut. » Les gardes nationaux manœuvrent sans armes sur la place des Jacobins puis reçoivent des fusils américains Snyder. Ils sont envoyés ensuite à La Ferté-Bernard où ils restent une vingtaine de jours logés et nourris par les habitants.

Gambetta crée 11 camps régionaux : Bordeaux, Cherbourg, Clermont-Ferrand, Conlie (Sarthe), La Rochelle, les Alpines, Montpellier, Nevers, Saint-Ouen, Sathonay (près de Lyon) et Toulouse. On voudrait assurer aux appelés un minimum d'instruction et constituer des unités qui s'inséreraient dans les armées régulières en cours de formation. Les déboires ont été nombreux : campements improvisés, submergés par les pluies d'automne, épidémies qui ont fait plus de victimes que les balles prussiennes. Gambetta compte beaucoup sur une armée de Bretagne dont le commandement est confié au comte de Kératry qui, comme lui, s'est échappé de Paris en ballon. Celui-ci établit son quartier général le 22 octobre à Laval, près du camp de Conlie où commencent à affluer les recrues. Partout on se plaint du manque d'armes, de munitions, d'équipement. Gambetta fait flèche de tout bois et ouvre pour la Défense nationale des crédits illimités. On fait travailler à plein rendement les arsenaux de la marine de Brest, de Rochefort, de Toulon et les manufactures d'armes de Châtellerault, Saint-Étienne et Tulle. On passe de nombreux contrats avec des industriels et des fournisseurs privés, notamment de la région de Saint-Étienne. On passe aussi des commandes à l'étranger, en Belgique, en Grande-Bretagne et jusqu'aux États-Unis où restent les surplus de la guerre de Sécession. Avant que n'arrivent à Brest et au Havre les fusils Remington, c'est le dénuement et l'improvisation.

Les relations avec les départements sont préoccupantes. Les conservateurs critiquent les préfets républicains de Gambetta et les accusent de favoriser leur parti. Les républicains les plus avancés sont en conflit avec les préfets et les généraux; ils ont constitué des commissions municipales qui lèvent leurs propres impôts et semblent récuser l'autorité du pouvoir central. Gambetta donne des ordres. Le télégraphe fonctionne. Trois fois par semaine le *Bulletin officiel de la République française* montre qu'il existe un État et un gouvernement. C'est à Lyon, Marseille et Toulouse que la situation est la plus préoccupante. À Lyon, Gambetta envoie Challemel-Lacour qui, au bout de quelques jours, réussit à s'imposer. À Marseille, l'anarchie dure plus longtemps, jusqu'au début de novembre. À Toulouse, le préfet Duportal doit affronter une Ligue du Midi qui veut « un budget à part ». Un comité de salut public a lancé un appel le 18 octobre. Dans les principales villes du Sud-Ouest et du Midi, une presse républicaine avancée s'est mise en place : *L'Émancipation* (Toulouse), *La Fraternité* (Carcassonne), *Les Droits de l'homme* (Montpellier), *Le Patriote albigeois* (Albi), *Le Phare de la Loire* (Saint-Étienne) sont des titres parmi d'autres. Dans ces milieux qui réclament la résistance à outrance, l'épuration des administrations, la séparation des Églises et de l'État, etc., Gambetta a des amis mais aussi des adversaires. Il doit à la fois les ménager et reprendre la situation en main. Après la guerre, il a exprimé sans fard son opinion sur ces tentatives de dissidence : « Ces ligues affectaient un caractère de désordre et de mépris de la loi que pour moi je n'admets pas. »

Même dans les départements plus faciles, les difficultés sont aggravées par la médiocrité des moyens de communication. Pour les quatre départements du Nord, un commissaire de la République, Testelin, avait été nommé le 25 septembre pour coordonner la défense d'une région très démunie en raison de la priorité accordée à Paris. Testelin déplore l'inertie du général commandant la troisième région militaire et obtient de Gambetta, lors de son passage à Amiens, la promesse de son remplacement. Mais Gambetta, surchargé de multiples préoccupations, oublie sa promesse et Testelin, découragé, démissionne. Il fallut toute l'insistance de Gambetta pour qu'il reprît ses fonctions. La nomination du général Bourbaki pour mettre sur pied l'armée du Nord est mal accueillie; on accuse l'ancien aide de camp de l'empereur de trahison. Il n'arrive pas à dissiper les défiances et malgré l'appui des autorités et de Tours, il a du mal à rassembler l'armée du Nord : les réticences devant la mobilisation sont élevées, les équipements fournis par les industriels et les fournisseurs privés défectueux, l'encadrement presque inexistant.

La hantise de Gambetta : délivrer Paris

Gambetta veut délivrer Paris. Il sait que les vivres dont la capitale dispose ne sont pas inépuisables et qu'il faut rompre le blocus. Il compte sur l'armée de la Loire. Sa première décision est de destituer l'incapable La Motte-Rouge qui avait laissé les Bavarois occuper Orléans, et de le remplacer par d'Aurelle de Paladines que les républicains de Marseille avaient chassé. Le choix de ce catholique légitimiste de soixante-sept ans, prudent et réfléchi, un peu terne, a surpris. À la vérité, aucun nom n'émerge, aucun officier plus jeune ne s'impose. D'Aurelle, qui n'avait jamais commandé à plus de 10 000 hommes et avait fait l'essentiel de sa carrière en Algérie, accepte par patriotisme une fonction d'autant plus ingrate qu'il n'est pas en harmonie avec son ministre.

À peine cette première question réglée, un revers imprévu atteint Gambetta de plein fouet : la déroute de l'armée de l'Est. Tout un pan de son dispositif s'effondre avec la progression de Werder. Le sud de l'Alsace, les Vosges sont abandonnées, la Franche-Comté menacée, la route de Dijon ouverte. Gambetta se rend immédiatement à Besançon pour parer au plus pressé. Il écrit : « L'abandon de la ligne des Vosges par le général Cambriels [...] est douloureusement ressenti [...] cette retraite a causé une véritable émotion qui n'est pas le résultat d'une panique mais, par certains côtés, elle a ressemblé à une déroute. » Cambriels qui souffre terriblement de sa blessure, résigne son commandement. Après quelque hésitation car il devine les remous qu'un tel choix va provoquer, Gambetta le remplace par Garibaldi et annonce avec quelque optimisme : « Garibaldi, que nous avons nommé général en chef, va se jeter dans les Vosges. »

En fait, Garibaldi est contraint de se replier car Werder s'avance dans la vallée de la Saône et menace déjà Dijon.

Belfort, où se trouvent environ 15 000 hommes, n'a pas encore été attaquée. Le préfet du Haut-Rhin, Jules Grosjean, s'y réfugie le 16 octobre. Gambetta décide de nommer gouverneur le colonel Denfert-Rochereau jusque-là commandant du génie de la place. C'est un choix excellent. Pascal Victorion écrit dans son journal : « Tête accentuée et regard énergique, on le dit officier et sachant son métier. » Immédiatement, Denfert met la place en défense car elle verrouille solidement Besançon et la Franche-Comté. À l'ouest, la place de Langres est un second pôle de résistance que les Allemands renoncent à attaquer, se contentant assez tardivement d'ailleurs d'occuper Chaumont.

L'avance de l'armée Werder dans la vallée de la Saône a des répercussions dans le Lyonnais et la vallée du Rhône. Dans la métropole des Gaules, les républicains s'agitent. Il faut défendre Lyon, « boulevard du Midi » : « La démocratie lyonnaise ne sera pas moins héroïque que celle de Paris. » On équipe à la hâte les forts, on lance une souscription patriotique pour les travaux de défense, on rassemble des hommes, on réclame que l'on fasse venir des canons et des canonniers de Toulon. À la fin du mois d'octobre, Lyon s'attend à un siège. Dans les départements éloignés, on ne perçoit des événements parisiens et de la guerre qu'un écho assourdi et déformé. On ne veut voir que la détermination et l'esprit de résistance. Kératry, l'un des rares hommes politiques qui se soit échappé en ballon de la capitale après Gambetta, parcourt le Sud-Ouest et l'Ouest pour lever des soldats. Il déclare le 24 octobre à Bordeaux : « Paris est inexpugnable. Il attend les secours de la province. [...] Bazaine est débloqué... » Nul n'imagine que Paris puisse capituler ou être pris d'assaut. On lit dans *Le Journal de Montélimar* : « Paris tient les hordes ennemies en respect » (29 octobre 1870).

Revenons à Gambetta. Après avoir colmaté les brèches de l'Est, il a regagné Tours. Il consacre tous ses efforts au renforcement de l'armée de la Loire qui se rassemble de Tours à Bourges. Les Allemands, qui ont atteint la boucle du fleuve, restent sagement sur la rive droite, se contentant de quelques incursions ici ou là car ils n'ont pas les moyens de pousser plus loin. À l'ouest, aucune ligne de front ne s'est établie. Les Français n'ont aucune unité régulière; quelques groupes de francs-tireurs et quelques bataillons de gardes mobiles opèrent en patrouilles contre les Bavarois. C'est alors que se produit un incident grave, signe que la guerre pourrait changer de nature. Les Bavarois avaient occupé Châteaudun et imposé de lourdes contributions et réquisitions qui avaient exaspéré les habitants. Puis le gros des troupes s'était retiré, laissant quelques dizaines d'hommes dans la ville. C'est alors qu'aidés par les habitants, les Francs-tireurs de Paris du colonel de Lipowski, qui sillonnent la Beauce, entrent à Châteaudun avec deux autres compagnies de francs-tireurs et 300 gardes nationaux. Ils tuent quelques Bavarois et capturent les autres. Averti de ce coup de main qu'il juge contraire aux lois de la guerre, le général von Wittich revient à Châteaudun le 18 octobre; ses troupes attaquent les gardes nationaux et les francs-tireurs qui se retirent, puis s'en prennent aux civils. Elles pillent, brûlent, violent, tuent; les représailles sont atroces et disproportionnées. Moltke, qui les couvre sans discuter, est néanmoins inquiet. Il y voit la preuve que les populations civiles interviendraient directement. Moltke redoute ce type de guerre, c'est pourquoi Gambetta devient son adversaire principal.

À la fin d'octobre 1870, environ 110 000 Français sont disposés au sud du fleuve sur un arc de cercle d'une centaine de kilomètres qui va de Gien à Blois. Le XVe corps cantonné d'Argent, derrière la ligne de la Sauldre jusqu'à La Motte-Beuvron et Salbris, protège Bourges. La conservation de cette ville avec ses dépôts et des usines d'armement est essentielle pour Gambetta, tandis que Moltke l'a désignée comme objectif à d'éventuelles colonnes de mobiles. Le XVIe corps est autour de Blois et protège Tours. En quelques semaines, d'Aurelle cherche à forger un outil; il rétablit la discipline. L'intendance fait des prodiges pour approvisionner en vivres; armes et cartouches équipent les unités. On se fait de nombreuses illusions sur cette armée de la Loire. *Le Progrès* (Lyon) écrit qu'elle est « complètement organisée », qu'elle a « des vivres pour longtemps, un armement de premier ordre, des munitions abondantes ». Quant au ministre Glais-Bizoin, que la prudence aurait dû retenir, il s'écrie : « Le soldat français vaut deux Prussiens et au moins trois Bavarois. Bien commandés comme vous l'êtes, vous ne tarderez pas à remporter de nombreux succès et à donner la main à vos frères de Paris. » Pour leur part, les Bavarois de von der Thann occupent Orléans et poussent quelques pointes en Sologne et des reconnaissances en direction de Blois jusqu'à Beaugency et Mer. Entre les deux armées, des groupes de francs-tireurs et des corps-francs évoluent, se livrant à des coups de main isolés. Les plus actifs sont les Vendéens de Cathelineau sur la gauche de l'armée Chanzy, qui parcourent les lisières de la Beauce.

Gambetta est impatient; il voudrait tester les hommes que son énergie rassemble et surtout prouver à Paris que la France peut lui venir en aide. C'est pourquoi, plus il presse d'Aurelle d'attaquer, plus celui-ci temporise car il sent combien est fragile « l'unique et jeune armée que la France vient de créer ».

Entre les deux hommes, un grave conflit est en germe.

CHAPITRE VII

Le drame de Metz

20 août 1870, début du blocus de Metz, 19 septembre 1870, début du siège de Paris. Aux yeux du commandement allemand comme des opinions publiques française et étrangère, le sort de l'armée du Rhin, la meilleure armée française, est l'enjeu militaire et politique majeur. La capitulation de Metz est le préalable de celle de Paris. La victoire allemande est à ce prix.

Pendant huit semaines se joue une partie extrêmement serrée. Les contacts sont rompus entre Metz et Paris mais Metz communique avec Versailles et Hastings où s'est exilée l'impératrice Eugénie. Les Français, nourris de rumeurs contradictoires, attendent et espèrent. Paradoxalement, les étrangers et les Allemands sont mieux informés que les Français de ce qui se passe autour de la place. Ce décalage entre une réalité finalement assez prosaïque et la perception des contemporains donne au blocus de Metz une dimension tragique et a nourri tout un imaginaire sur Bazaine, ses intentions et ses trahisons. Le « drame de Metz » deviendra un élément central de l'interprétation française ultérieure de la guerre.

Des assiégeants prudents

Frédéric-Charles a installé son état-major à Corny, près de la gare d'Ars-sur-Moselle où arrivent les renforts et le matériel. Au début, il dispose d'environ 150 000 hommes, puis l'effectif s'élève à 200 000 hommes dont une partie seulement sont des combattants. Les soldats allemands établissent une ligne d'investissement hors de portée des canons des forts. Elle est distante de la ville de 12 à 15 km et sa circonférence est d'environ 40 km. Ils creusent des tranchées, installent des batteries, fortifient les fermes et les villages.

Le 22 août, le journaliste Archibald Forbes visite les avant-postes du côté de Gravelotte : « Les tranchées des Allemands étaient presque achevées [...] des sentinelles veillaient sur le bord de la vallée située entre le Mont-Saint-Quentin et le plateau de Châtel, des rangées de piquets avaient été plantées à l'arrière. De leur position, je pouvais voir avec une jumelle jusque dans la bouche du lourd canon du fort Saint-Quentin qui semblait étrangement fermé. Un peu plus loin à droite, au-delà de l'épaulement du mont Saint-Quentin, s'étend la belle plaine de Metz avec la rivière brillant dans le soleil, les flèches et les toits de la ville et la masse sombre du fort Bellecroix. [...] Un officier d'état-major m'a assuré que l'investissement de Metz était maintenant total et que Thionville aussi était investi. Frédéric-Charles et Steinmetz s'étaient tranquillement installés sur leurs positions. Des soldats de Crimée m'avaient affirmé que les Français étaient les meilleurs constructeurs de huttes du monde, je me demande maintenant si les Allemands ne sont pas en train de les surpasser. Tout le long du plateau, ils avaient bâti eux-mêmes de petites cabanes couvertes de feuillage, faites avec les branches et les écorces des peupliers bordant les routes... »

La première armée, à la tête de laquelle Manteuffel a remplacé le vieux Steinmetz envoyé en pénitence à Posen, occupe la rive droite de la Moselle. Elle a été renforcée par une division de *Landwehr*. La deuxième armée, forte de cinq corps auxquels s'ajoutent la garde et la cavalerie, tient la rive gauche. La victoire de Sedan la délivre d'une éventuelle offensive de l'armée de Mac-Mahon. Plusieurs corps cantonnés sur le plateau de Briey se rapprochent de Metz vers le 15 septembre. Les assiégeants ont opté pour un blocus rigoureux avec trois lignes de défense et des réserves. Il n'est pas question d'offensive, car on pense qu'elle se briserait sur les forts de Saint-Quentin et de Queuleu. C'est une stratégie d'attente purement défensive. La seconde ligne

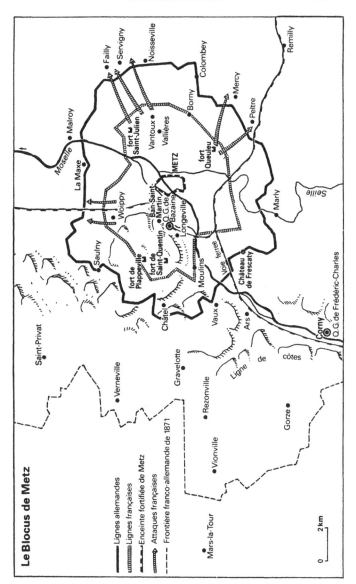

Le Blocus de Metz

avec tranchées, abris, épaulements, redoutes, est la vraie
ligne de défense. Un roulement sur trois services a été établi
entre la première, la seconde et la troisième lignes. Le système est relativement efficace. Il vise à économiser les forces
et à limiter les pertes. Entre les lignes allemandes et les
lignes françaises s'étend une zone incertaine large de 1 à
2 km propice aux coups de main. Le capitaine Hans von
Kretschman, qui est avec son unité à Vernéville près de
Saint-Privat, raconte à sa femme : « Aujourd'hui, par une
pluie battante, je pars en reconnaissance ; je galope une
bonne distance au-delà des avant-postes ; dans la vallée de la
Moselle, je vois Metz et les forts environnants auprès desquels s'accrochent comme des nids d'hirondelles les campements français ; les postes français sont très vigilants et bientôt des tirs de fusil m'obligent à rebrousser chemin. [...] Nos
hommes sont en bon état et bien que les compagnies soient
réduites presque de moitié – souvent des lieutenants
commandent des bataillons – tout va bien. Aujourd'hui court
une étonnante rumeur : Napoléon fait prisonnier et Mac-
Mahon s'est rendu. [...] Depuis ce matin, nous sommes montés aux avant-postes, hélas! Les soldats gémissent. La fusillade est permanente et nous perdons quelques hommes, les
Français aussi. Avant-hier, on a fait prisonnier un capitaine
français ; il s'exclamait avec une totale insouciance : " Ce
n'était qu'une promenade militaire. " Les pauvres habitants
ont toute ma compassion. Affamés, dans le dénuement le
plus complet, ils errent autour de leurs maisons détruites.
Hier, à Saint-Privat, j'ai trouvé dans une étable incendiée les
cadavres de vaches encore attachées, à demi carbonisées, à
demi décomposées. Encore une masse de blessés gît un peu
partout ; la plupart d'entre eux sont condamnés à mourir... »
(3 septembre 1870).

La suite de sa correspondance et d'autres témoignages
montrent que les Allemands souffrent aussi du froid, des
pluies torrentielles et de la précarité des campements. Des
chasseurs prussiens en bivouac au nord d'Ars parmi les
vignes se plaignent des pluies continuelles et attrapent la
colique pour avoir mangé du raisin vert. Dès qu'ils
s'approchent des avant-postes, il craignent les tirs des
« redoutables chassepots ». De temps en temps, une trêve

tacite s'instaure et des soldats français sans armes viennent arracher des pommes de terre et mendier des subsistances. À l'arrivée, les soldats s'installent dans les maisons des villages : « Mes parents et moi, nous n'avions plus qu'une seule pièce, raconte Ferdinand Guépratte d'Ancy, le reste de la maison était occupé par un capitaine poméranien, un sous-lieutenant et douze hommes. Le capitaine était un homme convenable. [...] Les Allemands laissent les habitants faire la vendange et même les aident. De temps à autre, des hommes solides sont réquisitionnés et partent avec des pelles et des pioches pour faire les travaux que les Allemands exigent. » Dans ces villages de l'arrière, dont les ressources sont vite épuisées, les malades sont très nombreux, aussi nombreux du côté des assiégés. À la fin septembre, un bataillon de chasseurs aurait 588 malades sur un effectif de 1 010 hommes! On avance un chiffre total de 40 000 malades, soit le cinquième de l'effectif. Outre les malades, le nombre des combattants potentiels est diminué par de multiples prélèvements : services des lignes d'étape, surveillance et escorte des prisonniers de Sedan qui passent par Pont-à-Mousson...

Le rôle dévolu à l'armée assiégeante est passif : elle doit bloquer l'adversaire, le démoraliser et l'amener à la capitulation autant par l'épuisement des vivres que par l'action psychologique. Durant tout le mois de septembre, Frédéric-Charles est sur le qui-vive. Il craint un renouvellement de la tentation de percée : « À toute heure, je dois m'attendre à une bataille. (6 septembre). Puis il se rassure : « Il ne peut pas sortir de là, c'est pour lui une fin certaine » (21 septembre). Dans l'entourage de Moltke, on avait d'abord espéré un siège de courte durée. Puis il a fallu se rendre à l'évidence et mener deux sièges parallèles, Metz et Paris. Certains généraux voudraient prélever des effectifs sur l'armée de Metz. Moltke refuse car il ne faut pas que Bazaine s'échappe et retrouve une liberté de manœuvre. Bronsart, qui partage l'avis de son chef, note dans son journal : « Depuis Sedan, nous estimons que c'est à Metz qu'il faut chercher le résultat décisif de toute la campagne. Une trouée heureuse de Bazaine aurait des conséquences plus étendues qu'une rupture partielle du blocus. » Très conscient de la mission dont on l'a chargé, Frédéric-Charles et son état-major gardent un remarquable sang-froid. La situation reste « angoissante, énervante, pleine de périls ». Le 1er octobre, alors que le siège dure depuis quarante jours, il remarque : « Il n'est pas encore question de reddition. Je dois m'armer de patience et être toujours prêt à livrer en quelques heures une grande bataille. » Cette appréciation est partagée par les journalistes étrangers qui pensent que les fortifications sont imprenables, qu'une offensive allemande se briserait sur les « formidables canons de la place » et que Bazaine conserve des atouts sur le plan militaire. Frédéric-Charles a beaucoup de mal à percevoir les intentions adverses et l'état réel des troupes qu'il a en face de lui. De loin, l'armée du Rhin semble toujours redoutable.

Malgré toutes ces incertitudes, l'armée assiégeante dispose d'un avantage essentiel ; elle est ravitaillée en vivres et en munitions ; la voie ferrée Nancy-Ars-sur-Moselle est très vite opérationnelle, le tronçon Pont-à-Mousson-Rémilly permet d'approvisionner le flanc est. En cas de difficulté majeure, Frédéric-Charles peut recevoir des renforts, ses malades et ses blessés sont évacués vers l'Allemagne. Le blocus est une solution lente, il sera efficace s'il est total et si les assiégés ne réagissent pas rapidement pour le briser.

Des assiégés passifs

Les officiers et les soldats de l'armée du Rhin enfermés dans Metz n'avaient jamais été préparés à une guerre de siège. Ils se trouvent placés devant une situation inédite à laquelle ils n'avaient jamais réfléchi et devant laquelle ils sont totalement démunis.

Les chiffres concernant le nombre de soldats enfermés dans la place de Metz sont sujets à des appréciations diverses. Ils tournent entre 150 et 180 000 hommes. Ils comprennent les corps de l'armée du Rhin, les unités de la place et les unités de garde mobile et de francs-tireurs (très peu nombreux par rapport à Paris). Il faut exclure la garde nationale sédentaire composée de Messins. Le chiffre le plus sûr est celui des rationnaires. Il serait de 168 000, soit un chiffre supérieur à celui des combattants. L'incapacité de Bazaine et des généraux qui l'entourent à s'adapter aux conditions nouvelles qui leur sont imposées depuis le 19 août, est flagrante. Le maréchal a établi son quartier général dans une maison du village de Ban-Saint-Martin au pied des forts de Saint-Quentin. Il vit là, isolé avec ses officiers d'ordonnance; les autres maréchaux et généraux sont près de leurs unités et leurs relations avec le commandant en chef, médiocres et espacées, se limitent aux réunions du conseil de défense. Chaque après-midi Bazaine monte à cheval et visite des unités ou des points de la ligne de blocus. Il évite Metz car son impopularité est telle que la population pourrait être tentée de lui faire un mauvais sort.

Depuis l'échec de la percée du 31 août, Bazaine a, semble-t-il, abandonné toute idée de recommencer. Il est résigné au blocus et, pour maintenir les troupes en haleine, il se contente de prescrire quelques actions locales. Il n'a plus, s'il en a jamais eu, de projet militaire.

Les troupes perçoivent d'une façon confuse cette passivité, cet entêtement dans l'inaction. Les soldats de l'armée du Rhin ne sont pas directement en contact avec les habitants de Metz car ils se sont installés dans les villages hors-les-murs, et à proximité des forts. Seuls, les officiers obtiennent des laissez-passer pour aller faire des achats à Metz. Quelques régiments ont trouvé refuge dans des maisons abandonnées ou des bâtiments dépendant des forts. Beaucoup campent en pleine nature. Sur les photos jaunies des villages de Vallières et de Vantoux, on voit des campements légers, type armée d'Afrique, totalement inadaptés au climat de l'Est. La division Cissey est au sud, entre Longeville et Moulins.

Comme les Allemands, les Français ont établi des postes fortifiés et creusé des tranchées; bref, ils font face aux lignes ennemies et se préparent à des attaques qui ne dépasseront pas le stade du coup de main. Aux avant-postes, les chassepots font merveille et les Français réussissent à faire quelques prisonniers.

Un peu à l'arrière de cette ligne se sont établis des camps de fortune. On dispose sur la vie quotidienne de ces soldats désœuvrés de nombreux témoignages. La fin d'août est très pluvieuse, les terres sont détrempées, les soldats et les chevaux pataugent dans la boue : « On ne peut plus marcher dans les camps sans enfoncer jusqu'à la cheville; la route est couverte d'une boue liquide que les pieds des chevaux, même au pas, font rejaillir jusque sur les épaules de leurs cavaliers [...] c'est à peine si on peut allumer du feu pour faire la cuisine », « spectacle de désolation, soldats mutilés, boue fétide ». Dans un tel milieu les épidémies font des ravages. Les diarrhées et les dysenteries, la fièvre typhoïde atteignent les hommes affaiblis qui boivent l'eau souillée ou qui vivent dans les bivouacs détrempés par les pluies : « Le 12 septembre 1870, Vallières est plein de malades; le nombre s'en accroît tous les jours de manière effrayante; on en évacue sur Metz; il en reste encore trois cents. » Un mois plus tard, le tableau est encore plus sinistre, le froid humide et la malnutrition affaiblissent les hommes, sapent le moral, détruisent leur valeur militaire. Aux misères des soldats viennent s'ajouter celles des chevaux; pour nourrir les montures des cavaliers et les chevaux de trait de l'artillerie et des nombreux régiments, les réserves de fourrage ont été vite épuisées et les pâtures des glacis sont devenus rares; on leur donne de la paille, des feuilles et des brindilles. Un combattant écrit : « Les rares chevaux qui nous restent ressemblent à des squelettes : ils n'ont plus que la peau et les os; ces malheureux ne mangent plus rien. » Ils sont condamnés à l'abattoir. Au bout d'un mois, l'armée française n'a plus de cavalerie; les attelages pour l'artillerie et le train font défaut. Les chevaux conservés par miracle dans les escadrons seraient incapables de supporter une marche de quelques heures. Le spectacle est affligeant : campements envahis par la boue, chevaux squelettiques, soldats apathiques, inactifs, au moral fléchissant. Leur principal souci est de compléter le maigre ordinaire en allant à la maraude arracher les pommes de terre dans les champs abandonnés. Le soldat Bouchard rapporte que ses camarades mangent des ravenelles, des laiterons en guise de choux, des glands rapportés de la forêt.

La population de Metz est confinée à l'intérieur des remparts. Elle est beaucoup moins nombreuse que celle de Paris (trente fois moins!). Les évaluations demeurent assez imprécises; les chiffres le plus fréquemment avancés font état de

70 000 personnes dont 50 000 Messins et 20 000 réfugiés. Dans son journal, Henri Jeandelize note : « Les campagnes arrivent en masse. C'est un sauve-qui-peut. Toutes les routes, les places, les rues, les maisons sont encombrées de bandes de campagnards, de soldats, d'officiers, de voitures, de mobiliers, de denrées. » « Pauvre Metz ! Non seulement il est bourré de monde, mais encore de bêtes ; il y a sur la promenade du quai, sur la place de la Comédie et de la Préfecture une masse de chevaux telle qu'on ne sait pas vraiment où mettre le pied, sans parler des mulets qu'on attèle aux cacolets pour le transport des blessés ; il n'y a pas une maison qui ne renferme des vaches et des poules » (11 août 1870). Cette population civile est placée sous l'autorité du gouverneur, le général Coffinières de Nordeck, responsable du couvre-feu, de l'ordre public, de la distribution des vivres. Dans la pratique, toutes les tâches incombent à la municipalité que dirige l'énergique et avisé Félix Maréchal.

Les Messins sont enfermés dans la ville ; chaque soir les portes sont fermées ; les habitants doivent obtenir des laisser-passer pour circuler à l'extérieur. Les habitants des villages environnants qui ont abandonné leurs maisons occupées par les soldats se sont réfugiés en ville où ils vivent de façon précaire. D'autres sont restés à Vallières, Vantoux, Ban-Saint-Martin, Plappeville, etc., et viennent vendre des produits de leurs récoltes.

Dès la fin de juillet, Metz avait obtenu la reconstitution d'une garde nationale sédentaire. À la suite d'un appel de Félix Maréchal « au courage et au dévouement de la population de notre guerrière et patriotique cité », cinq bataillons se sont rapidement constitués, qui élisent leurs officiers et commencent l'entraînement quelques jours avant le blocus. Cet élan patriotique qui renoue avec 1792, 1814, 1815 et 1830, montre l'esprit de la population messine, nationale et démocratique. À l'égard de ces gardes nationaux, le gouverneur est méfiant ; il les affecte à la surveillance des portes et des remparts, tâches inutiles où les hommes se morfondent dans l'inaction, parlent, discutent, critiquent. Beaucoup de Messins ont des parents ou des amis parmi les officiers. Ils ont ou croient avoir des informations. Les critiques s'amplifient et bientôt la haine de Bazaine devient générale. À partir de la mi-septembre, le divorce est total entre les civils et le commandement.

Les Messins n'ont pas de contact direct avec l'ennemi. De temps en temps, ils entendent au loin la canonnade et craignent un bombardement qui ne se produira pas car les batteries de Frédéric-Charles sont trop éloignées pour atteindre la ville. Alors que Strasbourg, Toul, Thionville ont été gravement touchées par les obus, Metz ne subira aucun bombardement.

Le signe le plus visible de la guerre ce sont les milliers de blessés et de malades. Metz est devenue un immense hôpital. Une première vague de blessés était arrivée après la bataille de Borny. Les chirurgiens militaires avaient opéré les plus atteints dans des conditions effroyables : « Une assez grande écurie où l'on avait remplacé à la hâte le fumier par de la paille fraîche était remplie de malheureux gémissant et criant. La nuit venait [...] la bougie manquait; on en avait trouvé seulement deux bouts qu'on avait placés dans un petit réduit sur la fenêtre auprès d'un établi de menuisier. On portait l'un après l'autre les blessés dont l'état demandait des opérations immédiates. Deux chirurgiens y coupaient les bras et les jambes, y recousaient les intestins à de malheureux éventrés ou bien encore y fouillaient avec de grandes pinces dans des plaies profondes pour en arracher les balles ou les extraits d'obus. » Quelques jours plus tard, c'est l'afflux des blessés de Mars-la-Tour et de Saint-Privat; ils arrivent par milliers, 13 à 15 000 selon les sources. « En passant rue des Clercs, je n'ai rencontré que des civières avec des blessés; à l'Esplanade, nous avons mille blessés sous la tente », note Mme Félix Maréchal le 18 août. Les hôpitaux militaires sont débordés par ce flot soudain. On entasse les blessés dans les établissements d'enseignement, les couvents, les institutions charitables. Les particuliers, émus par tant de détresse, ouvrent leurs portes. Cela ne suffit pas encore. On dresse des tentes, on déplace les wagons de chemin de fer désormais inutiles. Ce sont les fameuses « ambulances » installées sur les places publiques, sur la promenade de l'Esplanade, à Chambières, à Polygone. À la fin septembre, plus de 2 200 blessés croupissent à l'ambulance du Polygone. Le personnel de soin fait tragiquement défaut. Ce sont les communautés religieuses et les femmes de Metz de toutes conditions qui se dévouent aux ambulances, puis qui recueillent les convalescents. Beaucoup de ces blessés décèdent. « Tous les jours, une voiture à cheval passe d'une ambulance à l'autre et recueille les blessés qui ont cessé de vivre. De là, un corbillard improvisé est dirigé vers le cimetière de Chambières où des fosses longues de 10 à 15 m, larges de 2 m et profonde de 2,50 m à 3 m sont creusées à l'extrémité du cimetière. » Le fantassin Jean-Baptiste Doridant, blessé lors d'une escarmouche le 7 octobre, est transporté sur un cacolet jusqu'à l'Esplanade : « J'étais avec Gaspard et on nous mit sous une tente, couchés sur de la paille. [...] Je fus soigné par une bonne dame de Metz. Je restai dans cette tente jusqu'au 9 novembre, couché sur la paille et ayant la fièvre. » Le responsable du service sanitaire, le médecin militaire Eugène Grellois, a totalisé 43 000 blessés et malades, dont plus de 5 000 recueillis au domicile des particuliers. Les médecins sont débordés et démunis. La mortalité est considérable ; d'après Grellois, 7 203 soldats français seraient morts dans les ambulances, victimes de leurs blessures, mais surtout de « l'infection purulente, la pourriture d'hôpital ».

Dans un espace aussi confiné, la sensation d'isolement devient vite angoissante, d'autant plus qu'on ignore les intentions de Bazaine : plus de contacts avec l'extérieur, plus de nouvelles, plus de journaux parisiens. Dans cette population désœuvrée et anxieuse, l'espionnite fait des ravages ; on voit des traîtres partout, « c'est une fièvre dont bien des innocents sont victimes ». Plusieurs espions, réels ou supposés, sont condamnés à mort et fusillés. Les nouvelles les plus invérifiables se répandent : le 6 septembre, « la population est agitée, mille bruits circulent sur Paris, Mac-Mahon, on croit entendre le canon du côté de Briey ». Le 23 septembre, on colporte que « les Prussiens seraient défaits et le roi prisonnier. » Le 2 octobre, « il n'est question que des succès de Paris, l'armée française aurait repoussé les Prussiens jusqu'à Château-Thierry ». On parle aussi de révolution en Prusse, d'état de siège à Berlin. Henri Jeandelize, sceptique, s'exclame : « Puisse nos espérances se réaliser, puisse notre pauvre France se relever et profiter de la terrible leçon

qu'elle vient de recevoir ! » Et beaucoup de Messins disent :
« Nous serons débloqués le 10 ! » Espoir suivi bientôt de la
plus cruelle désillusion.

Au bout de quelques semaines, le ravitaillement est
devenu la hantise quotidienne de ceux qui n'ont pas été en
mesure de rentrer des provisions ou qui ont vu leurs jardins
et leurs champs de pommes de terre hors les murs pillés par
les soldats. Dans les greniers de la ville, on avait accumulé
des stocks ; le minotier Bouchotte avait également les siens.
Pour servir 750 g de pain par adulte, il faut chaque jour
300 quintaux de blé pour les civils, 480 quintaux pour les
militaires. Les stocks de la ville diminuent rapidement. On
interdit au début d'octobre la fabrication du pain blanc. Le
« pain de boulange », cuit avec de la farine non blutée, est le
seul dont la vente soit autorisée. C'est un composé noirâtre
et gluant où l'on trouvait de l'amidon, de l'orge, de la paille
hachée. La viande de cheval, seule visible aux étals, est peu
appréciée des consommateurs qui la trouvent « fade et étouf-
fante ». La viande de bœuf, le sucre, les pommes de terre, le
charbon sont introuvables ou se vendent à prix d'or. L'eau
potable elle-même vient à manquer après la coupure par les
Prussiens des canalisations venant de Gorze. Les privilégiés
qui disposent d'une bourse bien garnie peuvent encore, au
début d'octobre, trouver de quoi se nourrir : « Malgré notre
disette de vivres, on fait encore assez bonne chère dans les
grands hôtels et les restaurants de Metz. La boutique de certains pâtissiers dont les gâteaux sont, paraît-il, excellents, est
remplie du matin au soir par des officiers de la garde impériale. »

Bazaine interlocuteur de Bismarck

Les assiégés apprennent sans tarder la défaite de Sedan, le
départ en captivité de Napoléon, la déchéance de l'empire et
la proclamation de la République à Paris. Ces événements
sont connus d'une manière certaine à Metz le 10 septembre
par des journaux entrés clandestinement, puis par des
échanges de prisonniers. Bazaine avait été personnellement
informé le 7 septembre par une communication de Frédé-

ric-Charles confirmée par des émissaires qui s'étaient glissés à travers les lignes. Les perspectives politiques et militaires sont bouleversées, mais les incertitudes sont toujours aussi grandes et les rumeurs aussi folles. Des bruits circulent, annonçant des troubles révolutionnaires à Paris et même une révolution européenne.

Comme beaucoup d'officiers, et notamment ceux de la garde impériale, Bazaine est indigné par la «folie criminelle» du 4 septembre et il refuse de reconnaître ce gouvernement «illégitime». À ce sujet, il demeure une certaine ambiguïté car Bazaine a adressé deux dépêches, les 15 et 25 septembre, au ministre de la Guerre. D'autre part, Bazaine est jaloux du général Trochu devenu son chef et il pense que la défense de Paris est une absurdité. Il prévoit donc une capitulation rapide de la capitale. Aussi, ce n'est plus le côté strictement militaire qui désormais intéresse Bazaine. Dans son esprit a germé l'idée qu'il pourrait être investi d'une autre mission, celle de rétablir à Paris la dynastie et d'être le rempart d'un cadre social menacé. Pour cela, il faut négocier avec Bismarck et apparaître aux yeux du ministre prussien comme un interlocuteur valable. Les contacts qu'il est amené à prendre le 16 septembre avec le prince Frédéric-Charles par l'intermédiaire de son chef de cabinet Boyer, qu'il a nommé général, sont une première approche. Frédéric-Charles, qui répond courtoisement et lui fait parvenir ses journaux, reste sur un plan militaire et rappelle que son but est la reddition de Metz et de l'armée du Rhin. Bismarck est immédiatement averti de l'état d'esprit de Bazaine; il perçoit tout le parti qu'il pourrait en tirer. Dans une situation incertaine, il est toujours utile d'avoir plusieurs fers au feu. Faut-il traiter avec les autorités impériales déchues et favoriser une éventuelle restauration? Faut-il négocier avec le gouvernement provisoire républicain? Entre les deux hypothèses, il est encore prématuré de trancher. En négociant avec les uns comme avec les autres, Bismarck se réserve une marge de manœuvre. Comme toujours dans ce genre de contacts interviennent des personnages de l'ombre, en l'espèce un aventurier du nom de Régnier qui fait la navette entre Metz, Versailles et Hastings où s'est réfugiée l'impératrice Eugénie. Régnier est reçu à

Ferrières par Bismarck le 19 septembre 1870. C'est un personnage sans mandat, qu'on peut désavouer ou éliminer s'il devient gênant. Bismarck calcule les avantages qu'il peut tirer d'une négociation avec Bazaine. Il inquiète et démoralise le gouvernement de la Défense nationale car il fait savoir à Jules Favre que l'armée de Metz ne lui appartient pas. Il affaiblit la position de Bazaine car il filtre des rumeurs où le faux se mêle au vrai. Ces rumeurs accréditent l'idée que Bazaine, au lieu de combattre, négocierait avec l'ennemi, qu'il serait un traître.

En une quinzaine de jours, Bazaine perd pied. Si les officiers de carrière acceptent de se prêter au rétablissement de l'ordre à Paris, ils sont divisés sur la solution à adopter : la garde reste favorable à l'empire, l'artillerie et l'infanterie se rangent en majorité du côté de la République; quant aux officiers de cavalerie, ils penchent pour la monarchie. Pour sa part, la population civile de Metz est républicaine et assimile l'inaction de Bazaine à une trahison pure et simple. Celui-ci se contente d'ordonner de petites sorties pour maintenir les troupes en haleine. Dans toutes les histoires de siège, ces affaires tiennent une grande place. Contentons-nous de les citer : Villers-l'Orme-Mercy (22 septembre), Peltre (27 septembre), Ladonchamps (1er et 2 octobre), Saint-Rémy et Malroy (7 octobre). Des groupes de francs-tireurs et des corps-francs s'infiltrent dans les lignes prussiennes et ramènent de temps à autre des prisonniers, des bottes et des casques. Le plus célèbre est le père Hitter, dit « l'ours blanc » à cause de sa barbe blanche. Ce sexagénaire, « solide comme un bœuf, souple comme une panthère », serait la terreur des Prussiens. Toutes les histoires de Metz ont colporté les exploits de « l'ours blanc ».

Au début d'octobre, Archibald Forbes revient examiner la situation autour de Metz. Il se rend à Maizières-lès-Metz, à l'état-major du général von Kummern, où il connaît des officiers. C'est un secteur chaud. Depuis quelque temps, le château de Ladonchamps est un enjeu. Le 27 septembre, il avait été pris puis abandonné par les Français. Dans la nuit du 1er au 2 octobre, une attaque surprise de la brigade Gibon déloge les occupants et repousse trois retours offensifs prussiens. C'est dans ce secteur que Bazaine ordonne au maré-

chal Canrobert d'exécuter un « fourrage », c'est-à-dire
d'essayer de s'emparer d'un important stock de foin et de
vivres qui seraient restés entreposés dans les fermes des
Petites et Grandes-Tapes. À cet effet, 400 voitures sont amenées de Metz. Pour favoriser la progression de l'infanterie, il
faut neutraliser les batteries allemandes établies sur les hauteurs dominant la Moselle. Bazaine a prévu deux opérations
de diversion : à l'ouest, Ladmirault attaquera Saulny et à
l'est, Le Bœuf prendra Malroy. En raison d'un brouillard
dense et persistant et d'un retard dans la transmission des
ordres, les unités s'ébranlent tard dans la matinée et se
heurtent à une résistance farouche ; elles progressent d'environ 1 km et enlèvent la Grande-Maxe, Frandonchamps,
Saint-Remy, les Petites et les Grandes-Tapes. Le sergent-
fourrier Séverin Arnold, qui participe à l'action, voit passer
le général Gibon « au grand galop, sur son cheval blanc,
devant la ligne de bataille ». Ce brave des braves se portait à
la gauche de notre brigade afin de donner des ordres ; il
repasse ventre à terre. Tout le monde s'écrie : « Notre briga-
dier va se faire tuer ! » De fait, il fut blessé mortellement
d'une balle allemande dans « le pliant entre l'épaule gauche
et le cou ».

Pendant que le combat d'infanterie fait rage, Archibald
Forbes déjeune paisiblement avec deux officiers prussiens
d'état-major. Les batteries de Sémécourt se mettent à tirer :
« Seulement quelques plaisanteries françaises autour de
Landonchamps, commente l'un d'eux, il n'y a rien de
sérieux aujourd'hui, il y a trop de brouillard dans la vallée. »

Puis toutes les batteries du secteur entrent en action. Les
convives se lèvent et s'avancent un peu pour apprécier
l'intensité des tirs : « Les traînées blanches de fumée étaient
visibles autour de la vallée. Sur le côté droit, les batteries de
Sémécourt étaient dures au travail ainsi que d'autres plus
proches de nous dans la plaine ; sur notre gauche, devant
Amelaye, deux autres batteries maintenaient un tir semi-
croisé ; des collines de l'autre côté de la Moselle, entre Olgy
et Malroy, l'artillerie prussienne de campagne grondait. »
L'intensité et la précision de feu prussien est telle que les
voitures sur lesquelles on devait charger le fourrage doivent
renoncer à s'avancer ; quant à l'infanterie française, elle

reçoit en fin d'après-midi l'ordre de se replier. Les Prussiens reprennent toutes les positions perdues le matin, sauf le château de Landonchamps que les Français garderont jusqu'au bout.

Cette opération, limitée dans son étendue (front de 3 à 4 km) et limitée dans son objectif (s'emparer de deux fermes situées à 1 km des tranchées françaises) est un échec total. Elle s'est heurtée à la précision et à la puissance de feu de l'artillerie prussienne. Metz et l'armée du Rhin sont vraiment enserrées dans un corset de feu. Cette attaque enfin est meurtrière; après l'affaire de Noisseville, c'est la plus coûteuse des opérations du siège : 1 700 Allemands, 1 250 Français dont 64 officiers sont hors de combat; parmi eux, le général Gibon qui meurt de ses blessures à Woippy le 19 octobre 1870. Cette opération est la dernière ordonnée par Bazaine. De par la volonté de son chef, l'armée du Rhin est hors jeu.

Du côté des officiers subalternes, on perçoit le flottement du commandement. Le lieutenant Albert de Mun, officier d'ordonnance du général de Clérembault, l'analyse avec justesse : « En quelques jours le maréchal Bazaine avait donné à l'armée sa mesure. Il ne savait pas conduire une armée, il savait encore moins la soutenir. Saurait-il la commander le jour de la bataille ? » De Mun songe manifestement à la sortie, sortie qui sera souvent évoquée mais qui ne sera jamais tentée. D'autres officiers ont des réactions plus vives. Un nom est exemplaire, c'est celui de Louis Rossel, un jeune capitaine du génie de vingt-six ans. Patriote et républicain, fils d'une lignée de militaires, il aime Metz et s'y est fait des amis lors de son passage à l'École d'application. Il est revenu dans la forteresse après la défaite de Forbach. Ce républicain ardent est scandalisé par l'inaction et les intrigues qu'il devine sans, dans l'immédiat, les percer au clair. Il écrit un mémoire à Bazaine qui reste sans réponse. Désespéré, il décide de quitter Metz. En franchissant les lignes, il est pris pour un déserteur ou un espion et est arrêté. Conduit devant Bazaine, il est interrogé, réussit à se justifier et est laissé libre (6 octobre). Ce cas extrême est révélateur du malaise qui s'est emparé des sous-officiers et des officiers subalternes.

Dans l'esprit de Bismarck, la négociation avec Bazaine est un moyen, un moyen de gagner du temps pendant que

Thiers voyage en Europe, un moyen de faire pression sur les avocats de Paris en agitant le spectre d'une éventuelle restauration bonapartiste. L'action psychologique est l'une des formes de la guerre.

Au lieu de flairer le piège, Bazaine persiste et s'enfonce. Il demande aux Allemands d'accorder un sauf-conduit au général Bourbaki pour se rendre en Grande-Bretagne. Le commandant de la garde impériale quitte Metz mystérieusement le 24 septembre. Pendant quelques jours, son départ reste secret et les bruits les plus divers courent sur sa mission. Bazaine, qui connaissait ses relations avec la famille impériale, l'a envoyé conférer avec l'impératrice Eugénie. Celle-ci, conseillée par Rouher, refuse d'envisager toute cession territoriale. Bourbaki comprend que de ce côté il n'y a aucune issue. Il rentre en France découragé et, comme les Allemands font des difficultés pour l'autoriser à retourner à Metz, il décide, après quelque hésitation, de se mettre au service du gouvernement de la Défense nationale. Il se rend à Tours auprès de Gambetta auquel il donne des informations confidentielles qui ne laissent plus guère d'illusion au ministre sur le sort final de l'armée de Metz.

En province, certains espèrent encore. La rareté des informations n'est pas forcément de mauvais augure : « Le maréchal Bazaine est homme à nous préparer des surprises », écrit Eugène Véron dans *Le Progrès* de Lyon (23 octobre). Eugène Jantot, de *La Gironde* (Bordeaux), rêve, tout simplement : « Bazaine est un grand homme de guerre : il en a le génie, l'audace, les inépuisables ressources. La campagne qu'il dirige depuis deux mois est une des plus belles et restera certainement une des plus mémorables de notre histoire militaire. » À Delle, où on lit les journaux suisses, on espère encore le 25 octobre ! « Les journaux suisses disent que Bazaine ne laisse pas une demi-heure de repos aux troupes qui sont devant Metz et que les Prussiens subissent des pertes énormes. »

L'agonie

À la mi-octobre, la situation matérielle et psychologique des assiégés se dégrade. Sur le plan militaire, l'impasse est totale. Les vivres s'épuisent rapidement. La ration de pain journalière descend à 450 g, puis à 300. Des files d'attente stationnent devant les boulangeries. Certaines d'entre elles ne sont plus régulièrement livrées en farine. Les pauvres, les indigents, les réfugiés souffrent cruellement de la faim, du froid et de l'humidité permanente. Ces souffrances auraient été acceptées assez aisément par les habitants s'ils avaient eu l'impression que la guerre était réellement conduite. Or l'inaction et les intentions prêtées à Bazaine pèsent encore plus sur les comportements que les privations.

Les soldats sont dans la même situation. Les pluies froides et torrentielles ont transformé les campements en champs de boue; les malades sont nombreux, les distributions de pain et de biscuit deviennent irrégulières et insuffisantes. Ceux qui ont de l'argent peuvent s'approvisionner sur les « marchés de la ville qui continuent à être garnis de denrées de luxe ». En ville, les esprits s'échauffent. Des placards anonymes dénoncent la trahison de Bazaine; dans les cafés, civils et soldats réclament ouvertement sa destitution. Les Messins refusent une capitulation qu'ils pressentent. Dans la soirée du 13 octobre, des groupes de Messins (entre 400 et 1 000 selon les sources) stationnent devant l'hôtel de ville où siège le conseil municipal. Des propos menaçants sont tenus contre Bazaine. La garde nationale, réunie en armes à l'instigation d'un comité d'officiers, veut s'opposer à la capitulation; elle projette d'aller au Ban-Saint-Martin réclamer la démission du maréchal et la nomination d'un comité de défense. Félix Maréchal s'interpose et accepte de porter lui-même à Bazaine une adresse qui exprime la détermination des Messins à se défendre jusqu'à la dernière extrémité. Cet affrontement montre le divorce entre les Messins et le commandement, divorce qui porte autant sur la conduite de la guerre que sur les choix politiques. On ne pardonne pas aux généraux de sacrifier le pays et Metz à la fidélité au régime déchu.

Imperturbable, Bazaine continue à négocier. Bismarck, qui a vite percé les limites de son interlocuteur et abandonné la solution d'une restauration bonapartiste, l'intoxique en lui envoyant une seconde fois Régnier. Bazaine ignore ce qu'est devenu Bourbaki, qui depuis un mois n'a donné aucun signe de vie. De ce silence, il peut déduire l'échec de sa mission. Pour en avoir le cœur net, il confie une seconde mission à son chef d'état-major, le général Boyer. Bismarck le reçoit à Versailles et l'autorise à se rendre en Grande-Bretagne auprès de l'impératrice Eugénie. Rouher, qui l'a rejointe, lui conseille depuis plusieurs semaines la réserve à l'égard des intrigues de Bazaine. Au nom de l'empire, elle ne peut consentir à une paix dans laquelle la France perdrait l'Alsace et la Lorraine. Boyer rentre en France les mains vides. Une paix bonapartiste, dont l'armée de Bazaine serait le fer de lance, est absolument impossible.

Le 23 octobre, Frédéric-Charles transmet à Bazaine l'information suivante : « Les propositions qui nous arrivent de Londres sont dans la situation actuelle inacceptables et je constate, à mon grand regret, que je n'entrevois plus aucune chance d'arriver à un résultat par des négociations politiques. » Bazaine est acculé. Il doit choisir entre deux solutions, l'une et l'autre très mauvaises : la capitulation pure et simple ou la sortie en masse. Pour trancher, un conseil de guerre est réuni le 23 octobre. Les discussions sont longues. Jarras, Changarnier, Le Bœuf se prononcent pour la capitulation. Ils constatent douloureusement qu'après deux mois de siège, l'état de l'armée ne permet aucune autre issue. Desvaux, qui commande la garde depuis le départ de Bourbaki, est le seul à se prononcer pour la sortie. Au terme d'un débat tendu, le conseil de guerre repousse l'idée d'une sortie en masse, coûteuse en hommes et probablement vaine, et se résigne à la capitulation. Cette solution qui ménage les vies humaines est humiliante pour les soldats qui se rendront sans avoir combattu.

Dans un discours très émouvant et en même temps très dangereux par certaines de ses affirmations, le général Changarnier évoquera plus tard à la tribune de l'Assemblée nationale (27 mai 1871) le drame qu'il avait vécu à Metz. Il rappelle que l'armée du Rhin s'était battue et bien battue; les combats d'août avaient prouvé sa vaillance. « Elle a été vaincue par le nombre, nos soldats ayant combattu non pas un contre deux mais un contre trois, la garde ayant été tenue en arrière moins trois bataillons. » Une telle arithmétique militaire laisse pantois, elle a été reprise par de nombreux auteurs. Elle nous montre à quel point on peut, de bonne foi, expliquer les défaites avec de faux arguments. Plus loin, Changarnier rappelle, et sur ce point il a totalement raison, qu'à la fin de septembre, « la cavalerie était à pied, l'artillerie n'étant plus attelée se trouvait condamnée à l'immobilité ». On touche là au cœur le drame de Metz, au niveau des moyens disponibles du moins. Dans son journal, le 26 octobre au soir, Desvaux note avec tristesse : « Conseil à 9 h et demie! Prisonniers de guerre! Voilà donc la fin du drame. Le temps aussi nous accable. Nous mourrons dans la boue de toute manière! Dans la soirée, grande prostration. Nuit sans sommeil, souffrances morales. »

Quelques officiers voudraient sauver l'honneur; ils complotent contre le commandant en chef; un jeune capitaine, Louis Rossel, qui a des amitiés parmi les démocrates messins et la garde nationale, a été l'un des plus ardents et cherche vainement à entraîner le général Clinchant.

Jusqu'aux derniers jours, les journaux messins qui ont continué à paraître durant le blocus repoussent avec indignation toute idée de capitulation : « Metz est le boulevard de la France. Metz l'invincible, Metz la pucelle doit tenir et tiendra. » Ces proclamations n'empêchent pas les négociations de s'engager et d'aboutir le 27 octobre au soir. Le 28, les régiments français déposent leurs armes et leurs drapeaux dans les forts. Certains désobéissent aux ordres, les détruisent ou rendent des fusils inutilisables après avoir jeté la culasse mobile. Dans la ville règne une atmosphère de fièvre; la garde nationale parcourt les rues en chantant *La Marseillaise* et en conspuant Bazaine et les généraux capitulards; des groupes grimpent dans le clocher de la cathédrale et font sonner à toute volée la Mutte, la cloche du tocsin. Les manifestants n'osent s'emparer ni de l'hôtel de ville ni de l'hôtel du gouverneur gardés militairement; tout s'apaise dans la nuit.

Le surlendemain, 29 octobre, jour sombre et lugubre, la pluie tombe à verse; dans la ville morte, quelques rares passants lisent le texte de la capitulation affiché sur les murs. À midi, les premiers détachements prussiens prennent possession des forts et de la porte Mazelle. Ils arrivent aux postes de garde de la place d'Armes. Dans l'après-midi, les Prussiens s'avancent, musique en tête, précédés du gouverneur, le général von Kummern « tenant en main le plan de la ville avec lequel il se guide ». Il s'installe à l'hôtel de la Princerie tandis qu'Henckel de Donnersmarck prend possession de la préfecture. Metz est désormais une ville allemande. Le maire, Félix Maréchal, reste la seule autorité morale. Un aumônier militaire français cantonné à Vallières commente : « La nuit arrive et nous entendons les troupes prussiennes qui font leur entrée triomphale dans la ville. Le vent nous apporte le bruit de leurs musiques, de leurs fanfares et de leurs hourras répétés. [...] Jusqu'à minuit, l'écho de leur joie bruyante arrive jusqu'à nous... » Un officier, Henri Choppin, qui est résigné à partir en captivité, confie à son journal : « Metz est complètement occupée par l'armée victorieuse. On croise partout des régiments parcourant la ville, officiers à cheval, voitures de bagages, etc., etc. Les places sont encombrées par des convois de vivres. On regarde avec étonnement les denrées de toutes sortes dont on était privé depuis si longtemps. L'abondance la plus grande semble renaître dans cette malheureuse ville. Mais la triste réalité est là, l'Invasion. Devant la statue de Fabert les musiques jouent l'hymne allemand. La cathédrale couvre de son ombre vainqueurs et vaincus et nous fait douter de la Providence. »

Quelques-uns refusent de se résigner, et parmi eux le capitaine Louis Rossel. Habillé en paysan – une blouse bleue, un chapeau rond, un paletot gris – il s'enfuit, se glisse entre les lignes prussiennes. Par une pluie affreuse et des chemins boueux, il atteint sans encombre le petit village de Châtel-Saint-Germain où il a des connaissances, puis il gagne à pied le Luxembourg, prend le chemin de fer pour Bruxelles. Là, il écrit deux articles que publie *L'Indépendance belge.* Il rentre rapidement en France se mettre au service des armées de Gambetta. L'exemple de Rossel est loin d'être unique.

Paris réagit : la journée révolutionnaire du 31 octobre

Les 2 millions de Parisiens vivent avec un décalage la même situation que les 70 000 Messins. Ils reprochent aux généraux leur inaction et les soupçonnent d'être résignés à la négociation. En six semaines, le général Trochu est devenu impopulaire; aucune de ses prévisions ne s'est réalisée. Au lieu d'attaquer, les Prussiens sont restés l'arme au pied et renforcent chaque jour le blocus. Pendant ce temps, les Français ne font rien ou presque.

Dans ce climat, le moindre incident est susceptible de mettre le feu aux poudres. Le point de départ est l'annonce faite par *Le Combat*, le journal de Félix Pyat, de la capitulation prochaine de Metz. Le gouvernement se croit obligé de démentir énergiquement « ces tristes calomnies » par un communiqué où Bazaine est appelé « le valeureux soldat de Metz ». Les informations publiées par Pyat sont confirmées et le gouvernement doit faire volte-face d'une façon humiliante. En même temps on annonce à Paris le retour de Thiers. Après sa tournée des capitales européennes, il est passé à Tours où il a conféré avec Gambetta. Pour rentrer à Paris, il a obligatoirement traversé les lignes prussiennes et on le soupçonne d'avoir pris contact avec Bismarck. Les Parisiens qui, jusqu'ici, n'ont pas encore été envoyés au feu et brûlent de se battre, ne veulent entendre parler ni de négociations ni d'armistice. Au nom des administrés du XVIIIe arrondissement, le maire, Georges Clemenceau, l'affirme avec hauteur. Les critiques contre les généraux sont amplifiées par la malheureuse affaire du Bourget. Ce village, qui a été conquis de haute lutte le 28 octobre, est repris par les Prussiens le 30. On reproche au gouverneur d'avoir refusé d'envoyer des renforts. Tous les généraux sont comme Bazaine, ils ne veulent pas se battre, il faut leur arracher le pouvoir et proclamer la Commune pour mettre un terme à leurs lâchetés et à leurs trahisons. L'annonce de la capitulation de Metz est donc un révélateur qui permet à un mécontentement latent de s'exprimer au grand jour. Les dirigeants de l'extrême gauche, Auguste Blanqui, Félix Pyat, Gustave Flourens, Charles Delescluze font battre la générale dans les quartiers de l'est. Au cours de la matinée du 31, des gardes nationaux en armes se rassemblent et descendent vers la place de l'Hôtel-de-Ville; des orateurs les chauffent : « Pas d'armistice! La guerre à mort! La Commune, la Commune! » La foule grandit, s'impatiente.

Au début de l'après-midi, elle force les portes du palais municipal faiblement gardé. Le maire, Emmanuel Arago, s'interpose en vain. Les manifestants envahissent la salle où les ministres délibèrent. Ceux-ci sont bousculés, insultés, on leur interdit de sortir; ils sont prisonniers de l'émeute et menacés de déchéance. Dans la confusion, l'un d'eux, Ernest Picard, réussit à s'échapper; il court rassembler les bataillons fidèles de la garde nationale et alerte le général Ducrot dont l'état-major est à la Porte Maillot. Pendant ce temps, à l'Hôtel de Ville, on se presse, on se bouscule, on vocifère. Flourens, qui est entré vers 15 heures dans le « salon jaune », vêtu d'un costume extraordinaire avec des bottes à éperon, est monté sur la table du conseil. Il prépare un nouveau gouvernement et un Comité de salut public. Dans d'autres salles, le maire Arago négocie l'élection du conseil municipal et des maires d'arrondissements. On jette à la foule par les fenêtres des papiers sur lesquels figurent les noms des futurs ministres. Dorian, ministre des Travaux publics, est au centre de toutes les combinaisons : il refuse toutefois de s'engager. Les ministres présents, assis autour de la table, sont insultés. Ils gardent leur sang-froid, en particulier le général Trochu. Non loin de l'Hôtel de Ville, à la préfecture de la Seine, le vieux révolutionnaire Auguste Blanqui, introduit par Raoul Rigault, s'est installé dans le bureau du préfet et dicte des ordres.

Pendant ce temps, Ernest Picard a beaucoup de mal à rassembler une poignée de gardes nationaux. Vers 20 heures, il réussit à les faire pénétrer par les sous-sols de l'Hôtel de Ville. À la faveur de la confusion Trochu et Ferry réussissent à s'enfuir. Trochu se rend à son état-major du Louvre et fait arrêter les troupes de Ducrot parvenues à l'Étoile. Il veut libérer ses collègues sans effusion de sang. Jules Ferry est plus déterminé et il harangue, place Vendôme, la garde nationale fidèle. Il se place à sa tête et se dirige vers l'Hôtel de Ville. L'affrontement paraît inévitable. Or il n'en est rien : il est tard, il pleut, beaucoup de gardes nationaux, croyant la victoire acquise et la Commune proclamée, sont rentrés chez eux. Dans les rues désertes, l'extrême gauche est minoritaire; ceux qui restent à l'Hôtel de Ville se laissent disperser. Les chefs eux-mêmes, surpris, négocient discrètement. Les derniers membres du gouvernement, Jules Favre, Jules Simon, Garnier-Pagès sont libérés. Jules Ferry laisse filer les dirigeants révolutionnaires. Il est entre 3 heures et 4 heures du matin. Le gouvernement reste maître des lieux au terme d'une journée fertile en péripéties. Sa « victoire » est peu glorieuse ; elle a tenu à un concours de circonstances tout à fait extraordinaire.

Une réflexion sur ces événements permet d'écarter les interprétations erronées ou simplistes. Certains y ont vu « un mot d'ordre extérieur », d'autres une « conspiration ». La faiblesse, la division, l'indécision des insurgés prouvent à l'évidence l'absence de projet préalable. Au lieu d'agir, ils palabrent et sont incapables de s'accorder sur une solution quelconque. De même, entre les manifestants et le gouvernement, les attitudes sont moins tranchées qu'on ne le dit. Certains ministres sont résignés à un compromis, d'autres, comme Ferry et Picard, voudraient trancher dans le vif. Les maires d'arrondissements qui sont présents à l'Hôtel de Ville ont aussi une attitude intermédiaire. Quelques-uns ont des sympathies pour l'extrême gauche et ils sont les artisans de la convention tacite passée entre les émeutiers et le gouvernement : pas de représailles et l'élection, dans les plus brefs délais, des municipalités d'arrondissement.

Une autre leçon de cette journée est l'extraordinaire faiblesse de ce gouvernement, qui est aussi mal informé que mal protégé. En arrivant à l'Hôtel de Ville, les ministres ne croyaient pas à la gravité de l'insurrection. Le général Trochu, naïf et inconscient, lance imprudemment : « Je réponds de l'ordre. » Or la préfecture de police est désorganisée. La garde nationale sédentaire est dans une totale anarchie ; une partie de ses bataillons s'est engagée dans l'émeute, la plupart des autres restent indifférents au sort du gouvernement. Il a fallu toute l'énergie de Jules Ferry pour les retourner de son côté.

Les troupes régulières de la garde mobile n'ont pas été mêlées à ces événements. Trochu décide de s'assurer de la fidélité de la seconde et la plupart des bataillons envoient au gouverneur des adresses de soutien. Celle émanant d'un bataillon d'Ille-et-Vilaine est très catégorique : « Notre épée est au service de la France. Elle ne servira jamais la Commune de Paris. »

Quant au gouvernement, il veut faire la preuve que les insurgés ne sont qu'une minorité et il consulte immédiatement la population par référendum. Le 2 novembre, comme le montrent les résultats ci-dessous, le gouvernement l'emporte très largement :

Résultats du scrutin du 2 novembre 1870

	oui	non
Armée de terre, de mer et garde mobile	236 623	9 053
Sections de Paris et populations réfugiées	321 373	53 585
Total	557 996	62 638

Toutefois, les élections aux mairies d'arrondissements qui ont lieu deux jours plus tard (5 novembre) corrigent quelque peu les premiers résultats, car 5 conseils sur 20 sont franchement hostiles. Néanmoins, on peut dire que le gouvernement a obtenu l'appui de l'immense majorité des Parisiens.

La reprise en main de la garde nationale suppose des sanctions contre les chefs de bataillons insurgés. Quatorze d'entre eux sont révoqués, parmi lesquels Flourens, Goupil, Ranvier, Millière. Un nouveau commandant est nommé en la personne du général Clément Thomas, un ancien proscrit du 2 Décembre. Le nouveau préfet de police élimine les éléments d'extrême gauche qui s'étaient infiltrés dans les services. Toutefois, le gouvernement, divisé sur les sanctions à l'égard de l'extrême gauche, incline à fermer les yeux. C'est pourquoi la plupart des mandats d'arrêt restent lettre-morte. Flourens, Blanqui, Vallès, Millière, Rigault échappent aux recherches. À Ménilmontant, dans le XIe, une agitation sporadique se poursuit. Si les circonstances le permettaient, l'extrême gauche pourrait à nouveau montrer sa force. À l'Hôtel de Ville, elle a désormais un adversaire tenace et résolu en la personne de Jules Ferry. Le nouveau maire de Paris est l'un des rares ministres à avoir fait preuve d'esprit d'initiative, d'énergie et de sens de l'État.

Bazaine a trahi!

Comme à Paris, l'annonce de la capitulation de Metz entraîne dans de nombreuses villes de province des mouvements populaires. C'est la consternation, l'indignation, voire l'incrédulité. Pour que la vérité s'impose il faut plusieurs jours; c'est parfois l'abattement, le découragement. Dans le Nord, pourtant menacé par l'invasion, B. Ménager relève que le sursaut espéré par Gambetta ne s'est pas produit. L'émeute parisienne du 31 octobre a accru l'inquiétude. Les préfets républicains font la remarque suivante : « Nous considérons cela comme la fin [...] nos populations déjà si découragées exigeront la paix à tout prix » (2 novembre). Le plus souvent, c'est un sursaut patriotique avec une tonalité jacobine et révolutionnaire : « La capitulation de Metz afflige; elle n'abat pas. La France de 1793 n'a pas vaincu l'Europe du premier coup. Ce n'est qu'après avoir subi de cruelles défaites qu'elle a rassemblé et concentré son énergie contre l'étranger. Imitons l'exemple de nos pères », peut-on lire dans *Le Progrès* (30 octobre 1870). Certains pensent qu'on peut encore obliger les Prussiens à lâcher prise et les acculer à « un désastre comme l'a été pour nous la retraite de Russie! ». Des journaux comme *Le Phare de la Loire* répètent des propos invraisemblables : « La Prusse n'a plus d'argent, la Prusse n'a plus d'hommes, la Prusse est perdue. » À Nîmes, les comités républicains manifestent dans les rues, veulent la levée en masse, la révocation du maire (trop modéré). Ils envahissent la préfecture. Finalement, la garde nationale disperse les manifestants et les autorités légales reprennent le contrôle de la situation. À Marseille, attroupements et manifestations prennent une allure révolutionnaire et essaiment dans de nombreuses villes du Midi en liaison avec la Ligue du Midi. Une commune révolutionnaire s'installe quelques jours à l'hôtel de ville de Marseille. Des tentatives de même nature échouent à Lyon, Saint-Étienne, Valence et Nice.

De son côté, Gambetta, éclairé par ses conversations avec Bourbaki sur certaines négociations de Bazaine, lance la proclamation du 30 octobre que le télégraphe répercute dans toutes les communes non occupées, proclamation d'où se détache la fameuse phrase : « Bazaine a trahi! » C'est l'appel à la levée en masse, c'est la réponse populaire et républicaine à l'incapacité des généraux bonapartistes. On a reproché à Gambetta d'avoir employé le mot « trahison » sans aucune preuve, de l'avoir utilisé pour tenter d'obtenir un sursaut. L'intention de Gambetta n'est pas douteuse, il veut préparer les esprits à la levée en masse. La mobilisation de tous les hommes valides de vingt à quarante ans sera annoncée le 2 novembre et la suppression des dispenses le 5 novembre. Mais cette véhémence accusatrice n'est pas sans danger. Elle jette la suspicion sur tous les officiers qui ont servi l'empire et qui maintenant sont indispensables à la défense nationale. Des généraux, des officiers sont molestés, arrêtés, d'anciens fonctionnaires de l'empire sont menacés de cour martiale. Au lieu d'apaiser, les autorités locales surexcitent les passions, car l'explication de la défaite par la trahison correspond trop aux attentes pour ne pas être admise par l'opinion. Presque tous les Français pensent que Gambetta a raison. Dans les jours qui suivent la capitulation de Metz, les témoignages se multiplient et vont tous dans ce sens. Relevons, parmi des dizaines, cette lettre d'un capitaine échappé de Metz et qui, de Belgique, télégraphie son indignation. Le texte est publié à Lyon le 14 novembre : « Nous avons été vendus à Metz par l'infâme Bazaine, le plus grand scélérat qu'ait jamais produit le monde. [...] Bazaine, l'homme de cet ignoble empereur était un traître. [...] Nous sommes unanimes sur le fait de la trahison... » Comment récuser la parole d'un soldat témoin des faits ? Cette version des faits court en territoire occupé et paraît confirmée par les ennemis. Un habitant de Delle écrit dans son journal : « C'est bien pénible d'entendre dire par les Prussiens eux-mêmes que Metz leur a été vendue comme bien d'autres villes et qu'on devrait couper la tête à Bazaine et à Napoléon avec plusieurs chefs prussiens qui leur font autant de tort qu'à nous. » Réaction spontanée d'indignation, mais aussi certitude profondément ancrée que rien ne pourra déraciner.

Cette trahison appelle un sursaut. « Le temps des défaillances est passé. C'en est fini des trahisons. [...] Vous vain-

crez », lance Gambetta. À Paris, le gouvernement a surmonté le mouvement révolutionnaire. En province,
Gambetta a rétabli rapidement l'autorité de la Délégation,
un moment débordée dans les villes du Midi. Les royalistes
marquent leurs réserves. *La Gazette de France, Le Français*,
journaux conservateurs, doutent que le salut de la patrie
puisse venir de la République « une et indivisible ». Pourtant, la droite ne refuse pas son concours.

Charrette et les zouaves pontificaux combattent dans
l'armée de Gambetta. En de nombreuses régions, l'enthousiasme patriotique est loin d'être l'attitude dominante. Dans
le Nord, pourtant menacé par l'invasion, B. Ménager relève
que le sursaut espéré par Gambetta ne s'est pas produit.
L'émeute parisienne du 31 octobre a accru l'inquiétude.

Signification de la capitulation

La capitulation de Metz est un événement militaire considérable. Les assiégeants ont gagné par la combinaison d'un
blocus rigoureux et de l'arme psychologique. Contrairement
à Strasbourg, Thionville et Toul, Metz, qui était hors de portée des canons de l'époque, n'a pas été bombardée et n'a subi
aucune destruction.

Bazaine livre les 137 000 hommes de l'armée du Rhin
auxquels il faut ajouter la garnison de la place, les blessés et
les malades, la garde mobile, soit plus du double des pertes
de Sedan. Parmi les prisonniers figurent trois maréchaux
(Bazaine, Canrobert et Le Bœuf), neuf généraux (Changarnier, Cissey, Clinchant, Coffinières, Desvaux, Frossard, Jarras, Ladmirault et Soleille), plusieurs milliers d'officiers et
de sous-officiers. Aux portes de Metz, les opérations de
regroupement des soldats français désarmés commencent ;
ils sont conduits aux cantonnements prussiens puis gagnent
à pied Ars, Remilly ou Pont-à-Mousson, où ils attendent des
trains qui les conduiront sur les lieux de leur captivité. Les
évasions sont nombreuses. Quant aux officiers, ils sont autorisés à retourner chez eux ; ils sont libres sur parole à condition de prendre l'engagement de ne pas servir contre l'Allemagne. Beaucoup refusent cette facilité et préfèrent être

prisonniers. C'est le cas du général Desvaux qui part pour l'Allemagne le 1er novembre : « J'ai soixante ans aujourd'hui et cet anniversaire est un des jours les plus tristes de ma vie ! J'ai quitté cette campagne de la Ronde [au Ban-Saint-Martin, près de Metz] sur un chariot pour me rendre au chemin de fer. À 11 h et demie, le convoi a quitté Metz. » Desvaux arrive à Mayence le 3 novembre ; il est envoyé à Dusseldorf le 6, où il loue une modeste chambre. Pour beaucoup d'officiers de Metz, une captivité morose commence.

En Allemagne, la chute de Metz, attendue, espérée, provoque une immense satisfaction. Depuis les victoires de l'été, la guerre marquait le pas et la prise de la « ville militaire française par excellence » a une profonde résonance psychologique. On rappelle ses liens anciens avec l'empire et les projets d'annexion se précisent.

À l'étranger, la capitulation que l'on pressentait depuis quelques jours n'est pas une surprise. Les commentaires des journaux insistent « sur le coup formidable porté à la France » et beaucoup pensent que c'est un tournant décisif dans la guerre. La France est privée d'armée régulière. Elle a perdu aussi un énorme matériel : artillerie, munitions et équipements de toute sorte. Le correspondant du *Times* en souligne l'ampleur : « La plus puissante forteresse française, entourée de travaux si étendus et considérables que l'armée de Bazaine peut s'y réfugier sans craindre une attaque directe, est à présent aux mains des Allemands. [...] Ce n'est pas tout : Metz est un arsenal autant qu'une forteresse, aux canons de ses fortifications il faut ajouter ceux que l'on trouvera à l'intérieur, de même que la vaste machinerie prête à fabriquer armes et munitions de guerre. Les dépouilles de la plus grande armée qui eût jamais mis bas les armes dans les temps historiques sont aux mains des vainqueurs... » « Quelques bandes de francs-tireurs n'obtiendront pas pour la France les conditions que les armées de Mac-Mahon et de Bazaine n'ont pas réussi à lui valoir » (28 octobre 1870). « Metz était bien plus forte que Paris et Metz est tombée ! » Si les journaux étrangers, belges et anglais, font des reproches au maréchal, ils ne croient pas du tout à sa trahison et ils ont raison. En France, la trahison est d'abord une explication à usage interne. Le roi Léopold de Belgique ne mâche pas ses mots. Dans une lettre privée à la reine Victoria, il interprète ainsi les événements : « C'est un fait immense, sans pré-cédent, de nature à hâter la paix. Cette paix, pour être durable, il faut que les Allemands l'imposent à Paris. Aujourd'hui, les illusions des Français sont telles qu'ils ne croient pas à leurs défaites. À Sedan, à Metz, ils ont été tra-his ! Pour le repos de l'Europe, il faut que la France sente sa véritable situation, elle doit apprendre qu'elle est complète-ment écrasée et cela pour avoir commencé sans motif une guerre de pure ambition » (30 octobre). *L'Indépendance belge*, dont les articles indisposent le roi parce qu'elle sou-tient la résistance française, partage à propos de Bazaine l'opinion du souverain. Dans une brochure publiée quelques semaines après les événements et intitulée *La Capitulation de Metz devant l'histoire*, l'accusation de trahison est écartée d'un revers de main. En revanche, l'auteur met l'accent sur la mission ténébreuse de Régnier, le départ mystérieux de Bourbaki, le voyage de Boyer. Il montre comment, par son inertie, Bazaine a perdu de bonne heure la confiance et l'estime des soldats qu'il avait sous ses ordres. Sa responsabi-lité dans « le fatal événement » est totale, mais ce n'est pas un traître.

Dans l'immédiat, en France comme en Allemagne, on compare l'événement militaire, « le plus considérable du siècle », avec les sièges fameux du passé, Gênes, Mayence, Dantzig, Saragosse, Sébastopol. Tous les chefs assiégés, Mas-séna, Kléber, Gouvion-Saint-Cyr, etc., s'étaient courageuse-ment battus avant de se rendre. Aucun ne s'était réfugié dans une telle passivité. À la fin des guerres napoléoniennes, la plupart des grandes places (Anvers, Hambourg) avaient résisté victorieusement et négocié leur reddition. Il faudra attendre la bataille de Stalingrad pour qu'un nombre plus élevé de prisonniers soit capturé d'un coup. Pour toutes ces raisons, le blocus de Metz a frappé les esprits et laissé dans la mémoire de ceux qui l'ont vécu une empreinte indélébile : amertume et indignation chez les Français, fierté chez les Allemands.

La plupart des observateurs pensent que la guerre est finie. Les Français n'ont plus d'armée régulière et doivent reconnaître leur défaite. Or, une seconde fois, comme après Sedan, ils la refusent et la guerre rebondit.

Face à cette situation nouvelle qui ne le surprend pas mais qu'il espérait autre, le haut commandement allemand n'est pas pris au dépourvu. Toute l'armée de Frédéric-Charles (environ 200 000 hommes) est désormais disponible et peut être envoyée vers d'autres théâtres d'opérations. Au début de novembre 1870, des ordres sont donnés en conséquence. Gambetta est menacé dans les semaines à venir d'une vigoureuse poussée allemande sur la Loire et au sud de Paris.

Dans Metz conquise entrent soldats allemands et reporters étrangers. Archibald Forbes, qui avait souvent regardé à la jumelle la cité assiégée, peut enfin fouler ses rues et ses places. Il est frappé par le nombre des blessés et des malades; il pousse la porte des ambulances et des hôpitaux où une odeur fétide le prend à la gorge. Il découvre près d'une caserne des assemblages de bois qui devaient servir à jeter des ponts sur le Rhin. Pauvre armée du Rhin! Il visite la gare, les dépôts, les campements, parcourt les rues, flâne sur l'Esplanade. Toutes les boutiques sont ouvertes et sont remplies de marchandises arrivées rapidement de Nancy et de Sarrebruck. Les cafés sont bondés d'officiers prussiens et français; les premiers boivent de la bière, les seconds du cognac ou de l'absinthe. Un jeune Prussien de vingt et un ans, Bernhard von Bülow, le futur chancelier de l'Empire allemand découvre Metz le 5 novembre. Il s'était engagé dans les hussards du roi, et après une rapide instruction à Sarrebruck il rejoint son régiment qui participe au siège de Metz. Il arrive alors que tout est fini, mais il a la joie de traverser la ville « sabre au clair, les trompettes sonnant la fanfare et l'étendard déployé... ». Il écrit à ses parents, restés à Berlin : « Tous les magasins, dont beaucoup sont très élégants, sont ouverts, les rues grouillent de soldats français; toutes les dames sont en noir. Les quais de la Moselle sont très jolis. Nous sommes montés jusqu'à Chazelles, petit village sur une hauteur au-dessus du fort Saint-Quentin. [...] J'ai d'ici une vue splendide sur la ville, la cathédrale et les remparts. »

CHAPITRE VIII

Moltke bloque les tentatives françaises

La capitulation de Metz a mis Gambetta en vedette. Il est devenu l'adversaire principal des Allemands, leur adversaire politique et militaire tout à la fois. Jamais Moltke et ses collaborateurs n'avaient cru les Français capables de lever si vite des armées de secours. Ce ne sont plus des soldats formés qu'il faut combattre, mais des milices mal armées. La guerre contre la République prend le visage d'une guerre populaire.

Gambetta lance l'armée de la Loire

À partir de la mi-octobre, Tours est l'un des centres stratégiques de la guerre. Au début, Moltke n'avait pas pris au sérieux ces avocats républicains bavards. Gambetta, pense-t-il, n'était bon qu'à lancer des proclamations incendiaires et démagogiques. Pas un seul instant il n'avait imaginé que des civils puissent prétendre à la conduite de la guerre. Lui-même les tient soigneusement à l'écart, c'est une règle absolue. Depuis son installation à Versailles, Moltke dirige les opérations à distance. Gambetta est à proximité des hommes et des unités, il se déplace, réunit les généraux et s'efforce de leur insuffler l'énergie qui l'anime. C'est toute la différence entre la technique froide, mesurée, méthodique d'un professionnel et un politique qui a tout à apprendre du métier militaire, et qui doit d'abord s'imposer aux officiers et aux généraux.

La délivrance de Paris est le souci majeur de Gambetta. Il piaffe d'impatience. Il veut montrer aux Parisiens qu'il a quittés au début du mois que la jeune armée de la Loire existe et qu'elle n'attend pas passivement l'arrivée du vainqueur de Metz. Pour effacer la capitulation de Bazaine, l'armée de la République doit prendre une initiative propre à inquiéter les Allemands. C'est pourquoi il presse le général d'Aurelle d'agir hardiment. Celui-ci trouve prématuré de lancer une offensive vers Paris. Son armée est encore trop fragile, elle manque d'armes, d'équipements et surtout de cadres. Pour combler les vides, Gambetta a suspendu la législation relative au recrutement et à l'avancement des officiers. Il fait flèche de tout bois. Contrairement aux règles habituelles, il accorde des promotions accélérées. Il va jusqu'à nommer à des grades d'officiers des hommes n'ayant aucune expérience militaire préalable. Bien que ces fonctions aient été décernées à titre temporaire, les officiers d'active sont irrités par ces procédures insolites.

D'autre part, le renseignement et l'information sont toujours aussi pauvres. On ignore où se trouve l'ennemi, on ignore encore plus les intentions du général Trochu. Depuis un mois on croit qu'il va tenter une percée. Rien de tel ne s'est encore produit. Pour avoir une chance de délivrer Paris, il faudrait combiner l'offensive de l'armée de la Loire avec la fameuse percée. Or les deux pôles de décision communiquent entre eux par pigeon et par ballon. Jamais les circonstances ne permettront de synchroniser le mouvement des troupes de Paris et celui de l'armée de la Loire.

D'Aurelle est dans un état d'esprit très éloigné de celui de Gambetta. Au lieu de le stimuler, la capitulation de Metz l'inquiète. Il s'interroge : « L'armée marchera-t-elle après cette nouvelle ? » Le style républicain de la proclamation de Gambetta, qui dénonce les généraux compromis avec l'empire et appelle à la guerre à outrance, le hérisse. Néanmoins, il se fait une raison; il faut collaborer avec ces civils et ces républicains qui le déroutent et l'aiguillonnent. Freycinet le presse : « Agissez vite et résolument. Il me semble que dans vos calculs vous prenez beaucoup de temps. Bonne chance et à la grâce de Dieu! Vous portez en ce moment, général, la fortune de la France et jamais rôle plus beau fut dévolu à un homme. Vous pouvez relever notre patrie et l'abattement où elle est plongée depuis de longs mois » (5 novembre). Le mouvement est prévu pour le 9 novembre. À gauche, le 16e corps de Chanzy doit progresser des environs de Blois vers le nord-est en direction de Pithiviers; il est flanqué en éclaireurs des francs-tireurs de Haute-Loire, des Hautes-Pyrénées et des volontaires de Vendée (Cathelineau). À droite, le général de Pallières franchira la Loire à Gien, puis obliquera vers le nord-ouest, longeant les lisières de la forêt d'Orléans. Il s'agit de prendre en tenaille les troupes bavaroises qui sont en pointe à Orléans sur la boucle de la Loire. Ce projet laisse d'Aurelle sceptique; il est mal informé sur les positions et la force des adversaires.

Freycinet se faisant de plus en plus pressant, d'Aurelle donne l'ordre de mouvement pour le 9 novembre : « Réveil à 5 heures du matin, on mangera la soupe à 7 heures et demie et on partira à 8 heures. » Le lendemain 10 novembre, par une journée pâle et brumeuse, les soldats de Chanzy accrochent les Prussiens et les Bavarois autour des villages de Patay et de Coulmiers à une quinzaine de kilomètres au nord d'Orléans. Ils ont l'avantage numérique; l'artillerie française, bien dirigée, est efficace; les zouaves de Chanzy sont pleins d'allant. Ils culbutent les Bavarois qui se replient sur Puiseaux et Malesherbes sans être inquiétés. En effet, d'Aurelle n'a pas les moyens suffisants de les poursuivre. Son aile droite commandée par le général de Pallières, qui avait franchi la Loire à Gien, accomplit son mouvement vers l'ouest trop lentement et les premiers détachements font leur jonction avec l'aile gauche alors que tout est terminé. Il n'empêche, les Bavarois ont été obligés d'évacuer Orléans qu'ils occupaient depuis un mois. D'Aurelle fait son entrée en général victorieux, acclamé par les habitants. Les francs-tireurs de Tours qui appartiennent à l'armée d'Aurelle adressent à leurs familles des correspondances enthousiastes : « Les dames d'Orléans saluent nos chers compatriotes par de chaleureux vivats et leur distribuent des fleurs à profusion. » Tours respire et on illumine. La menace allemande s'éloigne. Gambetta et Freycinet voient dans ce succès la confirmation de leurs intuitions. Dans une ardente proclamation, Gambetta lance : « C'est le premier rayon d'espérance. [...] Vous êtes sur le chemin de Paris. [...] N'oubliez jamais que Paris nous attend, qu'il y va de votre honneur de l'arracher aux étreintes des barbares qui le menacent du pillage et de l'incendie. » D'Aurelle reçoit le titre de « général en chef de l'armée de la Loire », son autorité s'étend aussi sur le XVIIe corps en formation en avant du Mans et bientôt confié au général de Sonis. Il est sans illusion sur le succès qu'il vient de remporter, car il confie à son officier d'ordonnance : « Nous ne pourrons pas nous maintenir dans Orléans dès que l'armée de Frédéric-Charles sera arrivée. »

À Paris, le succès de Coulmiers est connu le 13 novembre. Les crieurs de journaux annoncent la libération d'Orléans. Paris semble ressuscité. Jules Favre s'écrie : « La fortune nous revient. » Pendant quelques jours, c'est l'euphorie, une brève embellie dans la grisaille. Très vite se répand l'idée qu'il faut sortir de Paris, qu'il faut tenter une percée : « Ils viennent à nous, allons à eux! » Depuis quelques semaines, « c'est l'idée fixe du général Ducrot qui veut se dégager de l'étouffoir de Paris ». Il a élaboré un projet. On chercherait à obtenir la percée à l'ouest vers la presqu'île de Gennevilliers, puis on gagnerait la vallée de la Seine et Rouen. Outre les difficultés inhérentes à toute percée, ce projet obligerait Gambetta à transporter en Normandie, par voie ferrée, l'armée de la Loire.

Pour des raisons psychologiques, Gambetta a majoré la portée de Coulmiers. C'est un succès tactique, sans plus. Certains vont beaucoup plus loin. Voici un texte totalement délirant : « La République ne capitule, pas, le premier pas est fait. C'est la délivrance d'Orléans qui donne le signal de la délivrance de la patrie. [...] Encore un effort et cette victoire ne peut nous échapper [...] les bandes démoralisées de von der Thann [refluent vers le nord]. » D'Aurelle, dont la nature est prudente et les convictions religieuses connues, confie à son aide de camp : « Dans le succès d'hier, j'y vois plus que du bonheur, j'y vois l'intervention divine. » Comme celui-ci ajoutait : « Il faut espérer que cette intervention nous sera dorénavant favorable », il répondit : « Oh! cela n'est pas sûr! » Dans cet échange laconique, on mesure tout ce qui sépare le général d'Aurelle de Gambetta : l'âge, le tempérament, les convictions, l'appréciation de la situation militaire.

Une neige précoce est tombée, l'atmosphère est froide et humide, et les terres boueuses. La prudence invite à ménager les forces d'une armée encore fragile. Il serait risqué de poursuivre un adversaire qui s'est replié en bon ordre. Plutôt que d'avancer vers le nord, l'armée de la Loire prend ses cantonnements en forêt d'Orléans; elle se repose et se renforce tandis qu'Orléans acclame d'Aurelle comme un libérateur.

Le ton optimiste des proclamations de Gambetta ne doit pas masquer la persistance des difficultés : le moral des civils et les relations entre Paris et Tours.

Le moral des civils est variable. Il faudrait pouvoir l'apprécier à partir de données sérieuses, car les citations des journaux ne donnent que des points de vue ponctuels. Personne ne peut dire si les articles cités ont été lus, encore moins dans quelle mesure leur contenu a été approuvé. Aux études de presse il faudrait associer d'autres approches, comme par exemple les délibérations des conseils municipaux. Elles laissent deviner des signes de faiblesse dans une zone qui s'étend du sud de la Champagne à la Normandie en passant par la Brie et par la Beauce. On rencontre à la fois des actes de résistance isolés et la tentation de composer avec l'ennemi. Les populations civiles préfèrent finalement les rigueurs d'une occupation régulière que de servir d'otages aux combattants des deux camps. Les conseils municipaux de Troyes et de Brienne (Aube) déclarent dans leurs délibérations que la résistance est « impossible et inutile »; ceux de Dreux et d'Évreux ont penché dans le même sens. Dijon a été évacué sans combat. Pont-Audemer et Rouen ne sont pas enthousiastes pour se défendre. Gambetta s'indigne de ces défaillances. Il ordonne aux préfets et aux sous-préfets, quand il arrive à les toucher, de « dissoudre immédiatement ». Un autre souci est l'attitude de l'extrême gauche dans les villes du sud de la France. Révoltée par la capitulation de Bazaine, elle conteste les généraux et les officiers, suspects de sympathie pour le régime déchu. Des troubles sérieux éclatent à Marseille, à Toulouse, Grenoble, Saint-Étienne. À Lille, Bourbaki est pris à partie. Les tensions dispersent les énergies, stérilisent les efforts, portent atteinte à l'autorité de la Délégation. Les émeutes de Marseille sont un des soucis de Gambetta.

L'autre point faible de la Délégation de Tours est la précarité de ses relations avec Paris. C'est un souci lancinant, quotidien, jamais résolu. L'état-major allemand, lui, a une énorme supériorité sur son adversaire. La poste de campagne et le télégraphe fonctionnent parfaitement et rapidement. Les informations sur les opérations sont régulièrement transmises, les ordres partent de Versailles tous les soirs et immédiatement si nécessaire. Moltke et ses adjoints suivent aisément le déplacement de leurs unités sur la carte. Leur seul point faible est le renseignement : le plus souvent, ils ignorent le nombre et la localisation des forces ennemies et tâtonnent comme les Français. En cas de surprise, ils réagissent avec sang-froid aux situations imprévues.

Moltke reprend l'initiative

Le recul des Bavarois est limité et sans portée stratégique. Ils ont eu peu de pertes et se sont repliés en bon ordre sur Étampes. Quelques jours plus tôt, Moltke doutait de l'existence même de l'armée de la Loire. Ayant reçu des informations à ce sujet, il avait répondu que « Thann voyait les choses en noir et que les Français ne pouvaient plus rien faire » (3 novembre). Il est manifestement surpris et irrité, d'autant plus que c'est le premier échec subi par l'armée allemande depuis l'entrée en campagne. Il en tire au moins un avantage, celui d'avoir identifié et localisé les forces adverses. Dans l'immédiat, il renforce les garnisons installées dans le Hurepoix, en Beauce et à la lisière du Perche, et confie quelques unités au grand-duc de Mecklembourg-Schwerin pour maintenir une présence au sud de Chartres. Les projets à moyen terme restent valables. Les troupes libérées par la capitulation de Metz seront opérationnelles à la fin du mois de novembre. Il a été décidé d'envoyer la première armée commandée par Manteuffel au nord de Paris. Vu de Versailles, c'est un secteur qui peut devenir vite sensible. En effet, Moltke avait appris l'arrivée à Lille du général Bourbaki, à ses yeux l'un des meilleurs généraux français. On pouvait deviner aisément l'objectif de ce dernier : lancer une armée de secours sur Paris. Il était donc indispensable de protéger les troupes allemandes cantonnées au nord de Paris d'une désagréable surprise.

Le second secteur préoccupant est la région d'Orléans. Les éléments avancés de l'armée de la Loire sont à une centaine de kilomètres de Paris, à 70, 80 km des lignes allemandes. Le prince Frédéric-Charles reçoit l'ordre de les déloger, et si possible de les détruire. Il dispose de la deuxième armée sauf deux divisions qui sont détachées aux sièges de Thionville et de Montmédy. Les soldats sont loin d'être à pied d'œuvre, car 400 km séparent Metz d'Orléans. Entre le 4 et le 10 novembre, les unités quittent leurs campements et s'engagent avec armes et bagages sur la route Toul-Neufchâteau-Joinville-Troyes-Sens. C'est un défilé impressionnant d'hommes, de voitures, de chevaux. Les localités sont submergées par cette masse qu'il faut loger et nourrir. Troyes voit passer plus de 60 000 soldats en quelques jours. Au total, plus de 100 000 hommes sont déplacés de la Lorraine à la Beauce, à savoir les trois corps d'armée d'Alvensleben, de Manstein et de Voigts-Rhetz et la division de cavalerie d'Hartmann. C'est la marche la plus longue, la plus rapide de la guerre, mais aussi la plus facile. Sur sa route, Frédéric-Charles n'a rencontré aucune résistance ; seuls quelques groupes de soldats et de cavaliers isolés ont été harcelés dans les zones forestières de l'Aube et de l'Yonne. À l'entrée de Montargis, la dispersion de la garde nationale sédentaire (19 novembre) est un jeu d'enfant pour des unités exercées. Jalonnons de quelques dates la progression du prince : il passe à Sens le 13 novembre, il est à Nemours le 17, à Puiseaux le 19 ; les éléments de pointe arrivent à Pithiviers le 20 novembre. La cavalerie d'Hartmann balaie le Gâtinais et effectue des reconnaissances pour repérer l'adversaire.

Moltke est raisonnablement optimiste. Tous ceux qui ont parlé avec lui ces jours-là sont frappés de sa confiance. À plusieurs reprises, le grand-duc de Bade bavarde avec lui à la table du roi. Le général, qui avait été malade pendant quelques jours, semble à nouveau tout guilleret. Il voudrait bien

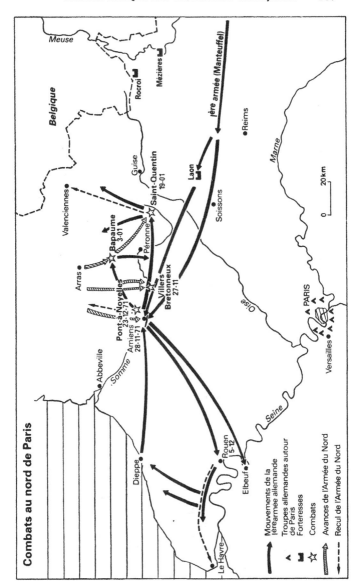

Combats au nord de Paris

Mouvements de la
1ère armée allemande
Troupes allemandes autour
de Paris
Forteresses
Combats
Avances de l'Armée du Nord
Recul de l'Armée du Nord

être plus vieux de quelques jours pour connaître les résultats des opérations en cours. Il s'attend à une tentative de percée de l'armée de Paris conjuguée avec des offensives des armées du Nord et de la Loire. L'arrivée prochaine de l'armée de Frédéric-Charles permettra de couvrir le sud de Paris et de repousser les armées de secours. Moltke ne doute pas du succès de ses troupes. « Voyez-vous, explique-t-il le 18 novembre au prince Kraft zu Hohenlohe-Ingelfingen, nous vivons maintenant un moment très intéressant. La question de savoir ce qui était préférable, armée instruite ou milice, est résolue dans la pratique. Pour nous chasser de France, les Français ont cherché à utiliser toutes les ressources du système de la milice; nous restons les vainqueurs; maintenant, tous les États vont nous emprunter le service militaire obligatoire » (18 novembre).

Pour la fin du mois de novembre, Moltke s'attend à deux événements décisifs : l'aggravation des conditions de vie à Paris et la destruction des armées rassemblées au nord de la Loire. Il répète encore au prince Frédéric de Bade que « Paris ne pourrait guère tenir au-delà de la fin de ce mois » (21 novembre). Ces prévisions seront une fois de plus démenties par les faits en dépit des nouveaux points marqués par ses troupes.

Succès allemands au nord et sur la Loire

Il faut maintenant examiner les trois secteurs d'opération, le Nord, l'Est et la Loire. Sur deux d'entre eux – le Nord et la Loire – les Allemands ont pris l'offensive et étendu la zone occupée sans remporter nulle part de succès décisifs car l'ennemi, vaincu à plusieurs reprises, n'est jamais anéanti.

Depuis la fin du mois de septembre, la situation au nord de Paris a peu évolué. Les unités allemandes cantonnées autour de Mantes surveillent la vallée de la Seine pour arrêter les gardes mobiles qui pourraient venir de Normandie. D'autres garnisons sont installées à Creil, Soissons, Beauvais; elles couvrent les arrières de l'armée de la Meuse tandis que des escadrons de cavalerie sillonnent le Vexin, le Soissonnais et le Beauvaisis pour réquisitionner vivres et four-rage.

Pendant ce mois de répit se forme laborieusement ce que l'on a appelé l'armée du Nord. Comme nous l'avons vu plus haut, Gambetta avait envoyé à Lille le général Bourbaki (20 octobre). L'ancien familier des Tuileries avait été mal accueilli dans la capitale des Flandres. Irrité par les criaille-ries des républicains locaux, il demande son rappel. Tours confirme son commandement, puis finalement le rappelle le 18 novembre. Toutes ces péripéties ont contrarié la forma-tion de l'armée du Nord. Les républicains ont rejeté la res-ponsabilité sur Bourbaki; à la réflexion, il apparaît que son passage controversé n'a pas été inutile. Bourbaki a armé les places fortes et a mis sur pied une armée de 17 500 hommes à laquelle pourraient s'ajouter les gardes nationaux mobili-sés.

L'équipement et l'armement de la garde nationale se font dans l'improvisation et le désordre. Les républicains passent des marchés coûteux et reçoivent des livraisons médiocres : chaussures à semelles de carton, vareuses non doublées, fusils défectueux. Ultérieurement, les monarchistes ont dénoncé la corruption et les détournements des fonds du département par des fonctionnaires et des négociants peu scrupuleux. Dans sa déposition lors de l'enquête parle-mentaire, le commissaire de la République Testelin a expli-qué qu'il avait voulu aller vite et qu'il était prêt à payer des armes à n'importe quel prix pourvu qu'on les lui livre rapi-dement. Cette réponse, sûrement sincère, montre que l'improvisation dont Testelin n'était pas responsable a ses limites. Les recrues cantonnées dans des casernes glacées ou des filatures abandonnées sont mal habillées, à peine armées. Elles sont commandées par un capitaine de marine, Robin, notoirement incapable, que Faidherbe devra desti-tuer plus tard. On ne peut espérer de miracle avec de tels soldats.

Moltke croit toujours Bourbaki à la tête de l'armée du Nord. Il envoie, pour lui barrer la route de Paris, Manteuffel avec environ 60 000 hommes. Celui-ci part de Reims le 16 novembre; trois jours plus tard, après un rapide bom-bardement, Saint-Quentin capitule.

Face à cette offensive allemande imprévue, conduite par Manteuffel avec rapidité et décision, les autorités civiles et militaires du Nord sont prises au dépourvu. Elles manquent d'informations, elles ne savent comment réagir, car la progression ennemie est rapide. Au niveau militaire, le commandement est paralysé par le départ de Bourbaki et de son état-major. Compiègne, Noyon et Chauny sont occupés. La forteresse de La Fère, assiégée depuis le 13 novembre, capitule le 26. Pour contenir cette offensive, le général Farre, qui commande en attendant l'arrivée du successeur de Bourbaki (Faidherbe vient d'Algérie), ordonne à l'armée du Nord de se mettre en route vers le sud. Elle est accrochée par Manteuffel à l'est d'Amiens le 27 novembre. Le combat de Villers-Bretonneux dure environ six heures; les Allemands, supérieurs en nombre (38 000 hommes contre 25 000), obligent les Français à décrocher sur Albert et Doullens. Si le comportement des troupes de ligne a été honorable, les mobiles ont cédé les premiers et ont reflué en désordre. Les désertions sont nombreuses. Le lendemain, le général Goeben s'empare d'Amiens. La vieille citadelle capitule; elle était défendue par 300 gardes mobiles. Le matériel, les munitions, les vivres sont remis aux Allemands en parfait état de conservation. Cependant, Manteuffel décide de ne pas s'avancer vers le nord et il établit les troupes de Goeben sur la ligne de la Somme. Pour sa part, il oblique vers le sud-ouest en direction de Rouen dont il s'empare le 5 décembre, coupant les communications ferroviaires entre le nord et le sud de la France.

Au début de décembre 1870, l'espace contrôlé par les Allemands au nord de Paris s'est considérablement étendu. L'armée du Nord, qui n'est pas détruite, est rejetée à 170 km de Paris. Dans l'immédiat, elle a cessé d'être une menace sérieuse pour les assiégeants qui s'emploient à rétablir les liaisons ferroviaires sur le territoire qu'ils occupent.

La situation avait beaucoup évolué dans le Centre-Est au cours du mois d'octobre. À la suite de la déroute de l'armée des Vosges, les troupes allemandes de Werder s'étaient avancées dans la vallée de la Saône et avaient occupé Lure, Vesoul et Gray, puis étaient facilement entrées à Dijon le 30 octobre. Toutefois, la progression de Werder vers le sud s'était arrêtée car ses troupes risquaient d'être prises en tenaille par les garnisons des places de Langres et de Belfort.

Le maintien des Français à Belfort et à Besançon est très gênant pour les Allemands. Moltke donne l'ordre au général von Tresckow d'entreprendre le siège de Belfort. Celui-ci va se heurter à forte partie. Depuis le 17 octobre, le gouverneur de la place est le colonel du génie, Denfert-Rochereau. Cet officier républicain, austère et énergique, décide, au lieu de replier ses forces derrière les remparts de la citadelle, de choisir la défense éloignée comme principe de défense. En conséquence, il fait occuper le fort de Bellevue, renforce les garnisons des forts des Hautes et Basses-Perches et fortifie plusieurs villages voisins. Le but est de tenir le cordon d'investissement le plus éloigné possible du cœur de la forteresse et d'obliger l'ennemi à des combats d'infanterie pour installer ses pièces de siège.

À la fin d'octobre, Tresckow s'avance avec 30 000 hommes sur Belfort. Il coupe les liaisons ferroviaires avec Besançon le 3 novembre et occupe au sud Delle, Montbéliard (6 novembre) et Héricourt (8 novembre), pour fermer la frontière suisse. La défense de Belfort est assurée par environ 17 000 hommes, dont seulement 3 500 appartiennent à l'armée active. Les autres sont des unités de mobiles de Haute-Saône, de Saône-et-Loire, du Haut-Rhin, du Rhône et de Haute-Garonne. Jusqu'au début décembre, les escarmouches sont limitées et sans portée réelle; à plusieurs reprises des sorties nocturnes bouleversent les préparatifs des assiégeants. Les premiers canons venus de Sélestat et de Neuf-Brisach arrivent à La Chapelle-sous-Rougemont le 18 novembre. Il faut une quinzaine de jours pour que le bombardement puisse commencer. Quant à la garnison de Besançon, elle est reprise en main par un gouverneur bourru et énergique, le capitaine de vaisseau Rolland, promu général de division de l'armée auxiliaire. Il harcèle les arrières des unités qui assiègent Belfort et lance quelques raids en Haute-Saône.

Du côté ouest, l'armée Werder peut être inquiétée par les unités venant de la place de Langres ou de l'armée de Garibaldi cantonnée autour d'Autun. La place de Langres est moins gênante que celle de Belfort, et les Allemands négligent d'en entreprendre le siège, se contentant de la surveiller de loin. En août-septembre, Langres avait servi de camp d'instruction et de transit pour la garde mobile. Les forts avancés de la citadelle, inachevés, avaient été équipés tant bien que mal avec l'aide des paysans. Comme celle de Belfort, la garnison est nombreuse et hétérogène; son commandant, le vieux général Arbelot, n'a pas l'énergie de Denfert-Rochereau. Depuis le passage de l'armée de Frédéric-Charles, Langres peut menacer ses lignes de ravitaillement. Des garnisons allemandes sont établies à Chaumont, Châteauvillain et Châtillon-sur-Seine. Des reconnaissances associées à des tentatives de bombardement ont lieu entre le 13 et le 20 novembre. La garnison riposte et les Allemands, n'ayant pas les moyens d'engager un siège en règle, se retirent et se contentent de harcèlement.

L'armée de Garibaldi, qui s'appelle encore officiellement l'armée des Vosges, est cantonnée autour d'Autun. Les noyaux les plus solides sont les brigades de volontaires italiens et espagnols commandés par les fils de Garibaldi, Ricciotti et Menotti, son gendre Canzio et son ami Lobbia. Les Garibaldiens sont environ 6 000 à la fin novembre. Ils sont 20 000 à la fin janvier. Chaque jour, les bureaux de Tours dirigent sur l'armée des Vosges des bataillons de mobiles et des compagnies de francs-tireurs. Beaucoup d'unités « républicaines », qui s'étaient spontanément formées en septembre-octobre 1870, sont affectées dans un pittoresque désordre à l'armée de Garibaldi. On voit arriver des compagnies d'Algérie, les Francs-tireurs de la mort d'Alger, les Francs-tireurs de Constantine et de Guelma, le 2ᵉ Bataillon de l'égalité de Sidi-Bel-Abbès. À leurs côtés, on trouve les Francs-tireurs de l'Allier, les Francs-tireurs alsaciens (recrutés à Paris), les Enfants perdus du Beaujolais, la Guérilla marseillaise, les Francs-tireurs républicains de Bigorre, etc. Cette longue énumération pourrait faire croire qu'il s'agit de forces considérables. En fait, chaque groupe a entre 50 et 200 combattants; ces hommes, qui se sont équipés à leurs frais, sont à la fois ardents et indisciplinés, prompts à se battre et facilement découragés.

Giuseppe Garibaldi bénéficie d'un grand prestige. Âgé de soixante-quatre ans, le héros de l'expédition des Mille est un remarquable entraîneur d'hommes, mais il est fatigué, perclus de rhumatismes à tel point qu'il ne monte plus guère à cheval. Il sait que les gens de Tours conservent des réticences à son égard et qu'une partie des Français sont exaspérés par ses déclarations républicaines enflammées et redoutent son anticléricalisme. Dans une ville aussi catholique qu'Autun, les garibaldiens font scandale par leurs propos et leurs attitudes. Des soldats cantonnent dans la cathédrale et dans les églises, ils allument du feu et brûlent une partie du mobilier! Ont-ils causé plus de dégâts que d'autres unités? C'est impossible à prouver. En tout cas, leur réputation est bien établie. Le chef d'état-major de Garibaldi est un médecin avignonnais, Bourdon, qui, lors de l'expédition des Mille à laquelle il avait participé, avait italianisé son nom en Bordone. La confiance du vieux chef ne lui suffit pas pour s'imposer à ses deux fils Ricciotti et Menotti et à son gendre Canzio. Laissé à l'écart par Gambetta et Freycinet, Garibaldi préfère les raids aux opérations plus classiques. C'est ainsi qu'il monte un coup de main contre la garnison prussienne de Châtillon-sur-Seine. À la tête de sa brigade, Riciotti la surprend, tue le colonel et le commandant et ramène triomphalement 165 prisonniers dont 8 officiers. Les Prussiens reviennent bientôt et font payer très cher leurs pertes à la ville.

Plus au sud, dans la vallée de la Saône, un corps se forme sous la direction de Camille Crémer, avec des mobiles du Rhône et du Midi. Le cas de Crémer, enfant de Sarreguemines, est intéressant. Ce jeune capitaine de trente ans, aide de camp du général Clinchant, s'était évadé après la capitulation de Metz. Gambetta le nomme général de division à titre temporaire et lui confie le soin d'empêcher l'avance de l'ennemi sur Lyon.

Ainsi, au cours du mois de novembre, le front est resté calme. Les effectifs de chacun des deux camps sont d'ailleurs assez faibles. Avant de progresser, les Allemands doivent faire sauter le verrou de Belfort. Alors que les autres places fortes – Verdun, Thionville, Sélestat, Neuf-Brisach, La Fère, Soissons –, dès que le bombardement est engagé tombent une à une, Belfort va se révéler un obstacle incontournable.

Le troisième théâtre d'opérations est la Loire. Depuis le 15 novembre, Gambetta, Freycinet et les services de Tours poursuivent avec fébrilité le renforcement de l'armée de la Loire. Gambetta sait que le temps joue contre lui : Frédéric-Charles est en route et Paris ne peut tenir au-delà du 15 décembre. Il faut donc prendre l'offensive avant qu'il ne soit trop tard. Il faut que l'armée de la Loire tente son « suprême objectif », se lancer au secours de Paris : c'est pour cela qu'elle a été formée.

Cette volonté d'offensive se heurte aux réticences d'Aurelle et aboutira à un conflit ouvert entre les dirigeants civils et le commandant en chef. Comme au début novembre, d'Aurelle répète les mêmes arguments : l'outil militaire dont il dispose est fragile ; certaines unités sont à peine équipées, l'accroissement des effectifs n'est pas la panacée. Son dispositif se renforce essentiellement aux ailes. Sur le flanc droit, Bourbaki, revenu du Nord, reçoit le commandement du 17ᵉ corps en formation autour de Nevers et de Bourges, dont les éléments avancés sont remontés jusqu'à Gien. C'est ce corps qui rejoint le 2ᵉ bataillon du 14ᵉ régiment de mobiles de l'Yonne. Cantonnés à Mâcon depuis le 31 octobre, ils ont reçu des vareuses, des souliers, des effets de campement et des havresacs, des armes ; ils montent dans un train à Épinac-les-Mines et arrivent à Gien le 18 novembre à 23 h 30. Ils campent dans un champ bourbeux près de la gare. Sur le flanc gauche, le général de Sonis, affecté au secteur Vendôme-Châteaudun depuis le 15 novembre, reçoit la mission de former un XVIIᵉ corps d'armée. La lecture de ses notes de commandement donne la mesure des difficultés auxquelles il se heurte. Il ne connaît ni l'emplacement des unités ni leur composition ni leur effectif. Il est sans cartes et mal relié avec ses collègues Chanzy et Fiereck. Ses informations sur la position de l'ennemi sont incertaines et fragmentaires. À la lisière de la Beauce et du Perche, Moltke a pressenti une zone de faiblesse de l'adversaire ; les unités de gardes mobiles sont inconsistantes, les populations fatiguées de la guerre, prêtes à accepter une occupation régulière. Les troupes du grand-duc de Mecklembourg établies autour de Chartres et d'Étampes reçoivent l'ordre de s'avancer en direction du

Mans. Les gardes mobiles sont dispersés en avant de Nogent-le-Rotrou et des troupes débandées refluent sur Le Mans où le vieux général Fiereck est incapable de dominer la situation. Dreux et Évreux sont conquis. Le Mans est sur le point d'être évacue. Gambetta arrive le 22 novembre, destitue plusieurs généraux, nomme au Mans le capitaine de vaisseau Jaurès, tente de régler l'affaire du camp de Conlie. Gambetta a l'impression d'avoir sauvé Le Mans, nœud de communication essentiel entre la France du Nord et la France du Sud. En réalité, Moltke a annulé l'ordre de marche pour exercer une pression sur l'axe Châteaudun-Vendôme. C'est dans ce contexte qu'un jeune capitaine de dix-neuf ans, Édouard de Castelnau, reçoit le baptême du feu.

En l'espace de quelques jours, la position stratégique de l'armée de la Loire se dégrade en raison de l'accroissement de la pression des troupes du grand-duc de Mecklembourg et de Frédéric-Charles. Ces dernières ont balayé à Ladon les mobiles de la Haute-Loire et les francs-tireurs du Doubs et repoussé des troupes régulières à Beaune-la-Rolande (28 novembre).

Dans ce contexte, le général en chef refuse d'attaquer; il médite de se replier au sud de la Loire et d'abandonner Orléans. Gambetta et Freycinet songent à le destituer. Mais est-il possible de destituer le seul général victorieux de la guerre? Évidemment non. Ils lui donnent des ordres formels de lancer un mouvement sur Pithiviers. C'est une dépossession de fait de son commandement. D'Aurelle les exécute contre son gré. Comme il l'avait prévu, c'est un échec. Le passage au quartier général des ministres Crémieux et Glais-Bizoin, qui se mêlent de stratégie, accroît sa rancœur contre les politiciens républicains : « Visite aussi grotesque que grotesques étaient leurs personnes », commente l'aide de camp.

Le 29 novembre, arrive à Tours un télégramme de Paris. Il a été transmis par le ballon *Jules Favre* qui a atterri à Belle-Isle-en-Mer! Ce télégramme annonce une victoire sous les murs de Paris. À la foule réunie dans la cour de la préfecture, Gambetta apprend le succès de l'offensive de Ducrot : « Paris vient de jeter hors de ses murs, pour rompre le cercle de fer qui l'étreint, une nombreuse et vaillante armée. Vive Trochu! Vive la République!» L'armée de la Loire doit «voler au secours de Ducrot sans perdre une heure» et prendre «l'offensive immédiatement car l'offensive est dans le tempérament français». En réalité, Gambetta commet une erreur d'interprétation qui s'explique par la rédaction ambiguë de la dépêche. Il a confondu Épinay-sur-Seine avec Épinay-sur-Orge. Plus tard, il a expliqué ainsi sa méprise : « C'était un compte rendu fait en style télégraphique, et il était ainsi rédigé : On nous disait qu'on avait enlevé la gare aux bœufs, Chevilly, L'Hay, et puis immédiatement après, sans changer de côté dans la dépêche, sans dire le moins du monde que c'était l'effort tenté par un autre corps du côté de Saint-Denis, on ajoutait qu'on avait enlevé Épinay; et on ne disait pas Épinay près Longjumeau ni Épinay près Saint-Denis. Non, il n'y avait aucune espèce de désignation. » Il conclut donc au succès de la percée et assigne logiquement comme objectif à l'armée de la Loire la forêt de Fontainebleau pour opérer la jonction avec l'armée de Paris.

Les premiers combats sont indécis; toutefois, les Français doivent céder un peu de terrain. Le lendemain, 2 décembre 1870, Frédéric-Charles accentue la pression et attaque au nord d'Orléans. Des combats violents s'engagent à Patay et à Loigny; la résistance des Français est inégale. Malgré la bonne tenue de la division de l'amiral Jauréguiberry, plusieurs unités se débandent dans l'après-midi. Arrivé sur le champ de bataille, le général de Sonis est désespéré par « la fuite inqualifiable » du 51ᵉ régiment de marche : « Je menaçai en vain de brûler la cervelle aux soldats qui se trouvaient devant moi. » Il se place courageusement à la tête des zouaves pontificaux de Charrette et résiste jusqu'à la nuit. Les pertes sont lourdes; Charrette et Sonis gisent blessés sur le champ de bataille. Une seconde fois, Orléans est menacée et traversée par des troupes en désordre qui se réfugient sur la rive gauche de la Loire.

Le conflit latent entre d'Aurelle et Gambetta éclate et se dénoue. Pour éviter la destruction de ses forces, d'Aurelle avait envisagé depuis plusieurs semaines l'abandon d'Orléans et le repli au sud de la Loire. Tours lui interdit ce mouvement et prescrit la défense à outrance devant Orléans. Le général en chef maintient ses ordres, lesquels sont exécutés dans les pires conditions. Pour mieux apprécier la situation sur le terrain, Gambetta décide de se rendre à Orléans. À quelques kilomètres de la ville, son train essuie le tir d'une patrouille prussienne. Le mécanicien réussit à faire machine arrière et à rebrousser chemin. Il évite de peu la capture du ministre par l'ennemi ! Gambetta traverse la Loire et vient conférer avec d'Aurelle sur la rive gauche. Il doit convenir qu'il n'y avait pas d'autres solutions. Le XVIᵉ corps se replie sur Salbris et Vierzon en perdant beaucoup d'hommes et de matériel ; faute de poudre, il a dû laisser intacts les ponts d'Orléans !

Gambetta et Freycinet rejettent la responsabilité de la défaite sur d'Aurelle. Ils vont jusqu'à parler de sa « monstrueuse défaillance ». « La triste journée d'Orléans incombant tout entière au général en chef », Gambetta lui retire le commandement. Avec dignité, d'Aurelle rentre dans la vie privée. Dans ses mémoires, il attribue les revers subis à « l'ingérence de l'élément civil dans la conduite de la guerre ». Il reproche à Freycinet « d'avoir voulu diriger et commander les armées ». Avec le recul du temps, il faut bien admettre que l'offensive sur Pithiviers était inopportune et que le plan de délivrance de Paris conçu par Gambetta relevait de l'utopie. Attaquer dans ces conditions était suicidaire et le repli au sud de la Loire était peut-être la solution pour préserver l'avenir. Quant au cas personnel du général d'Aurelle, il faut le traiter avec équité ; honnête, consciencieux, courageux, il a toujours manqué d'envergure. On peut aussi penser que si l'armée de la Loire était restée sur ses positions, les choses ne se seraient guère passées autrement. En effet, Frédéric-Charles avait reçu l'ordre de la rechercher et de la disperser : quelques jours plus tard, il aurait engagé l'action. On ne voit pas comment, en un si court laps de temps, la valeur combative des troupes françaises aurait pu s'améliorer ! En position défensive, elles auraient probablement mieux résisté.

À l'est du dispositif, les troupes de Bourbaki sont restées l'arme au pied. Protégées par la forêt d'Orléans et gardant le contact avec le pont de Gien, elles attendent l'ennemi et les ordres. À partir du 5 décembre, l'adversaire accentue sa pression et attaque des unités isolées ou en pointe. Un régiment de mobiles du Cher, qui campe dans la boue et l'eau près de la gare de Gien, est témoin de la panique qui s'est emparée des cheminots à l'annonce de l'arrivée de l'ennemi : « Vainement les locomotives unissent-elles de longues files de wagons, il en reste toujours, l'ennemi approche; sur les voies et sur les quais, sous les hangars gisent pêle-mêle des vivres, des vêtements de toutes sortes. Des balles de riz et de café effondrées, des sacs de sel troués, des pains de sucre brisés se heurtent, mélangés et confondus avec des milliers de paires de souliers, des havresacs et des chemises, des ceintures et des caleçons, des pantalons et des vareuses, etc. » Finalement, l'ennemi a été « débonnaire » et sans doute, mal informé, ne s'est pas avancé. Les mobiles ont pu en profiter pour s'habiller de neuf. « Dans la soirée, le bataillon avait changé d'aspect, il était presque beau! » Le 7 décembre, la pression allemande s'accentue, Bourbaki donne l'ordre d'évacuer la forêt d'Orléans et de se replier au sud de la Loire. Il fait très froid, dans la nuit du 7 au 8 décembre le thermomètre descend jusqu'à − 18°. C'est un sauve-qui-peut : « Les soldats arrivaient à l'entrée du pont de Gien seuls ou par petits groupes; ils se défilaient comme ils pouvaient, les uns armés, les autres à moitié habillés; les prolonges d'artillerie et de voitures d'ambulance se frayaient un passage dans cette cohue épouvantable. » Cette fois-ci, le génie disposait de matériel et de poudre : les ponts de Gien, Châtillon, Cosne et Saint-Thiébault sur la Loire sautent le 8 au matin. Des troupes prussiennes, puis bavaroises, s'installent au nord de la Loire jusqu'à Briare et Châtillon; leurs pontonniers qui cherchent à réparer le pont de Gien sont attaqués par des groupes de francs-tireurs restés sur la rive gauche de la Loire. Ils ne parviennent pas à jeter une passerelle sur le fleuve. Les troupes de Bourbaki se replient sur Aubigny et Bourges. Comme à Tours, la panique s'est emparée des habitants de Bourges : « La vieille cité tremblait. Depuis César, elle n'avait pas vu la fumée d'un camp ennemi », écrit cérémonieusement le chef de bataillon Petit.

Un autre tronçon de l'armée de la Loire décroche sous le commandement de Chanzy, vers Blois et Vendôme en perdant le contact avec d'Aurelle. Chanzy préserve à peu près la cohésion de ses unités. La neige est tombée et s'est transformée par endroits en verglas et en boue; les hommes souffrent du froid humide. Voici le témoignage d'un jeune officier de mobiles de Tours : « Partis précipitamment sans faire la soupe, sans autres vivres que trois ou quatre biscuits dans nos poches, nous avons marché treize heures à travers la Beauce. Les uhlans paraissaient sur les hauteurs à 1 km de nous. Le dégel commençait, nous nous enfoncions dans ces terres molles glissantes. [...] En passant dans un champ de choux gelés, tout fut arraché et dévoré tout cru. [...] À la nuit noire, à une lieue de Vendôme, on s'est trompé et on est allé dormir dans une sorte de fondrière. [...] Nos pauvres mobiles ont été pris d'un désespoir affreux. [...] Ils ne veulent pas se battre, sont démoralisés à fond, attendent les uhlans. » Les pertes et les désertions sont nombreuses. Mais la poursuite par les troupes du grand-duc de Mecklembourg est assez lente. Les combats défensifs de Beaugency et de Vendôme sont habilement conduits, Chanzy réussit à décrocher en direction du Mans en préservant l'essentiel de ses unités.

La première conséquence des succès allemands est la reprise d'Orléans et l'occupation de toute la rive droite de la Loire. Frédéric-Charles fait son entrée dans la ville et s'installe à la préfecture le 5 décembre. Beaucoup de fuyards et de blessés sont restés. « La gare d'Orléans est encombrée de blessés. [...] Tous ces soldats sont à demi couverts de vêtements en lambeaux; la plupart n'ont pas de capotes ni de couvertures et il gèle à pierre fendre. » Monseigneur Dupanloup ouvre les portes de l'évêché et des communautés religieuses pour secourir les blessés et les malades. Le capitaine Kretschman, qui arrive le 6, écrit ses impressions à son épouse : « C'est un beau jour d'hiver : grand froid, soleil, aucun vent. Près du palais de Dupanloup se trouve la cathédrale, un monument imposant par ses dimensions, moins par son style qui est un mélange de gothique et de renaissance. L'intérieur, que puis-je te dire ? Imagine un espace, le double de celui de la cathédrale d'Halberstadt, où sont enfermés 9 000 prisonniers français. Les pauvres diables à moitié frigorifiés, à moitié affamés, m'ont fait une impression effrayante. » Puis il visite la ville, regarde avec un brin d'ironie la statue de Jeanne d'Arc, admire la Loire qui charrie des glaçons, rencontre dans les rues quelques camarades. Les combats des jours précédents l'ont rendu optimiste : « L'armée de la Loire est pratiquement disloquée. Ce qui restait aux Français d'armée régulière a été en vain lancé contre nous. Toutes leurs unités ont été dispersées. Les courageux ont été tués, les peureux ont été faits prisonniers, les lâches se sont enfuis. »

La conclusion de ces combats sur la Loire est claire. Depuis le mois d'août, rien n'est changé : supériorité numérique des Allemands, supériorité de leur artillerie, troupes plus homogènes et mieux commandées. L'énergie de Gambetta et de ses collaborateurs n'a pas été en mesure de corriger un déséquilibre fondamental. L'armée des mobiles s'est brisée sur la puissance de feu d'une armée de métier. Un officier allemand voit les choses d'une façon concrète : « C'est lamentable et irresponsable d'envoyer au feu une telle armée. Les gens n'ont aucune idée de ce qu'est un soldat [...] l'artillerie tire en l'air, elle ne touche à peu près rien. La cavalerie manque. L'armement est détestable. En dépit de la bravoure qu'on ne peut contester aux Français, cette armée peut à peine opposer une résistance. »

Si la délivrance de Paris paraît maintenant hors de portée, tout n'est cependant pas réglé. L'armée de la Loire est dispersée, elle n'est pas détruite : Bourbaki, dont les unités ont à peine été engagées, se regroupe autour de Bourges et de Nevers : Chanzy peut songer à se refaire entre Vendôme et Le Mans. Autour de ce dernier, Gambetta reforme une seconde armée de la Loire dont il lui confie le commandement. Moltke n'a pas obtenu la victoire d'anéantissement dont il rêvait. Il va falloir poursuivre l'ennemi vers l'ouest et le sud, allonger les lignes d'étape, faire venir des hommes, des nourritures d'Allemagne. Dans l'immédiat, Moltke donne les directives suivantes : « Se reposer, se recompléter et se ravitailler. Il faut éviter avant tout de donner un coup d'épée dans l'eau avec de gros effectifs... » La seconde armée s'installe au nord de la Loire, entre Gien et Blois. Quelques incursions sont lancées au sud du fleuve sur Vierzon et Chambord. La ville de Vierzon est occupée cinq jours puis abandonnée. Kretschman et son unité sont cantonnés une quinzaine de jours à Meung-sur-Loire. Les troupes du grand-duc de Mecklembourg surveillent le flanc ouest de Dreux à Vendôme, à la lisière de la Beauce et du Perche. Il faut se garder dans deux directions, celle de Nevers-Bourges d'où pourrait surgir le corps de Bourbaki, et celle du Mans où Chanzy s'est replié. La progression allemande découvre et laisse sans défense la ville de Tours. La Délégation ne peut rester dans une cité menacée par l'ennemi. Elle décide d'aller s'installer à Bordeaux. Dans la nuit du 9 décembre, un train spécial emmène vers Bordeaux les ministres et les fonctionnaires. Absent ce jour-là, Gambetta revient le 11 et rejoint ses collègues. L'atmosphère est morose : le départ précipité des ministres, la masse des blessés et des fuyards, les rumeurs et les fausses nouvelles donnent l'impression que l'armée a subi un véritable désastre. Pendant quelques heures, la population civile est saisie de panique. Les beaux jours sont finis, les hôtels se vident, on attend d'un jour à l'autre l'arrivée des Prussiens qui d'ailleurs n'arrivent pas. Des scènes de même nature se produisent à Bourges et à Châteauroux.

Paris reste bloqué

Depuis le 19 septembre, l'armée de Paris est restée l'arme au pied. Les sorties auxquelles les récits du siège accordent une grande importance sont des attaques ponctuelles totalement inutiles. Rappelons leurs noms pour mémoire : Fontenay-aux-Roses-Clamart (13 octobre), La Malmaison (21 octobre), Le Bourget (30 octobre). Le drame de Metz semble se répéter. Trochu semble être un second Bazaine, à cette réserve près qu'il ne négocie pas avec Bismarck. Les Prussiens ont choisi l'attente, l'usure, ils laissent Paris « cuire dans son jus ». Ne doit-on pas, puisqu'ils ont peur d'attaquer, prendre l'initiative ? L'armée de Paris ne doit pas s'enliser dans l'immobilité. Faut-il attendre que les vivres soient épuisés ? De toute part on presse Trochu de passer enfin à l'action. Il faut attaquer pour tendre la main à l'armée de la Loire dont les dépêches de Gambetta annoncent un projet d'offensive vers la forêt de Fontainebleau. Le mot « percée » devient le mot magique. Certains journalistes écrivent que Trochu a un plan, le « plan Trochu ». On chante même : « Je suis le plan Trochu,/ Plan! Plan! Plan! Plan!/ Grâce à lui rien n'est perdu. » Ce fameux plan n'a existé que dans leur imagination. Dans ses Mémoires, Trochu écrit franchement : « Je n'ai jamais eu d'idée stratégique ni tactique. » Il n'y aucune raison d'émettre un doute sur cet aveu cruel. Trochu est un esprit étroit, limité et sans imagination. Des proclamations longues et verbeuses ont donné le change pendant quelques semaines. Elles ne font plus illusion. Le seul homme de ressource, le général Ducrot, prépare un projet de percée vers la basse Seine. À la suite de nouvelles reçues de Tours, Trochu change d'avis. La percée sera tentée à l'est, dans la boucle de la Marne, un secteur tenu par des Prussiens et des Wurtembergeois. Alors qu'il est passif depuis deux mois, il faut maintenant aller très vite. La grande sortie aura lieu le 28 novembre. Ducrot dispose en tout et pour tout de cinq jours pour préparer le plan d'attaque et transférer de l'ouest vers l'est les hommes, les canons, le matériel. On comprend cette hâte soudaine. Trochu voudrait synchroniser la sortie avec le mouvement prévu de l'armée de la Loire. Or les relations entre Tours et Paris sont pleines d'aléas. Les pigeons sont souvent en retard, tandis que les ballons atterrissent très loin de l'endroit souhaité. À la *Ville d'Orléans*, ballon envolé le 24 novembre, Trochu avait confié une dépêche annonçant le projet de sortie. Poussé par des vents contraires, le ballon atterrit à 1 300 km au nord, près d'Oslo! Gambetta n'a jamais reçu les informations qu'il attendait!

Sur le terrain même, la préparation de l'opération est délicate. Il faut mettre en place des ponts de bateaux sur la Marne pour amener les troupes à proximité des positions ennemies. Or le 28 novembre, le général Blumenthal, chef d'état-major du prince royal de Prusse, est averti qu'un pont est en construction à Joinville. Il donne l'ordre à une division de Saxons d'aller renforcer les Wurtembergeois. Alors que le génie mettait en place les pontons, une crue soudaine de la Marne aurait perturbé les préparatifs. Ducrot voudrait tout annuler. Trochu, qui s'est installé au fort de Rosny, se résigne finalement à repousser l'attaque de vingt-quatre

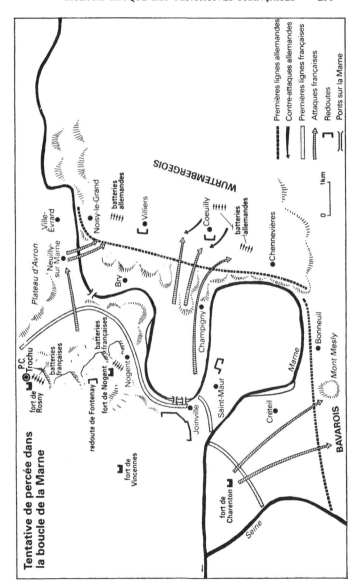

Tentative de percée dans la boucle de la Marne

Premières lignes allemandes
Contre-attaques allemandes
Premières lignes françaises
Attaques françaises
Redoutes
Ponts sur la Marne

WURTEMBERGEOIS

BAVAROIS

P.C. Trochu
fort de Rosny
batteries françaises
redoute de Fontenay
fort de Nogent
fort de Vincennes
fort de Charenton
Nogent
Joinville
Saint-Maur
Créteil
Bonneuil
Mont Mesly
Champigny
Chennevières
Coeuilly
batteries allemandes
Villiers
batteries allemandes
Noisy-le-Grand
Bry
Neuilly-sur-Marne
Plateau d'Avron
Ville-Evrard
batteries françaises
Marne
Seine

0   1 km

heures. En cas de percée, l'armée se dirigerait vers Meaux, puis traverserait la Brie pour rejoindre Fontainebleau où doit arriver l'armée de la Loire. Environ 60 000 hommes sont engagés dans l'offensive, principalement des troupes de lignes, mais aussi des bataillons de gardes nationaux.

Ducrot annonce aux Parisiens l'offensive par une proclamation d'où se détache cette phrase dangereuse : « J'en fais le serment devant la nation entière, je ne rentrerai dans Paris que mort ou victorieux. »

Le 30 novembre au matin, le temps est froid, le ciel est clair et sans brume. C'est le soixante-treizième jour de siège. La bataille de Paris commence; c'est le « premier acte du grand drame qui doit conduire à la délivrance ». Du moins veut-on le croire. Les troupes passent la Marne sans encombre à Joinville, Nogent et·Bry. Après une vigoureuse préparation d'artillerie, les fantassins s'élancent; les officiers, en tête, sabre à la main, encouragent les hommes. Dans la matinée sont enlevés le plateau d'Avron en avant du fort de Rosny, puis les villages de Champigny et de Bry. Rapidement, la progression s'essouffle car les Wurtembergeois, appuyés par les Saxons, se sont retranchés derrière les murs des parcs de Villiers et de Coeuilly; ils infligent aux assaillants des pertes considérables et les bloquent. Plusieurs bataillons de mobiles fléchissent.

Ducrot pense tourner cette résistance grâce à l'attaque de Noisy-le-Grand par la division d'Exéa. Or celle-ci a franchi la Marne en retard et ses unités s'entassent dans Bry occupé depuis le matin. Au lieu du renfort décisif attendu, c'est la confusion; de coûteux combats frontaux se poursuivent à Villiers, en vain, jusqu'à la tombée de la nuit. Le soir du 30 novembre, les Français ont occupé la première ligne ennemie et s'y installent. La ligne de défense principale (Noisy, Coeuilly, Villiers) reste intacte.

À Paris, on croit à un succès. Toute la journée on a entendu le bruit lointain de la canonnade : « Ce qu'on éprouve en entendant le canon, c'est un immense besoin d'y être » (Victor Hugo). La capture de quelques dizaines de prisonniers entretient la confiance. La foule les conspue comme elle acclame un franc-tireur qui brandit un fusil prussien. Les communiqués militaires sont optimistes : « La journée du 30 novembre [...] consacre en relevant notre honneur militaire le glorieux effort de la ville de Paris. Elle peut, si celle de demain lui ressemble, sauver Paris et la France. » L'illusion est complète. Elle commence à se dissiper quand les ambulances ramènent les morts et les blessés.

Les défenseurs sont durement éprouvés. À l'état-major de la douzième armée cantonnée à Champs-sur-Marne, l'atmosphère est lugubre. Archibald Forbes dîne avec les officiers : « Jamais je ne m'étais assis à une table d'humeur aussi sombre. Chacun parlait à son voisin à voix basse et tremblante. Quelques-uns ne mangeaient rien. [...] Il y avait des chaises vides qui avaient été occupées au petit déjeuner. Pas un homme de la pièce qui n'ait perdu quelque ami cher, quelque frère d'armes, étendus maintenant au clair de lune près du mur du parc de Villers. On frissonnait à entendre les questions et les réponses. " Et un tel ? ", " Mort ". Et un tel ? " Grièvement blessé ". Les chefs étaient anxieux pour le lendemain. [...] Ils s'étaient rendus compte des énormes difficultés des soldats de la première ligne pour repousser l'assaut des Français. » La neige tomba toute la nuit, un froid vif gelait le sol.

Le 1er décembre, les deux camps ont conclu un armistice tacite d'une journée au cours de laquelle on relève les morts et les blessés. Les combats reprennent le matin du 2 décembre. Dans la nuit, la température est brusquement tombée à − 10°. Les soldats sont transis de froid, les officiers découragés. La matinée est très mauvaise. Ducrot cherche en vain à arrêter les fuyards sur Champigny. Les Saxons eux-mêmes sont si éprouvés que Ducrot, avec l'aide de troupes fraîches, peut reprendre les positions perdues.

Au soir du 2 décembre, les Français restent accrochés aux positions du 30 novembre. Les communiqués officiels sont rassurants et les Parisiens peuvent croire que la percée est en bonne voie. Trochu, comme il le télégraphie à son chef d'état-major vers 10 heures du soir, est « très fatigué et très content. Cette deuxième grande bataille est beaucoup plus décisive que la précédente. [...] Nous avons combattu trois heures pour conserver nos positions et cinq heures pour enlever celles de l'ennemi où nous couchons. Voilà le bilan de cette dure et belle journée. Beaucoup ne reverront pas leur foyer, mais ces morts regrettés ont fait à la jeune République de 1870 une page honorable. » Pour sa part, Ducrot ne partage pas cet optimisme. Il a été toute la journée en contact direct avec ses troupes ; il sent leur fatigue et leur découragement. Il songe à un repli, ajournant sa décision au lendemain matin.

Chez les Allemands, la fatigue aussi se fait sentir ; les pertes sont lourdes, ils gardent des positions défensives dures à enlever. Moltke envisage un succès possible de la percée suivie d'une levée partielle du blocus si les Français se décident à reprendre l'offensive avec de grands moyens. Une percée à l'est, pense-t-il, ne peut être dangereuse, d'autant plus qu'il sait l'armée de la Loire en pleine déroute. Ducrot ignore à la fois la défaite de l'armée de la Loire et l'état d'esprit de ses adversaires. Il hésite sur la conduite à tenir. Le lendemain, au lever du jour, il parcourt les avant-postes ; la température est descendue à – 14°, les soldats sont épuisés. Il prend seul, sans prévenir Trochu dont il connaît d'avance le désaccord, la décision de renoncer à la percée. Il donne l'ordre d'opérer une retraite par échelons. À Paris, on ignore la situation réelle sur le terrain et des bataillons de la garde sédentaire brûlent d'être engagés. À cette perspective, les fils de Victor Hugo, qui sont dans l'artillerie, sont très excités. Leur père, presque septuagénaire, est prêt à les accompagner « si les batteries dont ils font partie sortaient au-devant de l'ennemi. [...] Nous serons ensemble à l'ennemi. » Depuis deux mois, le poète a acheté un képi et il envisage de se faire faire un capuchon de zouave car il craint le froid de la nuit. Les événements se chargent de mettre un terme à ses velléités guerrières...

Le 3 décembre au soir, la presque totalité des troupes a repassé la Marne. La percée est abandonnée. Plus de 6 000 hommes ont été sacrifiés sans aucun résultat. Ducrot veut démissionner. Trochu le retient encore quelque temps.

Les raisons de cet échec sont multiples et étroitement imbriquées les unes aux autres. La première est le manque de préparatifs, conséquence de la décision tardive de Trochu d'abandonner la percée à l'ouest : Ducrot a eu cinq jours pour concevoir l'intervention et transférer les moyens. Ce n'est probablement pas là l'essentiel. Ducrot a mis en ligne des effectifs insuffisants (58 000 hommes) alors que beaucoup de troupes disponibles n'ont pas été employées. Comme dans les batailles précédentes, l'artillerie est défaillante et couvre mal l'attaque des fantassins. C'était surtout sensible le premier jour, où il fallait obtenir l'avantage décisif. En outre, aucune diversion significative n'avait été prévue. En conséquence, l'adversaire pouvait faire converger sur le secteur menacé toutes les réserves dont il disposait. On peut aussi faire intervenir les aléas climatiques – la crue de la Marne, la chute brutale de la température –, mais Allemands et Français sont ici sur pied d'égalité.

Comme dans les batailles d'août 1870, l'infériorité du commandement est patente. Trochu, qui s'est installé au fort de Rosny, est passif, presque inexistant. Ducrot, nerveux, agité, tendu, prompt à s'occuper du détail, est mal secondé par les généraux Blanchard et d'Exéa. Quant au général Vinoy, il attaque au sud pour son propre compte, sans coordination avec l'action principale. Dans cette malheureuse percée, on retrouve les défauts habituels de l'armée française, défauts que ne compense pas la bravoure des fantassins. Du côté des Allemands, l'affaire a été rude. Ils ont été aussi très éprouvés par le froid. Si leurs réserves étaient moins importantes qu'on ne l'a dit, ils étaient installés sur de solides positions défensives. Toutefois, la percée n'était pas hors de portée des Français. Elle aurait pu, au prix de coûteux efforts, être obtenue, et elle aurait produit à Paris un grand choc psychologique. La suite était moins évidente. Le 1er décembre, Moltke l'envisageait de cette manière : « Où peuvent-ils aller ? Ils vont s'enfoncer la tête dans un sac. Rien ne pourrait être plus heureux pour nous. » Deux jours plus tard, il n'avait plus à se préoccuper de cette hypothèse d'école.

Dans l'entourage de Trochu, le découragement est total : on pense que la capitulation est inévitable, sans oser encore le dire publiquement. Ce manque de courage a une traduction, l'immobilisme. Parfois, on se bouche les yeux devant les faits. Le long rapport du général Schmitz, le chef d'état-major, est un chef-d'œuvre de bavardage bureaucratique. Il s'achève par cette phrase étonnante : « L'histoire dira que des troupes réunies à la hâte dans Paris sous le coup de grands revers au commencement du siège, formées des éléments les plus divers, ont pu, à la suite d'efforts de toute nature, lutter *victorieusement* contre un ennemi qui n'avait alors connu que des succès. » Un archiviste indigné a remplacé l'adverbe *victorieusement* par *infructueusement*.

Les Parisiens ont été bercés plusieurs jours par la canonnade. Les premiers communiqués étaient plutôt optimistes. Les camouflages des derniers n'ont laissé aucune illusion; l'opération a été un échec total. En quelques jours, la population a un sentiment de défaite. La cote du gouvernement et des généraux tombe de nouveau au plus bas. Avec l'arrivée de l'hiver, c'est le froid très vif, la nuit, les privations, le début de la misère, l'angoisse du lendemain. Le gaz est coupé aux particuliers (30 novembre 1870), les prix des denrées alimentaires s'envolent : « On ne parle que de ce qui se mange ou peut se manger. » « Trouver de quoi manger devient un souci primordial. » La colère gronde parmi les gardes nationaux. Depuis deux mois, ils brûlent de se battre et accusent d'incapacité les généraux et le gouvernement.

Terminons par une note pittoresque. Dans les *Contes du Lundi*, Alphonse Daudet raconte une exploration le 3 décembre 1870 à Montreuil, Nogent, Bry-sur-Marne, Le Perreux. La veille encore, on se battait avec acharnement. Aujourd'hui tout est calme malgré « le ciel bas, la bise froide, le brouillard ».

« Personne dans Montreuil. Portes et fenêtres closes. Entendu derrière une palissade un troupeau d'oies qui piaillait. Ici le paysan n'est pas parti, il se cache. [...]

« En sortant de Montreuil, traversé le bois de Vincennes tout bleu de la fumée des bivouacs. L'armée de Ducrot est là. Les soldats coupent des arbres pour se chauffer.

« À Nogent, encore des soldats. Artilleurs en grands manteaux, mobiles de Normandie joufflus et ronds de partout comme des pommes, petits zouaves encapuchonnés et lestes, lignards voûtés, coupés en deux, leurs mouchoirs bleus sous le képi autour des oreilles, tout cela grouille et flâne par les rues, se bouscule à la porte de deux épiciers restés ouverts. Une petite ville d'Algérie.

Enfin voici la campagne. Longue route déserte qui descend vers la Marne. Admirable horizon couleur de perle, arbres dépouillés frissonnant dans la brume. Au fond, le grand viaduc du chemin de fer, sinistre à voir avec ses arches coupées, comme des dents qui lui manquent. En traversant Le Perreux, dans une des petites villas du bord du chemin, jardins saccagés, maisons dévastées et mornes.

« Pris à travers les champs et descendu à la Marne. Comme j'arrive au bord de l'eau, le soleil débarbouillé tape en plein sur la rivière. C'est charmant. En face, Petit-Bry, où l'on s'est tant battu la veille, étage paisiblement ses maisonnettes blanches sur la côte au milieu des vignes. De ce côté-ci de la rivière, une barque dans les roseaux. Sur la rive, un groupe d'hommes qui causent en regardant le coteau vis-à-vis. Ce sont des éclaireurs que l'on envoie à Petit-Bry voir si les Saxons y sont revenus. Je passe avec eux. Pendant que le bateau traverse, un des éclaireurs assis à l'arrière me dit tout bas :

" Si vous voulez des chassepots, la mairie de Petit-Bry en est pleine. Il y ont laissé aussi un colonel de la ligne, un grand blond, la peau blanche comme une femme, et des bottes jaunes toutes neuves. "

" Ce sont les bottes du mort qui l'ont surtout frappé. Il y revient toujours :

" Vingt dieux! les belles bottes! " et ses yeux brillent en m'en parlant. »

Au début de décembre 1870, la Défense nationale a essuyé deux échecs graves : l'armée de Paris a été incapable de sortir de la capitale, l'armée de la Loire, coupée en trois tronçons, a été acculée à une retraite précipitée qui l'éloigne encore plus de la capitale.

Moltke s'empresse d'écrire une lettre à Trochu (5 décembre) pour lui annoncer les succès de Frédéric-Charles et la réoccupation d'Orléans. Une fois de plus, les Parisiens ont été incrédules et ont vu dans cette nouvelle un nouveau mensonge prussien. Trochu, sans illusion dans son for intérieur, répond avec hauteur : « Cette nouvelle ne change rien à nos résolutions ni à nos devoirs. Un seul mot les résume : combattre. »

En province, la perception des événements militaires et leur appréciation sont délicates. On est très mal informé de ce qui se passe à Paris. Il faut attendre une ou deux semaines pour que l'échec soit connu et que les illusions tombent. Dans *Le Progrès* du 5 décembre, les Lyonnais peuvent encore lire : « Le résultat de ces opérations [celles de Trochu] a été satisfaisant au point de vue moral mais encore au point de vue stratégique. » Dans le Gard, on annonce une victoire sous les murs de Paris.

Le ballon *Davy* tombé à Beaune le 17 décembre apporte quelques dépêches que les journaux reprennent. Dans l'ensemble, c'est un sentiment de lassitude et d'impuissance. On commence à critiquer « les téméraires mesures de la dictature de M. Gambetta à Tours ». Un peu partout on aspire à la paix sans toujours oser le dire ouvertement. Il est significatif que le *Courrier de Bourges* se tourne vers Thiers et envisage l'ouverture de négociations. Dans le Nord, la lassitude est perceptible. Les échecs régionaux, l'isolement, les nouvelles désastreuses de Paris et de la Loire entraînent une dégradation du moral des habitants. On ne croit plus à la victoire. Les conservateurs critiquent maintenant ouvertement Gambetta. À leur égard, celui-ci s'est durci. Ayant appris que le prince de Joinville, fils de Louis-Philippe, était arrivé au Mans pour servir dans l'armée, il le fait arrêter par le préfet, conduire à Saint-Malo et embarquer pour l'Angleterre. Les princes d'Orléans restent indésirables. La lassitude s'empare des industriels et des financiers, ceux-ci sont désireux de mettre fin au conflit. Enfin, dans les différentes armées, insoumissions et désertions sont le lot quotidien. Les civils protègent les soldats fuyards et les déserteurs.

Dans sa terre de Nohant, George Sand est ballottée au rythme des informations contradictoires. Le 2 décembre, c'est encore l'espoir : « Paris a fait une sortie splendide. L'armée de la Loire va vers elle avec succès. Aujourd'hui peut-être, la jonction est faite. Paris débloqué! C'est la victoire, c'est l'espérance illimitée! Quel bon réveil! » Il faut rapidement déchanter. Le 4 décembre, c'est le début des mauvaises nouvelles : « Nous avons perdu toutes les positions de l'armée de la Loire. » Le 8 décembre, c'est encore pire : « Rouen est pris. Mon pauvre Flaubert, quelle angoisse! On dit que l'ennemi pousse sur Vierzon et Bourges. Est-ce notre tour ? » « Ils approchent toujours, quel

drame! Ils sont bien à Vierzon, ils ne sont plus loin je crois.
[...] Nous passons la journée à ranger. Partirons-nous? Je ne
sais pas encore. » George Sand et sa famille sont restées à
Nohant car les Prussiens ne sont pas descendus jusque-là. À
la mi-décembre, elle a perdu confiance, elle aspire à une
négociation inévitable et à la paix. L'acharnement de Gambetta l'irrite au plus haut point.

Moltke sait qu'il n'a pas encore gagné la guerre. Paris
tient toujours. Ses difficultés avec Bismarck, qui accuse
l'état-major de lenteur, s'accroissent. La tension devient très
vive dans le camp allemand.

De son côté, Gambetta fait front contre la mauvaise fortune. Il pense que l'armée de la Loire peut être en état de
reprendre l'offensive dans quelques jours. Il rassemble de
nouveaux soldats, stimule la fabrication et l'achat d'armes.
Dans un message aux Parisiens arrivé le 17 décembre, il
explique que l'armée de la Loire « est loin d'être anéantie »,
que sa destruction relève « des habituels mensonges prussiens ». Partout, les Allemands se heurtent à l'hostilité des
habitants. Ceux-ci aident les groupes de francs-tireurs, les
renseignent et les cachent. De nombreux détachements isolés se font surprendre. Les soldats doivent redoubler de vigilance. Moltke durcit les consignes de répression : en cas
d'attaque surprise, les représailles contre les civils sont autorisées; il faut prendre des otages puisque on ne peut pas distinguer les soldats réguliers des autres. La guerre classique
se double d'une guerre populaire, imprévisible dans ses
manifestations. Va-t-elle se prolonger, un, deux, trois mois?
Personne ne peut apporter de réponse.

CHAPITRE IX

L'Europe et l'Allemagne
devant les victoires prussiennes

La chute de l'empire, la proclamation de la République à Paris ont-elles modifié la situation internationale de la France ? Les pays neutres vont-ils sortir de leur réserve initiale ? C'est une modification de leur attitude qu'espère le gouvernement provisoire et il compte sur une mission européenne confiée à Adolphe Thiers pour l'obtenir.

En cette fin d'année 1870, Bismarck est l'homme-orchestre ; il est au cœur de toutes les négociations : négociations bilatérales avec l'ennemi, négociations avec les pays neutres, négociations enfin avec les États allemands du Sud. Il faut à la fois conclure le processus de fondation du Reich et maintenir l'ennemi dans l'isolement. Jamais il n'a été aussi présent sur la scène internationale, jamais il n'a agi avec autant de patience et d'habileté.

La France reste isolée

Aucun des trois conflits qui avaient suivi la guerre de Crimée (1854-1855) – guerre d'Italie, guerre entre la Prusse et le Danemark, guerre entre la Prusse et l'Autriche – ne s'était étendu. Tous trois étaient restés limités dans le temps et dans l'espace. Une ou deux grandes puissances seulement avaient pris les armes. Cette fois-ci, peut-il en être encore de même ? Les pays demeurés neutres vont-ils s'engager d'une façon ou d'une autre ? Les intérêts des deux belligérants sont contradictoires : la Prusse, bien décidée à maintenir son avantage, doit à tout prix éviter l'extension de la guerre. La France en revanche peut trouver son salut dans l'élargissement. À défaut d'une intervention militaire à ses côtés, ne pourrait-elle pas bénéficier de la médiation des grands pays neutres ? C'est ce qu'elle espère et que Bismarck va s'efforcer d'empêcher.

Le changement de régime en France peut-il modifier les dispositions à son égard des principaux pays européens ? Le gouvernement de la Défense nationale, gouvernement provisoire dépourvu de légitimité populaire est réduit à la défensive. En arrivant aux affaires, Jules Favre, le nouveau ministre des Affaires étrangères, trouve une situation mouvante, insaisissable ; son manque d'expérience, le désastre militaire, les incertitudes politiques lui compliquent la tâche.

L'un des grands soucis de Jules Favre est d'obtenir la reconnaissance internationale de son gouvernement. Seuls les États-Unis le font rapidement. Ils sont suivis par l'Italie et l'Espagne. Les trois autres grandes puissances restent sur la réserve et souhaitent une consultation populaire pour s'assurer de la légitimité de la République provisoire. Leurs ambassadeurs sont restés à Paris et prennent contact avec Jules Favre. Ce besoin de légitimité explique la hâte du gouvernement à annoncer, en dépit de la guerre, l'élection d'une Assemblée nationale. Il pense que ce serait le seul moyen d'obtenir la reconnaissance des puissances et de couper l'herbe sous le pied aux intrigues bonapartistes et à la tentation de Bismarck de négocier avec les partisans de l'empire. Sur ce point, le chancelier n'a pas d'idées préconçues, il négociera avec le partenaire qui lui apparaîtra le plus crédible. Tant qu'une situation est fluide, il peut être utile de garder deux fers au feu.

La partie la plus délicate de la fonction de Jules Favre est de s'enquérir des buts de guerre allemands et des conditions d'une paix éventuelle. Il a déjà pu en lire les grandes lignes dans les journaux étrangers. Elles lui paraissent inacceptables. L'investissement de Paris se réalise rapidement. Une partie du corps diplomatique, dont les ambassadeurs d'Angleterre, d'Italie, d'Autriche, quitte la capitale pour Tours. Le ministre, pour sa part, hésite : il songe à partir puis décide de rester dans la capitale et, au dernier moment, nomme délégué à Tours son chef de cabinet, le comte de Chaudordy. Ce délégué a pour seule mission de poursuivre les négociations en cours. Il n'a aucun pouvoir de décision. Ses relations avec le ministre sont à la merci des pigeons voyageurs ; il est réduit à un rôle d'information et de gestion des affaires courantes.

À Paris, le ministre est coupé du monde extérieur et privé des moyens d'action habituels de son département. Les ambassadeurs de Napoléon III se sont effacés et ont été remplacés par des chargés d'affaires. Les ambassadeurs étrangers, sauf ceux des États-Unis et de Suisse, sont inaccessibles. L'appareil diplomatique français est quasiment paralysé. Jusqu'au mois de février 1871, ce handicap va peser très lourd, d'autant plus que l'adversaire dispose d'une totale liberté de manœuvre auprès des gouvernements étrangers et des opinions publiques.

Jules Favre doit compter avec sa propre opinion publique et les convictions des Français. Pour la grande majorité d'entre eux, la « Grande Nation » ne peut être vaincue. Ceux qui ont des doutes et pensent qu'il serait préférable de traiter tout de suite à moindre frais doivent se taire ou s'exprimer à demi-mot. Dans la presse, dans les discours publics, c'est l'esprit de résistance qui l'emporte. Parler de paix serait reconnaître la défaite, trahir, capituler. Jules Favre ne peut aller à contre-courant et ses déclarations publiques affichent une mâle intransigeance : « Nous ne céderons ni un pouce de notre territoire ni une pierre de nos forteresses. » Il doit cependant se résigner à entrer en contact avec l'ennemi, ne serait-ce que pour connaître ses intentions. Alors que l'armée prussienne encercle Paris, Jules Favre se rend au château de Ferrières (18-19 septembre 1870), la demeure de la famille Rothschild, où les dirigeants prussiens se sont installés. C'est lui qui est demandeur. En position de force, Bismarck reçoit avec une condescendance brutale l'avocat-ministre. Comme ce dernier explore les modalités d'un armistice, Bismarck avance deux conditions inacceptables pour son interlocuteur : la reddition de Strasbourg et de Toul et l'occupation du fort du Mont-Valérien. Il en va de même pour d'éventuelles négociations de paix. Bismarck présente au Français assez désemparé de lourdes exigences : l'Alsace et une partie de la Lorraine, tout en ayant l'habileté de garder un certain flou. Comme Jules Favre évoque Metz et l'armée de Bazaine, Bismarck lance négligemment : « Bazaine ne vous appartient pas. » Jules Favre comprend que le maréchal a engagé sa propre partie, que peut-être il négocie lui aussi. Bismarck, qui vient de recevoir Régnier, l'émissaire de Bazaine, laisse habilement planer le doute. C'en est trop pour Jules Favre. Après sa déclaration catégorique, il ne peut se déjuger sans perdre la face. Les conversations ont un caractère exploratoire, il n'a d'ailleurs aucun mandat pour négocier ; quant à la population de Paris, elle n'est pas prête à accepter le moindre sacrifice territorial.

Jules Favre prend congé. Au lieu d'amorcer des négociations de paix, l'entrevue de Ferrières relance la guerre. Les conditions politiques et militaires de la paix ne sont pas réunies. Bismarck maintient ses objectifs d'annexion. De Ferrières, il télégraphie à Bismarck-Bohlen, nommé gouverneur général d'Alsace-Lorraine : « Publiquement et officiellement, ne laisser planer aucun doute sur le fait que les districts anciennement français et devenus allemands doivent être réunis à l'Allemagne » (23 septembre 1870).

Vis-à-vis des grandes puissances, Bismarck travaille à les maintenir dans cette neutralité passive qui lui a été si favorable. Ni Metz ni Paris ne peuvent tenir longtemps. Dans quelques semaines, tout sera fini, pense-t-il.

Les textes essentiels sont les circulaires des 13 et 19 septembre qui sont communiquées aux gouvernements étrangers à titre d'information. La première énonce les buts de guerre allemands et notamment l'annexion de l'Alsace-Lorraine ; la seconde explique l'échec des négociations de Ferrières et en rejette la responsabilité sur le ministre français. Les réactions dans l'ensemble ne sont pas défavorables, même si elles inquiètent quelque peu.

En Autriche-Hongrie, ce sont les Hongrois, dont Andrássy est le porte-parole, qui sont l'objet de toutes ses attentions. En Italie, ce sont le groupe piémontais-savoyard et les milieux économiques du Nord. La Grande-Bretagne et la Russie sont les cibles privilégiées. Bismarck connaît les bonnes dispositions du cabinet de Londres. Il faut le fortifier dans sa politique d'abstention en le rassurant à propos de la Belgique, de la convention des Détroits, du Luxembourg. Il faut éviter que prenne corps dans l'opinion publique anglaise l'idée d'une quelconque médiation.

Avec l'Empire russe, les relations restent confiantes et amicales. Bismarck sait gré à Alexandre II d'avoir dissuadé l'Autriche d'une éventuelle intervention. Un gros point noir l'inquiète : le projet de dénonciation de la neutralisation de la mer Noire. Certes, il est favorable à ce que la Russie retrouve le droit de disposer dans cette mer d'une marine de guerre. Comment éviter que la Grande-Bretagne en prenne ombrage ? Entre les deux pays, Bismarck mène un jeu subtil pour que leurs intérêts puissent se concilier et que leurs divergences ne gênent pas le projet allemand. C'est pourquoi plus la guerre dure, plus Bismarck est nerveux. Il est sans cesse sur le qui-vive, craignant l'incident imprévisible qui conduirait à la réunion d'une conférence internationale où la France serait invitée et sortirait de l'isolement où il a réussi à la maintenir.

L'opinion européenne reste plus difficile à convaincre et à manipuler. Par des indiscrétions calculées ou des échos perfides, parfois avec le concours de divers journalistes, Bismarck cherche à justifier le bien-fondé des exigences allemandes. Depuis que l'on se bat sur le sol français et que s'esquisse une guerre populaire, il est plus délicat de faire passer la France pour l'agresseur. Il explique que les puissances allemandes continuent la guerre pour imposer une paix durable ; quant aux annexions envisagées, elles sont indispensables pour prévenir une nouvelle agression française, elles seraient la garantie de la sécurité de l'Europe.

En Belgique se dessine un courant de sympathie en faveur de la France républicaine. *L'Indépendance belge*, journal influent et très lu à l'étranger, publie des articles hostiles à la Prusse. Son directeur, Léon Bérardi, est qualifié par Frère-Orban, homme politique libéral influent, de « Français archi-français, républicain archi-républicain ». Bismarck riposte en faisant attaquer la Belgique par des journaux allemands qu'il contrôle. Le roi Léopold est irrité de ce comportement : « Les Allemands se plaignent beaucoup de nous : ils prétendent que nos sympathies sont françaises. C'est une colossale erreur de leur part. Tous les gens éclairés ont fait en Belgique des vœux pour l'Allemagne » (4 septembre). Il déplore que les sentiments humanitaires en faveur des blessés, des prisonniers et des réfugiés aient pu porter ombrage à Bismarck. Les attaques de la presse allemande continuent malgré diverses démarches diplomatiques et la prudence du gouvernement d'Anethan qui s'aligne sur les positions prussiennes. Les craintes éprouvées à propos du grand-duché de Luxembourg, sur lequel Bismarck multiplie les pressions, n'y sont pas étrangères. En dehors de *L'Indépendance belge*, et de *L'Étoile belge* qui appartient aux princes d'Orléans, les autres journaux sont discrets. Cela n'empêche pas Guillaume Ier de se plaindre à Léopold II de « l'action malfaisante de quelques feuilles » (20 octobre 1870).

Les journaux favorables à la France sont en nombre limité, et même si quelques autres s'inquiètent des ambitions prussiennes, Bismarck peut être satisfait : l'opinion des pays libéraux n'est pas en train de basculer du côté de la France.

Les deux échecs d'Adolphe Thiers

Jules Favre pense que la déchéance de l'empire peut amener les États européens à s'engager dans un processus de médiation entre les deux belligérants. Deux d'entre eux pourraient s'y prêter : la Grande-Bretagne et l'Empire russe. Au préalable, il faut les rassurer, leur prouver que la République provisoire est un régime respectable et fréquentable. Nul n'était mieux placé qu'Adolphe Thiers pour plaider une telle cause. C'est pourquoi Jules Favre lui propose une mission européenne. Pressentant le rôle qu'il pourrait être amené à jouer, Thiers accepte et part rapidement pour Londres où il arrive le 13 septembre. Les journaux comme le *Times* et le *Daily News* continuent de publier des articles favorables à la Prusse. Le cabinet libéral Gladstone-Granville, qui avait rejeté la responsabilité de la guerre sur la France, est satisfait de l'élimination de Napoléon III. Thiers espère une évolution de l'opinion publique. Déjà, des voix se font entendre en faveur de la France. Il explique que la France républicaine est innocente des « crimes » de l'empire, que la Prusse envisage des annexions au mépris du droit des gens sans consulter les populations concernées. Thiers est écouté courtoisement par les ministres anglais, avec des égards même, mais il n'obtient rien. Le gouvernement anglais ne voit aucun élément nouveau qui le ferait sortir de son attitude de réserve; une médiation supposerait l'accord des deux parties. Or, comme la Prusse s'y refuse, une médiation anglaise est sans objet.

Thiers rentre de Londres les mains vides. Il arrive à Tours le 20 septembre, où il est informé des exigences de Bismarck et de la rupture des négociations de Ferrières. Il décide néanmoins de poursuivre sa mission à Vienne et à Saint-Pétersbourg. Accompagné de sa femme, de sa belle-sœur et de quelques jeunes collaborateurs, il monte dans le train et se lance dans un périple européen exténuant pour un homme de son âge.

Dans son esprit, l'étape de Vienne est de pure information. Les Autrichiens sont hors jeu. Thiers s'entretient deux jours avec Beust et Andrássy; les informations qu'il recueille auprès d'eux confirment ses intuitions : l'Autriche est incapable d'une initiative quelconque. Au mieux pourrait-elle appuyer une médiation conjointe de Londres et de Saint-Pétersbourg. En revanche, Thiers garde l'espoir de faire évoluer les dirigeants russes dans un sens plus favorable. Il n'ignore ni l'ancienneté des relations entre les Hohenzollern et les Romanov ni les liens familiaux entre Alexandre II et son oncle Guillaume Ier. Il pense que malgré les intérêts communs entre les deux États, l'Empire russe a ses objectifs propres en Orient et dans les Balkans. La guerre franco-prussienne peut être une occasion de prendre une revanche sur la guerre de Crimée et de mettre fin à la neutralisation de la mer Noire imposée par le traité de Paris (1856). C'est la préoccupation majeure de la diplomatie russe, tout le reste y est subordonné. Thiers arrive à Saint-Pétersbourg le 28 septembre, il y reste jusqu'au 9 octobre. Il a de nombreux entretiens avec le tsar, le chancelier Gortchakov et quelques autres dirigeants. L'atmosphère est très courtoise, mais la capacité démonstrative de Thiers est sans effet sur ses interlocuteurs. Les Russes restent proches de la Prusse, ils ne s'inquiètent pas de sa victoire ; ils n'envisagent aucune médiation ; ils jugent avec sévérité le gouvernement provisoire : gouvernement fragile, incertain, qui pourrait composer avec la démagogie et renouer avec les vieux démons révolutionnaires français. Gambetta n'inspire aucune confiance. L'avocat Floquet, l'un des défenseurs du Polonais Berezowski, auteur d'un attentat contre le tsar, n'est-il pas devenu haut fonctionnaire ? C'est pourquoi Gortchakov recommande à Thiers d'engager rapidement des négociations bilatérales. « La paix est possible, lui explique-t-il, il faut beaucoup prendre sur vous. Il faut aller à Versailles, traiter courageusement et vous aurez des conditions acceptables surtout si Paris s'est bien défendue. » Au retour, Thiers s'arrête à Vienne, fait un crochet par Florence et arrive à Tours le 21 octobre.

Cette tournée diplomatique de près de quarante jours est extrêmement décevante. Thiers est revenu les mains vides : aucune reconnaissance pour le gouvernement provisoire, aucun espoir de médiation. La seule démarche russe positive a été de lui obtenir un sauf-conduit pour Versailles. C'est une bien mince satisfaction. Thiers n'a pas été en mesure d'inverser une situation très défavorable. Trois raisons, semble-t-il, peuvent expliquer cet échec. En premier lieu, le gouvernement provisoire républicain n'inspire qu'une confiance limitée ; on ignore comment il peut évoluer et même s'il a des chances de durer. En second lieu, Thiers avait beaucoup à demander et rien à offrir en contrepartie. Aucun diplomate, dans ce genre de situation, ne peut espérer de miracle. Enfin, en reprenant la tactique de Talleyrand en 1815, Thiers s'était imaginé que la Russie pourrait servir de contrepoids aux exigences prussiennes et serait en mesure de peser sur son allié pour l'amener à des concessions. Or la situation de 1870 n'est plus celle de 1815. Ce qu'Alexandre Ier avait fait pour un souverain qu'il avait accueilli en exil, son petit-fils Alexandre II n'était pas disposé à le renouveler en faveur d'une République qui protégeait ses assassins et aimait la Pologne. Au demeurant, Thiers n'était pas Talleyrand. Bismarck, informé de ses propos et de son état d'esprit, le marque à chaque pas et le rend inoffensif. Il a promis au tsar son soutien pour la levée de la neutralisation de la mer Noire; la France qui l'avait imposée n'était plus en mesure de s'y opposer, on pouvait même se passer de son avis.

À son retour en France, Thiers est convaincu qu'il faut reprendre des négociations directes avec l'ennemi. Il se juge plus habile que Jules Favre. Moyennant la perte de l'Alsace, la paix est à portée de la main. La résistance de Metz touche à sa fin et la capitulation de Bazaine lèvera définitivement l'hypothèse bonapartiste. À Tours, il fait part de ses conclusions à Gambetta. Celui-ci est hostile à toute négociation. Thiers décide néanmoins de rentrer à Paris pour conférer avec le gouvernement. Muni du sauf-conduit obtenu grâce à la bienveillance des dirigeants russes, il franchit les lignes allemandes et retrouve le 30 octobre Paris qu'il avait quitté le 12 septembre. Il fait part à Jules Favre des résultats négatifs de son périple européen. Aucun pays ne viendra au secours de la France. Il faut négocier et surmonter l'hostilité de Gambetta et des Parisiens car Thiers pense que, en profondeur, le pays est favorable à la paix. Plus on tardera, plus les conditions seront dures. Jules Favre accepte que Thiers se rende à Versailles pour sonder les intentions de Bismarck. L'accueil du chancelier prussien est aimable. Depuis les entretiens de Ferrières, il ne paraît pas avoir accru ses exigences. Avant de discuter de la paix, Thiers propose la conclusion d'un armistice de vingt-cinq jours durant lequel on élirait une Assemblée nationale. Le gouvernement issu de ces élections serait qualifié par le pays pour négocier. Durant l'armistice, Paris serait ravitaillé. Bismarck accepte d'emblée les élections; il s'engage à les favoriser dans les zones occupées, à condition qu'aucune exclusive ne soit lancée contre les anciens dirigeants et élus de l'empire; c'était un point majeur du désaccord entre Thiers et Gambetta. Le ravitaillement de Paris soulève en revanche l'hostilité des militaires allemands. Bismarck ne ferme toutefois aucune porte. Au cours de la discussion, Bismarck apprend à Thiers que l'émeute l'a emporté à Paris et qu'en conséquence, le gouvernement dont il tient ses pouvoirs de négociateur n'existe plus. Thiers, étonné, envoie à Paris son secrétaire Cochery; celui-ci revient en annonçant que le gouvernement a rétabli la situation en sa faveur. Mais entre-temps, la position de Bismarck s'est durcie. Le ton de la déclaration de Gambetta, dans laquelle celui-ci accusait Bazaine de trahison et lançait un appel à la guerre à outrance, a exaspéré Guillaume Ier et son entourage. Pour sa part, Moltke trouve que le ravitaillement de Paris est contraire aux intérêts prussiens et prolongerait la guerre. Il demande en contrepartie l'occupation du Mont-Valérien et de quelques forts. Pour faire de telles concessions, Thiers a besoin de l'approbation du gouvernement. Il vient rendre compte de ses entretiens à Jules Favre et au général Ducrot le 5 novembre au pont de Sèvres. Très lucide sur les sacrifices qu'il faudra consentir, Thiers plaide néanmoins pour la poursuite des négociations. « Continuer la lutte, dit-il, c'est la ruine complète de la France. » Favre retourne à Paris consulter le gouvernement, lequel juge les propositions inacceptables. Après les événements de ces derniers jours, il craint d'affronter la population parisienne, il craint les réactions de Gambetta ; il n'a pas les moyens politiques de négocier une paix qui se traduirait par des pertes territoriales. Dans leur majorité, les Parisiens repoussent toute négociation tant qu'ils ne se seront pas battus. Ceux qui pensent autrement sont minoritaires et se taisent. Au secret de son Journal, Edmond de Goncourt confie : « Je désire vivement la paix, je désire bien égoïstement qu'il ne tombe pas d'obus dans ma maison et mes bibelots. [...] Je sentais à l'attitude des ouvriers, des gardes nationaux, des soldats, à ce que l'âme des gens confesse autour d'eux, je sentais que la paix était signée d'avance et telle que l'exigerait Bismarck » (11 novembre 1870). C'est également l'avis de Thiers. Plutôt que de regagner Paris, où le gouvernement reste à la merci de l'extrême gauche, il rentre à Tours et attend son heure. En province, il est difficile, en l'absence d'une enquête approfondie, de mesurer les réactions à l'échec des négociations. Dans le Midi, la majorité des journaux n'est pas favorable à une paix qui se traduirait par des pertes territoriales. Les républicains avancés sont les plus ardents, en parole du moins. Les légitimistes et les catholiques se résignent en majorité à la poursuite des combats. Dans *L'Impartial du Finistère*, on peut lire cette exhortation : « On doit renoncer à tout espoir d'obtenir une paix honorable de la Prusse. Il ne reste plus qu'à combattre jusqu'à l'extermination. C'est le seul parti qui reste à prendre à la noble France avec un ennemi qui joint la duplicité à la plus froide cruauté » (19 novembre 1870). Toute détermination a des limites et la décision d'appeler les hommes mariés de vingt et un à quarante ans et les veufs avec enfants est très mal perçue ; on commence à se dérober ; on sent que si aucun espoir ne se dessine dans un bref délai, l'énergie de la nation pourrait fléchir.

Deux mois après Sedan, la situation internationale n'a pas évolué. Aucun pays n'envisage de combattre aux côtés de la France, aucun pays n'envisage sérieusement de proposer une médiation quelconque. Bismarck a réussi à maintenir l'isolement français. Le changement de régime n'a rien apporté.

Les négociations franco-allemandes demeurent au point mort. À deux reprises, Bismarck a indiqué à ses interlocuteurs français les buts de guerre des puissances allemandes. Des annexions territoriales sont inévitables. À deux reprises, le gouvernement provisoire a rompu la discussion. Une seconde fois, la guerre rebondit. Les Français veulent encore croire à un miracle, le miracle de la levée en masse, de la guerre à outrance. Les observateurs étrangers sont sceptiques et pensent que tôt ou tard la France devra s'incliner.

L'Empire allemand est fait

Sur le plan international comme sur le plan intérieur allemand, le terrain paraît déblayé pour la fondation de l'État prusso-allemand. Les victoires communes ont créé un tel climat de confiance et d'euphorie que l'opinion allemande est prête à accepter l'hégémonie prussienne. Les adversaires se taisent ou se résignent. Les sociaux-démocrates et les libéraux de gauche sont une poignée et l'énumération de leurs prises de position par les historiens marxistes des années 1950-1980 ne peut faire illusion sur leur influence réelle. Un tel état de grâce ne saurait être qu'éphémère. Bismarck sait que les opportunités se présentent rarement deux fois.

La formation du Reich va être plus longue que prévu.

Près de quatre mois d'âpres et secrètes négociations ont été nécessaires pour vaincre les ultimes résistances de la Bavière. C'est entre Munich, où s'arc-boute le roi Louis II, et Versailles, où réside Bismarck, que vont se jouer les péripéties majeures. C'est surtout une affaire de princes et de ministres, un peu une affaire de députés et de journalistes. Le peuple allemand est tenu à l'écart de cette discussion. L'Allemagne nouvelle se construit par le haut.

Au début de septembre, Bismarck fait savoir aux États du Sud que le temps des tergiversations est passé. Le prince Albert de Saxe, un vaincu de 1866 et un vainqueur de 1870, est chargé de lancer les premiers signaux. Bismarck veut des négociations en ordre dispersé et sans aucun changement territorial. Il confie à Rudolph Delbrück, le ministre délégué à la chancellerie, une mission d'information. Celui-ci confère à Reims le 10 septembre avec Guillaume Ier et Bismarck. Dans une maison à l'ombre des tours gothiques de la cathédrale du sacre, il rédige un mémoire introductif que Bismarck approuve. Le but est d'élargir aux États du Sud la Confédération de l'Allemagne du Nord fondée en 1867 après la victoire sur l'Autriche et de former un État fédéral qui prendrait le nom d'Empire allemand (*Deutsches Reich*).

Des quatre États de l'Allemagne du Sud, deux sont déjà acquis ou résignés : le grand-duché de Bade, très lié à la famille royale prussienne, serait déjà entré dans la Confédération si Bismarck l'avait jugé opportun. Dans le grand-duché de Hesse, l'opinion publique est si impatiente que le grand-duc et son ministre Dallwig se sentent acculés et sont résignés à céder devant « une nécessité inéluctable ». L'obstacle principal vient des deux royaumes de Wurtemberg et de Bavière. À la cour de Stuttgart, la résistance est limitée et les libéraux, influents sur l'opinion, peuvent contribuer à une solution positive. L'obstacle majeur reste la Bavière : le roi Louis II est très attaché à ses prérogatives ; il n'a pas rejoint les autres princes à Versailles et veut préserver coûte que coûte l'indépendance de son État. Reconnaître la prééminence du roi de Prusse est au-dessus de ses forces. Le roi n'est pas isolé. L'opposition à la Prusse garde dans l'opinion bavaroise de solides positions. Le « parti patriote » est majoritaire au Landtag et beaucoup de catholiques craignent l'influence d'une Prusse protestante et l'éloignement de l'Autriche. Si Bismarck a des adversaires en Bavière, il compte aussi des partisans influents comme l'ancien président du Conseil, le prince de Hohenlohe ou le comte de Tauffkirchen, qui fait la navette entre Munich et le quartier général allemand. Dans les semaines qui suivent Sedan, Louis II et ses ministres sont conscients qu'ils doivent lâcher du lest. Rudolf Delbrück pense toucher facilement au but : « Deux jours après mon arrivée à Reims, une communication importante me parvenait de Munich. Le gouvernement bavarois annonçait plus vite que je l'avais espéré sa conviction que les développements de la situation politique en Allemagne en raison des événements militaires conduisaient, sur la base des conventions de droit international qui, jusqu'ici associaient les États allemands du Sud à la Confédération de l'Allemagne du Nord, vers la conclusion d'un pacte constitutionnel. Il formait le vœu que je puisse être envoyé à Munich pour engager une discussion sur la base des propositions élaborées à partir de l'orientation ci-dessous. Je reçus l'ordre de me rendre à Munich. » Cette mission du ministre d'État prussien se révèle beaucoup plus difficile que prévu. Pourtant, deux députés libéraux influents, Lasker et Bennigsen l'avaient précédé à Munich et avaient préparé le terrain auprès des fonctionnaires, des ministres, des députés et des publicistes bavarois. Il avait pourtant pris soin aussi de dire qu'il ne prendrait pas d'initiative, qu'il écouterait ses interlocuteurs bavarois et wurtembergeois. Les conversations appelées « conférences de Munich », qui durent du 22 au 27 septembre, sont vaines. Le roi et ses ministres se dérobent et multiplient les manœuvres. Delbrück se heurte au mur du silence. Durant le dîner qu'il donne en son honneur au château de Berg, Louis II détourne la conversation : « Sur le but de ma présence à Munich, aucun mot ne fut prononcé ; le roi n'y fit aucune allusion et moi je gardai le silence. [...] La plus grande partie de l'entretien fut consacrée par le roi à des considérations de politique ecclésiastique. »

Irrité de cette désinvolture, Bismarck décide de prendre les négociations en main. Il fait pression sur l'opinion publique bavaroise en répandant dans la presse des informa-

tions calculées. Au pays de Bade, on s'impatiente des lenteurs et des tergiversations et le 3 octobre, le grand-duc,
constatant qu'aucun accord entre les États d'Allemagne du
Sud n'est possible, demande son admission directe dans la
Confédération de l'Allemagne du Nord. On compte sur
l'évolution des esprits pour vaincre les réticences et les
nationaux-libéraux ne perdent pas l'espoir d'aboutir à une
solution rapide, comme le prouve la correspondance entre
Lasker et Delbrück.

Delbrück décide d'inviter les souverains et les ministres
des États du Sud à se rendre à Versailles. Louis II de Bavière
et Charles Ier de Wurtemberg refusent de se déplacer. Le
premier trouve suffisante la présence au quartier général du
prince Luitpold et de son neveu Otto. Ils se résignent à
envoyer en France une délégation présidée par leur président du Conseil respectif.

Celle de Bavière est dirigée par le comte de Bray-
Steinburg, un catholique plutôt favorable à l'Autriche. Les
négociations qui s'engagent le 23 octobre 1870 vont durer
un mois. Elles sont ponctuées de multiples péripéties. Les
Bavarois sont bien accueillis à Versailles et logés dans une
agréable maison. Les premiers contacts de Bray sont positifs : « Je me suis annoncé chez le prince Luitpold et chez le
prince royal de Prusse et tous les deux m'ont longuement
reçu. Je me suis ensuite présenté chez le roi ; ce soir à
6 heures, je reviens d'un entretien de deux heures avec le
comte Bismarck. Son accueil a été des plus cordiaux. Mais
ce qui arrivera dans la discussion des affaires est encore
imprévisible... » Très vite, il se rend compte qu'il est isolé et
que les revendications de la Bavière (accroissement territorial, co-direction avec la Prusse des Affaires étrangères) sont
complètement utopiques. Les autres États du Sud négocient
séparément et arrivent vite à une entente. Le ministre-
président du Bade, Julius Jolly, fait le point de la situation :
« Notre entrée dans la Confédération, à l'exception des
affaires militaires, a été réglée en une seule réunion avec
Delbrück qui est un négociateur " comme il faut ". [...] Du
côté du Wurtemberg, il n'y a pas de sérieuses difficultés. Ils
veulent obtenir des concessions pour la poste et le télégraphe, peut-être aussi quelques autres modifications sans

importance, mais ils acceptent la Constitution existante. La Hesse doit aussi s'y joindre, restent des difficultés parti- culières du côté de la Bavière. Elle veut une part largement définie de la représentation diplomatique et l'indépendance de son armée en temps de paix. Bismarck m'a dit que la pre- mière revendication est impossible et Roon m'a expliqué brièvement qu'il en est de même pour la seconde. » En l'espace de quelques jours, les négociateurs bavarois sont placés dans une situation inconfortable, ils cherchent déses- pérément des compromis.

Louis II, à nouveau invité à Versailles, se mure dans son refus. Ses ministres sont provisoirement tirés d'affaire par un sursaut du roi de Wurtemberg, Charles Ier, qui télé- graphie de ne rien signer tant que la Bavière n'aura pas signé (11 novembre). On est très près de la rupture. Les Bavarois font courir le bruit de leur prochain retour à Munich. Mais les ministres du Wurtemberg sont plus souples que leur souverain, puis Bismarck renoue les contacts avec les Bavarois. Toute une presse appuie Bis- marck et s'indigne des retards pris par l'unité. Bismarck fait annoncer le 15 novembre l'entrée du Bade et de la Hesse dans la Confédération de l'Allemagne du Nord. C'est un premier succès et aussi un moyen de pression sur les récalci- trants. En quelques jours, les négociations progressent. Habi- lement, Bismarck ménage l'amour-propre bavarois en acceptant pour eux des droits réservés : maintien d'une représentation diplomatique, maintien de la souveraineté militaire en temps de paix, service autonome des postes, des télégraphes et des chemins de fer.

Le 23 novembre, le traité avec la Bavière est signé à Ver- sailles. Busch raconte la scène et les réactions de Bismarck : « Vers 10 heures, je descendis prendre le thé et trouvai encore là Bismarck-Bohlen et Hatzfeld. Le " chef " était au salon avec les trois représentants de la Bavière. Au bout d'un quart d'heure, il ouvrit le battant de la porte, il avait une mine joyeuse et s'avança vers nous avec une coupe jusqu'à la table où il prit place " Maintenant, dit-il, le traité avec la Bavière est rédigé et signé; l'unité allemande est faite et l'empereur aussi ".

« Le silence dura un moment. Puis je le priai d'aller chercher la plume avec laquelle il avait écrit. " Au nom de Dieu, me répondit-il, allez les chercher toutes les trois, mais la dorée n'est pas du nombre. " J'allai et pris les trois plumes restées près du document et dont deux d'entre elles étaient encore humides. Tout près se trouvaient deux bouteilles de champagne vides. "Apportez-nous-en encore une, dit le chef au serveur, c'est un événement ! " »

Du côté des Bavarois, on a l'impression d'avoir préservé l'essentiel. Les négociateurs s'attendent au mécontentement du roi et à une levée de boucliers d'une partie de l'opinion. Le comte Bray, qui est sans illusion, a conscience d'avoir accompli son devoir. Dans une lettre intime à son épouse, il exprime son sentiment : « Hier soir, à 11 heures, nous avons signé les documents avec le comte Bismarck. C'est le début de la nouvelle Allemagne et, si nos projets sont acceptés, la fin de la vieille Bavière ! Ce serait vain de vouloir se faire illusion. Tout cela a troublé plus d'une fois mon sommeil. Mais ma conscience est tranquille. [...] Ce qui me rassure et a beaucoup contribué à ma décision, est l'inclination dominante ici à se rapprocher de l'Autriche et à nouer avec cet empire des relations les plus amicales... » Sur la route du retour, Bray est d'humeur maussade. Le comte Lerchenfeld qui l'accompagne est résigné. Ce traité était une « nécessité politique » à laquelle il fallait consentir.

Deux jours après la Bavière, le Wurtemberg cède à son tour. Le but politique de la guerre est atteint. Une nouvelle Confédération allemande est fondée. Dès que les textes des traités sont rendus publics, les nationaux-libéraux formulent des critiques mais ils se rallient assez vite, tout comme l'historien Treitschke, qui juge trop étendues les concessions au fédéralisme. Comme prévu, les oppositions les plus fortes viennent des « patriotes » bavarois. La ratification par la Chambre basse reste incertaine. Louis II donne en maugréant son accord aux conventions signées, tout en refusant obstinément de se rendre à Versailles. Une négociation parallèle et secrète avec Bismarck lui a procuré de solides compensations financières et une rente annuelle qui lui sera versée sa vie durant.

Dans toutes les tractations que nous avons relatées, une grande puissance est absente et silencieuse, c'est l'empire d'Autriche. Depuis l'automne, la presse officieuse et les journaux libéraux sont aimables avec les dirigeants autrichiens. Ils les ménagent et s'efforcent de montrer que les intérêts autrichiens et ceux du nouveau Reich ne s'opposent pas. L'historien Treitschke donne le ton dans le *Preussischer Jahrbuch.* Un éditorial intitulé « L'Autriche et l'Empire allemand » affirme : « Nous, unitaires allemands, nous ne serons jamais les ennemis de l'Autriche. Nous, Allemands, n'avons jamais compris le principe des nationalités dans un sens dur et extensif. » C'est en montrer clairement les limites. Avec réalisme, les dirigeants autrichiens tirent les conséquences des victoires prussiennes auxquelles ils ont été incapables de s'opposer. Le chancelier Beust, que l'on avait présenté comme l'homme de la revanche, prend acte des changements intervenus. Le ministre autrichien n'a pas soutenu la Bavière dans sa résistance. Bien au contraire, il accepte les faits accomplis. À son ambassadeur à Berlin, Wimpffen, il écrit le 5 décembre 1870 : « De notre côté on n'entreprendra rien qui pourrait aller à l'encontre des résultats considérables à la suite desquels la couronne de Prusse a pris la direction du nouveau Bund allemand ; au contraire, mes déclarations confirmeront que nous acceptons sincèrement les propositions d'amitié de la Prusse et de l'Allemagne unie sous sa direction ; nous garderons le souvenir de notre association historique avec elle ; nous l'accompagnerons de nos meilleurs vœux dans sa nouvelle situation et nous saisirons chaque occasion d'entente avec une cordiale bonne volonté. » Le 14 décembre 1870, Beust adresse à Berlin la note officielle de reconnaissance dans laquelle il formule le vœu de « relations les meilleures et amicales entre les deux États ».

Beust voit dans le nouvel Empire un futur partenaire pour une alliance. Le maintien du fédéralisme et des dynasties comporte à ses yeux un énorme avantage : il écarte, dans l'immédiat du moins, la montée d'un irrédentisme allemand en Autriche. En effet, en Autriche, les victoires prussiennes avaient été accueillies avec joie par la bourgeoisie allemande des villes. François-Joseph en avait été affecté et l'avait ressenti comme un manque de loyalisme. Dans l'immédiat, c'est une interprétation sans fondement. Les Allemands d'Autriche et de Bohême ne sont pas désireux d'entrer dans le nouveau Reich. De son côté, Bismarck, qui est devenu très populaire parmi eux, ne les y encourage pas. Il a écarté la solution « grande Allemagne » car il considère l'empire d'Autriche comme nécessaire à l'équilibre de l'Europe.

Privé de l'appui autrichien, les États du Sud n'ont plus aucun recours. Ils doivent accepter la solution de Bismarck. Celui-ci refuse toute idée de référendum ou de plébiscite. L'appui de l'opinion lui suffit. Mais il veut que les parlements où subsistent des noyaux de résistance s'inclinent. Ceux du Bade, de Hesse, de Wurtemberg votent rapidement les traités, ainsi que le Reichstag de l'Allemagne du Nord. Le parlement bavarois fait traîner les choses en longueur. On n'attend pas son avis. Le 20 décembre 1870, la Confédération de l'Allemagne du Nord disparaît, l'Empire allemand (*Deutsches Reich*) est né.

Ainsi donc, Bismarck a réussi à faire entrer les États du Sud dans une Confédération dominée par la Prusse. Il s'est contenté d'une solution imparfaite dans la mesure où elle était acceptée sans contrainte. Il aurait probablement pu réaliser un Reich plus unitaire ; on le lui a reproché. Il ne l'a pas voulu. D'ailleurs, l'avenir a démontré que les concessions accordées à la Bavière se sont révélées purement formelles. Bismarck a aussi volontairement ménagé les anciennes classes dirigeantes comme les susceptibilités des conservateurs prussiens. Le temps est son allié le plus sûr. L'obligation pour les Allemands de vivre ensemble créera des liens nouveaux de toutes sortes.

Certains ont vu dans cet aboutissement la réalisation méthodique d'un plan conçu d'avance. Bismarck avait certes un projet, mais il n'avait ni calendrier ni procédure. Avec une lucidité pénétrante et un grand sens des opportunités, il a saisi les occasions qui se sont présentées, apprécié les rapports de force, et en a tiré le meilleur parti possible. « Il ne savait pas où il allait, c'est pourquoi il a été si loin », écrit avec perspicacité Maximilien Harden.

Situation bloquée jusqu'au bout

Pendant que se déroulent à Versailles les délicates négociations interallemandes, Bismarck est confronté à un nou-

veau rebondissement de la question d'Orient. Le 30 octobre
1870, la Russie annonce la dénonciation prochaine « des
obligations du traité de Paris du 30 mars 1856, en tant
qu'elles restreignent ses droits de souveraineté dans la mer
Noire ». Bismarck est très irrité par cette initiative intempes-
tive qu'il avait cherché à prévenir. Il craint de vives réactions de la part de la Grande-Bretagne et de l'Autriche. Il
craint encore plus la réunion d'une conférence internationale à laquelle participeraient les six puissances signataires du traité de Paris, à savoir la Grande-Bretagne, la
France, la Prusse, la Russie, l'Autriche et l'Empire ottoman.
Le risque majeur pour Bismarck est de donner à la France
une tribune et des contacts. Écartant l'affaire de la mer
Noire, elle chercherait à introduire les autres États européens dans le processus de paix. Au cours du mois de
novembre, Bismarck manœuvre très habilement tandis que
la passivité de la France lui facilite la tâche. Il obtient
l'accord de la Grande-Bretagne à la tenue d'une conférence limitée à la seule « question de la mer Noire »
(28 novembre). Le risque d'un conflit anglo-russe est écarté
et l'ordre du jour limité. Il n'est pas au bout de ses peines et
il s'emploie à faire traîner la convocation de cette maudite
conférence avec l'espoir qu'elle se réunira seulement après
la capitulation de Paris ! Jusqu'au bout, il craint l'incident
imprévu d'où pourraient surgir une pression collective des
neutres et un élargissement du conflit. Nul ne songe à écarter la France. Tous les pays, à l'exception de la Prusse, souhaitent sa participation au plus haut niveau. Le gouvernement français est très embarrassé par cette initiative
prussienne. L'accepter serait perçu comme un camouflet
par la population parisienne. C'est pourquoi Jules Favre
assortit son acceptation d'un protocole demandant l'intégrité
du territoire en cas de négociation et un armistice avec ravitaillement de Paris. En liant l'ouverture de la conférence à
une prise de position sur les négociations futures entre la
Prusse et la France, Favre pose une condition inacceptable.
Les discussions qui se poursuivent sont entravées par le
départ de la Délégation pour Bordeaux. Les communications entre Bordeaux et Paris sont encore plus incertaines :
le délégué Chaudordy souhaite la présence de la France à la

conférence. Gambetta aussi, car ce serait une reconnaissance de droit par les puissances. Finalement, c'est Jules Favre qui, après beaucoup d'hésitation, accepte d'être le délégué français. Pour sortir de Paris, il faut un sauf-conduit. Or Jules Favre ne veut pas le demander lui-même à la Prusse. C'est la Grande-Bretagne qui accepte de s'en charger. Toutes ces formalités sont longues. Bismarck est ravi, et il multiplie les artifices de procédure pour gagner du temps.

Au début de décembre 1870, Bismarck est nerveux. L'opinion est en train d'évoluer en Grande-Bretagne ; les malheurs des Parisiens ont ému les Anglais. Des sociétés philanthropiques, des groupes religieux comme les quakers font des quêtes, rassemblent des denrées, des médicaments, des secours de toute sorte. Un comité dirigé par le lord-maire de Londres lance une souscription en faveur de Paris. On envoie des vivres dans la banlieue pour les distribuer dès que la capitale ouvrira ses portes. Le bombardement auquel il faut se résoudre accroîtra les sympathies en faveur de la France. D'autre part, l'affaire du Luxembourg inquiète les gouvernements anglais et belge. Bismarck ne songe-t-il pas, d'une manière ou d'une autre, à faire entrer ce jeune et fragile État dans le Reich ? Le président prussien de Trèves, von Ernsthausen, n'a-t-il pas fait déjà deux voyages au Luxembourg ? Déjà, en octobre, Bismarck avait froncé les sourcils parce que la garnison de Thionville avait trouvé dans le grand-duché des soutiens et du ravitaillement. Les sympathies à l'égard de la France restant à son avis trop accentuées, il envoie une note menaçant le Luxembourg de perdre sa neutralité. Les réactions sont si vives qu'il abandonne son projet d'annexion du Luxembourg pour ne pas irriter la Grande-Bretagne signataire du traité de Londres. Le risque est trop grand, et il y a d'autres moyens que l'annexion pure et simple pour inclure le petit grand-duché dans la sphère d'influence allemande. Bismarck a les yeux rivés sur Londres. La Prusse conserve des soutiens efficaces à la Cour, aux Communes, dans la presse, mais au sein du cabinet comme dans l'opinion, les sympathies à l'égard de la France remontent nettement.

Un dirigeant conservateur, Salisbury, futur Premier

ministre, critique la passivité du cabinet : « À la tête de 600 000 hommes devant les murs de Paris assiégé, le comte de Bismarck a eu le courage de prétendre que la paisible, l'idyllique Allemagne a besoin d'être protégée contre son voisin turbulent. L'allégeance des Alsaciens qui la détestent est la garantie nécessitée par sa faiblesse face à la présence de la France. [...] L'Allemagne pacifique n'est qu'un lieu commun diplomatique. Il n'y a rien de commun dans l'histoire pour justifier une telle prétention. [...] Le jour viendra où leurs rêves ambitieux seront traversés par une puissance assez forte pour les repousser et ce jour sera pour la France [...] la revanche. N'y a-t-il pas de puissance neutre pour faire un effort et sauver l'Europe d'un tel avenir de guerre chronique ? L'Angleterre donnera-t-elle un signe ? Or la Grande-Bretagne n'a donné aucun signe... » Devant l'accroissement des exigences territoriales, le refus de consulter les populations qui seraient annexées, l'ampleur de la contribution de guerre, le Premier ministre Gladstone est inquiet. Il serait tenté de protester mais il est freiné par Granville et les représentants des milieux d'affaires qui, gênés par la guerre, souhaitent le rétablissement rapide de la paix. Cette passivité anglaise a été beaucoup critiquée par les historiens français ; Gladstone a été accusé d'aveuglement pour avoir permis l'établissement de l'hégémonie allemande sur le continent. Elle s'explique par la combinaison de trois facteurs :
– le refus d'intervenir sur le continent dans la mesure où les intérêts britanniques directs ne sont pas menacés, et c'est le cas ;
– l'attitude de l'opinion qui est plus sensible aux malheurs de la guerre qu'aux demandes du gouvernement français. Cette opinion est soit indifférente soit plutôt favorable à la Prusse. Or un gouvernement britannique ne peut ni gouverner ni prendre des décisions qui pourraient conduire à la guerre à l'encontre de l'opinion publique. La Grande-Bretagne n'est pas la Russie ;
– les moyens militaires dont dispose le gouvernement anglais sont très faibles. Ils n'autorisent aucune intervention sur le continent ; ils ne permettraient même pas d'accompagner une pression diplomatique un peu vigoureuse. La fai-

blesse militaire de la Grande-Bretagne est un atout majeur dont Bismarck a su profiter.

Pendant que les Anglais s'interrogent, le bombardement de Paris a commencé. Jules Favre proteste contre cet acte barbare et il renonce à quitter Paris. La conférence internationale sur la neutralité de la mer Noire s'ouvre enfin à Londres le 17 janvier en présence des diplomates. Elle s'ajourne bientôt. Bismarck avait donné à son représentant des instructions draconiennes, lui enjoignant de quitter la salle au cas où la guerre franco-allemande serait évoquée. Elle ne reprendra qu'en février et ses travaux aboutiront le 13 mars 1871 à la satisfaction de la Russie, puisque la neutralisation de la mer Noire sera levée.

Du 4 septembre 1870 à la capitulation de Paris, l'isolement de la France est resté constant. L'habileté de Bismarck y a beaucoup contribué. Se contenter de cette unique explication serait rester à la surface des choses. Le talent de Bismarck a été d'exploiter une conjoncture favorable : un pays qui n'a plus d'armée, qui n'a rien à proposer, qui est incapable d'une initiative quelconque et qui, en outre, inquiète à tort ou à raison les monarchies conservatrices ne pouvait ni trouver d'allié ni espérer une médiation.

La Grande-Bretagne et la Russie étaient les deux seuls États susceptibles de prendre des initiatives pour obliger Bismarck à assouplir ses exigences. La Grande-Bretagne ne le pouvant pas, la Russie ne le souhaitant pas, les autres États sont restés neutres, préservant au mieux leurs intérêts respectifs.

CHAPITRE X

Les derniers soubresauts

La guerre dure maintenant depuis quatre mois. Les Allemands ont remporté des victoires éclatantes, ils tiennent sur le sol français des avantages considérables. Ils sont cependant inquiets. L'adversaire n'est pas anéanti, il n'a plus d'armée régulière et il se bat encore. Comment le contraindre à abandonner la partie ?

Du côté français, le fossé se creuse entre Gambetta, qui prône la lutte à outrance et qui est acquis à une guerre longue, et les dirigeants parisiens, las et sans espoir, qui sentent bien qu'un jour ou l'autre Paris, comme les autres places, devra capituler. Les Français sont divisés : une minorité réduite à Paris et en province veut continuer la lutte ; une majorité silencieuse, qui ne peut guère s'exprimer, est résignée à la paix. Comment trancher entre ces deux voies ? Qui d'ailleurs en a le pouvoir et l'autorité ?

Deux stratégies

L'adversaire le plus redoutable des combattants a été le général Hiver, dont les offensives entrecoupées de dégels et de phases humides se sont succédé en décembre et en janvier. Un premier coup de froid suivi d'un dégel boueux s'est abattu sur les soldats entre le 5 et le 10 décembre, puis une période neigeuse débute à Noël. Dans la vallée du Rhône, dans le Centre-Est, il faut déblayer les voies ferrées, la couche est particulièrement épaisse dans le Morvan et gêne le transport de l'armée Bourbaki. Entre le 12 et le 20 janvier, c'est le moment le plus rude : la neige tombe dans l'Ouest, le Bassin parisien et l'Est; puis un beau temps sec s'établit, avec des pointes nocturnes très basses dans le Jura. C'est pourquoi la guerre d'hiver éprouve les soldats des deux camps. Les malades sont bien plus nombreux que les blessés et les morts.

Comment les Français peuvent-ils poursuivre la guerre ? Il faut rappeler que la Délégation s'est installée à Bordeaux. Avec l'allongement des distances, les relations entre Paris et Bordeaux, les deux pôles du pouvoir, sont encore plus précaires. Les pigeons deviennent rares; ils souffrent de la distance et du froid. Ils doivent voler maintenant plus de 600 km pour regagner leurs colombiers. Quant aux ballons, ils tombent à l'étranger; l'un des derniers s'est perdu en mer. Quelques-uns cependant arrivent à bon port. D'après le *Journal* de George Sand, trois lettres lui sont parvenues à Nohant, une première le 28 décembre, expédiée le 22, une seconde le 7 janvier 1871, expédiée le 1er, une troisième le 28 janvier, expédiée le 15. Dans la zone restée libre, les trains roulent et le télégraphe fonctionne normalement. Chaque jour, 5 000 à 6 000 télégrammes partent vers les départements. Ceux du Nord et du Pas-de-Calais sont presque isolés, car un bateau de pêcheurs a coupé le câble immergé Cherbourg-Dunkerque. La transmission d'une dépêche à Lille demande sept jours et passe par la Grande-Bretagne.

Gambetta demeure l'âme, la volonté politique de la Délégation. Il joue maintenant sur la durée; il s'engage dans une guerre longue, une guerre qui sera populaire. À terme, il ne désespère pas d'épuiser les Allemands et de surmonter les échecs. Au moins dans ses déclarations publiques, il se veut optimiste : « Ils [les Prussiens] croyaient faire une campagne de Sadowa et Paris les retient depuis trois mois. Les pertes qu'ils ont éprouvées sont énormes, l'Allemagne est épuisée d'hommes et d'argent : quelques jours encore, deux mois d'énergie et d'efforts et la défaite de l'armée prussienne est certaine. » Voilà ce qu'il annonce aux Bordelais le 30 décembre. Et il leur lance : « Jurons tous la guerre à outrance. Et même (malheur épouvantable et impossible à prévoir!) Paris dût-il tomber, jurons de lutter encore, de résister toujours. » S'il y a toujours des auditeurs pour applaudir à cet appel, il y a encore plus de lecteurs pour critiquer la guerre à outrance et les coups de clairon républicains. À Bordeaux ont afflué hommes politiques, journalistes, intermédiaires de toutes sortes. Émile de Girardin et quelques autres s'agitent. Des journaux parisiens font paraître une édition. Thiers s'est installé à l'Hôtel de France. Dans la discrétion, il reçoit, consulte et se prépare. Gambetta n'est pas dupe et dans une dépêche à Jules Favre, il critique la « persistance avec laquelle Thiers et ses amis ont traité notre gouvernement d'usurpateur, la guerre d'insensée, la prolongation de la résistance criminelle, l'héroïsme de Paris de batailleries sans résultats » (31 décembre). Au-delà des discours, il semble que Gambetta ait surmonté assez vite les échecs de l'armée de la Loire; les succès de Crémer à Nuits, de Faidherbe à Bapaume, le recul de Werder en Bourgogne lui ont redonné espoir.

Pour sa part, Thiers, très au courant de l'animosité que lui portait Gambetta, a, lors de sa déposition devant la commission d'enquête parlementaire en septembre 1871, préféré rester discret sur ses activités bordelaises : « Je résolus de me taire [...] j'attendis, silencieux et profondément triste, la fin de nos perplexités. »

Un autre point de friction entre Gambetta et les notables a été le décret de dissolution des conseils généraux (pris le 24 décembre), qui a mis en effervescence les royalistes et les conservateurs. Les préfets qui avaient collaboré avec eux pour la Défense nationale se trouvent en porte-à-faux, quelques-uns démissionnent pour ne pas avoir à nommer les commissions départementales. Les récriminations viennent se mêler à l'attente lancinante de la paix. Les journaux conservateurs de l'Ouest se font les interprètes de ces aspirations.

Avec énergie, Gambetta poursuit la levée en masse, hâte la fabrication des armes, dirige les nouvelles unités vers le théâtre des opérations, fait pression sur l'antenne bordelaise de la Banque de France pour obtenir le financement de la guerre. Le manque de cadres reste toujours crucial. On s'en tire par des nominations à titre provisoire et la réintégration de quelques évadés d'Allemagne. Ainsi par exemple, le général Clinchant, prisonnier à Metz, qui s'est enfui par la Hollande, est nommé à l'armée de l'Est.

L'activité de Gambetta a été prodigieuse. Il a été encore moins présent physiquement à Bordeaux qu'à Tours. Il lui suffit de rester en contact télégraphique permanent avec Freycinet et ses autres collaborateurs. Pendant le mois de décembre, il est à Bourges, puis à Lyon. Il rentre à Bordeaux le 29 décembre; il s'adresse à plusieurs reprises à la population, puis il s'absente de nouveau du 16 au 18 janvier. Il va réconforter Chanzy à Laval, puis se rend à Lille par voie maritime où il reste trois jours (21 au 24 janvier).

La situation des armées françaises de province est très variable. L'armée du Nord est isolée du reste du pays. Faidherbe doit se débrouiller avec les ressources locales. La seconde armée de la Loire est reconstituée autour du Mans. Chanzy est informé de la véritable situation de Paris à la suite de l'arrivée à son état-major du capitaine de Boisdeffre qui s'est échappé de la capitale par le ballon *Lavoisier*. L'objectif reste toujours Paris, mais que peut-on faire à 200 km du but fixé? Gambetta met son ultime espoir dans une nouvelle armée de l'Est à laquelle il assigne les buts suivants : lever le siège de Belfort, remonter en haute Alsace, couper les communications allemandes. À Bourges, Gambetta séjourne du 11 au 20 décembre. Ce projet hardi, téméraire, y est élaboré et décidé. Il s'agit de transporter sur Chalon puis Besançon l'essentiel des troupes que commande Bourbaki et qui sont repliées autour de Bourges et de Nevers. Un tel mouvement suppose la mise en œuvre de moyens ferroviaires suffisants. Un ingénieur, de Serres, en est chargé et parvient tant bien que mal à les rassembler. Le volet logistique résolu, il faudrait surtout des troupes d'élite motivées, et à leur tête un chef exceptionnel. Gambetta n'a ni l'un ni l'autre. Après beaucoup de perplexité, il finit par nommer Bourbaki au commandement de cette future armée de l'Est. L'ancien commandant de la garde impériale a perdu confiance en lui, il est découragé. Mais il accepte finalement le commandement qu'on lui offre. En lui donnant comme adjoints les généraux Clinchant et Billot qui se sont évadés d'Allemagne, Gambetta espère « réchauffer sa tiédeur ». Il n'en sera rien. Une nouvelle fois, Bourbaki sera inférieur à la situation.

Parallèlement au déplacement des unités qui vont constituer l'armée Bourbaki, et qui s'effectue dans la troisième décade de décembre, le rassemblement des mobilisés se poursuit dans la France du Sud-Ouest et du Midi, dans le Centre-Ouest et la Bretagne, dans la vallée du Rhône. Partout, on recueille des armes, on lance des souscriptions pour venir en aide aux blessés et aux prisonniers. Les usines de Saint-Étienne et de sa région fabriquent des armes et des équipements. Lyon, qui jusqu'à la mi-décembre a vécu dans la crainte d'un siège, est libérée de cette angoisse. La ville est une véritable plaque tournante pour concentrer les moyens qui doivent appuyer le mouvement de Bourbaki. Par exemple, les mobilisés de l'Ardèche quittent Montélimar pour Lyon le 16 janvier, ceux de la Drôme quittent Valence le 28 janvier. Partout on a une grande admiration pour Paris. La « ville des plaisirs et de la fête » est devenue « une ville sainte et sublime ».

Autour du Havre, on élève des fortifications de campagne pour arrêter une éventuelle offensive; de même, à la limite du Calvados et de la Manche, on édifie les « lignes de Carentan » pour protéger le Cotentin et le port de Cherbourg où sont rassemblés des vivres pour ravitailler Paris.

Poursuite de la mobilisation, velléité de guerre à outrance, de guerre de partisans sont associées à une immense lassitude et à un désir d'en finir. À gauche, à l'extrême gauche, on penche vers la poursuite de la guerre et on soutient Gambetta. Toutes les autres tendances, et parmi elles de nombreux républicains, sont pour la paix.

Au début de décembre 1870, l'état-major allemand est un peu dans l'impasse. Après la capitulation de Sedan et de Metz, l'opinion allemande s'attendait à une victoire prochaine. Or contre toute attente, malgré les succès sur la Loire et autour de Paris, la guerre se poursuit sans qu'on puisse en prévoir le terme; elle demande encore plus d'hommes, encore plus de moyens. En Bavière, certains y sont sourdement hostiles. Ces particularistes bavarois ne sont pas les seuls à essayer de résister au nouveau cours des choses. Les sociaux-démocrates, une poignée de militants alors sans influence, s'inquiètent du prolongement de la guerre et des projets d'annexion de l'Alsace-Lorraine. Au Reichstag de l'Allemagne du Nord, ils demandent une paix sans annexion et votent contre les crédits militaires (26 novembre 1871). Bebel et Liebknecht sont arrêtés, ainsi que quelques autres de leurs partisans. Leur protestation ne rencontre à ce moment aucun écho, mais il est évident que l'enthousiasme patriotique qui avait suivi Sedan est retombé. Les Allemands ne souffrent pas directement de la guerre, mais plus d'un million d'hommes sont mobilisés, 800 000 sont au loin en France ; on aspire à leur retour. C'est pourquoi le siège de Paris qui s'éternise, la résistance des armées de Gambetta sans cesse renaissantes sont autant de sujets d'irritation. On avait annoncé une victoire rapide, or celle-ci tarde à venir. Bismarck, très conscient de cet état d'esprit, voudrait précipiter les événements autour de Paris.

Moltke a perdu la belle assurance des mois de septembre et d'octobre. Le 1er décembre, il écrit : « De Paris, nous n'avons absolument aucune nouvelle précise qui puisse nous faire espérer une proche capitulation. Cependant, le nombre des déserteurs s'accroît.[...] En tout cas, il faut compter sur une longue résistance. » Il tâtonne, car il discerne mal les intentions de l'adversaire ; il compte sur son usure et ses divisions. L'obstacle principal est l'artillerie de marine installée dans les forts, notamment *La Joséphine* une pièce de 240 qui est au Mont-Valérien. Elle est très efficace et tire sur tout ce qui bouge : « Elle nous coûte chaque jour quelques hommes ; nous ne répondons pas. » Pour réduire les batteries au silence et lancer l'infanterie contre les forts, il faut installer des pièces d'artillerie lourde. Le bombardement est le seul moyen d'en finir, puisque la famine ne semble pas remplir son office. Dans l'entourage de Guillaume Ier, beaucoup s'impatientent en raison des lenteurs dans l'installation de l'artillerie de siège. D'autres en revanche, dans l'entourage du prince héritier, craignent les critiques anglaises ; un bombardement de Paris avec son cortège inévitable d'horreurs pourrait être dangereux pour la réputation allemande. Pour sa part, Bismarck balaie toutes ces rêveries humanitaires ; ce qui compte, c'est le résultat : pour finir la guerre le plus vite possible, il faut bombarder. Il est exaspéré : « Il y a trois mois

Sedan. [...] Notre artillerie ne peut arriver à tirer le premier coup de canon » (1er décembre). Le ministre de la Guerre, Roon, « serait malade de fureur à cause de notre passivité » (12 décembre). Le chancelier s'en prend à l'état-major, « tout en ménageant le bon, le prudent et vieux Moltke ». Pendant plusieurs semaines, les relations sont très tendues entre les deux hommes et Guillaume Ier doit s'entremettre. Moltke continue de temporiser. Il est conforté dans sa conviction par la lecture des lettres de Parisiens trouvées dans des ballons tombés à l'intérieur des lignes allemandes.

On a souvent expliqué le retard du bombardement par des considérations stratégiques. La réalité est plus prosaïque : on manquait de moyens de transport ferroviaire et de traction animale. Le siège de Paris n'avait pas fait l'objet d'études préalables, l'état-major a été pris au dépourvu par les nombreux sièges qu'il a dû mener en même temps. À la mi-décembre se poursuivent ceux de Longwy, Mézières et Belfort. Pour Paris, des canons lourds ont dû être acheminés de Spandau. Ceux-là ont parcouru 1 400 km. Il a fallu 4 250 wagons pour transporter les pièces, puis 10 000 chevaux ont été nécessaires pour les amener à pied d'œuvre.

À la fin décembre, les décisions sont prises. Dans une lettre à son frère, Moltke explique : « Pour bombarder Paris, il nous faut d'abord prendre les forts. Pour arriver à ce résultat, rient n'est négligé, mais j'attends le résultat bien plus de la faim lente qui produira certainement le plus grand effet » (22 décembre). Il n'est toujours pas question d'une attaque frontale. Comme en septembre, Moltke l'estime suicidaire. De toutes parts on le presse de commencer le bombardement. On lui adresse des poésies amicales comme celle-ci : « Bon Moltke, tu tournes toujours si silencieux/Autour de la chose [Paris]./Excellent Moltke, ne sois pas si bête./Fais enfin boum, boum, boum! »

La préparation du bombardement, les calculs stratégiques et la gestion quotidienne des opérations laissent peu de place à la détente en dehors de la partie rituelle de whist. Pourtant, les fêtes de Noël sont l'occasion d'une petite pause. Les collaborateurs de Moltke se réunissent pour la veillée dans l'antichambre du bureau où a été dressé un arbre de Noël. « Il était droit, grand, élégant et très joliment paré, raconte

Verdy. À l'intention de chacun d'entre nous se trouvaient dans une corbeille préparée par l'enfant de Noël deux billets de loterie. Les cadeaux étaient très drôles. Moltke, qui prit le premier un billet, gagna une grande baguette de Noël. Il la jeta aussitôt en riant dans la corbeille de cadeaux, puis il prit un autre billet. Nous restâmes ensuite près de l'arbre de Noël, buvant du punch, chantant des chansons du pays... »

Le lendemain, Verdy reçoit chez lui 25 personnes, les officiers de l'état-major et quelques intimes comme Keudell, Waldersee (chef d'état-major du Kronprinz) et Hahnke (du cabinet royal). Il a bien fait les choses. Le buffet est décoré de candélabres, de petits arbres de Noël, il est somptueux : « Caviar, homard, sardines, saucisses variées, anchois, beurre, cornichons aigres, cornichons au poivre, pain d'épice, oie fumée et rôtis froids. » Les convives y font honneur. En plaisantant, Moltke dit à son hôte et collaborateur : « Pourquoi donc n'ouvrez-vous pas plus souvent votre salon ? » La soirée se termine par de la musique et des parties de cartes. On est à 18 km de Paris plongé dans le noir, où beaucoup d'habitants vivent dans l'angoisse du lendemain.

Le journaliste du *Daily News*, Archibald Forbes, réveillonne avec des officiers de l'armée de la Meuse au nord de Paris : « Je suis en mesure de donner au lecteur le menu de Noël du 2e bataillon du 103e régiment qui se trouve aux avant-postes : potage Liebig ; poissons : sardines ; entrées : saucisson d'oie et saucisse de jambon ; plats de résistance : bœuf bouilli et macaroni, mouton rôti et salade de pommes de terre ; dessert : compote de poires, compote de pommes, fromage, beurre frais, noix, biscuits ; boissons : bière et vin du Rhin. » L'intendance a fait un gros effort. Peut-on croire que les 300 000 soldats allemands cantonnés autour de Paris aient vraiment dégusté ce menu ?

Au fur et à mesure que l'artillerie lourde se prépare, les discussions entre dirigeants continuent. Quand faut-il ouvrir le feu ? Quels objectifs doit-on viser ? Des objectifs militaires uniquement ? Ou aussi des objectifs civils ? Bismarck veut que l'on bombarde les Parisiens pour hâter le dénouement. La responsabilité des opérations est confiée au général de génie von Kamecke qui vient d'obtenir la capitulation de

Montmédy. Il presse l'installation des batteries sur les hauteurs de Clamart, Châtillon, L'Hay, Fontenay ; elles ont une portée de 7 000 à 8 000 m et sont invulnérables. Les plus rapprochées sont à 2 200 m des forts. On décide d'attaquer les objectifs militaires, c'est-à-dire les forts du sud mais aussi de bombarder Paris même si des monuments historiques risquent d'être touchés. On accepte délibérément de mécontenter l'opinion anglaise.

Autre souci d'inquiétude, l'accroissement de l'insécurité sur les zones de parcours des armées allemandes. Les francs-tireurs, plus hardis, attaquent les soldats isolés. Moltke craint une guerre populaire *(Volkskrieg)* au fur et à mesure de l'extension démesurée des lignes. D'autre part, l'énergie de Gambetta peut faire renaître de nouvelles armées de secours qui pourraient s'avancer sur Paris. Il faut les identifier et les neutraliser. La seconde armée de la Loire est vite repérée. En revanche, les intentions de Bourbaki, les moyens dont il dispose restent pendant quelques semaines un mystère. Est-il à Bourges ? À Nevers ? Va-t-il tenter une opération en direction de Montargis ou de Sens ? C'est seulement autour de Noël que l'incertitude est levée. On estime vraisemblable son départ sur Chalon-sur-Saône d'où il préparerait une offensive sur Belfort. D'un jour à l'autre, une nouvelle armée de l'Est peut surgir et devenir un danger.

Comme Gambetta, Moltke a des problèmes d'effectifs et de logistique. Plus le territoire occupé s'étend, plus il faut d'hommes pour assurer le contrôle et la sécurité des étapes. On fait venir des bataillons de *Landwehr*. Quant aux combattants, il y a sur le territoire, à la fin de janvier, près de 800 000 hommes. L'infanterie à elle seule en compte 615 000 ! Plus des trois quarts sont Prussiens, 624 000 contre 80 000 Bavarois. Tous ces hommes se nourrissent partiellement sur place mais il faut faire venir d'Allemagne des vivres, des vêtements, du matériel, des munitions. C'est pourquoi le fonctionnement des chemins de fer est essentiel.

À partir du 5 janvier 1871, Paris est bombardé. Les réactions internationales sont mesurées et finalement peu redoutables. Roon et Bismarck respirent. « Tout marche comme cela aurait dû aller depuis longtemps si l'on n'avait pas attelé

la charrue avant les bœufs. Vous pouvez à peine vous repré-
senter avec quelle joie le bombardement a été accueilli par
nos troupes », écrit le premier, qui souffre d'asthme et de
bronchite et est un peu jaloux de la place que tient désormais Moltke. La capitulation est maintenant proche. Que
faire au cas où Paris ouvrirait ses portes ? Entre les dirigeants, un vif débat s'amorce. Bismarck, appuyé par Roon et
le prince royal, juge opportun de clore la phase militaire. Ce
sera le début d'une marche délicate vers la paix. La parole
doit être donnée aux diplomates pour en dégager les modalités. Moltke au contraire veut occuper Paris, l'administrer
sous contrôle militaire allemand et poursuivre la guerre vers
le sud pour prendre le contrôle des zones où l'ennemi se
reconstitue. À la guerre à outrance de Gambetta, Moltke
répond par la guerre d'extermination. « Nous devons
combattre cette nation de menteurs jusqu'à l'extrême limite
et enfin la détruire. [...] Nous pourrons alors dicter la paix
que nous voudrons », explique-t-il au prince royal de Prusse
le 8 janvier. Ce dernier est quelque peu effrayé par ces perspectives de guerre indéfinies. Moltke n'est peut-être pas
décidé à pousser ses propos jusqu'à leurs ultimes conséquences. Comme dans le camp français, il y a dans le camp
allemand deux attitudes bien distinctes. C'est à Guillaume Ier d'arbitrer entre Moltke et Bismarck, décision délicate, car il a besoin de conserver les services de l'un et de
l'autre.

Frédéric-Charles repousse la seconde armée de la Loire

Au cours du mois de décembre, Chanzy a replié ses
troupes en avant du Mans. Gambetta attache une grande
importance à la conservation de cette ville, important nœud
de communication. En l'espace de trois semaines, Chanzy
forme ce que l'on a appelé la seconde armée de la Loire, soit
environ 115 000 hommes répartis en trois corps commandés
par les amiraux Jaurès et Jauréguiberry et le général de
Colomb. La majorité de ces nouvelles recrues sont des
mobiles bretons, vendéens et normands mal équipés et mal
encadrés. Certains ont pataugé en novembre dans la boue du

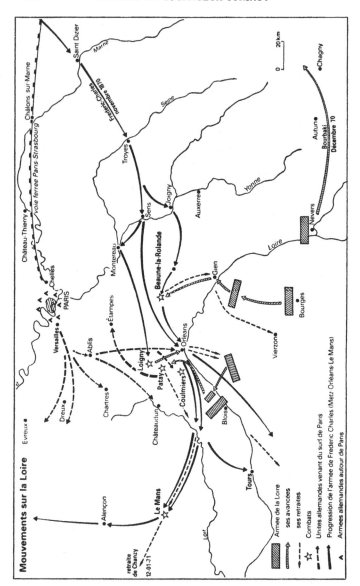

Mouvements sur la Loire

Chagny
Autun
Bourbaki
Décembre 70

Saint Dizier
Marne
Châlons sur Marne
Château-Thierry
voie ferrée Paris-Strasbourg
Frédéric-Charles novembre 1870
Seine
Troyes
Joigny
Sens
Yonne
Auxerre
Montereau
Beaune-la-Rolande
Nevers
Loire
Chelles
PARIS
Versailles
Étampes
Gien
Bourges
Ablis
Orléans
Vierzon
Loigny
Patay
Dreux
Chartres
Coulmiers
Blois
Évreux
Châteaudun
Tours
Alençon
Le Mans
Loir
retraite
de Chanzy
12-01-71

Armée de la Loire
ses avancées
ses retraites
Combats
Unités allemandes venant du sud de Paris
Progression de l'armée de Frédéric Charles (Metz Orléans Le Mans)
Armées allemandes autour de Paris

camp de Conlie. Ils ont été repliés sur Rennes et ses environs, hâtivement instruits et armés. Les enquêtes parlementaires de l'Assemblée nationale ont dressé un impitoyable réquisitoire des méthodes de Gambetta. Voici un témoignage dans sa froide réalité : « Triste et navrant spectacle. Les vêtements en désordre et couverts de boue, portant de gros sabots, errant au hasard dans les rues. Un petit nombre a des armes. Dans quel état sont-elles ? Maculées par la terre et la rouille, hors de service. » Les armes commandées en Amérique et en Angleterre arrivent à Brest dans le courant de décembre : des fusils Remington et Spencer à tir rapide, des carabines. Les mobiles bretons n'auraient reçu que des Springfield débarqués du navire *Érié*, « les derniers venus et les pires ! », au maniement desquels ils n'ont pas eu le temps de se familiariser.

L'armée de Frédéric-Charles est restée autour d'Orléans. Le 1er janvier, le prince reçoit l'ordre de marcher en direction du Mans avec quatre corps d'armée et trois divisions de cavalerie. Il quitte Orléans le 4 janvier. Ses effectifs ont été renforcés avec des réserves et des unités venues de Paris. Le nombre de combattants réels ne dépasse pas 80 000. Il doit couvrir une vaste zone pour assurer l'occupation et la protection des lignes d'étape qui s'allongent, et les approvisionnements suivent péniblement. Les hommes sont épuisés et, comme chez les Français, les malades sont très nombreux. Sur l'aile gauche, un détachement conduit par le général Hartmann occupe Tours sans combat après un léger bombardement. Plus ils avancent, plus les Allemands sont sur le qui-vive. Le bocage est propice à la guérilla et des habitants tirent sur les patrouilles isolées. Frédéric-Charles hésite à attaquer Chanzy. La topographie vallonnée et cloisonnée du bocage entrave le déploiement de la cavalerie et gêne les manœuvres de l'artillerie. Pour empêcher Chanzy de renforcer ses positions, il attaque le 11 janvier 1871. La veille, la neige était tombée mais il ne faisait pas froid. Selon un journaliste américain, « le champ de bataille, dont l'étendue paraissait être de 5 km^2, ressemblait à un échiquier ; les cases blanches étaient figurées par des champs recouverts de neige et les noires par des bouquets de bois ». Les Allemands s'emparent de la première ligne sans obtenir de succès décisifs, leurs batteries étant tenues en respect par celles de l'infanterie de marine.

Dans la nuit du 11 au 12 janvier, à la position de La Tuilerie, des gardes mobiles bretons sont saisis de panique et lâchent pied. Pour éviter une rupture du front, Chanzy doit ordonner le repli de toute l'armée et abandonner Le Mans. Il avait envisagé de se retirer jusqu'aux lignes de Carentan ; Gambetta lui ordonne de s'arrêter autour de Laval. Les Français ont perdu 25 000 hommes, dont beaucoup de fuyards et de prisonniers. Le correspondant du *Times*, au quartier général de Frédéric-Charles, est frappé par la masse de prisonniers que les Allemands entassent dans les églises. Les vainqueurs ont été très éprouvés, notamment par le tir des mitrailleuses mais, remarque-t-il, « les chassepots et les mitrailleuses ne sont rien quand on ne sait pas en faire usage ».

Chanzy a habilement manœuvré et évité la destruction de son armée. Dans une dépêche publiée, Gambetta avait parlé d'une « panique des mobilisés de Bretagne ». Cette formule, lancée sur la foi d'une information partielle, provoque une levée de boucliers de la part des conservateurs. Gambetta aurait insulté des hommes qui se sont levés sans murmurer et que l'on a « envoyés au feu armés de fusils qui ne fonctionnent pas... ». La trêve avec les royalistes est bien finie. Sur cette phrase malheureuse, une polémique politicienne se poursuivra plusieurs années. En réalité, les troupes de Chanzy sont en piteux état. La retraite est une véritable débandade. Voilà comment les observe un journaliste du *Times* : « L'aspect des troupes que j'ai rencontrées aujourd'hui était déplorable. Leurs armes rouillées paraissaient hors d'état de servir. Plusieurs marchaient sans chaussures, un grand nombre paraissaient exténués et leur cavalerie était dans un état pire que l'infanterie s'il est possible. Bien souvent, c'est le cavalier qui aide le cheval à avancer. » L'amiral Jaurès témoigne quelques années plus tard : « Je trouve autour de moi une telle démoralisation qu'il serait dangereux de rester ici plus longtemps. Je suis désolé de battre encore en retraite. [...] Je ne me suis jamais trouvé, depuis trente-neuf ans que je suis au service, dans une position aussi navrante pour moi-même. »

Les soldats de Frédéric-Charles entrent dans la ville du Mans le 12 janvier dans l'après-midi ; il souffle un vent aigre. Ils ont hâte de trouver un toit et une soupe chaude. Kretschman est mélancolique et déterminé : « J'ai rencontré hier beaucoup de connaissances et d'amis ; beaucoup de ceux qui auraient dû être là ne sont plus. Cela me serre le cœur ; l'un après l'autre ils ont rougi la neige de leur sang ; à chaque pas, il faut s'attendre à entrer dans l'éternité. [...] Le froid, la faim, les longues marches, la mort et les blessures ne peuvent ébranler le sentiment du devoir basé sur la confiance en Dieu et l'amour de la patrie. » Installé au Mans dans une belle maison, il partage la table de ses hôtes et parle aux Français : « Ici, les habitants, comme partout où je parlais aux Français, insultent Gambetta. Ils sont très décontenancés quand on leur dit que si la nation tolère à sa tête un Gambetta, elle a pourtant bien accueilli ses proclamations. Encore aujourd'hui, aucun Français ne veut convenir que sa nation porte une responsabilité dans cette guerre, et notamment Napoléon et Gambetta. »

Au Mans et dans les environs, Frédéric-Charles a grand besoin de faire reposer ses hommes et de trouver des approvisionnements ; ses effectifs ont fondu ; il a moins de soldats qu'au début de la campagne. Il n'est pas en mesure de poursuivre.

De son côté, Chanzy, conscient que ses soldats improvisés ne pouvaient mieux faire, se reconstitue autour de Laval. Il veut être en mesure de reprendre l'initiative au cas où un succès dans le Nord ou l'Est inquièterait ses adversaires. Le grand-duc de Mecklembourg, qui opérait sur la droite de Frédéric-Charles, s'empare d'Alençon, puis par Bernay remonte vers Rouen. Les forces françaises sont refoulées vers la Bretagne et la Basse-Normandie. On fortifie en hâte les lignes de Carentan. Dans toute cette région, les populations aspirent à la paix. Les témoignages sont nombreux. Le chef de bataillon des Francs-tireurs de la Gironde note dans sa relation : « À partir de Rennes, l'esprit de la population laisse à désirer. Au fur et à mesure que l'on approche de la Normandie, le mauvais vouloir va croissant. À Caen, les habitants ne crient pas : " Mort aux Prussiens ! " [...] le cynisme et la lâcheté se montrent partout. »

Les fuyards du Mans se répandent dans tout l'Ouest, jusque dans le Morbihan. À Nantes, l'invasion devient une réalité menaçante ; les feuilles royalistes réclament ouvertement la paix, les républicains sont découragés et eux aussi aspirent à la paix. C'est le sentiment du maire René Waldeck-Rousseau qui avait été le soutien loyal de la résistance. Un peu partout, on remarque une immense lassitude. Les communes supportent des charges militaires très lourdes, elles doivent en outre assurer des dépenses d'assistance en raison du chômage et de la disette qui frappent une partie des milieux populaires. On se dérobe à l'appel militaire. Le nombre des insoumis, réfractaires et déserteurs augmente. Dans le Gard, lors du départ du premier bataillon de la garde nationale mobilisée, l'état d'esprit est détestable. Sur 800 hommes, la moitié prennent la route, les autres s'échappent (R. Huard).

Dans son livre *1870. La France dans la guerre*, Stéphane Audoin-Rouzeau cite de nombreux exemples qui montrent, malgré des sursauts passagers et véhéments, que les populations ne sont plus disposées à la résistance. Comme il l'a écrit, « l'élan est brisé ».

Faidherbe et l'armée du Nord

Le 4 décembre 1870, Louis Faidherbe, Lillois de naissance, rappelé d'Algérie, prend le commandement effectif de l'armée du Nord. Gambetta lui aurait dit : « Vous avez carte blanche. » Il trouve une situation très dégradée : Amiens et La Fère ont capitulé sans combat. Le Prussien Goeben s'installe le long de la Somme pour protéger le nord de Paris. Sur le flanc gauche, Manteuffel est entré à Rouen sans résistance le 5 décembre et sur ordre de Moltke, il se dirige sur Le Havre. S'il réussissait, la France serait coupée en deux. Faidherbe dispose au maximum d'une quarantaine de milliers d'hommes, dont une partie n'est pas opérationnelle. Bien accueilli par les soldats, Faidherbe sait se faire respecter et estimer. Le méridional Louis Gensoul, en retraite sur Doullens, écrit que son arrivée a fait un très grand et très salutaire effet sur l'esprit des soldats et des troupes. Faidherbe se propose de reprendre l'initiative afin de harceler l'adversaire et d'obliger Manteuffel à abandonner son projet sur Le Havre. À peine a-t-il pris son commandement qu'à la suite d'un heureux coup de main, la garnison prussienne de Péronne est capturée. Goeben interprète cette péripétie comme un retour offensif des Français et évacue Amiens. Manteuffel fait récupérer la ville deux jours plus tard. Faidherbe, qui pour sa part s'était avancé sur la rive droite de la Somme, accroche une partie des forces adverses à Pont-Noyelles (23 décembre) par une journée froide et brumeuse. L'infériorité de l'artillerie française ne permet pas de repousser les Prussiens. Dès 16 h 30, le soir tombe. Louis Gensoul, qui a reçu le baptême du feu, passe la nuit dehors par −15° : « C'est la plus terrible nuit de la campagne [...] de nombreux cadavres étendus sur le sol étaient déjà raides et gelés. Deux voitures bâchées paraissant contenir des blessés et des sacs étaient renversées sur le bord de la route. Les chevaux tombés dans le fossé étaient morts. J'appelle! Personne ne répond. Dans cette nuit, les blessés laissés plus d'une heure sur le champ de bataille, engourdis par ce froid terrible, périssent tous avant qu'on ait pu les secourir. » Les troupes de Faidherbe se replient sans être inquiétées. Une dizaine de jours plus tard, elles accrochent les unités de Goeben à Bapaume (2-3 janvier 1871). Le succès est plus net, mais Faidherbe n'a pas les moyens de l'exploiter et doit se replier, ce qui condamne la place de Péronne. Parmi les officiers de l'armée Faidherbe, on dispose du sobre et émouvant témoignage du lieutenant d'artillerie Georges-Henri le père de l'historien Louis Halphen. Ce jeune Messin de vingt-six ans, polytechnicien, a écrit des lettres à sa mère et à sa sœur qui ont été publiées après sa mort. Il commence la guerre dans un dépôt à Besançon, puis arrive à Mézières au moment de Sedan. Il croupit deux mois dans l'inaction : « Si tu savais, chère mère, si tu savais quel supplice j'endure ici! Quand partout on lutte, quand partout on tente un effort désespéré, quand le souffle républicain remplit toute mon âme, je suis enfermé dans les murs d'une bicoque, en proie à mille tiraillements de la plus mesquine et de la plus ignorante, de la plus incapable des autorités. Un général sourd, impotent, idiot, tombé

en enfance, et après lui, tenant la place, des officiers professeurs, pour qui le soldat, pour qui le commandement est
inconnu. Aussi suis-je en perpétuelle révolte, en perpétuelle
exaspération : je passe de là au désespoir. Hélas! c'est partout
de même : voilà le legs de l'empire à la république! Que
pouvons-nous pour notre salut? »

Bourbaki, auquel il s'est adressé, le fait venir à Douai où il
reconstitue une batterie. Il prend pour la première fois part
à un combat à Villers-Bretonneux (27 novembre 1870) :
« Dans cette bataille du 27, je puis dire que j'ai été fort heureux, et que ma chance a été partagée par les hommes sous
mes ordres. Je suis resté pendant trois quarts d'heure en présence de tirailleurs abrités derrière un fort épaulement qui
tiraient sur nous à 300 m. Les balles sifflaient à profusion, et
étaient assez bien dirigées. Mais, par un hasard incroyable,
elles nous frôlaient sans nous toucher. Je n'ai perdu là que
deux hommes et un cheval, tandis que plus de quinze
hommes ont eu au même endroit leurs vêtements traversés
dans les parties flottantes. Pour mon compte, j'ai eu la figure
couverte de terre par une balle tombée à côté de moi, et mon
manteau, roulé sur le devant de ma selle, percé par une balle
qui a cogné le quartier de ma selle sur mon genou et m'y a
fait un léger bleu. C'est là tout le mal que j'ai eu. Dans cette
journée, nous avons eu la douleur de perdre mon excellent
camarade Durand, dont vous vous souvenez peut-être. Il
était de la même promotion de l'École que moi et demeurait
à Paris, rue Culture-Sainte-Catherine. Il a été tué raide
d'une balle dans la tête.

« Après l'affaire, nous avons fait retraite en excellent
ordre. Ma batterie est restée à l'arrière-garde pour tenir
l'ennemi en respect. Nous avons couché à une demi-lieue
des Prussiens. »

Louis Halphen participe à la bataille de Bapaume; les
pertes de sa batterie sont lourdes : « Ne croyez pas un mot
des dépêches prussiennes. L'armée est intacte, nos munitions excellentes. Ma batterie a brillé autant qu'il est possible : elle a perdu le quart de son effectif. Je suis proposé
pour la croix par ordre du général commandant le corps
d'armée. Je n'ai pas le temps d'écrire, étant accablé de
besogne. Inutile de vous dire que je suis sain et sauf. Le sort
me protège.

« Quoi qu'en disent ces affreux menteurs de Prussiens, nous avons enlevé leurs positions, et la victoire a été complète. Nous nous sommes arrêtés à Bapaume pour ne pas incendier la ville. Deux ou trois jours de repos et nous recommençons. Ma batterie a affreusement souffert et a admirablement donné pendant les deux jours entiers. Les larmes me viennent aux yeux chaque fois que je la rassemble : à peine la reconnais-je! 5 sous-officiers hors de combat sur 9! 48 hommes sur 123! Ma bonne vieille jument est toujours debout; elle a reçu cependant sous moi une légère blessure. Ces deux jours de bataille ont été affreusement meurtriers. Le plus dur à supporter est cependant encore le froid qui est extrême... »

Detlev von Liliencron, jeune officier prussien de vingt-six ans, a combattu comme Bernhard von Bülow dans la plaine picarde. Dans ses *Nouvelles de guerre*, il restitue avec émotion et pudeur les situations qu'il a vécues : « À minuit, le général en chef lui-même avait dicté le plan de bataille du lendemain aux officiers d'état-major et aux aides de camp. [...] C'était une nuit d'hiver froide et humide, balayée par le vent, avec une lune avare. Les deux hussards qui m'accompagnaient et moi-même arrivâmes sans aventure à notre quartier. Le général était tout prêt. Il s'était étendu sans se déshabiller, couvert seulement de ses manteaux.

Lorsque je lui eus lu le rapport, il me donna l'ordre de me rendre immédiatement à cheval vers l'aile droite pour y porter des renseignements importants. J'aurais bu volontiers une gorgée chaude, mais le café n'était pas encore prêt. [...]

Il ne faisait pas encore complètement jour. L'ennemi ne se décelait nulle part. Des coups isolés partaient des postes doubles. Lorsque je pénétrai dans un petit vallon, nos troupes aussi avaient disparu. La vallée se rétrécit, et bientôt je remarquai un petit pont qui franchissait une eau jaune, paresseuse et sale. Halte! qu'est-ce là ? Un homme gisait, me barrant le chemin étroit. J'éperonnai mon cheval et fus en un instant près de lui. C'était un garde mobile mort, étendu à plat sur le visage, jambes et bras écartés comme des ailes de moulin. Non, il n'était pas mort, car son bras gauche se leva dans un effort suprême, comme s'il tressaillait pour se défendre contre les sabots de mon cheval.

« Les ordres étaient d'importance. Je devais partir. Il n'y avait là qu'un homme et des centaines paieraient peut-être de leur vie mon hésitation. Alors, à ma gauche, une femme du sud de la France aux jeunes lèvres rouges se jeta dans mes rênes. Ses yeux sombres s'enfonçaient dans les miens d'un air suppliant. Mon Dieu! Devant mon cheval, à genoux, tendant son bras gauche, entourant son fils unique de son autre bras, une vieille femme s'écria : " Halte! halte! Donne à boire à mon fils, rien qu'une gorgée. Il vit encore. Au secours! "

« Déjà, je détachai mon pied de l'étrier entouré de paille, lorsque deux calmes yeux gris me frappèrent. À droite du parapet se dressait une femme grande et mince en vêtement blanc. Elle me regardait sans tristesse, sans joie non plus. Les coins de sa bouche s'affaissaient avec une douceur amère. Ses traits demeuraient également graves et sévères. Le devoir m'appelait et j'obéis.

« Lorsque, au retour, j'arrivai près du même pont, le garde mobile était toujours là. Je sautai de cheval et, passant la bride sur mon épaule, je m'agenouillai pour l'aider à se redresser. Trop tard. Dans ses yeux la mort me regardait en riant et notre vieille mère la terre buvait avidement son sang. »

Faidherbe n'a pas confiance dans son armée, dont la moitié seulement est composée de combattants sérieux. Dans la garde nationale mobilisée, des mutineries éclatent à Dunkerque et à Hazebrouck tandis que désertions et insoumissions se multiplient d'une façon inquiétante. Parallèlement, une grave crise politique éclate entre Gambetta replié à Bordeaux, le commissaire Testelin et le préfet du Nord Legrand. Ces derniers refusent d'appliquer le décret de dissolution des conseils généraux et donnent tous deux leur démission. Il faut remplacer au moins le préfet du Nord. À ce poste délicat et exposé, Gambetta nomme l'un de ses partisans, Paul Bert, ancien secrétaire général de l'Yonne, qui s'était rendu à Bordeaux après l'occupation d'Auxerre. Le nouveau préfet doit gagner son poste en passant par l'Angleterre. Il arrive à Lille le 20 janvier alors qu'on vient d'apprendre la défaite de Saint-Quentin.

En effet, Faidherbe avait tenté un ultime effort sur Paris.

Il s'était avancé par la vallée de l'Oise et avait libéré Saint-Quentin abandonné par les Allemands. Mais ceux-ci, qui avaient reçu des renforts par chemin de fer, donnent un vigoureux coup d'arrêt aux troupes de Faidherbe au sud de Saint-Quentin (19 janvier 1871). Les Français, très éprouvés, refluent en désordre sur Valenciennes et Cambrai. « L'armée de Faidherbe avait battu en retraite, laissant ses morts et ses blessés sur le champ de bataille. [...] On ne peut rien imaginer de plus terrible. La plaine et les collines étaient blanches de neige à perte de vue, rayée seulement par les profondes ornières des artilleries et des charrois. Les hommes étendus faisaient des taches noires et, quand on les approchait, sanglantes, épars sur l'immense linceul. Par endroits, des files entières étaient couchées. [...] Derrière les haies, autour des meules, des groupes étaient entassés... » (G. Hanotaux).

Le correspondant de *L'Étoile belge* voit arriver à Cambrai « des soldats isolés, couverts de boue jusqu'à la ceinture, harassés, épuisés de fatigue, le visage blêmi par les privations, qui se traînaient péniblement. [...] Un grand nombre d'entre eux marchaient pieds nus! Ils n'avaient plus rien de militaire. [...] De cette vaillante armée du Nord qui avait fait naître tant d'espérances, il ne reste plus que des débris » (20 janvier 1871). Faidherbe a perdu tout moyen offensif et s'est replié sur les places du Nord. Le Prussien Goeben n'a pas les moyens suffisants pour les attaquer et surtout pour contrôler une région aussi peuplée. Il lance des raids de cavalerie sur le Cambrésis et le Valenciennois. Parmi les populations civiles, les courages sont à bout; on craint l'occupation, les désertions se multiplient; républicains et conservateurs sont d'accord pour demander la paix. Le républicain Testelin, qui espérait une victoire de Faidherbe, demande la fin des hostilités. Les conservateurs veulent l'ouverture des négociations. Alarmé par cet état d'esprit, Gambetta vient à Lille le 21 janvier. Il demande à la population de tenir encore trois mois. Si la population de Lille l'accueille avec sympathie, elle n'est guère convaincue. « Le contraste était trop grand entre la réalité brutale des faits – le spectacle d'une armée vaincue et déguenillée – et l'éloquence enflammée du tribun » (B. Ménager). Quant aux notables, ils se heurtent vivement à Gambetta et des discussions violentes ont lieu à la préfecture. Dans leur immense majorité, les habitants du Nord menacés par l'invasion sont favorables à la paix.

Le front du Nord a été un front secondaire. Les Français n'étaient pas en mesure d'y consacrer des moyens puissants. Les Allemands se sont contentés de tenir sur la Somme pour protéger le nord de Paris, la voie ferrée Reims-Amiens et toutes les zones agricoles qui assurent le ravitaillement.

Bourbaki lancé à l'est

C'est Freycinet qui joue un rôle déterminant dans l'élaboration et l'adoption du plan d'offensive à l'Est. À Bourges, Gambetta s'y rallie et décide Bourbaki à courir le risque. Celui-ci, sans grande illusion, pense au moins parvenir à débloquer Belfort. La reconquête de l'Alsace et le contrôle des voies de communication entre Paris et l'Allemagne lui paraissent hors de portée. Au préalable, il faut transporter les troupes à Chagny ou Chalon, soit une distance de 175 à 250 km! Un ingénieur collaborateur de Freycinet est chargé de donner des ordres aux compagnies de chemin de fer pour réunir les wagons, former les trains et les acheminer. Entre le 22 et le 28 décembre, les unités qui ont parfois attendu plusieurs jours par un froid très vif s'embarquent à La Charité, à Bourges, Nevers, Decize, Saincaize. Les trains circulent lentement, s'arrêtent souvent en rase campagne. Le mobile Védrine met quatre nuits et trois jours pour aller de Bourges à Chalon. Les soldats sont dix par compartiment avec armes et bagages. Les mobiles de l'Yonne repliés de Gien sur Bourges partent à pied pour Moulins. Ils sont expédiés à Lyon où ils sont équipés et armés. Par fer, ils gagnent Besançon où ils arrivent le 30 décembre. Paul Déroulède met pied à terre avec ses turcos à Dijon le 4 janvier : « Le froid, l'insomnie, l'entassement dans les wagons et dans les fourgons, joints à un trimbalement de soixante-huit heures nous avaient tous transformés, officiers et soldats, en un bétail humain inerte et inepte, aussi peu capable d'idées que d'action. »

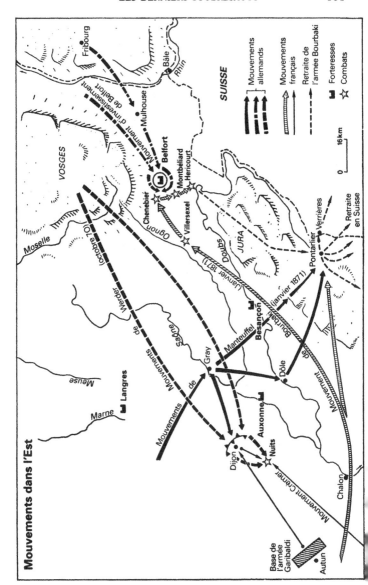

Mouvements dans l'Est

Voici donc dans quelles conditions, au nord de Besançon, point d'appui de l'opération et base de ravitaillement, s'opère la concentration de l'armée de l'Est.

Avant que ce mouvement ne s'engage, les troupes de Werder avaient été accrochées à Nuits-Saint-Georges par les mobiles commandés par le général Camille Crémer (14 décembre). Assaillis par la puissance de fer d'un adversaire embusqué dans les vignes, Badois et Bavarois avaient accusé des pertes sensibles et s'étaient retirés sans être mis hors de combat. Devant les pressions qu'il subit dans la vallée et sur les flancs, Werder évacue Dijon (17 décembre 1870) pour concentrer son dispositif autour de Vesoul et de Gray, où il peut plus facilement recevoir des renforts et du matériel. Profitant de ce retrait, Garibaldi avance jusqu'à Dijon avec l'armée des Vosges qui a reçu en renfort plusieurs légions de mobilisés.

À combien se montent les hommes dont peut disposer Bourbaki ? On indique le chiffre de 120 000, mais sans doute la moitié seulement sont opérationnels. Beaucoup de ces unités qui appartiennent à la garde nationale mobilisée n'ont jamais combattu. Néanmoins, si l'on s'en tient aux chiffres, le rapport de forces est écrasant en faveur des Français, surtout en ajoutant les soldats des places de Belfort, Langres et Besançon.

La division Crémer et l'armée des Vosges ne sont pas inclues dans le commandement Bourbaki. C'est une erreur, dont les conséquences ne tarderont pas à se révéler désastreuses.

Au début de janvier, l'armée de Bourbaki remonte vers Belfort. Les assiégeants qui, depuis le 3 décembre 1870, début du bombardement, ont peu progressé, sont placés dans une situation périlleuse. Vont-ils devoir lever le siège ? Le 9 janvier, Bourbaki accroche les Allemands à Villersexel ; ceux-ci, en situation d'infériorité, doivent se retirer ; ils envisagent la retraite. À Grandvillers, les chevaux sont harnachés et les voitures chargées. À Delle, ils commencent la démolition du grand pont à l'entrée de la ville. Les habitants sont joyeux. Encore un peu de patience, les secours arrivent. Devant Belfort, une partie des batteries allemandes est évacuée. La ville assiégée espère une délivrance proche.

L'annonce de l'avance de Bourbaki se propage jusqu'à Épinal et Nancy; pendant quelques heures, leur évacuation est envisagée. L'état-major allemand, qui a pris très au sérieux l'avance de Bourbaki, prélève des renforts sur les armées du Nord et de Paris et les achemine par le rail. Il forme la nouvelle armée du Sud dont Manteuffel reçoit le commandement.

Le 12 janvier, la neige se met à tomber en abondance. La couche atteint 40 à 50 cm, puis le froid devient intense. Un mobile note : « Nous mangeons du pain gelé; il faut tenir le feu pour empêcher de geler sur place. » Bourbaki s'avance jusqu'à Héricourt et occupe les villages de Fabrier et de Chenebier. Les Allemands sont sur le point de lever le siège de Belfort. « Nous étions dans la joie lorsque le dimanche 15, vers 10 heures du matin, nous entendons tout à coup un coup formidable du côté d'Héricourt. Chacun est dans le délire. [...] On aperçoit du haut de la Miotte les batteries françaises installées sur le mont Vaudois. L'action se rapproche. [...] Cependant, le soir vient et Belfort n'est pas délivrée. Le 17, après une nuit d'anxiété, le bruit semble s'éloigner. On n'entend plus le canon... » Sur la ligne de la Lisaine, les Allemands de Werder repoussent l'armée improvisée de Bourbaki, qui lâche pied et glisse vers la frontière suisse. Un mobile du Mans laisse ce témoignage : « Les hommes tombent comme des mouches, les uns de faim, les autres de froid, de sommeil ou de fatigue. Les souffrances, la démoralisation sont telles que les hommes se font sauter l'index de la main droite pour aller à l'ambulance. Tout est consommé, plus de vêtements, plus de chaussures, pas un homme valide. »

Tandis que commence la déroute de l'armée Bourbaki, les Allemands ont un comportement offensif dans toute la région Centre-Est. Installés depuis l'automne dans le nord de l'Yonne (Sens et Tonnerre), ils poussent leurs avantages pour assurer la protection de la voie ferrée Châtillon-sur-Seine-Montereau, cordon ombilical de l'armée de Frédéric-Charles. Auxerre est réoccupée au début janvier; des reconnaissances sont lancées vers Clamecy, Entrains et les abords du Morvan. Le 18 janvier, Avallon est bombardée, occupée et pillée.

Plus au nord, la place de Langres avait jusque-là été épargnée. Elle est le point d'appui des groupes de francs-tireurs et de corps-francs qui entretiennent l'insécurité et font dérailler les trains. Pour protéger les voies ferrées, vitales pour l'armée de Frédéric-Charles, les garnisons de Veuxhaulles et de Châteauvilain sont renforcées. Des canons arrivent à Saint-Dizier; ils sont destinés au siège prochain de Langres.

L'agonie de Paris

L'atmosphère est sombre et lugubre. L'hiver est très rigoureux, les Parisiens souffrent de la faim, du froid. La ville est triste et sale. Les ordures ne sont plus enlevées. Il n'y a plus ni gaz ni charbon, le bois se vend à prix d'or. Pour se chauffer, on débite les arbres des Bois de Boulogne et de Vincennes. Les théâtres sont fermés, les lieux publics déserts. On s'éclaire au pétrole et à la bougie. Seuls le pain et la viande de cheval sont rationnés et taxés; les autres denrées sont libres et leurs prix s'envolent, celui du litre de lait est passé de 50 centimes en septembre à 3 francs, la livre de beurre de 5 à 40 francs, un lapin de 7 à 40 francs. Comme la solde de garde national est de 2,25 francs par jour (y compris le supplément pour l'épouse), on voit à quelles extrémités sont réduits ceux qui n'ont pas d'autres ressources. Il y a à Paris au moins 500 000 déshérités. Au moment de Noël, le comité des subsistances estime qu'il peut encore tenir un mois au maximum. Avec les privations, les décès augmentent parmi les enfants, les vieillards; dans les hôpitaux et les ambulances, les blessés meurent nombreux. La population est inégalement touchée; les gens aisés font des prodiges pour trouver des denrées, des restaurants de luxe servent encore des menus tout à fait honorables, la boucherie anglaise du boulevard Haussmann propose des viandes de choix et débite les antilopes, les chameaux et les éléphants du Jardin des Plantes. On sert à Victor Hugo du cuissot d'antilope (« C'est excellent! ») et du bifteck d'éléphant; le plus souvent, il doit se contenter de cheval et il a des doutes : « Ce n'est peut-être plus du cheval que nous mangeons, c'est peut-être du chien, c'est peut-être du rat ? Je commence à avoir des maux d'estomac; nous mangeons de l'inconnu » (30 décembre). Quant aux plus démunis, ils se rabattent sur les poissons de la Seine, les chiens, les chats, les moineaux et les rats...

Les pigeons apportent des informations toujours décalées et contradictoires. On apprend le repli de la Délégation de Tours sur Bordeaux, l'occupation de Rouen (le 5 décembre).

Le ton énergique des dépêches de Gambetta, les noms des généraux Chanzy et Bourbaki laissent percer un peu d'espoir. Le dernier message de l'année 1870 arrive le 20 décembre, puis plus rien jusqu'au 8 janvier 1871. 18 jours sans nouvelles! C'est la porte ouverte à toutes les rumeurs et aux informations les plus folles. Jules Favre note : « De longs jours sans nouvelles. [...] Toujours aucune nouvelle [...] c'est un affreux supplice » (30 décembre).

Les journaux d'extrême gauche ont repris leurs attaques contre les généraux capitulards et lancent un mot d'ordre de sortie en masse. Trochu, qui craint les réactions désespérées des Parisiens, prépare sans trop y croire une nouvelle sortie. Le 21 décembre, une double attaque est lancée : Ducrot au nord vers Le Bourget, Vinoy à l'est vers Ville-Évrard. Les Allemands en éveil avaient renforcé leurs positions. Après avoir pris Drancy, Ducrot se heurte aux défenses du Bourget et à une nouvelle offensive de l'hiver; il doit se résigner au repli. Quelques jours plus tard, Trochu fait évacuer le plateau d'Avron à l'est de Rosny. Ce retrait sans grande portée militaire crée un choc psychologique; il est perçu par les Parisiens comme une volonté délibérée d'abandon.

À l'extérieur des remparts, les troupes de ligne et les gardes mobiles de province, qui sont cantonnés dans les villages de la banlieue, gardent dans l'ensemble un moral convenable. Les cas d'indiscipline sont rares et limités. Certes, les hommes se plaignent de l'inaction et de la monotonie des veilles et des attentes. Rares sont ceux qui se sont battus vraiment. Par exemple, les mobiles de la Drôme cantonnés à Courbevoie ont été engagés une seule fois à Montretout. Ils se sont comportés très honorablement. L'officier qui a rédigé la relation régimentaire observe : « Les pertes ont été minimes si on les compare à celles des autres régiments. Elles ont été beaucoup trop fortes puisqu'elles n'ont été d'aucune utilité pour la patrie... » Cette appréciation est évidemment postérieure à la guerre.

Le 5 janvier 1871, les premiers obus allemands s'abattent sur Paris et sur les forts extérieurs. Les réglages sont laborieux : des pièces ne fonctionnent pas, des poudrières sautent, des canons embrasés ne peuvent s'allumer. Les artilleurs sont gênés par des officiers et des princes qui viennent en curieux aux batteries comme à une parade. Au bout de quelques jours, les tirs gagnent en précision et en intensité et touchent les quartiers de la rive gauche : Saint-Victor, le Jardin des Plantes, la place d'Italie, le Luxembourg, le Val-de-Grâce, puis le quartier de Vaugirard et l'usine à gaz de Grenelle. La rive droite est épargnée. Les obus affolent les civils, atteignent les maisons et les monuments historiques, allument des incendies et n'épargnent ni les ambulances ni les hôpitaux. Les victimes civiles sont assez nombreuses : du 5 au 13 janvier, 51 tués et 200 à 300 blessés. Les objectifs principaux sont militaires, les forts du sud et ceux de l'est. Les Français ripostent, les canons du Mont-Valérien gênent les Allemands mais les assiégés ne sont pas en mesure de détruire les batteries adverses.

Le 8 janvier 1871, pour la première fois depuis dix-huit jours, un pigeon arrive de Bordeaux. Les télégrammes font état des activités de l'armée du Nord, de la bonne tenue de Chanzy et des projets de Bourbaki : « Les Prussiens, sans avoir éprouvé rien qui ressemble à une défaite, paraissent démoralisés [...] l'armée de Bourbaki est dans une excellente situation. [...] Chanzy a fait lâcher prise aux Prussiens et depuis le 16, il s'occupe de refaire ses troupes fatiguées [...] le pays est comme résolu à la guerre à outrance. » Gambetta idéalise la situation ; Jules Favre, qui n'est pas dupe, n'a aucun moyen de contrôler ces informations. Beaucoup de Parisiens sont exaspérés par le bombardement autant que par l'immobilisme de la défense ; ils prêtent une oreille complaisante à ceux qui dénoncent les « Prussiens de l'intérieur » et les capitulards. La garde nationale sédentaire veut se battre, elle exige une sortie. On le clame dans les réunions, une « affiche rouge » le revendique, un manifeste condamne le gouvernement, exige la proclamation de la

Commune et la «sortie torrentielle». Les journaux d'extrême gauche martèlent les thèmes habituels des clubs et des réunions populaires. De Bordeaux, Gambetta tient aux Parisiens le même langage : «Il faut sortir, sortir tout de suite, sortir à tout prix, sortir aussi nombreux que possible, sortir sans esprit de retour» (13 janvier). Cette lettre, antérieure à la sortie du 19 janvier dont Gambetta n'avait pas encore eu connaissance, témoigne de son état d'esprit.

Le général Trochu est au pied du mur. Chaque jour il est insulté, comparé à Bazaine; ses collègues du gouvernement le pressent d'agir. Il ne doit pas comme Bazaine se laisser étouffer sans avoir combattu. Plus que le résultat, c'est d'abord une question d'honneur. Paris ne doit pas se rendre sans s'être battu. Les gardes nationaux sédentaires s'impatientent. Ils veulent combattre. Depuis quatre mois qu'ils sont sous les armes, ils n'ont pas encore aperçu l'ennemi. Pour calmer les impatiences, les bataillons dits «de marche» quittent Paris et sont installés aux avant-postes. Poussé dans ses ultimes retranchements, Trochu lance une proclamation d'où se détache cette phrase imprudente : «Le gouverneur de Paris ne capitulera jamais.» Il annonce ce qu'il avait toujours refusé jusque-là, une sortie de la garde nationale. Il lui fixe un objectif symbolique : Versailles, le siège du quartier général prussien. Vu les moyens dont il dispose, c'est impossible à atteindre, l'échec est certain et une effroyable saignée probable. La «sortie torrentielle» est lancée à la hâte, sans aucune conviction. En quarante-huit heures environ, 60 000 hommes, dont plus de la moitié de gardes nationaux, sont mis en ligne. Trochu prend lui-même la tête de cette opération de la dernière chance.

Le 19 janvier au matin, trois colonnes se dirigent sur Buzenval et Montretout et attaquent les premières lignes prussiennes. L'artillerie intervient trop tard et n'a pas préparé le terrain. Les Prussiens, retranchés derrière trois lignes de défense et les murs des parcs, occupent des positions protégées. On se bat avec acharnement dans le parc du château de Buzenval; les mobiles et les gardes nationaux ne peuvent franchir le mur. La violence du feu est telle que les sapeurs ne peuvent l'approcher. L'artillerie elle-même est impuissante. Quelques positions sont chèrement acquises sans entamer la seconde ligne. Dans le parc de Buzenval, les mobiles commencent à se débander. Dans son Journal, Verdy note avec satisfaction : « Le nouvel Empire allemand a reçu aujourd'hui son baptême du sang; les Français ont tenté une sortie avec des effectifs importants. Ils ont attaqué la partie de notre position proche de Versailles. Le comte Moltke descendit de son bureau et je l'accompagnai en voiture. Nous nous dirigeâmes vers le réservoir de Marly où aussi Sa Majesté s'était rendue. Le combat était à demi engagé, l'ennemi avait engagé beaucoup d'artillerie, le Mont-Valérien faisait entendre le son de ses canons. »

Vers 3 heures de l'après-midi, les Prussiens contre-attaquent, reprennent Montretout. Les Français reculent, les unités sont mélangées, les mobiles harassés, les morts et les blessés nombreux. À 5 heures, la nuit tombe, le feu s'arrête. C'est l'échec de la « sortie torrentielle ».

Francisque Sarcey décrit l'attente des Parisiens, leur anxiété et puis leur colère à la lecture des communiqués officiels successifs :

> Une foule impatiente et surexcitée attendait sur les boulevards et rue Drouot les bulletins de la bataille qui se succédaient d'heure en heure. Le premier nous avait rempli d'une joie qui ne laissait pas, hélas! d'être inquiète; nous avions été si souvent pris à nous repentir, sur la fin de la journée, de nous être félicités trop tôt. Le second était déjà moins rassurant, il parlait de brouillard qui empêchait les observations. Le troisième et le quatrième nous faisaient entendre clairement, à travers leurs réticences, que si nous n'étions pas repoussés, au moins n'avancions nous plus; le dernier, qui datait de 9 h 50, nous disait textuellement : " L'ennemi ayant, vers la fin du jour, fait converger sur nous des masses d'artillerie énormes et des réserves d'infanterie, nos colonnes ont dû se retirer des hauteurs qu'elles avaient gravies le matin. Nos pertes ne sont pas encore connues, nous avons su par des prisonniers que celles de l'ennemi étaient fort considérables. "

Dans les heures qui suivent les combattants qui reviennent de l'attaque mettent en cause le gouverneur. Les gardes nationaux, qui ont courageusement combattu, ont été incapables d'entamer les retranchements prussiens. Leurs pertes sont considérables (4 000 Français contre 600 Allemands). Trochu se juge personnellement responsable de cet échec et, très affecté, il abandonne les fonctions de gouverneur de Paris. Le titre est supprimé et les pouvoirs militaires sont confiés au général Vinoy. Trochu reste chef du gouvernement, mais son rôle est terminé après cette démission sans gloire. Personne ne le regrette : « Même l'infâme Palikao, lance le futur communard Flourens, a fait bien plus que Trochu car il a fait arriver les canons de la marine dans les forts et approvisionner Paris. »

L'échec sanglant de Buzenval provoque un nouvel et bref affrontement entre l'extrême gauche et le gouvernement. Le 22 au matin, la prison des Mazas est prise d'assaut et les prisonniers politiques libérés. Flourens s'installe quelques heures à la mairie du XXᵉ arrondissement; des manifestants se dirigent vers l'Hôtel de Ville. Cette fois, Vinoy ne se laisse pas faire : les troupes de ligne tirent, les manifestants sont dispersés et laissent des morts. Les clubs sont fermés, les journaux révolutionnaires interdits, plusieurs dizaines de chefs de l'extrême gauche, dont Delescluze, sont arrêtés et enfermés au fort de Vincennes.

Guillaume Iᵉʳ, empereur allemand

L'Empire allemand est fait. Il faut maintenant placer quelqu'un à sa tête. Un président ou un vicaire d'empire, comme en 1848, ne serait pas convenable. Bismarck veut un empereur et un empereur héréditaire. Ce titre n'a pas seulement une résonance historique, il doit être un symbole d'intégration. Une seule famille le mérite, c'est celle des Hohenzollern, un seul prince en est digne, c'est Guillaume Iᵉʳ. Ce ne sera pas facile de le décider. Le vieux Guillaume doit se faire violence pour accepter un titre que son frère Frédéric-Guillaume IV avait refusé en 1849. À ce moment, il était proposé par le Parlement de Francfort et une réaction violente de l'Autriche était probable. Maintenant, l'Autriche est incapable de s'y opposer et ce sont ses pairs les princes allemands qui vont lui offrir la couronne. Il n'est plus question de traiter avec des parlementaires. La délégation du Reichstag de l'Allemagne du Nord, qui est arrivée à Versailles, est présidée par le libéral Simson, le même homme qui était allé en 1849 à Berlin. Cette fois-ci, les parlementaires sont respectueux, ils ne pèsent guère dans les débats et ils assistent à la cérémonie, timides et silencieux, en habits noirs, aux côtés des princes, des soldats en uniforme et des diplomates chamarrés. L'unité se fait par le haut et non par le suffrage universel.

L'accord cependant n'est pas aisé. Bismarck aurait voulu que Louis II de Bavière propose lui-même la couronne impériale au roi de Prusse; dans ce but, il mêle la ruse et la flatterie et rédige même à son intention des brouillons de lettres. En vain, Louis II continue de bouder et refuse de faire le geste. Quant à Guillaume Ier, il fait la sourde oreille, il voudrait mourir roi de Prusse. Son entourage l'épouvante en lui prédisant la disparition à terme de sa chère Prusse. Dans les cercles vieux-prussiens, ceux qui s'expriment dans *La Gazette de la Croix*, on trouve que Bismarck va trop loin : « Nous voulons restaurer l'Empire allemand, mais nous ne voulons pas pour cela faire disparaître la Prusse. » Tel est leur leitmotiv.

Le 1er janvier 1871, Guillaume Ier donne enfin son acceptation. La *National Zeitung* titre : « Première année de la nouvelle ère allemande. » La cérémonie officielle est fixée au 18 janvier 1871, date anniversaire du couronnement royal de Frédéric Ier à Königsberg; elle sera jumelée avec la fête des ordres prussiens. Elle se déroulera à Versailles dans la galerie des Glaces. Un point essentiel reste en suspens, celui du titre impérial (*Kaisertitel*). Jusqu'au dernier jour, d'âpres discussions opposent Bismarck et Guillaume Ier. Le titre d'« empereur allemand » que propose Bismarck, ne dit rien qui vaille à Guillaume Ier. À tout prendre, c'est le titre d'empereur d'Allemagne (*Kaiser von Deutschland*) qu'il préférerait. Son fils, le Kronprinz Frédéric, conseillé par sa femme et ses amis libéraux, aurait voulu associer les Allemands et prendre la formule « empereur des Allemands » (*Kaiser der Deutschen*), celle de 1848. C'est ce que souhaiterait aussi la délégation du Reichstag de l'Allemagne du Nord. Bismarck finit par imposer son point de vue. Le Reich aura un empereur allemand (*Deutscher Kaiser*).

Le déroulement de la cérémonie a été mis au point au

terme de minutieuses négociations entre Bismarck et l'entourage de Guillaume. Les nerfs sont à vif, et en ce matin du 18 janvier, l'atmosphère est tendue entre le souverain et son ministre. Les assistants – princes, généraux, diplomates, parlementaires – font une entrée solennelle dans le palais. 600 à 800 officiers, et parmi eux Paul von Hindenburg, représentent les régiments qui assiègent Paris. Dans la galerie des Glaces, un autel a été dressé. L'aumônier luthérien de la Cour, Bernhard Rogge, beau-frère du ministre de la Guerre Roon, officie. Il lit un psaume et prononce un sermon qui s'achève par ces phrases : « Bénis, Seigneur, le Reich allemand, tous ses princes et tous ses peuples. Dieu tout-puissant et miséricordieux, seigneur des armées! Ne retire pas Ton soutien à l'armée allemande et bénis ses armes jusqu'à la destruction complète de l'ennemi. Conduis-nous bientôt vers une paix durable. Fais en sorte que le Reich se reconstitue soit à l'intérieur soit à l'extérieur, de plus en plus en Reich de paix. Pour tout cela, nous te prions, viens-nous en aide, que Ton règne, le règne de Ton fils Jésus-Christ se fortifie en nous et que notre prière quotidienne " Que ton règne vienne " nous conduise aussi à notre accomplissement. Viens en aide à l'empereur allemand comme par le passé, pour qu'il aime Ta sainte Église, la protège et étende sur terre l'honneur de Ton Nom. Viens-nous en aide que nous soyons les vivants témoins de Ton royaume... Amen! »

Dans cette étonnante homélie, le mot Reich désigne à la fois le royaume de Dieu et le nouvel empire, rapprochement volontaire et significatif. Après un temps de silence, « jaillissent des lèvres et probablement du cœur de tous les assistants les versets du choral de Rinckart *Maintenant, remercions tous Dieu*! Le prince royal et le comte Bismarck chantent à pleine voix ». Le correspondant du *Times*, Russel, observe la scène : « Pâle, bien planté sur ses jambes se tient pendant la cérémonie religieuse le soldat-ministre. Il s'était levé de son lit de douleur [Bismarck avait eu une crise de goutte]; il avait une main posée sur le pommeau de son épée; parfois, son regard se dirigeait vers le roi... »

Puis les assistants se déplacent vers une autre partie de la galerie des Glaces, décorée de drapeaux et de trophées. Il flotte là un parfum de revanche sur Louis XIV, le dévastateur du Palatinat, le conquérant de Strasbourg. Entouré de son fils et de son beau-frère le grand-duc de Bade, Guillaume Ier lit une adresse au peuple allemand devant un parterre de princes, de généraux, de diplomates. Tout le monde est en uniforme sauf quelques députés et quelques journalistes à l'arrière-plan. Puis les princes et les généraux montent sur une estrade et entourent Guillaume Ier et le prince héritier. Au pied de l'estrade, Bismarck, en grand uniforme bleu des cuirassiers de Magdebourg, lit la proclamation *Au peuple allemand*. Une musique joue *Salut à toi, couronné de lauriers*. C'est le moment solennel, décisif. Au nom des princes présents, le grand-duc de Bade, un Hohenzollern, lance le triple vivat « *Hoch dem Kaiser!* », « Vive l'empereur! », repris par les assistants. Le titre est lancé. Il n'y a ni couronnement ni sacre ni onction. C'est la reconnaissance publique des princes, des généraux, des ministres et des parlementaires qui a fait l'empereur. Une musique militaire joue, Guillaume Ier descend de l'estrade; il passe à côté de Bismarck sans lui jeter un regard, sans lui dire un mot de remerciement. C'est vraiment, selon l'expression de Bismarck, « une laborieuse naissance ». Plus que la cérémonie elle-même, à laquelle peu de gens ont assisté, c'est la relation qui en a été faite et sa perception par les contemporains qui compte. Dans la presse, elle a été annoncée sans relief particulier, comme une nouvelle parmi d'autres. Deux mois plus tard, la victoire acquise, les préliminaires de paix signés, Guillaume Ier, empereur et roi, regagne sa capitale revêtu de sa nouvelle dignité. Il est accueilli par des vivats, des lampions, des feux d'artifice, des tirs d'artillerie. Il est d'abord le roi de Prusse victorieux avant d'être l'empereur.

En 1877, Anton von Werner, qui en avait été témoin oculaire, peint un tableau officiel qui fixe le décor, les personnages et l'esprit de la cérémonie. Ce tableau inspire des commentaires; il est reproduit dans tous les livres d'histoire, et les écoliers apprennent à identifier les acteurs illustres, Guillaume, Bismarck, Moltke, Roon et quelques autres. Cette image a façonné une mémoire décalée et différente de la réalité de l'événement, une image légendaire et glorieuse, celle de la fondation du Reich. Depuis longtemps, elle apparaît anachronique, désuète et féodale. C'est seulement une facette du nouvel État.

La résurrection de la dignité impériale pose un problème. Est-elle, au début, plus qu'un titre ? À cet égard, les références à Charlemagne et à Frédéric Barberousse sont de l'ordre des discours. La fonction impériale moderne est à créer. Comme Bismarck n'a pas de modèle à suggérer, c'est son titulaire qui lui donnera ou non un contenu. Guillaume Ier, trop âgé, ne peut ni ne veut le faire. Jusqu'à sa mort, il reste le roi de Prusse, l'officier appliqué, le bureaucrate régulier et méticuleux. Devenu le premier des princes allemands, il veille à ne pas froisser les susceptibilités des autres et affecte de les considérer comme des collègues ou des parents. Il est difficile de savoir comment les Allemands perçoivent leur nouvel empereur. Ceux qui auraient aimé le faste, la richesse, la puissance ne peuvent qu'être déçus, car Guillaume Ier reste simple et discret. Les vertus dont on dit qu'il est l'exemple sont l'exactitude, l'honneur, la fidélité, le sens du devoir, vertus prussiennes et militaires par excellence. Elles peuvent entraîner le respect mais non la popularité, encore moins l'identification. Pour l'homme, c'est une étonnante revanche du destin, ou plutôt un signe de la Providence. Il avait été longtemps l'homme le plus impopulaire d'Allemagne, le prince-mitraille, celui qui avait fait tirer sur la foule de Berlin puis liquidé en 1849 les républicains des pays du Rhin. Trois guerres victorieuses ont changé la perception de ses sujets. Il est maintenant leur « vénérable souverain ».

Vers l'armistice

L'idée de l'armistice s'impose pour une raison militaire autant que pour des raisons de subsistance. Le ministre Magnin, responsable de l'approvisionnement des boulangeries et des boucheries, annonce que les réserves sont en voie d'épuisement. À son avis, on ne pourra guère tenir au-delà des 5 ou 7 février. La consommation de céréales panifiables est évaluée à 5 300 quintaux par jour, soit une ration de

300 g par personne. On fabrique un pain noir mêlé de riz et d'avoine. Jules Ferry l'a rappelé en ces termes : « La population ne me pardonnera jamais ce pain-là. [...] C'est le pain noir, le pain de siège, le pain Ferry comme on l'appelle. J'en porte le fardeau. Le rôle que nous avons rempli était un rôle sacrifié d'avance; nous ne l'ignorions pas. Ce pays n'aime pas les vaincus. » En ce qui concerne la viande, il reste environ 35 000 chevaux sur les 100 000 entrés en septembre. On en abat en moyenne 650 par jour, ce qui, en comptant l'armée et les civils, met la ration individuelle de viande à 25-40 g par jour. Depuis le début de décembre, une large fraction de la population souffre de la faim; au moins un quart de la population de Paris est dans un état de sous-alimentation inquiétant.

Parallèlement au problème angoissant des subsistances, les quelques nouvelles reçues par pigeon le 19 janvier sont mauvaises : les revers de l'armée Chanzy, le recul de l'armée du Nord, le recul de l'armée de l'Est. « Depuis l'arrivée du pigeon, note Jules Favre, l'illusion n'est plus possible. M. Chanzy n'a pu lutter contre Frédéric-Charles » (19 janvier). La seule nouvelle qui aurait pu apporter du baume au cœur des Parisiens aurait été, s'ils avaient pu le savoir, l'annonce de la destruction du pont de Fontenoy-sur-Moselle (près de Toul), qui interrompt pour quatorze jours le trafic sur la voie ferrée Strasbourg-Paris. Cette opération audacieuse, imaginée et conduite par un corps-franc isolé – l'Avant-garde de la délivrance –, qui avait installé ses campements dans la forêt de Lamarche (Vosges), a été trop tardive, le 21 janvier 1871, pour avoir une quelconque influence sur l'issue de la guerre. Les Allemands ont les moyens de détourner le trafic par la ligne des Ardennes ouverte quelques jours plut tôt. Ils continuent à approvisionner les armées de Paris sans difficulté majeure.

Tout espoir de percée s'est évanoui. Aucun secours extérieur n'est à attendre. Les forts du sud ont subi de gros dégâts, ceux de l'est aussi. À partir du 21 janvier, c'est au tour de ceux de Saint-Denis d'être vigoureusement bombardés. Les assiégeants ne sont pas en mesure de donner l'assaut, mais ils ont désormais l'initiative et les moyens d'accroître leur pression. Les informations parvenues du reste de la France sont très éprouvantes. Les carnets de Victor Hugo en sont le reflet : « Affreuses nouvelles du dehors » (25 janvier).

Jules Favre se résigne à négocier. Il obtient l'accord du gouvernement. Le 23 janvier, il traverse la Seine en barque à la lueur des incendies de Saint-Cloud pour rencontrer Bismarck à Versailles. De son côté, celui-ci s'attend depuis plusieurs jours à l'arrivée d'un négociateur français. Il a pris ses dispositions et obtenu de Guillaume Ier que Moltke soit tenu à l'écart. Bismarck reçoit son interlocuteur avec courtoisie et lui fait des propositions voisines de celles de novembre 1870 : occupation des forts, y compris le Mont-Valérien, et livraison du matériel contre promesse du ravitaillement de Paris, élection rapide d'une Assemblée constituante, cessez-le-feu autour de Paris et en province. Jules Favre est acculé. Il revient à Paris et obtient de ses collègues résignés les pleins pouvoirs pour traiter. Il signe dans la soirée du 26 janvier une convention d'armistice. Le mot capitulation ne figure pas en clair dans le texte. Le cessez-le-feu intervient le soir même, à 20 h 40. Le siège de Paris a duré 132 jours. Le 27 sont négociées et signées les conventions militaires.

L'armistice est valable vingt et un jours, c'est-à-dire jusqu'au 19 février. Durant ce bref délai doivent avoir lieu les élections à l'Assemblée nationale. Bismarck, qui veut négocier la paix avec un gouvernement légitime, s'engage à les faciliter dans les territoires occupés par les troupes allemandes avec tous les moyens dont il dispose. Ces élections seront libres et aucune exclusive ne frappera les anciens ministres, députés, sénateurs et candidats officiels de l'empire. Les conditions concernant Paris sont moins rigoureuses que celles envisagées par l'état-major. La capitale, qui versera une indemnité de guerre de 200 millions de francs, ne sera pas occupée et sera librement ravitaillée. Les drapeaux ne seront pas livrés, l'armée ne sera pas prisonnière, elle sera seulement désarmée et les armes livrées. Pour maintenir l'ordre dans Paris, une force de 12 000 hommes est laissée à la disposition du gouvernement. En outre, Jules Favre obtient de Bismarck que les gardes nationaux parisiens conservent leurs armes. De retour à Paris, il confie à Vinoy que c'était le plus beau jour de sa vie. Il ne devait pas tarder à le regretter amèrement!

L'essentiel pour les Allemands est l'occupation des forts et la livraison de leur armement. Cette clause est destinée à rendre impossible, sur ce théâtre d'opérations du moins, une reprise des combats. Elle tient Paris et les Parisiens à la merci des canons allemands. Elle évite les risques d'une occupation de la capitale et laisse le gouvernement français en tête à tête avec les Parisiens, avec tous les dangers que cette situation explosive pourrait comporter.

Sur les autres théâtres d'opérations, les généraux français et allemands doivent entrer en contact et fixer sur le terrain la ligne de démarcation entre les deux armées. Sur le front Ouest, Chanzy s'y résigne, ce qui ne l'empêche pas d'envisager une reprise des combats sous forme de guérilla jusqu'en Bretagne et en Auvergne : « Organiser partout la défense locale, forcer l'ennemi à se disperser, mettre l'Allemagne dans la nécessité de maintenir en France une armée d'au moins 500 000 hommes, qu'elle ne peut plus fournir sans imposer à sa *Landwehr* et à sa dernière réserve l'obligation de rester sous les armes [...] éviter les grands engagements, défendre le territoire pied à pied. La nation n'a d'autre moyen que le sacrifice de ses intérêts matériels du moment et la résistance à outrance... » À peine esquissée, cette orientation a été écartée. Sur le front de l'Est, la situation est dramatique. Jules Favre, qui ignorait les positions de l'armée Bourbaki, omet de l'inclure dans l'armistice. Les combats se poursuivent dans les départements de la Côte-d'Or, du Doubs et du Jura ainsi qu'autour de Belfort.

À Versailles, l'état-major allemand est satisfait sans cesser d'être inquiet pour l'avenir. L'armistice va-t-il être exécuté ? Le gouvernement français a-t-il assez d'autorité pour l'imposer ? Dans son journal, Bronsart écrit : « C'est prodigieux ! Enfin, après la grande crainte, Paris est à nos pieds. Nous pourrions tout exiger d'eux et que les plumes ne viennent pas gâcher ce que l'épée a arraché » (27 janvier).

En Allemagne, la nouvelle de la capitulation de Paris est saluée comme une grande victoire et l'annonce d'une paix prochaine. Les maisons sont pavoisées et illuminées, on organise des retraites aux flambeaux. Les officiers français captifs éprouvent un affreux serrement de cœur et le sentiment d'un immense gâchis.

En Grande-Bretagne, l'armistice est connu le 29 janvier. Le *Times* en publie le texte le 2 février et pense que les Français seront dans l'incapacité de reprendre la guerre. Après en avoir pris connaissance, Karl Marx donne ses sentiments à son ami Kugelmann; avec une lucidité cynique, il tourne en dérision Trochu, « le crétin militaire », « l'avorton Thiers » qui s'apprête à faire la paix de Bismarck, l' « incapable et lâche Favre ». Puis il ajoute : « J'espère que Bismarck maintiendra ses conditions de paix : une contribution de 400 millions de livres sterling, la moitié de la dette anglaise! Voilà un langage que même les bourgeois français comprendront! Ils finiront peut-être par comprendre que, en mettant les choses au pire, ils ne peuvent pas gagner à la continuation de la guerre » (4 février 1871).

Immédiatement la signature acquise, Bismarck met à la disposition du gouvernement français les services télégraphiques allemands pour transmettre les textes et les dispositions administratives préparant l'élection prochaine de l'Assemblée nationale. Si cette élection a lieu dans les meilleurs délais, la partie militaire sera close et les négociations de paix déjà deux fois amorcées en vain, à Ferrières et à Versailles, pourront enfin s'engager. La seule crainte de Bismarck est un sursaut de Gambetta. Il sait qu'il veut continuer la guerre et qu'il est hostile aux dispositions électorales de l'armistice.

Gambetta, qui rentre de Lille, arrive à Bordeaux le 28 janvier. Depuis plusieurs jours, il a le pressentiment que le dénouement est proche. La débâcle de l'armée de l'Est le désespère sans l'abattre. « Tout, dans la nature, écrit-il le 27 janvier, conspire contre la France; seul le souffle de la révolution peut encore nous sauver. C'est lui que j'appelle et que j'invoque; c'est par lui seul que je compte surexciter ce qui reste encore dans le pays de vitalité et d'énergie. » Le 29 janvier à 3 heures du matin arrive un télégramme de trois lignes annonçant l'armistice. Steenackers réveille Gambetta pour lui en faire part immédiatement. Le lendemain 30 janvier à midi, une dépêche adressée de Versailles et signée Bismarck en indique les principales dispositions.

Va-t-il s'incliner? Va-t-il, au contraire, prendre le risque d'un affrontement avec ses collègues de Paris? Il faut au moins deux à trois jours pour que le texte de l'armistice parvienne dans les départements. Les républicains avancés du Midi avaient déjà pris position contre une éventuelle capitulation. Un congrès de journalistes républicains représentant dix-neuf journaux s'était réuni à Toulouse (21 janvier 1871) et avait préconisé des mesures radicales, politiques et militaires, en cas de capitulation de Paris. L'un de ses animateurs, Marcou de Carcassonne, fonde un comité de salut public (30 janvier). Dans le Gard, c'est la consternation et l'indignation. Les clubs républicains soutiennent Gambetta : « Point de paix! La guerre. » Les républicains modérés, les catholiques et les royalistes veulent la paix. La plupart des Français sont de cet avis et accueillent l'armistice sans joie mais avec soulagement. Dans le Nord, le témoignage du préfet gambettiste Paul Bert est éloquent : « La paix, la paix, à tout prix [...] population avilie [...] armistice trop bien reçu, pays archi-lâche. »

Dans son récit *L'Invasion dans l'Aisne*, publié en 1871 dans la *Revue des Deux Mondes*, Ernest Lavisse est aux antipodes des attitudes gambettistes. Il est opposé à la guerre à outrance, formule bonne pour une « proclamation ministérielle », pour « un article de journal », pour un « discours de réunion publique ». Elle est nuisible à la nation. George Sand est du même avis. Apprenant par le sous-préfet de La Châtre la nouvelle de l'armistice, elle écrit à un correspondant parisien : « Je respire, mes enfants et moi nous nous embrassons en pleurant. Arrière la politique! Arrière cet héroïsme féroce du parti de Bordeaux qui veut nous réduire au désespoir et cache son incapacité sous un lyrisme fanatique et vide d'entrailles. Comme on sent dans Jules Favre une autre nature, un autre cœur! » (29 janvier 1871). À Nantes, l'armistice est accueilli avec soulagement. À l'exception d'une minorité ardente, les Français veulent la paix, une paix honorable lit-on souvent, mais dont ils devinent que le prix sera lourd.

Autour de Paris, l'armistice s'exécute très vite, les forts sont évacués puis occupés par les Allemands. Les armes sont livrées. Moltke est satisfait : « Nous avons occupé tous les forts. Paris n'est plus qu'une vaste prison où nous gardons l'armée captive. Aucun Français ne peut en sortir mais

aucun de nous ne peut y entrer » (3 février 1871). Le premier train de vivres pénètre dans la capitale affamée le
4 février. C'est la fin d'un long cauchemar. C'est aussi la
prise de conscience de la défaite. La capitulation était inéluctable. Comme l'a rappelé Jules Ferry en juin 1871,
« Nous avons cru devoir tenir et nous avons tenu jusqu'au
moment où il a été certain qu'il n'y avait plus rien à faire
pour la défense. »

Désastre à l'Est

Durant les négociations de Versailles, Jules Favre ignore
la rapide et désastreuse aggravation de la situation des
troupes françaises à l'Est. Bismarck, qui en est informé, se
garde bien d'en avertir son interlocuteur. Le général Manteuffel, qui a pris le commandement de l'ensemble du dispositif allemand, a reçu le renfort de l'armée Zastrow. Il
engage l'offensive pour repousser les soldats de Bourbaki
vers la Suisse et attaquer les garibaldiens installés autour de
Dijon. Manteuffel occupe Gray, Dôle, Arbois, Mouchard,
Poligny et cherche à couper l'axe Besançon-Lyon pour
acculer les troupes en déroute à la frontière suisse.
Alors que se dessine un véritable désastre, Garibaldi, qui
tient Dijon, reste inactif. Depuis la fin de décembre, il est
malade. Son entourage se déchire et paraît incapable d'une
initiative quelconque. Glucker écrit à Gambetta : « Garibaldi ne peut plus marcher, ses facultés se sont affaiblies et il
est à la merci de son entourage italien. [...] Quand Bordone
est absent, c'est la gabegie. » Bordone, nommé général le
12 janvier, est discuté; il lance une offensive aussi coura-
geuse qu'inutile dans le Morvan. À partir du 23 janvier,
Manteuffel menace Dijon par le nord et l'est. Les soldats de
Garibaldi se défendent courageusement, mais ils risquent
d'être débordés. Le 30 janvier, Garibaldi donne l'ordre de
retraite sur Chalon et Chagny. Il masque ce recul par un
ordre du jour « aux braves de l'armée des Vosges » : « Eh
bien! Vous les avez revus les talons de ces terribles soldats de
Guillaume, jeunes fils de la liberté! Dans deux jours de
combats acharnés, vous avez écrit une page bien glorieuse

pour les annales de la République. Les opprimés de la grande famille humaine admirent en vous une fois de plus les nobles champions du droit et de la liberté. »

Bourbaki n'a ni l'énergie morale ni la résistance nerveuse pour dominer une telle situation. Il se laisse aller : « Il jette le manche après la cognée », note Freycinet le 25 janvier. La tâche est au-dessus de ses forces. Le lendemain dans un geste de désespoir, il se tire une balle dans la tête. On le croit mort. En fait, il a raté son suicide. Le général Clinchant qui lui succède hérite d'une situation désespérée; il fait froid et brumeux, la température s'est abaissée à − 17°. Des unités retranchées dans les forts de Joux et de Larmont barrent l'entrée de la cluse de Pontarlier. Elles se défendent avec énergie, retardent l'avance allemande et leur causent des pertes sérieuses. Tous les récits régimentaires allemands soulignent cette résistance acharnée qui a permis le passage en Suisse des Français. Le gros de l'armée donne un spectacle assez pitoyable. Voici la situation à Pontarlier : « Dans la grand-rue, des tas d'armes abandonnées, des chevaux, des voitures... Les côtés de la route étaient jonchés de chevaux morts, chacun se découpait un morceau pour en manger... » À l'arrière, les soldats refusent de se battre. Un bataillon de mobilisés des Hautes-Alpes cantonné à Lons-le-Saulnier est en complète insurrection. Les mobiles de l'Yonne suivent le mouvement vers la Suisse. Dans leur journal de route, on peut lire ceci : « Route impossible, neige jusqu'à la ceinture, débris de toutes sortes le long de la route, chevaux morts ou mourants, caissons abandonnés ainsi que des voitures d'ambulance qui n'ont jamais servi... » Pour sa part, Déroulède et ses tirailleurs échappent à l'internement et restent en France. Ils « marchent sans repos, sans halte, sans arrêt, à travers champs, hors de toute route avec de la neige jusqu'aux genoux... »

Pendant ce temps, les opérations autour de Belfort ont repris avec une intensité accrue : bombes incendiaires et tirs de gros calibres. La garnison tient bon et repousse dans la nuit du 26 janvier un assaut de l'infanterie contre le fort des Perches. Les assaillants subissent des pertes si lourdes que les pentes de fort seront appelées par les Allemands « *Totenfabrik* », « fabrique de morts ». Belfort reste un môle de résistance, pour combien de temps? Alors qu'autour de Paris, dans le Nord, sur la Loire, en Normandie, l'armistice est effectif, on continue à se battre dans cinq départements de l'Est.

En moins de quinze jours, Manteuffel a gagné sur toute la ligne. Le grand dessein stratégique de Gambetta s'est effondré et ce qui reste de l'armée de l'Est passe la frontière suisse. Cette courte campagne confirme une nouvelle fois l'infériorité des généraux français par rapport aux Allemands et l'incapacité d'une armée improvisée, supérieure en nombre, à s'imposer devant une armée organisée. La passivité de Garibaldi a facilité la tâche de Manteuffel. Si celui-ci avait dû faire front à une double attaque, il n'aurait pas manœuvré aussi aisément. On a souvent expliqué la défaite française par les rigueurs de l'hiver, les Allemands les ont aussi subies et les ont surmontées. Eux aussi sont à bout de souffle mais n'en obtiennent pas moins une victoire brillante à l'arraché. Dans cette courte campagne, Manteuffel gagnera le grade de feld-marschall et la confiance totale de Guillaume Ier. C'est l'un des rares généraux à avoir la tête politique. À ce titre, s'il avait été plus ambitieux, il aurait pu être un rival dangereux pour Bismarck.

CHAPITRE XI

À travers la France occupée

Plus de 30 départements, soit environ le quart du territoire national, sont, à la fin de janvier 1871, totalement ou partiellement occupés par les armées allemandes. Dans l'Est, l'occupation a commencé en août 1870. Aux confins des pays de la Loire et de la Bretagne, la présence ennemie est limitée à quelques semaines voire à quelques jours. Rien ne serait plus dangereux que de comparer avec ce qui s'est passé durant la Première ou la Seconde Guerre mondiale. Entre la partie occupée et la partie demeurée libre du territoire national, il n'y a pas de ligne de front, encore moins une ligne de démarcation.

Les Prussiens arrivent

Une rumeur se répand : des cavaliers en uniformes inconnus sont passés au galop ; ils se sont arrêtés quelques minutes, observant les maisons du faubourg puis sont repartis sans laisser de traces. Des soldats français sont encore dans la ville rassemblant en hâte des équipages. Des traînards isolés cherchent à rejoindre leur unité. À tous ces signes, les plus avisés sentent l'approche de l'ennemi. Dans un jour, dans deux jours, les Prussiens seront là. Ce schéma s'est reproduit de nombreuses fois. Le 12 août, Nancy, ville non défendue, a été occupée sans combat. Parfois, les habitants sont dans l'attente ; des rumeurs ont annoncé l'arrivée de l'ennemi et il s'écoule des jours voire des semaines durant lesquels on guette les premiers cavaliers ennemis. À Plombières « les femmes gémissent, les hommes jurent et éclatent en imprécations... on ne peut se faire à l'idée de recevoir dans son foyer, à sa propre table, ce même homme qui demain peut être tirera sur nos fils et nos frères ».

Depuis la mi-octobre, Gustave Flaubert et les habitants de Rouen sont sur le qui-vive. Les Prussiens occupent le Vexin qu'ils auraient « complètement dévasté ». « Nous attendons les Prussiens. Nous attendons, les jours se passent ainsi, on se ronge le cœur. Quelquefois, l'espoir me reprend, puis je retombe. Le présent est abominable et l'avenir farouche... » (17 octobre). L'attente se prolonge car les Prussiens n'ont occupé la capitale normande que le 5 décembre.

L'arrivée de l'ennemi a souvent été décrite. Un groupe de uhlans se présente, inspecte les lieux avec précaution, craignant quelque embuscade. L'officier fait appeler le maire et énonce ses exigences. Quelquefois, les troupes font une entrée en fanfare, musique militaire en tête ; les officiers ont une carte à la main et la consultent attentivement. Les habitants sont surpris de la discipline, de l'ordre, de la qualité des uniformes qui mettent le soldat à l'abri de la pluie et du froid. Leur apparence extérieure contraste avec le débraillé et l'indiscipline des Français qui viennent de partir. Dans la plupart des cas, les Allemands ne rencontrent aucune résistance.

À Nancy, à Rouen, à Reims, à Dijon, à Tours, l'occupation a commencé sans incident grave. Voici le récit de l'abbé Cochard racontant l'entrée des Bavarois à Orléans après le combat d'Artenay :

> Ce fut le mardi 11 octobre, à 7 heures du soir que les Bavarois pénètrent dans Orléans. Leur premier soin fut d'établir des postes aux issues extérieures des rues, à l'entrée des deux ponts d'Orléans et de Vierzon pour intercepter la retraite des nombreux soldats français répandus dans la ville. Déjà un détachement commandé par un colonel s'était dirigé en toute hâte vers l'hôtel de ville. Les grilles étaient fermées et gardées intérieurement par quelques gardes nationaux. Ceux-ci ne les ouvriront que sur la sommation du chef bavarois.
>
> Le maire d'Orléans M. Crespin, prévenu de l'occupation de la mairie par l'ennemi, se hâta de convoquer le conseil municipal lequel se réunit vers les 10 heures du soir dans la

salle ordinaire des séances. Ce fut alors que le commandant de place, le général prussien Diet, se présenta devant notre municipalité qui le reçut dans une attitude morne et muette. Rompant alors le premier le silence, il se plaignit de n'avoir pas rencontré à l'entrée de la ville, le maire apportant avec le drapeau parlementaire les clefs d'Orléans et pour l'intimider ajouta que le vainqueur était en droit de traiter notre cité comme une ville conquise.

Les Bavarois campèrent la nuit dans les rues et sur les places couchés sur les trottoirs ou sur les pavés près de leurs fusils formés en faisceaux et de feux allumés de distance en distance. Pendant trois heures la plupart des maisons des faubourgs Bannier et Saint-Jean, tous les magasins d'épicerie, de marchands de vin et de tabac furent pillés et saccagés. Des bandes de soldats trompant la vigilance des chefs, pénétrèrent dans plusieurs maisons particulières, s'y installèrent en maîtres, ne laissant aux propriétaires que les greniers. Tout ce qui était à portée de leurs mains disparut. Brisant les portes, fracturant les meubles, mettant en pièces les glaces, ils se conduisirent en vandales. À la place des guenilles infectes qu'ils jetaient çà et là, ils prenaient les chemises, les bas, les mouchoirs. Le reste s'engouffrait dans leurs poches et dans leurs sacs; puis, repus de ce que leur livraient les cuisines et les caves, ils dormaient. Les officiers, si peu scrupuleux sur la propriété d'autrui, fermèrent les yeux sur ce pillage des premières heures. Ils tentèrent même de le justifier par le " droit de guerre ". Loin même de le désavouer l'autorité prussienne devait ne se déclarer responsable que des actes de pillage commis " à partir du 13 octobre ".

Dans un journal resté inédit et publié longtemps après sa mort, le maire de Tonnerre raconte son premier contact avec l'ennemi. Le 15 novembre, vers 5 heures du soir « un grand tumulte m'a appris l'arrivée des Prussiens. J'ai couru à l'hôtel de ville. La place était encombrée et au milieu se trouvaient 23 dragons ». L'officier s'avança vers le maire : « Je vous annonce 6 000 hommes pour demain. Je vous prie de me faire servir un bon dîner pour 20 personnes, 10 bouteilles de champagne et 200 cigares. » Puis il part avec un otage. « Aux armes! Aux armes! » s'écrie-t-on de toutes parts. Le maire cherche à calmer ses concitoyens : « Au nom de ce que vous avez de plus cher, n'ayez pas l'imprudence de vous livrer à un acte d'hostilité. » Il parvient à apaiser les plus excités et le lendemain, quand les troupes arrivent, les habitants restent calmes. Le maire ne peut s'empêcher une comparaison entre les Français et les Allemands : « Les Allemands n'ont pas l'entrain, la gaieté, l'air dégagé des soldats français. Ils marchent péniblement, lourdement comme ces ours qu'on vous montrait autrefois – ils en ont d'ailleurs la musique. Mais, comme ils sont chaudement habillés et quelle différence entre ces longues capotes et les petites vareuses qui, il y a quinze jours à peine, étaient distribuées à nos pauvres mobiles pour remplacer leurs blouses de toile! Malgré soi on compare et en comparant on s'attriste... » Bientôt les soldats cherchent leur logement, s'installent, commandent le repas du soir; il faut de l'avoine, du fourrage, des écuries pour les chevaux.

Deux mois plus tard, Tours, abandonnée par le gouvernement de la Défense nationale et plusieurs fois menacée, est occupée le 18 janvier par les troupes prussiennes du général Hartmann. Le maire, convoqué par le général, est prié de fournir immédiatement 10 000 rations de subsistance, 3 000 rations d'avoine, le logement à domicile pour 4 000 à 4 500 hommes et officiers. Il doit inviter ses administrés à déposer sans délai à l'hôtel de ville toutes les armes et munitions en leur possession, armes blanches et armes de chasse comprises, tant est grande la crainte des attentats individuels.

À de nombreuses reprises, les troupes allemandes se sont heurtées à la résistance de groupes d'habitants ou ont été victimes de violences désespérées d'individus isolés. Tout semble se passer calmement à Laon le 9 octobre. Les troupes allemandes défilent, musique en tête, sous le commandement du grand-duc de Mecklembourg. Il est midi quand soudain une explosion ébranle la citadelle; des pierres et des débris sont projetés à la ronde; un épais nuage de fumée recouvre la ville. C'est la panique et la stupéfaction. Personne ne comprend ce qui se passe. Les Allemands crient à l'attentat. On ramasse des morts et des blessés tant parmi les habitants que parmi les soldats allemands. Le grand-duc de Mecklembourg, légèrement blessé, est furieux et déclenche les représailles : pillages, destructions, incendies; parmi les habitants il y a des otages, des morts, des déportés. On apprendra par la suite qu'un garde du génie ne pouvant supporter l'entrée de l'ennemi avait fait, de sa propre autorité, sauter la poudrière!

Cet accueil assez particulier est unique en son genre, heureusement pour les civils!

Plus fréquemment, les soldats allemands essuient des coups de feu d'origine indéterminée. Les représailles sont immédiates. À Charmes, le 14 octobre, un pharmacien, Mariotte, est empoigné par des soldats furieux, traîné dans la rue et mortellement frappé à coups de sabre. Des maisons sont incendiées, des notables pris en otages et emprisonnés à Nancy, et la ville est frappée d'une ameande de 100 000 francs. Maurice Barrès dont la maison de famille était à Charmes, a très souvent évoqué dans ses œuvres et ses articles ce cas exemplaire de « barbarie prussienne ».

À Chablis, un lieutenant de uhlams Schlegel est tué le 15 novembre. À l'arrivée des troupes régulières, les habitants arborent le drapeau blanc : la ville est imposée de 40 000 francs, le maire pris en otage et un ancien militaire qui avait tiré sur un cavalier est abattu.

Quelquefois, ce sont les gardes nationaux sédentaires qui ont édifié des barricades derrière lesquelles ils attendent de pied ferme les assaillants. À Rambervillers, le 11 octobre 1870, les Allemands doivent livrer combat contre eux. À l'entrée de Montargis, le 24 novembre 1870, Frédéric-Charles fait disperser la garde nationale sédentaire.

Un cas particulier : le gouvernement d'Alsace et de Lorraine

Il faut d'emblée mettre à part l'Alsace et la Lorraine dont les Allemands préparent l'annexion.

À la mi-août, le gouvernement prussien a déjà pris des décisions engageant l'avenir de l'Alsace et d'une partie de la Lorraine. Le 14 août 1870, alors que l'encerclement de Metz est à peine amorcé, un conseil de guerre se tient à Herny et décide la formation d'un gouvernement général de l'Alsace. Un ordre de cabinet du roi de Prusse nomme à sa tête un parent du chancelier, le comte de Bismarck-Bohlen, commandant de la garnison de Berlin et de la gendarmerie prussienne. Ce gouverneur, investi de responsabilités civiles et militaires s'installe provisoirement à Haguenau en attendant la capitulation de Strasbourg.

Sept jours plus tard (21 août), un autre ordre de cabinet annonce la création d'un gouvernement militaire de la Lorraine englobant la Moselle, la Meurthe, la Meuse et les Vosges. Ce nouveau gouvernement est bientôt amputé des arrondissements de Château-Salins, Sarrebourg, Sarreguemines, Metz et Thionville lesquels sont réunis à l'Alsace. Le « Gouvernement général de l'Alsace et de la Lorraine allemandes », première esquisse géographique de la Terre d'Empire d'Alsace-Lorraine est né. Le gouverneur militaire est immédiatement assisté du commissaire civil (26 août 1870), von Kühlwetter qui reçoit l'autorité hiérarchique et disciplinaire sur tous les fonctionnaires. Ce Rhénan prend ses fonctions à Haguenau le 30 août 1870; le même jour, Bismarck-Bohlen annonce à la population d'Alsace et de Lorraine qu' « une partie du territoire français est soustraite à la souveraineté impériale aux lieu et place de laquelle est établie l'autorité des puissances allemandes ». Bismarck donne à ce haut fonctionnaire carte blanche pour établir « aussi promptement et aussi complètement que possible » le gouvernement du pays et pour effectuer, en accord avec le ministre de l'Intérieur de Prusse toutes les mutations nécessaires. Il l'invite d'autre part à associer aussi étroitement que possible la Bavière à son action.

Un journal officiel bilingue paraît à partir du 1er septembre 1870 et explique aux habitants les buts des nouvelles autorités. Metz et Strasbourg sont toujours assiégées. Le Haut-Rhin n'est pas encore occupé, la guerre n'est pas encore gagnée, l'hypothèse d'une médiation des neutres ne peut être exclue, déjà l'annexion est présentée comme un fait irréversible. C'est le retour à une patrie dont l'Alsace-Lorraine aurait été séparée à cause de la longue faiblesse politique du peuple allemand.

Cette argumentation fondée sur des droits historiques est assortie de vigoureuses dénonciations des visées annexionnistes d'une France éternellement belliqueuse. En Allemagne, la presse donne le ton. Selon *La Gazette de l'Allemagne du Nord* « nous n'avons pas oublié que la France nous a d'abord pris la Bourgogne, puis Metz, Toul et Verdun, l'Alsace et enfin Strasbourg. Il s'agit aujourd'hui d'empêcher le retour des conquêtes. Telle est la volonté du peuple allemand, tel est aussi le devoir de ses princes ». Certes, on sait bien qu'une partie de ces territoires, s'ils avaient jadis été d'empire, n'avaient jamais été linguistiquement et culturellement allemands. Qu'importe! « Nous les garderons parce que nous en avons besoin et nous les assimilerons parce que nous sommes assez puissants pour cela. » Cette volonté de puissance alimente la passion nationaliste qui s'empare, à la suite des victoires militaires d'août et du début septembre, de la très grande majorité de l'opinion publique allemande.

En même temps, Bismarck-Bohlen veut rassurer ces nouveaux Allemands; il leur promet « le maintien des lois existantes » et « l'entière liberté » pour « la religion des habitants, les institutions et les usages du pays, la vie et la propriété des habitants ». Il prie les fonctionnaires français de demeurer dans leurs charges et de remplir leur devoir loyalement et fidèlement. Par ordre direct de Bismarck, tous ceux qui refusent le service, doivent être immédiatement expulsés des trois départements (27 septembre 1870). Dès la capitulation de Strasbourg, le gouverneur et le commissaire civil s'installent dans la capitale de l'Alsace et s'emploient à préparer l'annexion. L'essentiel du travail est de la compétence du commissaire civil. Kühlwetter garantit au clergé de toutes les confessions « le maintien des institutions et des lois existantes et le paiement des traitements sans interruption » avec en contrepartie « la noble mission de répandre les enseignements de la paix et de l'obéissance due aux autorités publiques ». Au cas où les ministres des cultes, sourds à cet appel, prononceraient des prédications « contre le pouvoir établi », ils seraient passibles des lois militaires. Dans les domaines scolaire et fiscal, Kühlwetter supprime d'un trait de plume les inspecteurs d'Académie et s'attribue leurs pouvoirs (21 septembre 1870); il donne à l'administration des finances des règles prussiennes (14 octobre 1870); il rétablit la perception des contributions indirectes (1er novembre 1870) et crée même de son propre chef un impôt sur la bière (26 novembre 1870).

Pour frapper avec le maximum de rapidité les actes d'hostilité au nouvel ordre des choses, on institue un conseil de guerre, puis deux cours martiales, l'une à Strasbourg, l'autre à Metz. On restreint la liberté de circulation des personnes en rendant obligatoire un laissez-passer pour quitter l'Alsace-Lorraine; on menace ceux qui s'engageraient dans les armées de Gambetta de la confiscation de leurs biens et du bannissement du territoire pour une durée de dix ans.

En Lorraine, le premier acte est la nomination le 30 août 1870 d'un préfet du département de la Moselle (*Praefect des Mosel-Departements*). Bismarck désigne l'un de ses agents, le richissime comte Henckel de Donnersmarck, un aventurier cosmopolite qui avait longtemps vécu à Paris et dont les aventures avaient défrayé la chronique mondaine. Le nom de « Moselle » est remplacé par celui plus significatif du nouvel ordre des choses de « Lorraine allemande » (*Deutsch-Lothringen*). Cette dénomination rencontrée pour la première fois dans une lettre d'Henckel du 6 septembre 1870 au commandant de la garnison de Sarreguemines, est consacrée par l'ordre royal du cabinet du 12 septembre 1870 et demeurera en usage jusqu'en février 1872. Henckel réside provisoirement à Sarreguemines, entouré de quelques collaborateurs. Le lendemain de la capitulation de Metz (29 octobre 1870) il s'installe à la préfecture où il exerce ses fonctions jusqu'au 14 février 1871, date à laquelle Bismarck l'appelle auprès de lui à Versailles.

Sa principale tâche est le maintien de l'ordre, la préparation des habitants à la prochaine annexion et la mise en place d'un réseau administratif civil. Les premiers sous-préfets détachés par le ministre prussien de l'Intérieur von Eulenburg, arrivent très tôt à leur lieu d'affectation : le 30 août, von Pommer-Esche est à Sarreguemines, le 1er septembre Back et von Hellsdorf attendent à Faulquemont les capitulations respectives de Metz et de Thionville; le 9 septembre, leur collègue Rospatt rend compte de son installation en compagnie d'un secrétaire et d'un gendarme à la sous-préfecture de Château-Salins. Ces hommes, en dépit de l'hostilité muette qui les environne, peuvent, tant les capacités de résistance des populations avaient été anéanties par la défaite militaire, mettre en place en toute tranquillité et avec de faibles moyens, un embryon d'administration civile allemande.

Le maintien de l'ordre à Metz après la capitulation militaire était une des préoccupations majeures d'Henckel.

L'exaltation patriotique, la vigueur des idées démocratiques des Messins lui inspirent les plus vives inquiétudes. Il use de cette crainte, parfaitement fondée, pour obtenir la mise en place immédiate d'un dispositif policier et la nomination à sa tête d'un homme expérimenté, jugeant cette fonction « une des plus lourdes dans les provinces faisant retour à l'Allemagne ». Le ministre Eulenburg envoie à Metz un assesseur du gouvernement von Stoephasius jusque-là attaché à la direction de la police de Francfort. Il arrive à Metz le 15 novembre 1870 et organise la police messine « selon le modèle prussien ». Il liquide l'ancien personnel français qui refuse de reconnaître son autorité et, à l'aide des directions de police de Francfort-sur-le-Main, de Berlin et de Cologne (un premier contingent de 6 agents de police est arrivé à Sarreguemines le 10 septembre 1870), il constitue dès la fin de 1870 un corps de police urbain. Contrairement aux prévisions, les passions retombent après la capitulation et la police allemande n'eut pas à affronter la situation redoutée.

On peut suivre cette prise en main dans tous les secteurs administratifs. Dans chaque canton, on voit arriver un commissaire de police assisté de deux ou trois gendarmes et policiers. Au niveau du département on voit arriver des fonctionnaires des ponts-et-chaussées, des contributions directes, des postes, des services forestiers, etc. C'est une nouvelle administration qui se met en place. Au 2 février 1871, 254 fonctionnaires des États confédérés, principalement des Prussiens, occupent un poste en Lorraine allemande. L'action répressive est habilement modulée. On laisse reparaître les journaux locaux sous contrôle de la censure mais on interdit les journaux belges et luxembourgeois. On incarcère ou on expulse les fonctionnaires français qui sont suspects d'entretenir des liaisons avec le gouvernement de la Défense nationale. Les magistrats, les fonctionnaires des finances et des postes, les employés de la Compagnie de l'Est sont les catégories les plus frappées.

En Alsace, le processus est identique à ce que l'on peut observer en Lorraine. L'installation est progressive au fur et à mesure de la conquête. Le commissaire civil et le préfet du Bas-Rhin s'installent à Strasbourg le 8 octobre. Ils y trouvent enfin de « vrais bureaux ». A cette occasion, Bismarck-

Bohlen lance la phrase célèbre qui résonne comme une prise de possession : « Strasbourg est et restera une ville allemande. » Jusqu'à la fin d'octobre, le Haut-Rhin n'est pas vraiment occupé. Un préfet allemand arrive à Colmar le 2 novembre; les autorités allemandes s'établissent à Mulhouse, la grande cité industrielle, autour du 15 novembre; il ne reste que les environs de Belfort et les hautes vallées vosgiennes à échapper à l'occupation.

Le commissaire civil aurait souhaité faire de l'Alsace un pays allemand. Bismarck lui demande de maintenir le statut de pays d'occupation tout en lui donnant comme consigne la mise en place d'une administration définitive. Très vite, les services du commissaire civil, les deux préfectures s'étoffent de très nombreux et compétents fonctionnaires. Le refus des fonctionnaires français de collaborer avec les Allemands apporte l'avantage de faire table rase du passé. Dans un article très remarqué, François Igersheim a analysé les activités des différents services du commissariat civil et des préfectures, et la préparation active de la germanisation dans le domaine fiscal, scolaire et douanier. Dès le 4 novembre 1870, les écoles primaires de Strasbourg font leur rentrée. On se préoccupe de rétablir la langue allemande dans ses droits et d'introduire la langue allemande comme langue véhiculaire.

Mulhouse qui n'a subi ni bombardement ni destruction, est occupée le 14 novembre. Un directeur de Cercle assisté de divers fonctionnaires s'installe à la sous-préfecture et applique les ordres du commissaire civil. Son interlocuteur principal est la commission municipale où les industriels sont représentés. Les usines sont presque arrêtées, le travail manque; il faut distribuer des vivres, ouvrir des ateliers municipaux. La municipalité s'endette car il faut aussi faire face à de nombreuses démarches pour obtenir des approvisionnements. Le coton du Havre transite par la Suisse, le charbon de Sarrebruck remplace celui de Ronchamp. Au début de 1871, les activités reprennent sans qu'on puisse encore livrer les clients en raison de la précarité des liaisons ferroviaires.

Les fonctionnaires allemands sont conscients des difficultés. Ils sentent que la grande majorité des habitants leur sont hostiles, « la langue de masse est allemande et son sentiment est français ». Si, dans le Bas-Rhin règnent ordre et résignation, dans le Haut-Rhin, l'état d'esprit est très hostile; les textes de Gambetta sont lus avec avidité. Les mobilisables s'enfuient malgré les mesures de sanction; la presse démocratique suisse, hostile à l'Allemagne, est très répandue. Kühlwetter réagit par des arrestations, des expulsions; des tribunaux d'exception sont mis en place et jugent les délits de propagation de fausses nouvelles, les insultes à l'égard de l'Allemagne, les sabotages. On craint les groupes de francs-tireurs réfugiés dans les montagnes vosgiennes. Les prisons sont surpeuplées. Quelques sabotages ont lieu sur les voies ferrées et, comme dans le reste des territoires occupés, des notables doivent monter sur les locomotives.

Dès l'automne 1870, il ressort que l'Alsace-Lorraine est traitée d'une façon différente des autres territoires occupés. Alors que la victoire de l'Allemagne n'est pas encore acquise, elle est devenue une entité administrative particulière, gouvernée par une autorité provisoire investie des pouvoirs civils et militaires. Sa mission est d'assurer, dès la cessation des hostilités, l'exercice légal de la souveraineté des puissances allemandes.

L'administration des zones occupées

Les Allemands trouvent devant eux un vide administratif complet. Quelques fonctionnaires de l'empire comme le préfet de la Meurthe Poidevin, avaient eu des velléités de jouer un rôle; ils ont vite été mis en demeure de ne rien accepter des occupants. Dès sa prise de fonction, Gambetta a confirmé cette règle. Aucun fonctionnaire de la République ne doit servir les occupants. Quelques sous-préfets ou secrétaires généraux restés dans leur ville sont déportés en Allemagne. Ce refus s'étend aux employés des postes, aux facteurs et aux cheminots à ce moment dans le secteur privé. C'est pourquoi les Allemands sont contraints de mettre en place une structure civile légère à côté de la structure d'occupation militaire dont le but est d'assurer la sécurité et de protéger les communications des armées en opération autour de Paris, sur la Loire, le Nord et en Bourgogne.

Les territoires occupés sont organisés en gouvernements généraux : Lorraine (Nancy), Champagne et Ile-de-France (Reims) puis en janvier, par division du précédent, Ile-de-France et Nord de la France (Versailles). À la tête de chaque gouvernement se trouve un général qui porte le titre de gouverneur ; il est assisté d'un ou deux commissaires civils qui ont sous leurs ordres 10 à 15 personnes. Il communique avec ses administrés par un *Moniteur* officiel rédigé en français et publié à Nancy, Reims et Versailles. Ces trois villes sont les centres nerveux de l'administration des territoires occupés. Le gouverneur et le commissaire civil ont sous leurs ordres dans chaque département un préfet, lui-même assisté de sous-préfets. L'arrivée de ces fonctionnaires allemands est rapide. A la mi-septembre tout est en place dans la Meurthe, à la fin d'octobre en Seine-et-Marne. Les préfets allemands sont investis des fonctions de justice, police et finances. Ils prennent des arrêts de police et rendent des peines correctionnelles. À Nancy, un tribunal prussien est installé et juge au criminel. Les délits de sûreté commis contre les troupes sont soumis aux tribunaux militaires. Les préfets exigent également la perception des impôts directs et indirects ; ils veillent sur les établissements scolaires et partout où cela est possible, ils demandent la reprise de l'enseignement primaire. La plupart de ces fonctionnaires sont des nobles prussiens qui ont une connaissance convenable du français. Les autres États allemands ont été associés. À Versailles, le gouverneur est le général prussien von Fabrice, le commissaire civil est un Saxon. La préfecture de la Marne est un fief du Wurtemberg, celle de l'Aube avec le baron de Stein, de la principauté de Saxe-Meiningen. À Nancy, le commissaire civil, le marquis de Villers est un descendant d'une vieille famille lorraine passée après 1815 au service de la Prusse. Il est fier de sa culture française et fait à la noblesse locale avec laquelle il retrouve de lointaines parentés, des avances qui sont repoussées. Le préfet, le comte Renard, un descendant de huguenots, est un hobereau prussien éleveur de chevaux à Gross-Strelitz « un vrai géant, la figure garnie d'une longue barbe... de grosses jambes fourrées dans d'énormes bottes à éperons, s'appuyant lourdement et fortement sur le sol lorrain... ce gros homme cultivait l'ironie berlinoise et le

sarcasme à la Bismarck... insolemment bienveillant ou impi-
toyablement cruel ». Le préfet des Vosges, Bitter, a le style
du haut fonctionnaire : « C'est un homme d'une belle prestance et d'une tournure militaire. Il revêt habituellement la
longue redingote verte à boutons dorés. Sa forte moustache
est d'un blond foncé. Une raie divise soigneusement ses cheveux poivre et sel. Il parle d'une voix ferme, sans emporte-
ment. » À Versailles, le préfet von Brauchicht est un Prussien plein de morgue. À Orléans, le baron de Könniritz est
un Saxon courtois.

Certains de ces préfets se sont succédé rapidement,
d'autres sont restés plusieurs mois en fonction. La plupart
d'entre eux n'ont pas laissé que de mauvais souvenirs.
Autant qu'ils le pouvaient, ils ont cherché à atténuer le
caractère déplaisant de leur fonction. Les témoignages dont
nous disposons à leur sujet étant presque tous de source
française, il n'est pas étonnant que les appréciations portées
sur leur compte soient souvent peu flatteuses. Il n'est jamais
facile d'administrer un pays ennemi!

Dans les territoires occupés, les autorités militaires ont le
rôle principal. D'ailleurs le gouverneur est un officier général et c'est lui qui est responsable de la sécurité et du maintien de l'ordre dans sa circonscription. Partout où il y a une
garnison, c'est l'officier qui la commande qui détient l'autorité et qui impose aux maires les charges de logement et de
nourriture des troupes de passage ou en stationnement. Les
conflits entre les « commandants » et les maires ont été
innombrables et fertiles en rebondissements. Voici en quels
termes Ernest Lavisse décrit l'un d'eux, le colonel de Kahl-
den et son interprète :

> Un jeune homme du nom de Berg, Belge de naissance
> mais Allemand de profession. On lui gardera un long souve-
> nir dans le département où il fut, durant toute l'occupation,
> l'instrument haineux des rigueurs de l'ennemi. Le lorgnon
> sur le nez, blond, petit, grêle, il semblait abriter derrière les
> géants du Mecklembourg sa faiblesse et son insolence. Quand
> M. de Kahlden avait parlé, il traduisait d'une voix sèche, en
> scandant ses paroles, les ordres de M. le colonel.

La plupart des troupes d'occupation appartiennent à la
Landwehr c'est-à-dire à la territoriale. Elles gardent les voies

ferrées, les ponts, les endroits stratégiques. Autour des places fortes encore aux mains des Français, des unités d'active sont maintenues. On les observe autour de Bitche, de Phals-bourg, de Thionville, de Longwy, de Montmédy. En Cham-pagne, des unités d'active surveillent les places de Mézières et de Langres. C'est pourquoi la densité des troupes est grande à Chaumont et dans les environs.

En octobre 1870, le réseau d'occupation se diversifie à partir de Versailles, Nancy et Reims, sièges d'état-major. Il y a des détachements dans les principales villes et le long de la voie ferrée Strasbourg-Paris qu'il faut à la fois protéger et ouvrir au trafic. La protection de cette artère vitale pour le siège de Paris oblige à une dense occupation de la vallée de la Marne.

Aux côtés des unités de *Landwehr* et des unités d'active, sont aussi présentes des troupes d'étapes qui assurent les communications respectives des première, deuxième et troi-sième armées et l'armée de la Meuse. La troisième armée qui est installée avec l'état-major au sud de Paris utilise l'axe de la voie ferrée Paris-Strasbourg ; à Chelles s'opère un transbordement pour gagner en voiture Versailles. Les lignes d'étape de la première armée convergent vers Reims ; la route terrestre Metz-Verdun-Reims traverse l'Argonne puis oblique vers l'ouest ; la voie ferrée remonte vers Sois-sons-La Fère ; elle est ouverte jusqu'à Amiens le 3 janvier. Quant à l'armée de la Meuse cantonnée au nord de Paris, elle a adopté aussi sur la plus grande partie du parcours un tracé commun. Ces nécessités expliquent une grande concentration de troupes autour de Reims et l'importance des garnisons de Nancy, Bar-le-Duc, Châlons, Épernay. Au fur et à mesure que la guerre se prolonge, les effectifs aug-mentent. À la fin de janvier 1871, il y aurait 18 000 hommes en Lorraine, autant en Champagne sans compter les troupes d'étapes dont les effectifs varient en fonction des mouve-ments et des besoins. À Reims, réside une importante garni-son : 5 500 hommes, plus de 500 officiers et environ 200 employés civils. Malgré de nombreux incidents et déraille-ments dont tous ne sont pas dus à la malveillance ou au sabotage, la ligne vitale Strasbourg-Épernay a toujours été ouverte au trafic. Dans le sens Frouard-Épernay, ont circulé pendant le mois de décembre 1870 plus de 400 trains : trains de transport de troupes, trains d'artillerie, trains de munitions, trains sanitaires, trains de vivres, trains de charbon, etc. Considérons deux journées extrêmes : le 1er décembre a été en quelque sorte un jour de service minimum avec neuf trains; en revanche le 28 décembre, vingt et un trains sont arrivés à destination.

Les lignes d'étapes les plus délicates sont celles de la deuxième armée, celles de Frédéric-Charles; ses lignes sont très étirées et plus menacées que celles des autres armées car elles s'approchent de la zone d'intervention des troupes et des corps-francs de la place de Langres. Pour les protéger, de petits postes sont installés sur l'axe Chaumont-Châteauvillain-Châtillon-sur-Seine. Jusqu'au début de décembre, le ravitaillement en vivres et en munitions se fait exclusivement par convois de voitures circulant sur la route Joinville-Troyes-Sens-Nemours. Le 9 décembre, la voie ferrée Chaumont-Troyes via Châteauvillain est ouverte au trafic. Il faut ensuite gagner Sens, Nemours, Pithiviers par la route. Les incidents sont nombreux : pont détruit à Châteauvillain (9 décembre), déraillement d'un train à Bricon. Un chapelet de petits postes protège tant bien que mal ce tronçon dangereux. À la fin de janvier 1871, les trains allemands arrivent à Nemours et Montargis et peuvent circuler jusqu'à Orléans. À ce moment, les troupes de Frédéric-Charles sont dans la région du Mans. Heureusement, une partie des munitions, des vivres et des renforts a pu transiter par le sud-est de Paris à la suite de la remise en état de la voie Lagny-Corbeil.

Occupants et occupés

Le relais naturel des autorités d'occupation, c'est le maire de la localité. Il est l'interlocuteur des préfets, sous-préfets et commandants d'étape et leur intermédiaire auprès des populations. C'est à lui que l'on adresse les multiples demandes de réquisition et de logement des troupes; c'est lui que l'on rend responsable de la perception des impôts, de la remise des armes, de l'ordre public. C'est une charge écrasante et dangereuse que beaucoup ont assumée avec courage et dévouement au bien public. Dans une conjoncture aussi mouvante et difficile, où est l'intérêt général? Faut-il céder à l'ennemi? Faut-il lui résister pied à pied? La marge est étroite, parfois inexistante. Le maire de Nancy, Charles Welche, le maire de Reims, Simon Arbellot, le maire de Châlons, Eugène Perrier ont été sans cesse sur la brèche. Ils doivent résister aux injonctions des occupants, chercher à réduire leurs exigences innombrables, négocier sous la menace, risquer à chaque instant l'insulte, la prison, voire la déportation en Allemagne. Quand ils sont arrêtés, ils sont vite relâchés car les Allemands ont besoin d'eux. C'est le cas de Camille Margaine, maire de Sainte-Menehould, arrêté quelques jours en septembre, c'est le cas du maire de Versailles, ville où résident le roi, Bismarck et l'état-major, et qui est jeté en prison au moment de la nouvelle année. Les prises d'otage sont fréquentes, maires, adjoints, conseillers municipaux en ont été les victimes. Voici le récit de l'historien Ernest Lavisse, témoin oculaire des brimades infligées à des otages arrêtés dans l'Aisne :

Nous en connaissons qui, enlevés un jour de janvier, de grand matin, de la commune du Nouvion-en-Thiérache, furent conduits en voiture découverte, par un froid horrible, à Saint-Quentin. Le voyage dura tout un jour, sans qu'il leur fût permis de descendre pour manger; leurs gardiens se firent un plaisir de déjeuner sous leurs yeux, mais restèrent sourds à la demande qu'ils leur faisaient de leur procurer un morceau de pain, sous prétexte qu'ils n'avaient pas d'ordres. A Saint-Quentin, on les conduisit dans une salle de l'Hôtel-de-Ville, où étaient enfermés d'autres otages arrivés dans la journée [...] : sous prétexte que l'heure du dîner était passée, on refusa de leur faire rien servir. Le lendemain matin, on les remit en voiture, et ils partirent pour Ham, où ils devaient prendre le chemin de fer. Près de la gare, ils furent entourés par une ignoble cohue de voituriers militaires, les pires brutes qu'on puisse voir, et qui nous paraissent donner une idée exacte du paysan allemand, à l'état naturel, sans l'habit du soldat et la discipline : ils faillirent être massacrés par ces furieux, qui les prenaient pour des francs-tireurs. À la gare, on les fit monter dans un wagon qui avait servi à des transports de bestiaux et n'avait point été nettoyé. Leurs gardiens s'assirent, mais ils durent rester debout jusqu'à Amiens. La citadelle d'Amiens était le terme de leur voyage. On les y enferma dans une salle où ils demeurèrent trois semaines, couchant par terre, serrés les uns contre les autres, sans pouvoir ouvrir les fenêtres bien qu'elles donnassent sur la cour de la citadelle, sans autre distraction qu'une promenade d'une demi-heure par jour, qu'ils devaient faire les yeux baissés, parce qu'il était défendu de communiquer du regard avec les autres otages, enfermés à la citadelle. La seule visite qu'ils reçurent fut celle du commandant prussien, vieil officier retraité qui avait repris du service comme geôlier ; il venait de temps à autre leur annoncer qu'ils partiraient le lendemain pour l'Allemagne.

On pourrait multiplier les exemples de ce genre dans les environs de Paris, la Normandie, l'Orléanais, la Bourgogne.

Les dégâts liés à la guerre ont été très variables selon les localités. Les plus importants découlent du passage massif mais bref des troupes en mouvement. Il faut immédiatement satisfaire des exigences, énormes puis, au bout de quelques jours, on peut respirer. Le cas le plus extrême est la marche de l'armée de Frédéric-Charles qui s'est déplacée à pied sur l'axe Neufchâteau-Joinville-Troyes-Sens-Montargis dans le courant du mois de novembre. Les communes traversées ont supporté des charges écrasantes, sans compter le pillage des caves, les vols de bestiaux, les réquisitions de chevaux et de voitures.

Les plus touchées sont les villes-étapes : un soir, c'est une véritable invasion et les soldats s'entassent, puis, pendant quelques jours, c'est le soulagement. Au milieu de décembre 1870, Épinal est presque vide de troupes. « Il semble que l'on revive, nos charges sont bien allégées », écrit René Perrout. À Plombières, entre le 15 septembre 1870 et le 1er janvier 1871, 37 000 Allemands seraient passés dont 15 000 auraient été logés et nourris.

Voyons maintenant le quotidien de l'occupation. Les municipalités doivent pourvoir au logement et au ravitaillement des unités de passage et d'occupation. Pour le logement, la plupart du temps, les casernes et les bâtiments publics sont insuffisants. Il faut donc loger les soldats chez l'habitant. Les billets de logement sont délivrés par l'autorité municipale. L'habitant doit coucher et servir aux soldats le repas du soir et le petit déjeuner. Quelques-uns passent une nuit, d'autres restent dix, quinze, trente jours. À Reims où les officiers sont très nombreux (environ 500) la municipalité a ouvert un mess à leur intention, ce qui libère les notables d'avoir des hôtes indésirés à leur table. Les commandants de place fixent des règles pour l'ordinaire des hommes de troupe et des officiers. L'exemple de Sens est assez représentatif. Chaque homme de troupe doit recevoir :

matin :   café et pain blanc
midi et soir : un bon repas avec de la viande chaude,
                       des légumes et un demi-litre de vin.

Chaque soldat a droit à cinq cigares; pour les troupes casernées, c'est la ville qui doit fournir les cigares. Les officiers doivent recevoir « dix bons cigares » et une bouteille de vin à chaque repas.

Les témoignages sont innombrables. La plupart du temps, les Allemands sont corrects. Mais ces hôtes intempestifs dévorent les provisions et réduisent beaucoup de familles sinon à la misère, du moins à la gêne. Les gens aisés doivent loger les officiers qui exigent des repas accompagnés de vin, de café, de cigares. Avec eux, les relations sont plus faciles qu'avec les hommes de troupe, car la plupart parlent français. Le 20 décembre, le maire de Tonnerre loge deux frères « intelligents, parlant bien le français, distingués de manières ». D'autres le sont moins car ils boivent un mélange de champagne et de bourgogne. Il aperçoit un général qui s'est approprié les équipages du prince Murat. « Souvent, on garde ses distances. » « On refuse de faire salon avec ces messieurs; ils viennent aux heures des repas et se retirent ensuite dans leurs chambres », rapporte le docteur Hélès de Rouen. Quelquefois, des relations amicales se nouent malgré la guerre. Le Spinalien René Perrout, qui héberge successivement au cours de l'hiver sept officiers, sympathise avec plusieurs d'entre eux. Une habitante de Delle loge « un sergent-major bien élevé et on ne peut plus gentil! ». À Morvillars-Grandvillars près de Belfort, l'industriel Albert Viellard note dans ses Souvenirs que « les relations avec les habitants ont été plutôt bonnes. Les soldats étaient des landwehriens pas du tout foudre de guerre, souvent badois et n'aimant pas les Prussiens. [...] Ils n'étaient pas exigeants. Comme couchage, la paille de l'écurie chez les cultivateurs, une paillasse chez ceux qui n'avaient pas d'écurie. [...] Les Allemands remettaient leurs denrées, les habitants cuisinaient tout cela et tout le monde mangeait ensemble. » Les larcins étaient rares et sévèrement punis. Si les soldats d'infanterie ont toujours été convenables, il n'en n'a pas été de même des uhlans « lorsqu'on les laisse débuter par le schnaps, ils deviennent intraitables et au moindre mot, nous placent le pistolet sous le nez ». Le diplomate et écrivain Arthur de Gobineau, maire de Try-Château (Oise), écrit : « Nous avons 400 à 500 hommes de l'armée allemande dans le village et dans le château. Les officiers logent chez nous. [...] Le fardeau est lourd. [...] Ces messieurs sont fort polis » (30 octobre 1870.) Malgré le fardeau, cette occupation assure l'ordre matériel. Les francs-tireurs, les « rouges » seraient autrement redoutables! À Orléans, Mgr Dupanloup avait installé une ambulance dans son évêché; le premier occupant, le Bavarois von der Thann respecte les lieux. Après le 5 décembre, il n'en va plus de même : un état-major prussien puis un corps de médecins et d'infirmiers s'installent dans le palais épiscopal ne laissant à l'évêque que sa chambre à coucher et son bureau; il menace même d'expulser les blessés français. Ce sont là des exigences brutales, signe du durcissement de l'occupation.

Pour le ravitaillement, les systèmes les plus divers ont été utilisés. Au début de l'occupation, ce sont les réquisitions; elles s'abattent sur les particuliers comme sur les municipalités et les départements. Elles ont un caractère sinon de légalité, du moins de régularité car les responsables délivrent des quittances indicatrices de la valeur. Puis les municipalités prennent les choses en main; soit elles versent des indemnités journalières; soit elles ouvrent des magasins où l'intendance allemande vient se fournir gratuitement, ou encore les particuliers perçoivent des denrées, la seule préparation des repas restant à leur charge. Plus la guerre dure, plus des denrées comme le café, les cigares, sont introuvables. Au début de février 1871, la municipalité de Saint-Dié doit livrer 3 473 kg de lard, 521 kg de café et 1 691 litres d'eau-de-vie. Les petites communes ont beaucoup de difficultés car elles ont peu de disponibilités et sont éloignées des zones de production ou d'entrepôts. Les habitants souffrent. Prenons l'exemple du petit village de Fresquiennes dans le pays de Caux. Il est occupé le 16 décembre et des troupes passent jusqu'au 18 mars. Un soir, 150 artilleurs mecklembourgeois prennent leur cantonnement; quelques jours plus tard, ils sont remplacés par des fantassins prussiens. Les troupes vont et viennent. L'énumération de ce que les habitants ont eu à fournir est éloquente : 13 vaches, 95 moutons, 38 poules, 51 dindes, 390 hl d'avoine, 2 028 bottes de foin, 3 178 bottes de paille, 342 kg de pain, 1 026 bouteilles de vin et de cognac, 36 cordes de bois, 264 litres de lait, un charroi, 20 journées à un cheval, 41 journées à 2 chevaux et 5 journées à 4 chevaux. Au total 4 434 journées de nourriture des troupes ont été exigées. Les pertes de guerre, y compris la contribution et le douzième des impôts ont été évalués pour ce village de 686 habitants à 42 000 francs.

Les exigences des autorités d'occupation ne se limitent pas au logement et aux produits alimentaires. Elles concernent aussi le foin, le fourrage, l'avoine, le remplacement des chevaux malades ou fourbus, des voitures détériorées. Des hommes sont réquisitionnés avec chevaux et voitures pour opérer des transports utiles aux occupants et l'indemnisation des journées de travail est à la charge des communes. On relève parfois des demandes assez étonnantes. Au début de décembre 1870, le département de la Marne doit livrer 12 000 paires de chaussettes. N'ayant pu les trouver, il doit en contre-partie verser une somme de 18 000 francs. Chaumont et sa région ont été sommés de fournir deux mille paires de bottes!

En même temps que les exigences des Allemands, les maires doivent essuyer le mécontentement légitime de leurs administrés, victimes de vols et de violences, les réquisitions et les logements incessants de troupes. Les plus excités accusent les maires et les autorités municipales de collaboration avec l'ennemi. Ces accusations vont parfois jusqu'à des voies de fait : dans les Vosges, le maire de Pouxeux a été insulté, celui du Val d'Ajol a failli être étranglé! Certains sont tentés de démissionner pour échapper à des charges trop lourdes. Les Allemands refusent systématiquement car ils ont besoin d'interlocuteurs. Le maire de Tonnerre confie à son Journal : « J'ai souvent entendu dire que je m'étais entendu avec les Prussiens. » Avec amertume, il rappelle que deux jours avant l'arrivée des Prussiens, les officiers de la garde nationale sédentaire avaient sollicité et obtenu le désarmement de leurs hommes. Ce rappel libère sa conscience. Dans l'ensemble, l'action des maires a été perçue d'une façon positive, beaucoup ont été réélus et sont devenus députés. La reconnaissance publique s'est manifestée par la suite par l'érection de statues ou de monuments.

Les particuliers ont rarement des rapports directs avec les autorités allemandes. Mais celles-ci, comme dans toutes les périodes troubles, ont reçu des dénonciations. Elles leur ont parfois donné suite : c'est ainsi que trois médecins de Reims ont été arrêtés en novembre et assignés à résidence à Magdebourg.

Le logement et l'entretien des troupes de passage ou d'occupation est la charge la plus lourde des communes ; elle est loin d'être la seule. Il faut aussi verser des contributions de guerre. Certaines représentent des sommes astronomiques. Épernay, d'abord taxée à un million de francs, arrache un rabais substantiel. Nancy a payé 50 000 francs, Épinal 100 000 après voir été taxée de 500 000, Bar-le-Duc, 15 000 après avoir été taxée de 50 000 ! Quand la garde nationale sédentaire a résisté, aucune réduction n'est acceptée. Par exemple, la petite ville de Rambervillers a dû verser 200 000 francs.

Aux contributions de guerre s'ajoutent les amendes multiples et variées et les impôts directs dont les occupants exigent le versement. Or les fonctionnaires français des finances ont cessé de travailler et les communes n'ont ni les moyens, ni le désir de percevoir ces impôts. Les autorités allemandes n'en persistent pas moins dans leurs intentions. Les maires tentent de résister, discutent sur le montant ; ils sont alors menacés d'exécution militaire et finissent par s'incliner. Une des difficultés est la disparition du numéraire ; les charges se sont élevées d'une façon vertigineuse alors qu'en même temps les ressources se sont presque taries. À l'automne ou au début de l'hiver, la plupart des caisses municipales sont vides ; il faut emprunter des sommes élevées auprès des banquiers locaux et des catégories aisées de la population. Nancy, Bar-le-Duc, Mulhouse, Épinal, Reims, Sens, Orléans ont lancé des emprunts municipaux à 4 %, 4,5 %, même 5 % qui ont été facilement couverts et qui ont donné aux communes les moyens financiers de répondre aux multiples exigences de l'occupant.

Les municipalités doivent faire face aux conséquences du chômage. À Reims, les manufactures textiles manquent de matières premières et tournent au ralenti. Dans la métallurgie du Barrois et de la Haute-Marne, le charbon fait défaut, la défaillance des communications ferroviaires empêche la livraison des commandes. En revanche, les maisons de champagne d'Épernay, de Reims et des environs continuent à employer leur personnel et vendent à la clientèle allemande. Le manque de sucre candi aurait peut-être été un handicap. Deux bateaux arrivés à Nantes sont détournés sur Anvers puis des voitures ont transporté en Champagne le précieux produit. Un peu partout les municipalités doivent aider les familles sans ressources ; il faut acheter des vivres, verser des aides et des indemnités, ce qui accroît les dépenses.

Sur le plan matériel, la présence de l'occupant est lourde. Les particuliers comme les municipalités ont l'impression d'être dépouillés.

Information et rumeurs

Les régions occupées ne sont pas aussi rigoureusement séparées du reste de la France que des expériences récentes pourraient le laisser croire. On est séparé de Paris par un blocus très efficace mais sur le reste du territoire, les garnisons, les escadrons de cavalerie, les services des étapes, les policiers ne sont pas en mesure de contrôler, et à plus forte raison, d'interdire les déplacements des particuliers. À ses risques et périls on peut circuler à pied, à cheval, en voiture, aller de Metz à Lyon, de Bitche à Tours, de Mulhouse à Bordeaux. Des émissaires de la place de Bitche ont pu aller jusqu'à Tours puis revenir à Bitche sans être inquiétés. Il leur a seulement fallu de la ruse et du temps. De jeunes Alsaciens et Lorrains arrivent chaque jour à Lyon et sur la Loire pour s'engager dans les armées de la République. On peut se rendre dans la France de l'Est en passant par la Belgique. Les Allemands accordent des sauf-conduits. C'est ainsi que Mme Antoni Poincaré, que son mari avait envoyée à Dieppe en août, regagne Bar-le-Duc en octobre avec ses deux jeunes fils Raymond et Lucien. Ils descendent en voiture la vallée de la Meuse et passent à Sedan. « On ne peut juger ce que nous ressentons en traversant la frontière. Nous contemplons avec douleur ces champs de bataille où gisaient encore des cadavres de chevaux en pourriture, des sacs, des sabres. [...] Quelle rentrée! Dieu! Quand j'y pense encore! » La joie de retrouver Bar et d'embrasser son père est assombrie par la présence des soldats ennemis. La chambre du jeune Raymond est occupée par un officier prussien. « De dégoûtants soldats sont dans la maison. L'un peint sur notre dressoir une croix de mort et l'autre crache, comme un cosaque, dans notre pot-au-feu. »

Ces déplacements suppléent tant bien que mal à la disparition des circuits habituels de l'information. Il n'y a plus ni poste ni télégraphe ni journaux de Paris. Les occupants ont leurs propres lignes télégraphiques auxquelles les particuliers n'ont pas accès. Ils mettent en place des liaisons postales que les civils peuvent utiliser à partir de novembre. On peut correspondre entre Metz et Nancy, entre Reims et Strasbourg, envoyer des lettres à l'étranger, en Suisse, en Belgique, aux prisonniers qui sont en Allemagne si on arrive à se procurer leurs adresses. La presse locale n'a pas totalement disparu. À Metz, à Nancy, à Reims, à Troyes, à Bar-le-Duc, des journaux paraissent ou reparaissent. Ils sont soumis à la censure et l'étendue des blancs marque les limites de leur liberté. *L'Indépendant rémois* se voit interdire la publication de la fameuse proclamation de Gambetta « Bazaine a trahi ». Deux journalistes de L'*Écho sparnacien* finissent la guerre à Magdebourg. *L'Indépendant rémois* est interdit le 5 janvier 1871. Quelques journaux locaux ont survécu jusqu'à la fin de janvier 1871.

Il reste les journaux allemands, difficiles à obtenir et qu'il faut ensuite traduire; de toute manière, ils sont suspects. Les journaux étrangers les plus accessibles sont belges, on les propage sous le manteau. *L'Indépendance belge* est le plus recherché; c'est le plus redouté des Allemands car il leur est hostile et soutient Gambetta.

Pour communiquer avec la population, les occupants utilisent les affiches collées sur les murs ou dans les lieux publics. Ils publient des journaux d'occupation en langue française auxquels les communes sont tenues de s'abonner. Les « Moniteurs », journaux officiels tri-hebdomadaires publiés par les gouvernements généraux de Lorraine, de Champagne et d'Ile-de-France portent à la connaissance des habitants les décisions des autorités allemandes. À côté des informations et des avis officiels, on peut lire des articles de la presse étrangère, des listes de prisonniers avec le moyen d'entrer en relation avec eux et des commentaires justifiant le point de vue allemand. On réfute les arguments de Favre et de Gambetta, on montre l'isolement de la France puisque aucun pays neutre ne s'est précipité à son secours et n'a l'intention de le faire. La République est cruellement seule comme l'empire. On cite la presse française qui parle de levée en masse, de guerre à outrance. En comparaison de ces cohues, de ces hordes comme celles de Garibaldi, on étale la bonne tenue, la discipline, l'efficacité des troupes allemandes. *Le Moniteur de Reims* publie le 25 septembre un récit aussi intéressant que tendancieux de la bataille de Sedan. À partir de décembre, on tourne en dérision les efforts inutiles de Gambetta, on ironise à propos des fausses nouvelles et des faux espoirs auxquels s'accrochent les Français. Tous les indices en faveur de la cessation des combats et de la paix sont relevés. Les « Moniteurs » ont sans doute été peu lus et encore moins crus. Il n'empêche que les faits rapportés étaient rigoureusement exacts, notamment dans le domaine militaire, même si les commentaires étaient tendancieux et partisans. Des journalistes de talent comme Wolhiem de Fonséca ont mis leur plume au service de la cause allemande. Le *Moniteur* remplit une fonction de suppléance dans la mesure où la plupart des journaux ont disparu ou ne sont autorisés à reparaître qu'en se soumettant à la censure.

Les Français occupés ne sont donc pas totalement privés d'information ou soumis à une propagande unilatérale. Malgré les Allemands, les patriotiques appels de Gambetta ont été vite connus. La principale difficulté est de démêler le vrai du faux, de distinguer entre l'information exacte ou approximative et la rumeur la plus extravagante. Voici quelques exemples : les cousins de Raymond Poincaré, Henri (le futur physicien) et Aline qui habitaient Nancy, sont allés rendre visite à des parents du Pays-Haut. Ils passent par Metz le 5 décembre où ils apprennent que Bourbaki arrive, que le pont de Frouard est coupé, qu'il serait dangereux de retourner chez eux à Nancy : « Henri était là qui, gravement secouait la tête et déclara : " Mais, c'est impossible ! " » Ils rentrent à Nancy par un train prussien et Henri peut constater combien il avait raison d'être sceptique. Entre octobre 1870 et janvier 1871, ont couru à Épinal les bruits suivants : la Russie a déclaré la guerre, Garibaldi (de l'armée des Vosges) a battu l'ennemi sous Belfort, Paris a été débloqué et ravitaillé par Bourbaki, les Allemands ont été repoussés jusqu'à Montereau abandonnant 600 000 cadavres ! Les habitants de Plombières ont cru au début janvier 1871 à leur proche libération. Réveillés par le clairon, ils apprennent que Dijon serait évacuée (ce qui est vrai) et que Garibaldi serait à Gray. Les Prussiens sont sur le qui-vive. On entend le canon au loin, on voit passer de nombreuses voitures de blessés. On sait que les Français sont dans le Haut-Doubs et marchent sur Belfort. L'espoir se propage comme une onde jusqu'à Épinal et Nancy où les administratifs allemands envisagent pendant quelques heures de se replier sur Metz. À Châteaudun, il se répand vers le 15 janvier des nouvelles ébouriffantes : Trochu serait à Melun ; Versailles bloqué, Frédéric-Charles en pleine retraite, Bourbaki à Mulhouse. L'annonce de la défaite du Mans et de l'occupation de la ville par Frédéric-Charles est un dur retour aux réalités. Le 2 février, une partie de la population persiste encore à nier la capitulation de Paris ; ce serait une « mystification des Prussiens ! »

C'est en janvier 1871 que la situation est la plus insupportable : hiver rigoureux, durcissement des occupants, censure draconienne. Les habitants se terrent chez eux, la vie régulière semble suspendue. La France occupée est quadrillée par l'ennemi, cloisonnée, compartimentée. En dehors de quelques actes individuels, c'est l'attente résignée de la fin d'un cauchemar. Le jeune Gabriel Hanotaux fait un récit sinistre de la vie à Saint-Quentin : « L'hiver était extrêmement rigoureux. On sortait à peine, la circulation dans les rues étant interdite dès que le soir tombait. On se prêtait secours de maison en maison, mais on ne s'attardait guère dehors, de peur de quelque surprise ou violence. On se racontait à l'oreille les méfaits des soldats ennemis dans les villages, dans les faubourgs; parfois on discernait les lueurs d'un incendie sur l'horizon. [...] Saint-Quentin était une ville morte, hantée par des spectres coiffés de casques à pointe. Du dehors on ne savait rien. La France était perdue pour nous. De temps en temps, une rumeur sinistre circulait répandue par l'ennemi. »

Autour des villes assiégées, dans les localités de la Seine-et-Oise qui sont à l'arrière des lignes allemandes, la situation des occupants est critique. Ils sont accablés de réquisitions, les bovins crèvent de la peste, épidémie terrible qui se propage durant l'hiver. Ailleurs, les passages successifs de troupes françaises puis allemandes ont été très durs. On redoute qu'ils ne se reproduisent. En dehors de ces zones disputées, la situation, sans être enviable, n'est pas aussi tragique qu'on l'a écrit. De nombreux villages n'ont jamais vu d'Allemands mais dans le lointain ou dans la brume se profile toujours la silhouette redoutée des uhlans.

À la limite des deux armées

Entre les armées française et allemande, il existe des zones mouvantes où les troupes vont et viennent. C'est le cas de la Somme, de l'Aisne, du Loiret, de l'Eure-et-Loir, de l'Eure, de l'Yonne, de la Côte-d'Or; des villages, des villes sont tour à tour occupés, abandonnés puis réoccupés.

Dans ces zones se sont produits les incidents les plus graves de la guerre. Les Allemands se sont livrés sur les populations civiles à des atrocités nombreuses : pillages, incendies, exécutions sommaires, déportations, etc. Ces faits incontestables ont été immédiatement utilisés par la propagande française auprès des neutres. Bientôt la barbarie allemande devient un thème central de la bonne conscience française. Pour expliquer ces actes brutaux et atroces commis de façon délibérée et dont les premiers peuvent être relevés au début d'octobre, il faut bien comprendre les conditions de la guerre dans le Bassin parisien à partir de l'automne. Les civils se mêlent aux combattants et parfois tirent sur les soldats allemands. Ils sont souvent encouragés par des corps-francs et des groupes de francs-tireurs qui se glissent sur les flancs des unités régulières et qui, de leur propre chef, lancent des raids contre des groupes allemands isolés. Pour les officiers allemands, c'est un manquement caractérisé aux lois de la guerre; ces soldats sans uniforme sont des bandits qui méritent les pires châtiments et avec eux, les habitants qui les ont hébergés et souvent soutenus.

Le premier drame de cette nature est vécu le 18 octobre par les habitants de Châteaudun (Eure-et-Loir). Dans cette localité, un corps franc, les Francs-tireurs de Paris, commandés par le colonel de Lipowski, s'était installé à la fin de septembre et avait aidé la garde nationale sédentaire à dresser des barricades pour s'opposer à l'avance de l'ennemi. Or celui-ci ne se manifeste pas. Lipowski apprend qu'une petite garnison prussienne s'est installée dans le village d'Ablis. Pour maintenir ses hommes en haleine, il monte un coup de main qui réussit au-delà de toute espérance (8 octobre). Les Prussiens ont des tués et des blessés, 69 prisonniers et 89 chevaux, qui sont ramenés triomphalement à Châteaudun – ils y sont d'ailleurs bien traités. À la recherche du corps-franc, la brigade bavaroise de Wittich se présente à Châteaudun le 18 octobre; elle se heurte aux barricades derrière lesquelles sont retranchés des gardes sédentaires et des combattants de corps-francs. La résistance est aisément brisée et le corps-franc se replie. En représailles, un quartier est pillé et livré aux flammes. Plus de 50 personnes périssent brûlées, asphyxiées ou lardées de coups de sabre. Des otages sont arrêtés et déportés en Allemagne. Par son ampleur et sa gravité, le drame de Châteaudun est le signe que la guerre peut changer de visage, que des civils désormais peuvent être d'innocentes victimes. Dans un communiqué diffusé dans la France entière, Gambetta stigmatise la barbarie allemande. À la fin de novembre, Châtillon-sur-Seine a vécu un drame similaire. La garnison prussienne est surprise par les garibaldiens venus d'Autun. Ceux-ci se replient avec leurs prisonniers et publient un communiqué triomphal. Les habitants, laissés sans défense, sont à la merci d'un retour de l'ennemi, lequel ne se fait pas attendre. Le commandant de la garnison de Chaumont lance une opération punitive et réoccupe facilement une ville sans défense. L'opération s'accompagne de pillages, d'incendies et de violences multiples. Les Prussiens rendent les habitants responsables de leurs malheurs. Des otages parmi lesquels le maire sont rassemblés, maltraités à coups de pied, de crosse, de plats de sabre puis déportés en Allemagne. Une contribution d'un million de francs est infligée à la malheureuse cité.

Les petits villages de l'Orléanais, de la Beauce, du Perche, de la Touraine, ont vécu la guerre dans toute son horreur. Voici deux exemples parmi d'autres.

Le 21 octobre 1870, vers 11 heures du matin, 14 cavaliers prussiens entrèrent à Jouy (Eure-et-Loir) « par le gué du moulin de Lambouré. Aussitôt on sonne l'alarme dans le pays et toute la garde nationale fut sur pied mais, comme toujours, les Prussiens disparurent sans qu'aucun de nos hommes pût les atteindre. Les postes furent doublés car nous redoutions une surprise d'un autre côté. En effet, vers 1 h 30 de l'après-midi, une compagnie de hussards bleus débouche sur la route du côté de la Soulaires, en longeant la voie du chemin de fer. Quelques gardes nationaux de Jouy placés en embuscade en cet endroit, firent feu et plusieurs Prussiens tombèrent : ce fut le commencement de la lutte. Nous ne pensions réellement n'avoir affaire qu'à quelques éclaireurs prussiens mais malheureusement, il devait en être autrement puisque, sans que nous eussions pu nous en rendre compte, toute la plaine de Soulaires et de Coltainville était couverte de Prussiens. Une fusillade s'engagea donc sur toute la ligne du chemin de fer, sur une longueur de plus de deux kilomètres. [...] Je ne sais au juste le chiffre des morts prussiens, mais on assure qu'il y eut 23 blessés et 9 morts parmi lesquels un officier supérieur. Trois gardes nationaux de Jouy succombèrent les armes à la main. Là ne devaient pas se borner nos malheurs. 1 500 Prussiens entrèrent dans Jouy et nous assassinèrent 7 hommes. Ces barbares étaient d'autant plus furieux qu'ils se plaignaient que Jouy leur eût résisté pendant quatre heures, plus de résistance ici que dans une grande ville, disaient-ils ».

Quelques semaines plus tard à Bricy, village beauceron au nord d'Orléans, des tireurs embusqués dans des maisons particulières ont blessé et tué quelques hussards bavarois. Plusieurs dizaines d'hommes de quinze à soixante-quinze ans sont rassemblés sur la place, maltraités, menacés d'être fusillés. Puis ils sont entraînés avec un convoi de prisonniers. Ils marchent à pied une dizaine de jours jusque dans l'Aisne où ils montent dans un train qui les conduit à Stettin. Ils ne rentreront à Orléans qu'à la fin de mars, laissant une quinzaine des leurs, morts de maladie et de privations en Poméranie.

En décembre 1870-janvier 1871, des faits de ce genre sont nombreux en Bourgogne, en Franche-Comté, aux contacts de l'Yonne, de la Nièvre, du Cher et du Loiret, zones mouvantes où des groupes de francs-tireurs et de mobiles harcèlent les détachements ennemis. À Égriselles-le-Bocage (Yonne) des Prussiens ont couché dans l'église; le matin du 3 décembre, ils sont bloqués par des francs-tireurs de l'Ardèche, ils ripostent, les mettent en fuite et en représailles, veulent brûler le village. L'intervention du curé empêche cet acte de barbarie. Voici le témoignage d'un autre curé, celui de Lorcy (Loiret) :

> Les Prussiens restés maîtres de Lorcy fouillent les maisons, brisant portes et fenêtres à coups de crosse. Bientôt, ils arrivèrent au presbytère. La baïonnette sur la poitrine, je fus désigné comme chef des francs-tireurs. D'un geste, je leur montrai les troupes que je commandais : des femmes, des enfants, des vieillards transis de peur, abrités dans l'église. Il me fut signifié que si une arme quelconque était trouvée au presbytère, je serais fusillé sur-le-champ. On fouilla partout et rien de compromettant ne fut découvert. Le sabre levé, un officier s'avança sur moi et déclara : « Vous avez tiré sur nos troupes de cette maison; un des soldats est tombé mort frappé d'une balle venant de ce côté.
>
> – Monsieur, nous n'avons pas d'armes, lui répondis-je, elles ont été dernièrement retirées par les soins de la municipalité.
>
> L'officier n'en voulut rien croire. En effet, un dragon prussien parmi les 150 nourris à la ferme du maire venait de tomber raide d'un coup de sang et, sur le moment ni Allemands ni Français n'avaient vu que cet homme ne portait aucune blessure extérieure.
>
> L'officier continua : « Vous êtes notre prisonnier, vous et tous les hommes qui sont ici. Vous êtes des francs-tireurs, vous irez à Corbeil-sur-Seine passer en conseil de guerre; vous serez fusillés. »

Après diverses péripéties, les otages sont conduits à pied à Beaune-la-Rolande, entassés dans la crypte de l'église, menacés, maltraités. La plupart d'entre eux finirent toutefois par être libérés.

Parmi les petites villes occupées, abandonnées, réoccupées, quelques cas sont significatifs : Auxerre, chef-lieu de l'Yonne, est évacuée à la mi-décembre par les troupes régulières. Il reste dans la ville des gardes nationaux qui harcèlent les Prussiens. Ceux-ci, croyant avoir à faire à forte partie, lancent une centaine d'obus (19 décembre). Le lendemain 20 décembre, ils occupent la ville sans coup férir ; ils l'abandonnent le 9 janvier 1871. Gien, sous-préfecture du Loiret, est une ville de 6 000 habitants. Elle est évacuée le 8 décembre par l'armée Bourbaki qui fait sauter le pont. Le jour même, les Prussiens arrivent. Ils sont bientôt harcelés par des tirs de francs-tireurs restés sur la rive gauche de la Loire ; le conseil municipal cherche sans succès à s'interposer et un conseiller, Le Jardinier, est blessé mortellement à la cuisse. Bientôt les Prussiens sont remplacés par des Bavarois. Puis du 15 au 23 décembre 1870, il n'y a plus de troupes d'occupation. La veille de Noël, arrivent des unités de Hessois dont les officiers entrent en conflit avec le sous-préfet Dépond qui était resté sur place. Il est déporté dans une forteresse de Dantzig. Les Hessois sont sur le qui-vive ; ils sont attaqués par les francs-tireurs et les mobilisés de l'Yonne à l'abri des forêts de Puisaye et par les francs-tireurs du Cher qui, périodiquement, les bombardent à partir de la rive gauche de la Loire. Le 14 janvier, ils se replient à l'ouest et pendant une journée, Gien est libérée par les francs-tireurs et mobilisés de l'Yonne! Joie de courte durée car les Hessois reviennent et bientôt des Prussiens qui restent jusqu'au 12 mars 1871.

On mesure à ces péripéties complexes combien les populations civiles ont pu souffrir dans leurs biens comme dans leur chair ; on ne compte pas les gens maltraités, violentés, blessés d'un coup de sabre ou par une balle perdue.

Parmi les grandes villes, deux cas doivent retenir l'attention, Orléans et Dijon.

Orléans a été occupée très tôt, sans combat véritable, le

12 octobre. La première occupation est assez brève puisque, à la suite de la victoire de Patay, von der Thann évacue la cité de Jeanne d'Arc. L'allégresse générale est de courte durée puisque moins d'un mois plus tard, Frédéric-Charles entre en vainqueur à Orléans. Cette seconde occupation est beaucoup plus longue et plus rude. Les récits de l'abbé Cochard sont tout à fait éloquents à cet égard.

Dijon a un destin assez voisin. La capitale de la Bourgogne avait été occupée le 30 octobre assez facilement par les troupes de Werder. C'est seulement à la fin de l'année 1870, sous la pression des troupes de Crémer et de Bourbaki, que Werder, pour raccourcir ses lignes, se résout à l'évacuer. Le retour des Allemands est tardif (30 janvier 1871).

Autour des places fortes

Au cours de la phase de mouvement, les Allemands s'étaient contentés de neutraliser les places fortes sans chercher à les réduire de vive force. Ils n'en n'avaient d'ailleurs pas les moyens.

À la mi-octobre, Bitche, Thionville, Longwy, Phalsbourg, Verdun, Montmédy, Mézières, Sélestat, Vieux-Brisach, etc. sont à l'intérieur des lignes allemandes. On peut à peine parler de blocus car les Allemands se contentent d'observer de loin et d'accrocher éventuellement une patrouille isolée. Ils ont laissé entrer beaucoup d'évadés de Metz et de Sedan, à tel point que les garnisons sont devenues pléthoriques. Celle de Verdun est passée de 4 665 hommes à 7 250. Il faut nourrir, encadrer, contrôler tous ces hommes. La plupart des garnisons assiégées ont pu envoyer des émissaires jusqu'à Tours et elles ont reconnu le gouvernement provisoire. Pour sa part, la place de Montmédy conserve des contacts avec Mézières et Lille et envoie un capitaine à Tours (le 14 octobre). Cette liberté relative d'action permet de réussir quelques jolis coups de main. Par exemple, le 11 octobre 1870, Montmédy surprend la garnison prussienne de Stenay et capture au saut du lit 5 officiers et 185 sous-officiers et soldats; une cinquantaine de Prussiens parviennent à s'échapper grâce à la complicité des habitants qui les ont fait fuir par les derrières. Un rêve fou s'ébauche : prendre Sedan! Il faut y renoncer car on évalue les Allemands à 4 000.

Jusqu'à la capitulation de Metz, les places secondaires ne sont pas inquiétées. On se contente d'observer les assiégés à distance de l'artillerie de la place et de se protéger des éventuels coups de main. De temps à autre un parlementaire propose une reddition bien entendu refusée, ou encore un échange de prisonniers. Parfois, il apporte des journaux, de préférence belges ou allemands, pour saper le moral des assiégés.

La capitulation de Metz libère des moyens en matériel et en hommes. Les assiégeants plus nombreux se rapprochent et resserrent le blocus. Les places sont réduites une à une. Celles dont l'assaut a été différé gardent encore une relative liberté de manœuvre. C'est ainsi qu'à Mézières l'investissement d'ailleurs très lâche a commencé seulement le 11 novembre 1870. Jusqu'à la fin de l'année, Mézières reste le point d'attache de groupes de francs-tireurs et de corps-francs qui opèrent dans les Ardennes, l'Argonne, attaquant les convois et les groupes isolés. On connaît leurs noms pittoresques : les « chasseurs de l'Argonne », les « Montagnards de Revin » les « Franco-Belges », la « Compagnie des Sangliers ». Avec la complicité des habitants, ils harcèlent les Allemands. Marie de Wignacourt note dans son Journal : « Les Prussiens voient les francs-tireurs partout et ils en ont une peur effroyable. Il y a quelques jours, un colonel de uhlans de la *Landwehr* qui a logé ici, a fait coucher son ordonnance sur un matelas par terre devant la porte de sa chambre, puis, au milieu de la nuit, il a fait faire une ronde dans le village » (5 novembre 1870). Quelques jours plus tôt des Allemands avaient été tués à Vaux-Villaine. En représailles, ils avaient enfermé 40 hommes dans l'église. Trois d'entre eux dont deux vieillards et un berger ont été fusillés. Dans les Ardennes, les villages de Neuville-lès-This, Olizy et Chestres ont été partiellement incendiés pour les mêmes raisons. Dès que le blocus de Mézières devient plus rigoureux, les activités des francs-tireurs cessent.

La réduction des places fortes a été obtenue une à une, sans difficulté majeure. À l'inverse de Metz et de Paris, aucune de ces places n'était protégée par des forts détachés qui auraient permis de tenir l'ennemi loin de la muraille. Le même processus s'est répété à peu de chose près à Verdun, Thionville, Montmédy, Phalsbourg, Mézières, Longwy et Rocroi. Les assiégeants ouvrent des parallèles qui s'approchent à 2 000-3 000 m des remparts, distance convenable pour installer leurs batteries. La plupart du temps, les assiégés sont passifs et ne s'opposent pas avec opiniâtreté à la mise en place du matériel de siège alors qu'il aurait fallu déloger les assaillants. Le plus long est d'acheminer de nuit les batteries à pied d'œuvre. Après cette opération réalisée, quelques tirs de réglage ou d'intimidation signalent aux assiégés la proximité de l'attaque. Puis l'artillerie se déchaîne, incendie, détruit; la riposte des assiégés est inefficace car la portée des pièces à âme lisse est trop réduite pour atteindre les batteries adverses. À Montmédy, l'investissement est complet le 18 novembre. Le bombardement commence le 12 décembre et en deux jours obtient la capitulation. Le commandant explique : « Nos artilleurs sont démoralisés; les deux seules pièces de 24 atteignent à peine trois kilomètres cinq cents et les batteries ennemies sont à quatre kilomètres. Impossible de lutter dans de pareilles conditions. La ville brûle à quatre endroits à la fois. Une plus longue résistance serait insensée. »

Toutes les places sans exception ont succombé à une puissance de feu supérieure après un, deux, trois jours de bombardements. Mézières a tenu 26 heures, Longwy 36 heures, Thionville 48 heures. Accablés par le bombardement, les assiégés ont la conviction qu'une prolongation de la résistance serait très coûteuse et de toute façon inutile. Voici le calendrier de la résistance :

Amiens	28 novembre 1870-30 novembre 1870.
Verdun	24 août 1870-9 novembre 1870.
Neuf-Brisach	7 octobre 1870-10 novembre 1870.
Thionville	24 août 1870-24 novembre 1870.
Montmédy	1er septembre 1870-14 décembre 1870.
Phalsbourg	10 août 1870-14 décembre 1870.
Longwy	24 août 1870-25 janvier 1871.
Mézières	1er septembre 1870-1er janvier 1871.
Rocroi	5 janvier 1871-6 janvier 1871.
Péronne	8 janvier 1871-10 janvier 1871.

Les habitants restés dans les villes sont hostiles à la résistance à outrance. Dès que le bombardement menace, des délégations supplient le commandant de hisser le drapeau blanc. Après la guerre, un silence pudique a voilé ces démarches et la capitulation a été attribuée à la vétusté du matériel, à l'inadaptation des fortifications, à la médiocrité du commandement, à l'indiscipline et à l'inexpérience des gardes mobiles et des gardes sédentaires. Les récits ultérieurs ont toujours masqué ces défaillances, minimisé le pillage des magasins par les civils et attribué tous les dégâts à la barbarie allemande. À chaque fois, les Prussiens ont saisi du matériel intact, qu'ils ont utilisé ensuite. Les canons pris à Toul ont servi au siège de Verdun. Ceux de Strasbourg et de Sélestat ont été placés devant Belfort. Au total, les Allemands ont fait dans les places fortes plusieurs dizaines de milliers de prisonniers supplémentaires.

Au moment de l'armistice, trois places résistent encore : Belfort, Bitche et Auxonne. Belfort a réussi à tenir malgré les énormes moyens mis en œuvre car Denfert-Rochereau avait adopté la défense éloignée et empêché pendant très longtemps l'installation des batteries ennemies. Il est le seul à avoir utilisé judicieusement les installations dont il avait reçu la responsabilité. Le cas de Langres reste à part dans la mesure où la place n'a jamais été attaquée. Le matériel de siège arrivait de Saint-Dizier au moment de la signature de l'armistice.

De la passivité à la résistance

Les débuts de l'occupation sont calmes tant les Français sont abasourdis par la défaite. De leur côté, les Allemands sont corrects et cherchent à faire oublier qu'ils sont les occupants. Par exemple, en Champagne, ils veillent à ne pas gêner la vendange et la récolte des betteraves. Ils libèrent des wagons pour que la municipalité de Reims puisse, en plein hiver, faire venir du charbon de Belgique. Les particuliers sont autorisés à utiliser les services de la poste allemande. On rétablit partiellement sur quelques tronçons le service des voyageurs à partir du 3 novembre 1870. Mais cette bonne volonté ne peut faire oublier les réalités de l'occupation : cours forcé du thaler prussien, ordres blessants et péremptoires, réquisitions, brutalités diverses. La simple présence de l'ennemi, « l'ironie stridente des fifres » ou le « roulement implacable des tambours » entretiennent une sourde irritation. C'est pourquoi le calme apparent peut être trompeur.

Prenons d'abord deux exemples en Lorraine dans les débuts de l'occupation. Nous sommes au début d'octobre, quelques jours après la prise de Toul (28 septembre). Le Toulois, à l'écart des routes d'étapes qui passent plus au sud est vide d'Allemands sauf ceux qui sont à Toul et qui remettent en état la voie ferrée. La plupart des villages n'ont pas encore vu d'Allemands mais les habitants sont aux aguets : ils craignent des espions et la rumeur leur a déjà appris ce que voulait dire le passage des troupes prussiennes. Ignorant cet état d'esprit des paysans, l'écrivain berlinois Theodore Fontane se promène en touriste en Lorraine. Il est seul, sans arme, il parle le français, que peut-il donc craindre ? Un civil n'est pas un soldat. Il passe à Toul, regarde la cathédrale un peu touchée par les obus et les maisons de l'ancienne ville épiscopale puis s'avance jusqu'à Domrémy, le village de Jeanne d'Arc. En dehors de Toul, il n'y a pas de garnison allemande. Après avoir visité la maison natale de Jeanne d'Arc, il éprouve le besoin de se restaurer et entre dans une auberge. Des paysans trouvent son allure suspecte, l'entourent, le prennent pour un espion allemand. Fontane qui parle le français est trahi par son accent. Le ton monte, un paysan avise sa canne, c'est une canne-épée. Pas de doute, c'est bien un espion. Fontane est arrêté, conduit à Neufchâteau, interrogé par le sous-préfet qui l'expédie à Besançon où il est jeté en prison. L'archevêque intervient en sa faveur ; en vain. Fontane est expédié dans un camp de prisonniers dans l'île d'Oléron. Il attendra la libération jusqu'en février 1871. De cette aventure, il en tirera des souvenirs de guerre assez piquants.

Une quinzaine de jours plus tard, le 23 octobre, deux ingénieurs badois arrivent à Remiremont. La ville est occupée depuis une quinzaine de jours. Ils descendent à l'hôtel du Cheval de Bronze. Ces deux hommes ne sont sans doute pas passés inaperçus. En pleine nuit, ils sont enlevés par des francs-tireurs, conduits à Belfort puis à Besançon. Le commandant allemand de la place, furieux, inflige à la ville une amende de 200 000 francs, plusieurs conseillers municipaux et adjoints au maire sont arrêtés, interrogés à Épinal par le préfet puis jetés en prison à Nancy. Dans l'espoir de trouver une solution, le maire envoie des émissaires à Tours. Au bout de quelque temps, les deux captifs seront relâchés et l'amende réduite de moitié.

L'une des premières sources de tension grave découle du départ clandestin des jeunes gens qui gagnent les armées de Gambetta. Dans l'Est, ces fuites sont nombreuses et spécialement dans le gouvernement d'Alsace-Lorraine. De nombreux jeunes gens de Metz ont rejoint la Loire. Parmi eux, relevons le nom de deux jeunes artistes, les frères Malardot dont l'un est mort de maladie à Bourges. Beaucoup de jeunes Alsaciens arrivent à Lyon en décembre 1870-janvier 1871. Les autorités allemandes menacent des pires sanctions. Comme ils n'ont guère de moyens de contrôle, elles en rendent responsables les familles qui sont frappées d'amendes en cas d'absence suspecte, les maires qui sont déclarés complices, menacés et parfois emprisonnés. Quelques-uns ont été déportés en Allemagne pour cette raison.

La crainte des sabotages et des franc-tireurs devient la hantise des Allemands. Ils redoutent les coups de feu contre les hommes isolés, les actes de malveillance contre les ponts, les voies ferrées. En octobre-novembre, l'Argonne est une zone d'insécurité car y opèrent des groupes de francs-tireurs qui se rattachent à Mézières. Les attaques contre les groupes isolés sont durement réprimées : prise d'otages, incendies de maisons (dans la Meuse à Beaurepaire, Chestres, Falisse, Voncq). L'investissement de Mézières puis la capitulation de la place rendent la région plus sûre et le défilé des Islettes est utilisé sans risque.

Les attentats les plus sévèrement punis sont ceux qui sont commis contre les voies ferrées. Les représailles sont graduées, elles peuvent aller jusqu'à la mort. Le commandant des étapes de Châlons-sur-Marne a prévu un tarif : 100 thalers (375 francs) au minimum pour la détérioration d'une ligne télégraphique, 500 thalers (1 875 francs) pour celle d'une voie de chemin de fer. Si les coupables échappent aux autorités, la commune doit payer à leur place. Quant ils sont retrouvés, ils sont généralement condamnés à mort et exécutés. Un ouvrier, Désiré Laly, est exécuté à Reims le 14 janvier pour avoir dirigé une attaque à main armée contre la poste allemande. L'un des moyens imaginés pour dissuader les auteurs d'attentats a été de faire monter les notables sur les locomotives. Le maire de Reims, Simon Dauphinot, a inauguré la ligne Reims-Châlons! Beaucoup de personnalités de Nancy, de Bar, d'Épernay, de Châlons, de Sedan, ont fait ainsi des voyages sur la locomotive ou dans le premier wagon. Certains se sont portés otages volontaires. Finalement beaucoup d'incidents et de déraillements n'ont pas été imputables à des attentats et le trafic a pu être assuré.

Les attentats contre les soldats isolés, les enlèvements ont été relativement peu nombreux. Il est impossible d'en faire un dénombrement exact. La réponse de l'occupant est toujours la même : représailles brutales et aveugles, très souvent sanglantes. Donnons quelques exemples. À Vézelise (Meurthe), cinq gendarmes prussiens sont enlevés, l'un d'eux est blessé. Les représailles ne tardent pas : maisons incendiées, habitants pris en otages, amende de 100 000 francs. Les otages s'en tirent à bon compte car ils sont libérés après le retour des gendarmes. À Laval-devant-Bruyères, les francs-tireurs tirent sur des soldats, ceux-ci ripostent tuant trois de leurs assaillants, arrêtent un père de famille innocent qu'ils croient complice et l'abattent devant sa femme et ses enfants puis brûlent la maison. Le maire qui avait cherché à s'interposer est malmené et blessé.

En Eure-et-Loir, sur la route de Clayes, des paysans embusqués attaquent des cavaliers : deux sont blessés et un mort reste sur le terrain (3 janvier). Deux cents hommes incendient en représailles une ferme et un hameau de cinq maisons près desquels les vêtements du cavalier avaient été retrouvés. À Vernon, petit village du Loir-et-Cher où l'on a tiré d'une maison sur des cavaliers, 130 otages sont rassemblés; sept sont finalement transférés à la prison de Blois sous les menaces et les coups. Ils sont relâchés indemnes après cinq semaines de détention. À Foucancourt

(Somme), une compagnie franche qui a tiré sur des soldats disparaît à la faveur du brouillard : une vingtaine de maisons sont brûlées, cinq habitants massacrés. Dans le sud des Vosges, à Dombrot-le-Sec, un groupe accroche un détachement prussien isolé et tue 28 hommes dont trois officiers; les représailles sont très dures. Dans la Meuse, l'Aube, la Marne et la Haute-Marne, on peut relever entre novembre et février de multiples incidents, des tirs sur des soldats isolés, des actes de sabotage, des attaques de convois, des vols de munitions. Les « Éclaireurs de l'Aube » s'emparent d'une malle-poste à Montereau (2 janvier) puis attaquent des détachements isolés et tuent des soldats et des officiers. Une colonne venue de Reims pille et brûle partiellement les villages de Conflans et de Marcilly-sur-Seine. Dans ce dernier village, les habitants, entassés dans l'église (26 janvier) ont failli périr carbonisés.

Il semble que la résistance devienne plus active à la fin de janvier dans le Centre-Est dans une zone diffuse qui irait du Morvan aux Vosges et dont la place de Langres serait en quelque sorte le môle protecteur. Des groupes non identifiés des Allemands opèrent à l'abri des forêts. L'un d'eux « l'Avant-Garde de la délivrance » s'est formé au sud de Lamarche (Vosges) aux confins de la Haute-Marne et de la Haute-Saône. Il prépare et réussit sans être accroché un raid hardi. Un commando remarquablement entraîné, s'avance de 70 km jusqu'au viaduc de Fontenoy-sur-Moselle. Le poste de surveillance est surpris et le matin du 22 janvier, le viaduc saute, interrompant totalement le trafic sur la voie ferrée Paris-Strasbourg jusqu'au 29 janvier. C'est l'unique interruption de toute la guerre. Le trafic reprend ensuite au ralenti. Les réactions du gouverneur général de Lorraine sont à la hauteur des dommages : communiqué menaçant, habitants violentés et village incendié, réquisition d'hommes jusqu'à Nancy pour travailler à la réparation. Une amende d'un montant global de 10 millions de francs est répartie entre les trois départements lorrains rendus solidaires de l'attentat. D'autres lignes ont été visées avec plus ou moins de succès. Dans l'Yonne, les francs-tireurs font sauter les ponts de Crécy et de Laroche le 23 janvier 1871. Un autre coup de main contre le pont de Nuits-sous-Ravière échoue le 24 janvier en raison d'une panique des mobiles. Pour ces attentats, le département de l'Yonne est taxé de 4 millions de francs.

Ces deux opérations réussies n'ont pas entravé l'approvisionnement des armées allemandes. Elles montrent cependant que leurs lignes très étirées sont vulnérables et qu'une guerre populaire plus active pourrait paralyser des armées éloignées de plusieurs centaines de kilomètres de leurs bases. Ces incidents annonciateurs d'autres plus graves ont pesé dans la décision de Bismarck de ne pas pousser à bout les négociateurs français lors des discussions de l'armistice.

Les Allemands ont finalement assez facilement tenu les territoires occupés. Ils n'ont rencontré aucune résistance organisée. Les attentats sont des actes individuels ou le fait de groupes isolés. Les corps-francs et les francs-tireurs agissent autour des places fortes de Mézières et de Langres ou s'infiltrent sur les marges. Ils n'ont jamais constitué une menace véritable. Néanmoins, le maintien de l'ordre pose aux Allemands des difficultés croissantes. Plus l'occupation se prolonge, plus les incidents risquent de se multiplier. À la fois, les habitants aspirent à la paix et se raidissent contre l'occupant. C'est pourquoi, pour les Allemands comme pour les Français, il est vital de finir la guerre.

À bien des égards, l'occupation, plus que les combats, a marqué durablement les esprits. Elle sépare une France du Nord qui a été en contact direct avec les Prussiens et les Bavarois, d'une France du Sud qui ne les connaît que par la presse, la rumeur ou le témoignage des anciens combattants. Il en découle une perception différente de l'Allemagne et des Allemands.

CHAPITRE XII

Défaite de la France,
victoire de l'Allemagne

Fin janvier 1871, les armes se sont tues autour de Paris, on se bat encore dans la France de l'Est. De part et d'autre, certains n'écartent pas une reprise généralisée des combats. Le retour à la paix est encore incertain. Peut-on dresser à chaud un premier bilan de cette guerre de cinq mois, de cette guerre très courte par rapport aux grands conflits du XXe siècle? Pourquoi la France a-t-elle été vaincue alors que ses ressources n'étaient pas inférieures à celles de son adversaire? Pourquoi la République n'a-t-elle pu redresser la situation? Les raisons sont-elles militaires, politiques, diplomatiques? En contrepoint, pourquoi la Prusse l'a-t-elle emporté? Meilleure organisation militaire? Meilleure cohésion intérieure? Environnement international plus favorable?

Défaite de la France

De l'avis des observateurs étrangers, la défaite de la France s'explique par les carences de son organisation militaire et de son commandement, carences auxquelles le gouvernement de la Défense nationale n'a pas été en mesure de remédier. Toutefois, l'étranger comme les armées d'invasion ont été surpris par le rebondissement de la résistance française. Au lendemain de Sedan, l'état-major prussien jugeait la victoire à la portée de la main et a été dérouté par le sursaut national imprévu. Une réflexion de Moltke dans une lettre à son frère Adolf, montre que le général victorieux n'est jamais sûr de dominer une situation mouvante. Jusqu'au bout il reste une part d'incertitude : « Je ne saurais assez remercier Dieu d'avoir vécu pour voir la fin de cette guerre, mais je n'oserai me réjouir du succès que quand tout sera absolument terminé. Combien de fois au cours de cette campagne, a-t-on pu croire que le dernier mot était dit! Nous avons eu Sedan, nous avons eu Metz. Soudain un facteur nouveau faisait surgir une situation nouvelle et remettait tout en cause » (4 mars 1871).

Comment expliquer qu'un gouvernement faible qui a recueilli un héritage militaire catastrophique, ait pu tenir quatre longs mois alors qu'en un mois l'armée impériale avait été balayée?

Le gouvernement de la Défense nationale est faible et inexpérimenté. Il n'est pas représentatif, car les nouveaux ministres sont des élus de Paris. En province, leurs amis et les relais d'opinion qui pourraient les soutenir sont minoritaires. Comme en 1848, les Français, sauf ceux des grandes villes, acceptent la République sans conviction. Les notables des départements qui avaient soutenu ou seulement toléré l'empire, ne veulent pas être écartés. Ils craignent une épuration dont le renouvellement du corps préfectoral est un signe avant-coureur. C'est pourquoi ils tiennent tant à la consultation du suffrage universel et à l'élection d'une Assemblée. Dans les jours qui suivent le 4 septembre, la chape de plomb que l'empire avait fait peser sur la vie publique et qu'Émile Ollivier avait commencé à alléger, se désagrège : la liberté de presse, d'association est un acquis spontané. Partout des journaux renaissent avec une totale liberté de ton et d'information. Cette liberté charrie le meilleur et le pire; dans les colonnes des journaux le vrai et le faux se mêlent inextricablement. Les journaux ne cherchent pas délibérément à tromper leurs lecteurs : ils reproduisent rumeurs et on-dits, certifient vraies des informations extravagantes. La liberté d'information n'est pas synonyme de bonne information d'autant plus que les perturbations diverses apportées au télégraphe ont allongé les délais de transmission.

Les préfets et les sous-préfets du 4 septembre ont du mal à

faire reconnaître leur autorité. Comme leurs ministres, ils sont passés brusquement de l'opposition au pouvoir. Ils n'ont aucune expérience pratique des affaires; ils doivent s'appuyer sur les fonctionnaires de l'empire dont seuls les plus compromis sont éliminés; ils entrent en conflit avec les militaires commandants de subdivision, ils révoquent les maires et nomment des commissions municipales à leur place. Cette inexpérience a pesé très lourd alors que l'état de guerre requérait autre chose qu'une bonne volonté brouillonne et un activisme républicain. Gambetta a été le seul à savoir rapidement s'adapter, à s'entourer de collaborateurs efficaces et à comprendre qu'il fallait donner à un pays menacé par l'anarchie locale une volonté commune.

La faute initiale, celle qui a pesé jusqu'au bout, a été de laisser le gouvernement enfermé dans Paris. La Délégation de Tours puis de Bordeaux n'a jamais pu se hisser à la hauteur des circonstances. Cette division du gouvernement à laquelle les moyens de communication de l'époque ne permettaient pas de remédier, a paralysé l'administration, la diplomatie, l'armée. Elle a empêché la coordination des efforts. Elle a donné à Bismarck et à Moltke la conviction justifiée que la capitulation de Paris serait l'événement militaire décisif. Enfin le gouvernement français s'est trouvé en permanence sous la pression de la population parisienne, incapable de faire respecter l'ordre public, à la merci d'une émeute déclenchée par l'extrême gauche. La garde nationale sédentaire a été un boulet et un cauchemar. Pour une multitude de raisons, il aurait fallu quitter Paris. Devant la commission d'enquête, Gambetta qui avait appuyé le départ en province, reste convaincu de cette erreur fatale : « Parmi les faiblesses que l'on a pu avoir, celle-là est capitale, je suis convaincu que les choses auraient pu tourner autrement... » On ne peut que souscrire à ce jugement perspicace.

À l'épreuve du pouvoir, les aptitudes et les caractères se sont révélés. Dans l'ensemble les hommes du 4 septembre ont été aussi honnêtes qu'insuffisants. Leurs convictions républicaines ne leur ont conféré aucune supériorité par rapport aux ministres de Napoléon III. À la médiocrité générale, trois noms échappent : Charles de Freycinet, Jules Ferry et Léon Gambetta. Dans le sillage de Gambetta,

Charles de Freycinet a fait preuve d'une remarquable capacité d'organisateur; mais son nom est encore inconnu des
Français; il se fera une place respectée dans le personnel
politique républicain. Dans un autre registre, retenons le
nom du jeune Jules Ferry, maire de Paris. Cette fonction
impossible qu'il a assumée avec autorité et sens de l'intérêt
général, lui vaudra la haine tenace et durable du peuple
parisien. Un seul grand talent s'est révélé, Léon Gambetta.
En quelques semaines ce jeune avocat de trente-deux ans
débraillé et braillard domine la scène nationale et la guerre
de sa puissante personnalité. Il est la voix de la France. Bismarck et Moltke ne s'y sont pas trompés. Ils ont compris que
Gambetta était leur adversaire le plus redoutable.

C'est du côté de ses amis que sont venues les critiques les
plus dures : « satrape de Tours », « dictateur de Tours »,
« Carnot de la défaite ». Avec le temps, critiques et légendes
pieuses se sont effritées. Les événements du XXᵉ siècle – plus
spécialement ceux de 1940 – permettent de mieux juger
cette prodigieuse activité, parfois un peu désordonnée. Ce
qui demeure, c'est le courage, l'énergie, la volonté de relever
le moral de la nation par la parole et l'action. Certes, Gambetta a commis des fautes, des erreurs de calcul; ses choix,
parfois malheureux, s'expliquent par la hâte, la précipitation, l'ignorance. Il n'a pas eu la chance de rencontrer un
chef militaire à la hauteur de ses ambitions. Ses adversaires
lui ont reproché d'avoir exercé sa mission dans un but politique; l'identification de la nation en guerre et de la République devait permettre d'asseoir définitivement celle-ci. Il
n'est pas douteux qu'il ait orienté son action en ce sens mais
on doit reconnaître qu'il a su garder assez de hauteur de vue
pour ne pas se laisser guider par l'esprit de parti. Dans une
situation désespérée, l'homme de parole s'est révélé un
homme d'action, il a incarné la France, toute la France.
Même ses adversaires politiques ne s'y sont pas trompés;
l'historien catholique Georges Goyau cite les *Lettres d'un
soldat* du royaliste Saint-Genest : « Ne me dis pas que Gambetta est un révolutionnaire, que tu l'as vu jadis dans les
clubs. En ce moment, c'est un apôtre, un Pierre l'Ermite
prêchant la croisade contre les Prussiens. Tout le monde se
rallie à lui, zouaves du Pape, Vendéens, généraux de

l'Empire, car, pour nous tous, cet homme, c'est la France. Et puis, vois-tu, nous attendions quelqu'un! » Autre témoignage, celui de Raymond Poincaré. En 1912 le président du Conseil prend la parole aux Jardies devant les amis de Gambetta. Il puise dans sa mémoire d'enfant d'une ville occupée : « C'est à peine si tout jeune homme j'ai rencontré deux ou trois fois et timidement entendu de loin celui que plusieurs d'entre vous ne se sont jamais consolés d'avoir perdu si tôt. J'ai été élevé dans le culte de son nom... » « Le culte de son nom », on mesure par cette expression la ferveur dont était entouré Gambetta. On excuse ses erreurs et ses illusions pour ne retenir que l'élan et l'espoir qu'il a su incarner. Il a cherché à assurer la cohésion nationale. De cette expérience exceptionnelle où il a imposé son nom à l'histoire, Gambetta a su tirer les leçons. Ces quatre mois intenses et dramatiques ont contribué à former d'une façon décisive l'homme d'État qu'il ambitionnait de devenir.

Les républicains croyaient en la « levée en masse ». Quand la « patrie est en danger », il suffit d'armer le peuple pour repousser l'envahisseur. La garde nationale sédentaire de Paris a été l'illustration caricaturale de la levée en masse. Le vocabulaire du « Comité de salut public » et l'évocation des grands ancêtres ont été autant d'incantations inutiles et vaines.

Depuis la Révolution, l'exercice de la guerre s'était modifié, les fusils et les canons perfectionnés; au service des armées en campagne toute une logistique doit être mise en œuvre. L'armée disciplinée et instruite de Moltke n'a rien à voir avec la cohue du duc de Brunswick refoulée à Valmy par Dumouriez et qui s'était décomposée d'elle-même sans avoir vraiment été vaincue. Face aux 800 000 hommes dont Moltke dispose en France à la fin de l'année 1870, les unités hâtivement rassemblées n'ont jamais tenu le choc. La débâcle de l'armée Bourbaki en est la dramatique illustration. Chanzy et Faidherbe n'ont réussi qu'à limiter les dégâts.

Dans les rangs des armées du Nord et de la Loire paniques, débandades, désertions sont fréquentes. Quant à l'insoumission, phénomène que la Révolution et l'Empire avaient déjà connu, elle prend à partir de décembre 1870 des formes variées que ne compensent pas les engagements patriotiques d'autres Français.

La grande différence entre 1792-1793 et 1870 a été l'impossibilité pratique de réaliser ce qu'avaient pu faire la Législative et la Convention, c'est-à-dire l'amalgame entre les vieilles troupes et les nouvelles recrues. En 1792-1793, c'étaient les vieilles troupes qui avaient tenu. Or, en septembre-octobre 1870, à part quelques régiments d'Algérie et quelques unités de marine, il n'y a plus rien sur quoi s'appuyer. La levée en masse procure beaucoup d'hommes. On a avancé jusqu'à 650 000! Les statistiques de la guerre au 26 janvier 1871 annoncent 487 000 hommes. Sur ce nombre moins de 200 000 auraient été effectivement enrôlés. Encore moins ont été utiles : « Trop d'hommes, pas assez de soldats. » L'amiral Jauréguiberry qui les a commandés, note : « Sauf quelques glorieuses exceptions, ils n'ont rendu presque aucun service... en raison de leur ignorance du métier de la guerre et de leur indiscipline. » C'est aussi l'avis d'un combattant de base, un Manceau de vingt-sept ans, Paul Planche, garde mobile à l'armée de la Loire. Trente ans après, en 1902, il achève son Journal par ces mots : « Si l'on improvise des armées, on n'improvise pas des soldats... La plupart des soldats improvisés de l'armée de la Loire n'avaient jamais manœuvré, d'aucuns même n'avaient jamais manié un fusil... C'était toute l'explication de leur faiblesse. »

Les armées hâtivement recrutées ont été mal encadrées en raison d'un manque effrayant de sous-officiers et d'officiers. Les cadres de l'armée française sont prisonniers en Allemagne! On y a pallié tant bien que mal par des promotions accélérées, certaines d'ailleurs de qualité. Des rangs de la levée en masse, aucun chef inspiré n'est sorti. Le temps a été trop bref pour que des hommes se révèlent. Hoche, Marceau, Kléber n'ont pas eu d'émules en 1870. Camille Crémer est le seul qui puisse être comparé à ces grands ancêtres. Les chefs de corps-francs ou de francs-tireurs dont la littérature patriotique célébrera à l'infini les exploits, ont pu gêner localement les envahisseurs; ils n'ont eu aucune influence sur le cours de la guerre. À Paris, Trochu a été d'une inertie coupable. Karl Marx l'appelle par dérision le « crétin militaire »; ses subordonnés ne valent pas mieux. Seul Ducrot a fait preuve d'énergie et d'allant, qualités gâchées par la nervosité et la précipitation.

En province, Gambetta assisté de Freycinet a conduit la guerre. Les généraux s'en sont plaints et ont accusé les civils d'ignorance et d'incompétence. Certains choix de Gambetta ont été malheureux; l'opération de l'Est, la seule tentative stratégique de débordement de l'adversaire, était très aventureuse. Elle a échoué. Quoi qu'il en soit du résultat, il y avait une volonté de coordonner les opérations alors que la phase impériale de la guerre avait été le néant absolu et accablant. Les nominations de Chanzy et de Faidherbe montrent l'aptitude de Gambetta à choisir des chefs. Ces deux excellents professionnels rappelés d'Algérie ont su s'adapter à la situation et se sont battus avec intelligence et réalisme. Ils ont prouvé que les généraux français n'étaient pas que des « capitulards » ou des perdants.

Les illusions de Gambetta s'expliquent aisément. Nourri du mythe de la Révolution comme ses amis républicains, il croyait à la supériorité des citoyens en armes défendant leur sol natal contre l'envahisseur. L'évolution du conflit aurait dû lui ouvrir les yeux. Il n'en prétend pas moins continuer la guerre sous forme de guérilla à la manière des Espagnols contre Napoléon Ier. Seulement, en janvier 1871, les conditions militaires et psychologiques sont tout autres : à l'exception d'une minorité ardente, les Français aspirent à la paix. Les dirigeants républicains de Paris tout comme Jules Grévy à Bordeaux sont conscients de l'inutilité de la prolongation des hostilités. C'est la raison profonde du conflit avec Gambetta. Il faut que la majorité en faveur de la paix se manifeste par des élections. Le scrutin doit dégager la volonté du pays et donner aux dirigeants l'autorité nécessaire pour mettre fin à la guerre. Malgré les erreurs, les illusions et les défaillances, que nous avons constatées, la République et l'empire ne peuvent être mis dos à dos. La République a sauvé l'honneur, Gambetta a réveillé la Nation. Cela ne peut être oublié.

Dans un tel contexte il aurait fallu reconnaître la défaite militaire et se résoudre plus tôt à des négociations bilatérales avec le vainqueur. Thiers était acquis à cette solution réaliste dès le mois de septembre; il a cherché en vain à la faire prévaloir au début de novembre. Pourquoi le gouvernement de la Défense nationale a-t-il répondu par la négative? Les réponses s'enchaînent. Il est prisonnier de ses déclarations initiales et des références idéologiques à la Révolution française. Il ne peut se débarrasser du préjugé de la levée en masse. Il craint les réactions de Paris. Il n'a pas assez d'autorité pour faire accepter une défaite à un pays qui vit sur les souvenirs guerriers de la Révolution et de l'Empire qui n'avait succombé en 1815 qu'à la coalition de l'Europe entière. C'est ce mélange d'illusion et d'orgueil national qui a été le ressort de la prolongation de la guerre.

Une armée française prisonnière

En cinq mois de guerre, les Allemands ont fait une masse considérable de prisonniers français. À la fin de janvier 1871, 371 981 hommes de troupe et 11 810 officiers sont internés en Allemagne alors que les Français ont pour leur part capturé moins de 40 000 Allemands. Ce déséquilibre impressionnant est déjà révélateur. Le chiffre des prisonniers – auquel il faut ajouter les internés de Belgique et bientôt de Suisse – est probablement plus élevé que celui des combattants français réels à la fin de janvier 1871. À titre de comparaison, pendant les cinquante-quatre mois de la Grande Guerre, les Français laisseront entre les mains des Allemands 520 000 prisonniers, dont 7 600 officiers. Il s'agit là des prisonniers rapatriés d'Allemagne. Selon Oddon Abbal, le chiffre total des captifs nationaux serait d'un peu plus de 600 000 alors qu'il a fallu encadrer 8 400 000 hommes. La comparaison entre 1870-1871 et 1914-1918 est éloquente et mesure l'ampleur du désastre militaire français.

Les vaincus de Sedan ont été la première grosse vague. Les Allemands ont été pris au dépourvu par cette immense cohue. Ils ont entassé les soldats désarmés dans une boucle de la Meuse facile à surveiller, la presqu'île d'Iges que les pluies transforment vite en un infect bourbier. Puis les captifs, entourés par les « landwehriens », sont poussés à pied vers une gare d'embarquement. La plupart d'entre eux ont

marché une centaine de kilomètres jusqu'à Pont-à-Mousson!
Il a fallu un mois pour assurer l'évacuation. De ces files anonymes que les Allemands sont incapables de contrôler, les
plus hardis s'enfuient. L'évadé de Sedan qui reprend le
combat est une figure respectée des armées de la Loire et de
l'Est.

Les prisonniers de Metz, deux fois plus nombreux que
ceux de Sedan, sont parqués de la même manière dans des
camps improvisés à Grigy, Retonfey, Peltre. Ils grelottent,
affamés, sans abri, mouillés et transis dans le froid de
novembre. À l'amertume de la défaite s'ajoutent la hantise
des mauvais traitements, l'incertitude du lendemain, la
crainte d'une captivité dans un pays lointain, hostile et
inconnu. Puis, ils se mettent en marche jusqu'à Remilly,
Sarrelouis ou Forbach avant d'être entassés dans des wagons
de marchandise presque toujours découverts. Les officiers
sont privilégiés. Ils partent directement de la gare de Metz.
Le 3 novembre 1870, jour où le trafic est rétabli, un train
spécial embarque les généraux avec leurs officiers d'ordonnance, leurs domestiques et leurs montures. Le général du
Barail qui fait partie du groupe, raconte le départ. « Le train
était immense, conduit par deux locomotives. Il comprenait
plus de cinquante voitures et fourgons. Il fallut deux heures
pour caser et arrimer bêtes et gens, matériel et personnel.
Enfin, vers 9 heures, le train partit. Au bout de quelques
minutes, il stoppait en pleine campagne. Nous étions en
face du château de Frescaty où le prince Frédéric-Charles
avait établi son quartier général. Le spectacle que je vis là
restera gravé dans mon cerveau jusqu'à mon dernier soupir.
En face du train, la façade du château, dont la voie ferrée est
séparée par un large et long boulingrin. Et sur cette pelouse,
plantés sur deux files comme des ifs, nos 53 drapeaux formant une sorte d'avenue triomphale que nous embrassions
d'un seul coup d'œil. »

Une seconde humiliation est infligée aux généraux vaincus. « Avant d'entrer en gare de Nancy, le train fit halte sous
un pont qui traverse la voie. Ce pont fut bientôt envahi par
la lie de la population nancéienne " C'est le train des généraux de Metz! " cria-t-on, et ces patriotes se mirent à faire
pleuvoir sur nous les injures les plus grossières, les cailloux,

toutes les ordures de leurs âmes. Je n'ose pas accuser les Allemands d'avoir provoqué ce scandale et de nous avoir soumis à ce martyre. »

Ce cas est exceptionnel et unique. Dans les localités occupées de la France de l'Est, le passage des prisonniers français est ressenti très douloureusement. Les habitants veulent les secourir et cherchent à les faire évader. À Nancy et à Bar-le-Duc, les habitants se précipitent à la gare, dès qu'on annonce le passage d'un train de prisonniers, avec des boissons chaudes, des vivres, des vêtements; on se charge de leur courrier, on les encourage. À Plombières, un convoi de prisonniers passe le 11 janvier 1871; on leur sert de la soupe, du pain, d'énormes platées de viande. « La ville envoie un tonneau de vin qui leur fut distribué dans de grands arrosoirs. » Plusieurs prisonniers parviennent à s'évader dont un officier de francs-tireurs.

Le voyage qui conduit les captifs aux lieux d'internement est long : deux, trois, quatre jours entrecoupés de haltes interminables. Lors des arrêts, ils sont plus ou moins bien accueillis. Il arrive qu'ils le soient très convenablement; le plus souvent, ils entendent des propos ironiques ou des cris hostiles.

Isidore Ménestrel, garde mobile de Sérécourt (Vosges), est fait prisonnier à La Bourgonce par les Badois (4 octobre 1870). Il marche à pied jusqu'à Lunéville (90 km) où il est entassé avec ses camarades dans des wagons découverts. À la gare de Carlsruhe (pays de Bade), une foule bruyante crie à leur adresse : « Mort aux Français, Franzouse caput »... hostilité haineuse qui lui inspire cette réflexion : « Si l'on avait pu conserver des illusions sur ces provinces allemandes, sur ces mangeurs de choucroute, Badois, Bavarois et autres, elles se sont maintenant bien envolées. » Le 27 octobre ils arrivent à Berlin; on leur sert du riz cuit à l'eau; le même jour à 8 heures du soir, par une nuit noire, ils débarquent à Stettin, lieu de leur captivité. Joseph Sarazin, musicien au 85e régiment d'infanterie, passe quelques jours à Retonfey, le « camp de la boue »; puis à pied il gagne Boulay et Sarrelouis. Avant de franchir la frontière « chacun de nous mit une petite pierre dans sa poche ». Puis un train les emmène jusqu'à Cologne par Trèves et Gerolstein. À la gare de

Cologne, ils descendent; un repas leur est servi – riz et pommes de terre – dans un immense hangar sur de longues tables en frise de sapin. Le lendemain ils arrivent dans l'île de Wesel où ils découvrent « deux lignes de dix baraquements ». Son camarade Henri Closquinet a été assez bien traité au camp de Grigy où les Allemands ont distribué du lard, du riz, du café. Il aboutit à Wahn au nord de Cologne. Le grenadier Prosper Leroy a conservé un très mauvais souvenir du voyage au camp de Neisse (Silésie). « Empilés dans des wagons découverts, debout pendant quatre jours et quatre nuits, ne recevant pour nourriture qu'un peu de riz. » Les soldats faits prisonniers à Neuf-Brisach (14 novembre) n'ont pas été mieux traités. Ils traversent le Rhin en barque, marchent quinze heures sous les huées de la population badoise avant d'embarquer aussi dans des wagons découverts. Le 20 novembre, la neige se met à tomber, un vent aigu souffle durant les trois jours d'un voyage interminable qui s'achève à Ubigau au bord de l'Elbe. À l'égard des blessés les Allemands ont été accommodants. Ils acceptent qu'ils soient soignés sur place. Mais dès qu'ils sont rétablis, ils doivent partir pour la captivité. C'est ce qui arriva à Jean-Baptiste Doridant, ancien combattant de Gravelotte et de Saint-Privat, blessé dans une escarmouche à la fin du siège de Metz. Il est soigné dans une ambulance de l'Esplanade puis au petit séminaire de Montigny. « J'eus le temps de m'y reposer et de guérir, étant soigné par les docteurs prussiens et les sœurs du séminaire. » Le 10 janvier c'est le départ pour l'Allemagne. Voici son récit dans son orthographe incertaine : « À 2 h après minuit, les Prussiens vinrent nous éveillé et je fus appelé un des premiers et bon gré mal gré il falu selevé et partir sens avoir rien mangé. Il faisait froid mais on ne marchais que mieux et nous arrivont à la gare de Metz à 3 heures du matin. À 4 heures du matin le train nous emmenait en Bavière (Wurtzbourg) où nous sommes arrivés le 11 à 1 heure du soir. [...] Je vous dirai que pendant le trajet nous avons eu faim et froid. Ceux qui n'avais pas d'argent ont été obligé de se brossé le ventre pendant 32 heures. Quand à moi, j'avais reçu 10 francs la veille de partir et ils m'ont été d'une grande utilité. »

Par rapport au simple soldat, l'officier prisonnier est traité avec beaucoup d'égards. On lui laisse ses armes, ses effets personnels. Il peut échapper à la captivité s'il accepte de ne pas reprendre les armes pendant la durée de la guerre. Il peut alors rentrer chez lui. C'est ainsi que les officiers de la garnison de Strasbourg ont été rapatriés en France par la Suisse. Très vite les Allemands se méfient car ils apprennent que des officiers ont repris les armes contre eux. Après la capitulation de Sedan, la plupart des officiers prennent le chemin de l'Allemagne. Ils sont prisonniers sur parole dans une ville où ils ont été assignés à résidence.

D'après les statistiques allemandes, 11 860 officiers français ont été prisonniers en Allemagne dont 956 officiers supérieurs, parmi lesquels 4 maréchaux, 152 généraux, 183 colonels.

Avec son entourage, Napoléon III est assigné au château de Wilhelmshöhe près de Cassel, une ancienne résidence du roi Jérôme où il était passé enfant. Il est traité en souverain ; le roi de Prusse a mis à sa disposition un nombreux personnel ; le général prussien des Monts assure une surveillance discrète et courtoise. L'ex-empereur est morose, peu actif ; il passe de longues heures dans son bureau lisant et écrivant pour se justifier. Le 16 septembre il reçoit une lettre de l'impératrice qui lui annonce son arrivée en Grande-Bretagne. Abattu par le coup terrible qu'il a subi, il persiste à croire en son étoile ; un jour ou l'autre pense-t-il, la faveur populaire lui reviendra. Bismarck entre en contact avec lui par l'intermédiaire de l'un de ses officiers ; les conditions de paix proposées sont inacceptables et les choses en restent là. Il semble aussi que le captif de Wilhelmshöhe soit resté à l'écart des tractations obscures qui se nouent entre Hastings, Versailles et Metz par l'intermédiaire de Régnier et de Boyer. Parmi les captifs de Sedan, Mac-Mahon et Wimpffen restent à l'écart. Galliffet est l'un des rares à venir passer deux jours (21-23 octobre) à Wilhelmshöhe. La capitulation de Metz assombrit l'atmosphère de la petite cour d'exilés. L'impératrice Eugénie vient passer une journée alors que ces terribles nouvelles ont abattu tout le monde. Très vite Napoléon a des informations directes sur Metz. Il a un premier entretien le 31 octobre avec Bazaine assigné à résidence à Cassel. Canrobert, Le Bœuf, Forton, Frossard rendent visite au souverain. Mais ils ne s'entendent pas et Le Bœuf préfère s'éloigner et va résider à Bonn. La jeune épouse de Bazaine qui était enceinte rejoint son époux à Cassel où elle accouche d'un fils à la fin de novembre. Napoléon est préoccupé de réfuter les calomnies qui courent sur son compte.

Parmi les généraux, Douay est à Coblence, Lebrun à Aix-la-Chapelle, Cissey et Coffinières sont à Hambourg, Deligny à Munster, Desvaux à Dusseldorf, Galliffet à Ems, Barail à Bonn. Les officiers de Metz sont dans les villes rhénanes.

Le rêve de tous ces prisonniers est d'avoir des nouvelles de France, de leurs familles et de leurs proches. Les Allemands font beaucoup d'efforts pour acheminer le courrier. Son arrivée à bon port dépend autant du lieu de captivité que du lieu d'expédition. S'il est impossible de communiquer avec Paris assiégé, on peut recevoir des lettres de Bordeaux, de Marseille, de Lyon. Dans les territoires français occupés, la poste allemande a mis en place un réseau efficace. Les relations avec les villes rhénanes sont aisées car le courrier et les mandats passent par la Belgique. Les régions proches de la Suisse sont aussi facilement accessibles. Henri Choppin, un officier de Metz arrive à Hambourg le 10 novembre; il reçoit une lettre de sa femme le 18, une lettre de sa mère qui vient de Bordeaux le 20; il reçoit également des journaux de Bordeaux et plusieurs mandats. Parfois le délai est plus long. Le capitaine des mobiles Blaison, juge de paix dans le civil, fait prisonnier à Cussey (22 octobre 1870) et expédié dans une petite ville de Bavière, reçoit les premières nouvelles de France au bout de six semaines. Il écrit régulièrement, reçoit des réponses et de l'argent pour son usage personnel et pour le distribuer aux soldats originaires des Vosges dont il a appris le dénuement.

Coblence, Mayence, Aix-la-Chapelle, Hambourg, Leipzig, Dresde, Erfurt sont remplis d'officiers français. Leur vie est assez facile car ils reçoivent du gouvernement allemand une demi-solde de captivité, soit 75 thalers pour un général, 25 pour un capitaine, 12 pour un sous-lieutenant. Cette somme est correcte pour un officier supérieur; elle laisse les officiers subalternes dans la gêne si leur famille ne leur vient pas en aide car il faut s'habiller, se loger, se nourrir. Les cafés, les brasseries en profitent et les plaintes sur la rapacité des aubergistes et des loueurs de garnis sont légion. Le général Desvaux a loué à Dusseldorf une chambre modeste, le commandant Bibesco qui a de l'aisance, a pris pension à l'hôtel Bellevue de Coblence. Il essaie d'adoucir le sort de ceux qui sont enfermés dans les casemates de la forteresse d'Ehrenbreitstein qui domine le Rhin. Ses relations avec le commandant de la place, le baron de Wedel, sont courtoises. Le capitaine Albert de Mun est à Aix-la-Chapelle; à la mi-novembre, sa femme le rejoint. Le commandant Henri Choppin découvre Hambourg et sa région. Son ordonnance a trouvé du travail chez un Français établi là. La lecture des éditions spéciales des journaux le met en colère, notamment quand il apprend – nouvelle tout à fait prématurée – que Paris a capitulé (décembre 1870).

Le capitaine Blaison loge dans un hôtel de Neubourg (Bavière). « La pension coûtant 60 francs par mois, vous voyez combien nous avions d'argent de reste après avoir payé le blanchissage et le chauffage! Sans la provision que j'avais, j'aurais été bien à court. Il y avait déjà d'autres prisonniers à Neubourg lors de notre arrivée, mais il n'en est plus venu depuis. Il devait s'y trouver plus de 100 officiers et 200 soldats. Les habitants de Neubourg ne nous étaient pas hostiles et la surveillance des officiers ne nous blessait pas. Les soldats étaient casernés et ne sortaient pas en ville à l'exception des ordonnances. Nous avons pu faire différentes excursions dans les environs, de 8 à 10 km sans être accompagnés. C'est ainsi que, dans une des promenades, nous avons pu visiter le monument élevé à la mémoire de La Tour d'Auvergne. Nous avons été assez bien traités par les Allemands pendant la captivité, liberté entière en ville, réunion tous les huit jours pour faire acte de présence. Nous nous arrangions comme nous voulions chez les propriétaires où nous étions logés. »

La surveillance allemande est assez légère. Les officiers vont et viennent sous réserve de se présenter une fois par semaine au bureau de place. Le commandant Henri Choppin trouve le général de la Kommandantur de Hambourg très aimable. Le vieux général prussien Steinmetz, envoyé en punition à Posen, visite les camps placés sous son autorité et se montre prévenant à l'égard des officiers et des soldats.

Bientôt les choses se gâtent, il faut surveiller les captifs car dans les villes proches des frontières de la Belgique, des Pays-Bas et de l'Autriche-Hongrie, la tentation de l'évasion est grande. Au début de décembre, elles se multiplient à tel point que les Allemands envoient en Prusse orientale les officiers subalternes assignés à Aix-la-Chapelle. Desvaux note : « Encore un lieutenant a pris la fuite. » Quelques jours plus tard, des officiers qui ont répondu à l'appel à la place d'un camarade évadé, sont envoyés à Posen (24 décembre 1870). Le capitaine d'artillerie Léon Coffinières de Nordeck, fils de l'ancien gouverneur de Metz pris à Sedan, a faussé compagnie aux Allemands dès son arrivée. Il passe par la Belgique et rejoint l'armée de la Loire. Il a une main arrachée au combat des Ormes (11 octobre 1870).

Parmi les généraux prisonniers à Sedan et à Metz, un seul s'est évadé d'Allemagne, Clinchant. Il quitte Mayence au début de décembre, passe en Hollande, rejoint la Loire et est nommé par Gambetta adjoint de Bourbaki à l'armée de l'Est.

Le capitaine Zurlinden (futur ministre de la Guerre) qui a été fait prisonnier à Metz, a été, après une première tentative d'évasion, incarcéré à Glogau. Il scie les barreaux de sa cellule, essuie le feu des sentinelles, réussit à disparaître et à traverser l'Allemagne grâce à sa connaissance de la langue. Il reprend du service à l'armée de la Loire. Paul Déroulède, alors totalement inconnu et ardent républicain, est un prisonnier de Sedan, assigné à résidence à Breslau (Silésie). Il s'évade en décembre 1870. Dans ses souvenirs intitulés *Nouvelles Feuilles de route*, il raconte comment il a pris le train jusqu'à la frontière autrichienne. Là, il trouve un guide auquel il verse 100 francs pour passer la frontière. Il traverse l'Autriche et l'Italie par Prague, Vienne, Milan, le Mont-Cenis, Lyon. Au terme de ce long périple ferroviaire, il arrive à Tours où il s'engage immédiatement dans les tirailleurs. Il est envoyé avec sa section à l'armée de Bourbaki et participe aux durs combats de janvier 1871.

Beaucoup d'officiers se morfondent dans l'inaction et ressassent les désastres qu'ils ont subis. Les officiers de Sedan racontent leurs malheurs à ceux de Metz et vice versa. La plupart mènent une vie digne et morose. Ils ont peu de contacts avec la société allemande dont ils repoussent les avances. Malgré la réprobation de leurs aînés, quelques jeunes officiers ont des aventures féminines. Les captifs sont avides de nouvelles de France. Ils voudraient ne pas croire les récits des journaux allemands. Chaque victoire avec ses illuminations, ses décorations, ses défilés bruyants dans les rues, est un coup au cœur. Il faut bien se rendre à l'évidence car circulent des numéros de L'*Indépendance belge* et du *Times* dont l'information ne peut être contestée.

En juillet 1870, la majorité des officiers étaient sinon bonapartistes de cœur et de conviction, du moins dévoués et reconnaissants au régime. Le maréchal de Mac-Mahon était un exemple significatif de ces officiers généraux ralliés à l'empire et que Napoléon III avait comblés d'honneurs. La défaite et la captivité entraînent un terrible examen de conscience. Comme par enchantement, les bonapartistes ont disparu. Napoléon III et Bazaine sont voués aux gémonies. Ils sont tenus pour responsables de la défaite. « Tout le monde tombe sur le maréchal Bazaine », note Desvaux le 15 novembre. Certains écrivent des souvenirs qu'ils publieront ultérieurement. D'autres, adressent aux journaux via la Belgique et la Suisse des lettres accusatrices contre Napoléon III et Bazaine; quelques-unes paraissent dès la mi-novembre dans la presse de province. Par exemple *Le Progrès* (Lyon) publie le 16 novembre 1870 celle du chef d'escadron Lapouje. Elle donne la tonalité générale. Lapouje qui a appartenu à l'armée du Rhin, s'est battu à Rezonville où son cheval a été tué sous lui et où il a reçu une balle dans l'épaule gauche. Voici ce qu'il écrit de Mayence où il réside depuis une dizaine de jours : « Au point de vue matériel, nous ne serions pas mal si nous pouvions détacher notre pensée des désastres sans nom où s'est englouti tout l'honneur de cette vieille armée française qui faisait l'admiration du monde et qui a fondu par l'ineptie ou la vénalité de ses chefs. » Cette analyse à chaud, véhémente et indignée, ne prétend pas à l'objectivité. Elle donne le ton des sentiments et de l'état d'esprit d'officiers captifs. Aux yeux du plus grand nombre, Napoléon III et les bonapartistes sont discrédités. Par exemple, le général Deligny ressent la nécessité de parler et rédige à Munster en novembre-décembre 1870 une brochure accusatrice publiée bientôt sous le titre *1870, armée du Rhin*. Pour répondre à ce qu'il appelle des calomnies, Napoléon III fait publier à Bruxelles un journal *Le Drapeau* qui est distribué en Allemagne en décembre.

Beaucoup d'officiers sont indignés et 253 assignés à résidence à Breslau protestent et leur texte est publié en France. Il ne faudrait pas en conclure que tous les officiers soient devenus républicains. Pour la majorité d'entre eux, Gambetta continue de faire peur. Les événements de Paris, inquiétants et mal connus, restent lourds de menaces révolutionnaires. Désorientés, n'ayant plus de chefs indiscutés sur lesquels ils pourraient reporter leur confiance, les officiers prisonniers sont prêts à se rallier à un régime d'ordre, patriote et réaliste dont ils attendent une paix nécessaire et un redressement rapide du pays. Est-ce possible ? L'avenir, pour la plupart d'entre eux, paraît bouché. Ils appréhendent à leur retour les réactions du pays. Comment seront-ils accueillis ? Comme les « capitulards » de Sedan, de Strasbourg, de Metz ? Blessés dans leur honneur de soldat, ils éprouvent aussi des mécomptes pour leur carrière personnelle. La défaite précoce a bloqué tout avancement alors que leurs camarades qui ont échappé à la captivité ont bénéficié de promotions extraordinaires et que même des civils ont reçu des grades ! Pour toutes ces raisons, les officiers captifs sont moroses et insatisfaits.

Les simples soldats ont vécu une captivité beaucoup plus dure car ils sont privés de liberté et le plus souvent de ressources. Devant le flot grandissant de prisonniers, les Allemands ont été pris au dépourvu. Tous les bâtiments militaires, tous les vieux forts, les vieilles casemates sont bourrés de prisonniers. Coblence, Mayence, Wesel, Kustrin, Ingolstadt, Ulm, Wurtzbourg ont reçu leur lot. Les provinces orientales de la Prusse, la Saxe ont été mises à contribution. Les locaux en dur existants ont été loin de suffire. Il a fallu installer à la hâte des camps sommaires avec des tentes bourrées de paille, puis les premiers arrivants servent de main-d'œuvre et bâtissent des baraques en planches pour faire face tant bien que mal aux rigueurs de l'hiver. En janvier 1871, les prisonniers français sont répartis dans 242 localités parmi lesquelles se détachent Mayence avec 27 000 prisonniers, Stettin et ses environs avec 25 000, Wesel avec 12 000,

Spandau avec 8 000, etc. Partout c'est le même régime : entassement considérable, hygiène précaire, alimentation insuffisante et fruste (bouillon, soupe de gruau, pain noir et gluant).

Les sous-officiers bénéficient d'un régime de faveur car ils peuvent sortir de la caserne ou du camp. Ernest Géhin, un sergent de mobile vosgien, fait prisonnier à Cussey (22 octobre 1870) est à Landshut en Bavière dans une caserne de cuirassiers. Il sort en ville avec quelques autres sergents, joue aux cartes dans un café et a les moyens de prendre un repas du soir chez la femme du maître sellier de la caserne des cuirassiers. « Nous sommes logés ici dans la caserne des cuirassiers au nombre d'environ 1 100, de plus 200 malades sont à l'infirmerie ou à l'hôpital. Un mobile de notre bataillon, Louis Charles, de Gérardmer, est mort ; Perrin Alexandre, le cousin d'Albert, est très malade. Je n'ai aucune nouvelle de ce dernier resté à Ulm. Il y a une quinzaine de jours on a enterré plusieurs hommes des différents corps par suite de maladies ; environ 300 venant de Metz étaient presque tous malades. Sous le rapport de la nourriture, nous sommes assez bien, on a le café avec un petit pain le matin, à midi le bouillon avec des pommes de terre et une portion de bœuf très bon et un pain d'une livre. Cette nourriture ne suffit pas à beaucoup de prisonniers, mais on s'aide l'un l'autre. Nous donnons la moitié de notre pain car le soir à 6 heures nous sommes dix auxquels la dame du maître sellier des cuirassiers prépare à manger. Nous sommes bien. Nous prenons le plus possible de distractions car, enfermés comme nous le sommes, cela n'est pas très amusant et l'on a ses moments d'ennui, comme vous devez les avoir aussi » (26 novembre 1870).

Revenons maintenant à la grande masse des simples soldats. Ils sont enfermés dans des camps ou des casernes. Ils souffrent du froid, de la faim, de la saleté, de la promiscuité. Ils sont décimés par des épidémies de variole, de scorbut et par des fièvres diverses. Même dans la région rhénane l'hiver est rude et les prisonniers entassés dans les baraques de l'île de Wesel (près de la frontière hollandaise) peuvent voir le Rhin pris par les glaces. La caserne des cuirassiers de Landshut (Bavière) est tellement bondée qu'il a fallu entasser des prisonniers dans une écurie remplie de vermine. Comme il n'y a plus de place à l'hôpital ni à l'infirmerie, un varioleux est resté à l'écurie au risque de contaminer ses camarades! Telle est la situation décrite par Ernest Géhin : « Il y en a un qui est resté à l'écurie et dont les boutons de variole sont très gros! Tout cela n'est pas gai! Heureusement que nous avons cette bonne pension dont je t'ai parlé, nous y sommes toute la journée et le soir je rentre dans l'écurie où nous sommes une trentaine de sergents; dans l'écurie de la mobile qui est plus grande, ils sont 200 à quatre rangées de paillasse et puis des poux! [...] Je n'ose y mettre les pieds, comme nous disons dans les Vosges. Il fait ces jours-ci un temps très mauvais et la cour du quartier est comme un vrai lac ce qui fait qu'on ne peut se promener que dans les couloirs » (20 décembre).

Les prisonniers qui ont eu la malchance d'être envoyés en Prusse et en Poméranie ont dû affronter des conditions très rudes. La neige tombe à Stettin dès la fin de novembre et se maintient près de trois mois jusqu'à la mi-février. Le régime du camp est sévère : appel à 7 heures du matin tous les jours; souvent on piétine dans la neige. Le travail n'est pas obligatoire mais ceux qui n'ont pas d'argent doivent s'y résoudre pour subsister. Ils travaillent comme bûcherons, ou encore déblaient la neige dans les rues des villes. Beaucoup souffrent cruellement du froid, de la neige, les vêtements sont en lambeaux, les épidémies abattent les plus affaiblis; les soldats de Metz du camp de Schneidemuhl sont décimés par la variole.

Le camp d'Ubigau au bord de l'Elbe est clos de palissades. Les baraques en bois sont sommaires; le chauffage et la nourriture défectueux et insuffisants. La discipline est sévère : à la moindre incartade, les hommes sont punis, frappés ou exposés au froid. Les « francs-tireurs de Mirecourt » sont particulièrement mal vus des gardiens. On leur reproche d'avoir tiré dans le dos des soldats allemands. « Tous les soirs, on leur laissait entendre qu'ils seraient fusillés le lendemain. » Ces propos sont heureusement restés à l'état de menaces.

Jean-Baptiste Doridant reste cinq mois à la citadelle de Wurtzbourg sans sortir, sans autre distraction que la visite des Bavarois. Les captifs sont entassés à 40 dans des chambres de 20; ils dorment sur des paillasses sans châlit et sans drap avec une mauvaise couverture. Ils ne travaillent pas à l'exception des corvées de quartier. Pour se promener, ils disposent seulement d'une petite cour. « Voilà la liberté que nous avions, voilà nos mois de captivité, ils ont été bien longs. C'est vrai, mais on avait l'espoir de rentrer un jour en France. » En Bavière, les situations sont très variables. Dans la forteresse d'Ingolstadt on fait l'appel deux fois par jour. On est dur à l'égard des récalcitrants. Un sergent aurait été fusillé devant 6 000 soldats pour avoir frappé un sous-officier bavarois. Mais les casemates sont bien chauffées, les lits ont des draps et des couvertures de laine, la nourriture n'est pas mauvaise; le dimanche ceux qui veulent aller à la messe le peuvent accompagnés de gardiens.

Désiré Louis, un Nancéien de dix-neuf ans pris à Metz, est en Poméranie à 25 lieues de Berlin. Il résiste bien au froid, il a la chance de ne pas tomber malade, il reçoit de l'argent et deux lettres de sa mère. Il peut s'acheter quelques douceurs, de la bière, des cervelas, des saucisses. Les relations avec les gardiens allemands sont correctes. Un sergent alsacien sert d'interprète. Mais tous les Alsaciens ne sont pas aussi dévoués; quelques-uns sont favorables aux Allemands et Désiré Louis maudit ces « misérables renégats ».

Isidore Ménestrel passe toute sa captivité dans la région de Stettin. Il garde un affreux souvenir du « bagne allemand » de cette contrée « triste et désolée », balayée par « l'âpre et dure bise des rues glaciales ». Il arrive le 27 octobre de nuit dans un camp sans bâtiment en dur. On distribue à chacun une couverture, une gamelle, du savon, brosse et cirage. La cantine sert du bouillon chaud et des carrés de pain noir de deux kilos et demi pour quatre jours. Le lendemain, les prisonniers sont réveillés par des clameurs : « *Kapout Metz, Frankreich kapout.* » La neige arrive le 10 novembre; elle restera trois mois et demi. Les tirailleurs algériens vêtus d'un simple pantalon de toile grelottent et ne résistent pas au froid. Les prisonniers font des travaux de terrassement ou de nivellement dans les forts avoisinants. Ils sont loués à des entreprises privées pour des travaux de déneigement dans les rues et le port de Stettin. On leur fait construire des

baraques de bois pour remplacer les tentes. Le camp de Kru-
kow installé au bord d'une forêt de sapins a une sinistre
réputation. Au début de décembre, le thermomètre descend
jusqu'à − 30°. On entend la nuit le hurlement des loups.
Beaucoup d'hommes meurent avant que les baraques fermées, couvertes de carton goudronné et munies d'un petit
poêle soient enfin habitables. Les gardiens sont très durs.
Ménestrel n'est pas l'un des plus malheureux; il sympathise
avec un Polonais. Il reçoit plusieurs lettres de son père et de
l'argent. Il réussit à tenir, à garder espoir malgré une maladie, un séjour à l'hôpital et la mort de plusieurs camarades
très chers. « En trois mois, note-t-il, le cimetière est plein. »
Dans de telles conditions, le mécontentement a grondé à
plusieurs reprises. Il y a eu des révoltes individuelles. Un
jour, un camp a tenté de se soulever, la répression a été
rapide et les représailles terribles. C'est un cas exceptionnel.
Il ne faut pas s'étonner que, malgré l'éloignement, malgré
l'ignorance de l'allemand, les tentatives d'évasion aient été
assez nombreuses. Beaucoup de ces malheureux ont été
repris et enfermés dans des casemates ou des cachots. À
Ulm, quatre sous-officiers sont condamnés à soixante jours
de cachot puis transférés à Memel! Parmi ceux qui ont
réussi leur évasion, citons le nom du sergent-major Humbert. Il s'est évadé de Stettin et est rentré en France en passant par le Danemark et l'Angleterre.

Nous avons dressé un tableau très sombre. Tout s'est
conjugué : l'improvisation, le nombre, un hiver exceptionnel. Il faudrait cependant nuancer. Ce n'est ni le bagne
ni le camp de concentration. Le soldat de 1870 est presque
toujours un paysan habitué à une vie rude et fruste, sans
hygiène et sans confort. Cette résistance naturelle a été une
aide. De même l'entraide et la solidarité ont atténué l'isolement et les souffrances individuelles. À Magdebourg, à
Wesel, les prisonniers ont monté des pièces de théâtre, des
revues satiriques. Beaucoup sont devenus républicains
comme le montrent les lettres conservées. Le chant des prisonniers de Magdebourg comme le souvenir de ces jours
douloureux témoignent de la vigueur de leurs convictions
républicaines : « Nous fûmes vendus par Bazaine à un roi.
La République est proclamée en France, c'est pour chasser
du pays les ennemis... »

La détresse des soldats a ému en premier lieu leurs officiers prisonniers. Ils ont cherché à adoucir le sort de leurs hommes en sollicitant l'appui de leurs amis de France. Parmi ces initiatives, retenons celle du colonel Kerrien, ému par le dénuement de 3 000 soldats de Frœschviller, prisonniers à Spandau. Il écrit à l'un de ses amis bretons, l'abbé Lamarque, curé de la cathédrale de Quimper : « Allons, mon bien cher Lamarque, mets-toi à l'œuvre ; je sens le froid ; la glace et la neige ne tarderont pas. » Lamarque ne perd pas de temps. La lettre de Kerrien est publiée dans la presse catholique du Finistère le 22 octobre 1870 ; une souscription est ouverte. En une quinzaine de jours, les sommes réunies sont transférées en Allemagne par l'intermédiaire de la Belgique. Kerrien accuse réception et remercie le 16 novembre. Il demande l'envoi d'aumôniers et de nouveaux fonds car les prisonniers sont maintenant plus de 5 000. Dans une nouvelle lettre publiée le 31 décembre, Kerrien remercie les donateurs en ces termes : « Aidés par vos dons à tous, 600 prisonniers ont été pourvus chacun d'une paire de bas, d'un cache-nez et d'une paire de gants de bonne laine. [...] J'ai donné peu, fort peu d'argent. [...] Nos soldats font un mauvais usage des quelques sous qu'ils possèdent, ils les emploient à faire boire les Prussiens qui les gardent afin de pouvoir boire eux-mêmes. » Beaucoup d'officiers ont agi comme le colonel Kerrien. Les actes individuels sont relayés et amplifiés par un immense élan national et international en faveur des prisonniers, des blessés, des malades. Les journaux publient des listes, donnent des indications, lancent des souscriptions. Le Comité international de secours aux militaires blessés (qui est à l'origine de la Croix-Rouge) ouvre le 18 juillet 1870 une agence internationale à Bâle qui s'occupe de l'acheminement des lettres, des mandats, des médicaments, des vivres, des colis. À la fin de septembre, dix-sept hommes et une trentaine de dames bénévoles y travaillent en liaison avec des délégués dans les principales villes. 2 à 300 lettres sont acheminées par jour en octobre-novembre 1870, 700 à 1 000 fin janvier 1871. Le bureau ne se contente pas de transmettre, il recueille des dons en argent et en nature et les distribue ; il répond aussi dans la mesure de ses moyens aux demandes de renseignements.

D'autres associations et groupes ont aidé les blessés et les prisonniers. Des prélats comme Mgr Mermillod, évêque de Genève et Mgr de Ségur, prélat à Paris, orientent et répartissent les dons des catholiques. Des banquiers privés comme Graffenried et Cie de Berne proposent le transfert gratuit de lettres et d'argent aux blessés et prisonniers d'Allemagne. Eugène Bontoux, directeur général des chemins de fer du Sud-Autriche (plus tard célèbre à la suite de la déconfiture de la banque L'Union générale), fonde un « Comité de secours » appelé « Comité de Vienne » Ce comité collecte en France (les Dames lyonnaises lui ont versé 80 000 francs!) mais aussi en Italie du Nord et en Europe centrale. Il assure le transport gratuit des colis à partir de Marseille et a distribué des secours dans les camps d'Allemagne du Sud et de l'Est.

L'arrivée massive des soldats de Bourbaki a suscité en Suisse un immense élan des particuliers, des associations, des cantons, de l'armée fédérale. L'antenne suisse de la Société internationale de secours aux blessés, la future Croix-Rouge, est aussi venue en aide aux blessés et aux malades de l'armée Bourbaki.

Il est impossible de dresser un inventaire exhaustif de ces initiatives et de ces dons dont quelques-uns sont venus des États-Unis (Comité américain de la ville de New York). Cet élan humanitaire en faveur des blessés, des prisonniers et des réfugiés montre que la solidarité n'a pas eu de frontière et que les malheurs de la guerre ont touché bien des cœurs.

Victoire de l'Allemagne nouvelle

C'est à la Prusse que la France avait déclaré la guerre le 19 juillet 1870, c'est le nouvel Empire allemand qui la gagne. Mutation politique et victoire militaire sont à mettre au crédit des mêmes hommes : Guillaume Ier, Bismarck et Moltke. Nous les trouvons au point de départ, nous les trouvons victorieux en février 1871 alors que la France a changé de régime et rejeté Napoléon III et le personnel politique de l'empire. On n'insistera jamais assez sur la capacité de ces trois hommes qui ont l'habitude, depuis longtemps, de travailler ensemble et qui savent surmonter les divergences de vues, les inévitables conflits de compétence et les blessures d'amour-propre. Entre Bismarck et Moltke la répartition des tâches est stricte : à Bismarck les affaires politiques et diplomatiques, à Moltke les affaires militaires. Chacun est le maître dans sa sphère propre. Contrairement à Gambetta, Bismarck n'est jamais intervenu dans les opérations militaires et les décisions stratégiques. Les officiers l'ont toujours soigneusement écarté. Il a rongé son frein, non sans amertume, parfois avec impatience quand le siège de Paris traînait en longueur. Entre ses deux collaborateurs c'est le roi Guillaume Ier qui fait le lien et est resté l'arbitre suprême et respecté. Guillaume Ier est un homme plutôt terne et effacé, de formation militaire, pénétré de ses devoirs dynastiques. Il est précis, tenace, appliqué. Il a été assez intelligent pour choisir Moltke et Bismarck et accepter d'être souvent écrasé par leurs puissantes personnalités. Son intérêt de souverain comme la réussite des objectifs politico-militaires qu'il assume parfois à contre-cœur, le condamnent à suivre les projets de ses deux collaborateurs et à s'y rallier bon gré mal gré. Guillaume Ier a su s'effacer derrière leur incontestable talent ; en même temps, il a su rester le roi, c'est-à-dire celui qui, en dernier ressort, tranche et choisit une orientation. Cette aptitude est si rare qu'il faut la relever.

La Prusse a gagné sur deux terrains : le militaire et le diplomatique. Parallèlement, elle entraîne derrière elle la nation allemande et lui donne la cohésion étatique qui, jusque-là, lui avait fait défaut. La victoire militaire est la plus spectaculaire. L'armée prussienne a mené une campagne de cinq mois qui l'a conduite en territoire ennemi à plusieurs centaines de kilomètres de ses frontières, à 1 000-1 500 km de ses centres d'approvisionnement. Si l'on compare à Napoléon Ier, ces distances ne sauraient étonner et les contemporains, habitués à des récits où les armées de l'empereur parcouraient à pied l'Europe, n'ont pas été surpris. Et pourtant, en un peu plus d'un demi-siècle, les conditions de la guerre ont changé et d'abord celles des transmissions et des transports. La victoire prussienne est d'abord une victoire de la logistique. Télégraphe et postes transmettent rapidement ordres, informations et nouvelles. Le chemin de fer est l'auxiliaire indispensable du chef militaire. Il transporte les renforts, les munitions, le matériel, les vivres, l'artillerie. La ligne Strasbourg-Lagny a été l'artère vitale du siège de Paris.

Il faut insister sur la qualité des corps techniques prussiens et notamment du génie. Ils savent rapidement dégager une voie, jeter un pont provisoire, réparer et faire fonctionner un matériel roulant disparate. Grâce à cette logistique, les unités combattantes ont été soutenues et approvisionnées. L'organisation prussienne est-elle exemplaire dans tous les domaines? Évidemment non. On relève des défaillances et des insuffisances graves et persistantes dans le service de santé, l'évacuation des blessés et l'intendance. Les troupes doivent se nourrir sur le pays, c'est une source de tension avec les civils occupés.

On a souvent dit que la victoire avait été celle du commandement. Installé à Versailles, Moltke auréolé par le prestige de Sedan, exerce une autorité indiscutée. Les tiraillements et les incertitudes du début de la campagne se sont estompés. La stratégie aussi est plus claire. Le gros des troupes françaises est enfermé dans Metz et dans Paris. C'est le blocus qui doit emporter la décision. On passe donc d'une guerre de mouvement à une guerre de siège. À la rapidité succède l'attente. En effet, Moltke a écarté l'attaque de vive force, solution incertaine et coûteuse en hommes. Devant Metz et Paris protégées par des forts avancés, l'artillerie lourde qui était rapidement venue à bout de Strasbourg et de Toul, n'a pas une portée suffisante. Il faut donc attendre. C'est l'asphyxie et la famine qui viendront à bout des Français. Après soixante-sept jours de siège, Metz capitule; le succès qui a été obtenu sans bombardement, semble donner raison aux calculs de Moltke. Paris ne saurait tenir plus longtemps et devrait se rendre au plus tard à la fin de novembre. La capitulation de Metz dégage les 180 000 hommes de Manteuffel et de Frédéric-Charles. Rapidement envoyés sur la Loire et dans le Nord, ils protègent les assiégeants et écartent sans peine les armées de secours de Gambetta. Mais la résistance de Paris se prolonge bien au-delà des prévisions. L'attente est très longue. Durant ces semaines d'hiver, Moltke sent monter les critiques. Il doit se résoudre à employer l'artillerie lourde, à attaquer les objectifs militaires et à bombarder les civils. Dans le cas de Paris, l'artillerie ne semble pas avoir été l'arme de la décision. Paris a tenu centre trente-deux jours, le double de Metz. Il se rend parce que les vivres sont épuisés, parce que les armées de province, vaincues, sont incapables d'apporter le moindre secours. Moltke s'est trompé sur la durée du siège. Son calcul avait cependant été juste et la solution retenue a été peu coûteuse en hommes.

Sur le théâtre de la guerre de mouvement, le Nord, la Loire et l'Est, les généraux allemands auxquels l'état-major envoie des directives très souples montrent leurs qualités habituelles : esprit d'initiative, tempérament offensif, habileté manœuvrière, capacité d'adaptation. Ils sont moins imprudents qu'en début de campagne. Quand ils se heurtent à des difficultés, ils savent utiliser leurs ressources. Werder l'a montré à Villersexel et sur la Lisaine et s'est replié, toujours replié à bon escient. Les troupes allemandes sont plus expérimentées que les mobiles improvisés de Gambetta ; elles sont encadrées par des officiers et des sous-officiers compétents, elles utilisent mieux le terrain que leurs adversaires et ont appris à se protéger comme le prouve la faiblesse des pertes au combat et du nombre de prisonniers. Même en difficulté, une unité garde sa cohésion alors que du côté français les cas de fuite et de débandade sont nombreux. Il n'empêche que la fatigue se fait aussi sentir. Les soldats ont des centaines de kilomètres dans les jambes, des dizaines de nuits de bivouac. Ils sont sales, manquent de chaussures et de capotes. Les malades sont nombreux. La hantise des francs-tireurs s'est installée et pousse à des réactions barbares contre les populations civiles. Un sentiment d'insécurité et une immense lassitude gagnent les soldats victorieux. Très loin de chez eux, dans un pays hostile, ils aspirent, sans pouvoir l'exprimer, à la fin des combats. Jusqu'au bout, le succès aidant, les unités conservent un réel allant, les vieux soldats encadrant les renforts. La victoire allemande est la victoire d'une armée de métier sur une armée citoyenne sans instruction.

La victoire diplomatique est moins visible ; elle n'en est pas moins réelle et sans elle les succès militaires auraient pu être réduits à peu de chose. De Versailles, Bismarck a mené en direction des pays neutres, de leurs gouvernements comme de leurs opinions publiques, une action persévérante qui a pleinement réussi. C'est surtout la Grande-Bretagne et la Belgique qui ont été visées. Bismarck inspire des articles anonymes dans la presse et reçoit les journalistes des grands organes d'opinion comme Russel du *Times* et bien d'autres. En juillet 1870, Bismarck avait eu l'habileté de placer la France dans son tort. Napoléon III disparu, l'état d'esprit des pays européens pouvait évoluer, les succès de la Prusse inquiéter, les malheurs de la France amorcer un revirement des opinions publiques. C'est la raison pour laquelle la prolongation du siège de Paris l'exaspère tant. Il craint un retournement dans un sens hostile de l'opinion publique anglaise. Heureusement le gouvernement de Gladstone reste passif et n'envisage aucune médiation entre les belligérants. La Grande-Bretagne seule est impuissante. Par prudence Bismarck ne donne pas suite à son projet d'annexion du Luxembourg qui pourrait soulever une intervention des puissances signataires du traité de Londres (1867). Du côté des monarchies conservatrices, Bismarck multiplie les apaisements. La dénonciation par la Russie des dispositions du traité de Paris sur la neutralisation de la mer Noire lui donne pendant quelques semaines des sueurs froides. Il réussit à retarder puis à limiter l'ordre du jour de la conférence de Londres qui doit examiner ce sujet. Auprès des gouvernements de Vienne et de Saint-Pétersbourg, il se sert de Gambetta comme d'un épouvantail. La République, c'est la révolution et peut-être à terme la reprise des projets conquérants de la « Grande Nation ». En réveillant ces craintes, en les exagérant, Bismarck réussit à éviter une concertation entre les pays neutres, concertation qui aurait pu aboutir à une médiation en faveur de la France.

En février 1871, l'isolement international de la France est aussi complet qu'en juillet 1870. La République provisoire n'a rien modifié. La tournée européenne de Thiers a été un échec total. Jules Favre, le ministre des Affaires étrangères, est dépourvu d'autorité internationale. Il a commis la faute de rester à Paris ce qui l'a coupé de ses agents et l'a privé des contacts avec les autres pays. Il reste passif et est incapable de prendre des initiatives qui auraient gêné celles de la Prusse. La paralysie de la diplomatie française a été un atout de Bismarck. Il a gagné autant par ses qualités personnelles que par la carence de ses adversaires. C'est pourquoi la guerre franco-allemande est restée une affaire bilatérale; elle n'est jamais devenue une affaire européenne.

Alors que la guerre se gagne sur le terrain, dans les opinions publiques et dans les chancelleries, Bismarck met le nouveau Reich « en selle ». Il réactive le processus unitaire et sans violence, balaie les ultimes oppositions des particularistes. Les Bavarois sont les plus réticents. Ils doivent s'incliner car l'Autriche laisse faire. Le nouveau Reich se présente comme un élargissement de la Confédération de l'Allemagne du Nord aux quatre États du Sud. À l'inverse de 1866, la Prusse ne dévore personne. Aucun souverain n'est balayé. Le roi de Bavière peut bouder, le Reich se fait quand même et avec lui. Cet élargissement est volontairement limité. Il s'accomplit sans aucun bouleversement territorial. Il consacre le succès de la solution de la « Petite Allemagne », c'est-à-dire de celle dont la matrice est la Prusse et qui exclut l'Autriche. Avec le sens des formules qui lui est propre, Bismarck annonce : « Le Reich est saturé. » Il veut dire par là qu'il n'est pas question d'y incorporer d'autres territoires. L'empire d'Autriche-Hongrie existe. Bismarck le reconnaît comme l'autre grand État allemand avec lequel il faudra, quand les plaies de 1866 seront cicatrisées, définir des liens privilégiés.

La mise en place du Reich est très rapide. Elle se réalise entre février et juin 1871 alors que la France se débat dans le provisoire puis la guerre civile. Il suffit d'adapter la constitution de la Confédération de l'Allemagne du Nord pour y accueillir quatre nouveaux membres. Le vieux Guillaume, proclamé empereur à Versailles, reste d'abord roi de Prusse. La nouvelle fonction est encore à créer. L'architecte du nouvel État, celui qui le forge, celui qui met en place ses institutions est Otto von Bismarck. Il passe tout naturellement du poste de chancelier de la Confédération d'Allemagne du Nord à celui de chancelier impérial. C'est une charge écrasante, taillée à sa mesure, qu'il tient de l'empereur et qui fait de lui, après le souverain, l'homme le plus puissant de l'empire. Il la cumule avec celle de président du Conseil des ministres prussien qui lui avait été confiée en 1862. Cette union personnelle, de fait et non de droit, est indispensable pour faire marcher l'ensemble d'un même pas.

Face à cet exécutif extraordinairement concentré, les deux assemblées paraissent bien faibles. La Chambre haute ou Conseil fédéral est l'émanation des États; c'est une assemblée de princes et de diplomates où la Prusse dispose d'une minorité de blocage. Elle est constituée dès le 20 février 1871. Grâce aux instructions qu'il donne aux délégués prussiens, Bismarck, puis ses successeurs, en contrôleront aisément les rouages et les débats. Le Reichstag ou Chambre basse est la seule instance issue du suffrage universel masculin direct. Ses compétences sont législatives et budgétaires. Le chancelier n'est pas responsable devant lui mais il doit trouver des terrains d'entente pour le vote du budget et des lois. Le premier Reichstag est élu dans la foulée de la victoire, le 3 mars 1871. Plus d'un million de soldats étant encore sous les drapeaux, les abstentions sont nombreuses. Un peu plus de la moitié des électeurs seulement ont voté. Les nationaux-libéraux et les libéraux sont les grands vainqueurs du scrutin, les conservateurs restent influents en vieille Prusse; les catholiques apparaissent pour la première fois comme une force avec laquelle il va falloir compter. Ils sont sur leurs gardes et le chancelier les toise de haut. Berlin choisit six députés progressistes; le maréchal Moltke, écarté par la capitale, est élu député de Memel! Bismarck dispose d'une forte majorité. Il est protégé des empiétements des députés par des textes et un prestige considérable. Sous l'influence d'un contexte européen où la place des parlements s'accroît, il paraît évident que les élus du suffrage universel vont rapidement revendiquer leur place au soleil. Il y a en germe un conflit qui pourrait menacer l'édifice. Dans l'immédiat, en poursuivant la politique financière et économique libérale des années 1860, Bismarck est soutenu par les libéraux et les milieux d'affaires et d'industrie. Ces couches sociales en ascension ont compris tout ce qu'elles peuvent espérer d'un marché élargi et d'une législation nationale. La prospérité des affaires, la fièvre de construction qui saisit les villes, s'accompagnent d'un bouillonnement un peu désordonné où la spéculation a naturellement sa place. À côté de la vieille Prusse agrarienne et souvent en liaison étroite avec elle, s'ébauche un capitalisme industriel et financier qui sera dans une génération l'un des piliers de la puissance allemande. Il ne faudrait pas identifier exclusivement les libéraux au monde des affaires; ils ont des appuis parmi les professions juridiques, la fonction publique, les éditeurs et les journalistes, les enseignants. Tout un élan intellectuel les soutient.

La victoire a confirmé la supériorité du système militaire prussien et les vertus des mécanismes de coopération interallemands mis en place en 1866-1867. Il suffit de consolider ce qui a fait ses preuves : Bavarois, Badois, Hessois, Wurtembergeois ont combattu comme des soldats allemands et accepté l'autorité de l'état-major prussien. Ils gardent leurs uniformes, prêtent serment à leur souverain respectif, mais n'en sont pas moins soumis aux directives de Berlin. L'armée est la pierre angulaire de l'État nouveau dont elle assure la défense et la cohésion. Tirant de ses succès une fierté, un orgueil et un sentiment de supériorité, elle s'impose comme modèle social. L'armée échappe aux instances fédérales, au chancelier, pour ne relever que de l'empereur auquel les officiers prêtent un serment de fidélité. Bismarck n'a jamais pu placer sous son autorité ni le ministre de la Guerre, ni l'état-major général. L'état-major général est l'organe le plus puissant du Reich. Il définit ses propres règles de fonctionnement, se reproduit lui-même par un processus de sélection interne très complexe et garde un droit de regard sur la sphère du politique. Moltke est idéalisé. C'est un modèle de clairvoyance et de sens du devoir; il est le symbole d'une armée qu'il avait formée puis conduite à la victoire. De son vivant il est déjà entré dans la légende. Sous sa protection, l'armée victorieuse est devenue un État dans l'État; elle a forgé ses propres règles qui la placent au-dessus des lois civiles; elle pourrait être l'instrument d'une politique de puissance. C'est une virtualité, un risque, ce n'est pas une fatalité.

Dans une perspective allemande, les années 1866-1871 forment un tout indissociable. En 1866, la défaite de l'Autriche avait engagé la fondation de l'État prusso-allemand; celle de la France l'a achevée. En 1866, le pôle du pouvoir dans l'espace allemand était déplacé de Vienne et de Francfort à Berlin; en 1871, ce déplacement se trouve confirmé. En 1866-1867, les institutions de la Confédération de l'Allemagne du Nord étaient élaborées, en 1871, elles trouvent leur vrai champ d'application. L'État prusso-allemand a été construit au sommet par la volonté de quelques princes, généraux et ministres. Les populations n'ont pas été consultées. À certaines d'entre elles la solution a été imposée par la force. Sont-elles pour autant tenues à l'écart? Par l'intermédiaire des associations, des groupes et des partis politiques et spécialement du parti national-libéral, ceux qui veulent s'associer au processus sont conviés à le faire. Au cours de l'été et de l'hiver 1870, la presse a désigné les ennemis de la patrie et exalté les sentiments collectifs. Les victoires sont des victoires communes, les soldats se sont battus en France au nom de la patrie allemande. Au stade final, les parlements, celui de la Confédération de l'Allemagne du Nord, ceux du Bade, du Wurtemberg, de Hesse, de Bavière (il se fait tirer l'oreille) sont conviés à ratifier les traités négociés à Versailles. Cette procédure est largement formelle, mais elle n'a pas été écartée. En élisant le premier Reichstag allemand (3 mars 1871), le suffrage universel est appelé à approuver ce qui a été accompli.

1866 avait été une guerre interne, une guerre civile entre Allemands, 1870-1871 a été une guerre nationale au cours de laquelle le processus de fondation du Reich prusso-allemand a été mené à son terme. Ces deux étapes donnent à l'État allemand une dimension particulière et orientent sa politique européenne.

Guerre de type napoléonien ou guerre moderne?

Entre les guerres napoléoniennes et la Première Guerre mondiale, la guerre franco-allemande est un événement privilégié pour s'interroger sur la pratique de la guerre. L'affrontement des deux meilleures armées d'Europe renseigne sur l'évolution de la stratégie et de la tactique, sur l'influence des progrès techniques, sur les méthodes de combat. Elle permet de s'interroger sur l'efficacité des politiques militaires respectives. Qu'est-ce qui procure la supériorité ? Le nombre ? L'utilisation judicieuse des ressources ? La formation des officiers et des combattants ?

1870-1871 a été la première grande guerre menée depuis l'apparition du télégraphe et du chemin de fer. Par rapport à l'époque napoléonienne, le télégraphe apporte une véritable révolution dans la transmission des nouvelles et des ordres. Celui des belligérants qui réussit à conserver ses lignes en état de fonctionnement dispose d'un atout considérable. À cet égard, l'armée prussienne a su installer et établir un excellent réseau, réseau interne à son propre usage, mais aussi réseau externe qui permet de communiquer avec l'Europe et d'isoler l'adversaire. Le télégraphe a transmis dans les heures qui ont suivi la nouvelle des défaites françaises : Spicheren, Frœschwiller, les blocus de Metz et de Paris, Sedan, la capitulation de Metz, etc. Les grands journaux européens qui bénéficient du fil prussien ont été en mesure de publier rapidement les articles documentés de leurs correspondants spéciaux. De Versailles, les dirigeants prussiens sont en contact rapide avec Berlin alors que Napoléon Ier était toujours à la merci d'un courrier. Certes, sur le champ de bataille et pour la liaison entre les unités, rien ne remplace encore le cavalier. Le gouvernement français enfermé dans Paris a cumulé les handicaps. Réduit aux ballons et aux pigeons voyageurs, il a été privé de communication régulière et sûre avec Gambetta et l'étranger. Bismarck a pu agir sans être combattu sur les opinions publiques étrangères parce qu'il avait à sa disposition de meilleures transmissions.

Les changements apportés par le chemin de fer sont plus délicats à mesurer. En juillet 1870, celui-ci a accéléré la mobilisation et la concentration des unités. Il a réduit le délai entre la déclaration de guerre et le début des combats. Ensuite il a été un instrument logistique précieux dont les Allemands ont su tirer un meilleur parti que les Français. Ils ont rapidement réparé et fait fonctionner à leur profit le réseau français tombé sous leur contrôle. Les Français ont été incapables d'en organiser le sabotage. La ligne Strasbourg-Lagny a été l'artère nourricière du siège de Paris. Sans l'apport quotidien de matériel, de vivres, de renfort, de charbon, de pièces d'artillerie, le blocus de Paris n'aurait pas pu être mené à bien. Du côté français, la disposition en étoile à partir de Paris du réseau a été un terrible handicap. Une partie des lignes est devenue inutilisable en l'absence de rocades. Remarquons que l'opération Bourbaki a été montée grâce à la ligne Nevers-Chagny qui a assuré le transfert des troupes de la Loire dans la vallée de la Saône. La voie ferrée ne va pas partout. Elle peut être sabotée ou inutilisable. Les lenteurs du siège de Paris sont liées en partie aux difficultés d'amener à pied d'œuvre les batteries débarquées du train à Chelles ou à Gonesse. Pour tirer les voitures et les affûts de canon, les chevaux restent indispensables. Leur renouvellement et leur nourriture sont un souci constant des belligérants.

Le train débarque les hommes puis les unités se forment et marchent. Comme aux temps napoléoniens, le soldat peut marcher des centaines de kilomètres. Les soldats de Frédéric-Charles ont marché de Metz à la Loire, puis, après un mois de repos, se sont avancés en Touraine, dans le Maine et en Normandie. Le soldat de 1870 est un fantassin, un fantassin qui se déplace à pied à la recherche d'un adversaire difficile à détecter car le renseignement est encore dans l'enfance. La notion de front continu, si familière depuis 1914, est alors inconnue. Les armées se rencontrent, s'accrochent souvent par hasard sur un terrain ou des positions qu'elles découvrent et à laquelle elles doivent s'adapter. Toujours dans la première partie de la guerre, très souvent dans la seconde, ce sont les Allemands qui sont en position offensive. Frédéric-Charles attaque à Loigny et au Mans comme il l'avait fait à Saint-Privat. La bataille de Coulmiers, bataille gagnée, est l'une des rares où les Français ont été en mesure d'accrocher l'adversaire. Une bataille de 1870 est une succession de combats localisés dans lesquels les unités d'infanterie fournissent la masse du corps d'attaque ou de défense. Ce sont elles qui conservent ou conquièrent une position. Leur action doit être articulée à celle de l'artillerie. La liaison infanterie-artillerie est le point fort de la tactique allemande. Presque toujours, c'est l'intervention opportune de l'artillerie sur un secteur du champ de bataille qui disperse les unités françaises et permet la progression des unités prussiennes. Quant à la cavalerie, elle est le plus souvent lancée contre l'infanterie adverse, soit pour protéger une retraite comme à Frœschwiller, soit pour essayer en vain de percer le front comme les assauts des brigades Wedell et Bredow à Rezonville et de la brigade Margueritte à Sedan. C'est le tir de l'infanterie – tir de proximité, à 50-100 m maximum, parfois à bout portant – qui anéantit les cavaliers. L'analyse par le prince Kraft zu Hohenlohe des charges des cuirassiers de la garde à Vionville et des chasseurs d'Afrique à Sedan montre combien désormais la cavalerie est vulnérable au feu :

> Les cuirassiers de la garde, parfaitement montés et équipés, très bien commandés, chargèrent en rangs serrés, avec la plus grande précision et une admirable résolution. Mais les feux prussiens, très bien dirigés, abattaient les chevaux en masse. Le centre de la ligne, allant droit sur l'infanterie, était totalement anéanti. Par suite les deux ailes se détachèrent, défilant au galop devant les bataillons attaqués; après avoir franchi la ligne des tirailleurs, elles furent canardées par leurs compagnies de soutien. Dans l'espace de quelques minutes, il ne restait de ce magnifique régiment que quelques rares cavaliers isolés qui n'avaient réussi qu'à grandpeine à sabrer par-ci par-là un fantassin. L'échec que subit la brave cavalerie française, qui, à la bataille de Sedan, aux environs de Fleigneux, essaya de se frayer un passage à travers l'infanterie prussienne, fournit un témoignage plus défavorable encore à la cavalerie. À la vérité, elle passa sur le corps d'une partie des lignes de tirailleurs prussiens, mais elle ne leur fit pas grand mal, car les tirailleurs tiraient par derrière sur les cavaliers, qui allèrent échouer contre les soutiens, et toute cette cavalerie se trouva anéantie, tandis que ses charges n'avaient pu arrêter l'infanterie prussienne dans son mouvement en avant que pour un temps très court.

La portée et la cadence de tir des armes à feu – fusils et canons – se sont améliorées depuis le début du siècle. Laissons de côté la mitrailleuse, une invention française encore au stade expérimental dont on a beaucoup parlé et qui n'a joué pratiquement aucun rôle. Le Dreyse prussien et le chassepot français se chargent par la culasse et sont d'un entretien facile. Ce sont des armes rapides et précises à condition de savoir s'en servir ce qui n'a pas toujours été le cas. Le Chassepot est efficace jusqu'à 1 200 m, soit une portée moyenne de trois à cinq fois supérieure à celle du début du siècle. La fumée, la boule d'ouate qui avertissait le soldat du tir adverse n'est plus repérable. Quant au Dreyse prussien à aiguille, de portée inférieure (600 m), sa balle renflée broie les os en esquilles et cause des blessures redoutables. Dans la seconde partie de la guerre, les mobiles ont reçu des armes anciennes transformées, médiocres et disparates ou des fusils étrangers dont ils maîtrisent mal ou pas les mécanismes. L'infanterie allemande a acquis de fait une incontestable supériorité; ses chefs ont appris à ménager les hommes et ont abandonné les attaques en colonnes si coûteuses.

Les armes modernes sont d'autant plus redoutables qu'elles sont entre les mains de soldats instruits. Dans les positions défensives les tirailleurs qui peuvent épauler sans être bousculés, détruisent les unités d'attaque qui s'avancent en terrain nu par vagues successives. Le désastre de la garde prussienne à Saint-Privat s'est répété à un moindre degré à la bataille de Nuits. Les attaques françaises du Bourget, de Champigny et de Buzenval se sont heurtées aux défenseurs prussiens ou saxons retranchés dans des habitations, des casemates de campagne ou postés derrière des murs de propriété. L'assaut au pas de charge sur terrain découvert devient suicidaire. Dans le combat rapproché le corps à corps à l'arme blanche reste fréquent et sans pitié.

La cavalerie, l'arme reine au temps de Napoléon Ier, est la grande victime du perfectionnement des armes à feu. Les charges de la cavalerie cuirassée tournent au désastre dès que l'adversaire est en mesure de poster à bonne distance ses compagnies de tirailleurs et ses batteries : Prussiens et Français en ont fait l'expérience.

Le temps des sabreurs intrépides qui rompent le front adverse, dispersent l'infanterie et forcent la décision appartient au passé. Reichshoffen, Mars-la-Tour, Sedan ont sonné le glas d'une arme qui avait eu ses heures de gloire. Seule demeure la légende. La cavalerie ne disparaît pas; son rôle est modifié; elle assure la couverture de l'infanterie et le renseignement. Le célèbre uhlan de 1870 est un cavalier!

L'artillerie a été la grande révélation de la guerre franco-allemande. Le canon de campagne Krupp en acier est efficace à 2 000-2 500 m et tire des obus brisants très redoutables. Le matériel français est moins perfectionné. Les meilleurs canons français, ceux de 4 et de 12, qui tirent respectivement des projectiles de 4 et 12 kilos se chargent par la gueule et tirent en moyenne deux coups à la minute. Ils sont remplacés après septembre par des engins plus disparates fondus à Paris, à Saint-Étienne ou dans les arsenaux de la marine.

Si les capacités théoriques des canons prussiens à tubes rayés sont supérieures à celles des modèles français, c'est surtout dans leur utilisation pratique que les Allemands ont montré leur savoir-faire : les batteries se déplacent, manœuvrent, groupent ou croisent leurs tirs avec rapidité et efficacité. Dans toutes les batailles sauf celle de Coulmiers, l'artillerie de campagne prussienne a surclassé celle des Français et forcé la décision. L'arme, remarquablement préparée et entraînée par le général von Hindersin, agit en liaison avec l'infanterie, protège et accompagne ses mouvements ; c'est le cas à Wœrth et à Spicheren. Dans cette dernière bataille une batterie prussienne monte au sommet du Rotheberg ; une autre débarquée le matin du train de Königsberg participe au combat dans l'après-midi. Le 18 août, l'artillerie joue un rôle décisif dans l'attaque de Sainte-Marie-aux-Chênes ; les batteries prussiennes attaquent à 1 900 pas, s'avancent jusqu'à 900, tirent sur les pantalons rouges et repoussent trois attaques françaises d'infanterie, puis protègent les fantassins prussiens qui prennent le village vers 3 heures de l'après-midi. Le soir, d'autres batteries s'installent sur un mamelon, pilonnent Saint-Privat, aident l'assaut de l'infanterie. Voici le récit du prince Kraft zu Hohenlohe :

> Quand l'infanterie passa aux attaques décisives, l'artillerie fit comme à Gravelotte, elle s'avança ailleurs aussi jusque dans la ligne des tirailleurs et soutenait l'arme sœur combattant avec elle épaule contre épaule ; ainsi fit-elle à la ferme de Champenois et dans le terrain qui s'étend immédiatement en avant d'Amanvillers, puis encore à la droite de Saint-Privat sur la hauteur dont on venait de s'emparer. Sur ce point, elle repoussa les nombreux retours offensifs des réserves ennemies et elle seconda l'effet produit par le feu de l'infanterie

sur le village campé sur sa hauteur comme une forteresse. Quand enfin ce village fut enlevé, vers le soir, toute l'artillerie qui se trouvait à proximité couronna la chaîne des hauteurs dont on s'était emparé. À la gauche de Saint-Privat, toutes les batteries du 12ᵉ corps d'armée (96 pièces) se mirent en position. À la droite de Saint-Privat, je réunis 14 batteries de la garde, et d'ailleurs aussi accouraient toutes celles qui purent atteindre la hauteur. Le colonel Stumpff se présenta à moi pour m'annoncer qu'il amenait 6 batteries, et, au moment où la nuit venait, le colonel von der Becke m'amena même 4 batteries de l'artillerie de corps d'armée appartenant au 10ᵉ corps tenu en réserve. Par ces arrivées successives, le chiffre de mes pièces fut augmenté à ce point que finalement je comptai 24 batteries.

Dans la bataille de Sedan, le rôle de l'artillerie a été essentiel. Environ 540 pièces ont été engagées dont plus de 110 sur la butte de Frénois qui dominait la ville. L'armée française a été enserrée par un cercle de feu.

La supériorité prussienne ne réside pas uniquement dans la rapidité de la manœuvre. Les officiers sont formés et précis, les colonnes de munitions, les pièces et les chevaux de rechange arrivent à proximité du champ de bataille, les batteries sont approvisionnées et ont les moyens de réparer sur place une avarie, une roue brisée, un essieu rompu. Les Allemands ont perdu très peu de canons alors que les Français en ont abandonné beaucoup sur le terrain. Au temps de Napoléon Iᵉʳ, une batterie devait s'avancer à 300-400 pas pour tirer des coups décisifs; en 1870 à 1 000-1 500 pas, les tirs bien ajustés ont des effets meurtriers. Les fantassins et les cavaliers n'ont plus les moyens de résister à la puissance du feu, aux tirs groupés d'une artillerie mobile. C'est le grand changement par rapport à l'époque de Napoléon Iᵉʳ.

La bataille classique dure une journée, elle s'arrête à la tombée de la nuit. C'est le cas à Frœschwiller, à Sedan, à Coulmiers, à Patay. On peut compter sur les doigts d'une main les opérations nocturnes : à Saint-Privat, on s'est battu jusqu'à 10 heures du soir : à Noisseville, on s'est étripé à l'arme blanche dans la nuit du 31 août au 1ᵉʳ septembre; en avant du Mans, l'affaire de la Tuilerie a entraîné la panique des mobiles bretons et l'abandon de la ville par Chanzy. Il est rare que l'on se batte plusieurs jours de suite sur une même position; on peut citer la ligne de la rivière Lisaine

(13-17 janvier) disputée par l'armée de Bourbaki aux troupes de Werder. L'armée qui gagne occupe le champ de bataille et bivouaque sur place. Une trêve tacite permet de ramasser les morts et les blessés. Par rapport à la Première Guerre mondiale, le combat est discontinu, car les adversaires n'entrent massivement en contact que pendant une durée limitée. L'armée vaincue bat en retraite dans le désordre, quelquefois dans la panique. Heureusement, elle est rarement poursuivie. Après Frœschwiller, Mac-Mahon a pu décrocher sans être inquiété. Après Loigny, après Le Mans, Chanzy a pu regrouper ses unités vaincues, après Saint-Quentin, Faidherbe a fait de même. Les deux grands désastres ont été Sedan, où l'armée française a été encerclée et acculée à la capitulation, et la retraite de l'armée Bourbaki, qui s'est achevée par l'internement en Suisse.

Le siège des places fortes est un autre volet de la guerre franco-allemande. On rappelle les sièges célèbres de Mayence, Gênes, Sarragosse, Dantzig, Anvers, et ceux des places de l'Est en 1814 et en 1815. Les contemporains gardent encore en mémoire la longue résistance de Sébastopol (1854-1855). Imbu de l'esprit d'offensive, Moltke n'accordait pas grande importance aux places. Il voulait accrocher puis détruire la force principale de l'adversaire. Par ce moyen, il obtiendrait la victoire. Or, contrairement aux prévisions, l'adversaire s'enferme dans Metz et Paris. Il faut donc bloquer ces deux places qui sont protégées par des forts détachés. Quant aux autres places bastionnées dépourvues de défense avancée, elles sont incapables de résister au feu de l'artillerie moderne. Si l'assiégeant arrive à installer ses batteries, il peut, après quelques jours de bombardement, acculer la garnison à la capitulation – les exemples de Strasbourg, Toul, Verdun, Longwy, Thionville le prouvent. En revanche, les places qui disposent de forts avancés tiennent l'adversaire à distance. Il est contraint au blocus, solution lente qui immobilise des effectifs considérables. La portée de l'artillerie lourde n'est pas suffisante pour placer les assiégés en difficulté. L'assiégeant doit compter avec le temps et l'épuisement des vivres. Dans le cas de Paris, le salut aurait pu venir d'armées extérieures. Gambetta n'a pas pu réunir les moyens nécessaires. Ses deux tentatives en direction de Paris et de Belfort ont l'une et l'autre échoué. Metz et Paris ont capitulé à l'usure et non grâce à la puissance de feu destructeur. Malgré une défense médiocre et une masse de civils, Paris a tenu trois mois et demi alors que la ville avait été emportée en vingt-quatre heures en 1814. La résistance de Belfort montre qu'une place bien commandée peut tenir en échec d'importantes forces adverses. Denfert-Rochereau a résisté à 72 jours de bombardement et à 110 jours d'investissement. C'est pourquoi en dépit des apparences, la place forte n'apparaît pas comme un moyen de défense périmé. Il suffit de l'adapter aux progrès de l'artillerie. Dans les années qui suivent la guerre les Allemands achèvent les forts extérieurs de Metz et les Français construisent le système dit Séré de Rivières avec les groupes fortifiés de Verdun, Toul, Épinal et Belfort.

Beaucoup de traits apparentent encore les batailles de 1870 à celles des guerres napoléoniennes : les charges de cavalerie, les charges d'infanterie à l'arme blanche ; l'officier qui encourage ses hommes de l'épée et du sabre puis s'élance à leur tête. On trouverait dans les images et gravures populaires beaucoup de scènes très proches. Les grandes batailles du début, Saint-Privat, Rezonville, Frœschwiller ressemblent plus à Iéna, à Wagram, à Leipzig qu'aux combats de Verdun. On cherche à s'emparer d'une position, à rompre les lignes, éventuellement à envelopper l'adversaire par une aile pour l'obliger à se retirer. À divers signes, on sent que des changements décisifs sont en cours. La cavalerie a perdu sa place centrale. La puissance du feu la détruit. Murat et Lassalle ne sont plus à leur place. C'est l'artillerie désormais qui manœuvre, accompagne les combattants, se déplace et se groupe. Si ses tirs sont bien ajustés, elle peut surclasser ceux des batteries adverses, elle peut contraindre les meilleurs fantassins à reculer. Le cheval est encore indispensable comme monture et comme moyen de traction. La guerre est devenue plus technique, plus savante. Le calcul l'emporte sur la bravoure irréfléchie, le combattant équipé et discipliné sur le soldat maraudeur et indépendant. Du côté français, on a tiré des désastres une grande leçon. Une guerre européenne ne s'improvise pas.

Elle met désormais aux prises des soldats instruits et des chefs qui doivent préparer, calculer, s'adapter, commander. La levée en masse n'est plus la solution. Le garde mobile, le moblot, malhabile à manier un fusil, doit céder la place au citoyen-soldat formé par le service militaire. Le service militaire universel, voilà l'acquis pour la France des « désastres » de 1870.

Le déroulement de la guerre a déjoué les prévisions des uns et des autres. Les Français pensaient se battre en Allemagne; ils ont dû défendre leur territoire national. Moltke avait élaboré des plans dont aucun ne s'est réalisé. Il a dû improviser. Aucune des grandes batailles n'a été prévue à l'avance. Une seule exception, celle de Sedan, que Moltke a calculée et à laquelle Mac-Mahon, s'il l'avait vraiment voulu, aurait pu se dérober. Mais il s'est laissé encercler dans la cuvette de Sedan. Au début de la guerre, les Allemands ont commis beaucoup de fautes. Jamais les Français ne les ont exploitées soit parce qu'ils n'ont rien vu, soit parce qu'ils s'en sont aperçus trop tard. Ce sont les cours de l'École de guerre qui, à l'aide des relations régimentaires, ont décortiqué les fautes du commandement allemand. Le 18 août 1870, ni Moltke ni Bazaine ne savent ce qui se passe sur le champ de bataille de Saint-Privat. C'est dans la nuit que Moltke découvre qu'il est victorieux. On a mis en doute ses talents de stratège comme son flair tactique. Ce n'est pas un chef de guerre entraînant aux intuitions fulgurantes sur le champ de bataille. Il a commis des erreurs de calcul. Foch les a montées en épingle dans son enseignement à l'École de guerre et émaille ses analyses publiées en 1904 sous le titre *De la conduite de la guerre*, de jugements sévères. « Moltke n'était qu'un chef d'état-major », avance-t-il. Mais ce chef d'état-major a su préparer la guerre, former des officiers. Il a réfléchi sur la coordination des armes et des moyens. En campagne, il sait analyser une situation, rédiger des directives, prendre rapidement des décisions et enfin s'adapter avec flegme et sang-froid à l'imprévu. La supériorité allemande n'est pas dans la valeur des troupes – dans la première partie de la guerre elles sont équivalentes sauf pour l'artillerie –, elle est au niveau du commandement. Les maréchaux et généraux français sont au feu aussi courageux et téméraires que certains de leurs homologues prussiens. Il leur a manqué – et c'est une différence capitale – d'avoir intégré dans leur mental les données d'une guerre moderne. Les défaillances des Bazaine, Mac-Mahon, Trochu, Ducrot et Bourbaki, etc. n'ont pas d'autre explication. La victoire confirme l'état-major prussien dans la pertinence de ses analyses. La défaite provoque du côté français toute une réflexion dont l'aboutissement sera une réorganisation de l'armée et du système de défense. Enfin l'idée que l'offensive a une vertu supérieure à la défense d'une position réhabilite le mouvement et la manœuvre. C'est cette disposition d'esprit qui a donné aux Prussiens l'initiative. Il faut que les Français la retrouvent.

TROISIÈME PARTIE

Bilan d'un conflit

19 juillet 1870-10 mai 1871. En moins de dix mois, la parenthèse de la guerre a été refermée. Conformément aux règles alors en usage dans la communauté européenne, le processus de paix s'accomplit en trois étapes : armistice, préliminaires de paix, traité définitif. Par rapport à ce qui s'était passé après la guerre d'Italie (1859) et après la guerre austro-prussienne (1866), les négociations sont plus longues. Elles aboutissent dans un délai raisonnable puisque le traité de Francfort est signé le 10 mai 1871, un peu plus de trois mois après l'armistice, un peu plus de deux mois après les préliminaires de paix. On est loin de ce qui se passera après 1918 et surtout après 1945.

Comme la guerre, la paix est franco-allemande. Les autres pays d'Europe sont restés à l'écart jusqu'au bout. Ils sont cependant autant concernés que les belligérants par le nouveau rapport de force qui s'établit. La formation de l'Empire allemand modifie à court terme l'équilibre entre les grands États. Quant aux rapports franco-allemands, ils sont fondamentalement transformés. En France, la perception de l'Allemagne est radicalement inversée. En Allemagne, la France apparaît comme une nation désireuse d'une revanche.

CHAPITRE XIII

Un armistice maussade

L'armistice est valable vingt et un jours. C'est une trêve précaire. Va-t-elle conduire à la paix ou à une reprise des combats ? Tout est suspendu au résultat des négociations qui doivent s'ouvrir après les élections de l'Assemblée nationale.

Gambetta s'efface

La signature de l'armistice fait éclater au grand jour le conflit latent entre Bordeaux et Paris, plus exactement entre Gambetta et ses collègues parisiens. Le 27 janvier, Gambetta est rentré à Bordeaux. Il sait que Favre négocie à Versailles la capitulation de Paris et l'armistice. La dépêche fatale parvient à Bordeaux le 29 janvier. Le désaccord est fondamental : Gambetta veut d'abord démissionner, puis il se ravise et publie le décret qu'il méditait depuis longtemps, excluant des futures élections les anciens élus bonapartistes et les anciens candidats officiels. C'est une décision en contradiction absolue avec la convention d'armistice. Bismarck fait savoir au gouvernement que le maintien du décret serait une cause de rupture.

Paris est acculé à l'épreuve de force. Jules Favre conduit l'opération avec détermination. Il envoie Jules Simon à Bordeaux la mener à bien avec des instructions sans équivoque : « Vous destituerez Gambetta comme ministre de l'Intérieur et de la Guerre. Nous vous laissons juge de la question de savoir s'il doit être arrêté. Il a cent fois appelé sur lui cette

répression nécessaire. Ces mesures sont d'autant plus nécessaires qu'à Versailles on nous menace de la dénonciation de
l'armistice. » Jules Simon est mal accueilli à Bordeaux ; il
craint d'être arrêté par les partisans de Gambetta ; il ne peut
exécuter sa mission car il est en minorité au sein de la Délégation. Après avoir rencontré Thiers qui le pousse à résister,
il envoie des émissaires à Paris pour demander du renfort et
changer ainsi la majorité de la Délégation. Pendant ce
temps, des commissions municipales, des préfets, des militants républicains incitent Gambetta à résister. De Toulouse, le préfet Duportal télégraphie : « Affermissez votre
dictature ! » Gambetta se rend vite compte qu'une dissidence
ne conduirait qu'à une guerre civile sans issue.

Trois ministres arrivent de Paris. Ils sont bien fatigués car
ils ont voyagé pendant quarante-huit heures ! Gambetta, se
sachant en minorité, présente lui-même sa démission. « Pour
moi, mon rôle est terminé, je n'ai plus qu'à me retirer [...]
[n'étant plus] en communion d'idées ni d'espérance avec le
gouvernement. » Il invite ses collaborateurs, en particulier
Freycinet, à rester en fonction, et à expédier les affaires courantes. Plusieurs préfets qui lui sont liés, comme Paul Bert,
donnent leur démission. Soulagé par ce rapide dénouement,
Jules Favre félicite Jules Simon en ces termes : « C'est à
votre fermeté qu'a été due l'heureuse fin de cette crise » (10
février 1871). Le vrai bénéficiaire de la démission de Gambetta, c'est Adolphe Thiers qui voit enfin son heure se rapprocher.

Pendant que les Français règlent leurs comptes, les soldats
allemands restent sur le pied de guerre. Moltke qui a été
écarté des négociations par Bismarck, n'exclut pas une
dénonciation de l'armistice et une reprise des combats.
« Maintenant, toutes les armées françaises sont battues.
Nous occupons un tiers du pays. [...] Mais les Français sont
tellement soumis à la domination des mots qu'il n'est rien de
tenir. [...] Nous devons être prêts à la reprise des combats et
l'exaspération croissante de nos gens sera redoutable » (3
février 1871). Avec la démission de Gambetta, le parti de la
guerre n'a plus de dirigeants, les partisans d'une paix rapide
l'ont emporté. Il leur reste à faire la démonstration que, dans
son immense majorité, le pays est disposé à les suivre.

La consultation est fixée au 8 février 1871. Elle se déroule sur l'ensemble du territoire, la zone libre comme la zone occupée, y compris le gouvernement d'Alsace-Lorraine. La future Assemblée doit comprendre 768 députés. Le mode de scrutin est celui de 1849 : scrutin départemental de liste à un seul tour avec possibilité de panachage. Les listes incomplètes sont autorisées. On peut aussi figurer sur plusieurs listes à la fois et se présenter dans un nombre illimité de départements. Sont déclarés élus les candidats qui arrivent en tête.

Les circonstances réduisent la campagne électorale à sa plus simple expression. Dans la plupart des départements, les comités ont remanié à la hâte les listes préparées à l'automne et les publient dans les journaux. En zone occupée ce sont les préfets et sous-préfets allemands qui font connaître les textes et qui, à cette occasion, autorisent la reparution des journaux supprimés. Dans chaque commune les maires organisent le scrutin. On ne s'étendra pas sur la formation des listes, très complexe en raison de la présence des mêmes noms sur deux ou trois listes. Dans le Finistère, la liste dite de conciliation place ainsi en tête Thiers, Trochu et Le Flô. Dans les départements occupés, Gambetta a été placé sur les listes par les comités républicains. Certains, comme le général Crémer en Moselle, n'ont pas le temps de faire connaître leur candidature à la totalité des électeurs.

La grande question qui domine les élections est celle de la guerre et de la paix. Mais, à l'arrière-plan se profile celle du régime politique, maintien de la République ou retour à la monarchie ? Les anciens élus de l'empire étant disqualifiés, les partisans de Gambetta suspects de vouloir continuer la guerre, les électeurs vont se tourner vers les notables partisans de la paix qui sont nombreux sur les listes conservatrices et libérales de tendance catholique et légitimiste. Les soldats qui se sont illustrés dans la guerre ont été placés parmi les candidats, c'est le cas des généraux Chanzy (Ardennes), Ducrot, Trochu, Changarnier, d'Aurelle (Allier), de l'amiral de La Roncière (Eure). Jules Ferry, maire de Paris, auquel ses fonctions ont valu le surnom de « Ferry-famine » et une impopularité passionnelle, fait poser sa candidature par son frère Charles dans les Vosges, département d'origine de sa famille.

La composition politique de cette Assemblée nationale a été maintes fois analysée : une écrasante majorité de monarchistes, une minorité avancée et d'extrême gauche élue à Paris. Dans la capitale, viennent en tête, avec plus de 200 000 voix, Louis Blanc, Victor Hugo et Garibaldi. Une dizaine de députés d'extrême gauche, comme Delescluze et Millières, ont été élus facilement. Thiers et les républicains modérés membres du gouvernement de la Défense nationale ont surnagé à grand-peine. Dans les départements d'Alsace et de Lorraine, dont l'Allemagne réclame l'annexion partielle ou totale, la participation a été élevée et les opérations électorales empreintes de gravité. La plupart des élus sont des républicains partisans de la reprise des combats. Gambetta est choisi par neuf départements dont ceux de la Meurthe, de la Moselle, du Haut-Rhin et du Bas-Rhin ; il opte pour le Bas-Rhin. Dans la Meurthe et la Moselle, les républicains patriotes écrasent les partisans de la paix. Dans les Vosges, Jules Ferry est élu avec quatre autres républicains et trois conservateurs dont l'ancien ministre Louis Buffet. En Champagne, ce sont les républicains modérés et les orléanistes comme Casimir-Perier partisans de la paix qui sont élus. Le républicain Steenackers, le collaborateur de Gambetta à Tours et à Bordeaux est battu bien que député sortant. Sans doute les électeurs ont-ils associé son nom à la reprise des combats. En revanche, le prince de Joinville, l'un des fils de Louis-Philippe, est choisi par la Haute-Marne à une forte majorité. Une indication générale se dégage : c'est le succès de Thiers désigné par 31 départements. Personne ne sait très bien s'il est républicain ou monarchiste, mais beaucoup pensent qu'il est le recours, le seul homme politique en mesure de traiter avec l'ennemi et de liquider la guerre. Son nom inspire confiance, on idéalise quelque peu ses qualités ; il est partisan de la paix, cela suffit. Thiers est d'ailleurs prêt : une convergence se noue entre son ambition et les attentes confuses de la majorité des Français.

Les aspirations des Français

Depuis la signature de l'armistice, la France se recompose. Les Parisiens reprennent contact avec la province et réciproquement. Dans la zone occupée, les troupes allemandes restent l'arme au pied, prêtes à reprendre la lutte en cas d'échec des négociations de paix. On peut estimer leur chiffre à environ 780 000 hommes, soit une charge considérable pour les populations. L'administration civile allemande est toujours présente, de nouvelles nominations de fonctionnaires interviennent même. Les militaires contrôlent toujours le chemin de fer, la poste et ouvrent ces services aux civils dans la mesure où les besoins militaires sont satisfaits. Les difficultés de circulation et de relation persistent mais les lettres et les journaux commencent à être distribués. Les habitants des territoires occupés cessent d'être isolés et reçoivent des nouvelles de Paris et de Bordeaux. Les préfets et commandants de place vivent dans la hantise des attentats et des sabotages commis par des francs-tireurs. Les Allemands s'apprêtent à demander leur interdiction au futur gouvernement français. Les incidents graves avec mort d'homme ont été peu nombreux. Le plus sérieux s'est produit à Laroche où le chef de gare prussien de Saint-Florentin (Yonne) a été tué; son corps est ramené à Sens où il est exposé vingt-quatre heures sur la table du conseil municipal : neuf otages sont pris en représailles et le département est frappé d'une amende de 5 millions de francs (qui finalement ne sera pas payée). Dans un petit village de la Marne, Cuchery, des inconnus tirent sur des « landwehriens » sans faire de victime. Le curé du village, l'abbé Miroy, accusé d'avoir distribué des fusils est arrêté, conduit à Reims, condamné à mort et fusillé le 12 février au matin sans que sa culpabilité ait été prouvée. Dans l'ensemble, la densité de l'occupation et la rigueur des représailles font hésiter les plus déterminés.

Les charges restent toujours aussi lourdes, avec le logement des soldats chez les particuliers. Quant aux municipalités, elles ploient sous le fardeau des réquisitions, contributions, paiement des impôts directs. Alençon, qui a été occupée du 19 janvier au 7 mars, est soumise aux exigences du général von Bredow. Le maire, qui refuse de verser une contribution de guerre de 675 000 francs, et cinq conseillers municipaux sont arrêtés le 15 février; ils sont emmenés au Mans puis à Chartres. Une intervention de Jules Favre obtient leur libération le 24 février. En un peu plus d'un mois, Alençon a supporté environ 1 100 000 francs de charges dont 285 000 pour les réquisitions en nature (vêtements, chaussures, épicerie, liquides, grains, fourrage et bestiaux). Les petites communes sont aussi lourdement frappées : le maire de Vernon (Eure) est mis en demeure de fournir pour son canton les réquisitions suivantes : 10 vaches, 23 moutons, 100 litres de cognac, 700 kg de riz, 100 kg de sel, 10 000 litres d'avoine, 8 chevaux... Serrigny-sur-Armençon (Yonne) doit loger, le 10 février 1871, 1 175 soldats et 230 chevaux! Pour chaque homme, il faut fournir une livre de viande, une livre et demie de pain, des pommes de terre, des légumes et du vin; pour chaque cheval, 12 livres d'avoine, 4 livres de paille et 4 livres de foin. Dans l'Indre-et-Loire, on relève des incidents à Loches. Dans l'ensemble, les occupants sont corrects. À Tours, la plupart des officiers sont « distingués, d'une politesse irréprochable ». Ils interviennent quand on leur signale des pillages. Ils répètent : « Nous ne sommes pas une nation de pillards », mais ils répètent aussi : « Nous sommes les vainqueurs, vous êtes les vaincus! » Le printemps est précoce et ils réquisitionnent des voitures pour visiter les châteaux de la Loire. Le prince royal de Prusse, qui passe quelques jours dans la région, se rend à Azay-le-Rideau. Le jeune Bernhard von Bülow qui est en Picardie au bord de la mer, voudrait bien faire un peu de tourisme mais son unité est astreinte chaque matin à l'exercice.

L'officier de cavalerie Paul de Pardiellan, qui a patrouillé pendant trois mois en Beauce puis a achevé la guerre avec l'armée de Frédéric-Charles dans la région du Mans, reçoit le 3 février « une foule de lettres et de paquets ». Dans ces derniers, il trouve une paire de bottes et une caisse de victuailles qui contient du beurre de Thuringe, des saucisses fabriquées chez moi et un tonnelet – trop petit – de véritable eau-de-vie de Nordhausen ». À ses amis, grands amateurs de cuisine française, il peut enfin faire un déjeuner tout à fait allemand, « arrosé d'un bordeaux blanc qui mérite tous nos suffrages ». Il peut enfin dormir dans une chambre et trouve les lits français meilleurs que « ces odieux lits de plume [...] ou ces petites caisses usitées en Silésie ». Comme beaucoup d'officiers, il fait un peu de tourisme et visite Versailles et Chartres. Malheureusement, Paris est inaccessible...

En parcourant la presse, les récits, les témoignages, les correspondances, on est frappé par la profonde aspiration à la paix ; les familles séparées veulent se réunir, on attend le retour des prisonniers avec lesquels on peut échanger par Bâle, Bruxelles ou Genève, un peu de correspondance. Les habitants de zones occupées veulent une paix rapide pour obtenir un allégement de leurs charges et l'espoir d'une évacuation. Le maire de Reims, Simon Dauphinot, raconte l'étonnement à Bordeaux des parlementaires du sud de la France : « On se montrait avide de renseignements que nous autres Champenois pouvions donner à bon escient, au grand ébahissement de nos auditeurs. Ceux du Midi n'en croyaient pas leurs oreilles. Comment, vous avez consenti à loger les Prussiens ? nous disait-on. – Mais oui, et cela dure toujours et durera malgré nous, malgré vous, longtemps encore ; et alors, des étonnements véritablement comiques et des protestations indignées ! » Les habitants des territoires occupés aspirent au retour à une situation normale ; ils mesurent qu'il faudra faire des sacrifices territoriaux. Ils semblent déjà résignés à cette nécessité inéluctable.

Dans les départements d'Alsace et de Lorraine qui sont menacés d'annexion, le comportement est tout différent. C'est l'inquiétude et le même attachement fiévreux à une patrie dont on craint d'être bientôt séparé. Dans le mémoire adressé le 11 février 1871 par le conseil municipal de Metz au gouvernement français, on peut lire cette phrase qui reflète l'opinion générale : « Nous affirmons qu'à Metz tous les habitants, sans distinction de croyances religieuses ou d'opinion politique, sont unis dans un sentiment commun et que rien au monde ne peut altérer, leur volonté de conserver la nationalité française. » Cette déclaration prend tout son sens quand chaque jour la présence militaire et administrative allemande se renforce dans la cité. Le maire, Félix

Maréchal, malade depuis plusieurs mois, vit stoïquement les épreuves de ses concitoyens.

À Paris, le climat reste tendu. L'excitation patriotique persiste. La grande majorité des élus parisiens sont des républicains avancés hostiles aux concessions territoriales. Le gouvernement de la Défense nationale, discrédité, ne contrôle plus la situation. La plupart des ministres sont à Bordeaux où ils s'apprêtent à rendre leurs pouvoirs à l'Assemblée souveraine. Le préfet de police Cresson a démissionné le 11 février. Les administrations sont désorganisées. Les mobiles désarmés errent dans les rues et les cafés en attendant de pouvoir rentrer chez eux. L'évacuation des blessés vers les ambulances de province peut commencer le 14 février sous l'autorité de la Société de secours aux blessés militaires. La garde nationale est fière d'avoir conservé ses armes alors que l'armée régulière et la mobile, en application de l'armistice, ont dû rendre les leurs. Elle s'organise en pouvoir autonome. Son comité central donne des consignes et des mots d'ordre : il accepte à grand-peine de retirer des remparts les pièces de canons installées à Montmartre et Belleville. Ses bataillons se réunissent et font de l'exercice comme s'il s'agissait de reprendre les combats. Le général Vinoy, responsable de l'ordre public, n'a plus à sa disposition que 12 000 soldats et quelques milliers de gendarmes; il tremble dans l'hypothèse d'une nouvelle journée de l'extrême gauche. Au lieu d'amener une détente, l'armistice a aigri les relations, durci les attitudes. L'installation des Prussiens dans les forts apparaît comme une provocation, une insolence supplémentaire des généraux capitulards. Ce climat particulier, insaisissable qui échappe aux provinciaux, est lourd de menaces. Les Parisiens ont l'impression d'être marginalisés. L'Assemblée est à Bordeaux, les Allemands sont à Versailles, Paris, invaincu, est abandonné. La vie quotidienne reste dure, car les approvisionnements reviennent lentement; beaucoup de familles ont épuisé leurs ressources, il n'y a guère de travail. Misère, sentiment d'avoir été trahi et abandonné, passions et craintes, frustration et chômage, tout se mêle. Un incident imprévisible peut déchaîner la tempête.

La guerre cesse dans l'Est

La négligence de Jules Favre lors des négociations de la convention militaire a eu de graves conséquences. Les opérations militaires continuent dans le Doubs, le Jura, la Côte-d'Or et autour de Belfort. Manteuffel accentue ses avantages. Le général Clinchant, acculé à la frontière suisse, préfère, plutôt que capituler, négocier avec le général Herzog, commandant en chef de l'armée helvétique. La convention de Verrières, signée le 31 janvier 1871, autorise l'entrée de l'armée vaincue en Suisse à condition d'abandonner à son passage en territoire neutre ses armes et ses munitions. « Le ciel est bleu, le soleil resplendit sous la neige », le froid est intense. Voici le témoignage d'un colonel suisse, Rilliet, chargé de surveiller le passage :

Le canon grondait aux forts de Joux. On entendait la fusillade et la vallée était flanquée par des chaînes de tirailleurs, en grande partie formées par les francs-tireurs.

Enfin la nuit arriva sombre et glaciale. La colonne marchait toujours. À droite et à gauche, des canons restaient dans la neige, les chevaux tombant morts d'inanition et de fatigue. Pendant plus d'une heure, il y eut une halte provenant sans doute d'un trop grand encombrement à Fleurier.

Je voulais remonter le long de la colonne pour retourner à la frontière, mais la chose fut impossible ; les hommes, les chevaux, les canons, les voitures étaient tellement enchevêtrés et serrés les uns dans les autres et la neige épaisse qu'il me fallut renoncer à continuer...

Des chevaux gisaient morts sur la route et, sur les côtés, beaucoup erraient en liberté cherchant à tromper leur faim en mangeant de la neige.

Bientôt les feux de bivouacs éclairèrent les hauteurs et le fond de la vallée. J'avais deux bataillons sur pied entre les Verrières et Meudon, un autre avait la garde des nombreux bivouacs, un quatrième fournissait les escortes, un cinquième enfin envoyait des patrouilles pour faire la police et faire évacuer les maisons par les soldats français, afin d'éviter soit le pillage, soit l'incendie.

La neige était serrée et pilée au point de ressembler par sa couleur et sa finesse à de la sciure de bois. Vers 4 heures du matin, défila une longue colonne de cavalerie, carabiniers aux manteaux rouges, cuirassiers de la garde et de la ligne, avec le général comte de Bremond d'Ars en tête ; tout cela était fantastique, par cette nuit sombre et glaciale, à travers cette vallée couronnée de forêts de sapins chargés de neige.

Un corps d'infanterie qui venait de se battre sur les flancs de l'arrière-garde, nous amena 150 prisonniers prussiens. Ces derniers vivaient en très bonne harmonie avec leurs camarades français et ils demandèrent même à ne pas en être séparés; plusieurs soldats français étaient blessés.

En l'espace de cinq jours, 89 000 soldats environ, 10 800 chevaux, 258 bouches à feu passent la frontière à Pontarlier par le Val-de-Travers, le Val-de-Joux ou des chemins de montagne. Dans tout le pays, on ouvre à la hâte des camps d'hébergement et des infirmeries (185 au total). Les temples, les églises, les écoles, les bâtiments publics sont pleins de soldats français. On doit en plus construire des baraquements provisoires. Vers le 20 février, on compte environ 12 000 malades ou blessés. Les officiers généraux sont installés à Appenzell, les officiers à Zurich, Lucerne, Saint-Gall, Baden, Interlaken, Fribourg. Dans l'ensemble, l'armée suisse a fait un effort remarquable pour canaliser tout ce flot et les populations, cordiales et chaleureuses, ont beaucoup donné pour secourir les soldats français.

Pendant ce temps, les troupes de Werder et de Manteuffel étendent la zone occupée : Dijon et la Côte-d'Or, le nord de la Saône-et-Loire, le Jura et le Doubs. Ils raflent une dizaine de milliers de retardataires et de blessés autour de Pontarlier. L'encerclement de Besançon est proche quand le cessez-le-feu intervient le 17 février. Quelques unités courageuses, comme le bataillon du corps-franc Bourras, se risquent à traverser les montagnes du haut Jura où la neige dépasse parfois 1 m. Les rescapés de ce corps sont à Gex le 4 février, à Reyrieux le 9; ils ne sont plus que soixante!

Le siège de Belfort s'est également poursuivi. Tresckow, qui dispose de plus de 30 000 hommes, s'attaque à la réduction du périmètre. Il lance des obus incendiaires pour saper le moral des civils «chaque jour, chaque heure [...], une angoisse mortelle». Ceux-ci murmurent contre Denfert. Les esprits sont affolés, car des bruits circulent annonçant qu'un armistice a été signé. Denfert refuse d'abord d'y croire. Pour avoir confirmation, il envoie un émissaire à Bâle. Chaque jour, la pression des assiégeants augmente. Grâce à des parallèles habilement creusées, les Allemands menacent les forts extérieurs des Hautes-Perches et des Basses-Perches qui sont évacués par leurs défenseurs le 5 février. Immédiatement des batteries de gros calibre y sont installées et tirent sur la ville et la citadelle causant de grosses destructions. Jules Grosjean, le préfet du Haut-Rhin, obtient un sauf-conduit pour se rendre à Bordeaux. Le 13 février au soir, arrive un télégramme ordonnant le cessez-le-feu. Une suspension d'armes intervient, et Denfert engage des négociations avec Tresckow; elles aboutissent le 16 février. Les Allemands accordent à la garnison de sortir libre de la forteresse.

Dans l'Est, l'armistice est effectif à partir du 17 février, le jour où Denfert lance son dernier ordre du jour : « Nous ne nous sommes pas rendus; c'est le gouvernement qui nous a vendus. Honneur à Belfort! » Les 12 000 soldats de la garnison quittent la ville la tête haute et gagnent Grenoble où ils seront démobilisés. Le lendemain, la citadelle est occupée par les Prussiens. Les troupes victorieuses défilent dans la ville morte « toutes les fenêtres fermées, personne dans les rues ». Les habitants ont un peu l'impression d'avoir été abandonnés. « On nous a livrés, abandonnés à la merci de nos ennemis », écrit, dans un moment de désespoir, le maire.

Avec Bitche, qui n'ouvrira ses portes que le 11 mars 1871, Belfort est la seule des places fortes françaises à avoir résisté à un siège actif de 73 jours et à des bombardements violents. Très vite, la ville devient un lieu de pèlerinage et le symbole de ce que pouvaient faire des soldats français commandés par un chef compétent et énergique. Aux yeux des républicains, parmi lesquels se range avec conviction Denfert-Rochereau, élu député à l'Assemblée nationale, la résistance de Belfort a montré que la République et les intérêts nationaux les plus élevés étaient intimement associés. Belfort s'est illustrée comme l'un des hauts lieux du patriotisme républicain.

Thiers s'impose

L'Assemblée nationale se réunit à Bordeaux le 13 février 1871 dans la salle du Grand Théâtre. Pendant un mois la cité girondine est la capitale provisoire de la France. Journalistes, hommes politiques, officiers et hauts fonctionnaires affluent dans un incroyable désordre. Les hôtels et les restaurants sont bondés. Les grands bourgeois bordelais ouvrent leurs demeures selon les affinités politiques et religieuses. Les relations ferroviaires avec Paris, qui restent difficiles et longues, engendrent une foule de perturbations. Louis Veuillot a laissé de pittoresques descriptions de ce tohu-bohu.

Revenons à l'Assemblée nationale. Avec les élections multiples, le nombre des députés est réduit à 630; les difficultés de transport aidant, 533 députés seulement sont présents le 16 février, jour où l'Assemblée porte à sa présidence un avocat républicain de tempérament conservateur, Jules Grévy.

Victor Hugo part de Paris le même jour : « Voyage rude, lent et pénible. Le salon-wagon est mal éclairé et point chauffé. On sent le délabrement de la France dans cette misère des chemins de fer. Nous avons acheté à Vierzon un faisan et un poulet et deux bouteilles de vin pour souper. Puis on s'est roulé dans des couvertures et des cabans et l'on a dormi sur les banquettes. » À son arrivée à la salle des séances, l'écrivain est reconnu et ovationné par les gardes nationaux; il lance sous les applaudissements : « Vive la République! Vive la France! » Il sent d'emblée que ses aspirations sont aux antipodes de celles de la majorité. Bientôt, il note cette réflexion : « L'Assemblée est une chambre introuvable, nous y sommes 50 contre 700... C'est 1815 combinée avec 1851. » Puis l'Assemblée entend dans un silence tendu la lecture d'une déclaration solennelle des élus des départements revendiqués par l'Allemagne. Elle est lue par Émile Keller, député catholique du Haut-Rhin, combattant de Beaune-la-Rolande et de Villersexel. Elle affirme le droit imprescriptible des Alsaciens et des Lorrains à rester membres de la nation française (17 février 1871). La gauche aurait souhaité répondre à cette angoisse par un vote, mais le réalisme l'a emporté et l'Assemblée a laissé aux futurs négociateurs une complète liberté d'action puisqu'elle s'en remet « à leur sagesse et à leur patriotisme ». Le député du Haut-Rhin Scheurer-Kestner est bien conscient que l'irréparable est consommé : « Chère amie, je n'ai pu trouver hier un moment pour t'envoyer des nouvelles. Les réunions se succèdent du matin jusqu'au soir. Malheureusement, je n'ai que des choses fort tristes à te dire, nous avons eu hier ce que nous pouvons appeler notre Waterloo alsacien. Nous avions rédigé une protestation solennelle qui a été lue à la tribune par Keller. »

La formation de l'exécutif provisoire est maintenant l'urgence majeure. Le nom d'Adolphe Thiers est sur toutes les lèvres. Depuis sa tournée européenne de l'automne et les négociations manquées de novembre, il attend son heure et se prépare à revenir au pouvoir dont il est écarté depuis plus de vingt ans. Il est l'homme inévitable. Son âge (soixante-treize ans), son expérience, la confiance des possédants, la lucidité dont il a fait preuve en juillet 1870, le désignent au suffrage des députés. Son vieil ami Armand Dufaure présente sa candidature; il est élu sans concurrent. Ses adversaires se taisent. Il est détesté par l'extrême gauche qu'il rêve d'écraser depuis quarante ans. Les républicains gambettistes sont plus que réservés; quant aux monarchistes, majoritaires à l'Assemblée, ils se méfient de lui et lui imposent le titre compliqué de « chef du pouvoir exécutif de la République française ». Thiers appelle au gouvernement des modérés, davantage des amis personnels que des représentants des partis. Jules Favre, Jules Simon, Ernest Picard, Le Flô marquent la continuité avec la Défense nationale. L'amiral Pothuau va à la Marine, Dufaure à la Justice, Pouyer-Quertier, un manufacturier normand protectionniste, aux Finances. Les ministres sont d'abord les hommes du président. Ils n'ont aucune autonomie politique et exécutent les ordres de leur chef. Ce cabinet présidentiel est décalé par rapport à la majorité de la Chambre, car les légitimistes et les catholiques y sont à peine représentés, d'où un malaise larvé entre Thiers et sa majorité. Certains avaient pensé que Gambetta prendrait la tête de l'opposition à Thiers. Il n'en est pas question, car il veut rester en dehors des négociations de paix. Il préfère s'effacer temporairement et se préparer pour de nouveaux combats, comme il l'écrit à son père le 19 février : « Mon unique préoccupation est de chercher après nos efforts impuissants pour chasser l'ennemi à sauver les institutions républicaines. Ma santé a été un peu ébranlée

par toutes ces commotions mais c'est ma santé morale
encore plus que mes forces physiques qui a été éprouvée. »

Bismarck et Thiers face à face

Depuis le début de février, Bismarck se prépare à rencontrer Thiers. Il est en position de force et compte bien
remporter la seconde manche. S'il a toute liberté pour
conduire la négociation à sa guise, il n'est pas le seul maître
de la paix; il doit tenir compte de l'empereur, de l'état-major
et des aspirations de l'opinion publique allemande.

Thiers sait qu'il doit faire vite, que ses seuls atouts sont
son habileté et sa capacité à convaincre. Le 19 février, il
quitte Bordeaux accompagné de Jules Favre et flanqué
d'une commission parlementaire. Jules Favre négocie une
prolongation indispensable de l'armistice qui expirait le
22 février à minuit : « Ce supplément nous conduit au
dimanche 26 minuit et comme nous sommes au 22, nous
aurons quatre jours pour de terribles solutions. » Thiers
retrouve Bismarck le 21 février dans l'après-midi; il dispose
de cinq jours pour conclure, sinon c'est la reprise des
combats. Dans son esprit, cette dernière hypothèse est
exclue : ce qui reste d'armée est hors d'état de reprendre la
lutte, la population veut la paix, la moitié du territoire national est occupée, Paris serait menacé de bombardements
meurtriers. Thiers sait qu'il faut se placer sur la base des
propositions allemandes : perte de l'Alsace, d'une partie des
départements de la Moselle (dont Metz) et de la Meurthe,
indemnité de guerre de 6 milliards de francs. Bismarck,
aimable et courtois, a des égards pour son interlocuteur
réduit à la défensive. Thiers, pressé de conclure, acculé par
le calendrier, a hâte de rétablir une situation normale. De
son côté Bismarck ne veut pas laisser traîner les choses. Il a
quitté Berlin depuis six mois. Autour de lui, on souhaite
rentrer en Allemagne. Il craint des troubles en France et
une éventuelle intervention internationale. Si Thiers est
acculé à la défensive, Bismarck n'a pas les mains entièrement libres. Il doit tenir compte des militaires et des attentes
de l'opinion allemande. Faut-il prendre en totalité, les trois

départements et rejoindre la frontière belge pour séparer le Luxembourg de la France, ce qui suppose l'annexion de la partie nord de l'arrondissement de Briey ? Plusieurs hauts fonctionnaires prussiens sont aussi de cet avis : Ernsthausen, préfet de Trèves, qui est chargé du dossier du Luxembourg, von Külhwetter commissaire civil en Alsace-Lorraine, qui met en avant des arguments économiques. En 1866, Bismarck avait réussi à faire prévaloir, malgré Guillaume Ier, une paix de compromis, une paix modérée, une paix qui, à terme, n'excluait pas une réconciliation entre la Prusse et l'Autriche. Dans le cas présent, la guerre a été plus longue, les positions se sont durcies, l'opinion publique depuis six mois attend, espère, exige des annexions.

Thiers juge l'Alsace perdue; il concentre ses efforts sur Metz. C'est là qu'il va se heurter à Bismarck dont la position apparaît irréductible. Sur ce point, on a beaucoup discuté. Bismarck souhaitait-il laisser Metz à la France ? Le pouvait-il ?

La position officielle de Bismarck est exprimée; dans les lettres aux agents diplomatiques prussiens des 13, 16 et 27 septembre 1870, on lisait une phrase sans équivoque : « Il nous faut la Lorraine et Metz. » On retrouvait les mêmes termes dans la lettre très postérieure au chancelier russe Gortschakoff (20 janvier 1871). Des hommes qui sont proches de lui et qui ne sont pas liés au parti militaire pensent de même. C'est le cas du comte Henckel de Donnersmarck, premier préfet de la Lorraine allemande que Bismarck a appelé auprès de lui à Versailles, et qui écrit le 2 février 1871 : « Metz doit revenir à l'Allemagne. »

En tout état de cause, le roi de Prusse et l'état-major exigent Metz pour des raisons de sécurité. « Le roi de Prusse ne veut pas céder sur Metz, il est devenu inébranlable dans ses résolutions » (16 février 1871), écrit le chargé d'affaires luxembourgeois. Pour sa part, Moltke estime que la place de Metz valait au moins 120 000 hommes alors que celle de Belfort était sans valeur. C'est pourquoi la proposition de Thiers d'échanger Metz contre plusieurs milliards supplémentaires qui auraient servi à construire une autre forteresse du côté de Sarrebruck est écartée. Devant son interlocuteur qui le presse, Bismarck se retranche derrière les exigences implacables des militaires : « Il nous faut Metz aujourd'hui, notre sécurité est à ce prix » (21 février); « En Allemagne, on m'accuse de perdre les batailles que M. de Moltke a gagnées »; « Les militaires ne veulent pas céder sur Metz et peut-être ont-ils raison? » (22 février); « Ne me demandez pas l'impossible » (24 février). Il se serait rallié à ceux qui faisaient prévaloir l'argument de sécurité, la nécessité d'un glacis pour défendre la frontière. Selon certaines sources, et notamment la correspondance privée du chargé d'affaires du Luxembourg, Bismarck aurait personnellement été enclin à des concessions. Seize ans plus tard, lors du vote du troisième septennat militaire, il le rappelle devant le Reichstag en ces termes : « En 1871, il faut que je le dise franchement, je penchais pour une solution moins rigoureuse mais j'ai dû en référer aux autorités militaires qui ont été formelles. C'est alors que j'ai dit : prenons Metz. » En laissant entre parenthèses la « nécessité stratégique », Bismarck est conscient que la germanisation de Metz et de ses environs qui forment le rayon de la forteresse, sera très difficile, « d'autant que chaque famille, comme à Potsdam, a des membres dans l'armée ». Metz est la ville militaire française « par excellence ». En annexant Metz, l'Empire allemand abandonne la paix de compromis, il inflige à l'adversaire une blessure d'amour-propre, il crée une question d'Alsace-Lorraine, obstacle majeur à une éventuelle réconciliation. Bismarck aurait-il pu imposer à l'empereur, à l'état-major, à l'armée victorieuse, à l'opinion publique la restitution de Metz, ville stratégique autant que symbole de la victoire? Il ne l'a pas cru possible. Il ne l'a pas voulu, il en a pris son parti. C'est pourquoi, quand Thiers relance une nouvelle fois l'idée d'accorder le Luxembourg en compensation de Metz, Bismarck refuse la discussion. Pour lui, cette affaire est close; soumis à de fortes pressions, le grand-duché a accepté d'écarter de son territoire les sociétés ferroviaires françaises; il ne reste plus qu'à en discuter les modalités. Alors que les négociations bilatérales franco-allemandes sont très avancées, il serait dangereux de les élargir en consultant les puissances signataires du traité de Londres. Bismarck, qui veut à tout prix les maintenir à l'écart et aboutir rapidement, comprend que l'indépendance du grand-duché est un prix modéré à payer.

Bismarck, tour à tour amical, ironique ou brutal, sent qu'il faut faire une concession. Dans la mesure où il a gagné sur l'essentiel, il ne lui déplaît pas de paraître modéré dans ses exigences, d'être un homme capable de compréhension. D'autre part, il sait que Thiers ne doit pas perdre la face, car il doit faire accepter à l'Assemblée et à l'opinion publique un texte dur. C'est pourquoi, après avoir pris l'avis des militaires, il accepte de détacher Belfort du département du Haut-Rhin. La belle défense de Belfort a fait de la forteresse un symbole pour les Français. Thiers lui accorde une importance stratégique majeure alors que l'état-major allemand la tient pour négligeable. Le principe étant acquis, les négociateurs remettent à plus tard la discussion sur la détermination du rayon de la forteresse. En échange, Thiers devra proposer quelques compensations territoriales en Lorraine.

Sur un second point, Bismarck baisse un peu ses prétentions; il accepte de réduire de 6 à 5 milliards de francs-or le montant de l'indemnité de guerre. C'est une somme énorme pour l'époque. Jamais un État victorieux n'avait exigé une contribution d'un tel montant. En 1815, les alliés avaient obtenu de la France 700 millions en cinq ans plus l'entretien d'un corps d'occupation de 150 000 hommes (soit au total 1 milliard 100 millions). Pour réunir 5 milliards, plusieurs années seront nécessaires. Dans les coulisses, les hommes d'affaires allemands Bleichröder et Henckel de Donnersmarck s'agitent pour décrocher une part de l'opération. Thiers et Favre introduisent Alphonse de Rothschild dans la négociation. Bismarck, qui avait logé dans son château, le traite sans ménagements.

En cinq jours, tout est joué. Le 26 février, Thiers se résout à signer les préliminaires de paix; il obtient la prolongation de l'armistice jusqu'au 12 mars 1871 et accepte le défilé de 30 000 Allemands sur les Champs-Élysées. L'article Ier énumère les territoires cédés : le département du Bas-Rhin, le département du Haut-Rhin sauf l'arrondissement de Belfort, les arrondissements mosellans de Metz, Thionville, Sarreguemines et meurthois de Sarrebourg et de Château-Salins et deux cantons des Vosges.

L'indemnité de guerre de 5 milliards sera payée en plusieurs tranches, la dernière trois ans après la ratification des préliminaires. Jusqu'à cette date, six départements du Nord-Est et Belfort resteront occupés à titre de gage. En attendant, l'armée française doit se replier au sud de la Loire. La cessation des réquisitions, le rapatriement des prisonniers de guerre, l'évacuation de certains départements sont suspendus à la ratification des préliminaires par l'Assemblée nationale. Dès que celle-ci sera acquise, des négociations s'ouvriront entre les deux pays pour leur application et la conclusion du traité de paix définitif.

Le texte signé, Thiers et Favre reviennent en voiture à Paris. À son retour, Favre écrit à Jules Simon cette lettre poignante : « Les Allemands étaient rayonnants. Je souffrais tant... Monsieurs Thiers a supporté cette épreuve héroïquement. [...] En voiture, il a fondu en larmes. Nous sommes venus ainsi jusqu'à Paris, lui pleurant toujours, moi souffrant et foudroyé. L'après-midi était superbe, j'aurais voulu être au cercueil. » À Versailles, dans la soirée, Bismarck savoure sa victoire. Ses adversaires, Moltke en tête, viennent le féliciter.

Immédiatement Thiers prend le train. Il faut rapidement obtenir la ratification par l'Assemblée nationale. À Bordeaux, la nouvelle est connue dans la soirée. Paul Déroulède, arrivé de l'Est dans la capitale politique provisoire de la France, se promène sur les allées de Tourny : « Une feuille de journal que s'arrachait la foule contenait le texte des conditions imposées par l'Allemagne. Nous nous mîmes à la lire sur place. [...] Hélas! Hélas! Metz en était! Strasbourg en était! Colmar en était! Et Mulhouse aussi! Nous étions là, cloués sur place, foudroyés, atterrés. »

Le 27 février, George Sand apprend la nouvelle par le sous-préfet de La Châtre : « Enfin! Elle est signée et signifie cette paix dont nous ignorons les conditions. Nous ne les saurons probablement pas avant que l'Assemblée ne les aient approuvées. Elle est peut-être atroce, mais ce n'est plus la guerre et on respire. » Devant l'Assemblée, Thiers défend le texte; le climat est tendu. « Séance tragique », conclut laconiquement Victor Hugo. Le siège de la majorité est fait depuis longtemps; elle vote, la mort dans l'âme, les préliminaires de paix par 546 voix contre 107. Ont refusé « le vote infâme de ce traité » (Victor Hugo) les députés des départements totalement ou partiellement cédés et l'extrême gauche parisienne (Louis Blanc, Edgar Quinet, Victor Hugo) et quelques isolés, comme le général Chanzy. Nicolas Claude, industriel cotonnier dans les Vosges, ami de Jules Ferry, exprime ainsi l'épreuve qui a été la sienne : « Depuis trois jours, je ne vivais plus. [...] J'ai voté *non*. Nous savions que plus de 500 voix étaient acquises au traité. [...] Les membres de la majorité nous regardaient avec compassion et avouaient qu'à notre place, ils en feraient autant! Ah! quelle souffrance! Quel calvaire! ». Et il ajoute : « Les Prussiens sont dans nos vallées. [...] Cette idée me met hors de moi. » Dès que le résultat est proclamé, Jules Grosjean, député du Haut-Rhin, monte à la tribune et au nom de ses collègues, lit la célèbre protestation des représentants de l'Alsace et de la Lorraine annexées : « Nous déclarons encore une fois nul et non avenu un pacte qui dispose de nous sans notre consentement. [...] La revendication de nos droits reste à jamais ouverte à tous et à chacun, dans la mesure et dans la forme que notre conscience nous dictera. » Puis les 35 députés des départements totalement ou partiellement cédés, parmi lesquels Gambetta, quittent la salle des séances et donnent leur démission. Sur les instances de Jules Grévy, ceux des circonscriptions non annexées acceptent de garder leur mandat ce qui réduit à 20 le nombre des démissions.

Le soir même du départ des députés alsaciens-lorrains de la salle des séances, le député républicain maire de Strasbourg Emile Küss succombe à un malaise cardiaque. Ce décès subit provoque une intense émotion, parmi les parlementaires. Le corps est ramené à Strasbourg. Sur le quai de la gare de Bordeaux, devant la dépouille mortelle de son collègue, Gambetta improvise une vibrante allocution où l'émotion entraîne sa parole plus loin qu'il aurait fallu; c'est la seule fois dans un discours public où il parle « d'une revanche qui serait la protestation de droit contre la force et l'infamie ». Gambetta, très fatigué nerveusement, sait que dans l'immédiat il faut s'effacer. Il quitte Bordeaux pour aller se reposer à Saint-Sébastien; ses familiers le renseignent par courrier sur l'évolution des événements.

Le vote favorable de l'Assemblée obtenu, Thiers expédie à Paris les pièces pour qu'elles soient communiquées le plus vite possible à Bismarck. Celui-ci est averti par télégramme le 1er mars à 10 heures du soir. Le lendemain 2 mars, de bon matin, les troupes allemandes entrent à Paris sous la conduite du général von Kamecke. Elles descendent les Champs-Élysées jusqu'à la place de la Concorde dont les statues ont été voilées de crêpe. Les rues sont presque vides. Il n'y a pas d'incidents. Quelques officiers se promènent à cheval ; parmi eux, le jeune Paul von Hindenburg, en compagnie de son ami Bernardi, descend les Champs-Élysées, traverse la place de la Concorde, longe les Tuileries et va jusqu'au Louvre ; puis il revient par les quais de la Seine, traverse le Bois de Boulogne et rentre à son cantonnement. Il écrit « avoir été impressionné par les monuments historiques du riche passé de l'adversaire ». Les rares habitants qui se sont montrés observent une attitude réservée. Pendant ce temps Guillaume Ier et le prince royal passent une revue à Longchamp. Dans la matinée du 2 mars, les pièces signées arrivent à Versailles. À 11 heures, les troupes allemandes reçoivent l'ordre de quitter Paris, au grand mécontentement de Guillaume Ier qui n'a contemplé que de loin la capitale française.

Maintenant, il faut débarrasser la mémoire de Thiers des légendes qui l'obscurcissent. La plupart de ses contemporains l'ont porté aux nues et n'ont pas tari d'éloges sur « l'illustre négociateur », sur l'éminente sagesse de « l'illustre homme d'État ». Les historiens du début du siècle ont baissé un peu le ton tout en l'approuvant. Puis un courant d'opinion amorcé par les ouvrages d'Henri Guillemin l'a rejeté. Pour les insurgés de 1968 et les célébrants intellectuels du centenaire de la Commune, le cas de Thiers n'est même plus plaidable. Ce bourgeois égoïste, au cœur sec, le « fusilleur » de la Commune, aurait été aussi négligent des intérêts collectifs de la nation qu'empressé à protéger ceux de sa classe sociale.

Pour juger avec équité, il faut toujours revenir au contexte de février 1871. Avec ce qui restait d'armée, en l'absence de tout appui international, la reprise de la guerre était une totale illusion. Ultérieurement, Gambetta a admis que ce n'était pas la solution. Toute défaite militaire implique des sacrifices territoriaux et financiers. La France ne pouvait échapper à cette issue et, avec, réalisme, Thiers s'y était résigné. Résumons la situation où il se trouvait : un pays qui aspirait à la paix, une Assemblée qui dans sa majorité la voulait, un isolement total sur le plan diplomatique. Dans ces conditions, était-il possible de faire autrement ? Thiers a été suivi, la mort dans l'âme, par l'immense majorité de ses compatriotes. Les accusations d'égoïsme bourgeois qui s'élèveront une centaine d'années après les événements relèvent du phantasme idéologique et servent de défoulement commode. Sans absoudre Thiers, sans l'approuver, il faut le comprendre. Placé là où il était, dans une situation bien pire que celle de Pierre Mendès France à Genève en 1954 après Diên Biên Phu, il devait, sans aucune marge de manœuvre, liquider une politique qu'il n'avait pas conduite.

A-t-il été pour autant un négociateur hors de pair ? Sur ce point, les avis sont plus partagés. Thiers n'avait ni la subtilité ni la rouerie ni les atouts de Bismarck. Face à un interlocuteur sûr de lui, parfois brutal, Thiers, sur la défensive, s'est laissé dominer par lui. Il cache mal son trouble, il traduit ce qu'il éprouve, il se laisse sonder. Entre les deux hommes la partie n'était pas égale. Dans ses *Mémoires*, Hohenlohe rapporte une anecdote significative : « Il [Bismarck] nous raconta encore la scène où Thiers et Favre le pressaient; se voyant acculé, il leur avait répondu qu'il ne pouvait se défendre en français contre tant d'éloquence et qu'il ne répondrait plus qu'en allemand. Et en effet, il commença à leur parler en allemand. Grand désespoir de l'autre côté. Favre tournait en tout sens dans la chambre, Thiers ne soufflait mot; ce dernier tendit enfin à Bismarck un billet où était écrite la concession réclamée par Bismarck en l'accompagnant de ces simples mots : " Est-ce que cela fait votre affaire ? " Bismarck avait répondu : " Parfaitement ", et les pourparlers avaient repris leur cours régulier. »

Un autre négociateur français aurait-il pu obtenir davantage ? On peut en douter. En tout cas, aucun autre homme politique n'a disputé à Thiers cette tâche redoutable et n'aurait été en mesure d'en faire accepter les conséquences aux Français comme il a su ensuite le faire.

Il reste à examiner les réactions en Alsace et en Lorraine. Depuis quelques semaines, les habitants ne se faisaient plus guère d'illusion. Il n'en demeure pas moins que la nouvelle du vote causa un choc. « Nous voilà donc allemands! note le notaire de Saverne Camille Schoell. Il faut bien avouer que, nous autres, Alsaciens et Lorrains, nous méritions un regret plus grand que celui qui s'est manifesté par cette minorité de 107 voix. » (7 mars 1871). Quelques jours plus tard, le 15 mars, il rencontre à la gare le député-maire Ostermann qui est de retour : « Il ne paraît pas très flatté de l'accueil qui a été fait aux députés de l'Alsace et de la Lorraine par leurs collègues de Bordeaux et le peu de sympathie qu'on leur a manifesté leur a prouvé dès l'abord que le sacrifice de ces deux provinces était une chose déjà résolue, et lorsque la décision de la Chambre leur a fait un devoir de s'en retirer, ils n'ont pas trouvé dans la bouche du président Grévy une parole de courtoisie. » Dans l'un de ses rapports, le commissaire civil allemand note « l'effet accablant de ce vote pour la population alsacienne ». Il n'en est pas moins conscient de la persistance de « l'indéfectible attachement de la grande majorité de la population à la France ». Rude tâche pour les Allemands! Ils se consolent en célébrant pour la première fois l'anniversaire de l'empereur (27 mars). À Metz, on organise une retraite aux flambeaux, une parade et un service religieux à la cathédrale.

Scheurer-Kestner rentre à Thann après une absence de quatre mois. « Triste retour dans un pays définitivement occupé par les Allemands. [...] Qui n'a pas subi cette humiliation, ce déchirement, ne connaît pas la douleur. » Beaucoup d'Alsaciens partagent ces sentiments. Néanmoins, il faut vivre. C'est pourquoi une délégation de notables et d'industriels se rend à Berlin pour discuter des questions douanières. Elle est reçue avec des égards. En Alsace comme en Allemagne, les portes sont loin d'être fermées.

Aux préliminaires de paix, Thiers a fait les concessions majeures et dessiné l'architecture du futur traité. Les pays européens, spectateurs du duel franco-allemand, les enregistrent sans surprise. L'annexion de l'Alsace-Lorraine est certes désapprouvée mais n'est pas considérée comme scandaleuse. Tout au plus, déplore-t-on en Italie et en Grande-Bretagne que les habitants concernés ne soient pas appelés à se prononcer sur leur sort. Ce qui inquiète le plus les étrangers, c'est le montant considérable de l'indemnité de guerre. Ce gigantesque transfert de fonds risque de perturber les marchés financiers. Une démarche anglaise, qui en demandait la diminution, est arrivée trop tard à Versailles. En ce printemps de 1871, la conjoncture économique et financière apparaît favorable et la France ne saurait tarder, sous la sage conduite de Monsieur Thiers, à reprendre sa place dans la communauté internationale. La guerre franco-allemande n'a guère perturbé ni les échanges commerciaux ni la vie quotidienne des peuples européens. Au cours de l'hiver, ils ont découvert les horreurs des combats et des sièges. Spontanément, les sympathies des Belges, des Suisses, des Hollandais, des Anglais, vont vers les vaincus et les victimes. Comités spontanés et organisations privées recueillent des fonds, des denrées, du matériel et les acheminent aux plus démunis. Les Strasbourgeois, les Messins, les Parisiens, les prisonniers ont été soulagés par un grand élan de solidarité. La générosité des particuliers a corrigé d'une note positive la prudence égoïste des gouvernements et des États.

CHAPITRE XIV

Négociations de paix et guerre civile

Les préliminaires de paix ont été l'acte diplomatique essentiel. La négociation du texte définitif se poursuit à Bruxelles puis elle s'achève le 10 mai 1871 par la signature du traité de Francfort. Parallèlement, les deux gouvernements engagent le processus de démobilisation. Un événement imprévu vient tout perturber : la journée révolutionnaire du 18 mars 1871 à Paris et la proclamation de la Commune. Une guerre civile oppose Paris insurgé et le gouvernement légitime de Thiers replié à Versailles. Pendant deux mois, le climat est étrange : d'une part, Thiers s'emploie à négocier la paix avec l'Allemagne, d'autre part, pour réduire Paris, il doit remobiliser des troupes et obtenir la bienveillance de l'ennemi. À la guerre étrangère succède la guerre civile sous la surveillance inquiète et vigilante des troupes allemandes.

Fin de l'état de guerre

Bismarck veut aller vite et parvenir en quatre à six semaines au traité définitif : les dirigeants allemands qui sont pressés de rentrer à Berlin n'ont plus rien à gagner à prolonger leur séjour en France. Dans les territoires occupés, la situation pourrait échapper aux fonctionnaires allemands. De son côté, Thiers veut rétablir rapidement son autorité sur l'ensemble du territoire français. Le ministre de l'Intérieur procède déjà à la désignation des préfets et des sous-préfets officieux qui doivent prendre leurs fonctions dès que les Allemands se retireront.

Le 7 mars, Guillaume Ier, Bismarck et l'état-major quittent Versailles pour Ferrières. Le 13, ils prennent le train à Lagny. Le 15 mars, le nouvel empereur s'arrête trois quarts d'heure à la gare de Metz. Il est accueilli par une salve de 101 coups de canon. C'est seulement le 17 mars que Guillaume Ier retrouve sa capitale après huit mois d'absence. Le commandement en chef des troupes d'occupation (environ 500 000 hommes restent sur le territoire français!) a été confié au général saxon von Fabrice. C'est lui qui négocie avec les ministres français l'application des préliminaires. On aboutit à la signature des deux conventions de Ferrières et de Rouen (16 mars 1871). Cette dernière, négociée entre von Fabrice et le ministre des Finances, Pouyer-Quertier, règle le paiement des frais d'occupation des 500 000 soldats allemands stationnés en France. Le gouvernement français les prend à sa charge et s'engage à verser 1,75 franc par homme et 2,50 francs par cheval. Moyennant cet accord, c'est la fin rapide du régime d'occupation, des fonctionnaires allemands, du versement de l'impôt, des réquisitions en argent et en nature. L'intendance allemande prend en charge les fournitures de vivres mais les soldats doivent encore loger chez les habitants car les locaux publics sont trop exigus pour les accueillir. La poste, le télégraphe, les chemins de fer sont restitués aux autorités françaises sous réserve de la satisfaction prioritaire des besoins des troupes d'occupation. Les gouvernements généraux sont dissous, les « Moniteurs » cessent leur publication, les préfets allemands prennent congé de leurs administrés. Les Allemands se retirent des pays de la Loire et du sud du Bassin parisien. Le 7 mars, ils évacuent les forts situés au sud de Paris (Mont-Valérien inclus) mais restent dans les forts de l'est et du nord pour surveiller la capitale. À Sens, les Allemands évacuent les hôpitaux et les dépôts. Le chemin de fer français est rétabli le 15 mars. La ville a été occupée 133 jours. L'administration civile française prend les choses en main dans la deuxième quinzaine de mars dès que les Allemands se retirent (c'est le cas pour la poste le 24 mars). Dans les régions situées au nord de la Seine, la *Landwehr* se retire et

est remplacée par des troupes régulières ; c'est le cas dans la
Marne où s'installent des Wurtembergeois. Partout, les Allemands conservent un droit de regard sur l'utilisation du télégraphe. Dans la Marne, c'est dans le courant du mois d'avril
que le préfet et les sous-préfets sont en mesure d'exercer
leurs fonctions.

L'accès de la capitale étant désormais libre, l'Assemblée et
le gouvernement envisagent de quitter Bordeaux. Ils sont
inquiets de l'agitation permanente entretenue par la garde
nationale. En attendant l'apaisement des esprits, ils décident
d'installer provisoirement le siège des pouvoirs publics à
Versailles que les dirigeants allemands viennent à peine de
libérer. Cette décision est considérée par les Parisiens
comme un acte de défiance.

Le rétablissement d'une administration régulière concerne
au moins autant les départements restés libres que les zones
occupées. Les députés conservateurs se plaignent des préfets
et sous-préfets de Gambetta et des commissions municipales
qu'ils ont nommées et dont leurs amis auraient été exclus.
Ils exigent leur remplacement. Thiers procède avec beaucoup de prudence ; il puise dans l'ancien personnel impérial
et orléaniste des hommes peu marqués et conciliants ; il
maintient en place les républicains modérés partisans de la
paix.

La démobilisation

Il est désormais possible et urgent de renvoyer dans leurs
foyers les gardes mobiles et les gardes nationaux mobilisés.
C'est l'une des clés de l'apaisement et de la reprise des activités normales. Le point sensible est Paris, où se trouve la
plus grande concentration de mobilisés.

Une première opération délicate a été réussie, celle de la
dissolution des bataillons étrangers de l'armée Garibaldi. Ce
dernier, qui a été élu député de Paris, a été rejeté par
l'Assemblée de Bordeaux et a regagné l'Italie dès le
14 février. Le ministre a envoyé à Chalon-sur-Saône l'amiral
Penhoat avec la mission de mener à bien cette opération. À
la fin de février 1871, la plupart des Italiens et des Espagnols

ont été reconduits sans incidents graves vers les frontières de leur patrie respective.

Au début de mars 1871, on procède à la dissolution des camps d'instruction régionaux (7 mars). Dans chaque armée, les chefs de corps sont invités à renvoyer les gardes nationaux dans leurs foyers. Dans l'Ouest, dans le Nord, autour de Lyon, les opérations sont aisées et rapides. La garnison de Belfort est démobilisée à Grenoble le 9 mars.

Louis Gensoul, mobile du Gard à l'armée du Nord depuis septembre 1870, s'embarque à Dunkerque le 19 février et arrive à Cherbourg le 21. Son régiment est démobilisé à Bayeux le 17 mars. Le lendemain, avec quelques amis, il part à pied pour Nîmes. Après 37 étapes, il arrive le 28 avril à bon port. Il avait quitté Uzès le 11 septembre! À Paris, les gardes mobiles provinciaux désarmés et désœuvrés flânent dans les rues et ne demandent qu'à rentrer chez eux. Comme le chemin de fer ne fonctionne encore qu'irrégulièrement, les unités quittent la capitale à pied et prennent le train plus loin, avant de gagner le lieu de leur dissolution. Par exemple, les mobiles de Picardie (750 hommes valides sur les 1 200 du bataillon) quittent Paris le 7 mars; ils arrivent à Pont-Remy le 11 où leur bataillon est dissous. Les mobiles du Finistère qui étaient arrivés à Paris le 12 septembre, quittent la capitale le 10 mars « pour notre retour au pays ». On forme trois colonnes en direction de Chartres, Orléans, Évreux, qui partent de Paris le 15 mars. Malgré ces départs, la situation dans la capitale demeure explosive. Si les mobiles de la Seine et des départements voisins ont été facilement licenciés, le gouvernement ne sait que faire des 300 000 gardes nationaux. Cette masse agitée et insubordonnée a gardé ses armes, notamment des canons qui n'avaient jamais servi. Elle s'est politiquement organisée dans le Comité de coordination des vingt arrondissements. Cette autorité de fait rivale de l'Assemblée et du gouvernement regrette de n'avoir pu combattre les Prussiens.

Thiers, le « massacreur de la rue Transnonain » en 1834, l'homme de la « vile multitude » est aussi détesté que les « Jules » du gouvernement de la Défense nationale. Notre propos n'est pas ici de raconter une nouvelle fois la Commune de Paris, et nous renvoyons à l'excellent ouvrage récent et documenté de William Serman. Il s'agit d'examiner dans quelle mesure le conflit franco-allemand a joué un rôle dans la genèse et le déroulement de la Commune.

Le désarmement de la garde nationale est la condition du rétablissement de l'autorité du gouvernement sur Paris. Tout va se cristalliser autour des canons de Montmartre. Ceux-ci avaient été fondus durant le siège et payés par souscription ; n'appartenant pas à l'armée régulière, ils n'avaient pas été livrés aux Prussiens. À plusieurs reprises, les troupes du général Vinoy avaient tenté sans succès de s'en emparer. Pour les mettre à l'abri d'une mauvaise surprise, les gardes nationaux les avaient hissés sur les collines de Montmartre et des Buttes-Chaumont, et montaient auprès d'eux une garde vigilante. Par bravade, ils les avaient placés en batterie en direction des forts du nord occupés par les Prussiens. Y avait-il un risque d'incident grave ? On ne saurait *a priori* l'écarter. L'avenir montrera qu'il n'en était rien. Thiers enrage de voir ces canons lui échapper. Les reprendre serait marquer sur Paris un point décisif. La situation demeure incertaine, la vie quotidienne difficile et la ville n'a pas retrouvé son animation coutumière. Le général du Barail, qui revient de captivité, arrive le 17 au soir à la gare du Nord. Il a voyagé deux jours et a mis treize heures pour faire le trajet Bruxelles-Paris. « À la descente du train, personne, pas une voiture. Hélas ! Qu'était devenu notre Paris d'antan, si joyeux, si étincelant, si vivant ? Traversé ainsi au milieu d'une nuit glaciale, il ressemblait à une ville morte. Un réverbère sur vingt à peine était allumé ; quelques rares passants s'en allaient, rapides, tous coiffés d'un képi. C'était tout ce qu'ils avaient gardé du siège. »

La démobilisation signifie aussi l'échange des prisonniers de guerre et le retour des internés. Les négociations avec la Suisse sont rapides, car celle-ci désire être libérée des charges considérables qui pèsent sur elle et sur ses habitants. Entre le 13 et le 27 mars, 90 000 internés rentrent par Les Verrières, Genève, Thonon, Évian, Divonne. Il reste seulement les blessés et les malades, qui seront rapatriés ultérieurement. La France a remboursé à la Suisse 12 millions de francs de frais. Les armes et les pièces d'artillerie seront rendues dans le courant de l'été.

L'essentiel est le retour de l'énorme masse de prisonniers détenus en Allemagne. Les officiers sont libres et peuvent rentrer en France à leurs frais s'ils le désirent. Les premiers arrivent vers le 10 mars. Pour les hommes de troupe il faut prévoir un plan de rapatriement, organiser des convois; c'est une opération de longue haleine qui doit être étalée sur plusieurs semaines.

La journée parisienne du 18 mars 1871

L'Assemblée nationale doit tenir sa première séance à Versailles le 20 mars. Thiers, qui veut montrer son autorité aux députés, a besoin d'un succès contre Paris. C'est lui qui impose aux généraux Vinoy et d'Aurelle, nommé depuis peu commandant supérieur de la garde nationale, de préparer une opération pour enlever les fameux canons. Ils sont réticents car ils manquent de troupes sûres et de matériel de traction. Ils obéissent néanmoins.

Le 18 mars, de bon matin, alors que le jour n'est pas encore levé, les troupes régulières se rendent à Montmartre et aux Buttes-Chaumont et se mettent à déplacer les canons. Bientôt, dans le quartier, se répand la nouvelle. Spontanément, les gardes nationaux se rassemblent, menacent les officiers, bloquent les accès de la butte, cherchent à fraterniser avec les soldats. Les troupes régulières sont débordées; c'est un échec. Thiers, qui s'est installé au quai d'Orsay, juge que ses forces, déjà insuffisantes, risquent de se désagréger. Dans l'après-midi, il décide l'abandon de Paris et le repli sur Versailles. À l'Hôtel de Ville, Jules Ferry voudrait rester; au Louvre, le général Vinoy est du même avis. Avec la fraction fidèle de la garde nationale, on pourrait rééditer l'opération du 31 octobre 1870. Thiers, têtu et imperméable à leurs arguments, maintient sa décision. Au même moment, le Comité des vingt arrondissements de la garde nationale qui, jusque-là, n'avait joué aucun rôle, se réunit et cherche, d'ailleurs sans y parvenir, à coordonner le mouvement. À l'Hôtel de Ville, Jules Ferry confère avec les maires tandis que l'émeute gagne comme une onde, et que les gardes nationaux de l'est sont maîtres de Paris. Ceux-ci sont très montés contre les officiers et les généraux capitulards. Au cours de la matinée, ceux de Montmartre ont arrêté le général Lecomte, l'un des responsables de la reprise des canons. Dans sa prison improvisée, il est rejoint par le général Clément Thomas, ancien commandant de la garde nationale, qui a été reconnu dans la rue. Le soir, un « tribunal populaire », entouré d'une foule haineuse les condamne à mort. Georges Clemenceau, maire de Montmartre, averti de ce qui se passait, se précipite sur les lieux pour éviter l'irréparable. Il arrive trop tard, les deux généraux ont été cloués au mur et fusillés. Dans un autre quartier de Paris, le général Chanzy, qui revient de Bordeaux et est donc étranger aux événements du jour, est arrêté avec son aide de camp à la descente du train. Ils sont bousculés, frappés, injuriés et jetés en prison. Quand leurs geôliers leur apprennent la mort de Lecomte et de Thomas, ils croient leur dernière heure arrivée.

Par rapport à toutes les journées parisiennes antérieures, celles de la Révolution comprises (dont le souvenir est encore très présent), les incidents du 18 mars ont une double originalité ; ils sont la conséquence directe de deux décisions gouvernementales, l'une militaire, l'autre financière.

Thiers avait décidé de reprendre les fameux canons de la garde nationale, puis d'obtenir son désarmement. Cette opération nécessaire pouvait-elle se faire pacifiquement ? Pour avoir quelque chance de réussir, apaiser les ressentiments était une priorité. Or les décisions récentes prises par l'Assemblée et par Thiers allaient dans le sens inverse et dressaient les gardes nationaux contre l'autorité légitime. Les deux principales étaient la suppression du moratoire des effets de commerce et des loyers et la suppression de la solde des gardes nationaux. Cette solde était l'unique ressource des familles ouvrières car le travail n'avait pas encore repris. Il ne faut pas interpréter cette suppression comme une maladresse, mais comme la volonté délibérée de laisser jouer la logique libérale. Pour avoir méconnu qu'il fallait continuer le traitement social de la guerre, même au prix de quelques dépenses supplémentaires, Thiers et l'Assemblée se sont exposés à des réactions imprévisibles, désordonnées et inacceptables. Dureté et incompréhension ont nourri l'émeute.

Pourquoi est-on passé de l'émeute à l'insurrection? On explique tout par la volonté de Thiers d'abandonner Paris. Il faut comprendre que le 18 mars, contrairement au 31 octobre 1870 ou au 22 janvier 1871, le gouvernement légal ne dispose plus de la force dans la capitale. Les troupes régulières sont faibles; une partie a abandonné ses chefs. Quant aux gardes nationaux non fédérés, ceux des quartiers de l'ouest que Jules Ferry avait entraînés à l'Hôtel de Ville le 31 octobre, ils ne sont plus en mesure d'intervenir; les bataillons ne sont plus opérationnels; les hommes se sont démobilisés ou sont partis régler leurs affaires en province ou n'ont plus envie de se battre. Le pouvoir est nu. L'émeute improvisée et incertaine acquiert une dimension politique telle que les lieux du pouvoir, sauf l'Hôtel de Ville que Ferry abandonne au dernier moment sous la menace, sont désertés par leurs occupants. Beaucoup de Parisiens n'ont d'ailleurs pas réalisé la gravité des événements. Les quartiers de l'ouest et de la rive gauche sont restés calmes, les trains circulent, les journaux paraissent le lendemain. D'ailleurs les pourparlers entre Versailles et Paris continuent. On est loin de se douter que Thiers est résolu à n'accepter aucun compromis. À ses yeux, les meurtriers des deux généraux sont des assassins. Aucune conciliation n'est plus possible avec eux. Toutes les tentatives des députés de Paris et des maires comme Clemenceau butent sur son intransigeance. Même les malheurs du général Chanzy, en faveur duquel ses amis remuent ciel et terre, laissent Thiers de marbre. « Je ne peux rien obtenir de M. Thiers ni du ministre », s'écrie désespérément sa belle-sœur.

Les gardes nationaux insurgés ne sont pas antimilitaristes. Leur haine des généraux a des raisons bien précises, ce sont des « capitulards ». Pour cette raison quelques officiers se sont ralliés à la Commune. Parmi eux, le général à titre temporaire Camille Crémer qui s'est battu en Bourgogne et en Franche-Comté reste seulement quelques jours, juste le temps de faire libérer son collègue Chanzy avant de rejoindre lui-même Versailles, conscient de s'être fourvoyé dans une tragique impasse. Un autre cas est celui de Louis Rossel que nous avons déjà rencontré au cœur du drame de Metz. Gambetta l'avait envoyé dans le Nord puis nommé chef du génie au camp de Nevers. C'est là qu'il vit l'hiver de la défaite. Bien entendu, il est pour la lutte à outrance et rêve de se replier dans un réduit cévenol : « Nos Cévennes sont un merveilleux réduit pour se reformer et reconquérir le pays. » L'arrivée au pouvoir de Thiers, l'approbation par l'Assemblée des préliminaires de paix sont une succession de catastrophes. Il est désorienté : « Je tâche un peu de me guérir du traité de paix et de tout cela, mais je n'y réussis pas », écrit-il à sa sœur le 18 mars. Le 19, il démissionne de l'armée : « J'ai horreur de cette société qui vient de livrer si lâchement la France. » C'est un geste pur, patriotique et désespéré. Louis Rossel arrive à Paris le 21 mars et se met au service de la Commune.

Si la journée du 18 mars est une conséquence directe de la guerre, ses origines profondes remontent bien au-delà. Une aspiration les résume : c'est le mot « Commune » si souvent prononcé depuis six mois! Un nom magique qui serait le remède à tous les maux dont souffriraient les Français. Il s'enracine dans des souvenirs historiques variés. En mars 1871, il signifie le refus du pouvoir des classes dirigeantes, toutes tendances politiques confondues, républicaine comprise. Il signifie aussi la volonté de s'organiser en cellules autonomes, des démocraties de base à partir desquelles on pourrait reconstruire la nation. La France serait une libre fédération de communes.

La proclamation de la Commune découle d'un mouvement de fond, d'une espérance messianique de liberté, de délivrance qui s'est emparée d'une partie de la population parisienne au cours du siège. Entre septembre 1870 et février 1871, elle avait vécu dans l'attente, le désœuvrement, les privations, le sentiment d'impuissance. Les gardes nationaux qui voulaient se battre ne se sont jamais battus ou si peu; ils rêvaient de chasser les Prussiens, on les a tenus à l'écart, c'est la source d'un ressentiment à l'égard des hommes politiques, des officiers. Ils ont subi la paix dans l'humiliation. Maintenant on leur impose des chefs impopulaires, on veut les dépouiller de leurs armes au bénéfice d'une armée régulière dont ils méprisent les officiers, instruments de toutes les répressions contre le peuple de Paris. L'affaiblissement du pouvoir et de l'autorité de l'État dans le contexte difficile que nous avons évoqué, suffit pour transformer une insurrection spontanée, anarchique, désordonnée, sans projet, en un mouvement politique que consacre le recours au suffrage universel par l'élection d'un conseil général de la Commune.

Le soulèvement de Paris et la proclamation de la Commune rencontrent un écho dans la France du Centre et du Midi, celle qui s'était soulevée contre le coup d'État du 2 Décembre, celle qui avait bougé après le 4 septembre 1870. Comme l'a montré Jeanne Gaillard, la Commune est loin d'être un phénomène parisien. Dans les jours qui suivent le 18 mars, au Creusot, à Grenoble, Limoges, Nîmes, Périgueux, Perpignan, Bordeaux, des éléments d'extrême gauche se soulèvent ou manifestent par solidarité. C'est à Lyon, Narbonne, Marseille, Saint-Étienne et Toulouse que les désordres sont les plus graves. À Toulouse, Thiers destitue le préfet et la situation lui échappe pendant plusieurs jours. À Lyon, c'est le préfet qui est destitué par les insurgés, le drapeau rouge est arboré; en deux jours, les troupes reprennent le contrôle de la ville. Des barricades sont encore dressées les 30 avril et 1er mai 1871.

Dans la France occupée et dans l'Ouest, c'est la stupeur et bientôt le refus. Le soulèvement des Parisiens est incompréhensible, irresponsable. Le meurtre des généraux est un crime odieux, il entrave les efforts de Thiers, il affaiblit le crédit de la France, il donne des moyens de pression à Bismarck, il peut retarder la libération des territoires.

Pendant quelques jours, Thiers est à la fois déterminé et démuni. Les troupes de Vinoy qui ont reflué sur Versailles sont des troupes vaincues qu'il faut réorganiser et renforcer. Elles comptent moins de 10 000 hommes. De leur côté, les fédérés, tout surpris de leur victoire, occupent les forts du sud. Le Mont-Valérien leur échappe par miracle. La fête passée, les fédérés reprennent leurs habitudes de siège. Ils retournent monter la garde aux remparts, s'entraînent, fabriquent des munitions, des armes et des uniformes. Cette fois-ci, ils n'ont plus la protection de l'armée régulière. Celle-ci se prépare à les affronter. Les quelques officiers de carrière qui sont restés avec eux, comme Louis Rossel, multiplient les mises en garde. Il est impossible d'arriver à l'unité de commandement et d'introduire un semblant de discipline. Les gardes nationaux persistent dans les illusions qui avaient été les leurs durant le siège. Ils n'ont tiré aucune leçon de la tuerie de Buzenval et lancent sur Versailles une marche qui tourne à la déroute.

À ce moment, les contacts sont rompus; aucune conciliation ne semble possible, Thiers d'ailleurs la repousse. Il veut la victoire militaire sur les insurgés et nomme le maréchal de Mac-Mahon de retour de captivité à la tête de l'armée de Versailles. Il rassure les conservateurs et connaît par expérience la docilité éprouvée du maréchal à l'égard de l'autorité civile. Sous le commandement de Mac-Mahon, Thiers rassemble une armée régulière dont les officiers, quelles que soient leurs opinions, sont radicalement hostiles à ce que représente la Commune. Thiers a derrière lui la quasi-totalité des hommes politiques et notamment ceux qui en août-septembre 1870 avaient si imprudemment appelé à armer les gardes nationaux parisiens. Ceux qui désapprouvent ou déplorent comme Gambetta à Saint-Sébastien, sont acculés au silence ou à l'impuissance. Dans un autre contexte, Thiers engage l'opération pour laquelle Bazaine s'était proposé en septembre 1870, cette fois, non au profit de l'empire, mais au profit de la République conservatrice. Pour couper l'herbe sous le pied à toutes les revendications communales, Thiers organise des élections municipales le 30 avril. Le scrutin se déroule dans le calme et permet de mettre en place des autorités municipales élues. Dans l'ensemble, il est moins défavorable aux républicains que le scrutin de février. À Lyon, 29 conseillers sur 36 sont républicains.

Ces élections puis les combats contre la Commune détournent les journaux et l'opinion du conflit franco-allemand. Quand tous les prisonniers seront rentrés, la page de la guerre sera tournée dans la France qui n'a pas été occupée.

Les Allemands devant la Commune

À partir des forts de la rive droite, les Prussiens, narquois et inquiets, surveillent les événements. Bismarck qui vient de regagner Berlin, n'est pas surpris par l'insurrection de Paris. Il est indigné par la démagogie, l'illusion, l'égarement du peuple parisien. En même temps, il comprend le bien-fondé de certaines revendications contre les excès de la centralisation. Bien entendu il souhaite la défaite des insurgés, mais va chercher à les utiliser pour faire pression sur Thiers. Pendant deux à trois semaines les responsables allemands sont inquiets. Certains sont tentés d'intervenir. Des propos cyniques ou dédaigneux le laissent parfois entendre. En réalité, il n'est pas question que les troupes allemandes interviennent et elles ne sont pas intervenues. Il serait insensé de gaspiller dans des combats de rues sanglants et incertains tout le bénéfice de la victoire. Moltke avait su éviter les combats de rues contre les Parisiens, c'est à Thiers maintenant de les livrer. Dans l'immédiat, son gouvernement est paralysé, son autorité affaiblie, la rente est tombée au plus bas ce qui l'oblige à différer le lancement de l'emprunt auquel il songe. Les négociations prévues dans les préliminaires traînent en longueur. Bismarck est d'avis de soutenir le gouvernement de Thiers tout en mêlant à son égard critiques, menaces et pressions. De son côté, Thiers a besoin des Allemands à condition que leur appui soit le plus discret possible. Bismarck accepte que les troupes françaises stationnées au nord de la Loire puissent s'élever à 60 000-80 000 et bientôt 100 000 hommes, alors que les textes en limitaient les effectifs à 40 000, et accélère le retour des officiers et soldats prisonniers. Ce sont des troupes formées qui pourront affronter les gardes nationaux improvisés de la Commune.

À la fin de mars, environ 80 000 hommes sont autour de Versailles et s'entraînent au camp de Satory. Les Allemands qui occupent les forts du nord sont spectateurs de la guerre civile. Le communard Cluseret prend contact avec Holstein et le général von Fabrice, et réussit à éviter tout incident entre les fédérés et les troupes occupantes.

Le front principal est au sud ; c'est là qu'ont lieu quelques escarmouches tandis que par le nord et l'est les Allemands laissent passer les vivres. Paris n'a pas été affamé une seconde fois. À la mi-avril, l'issue finale ne fait plus guère de doute. Mais Thiers hésite, tergiverse, estime que l'assaut est prématuré. Bismarck s'amuse des propos de celui-ci qui n'a

pas voulu convenir que le gouvernement français serait
incapable de venir à bout de la population parisienne sans
l'aide allemande. De son côté, Moltke, toujours aussi mépri-
sant sur le désordre et la légèreté français, ironise sur les
capacités militaires de ce chef du gouvernement qui se mêle
de tout et empêcherait Mac-Mahon de régler rapidement
leur compte aux insurgés. Quoi qu'il en soit, l'intérêt allemand est de favoriser Thiers et l'armée de Versailles. Il faut
que la Commune reste une affaire interne à la France,
affaire à laquelle les troupes allemandes ne doivent pas être
mêlées. La répression, absolument nécessaire à leurs yeux,
doit être laissée aux Français. Cela étant, l'affaiblissement
de la position de Thiers offre des moyens de pression inespérés dont il serait absurde de ne pas tirer parti.

Pendant que se rassemble l'armée de Versailles, les négociateurs franco-allemands se retrouvent à Bruxelles en terrain neutre. Il s'agit de préparer le traité de paix en réglant
les deux questions majeures encore pendantes : les modalités
du paiement de l'indemnité de guerre et la délimitation des
frontières. Les négociateurs français – diplomates et militaires – sont de niveau modeste et ne reçoivent guère d'instructions, car Thiers est complètement absorbé par les préparatifs de la reconquête de Paris. Ils travaillent en
tâtonnant avec des partenaires qui leur tiennent la dragée
haute et qui cherchent à profiter de la situation d'infériorité
où se trouvent les Français. L'enjeu est autant territorial
qu'économique, car, à la faveur de l'échange territorial,
l'Allemagne pourrait chercher à accroître son domaine
minier et son potentiel métallurgique. L'étendue des
concessions à accorder en Lorraine dépend de la définition
du rayon de la forteresse de Belfort. Dans un premier temps,
les Allemands proposent 5 km autour de la place. Les Français refusent cette proposition ridicule, car la forteresse resterait sous la menace des canons allemands. Ils demandent
un rayon beaucoup plus étendu qui prendrait en considération la ligne de partage des eaux Rhin-Rhône et la limite
entre les populations de langue française et celle de langue
germanique. Seule une telle frontière serait acceptable.
L'élargissement du territoire autour de Belfort suppose des
concessions en Lorraine. On touche là un des enjeux écono-

miques essentiels, celui des mines de fer et de la métallurgie, enjeu qui, sous des modalités diverses, se prolongera pendant près d'un siècle. La France peut-elle accepter une amputation sensible de son potentiel minier et métallurgique?

Quant au nouvel État allemand, a-t-il intérêt à dépouiller son rival et à inclure dans son espace douanier des usines qui peuvent être cause de difficultés pour ses propres industriels? Rappelons les données : aux préliminaires de paix, l'Allemagne a obtenu l'essentiel du gisement de fer alors reconnu et les principales usines métallurgiques (Ars, Moyeuvre et Hayange) sans aucune discussion du côté français. Elle veut maintenant étendre ses avantages à l'ouest du Pays-Haut en fermant la frontière luxembourgeoise. Le principal expert allemand est un ingénieur des mines, Wilhelm Hauchecorne. Depuis le mois de septembre 1870, il a constitué un solide dossier sur les questions minières et métallurgiques. Du côté français, les commissaires militaires Laussédat et Doutrelaine, hostiles à la solution de Belfort, défendent pied à pied les villages du Pays-Haut. En face d'eux, Hauchecorne est tenace et informé. Les industriels de la Sarre qui ont été consultés et interviennent dans les coulisses ont une attitude ambiguë. Ils sont désireux de prendre une revanche sur la France qui les avait évincés des concessions minières et sont en même temps inquiets de la concurrence que leur causerait l'intégration prochaine dans le Zollverein, des établissements de Wendel. Cette crainte de la concurrence pousse le métallurgiste sarrois Stumm à demander l'exclusion d'Hayange et de Moyeuvre du Zollverein. Un mémoire en ce sens est remis à Delbrück le 20 mars 1871. Avertie de ces hésitations, la famille de Wendel saisit la balle au bond. Son mandataire, le baron de Gargan, remet à Bismarck un mémoire dans lequel il démontre que l'annexion des deux usines (10 % de la production de fonte et de fer du Zollverein en 1869) aurait comme résultat une surproduction néfaste et une chute des cours. Les négociateurs français sont évidemment favorables, et Doutrelaine présente à la conférence la demande de rétrocession. Les Allemands répondent que toute rétrocession appelle une compensation prise sur le territoire minier. Bismarck demande une carte et donne des instructions dont nous ignorons la teneur. Devant le durcissement de la position allemande, Doutrelaine abandonne Hayange pour concentrer ses efforts sur Moyeuvre. Gargan, qui vient d'arriver à Bruxelles, plaide aussi son dossier.

Une autre question économique est au cœur des négociations : les intérêts des industriels alsaciens, notamment ceux des cotonniers de Mulhouse. Les dirigeants de l'industrie alsacienne se déplacent à Berlin, Francfort, Paris, Bruxelles pour exposer leurs inquiétudes et plaider leurs besoins auprès de Bismarck, de Thiers et d'autres conseillers de moindre importance. Deux questions les préoccupent principalement : l'exécution des commandes antérieures à la guerre, entravée par la paralysie des transports, et la mise en place de la nouvelle frontière douanière. Ils craignent de se voir brutalement coupés de leurs anciens fournisseurs et des marchés français, sans être en mesure de trouver des compensations équivalentes sur le marché allemand. Bismarck se montre assez attentif à leurs demandes car il manifeste à l'égard de ces industriels une bienveillance calculée. Du côté français, la franchise pour les commandes non encore livrées va de soi mais, pour tout le reste, la tendance est à l'intransigeance. Un premier signe alerte les Alsaciens. Pouyer-Quertier et Thiers, d'orientation protectionniste, publient une circulaire douanière le 28 mars 1871 qui les exclut de fait du marché français : l'Alsace n'est plus française, il faut en tirer les conséquences les plus utiles pour l'industrie nationale. Berlin, immédiatement averti, proteste et exige le retrait du texte, le gouvernement français doit rapporter la circulaire. Il n'empêche qu'il a montré son hostilité à une période transitoire qui accorderait aux Alsaciens des débouchés privilégiés. Ces péripéties mécontentent Bismarck qui durcit son attitude. Il exige le paiement des indemnités dues avant le 25 avril et le paiement de l'indemnité de 5 milliards en espèces et non en rente ; il veut, sur le plan commercial, que l'Allemagne soit traitée sur le pied de la nation la plus favorisée. Le gouvernement de Thiers qui a besoin de la bonne volonté allemande (assurer le transit des troupes par le chemin de fer encore contrôlé par l'Allemagne), est obligé de céder sur toute la ligne.

Le traité de Francfort

Au début de mai 1871, Bismarck pressé d'aboutir, propose une rencontre au plus haut niveau à Francfort. Thiers accepte. Toutefois, prétextant ses obligations à Versailles, il renonce à se rendre en personne en Allemagne et envoie avec les pleins pouvoirs Jules Favre assisté de Pouyer-Quertier. C'est la quatrième et dernière rencontre du ministre des Affaires étrangères avec Bismarck. Le chancelier allemand est décidé à brusquer les choses : ou il aboutit, ou c'est la crise. Ses interlocuteurs ne veulent pas de rupture et se résignent à accepter des négociations rondement menées. En quatre jours, tout est terminé. Le traité est signé le 10 mai 1871.

À la fois brutal et grand seigneur, Bismarck fait quelques concessions sur le rayon de Belfort et accepte la restitution de la vallée de Giromagny et de la route d'accès au Ballon d'Alsace. Il est moins exigeant qu'on ne l'a écrit sur les contreparties en Lorraine. Sur les instances de Pouyer-Quertier, dont le robuste appétit de Normand l'a conquis, il accepte d'entrouvrir la frontière du Luxembourg et de laisser les communes lorraines de Crusnes, Tiercelet, Thil, Hussigny et Villerupt. En revanche, les forges de Moyeuvre restent à l'Allemagne. Territorialement et démographiquement, l'échange est favorable à la France ; les douze communes cédées en Lorraine, dont Mars-la-Tour ne fait pas partie – au grand mécontentement de Guillaume Ier –, ont une superficie de 10 928 hectares et une population de 7 850 habitants contre 31 105 hectares et 26 936 habitants pour le futur Territoire de Belfort.

Un autre point de désaccord concerne les revendications des industriels alsaciens. Bismarck avait accepté de les prendre en compte. Devant les réticences françaises, on admet pour l'entrée en franchise, la date du 1er septembre 1871. Sur ce point délicat, le débat reste ouvert.

En Allemagne, la signature du traité est accueillie avec beaucoup de satisfaction. Les journaux officiels, officieux et les autres se chargent de célébrer les talents diplomatiques de Bismarck. Aucun général ne peut l'accuser d'avoir perdu sur le tapis vert ce qui a été gagné sur les champs de bataille. Guillaume Iᵉʳ lui confère le titre de prince, une dotation considérable, le domaine de Friedrichsruhe, en bordure de l'Elbe, avec un fragment de la forêt des Saxons (*Saxenwald*). Les chefs militaires Moltke et Frédéric-Charles reçoivent la suprême consécration, la dignité de Feldmarschall; plus tard Roon, Manteuffel et Albrecht de Prusse accéderont à ce même honneur.

En Europe, la signature du traité de Francfort est interprétée comme la consécration de la position prééminente du nouvel empire et de son chancelier. En France, on reste très discret, l'essentiel ayant été déjà décidé aux préliminaires. L'examen des journaux de province montre qu'ils s'intéressent davantage aux événements de la Commune et aux débats de politique intérieure. La conclusion de la paix débloque immédiatement les relations avec l'armée d'occupation. Dès le 11 mai, Mac-Mahon et Borel rencontrent le général von Fabrice et abandonnent un projet d'attaque de Paris par le nord.

Reste un dernier acte : l'approbation du traité par l'Assemblée nationale. La majorité qui a voté les préliminaires sait qu'il faut aller jusqu'au bout. Les débats s'ouvrent le 18 mai. En quelques heures, la ratification est acquise. Thiers qui a pris en main la discussion et demandé l'approbation, fait procéder à deux votes, le premier sur l'échange Belfort-Lorraine, le second sur l'ensemble du texte. Après lecture du rapport du vicomte de Meaux, le débat s'engage sur l'échange Lorraine-Belfort. Thiers se prononce en faveur de Belfort et s'emploie, aidé par un appel opportun du colonel Denfert-Rochereau à en démontrer le bien-fondé. Dans son esprit, les données stratégiques sont décisives. Il faut fermer à l'invasion la porte de Bourgogne, les intérêts respectables des métallurgistes lorrains doivent s'incliner devant cette nécessité. Aux défenseurs du fer lorrain que certains lui reprochaient d'abandonner, Thiers avait lancé une phrase longtemps tournée en dérision alors qu'elle était prémonitoire : « Quant à l'échange qui est laissé à votre libre arbitre, croyez-moi, Messieurs, l'intérêt industriel que nous avons là est de peu de valeur. [...] Du fer, il y en a partout en France, d'aussi bon qu'en Suède, et la prospérité de l'industrie métallurgique dans l'Est est une pure illusion qui ne durera pas éternellement. » L'échange est approuvé par 440 voix contre 98, ce qui montre que les mobiles purement économiques n'ont pas eu l'influence déterminante qu'on est trop souvent enclin à leur accorder. Il faut rappeler qu'à l'époque personne ne soupçonne les richesses du sous-sol lorrain découvertes une vingtaine d'années plus tard. De son côté, Bismarck qui a été informé des enjeux économiques, ne semble pas leur avoir accordé une priorité absolue. Il est vrai qu'Hayange, Moyeuvre et Ars avaient été acquis aux préliminaires. Le second vote, sur l'ensemble du traité, donne des résultats voisins du premier : 433 députés se prononcent pour, 98 contre (parmi lesquels le général Chanzy); les députés des Vosges, département amputé, n'ont pas participé au scrutin.

Le traité de Francfort, reprend, précise et parfois aggrave les dispositions des préliminaires.

Les clauses territoriales sont les plus rigoureuses. Sont annexés à l'empire allemand 1 447 000 hectares, 1 694 communes et 1 597 000 habitants. Il s'agit du département du Bas-Rhin, du Haut-Rhin (moins l'arrondissement de Belfort), des arrondissements de Sarreguemines, Metz, Thionville, Sarrebourg (moins 9 communes), Château-Salins (moins 10 communes) et 11 communes de l'arrondissement de Briey et des cantons vosgiens de Saales et Schirmeck.

Dans ces territoires perdus se trouve un potentiel économique tant agricole qu'industriel qui va grossir celui de l'Allemagne. La France perd le petit bassin houiller lorrain alors négligeable, 20 % environ de son potentiel minier et sidérurgique et la puissante industrie textile et chimique installée dans les vallées vosgiennes et à Mulhouse. Les particuliers comme les sociétés ne sont pas spoliés. Ceux qui conserveront la nationalité française garderont leurs biens mobiliers et immobiliers dans les territoires annexés.

La signature du traité est loin d'épuiser les négociations franco-allemandes. Les modalités de paiement de l'indemnité de guerre, l'évacuation progressive du territoire, l'exercice du droit d'option, les problèmes commerciaux entre l'Alsace-Lorraine et la France sont autant de questions épineuses.

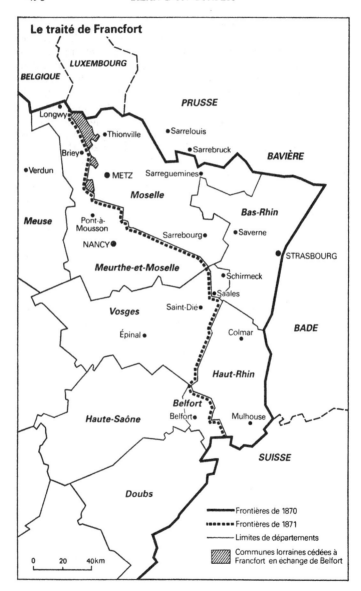

Le traité de Francfort

LUXEMBOURG

BELGIQUE

PRUSSE

Longwy

Thionville

Sarrelouis

Briey

Sarrebruck

BAVIÈRE

Verdun

METZ

Sarreguemines

Moselle

Meuse

Bas-Rhin

Pont-à-Mousson

Saverne

Sarrebourg

NANCY

STRASBOURG

Meurthe-et-Moselle

Schirmeck

Saales

Vosges

Saint-Dié

BADE

Épinal

Colmar

Haut-Rhin

Belfort

Belfort

Mulhouse

Haute-Saône

SUISSE

Doubs

—— Frontières de 1870

••••• Frontières de 1871

—— Limites de départements

▨ Communes lorraines cédées à Francfort en échange de Belfort

0   20   40km

Après la ratification, des intérêts privés comme les sociétés Vézin-Aulnoye et Wendel mènent un combat d'arrière-garde; cette dernière persiste à espérer la rétrocession de Moyeuvre. Le baron de Gargan rédige un mémoire proposant l'échange des usines de Moyeuvre et de Jamailles contre 600 hectares de forêts « riches en mines » : « Ce projet donne aux industries la mine qu'ils demandent et leur ôte une usine de fer à laquelle ils ne tiennent pas en principe. » Il se rend à Berlin pour plaider sa cause auprès de Delbrück, lequel demande l'opinion des commissaires à la délimitation des frontières, le général von Strantz et Hauchecorne. Celui-ci juge le nouveau projet « aussi défavorable à l'Allemagne que le précédent; [...] il détruit en outre les relations naturelles entre les différentes parties du complexe industriel de Moyeuvre; [...] le retour à la France servira uniquement les intérêts personnels de la famille de Wendel. » Après ces attendus, toute discussion est close. Dans un discours au Reichstag quelques mois plus tard, Bismarck justifie ainsi son refus de rétrocéder Moyeuvre : « Les deux parties de ce grand gisement se trouvent dans les mêmes mains; [...] il aurait fallu tracer une ligne douanière sous terre, que l'on n'aurait pu contrôler qu'avec le secours de la lampe de mineur. » De leur côté, les industriels alsaciens trouvent inacceptable la fixation d'une barrière au 1er septembre 1871 pour l'entrée en franchise en France de leurs produits. Ils exigent que ce délai soit prolongé. Ils vont plaider leur cause auprès de Bismarck et réussissent rapidement à faire rouvrir le dossier.

Les modalités du versement de l'indemnité de 5 milliards sont précisées : l'Allemagne sera payée non en billets ou en bons du Trésor, mais en espèces ou en effets de commerce sûrs, car Bismarck veut se prémunir contre une éventuelle dépréciation du franc : « Si nous connaissons à présent le cours de ces billets de banque, leur valeur dans l'avenir est inconnue. » Les échéances sont fixées comme suit :

30 jours après le rétablissement de l'ordre dans Paris	500 millions de francs
courant 1871	1 000 millions de francs
1er mai 1872	500 millions de francs
2 mars 1874	3 000 millions de francs

Les 3 derniers milliards porteront un intérêt de 5 %. Les départements du Nord-Est retenus en gage ne seront libérés qu'après le paiement complet. Certains Allemands pensent que la France n'ira pas jusqu'au bout des paiements et qu'il faudrait garder une base pour reprendre la guerre. Bismarck fait une seule concession en faveur de la Compagnie de l'Est, qui perd près de la moitié de son réseau. Il accepte de déduire pour son indemnisation la somme de 325 millions de francs.

Il reste maintenant au gouvernement français à trouver sur le marché intérieur et international les sommes nécessaires, car le paiement de l'indemnité de guerre est une affaire qui dépasse le cadre franco-allemand.

En matière commerciale, Bismarck obtient la clause de la nation la plus favorisée. Il sait Thiers et Pouyer-Quertier tentés par un retour au protectionnisme et veut se prémunir contre ses éventuelles conséquences. C'est pourquoi, si l'une des deux parties fait à un pays tiers une concession en matière douanière, l'autre partie en bénéficiera automatiquement. Ultérieurement, quand les conséquences s'en feront sentir, certains industriels français parleront, à propos de cette clause, et non sans exagération, d'un « Sedan commercial ». Cette disposition restera en vigueur jusqu'en 1914.

Les habitants des pays annexés sont les spectateurs impuissants de ces négociations. Bismarck a refusé qu'ils soient consultés sur leur sort, car la réponse ne fait aucun doute. En revanche, il accepte qu'ils disposent d'un droit d'option, c'est-à-dire de la faculté de choisir leur nationalité. Celui qui voudra rester Français devra faire une déclaration soit en France, soit en Allemagne avant le 1er octobre 1872. À l'expiration de ce délai, les habitants des territoires occupés deviendront automatiquement sujets allemands. Ceux qui auront choisi la France pourront garder leurs biens mais rien ne leur garantit qu'ils pourront rester en pays annexé. L'exercice du droit d'option reste très flou dans le traité, et il faudra plusieurs textes complémentaires pour le préciser.

La délivrance des prisonniers et des internés

Les journaux et les manifestations populaires avaient appris aux prisonniers la capitulation de Paris et la signature de l'armistice. Cette nouvelle affreuse était aussi la certitude d'une amélioration de leur sort et de leur libération. Le courrier arrive mieux. Le général Desvaux reçoit sa première lettre de Paris le 9 février. Chacun pressent que les combats ne reprendront pas. Le 27 février, Desvaux apprend la signature des préliminaires : « Tout est consommé : les drapeaux, les pétards, les salves d'artillerie, le chant national, les branches de buis m'annoncent que la France a courbé le front. J'en ressens au cœur une douleur affreuse. » Beaucoup de simples soldats ont les mêmes réactions instinctives que le général. Ce n'est pas en contradiction avec la joie de bientôt retrouver les leurs. L'article 6 des préliminaires qui traite du sort des prisonniers, stipule que les captifs seront libres de rentrer en France à leurs frais. Seuls les officiers proches d'une frontière peuvent l'envisager. Desvaux signale un premier départ de Dusseldorf le 3 mars. Il note : « Il me tarde de quitter le sol prussien. » Georges de Moussac quitte Ulm le 7 mars, il traverse le lac de Constance, gagne la Suisse et Lyon. Il arrive chez lui à Poitiers le 10 mars à 10 heures du soir. Le général du Barail et sa femme quittent Bonn le 15 mars et arrivent à Paris via Bruxelles le 17. Henri Choppin trouve une place sur *Le Roland* et embarque pour Le Havre le 16 mars. Il revient à ses frais. Cela lui coûte 100 francs. Mais ce sont des privilégiés.

Les prisonniers civils qui ont été internés pour divers motifs sont aussi remis en liberté. Les habitants de Bricy (Loiret) qui ont atterri à Stettin le 22 octobre sont libérés le 1er mars. Le commandant de la place les a convoqués ce jour-là pour leur dire : « Vous êtes libres. » Ils reviennent par Cologne et Metz, laissant treize des leurs dans le cimetière du camp. Ils arrivent à Orléans le 7 mars. Un habitant de Vernon, fait prisonnier le 9 décembre et interné à Munich, est mis en liberté le 13 mars. L'immense majorité, qui n'a pas les moyens de se payer un coûteux voyage, doit attendre la convention de Ferrières, signée le 11 mars, qui organise le rapatriement. Le retour des soldats demande du temps et des moyens. Le gouvernement français décide d'envoyer des bateaux à Brême et à Hambourg et de faire revenir par mer une partie des captifs. Ceux-ci débarquent à Dunkerque, Cherbourg, Le Havre et Brest. L'immense majorité rentre par chemin de fer. Le gouvernement allemand a mis du matériel roulant à la disposition de cette opération et les gares de Charleville, Vesoul, Besançon et Lunéville sont affectées au rapatriement des prisonniers qui commence à la fin de mars 1871. 270 000 soldats reviennent en convoi, 25 000 isolément jusqu'à la date du 24 avril où Bismarck, mécontent, suspend les mesures de rapatriement. Desvaux visite Cologne et Aix-la-Chapelle. Il revient par Verviers, Bruxelles et Lille. Il arrive à Versailles le 3 avril et prend un repas le 4 au restaurant des Réservoirs où il y a moins d'un mois, généraux prussiens et princes allemands savouraient la cuisine française. Les « Volontaires de Frouard », faits prisonniers à Metz et en captivité à Stettin, reviennent en avril 1871. Isidore Ménestrel quitte Stettin le 15 avril pour Hambourg où il s'embarque sur *La Danaë*. C'est seulement le 18 mai qu'il retrouve son village vosgien qu'il a quitté les premiers jours de 1870.

Les rapatriements reprennent après la signature du traité de Francfort. Vers le 10 mai, il reste encore 138 000 prisonniers. Dans tous les camps, la situation s'est améliorée. On est moins entassé, la nourriture est plus abondante. En Poméranie et sur les rives glacées de la Baltique, la neige a fondu, le printemps est doux et ensoleillé. Les hommes ont reçu un peu d'argent; ils peuvent sortir en ville. Des liaisons s'ébauchent; on se fait photographier avec une *Gretchen*; des familles allemandes les invitent. Il ne faudrait pourtant pas tracer un tableau trop idyllique. Les souvenirs de l'hiver et de la captivité ne sont pas effacés; ils ne le seront jamais.

C'est le 1er juin à 4 heures du matin que Jean-Baptiste Doridant descend de la citadelle et gagne la gare de Wurtzbourg. Le soir même, il est à Strasbourg. Comme tout soldat de ligne, il doit rejoindre la garnison de son corps pour être démobilisé. La sienne est à Cherbourg! À Besançon, il reçoit sa feuille de route et le 15 juin à midi, arrive à Cherbourg bien fatigué. « Il y avait juste, jour pour jour, deux ans que j'y étais arrivé comme jeune soldat. Je fus bien content de revoir cette ville que je connais comme mon village. » C'est au quartier que le jeune Vosgien rédige le texte que nous avons utilisé. Le manuscrit est daté et signé du 28 juin 1871. Il s'achève sur ces mots : « Voilà le commencement de mon congé et j'ignore quelle en sera la fin. » Jean-Baptiste Doridant est revenu dans les Vosges; il s'est établi à Gérardmer; républicain et patriote convaincu, il appartient à cette masse des anonymes dont on ne parle jamais et qui ont fait bravement leur métier de soldat. Son témoignage émouvant et vrai est très précieux. Prosper Leroy, grenadier de la garde, quitte enfin la Silésie : il passe à la gare de Metz au mois de juin 1871. Il s'écrie : « Nous revoyons Metz. Quel crève-cœur! » Le fantassin Philippe Bruchon, pris à La Bourgonce le 6 octobre, reste dans la région de Stettin jusqu'à la fin de juin. Il est heureux de revenir dans des wagons français. En passant à Berlin, ses camarades ouvrent les fenêtres et chantent *La Marseillaise*. Ils arrivent à Lunéville le 27 juillet 1871. C'est l'un des derniers convois. Le rapatriement des blessés et des malades s'achève le 16 août 1871.

Il reste encore en Allemagne des prisonniers classés droit commun parce qu'ils avaient menacé, attaqué ou blessé des sujets allemands. Il faudra de longues négociations pour obtenir leur libération. Les francs-tireurs condamnés à des peines de travaux forcés et incarcérés en Allemagne appartiennent à cette catégorie. Quelques soldats réguliers ont été assimilés aux francs-tireurs. C'est le cas de Léopold, un brigadier-fourrier de vingt ans, prisonnier évadé de Sedan. Il avait été repris à Arrancy (Meurthe) et condamné comme franc-tireur à dix ans de travaux forcés (30 octobre 1870). Il est d'abord enfermé dans une casemate de Sarrelouis puis transféré au bagne de Werden-am-Ruhr. Il porte l'habit de forçat allemand et est astreint au travail obligatoire. Dans l'établissement, il croise d'autres Français, des francs-tireurs de la Marne et un notaire originaire d'Aubigny (Ardennes). Il est libéré le 25 juillet 1872. La durée de la captivité a été variable. Certains ont été prisonniers deux à trois mois, d'autres dix mois. Les expériences ont aussi été très variées suivant les lieux de détention. C'est un hiver exceptionnellement rigoureux beaucoup plus que la dureté des gardiens qui a aggravé le manque de moyens des Allemands. Beaucoup ne sont jamais revenus. Il reste dans le sol allemand les dépouilles des 18 000 prisonniers morts en captivité. Sur leurs sépultures veille « l'Œuvre des Tombes ».

Beaucoup ont vu l'immensité blanche de l'hiver, les étendues boisées de Poméranie et de la Prusse. Ils ont vu une

Allemagne rurale, fruste et pauvre. Ils ont retenu quelques mots d'allemand (*Weg, Raus, Nicht, Groschen, Kaputt*), détesté la soupe de gruau et le pain noir et collant. Ceux qui ont vécu en Saxe, en Rhénanie, en Bavière, ont rapporté d'autres impressions. Desvaux note : « Il faut s'habituer aux lits prussiens comme à beaucoup d'autres choses, et au dîner à l'allemande. » Mais la comparaison est souvent à l'avantage de l'Allemagne : « Quelle propreté dans les appartements! » Dans l'ensemble, la réalité de la vie allemande n'est pas perçue : les simples soldats n'avaient guère eu de contacts avec les civils; ils connaissaient seulement leurs gardiens. Quant aux officiers, ils ont vécu dans une ville; ils se rencontraient beaucoup entre eux. Ils ont, par patriotisme, évité les contacts avec les classes dirigeantes ou plutôt les ont perçues à travers leurs préjugés. Ce qui les a tous frappés, c'est l'explosion du nationalisme allemand, notamment en Bade, en Bavière, en Saxe. Ils ont pris conscience qu'il y avait certes la Prusse, mais quelque chose se formait sous leurs yeux contre la France et les Français.

Les prisonniers de guerre ont beaucoup écrit. Certains ont tenu un journal quotidien dont quelques-uns ont été publiés après leur mort avec quelques coupures ou sont restés inédits. Les documents les plus précieux sont ceux qui n'ont subi aucune retouche. En revanche, les récits publiés vingt, trente, quarante ans après la guerre ont été élaborés et organisés. La mémoire et l'expérience ont sélectionné et interprété les faits et les sentiments. C'est pourquoi, si intéressants soient-ils pour les mentalités, ces textes doivent être utilisés avec une prudence et une précaution infinies.

À la fin de juin 1871, Thiers est peut-être à l'apogée de son autorité sinon de sa popularité. Il a imposé la paix avec l'Allemagne, il a vaincu la Commune, il a fait ratifier le traité de Francfort. Tout cela est à son actif. La confiance du pays et des milieux financiers se traduit par le succès de l'emprunt de 2 milliards de francs lancé le 27 juin 1871. Deux jours plus tard, 120 000 hommes défilent à Longchamp devant Thiers et Mac-Mahon. Ce n'est pas l'armée qui a vaincu l'Allemagne mais l'armée qui a exterminé la Commune. C'est une armée tout de même.

Cette succession d'événements douloureux ou tragiques

incline les Français à conserver ce qu'ils ont, Thiers et la République provisoire. Au début de juillet 1871, des élections complémentaires dégagent cette tendance. En raison des démissions et des candidatures multiples, une centaine de sièges étaient devenus vacants à l'Assemblée nationale. Le 2 juillet, les républicains l'emportent dans les deux tiers des départements. Dans le Nord, qui avait accordé aux monarchistes une imposante majorité en février, ils inversent la tendance en leur faveur. Dans le Gard, où la majorité royaliste avait emporté tous les sièges en février, le dernier de justesse, les deux candidats républicains Jules Cazot, collaborateur de Gambetta, et Louis Logel, le préfet de la Défense nationale, sont élus avec une confortable majorité. Il y a toutefois quelques exceptions. À Belfort, Émile Keller l'emporte sur Denfert-Rochereau que choisissent en revanche les électeurs de Loire-Inférieure. Le grand événement est la rentrée à la Chambre de Léon Gambetta, député de la Seine. Ces nouveaux élus renforcent la minorité républicaine et inquiètent la majorité monarchiste. Celle-ci marque des réserves à l'égard de Thiers qui est obligé de faire quelques concessions. Jules Favre quitte le ministère des Affaires étrangères, Le Flô celui de la Guerre. L'Assemblée ne peut se défaire de Thiers, il a l'appui de la majorité du pays, la confiance des milieux internationaux; il reste indispensable pour négocier le paiement de l'indemnité de guerre et la libération du territoire.

Le traité de Francfort est un acte diplomatique essentiel qui dessine désormais le cadre des relations franco-allemandes. Pour combien de temps? La durée des traités est toujours incertaine. Beaucoup d'Allemands craignent sa rapide dénonciation de la part de la France. Ces pessimistes se tromperont, car la France le respectera. Tel qu'il est, ce texte n'est pas jugé inacceptable par la communauté internationale. Cet assentiment tacite donne aux « faits accomplis » une assise qui va bien au-delà de la légalité formelle. Maudit par deux générations de Français, dénoncé comme une violation du droit, ce traité doit être jugé par rapport à ceux du XIXe siècle. La France n'est pas écrasée. Elle n'est atteinte ni dans son organisation étatique ni dans son intégrité nationale.

L'annexion de l'Alsace-Lorraine n'est pas une spoliation, mais une blessure morale, c'est la preuve qu'on continue de disposer des populations sans leur accord. Là se trouve la véritable faiblesse de l'œuvre de Bismarck. L'Alsace-Lorraine ne pouvait être assimilée à Francfort, à la Hesse-Nassau, au Hanovre, terres allemandes. Les Alsaciens et les Lorrains étaient des Français et voulaient le rester. Bismarck a commis à leur égard une injustice qu'aucune prévenance ultérieure ne pourra jamais effacer. C'est une faute qu'il partage avec les autres dirigeants allemands et dont il a assumé la responsabilité face à l'histoire.

CHAPITRE XV

Le coût de la guerre

Toute guerre entraîne des pertes humaines, des destructions et des dépenses exceptionnelles. À ces pertes directes pas toujours chiffrables, il faut ajouter le manque à gagner découlant du ralentissement ou de l'arrêt des activités économiques. Les pertes de toute nature ont été beaucoup plus considérables du côté français puisque la guerre s'est entièrement déroulée sur le territoire français alors que celui de l'Allemagne a été épargné.

Les pertes humaines

Par rapport aux chiffres des guerres du XXᵉ siècle, ceux de la guerre de 1870 peuvent paraître faibles. En ce qui concerne les deux grandes catégories de victimes – civiles et militaires –, c'est la France qui a payé le plus lourd tribut : morts et blessés pour faits de guerre et morts indirectes dues à la surmortalité de l'hiver 1870-1871 (privations, déplacements, maladies infectieuses). Les secteurs les plus touchés sont les places fortes et les environs de Paris qui ont été soumis à des bombardements et à des opérations militaires. Ailleurs, des civils isolés ont été victimes de la répression liée à la lutte contre les francs-tireurs. Ce sont dans les places fortes que l'on relève les chiffres les plus élevés : 262 tués à Belfort où la ville a été bombardée pendant soixante-treize jours. On a dénombré 275 tués parmi les Parisiens de la rive gauche, 53 tués à Mézières, 400 tués et 1 600 à 1 700 blessés à Strasbourg.

La surmortalité des années 1870-1871 est due aux épidémies de typhus, de fièvre typhoïde et de dysenterie. Elle a affecté surtout la France du Nord et de l'Est victime du passage des armées et des sièges. Elle se conjugue avec une diminution de la natalité découlant de l'appel des hommes jeunes sous les drapeaux. La conjonction de ces deux phénomènes se traduit par des pertes démographiques que constate le recensement de 1871. Entre 1866 et 1871, la population française a reculé de 38 192 064 à 36 102 921 habitants, soit une perte totale de 2 089 123 individus. 1 597 228 sont imputables à la perte de l'Alsace-Lorraine, et le solde, soit près de 600 000 est le déficit démographique dû à la guerre. Les pertes subies par les armées en campagne sont mieux connues du côté allemand où les services ont dressé des statistiques précises. Sur un chiffre total de 887 876 hommes engagés sur le territoire français, les pertes se seraient élevées à 127 883 hommes, soit 14,4 % de l'effectif. Elles se décomposent en pertes au combat et en morts pour cause de maladie :

	Pertes au combat		
	tués	blessés	disparus
officiers	1 534	3 114	106
sous-officiers et soldats	22 497	86 114	14 032
total	24 031	89 228	14 138

Au chiffre des tués il faut ajouter les 28 596 militaires morts de maladie (26 896 hommes de troupe et sous-officiers et 1 700 officiers). Le total des morts s'élève à 50 927 dont plus de la moitié n'ont pas été tués au combat. Ce fait mérite d'être signalé. La fièvre typhoïde, la dysenterie, le typhus ou d'autres maladies infectieuses ont éliminé plus de soldats que les balles, les éclats d'obus, les coups de sabre ou de baïonnette !

Au cours de la guerre proprement dite, les pertes ont été beaucoup plus élevées au début de la campagne que pendant tout le reste de la guerre. Les victoires allemandes ont été chèrement acquises : 73 000 hommes ont été mis hors de combat en août-septembre. Les chiffres parlent d'eux-mêmes : 20 557 à Gravelotte-Saint-Privat (dont 4 449 morts), 14 850 à Vionville (dont 3 289 morts), 10 530 à Wœrth (dont 1 628 morts), 9 032 à Sedan (1 137 morts). Ces chiffres sont supérieurs aux pertes des batailles napoléoniennes. D'après Jacques Houdaille, 11 000 hommes sur 130 000 engagés (soit 8,5 %) auraient été mis hors de combat à Waterloo. En comparaison, les trois jours de la bataille du Mans (10-11-12 janvier 1871) n'ont coûté que 2 325 hommes (dont 454 morts). On comprend l'inquiétude des dirigeants allemands en août. À Saint-Privat, les régiments de la garde ont perdu respectivement 4 300 et 3 800 hommes sur un effectif théorique de 15 000 hommes. Les victoires ont masqué cette saignée sur laquelle la presse est restée discrète mais les souvenirs de guerre et les lettres des soldats, ultérieurement publiés, ont montré combien l'armée allemande avait été durement touchée. Pour les quatre mois suivants, les pertes ont été plus supportables : 57 000 hommes hors de combat.

L'essentiel de ces pertes a été supporté par la Prusse qui a fourni plus des deux tiers de l'effectif. La Bavière aurait perdu 15 548 hommes sur un total de 134 744 engagés sur le champ de bataille, le Bade, 3 418 sur 30 772, le Wurtemberg, 2 712 sur 13 324.

Du côté français, les pertes sont beaucoup plus élevées en raison du grand nombre de prisonniers de guerre. À la suite des capitulations de Sedan, Metz, Strasbourg et de quelques autres places, les Allemands ont capturé environ 370 000 prisonniers, masse énorme, jamais égalée, dont les vainqueurs ont d'ailleurs été fort embarrassés. Le total des tués, des blessés et des disparus peut être évalué à environ 139 000 morts et 143 000 blessés. Grâce aux calculs faits par Martinien, on peut avancer des chiffres à peu près incontestables pour les seuls officiers ; pour les hommes de troupe, ils sont fragiles et incertains.

Comme pour les Allemands, les pertes sont très lourdes au début de la campagne. Les batailles autour de Metz et les morts de blessures et de maladie pendant le siège auraient entraîné 42 463 tués, blessés et disparus. À Sedan, les Français ont perdu de 20 000 à 21 000 tués, blessés et disparus et

80 000 prisonniers, soit un minimum de 100 000 hommes, un peu plus du triple des pertes allemandes. Les pertes vont très haut dans la hiérarchie; une douzaine de généraux sont morts; rien qu'à Sedan, deux généraux ont été tués et une vingtaine blessés, dont Mac-Mahon.

Durant la seconde partie de la guerre, l'écart se creuse entre les pertes françaises et allemandes. La capitulation de l'armée de Metz met hors de combat environ 180 000 hommes. Sur la Loire et dans l'Est, les pertes françaises sont supérieures à celles des Allemands. Autour de Paris où les Allemands se sont retranchés dans des positions défensives, chaque tentative de sortie française, Champigny, Buzenval, Montretout, est très meurtrière. Il faut aussi prendre en considération les pertes de l'armée de Versailles qui s'établissent comme suit :

	tués	blessés	disparus
officiers	83	430	–
sous-officiers et hommes de troupe	794	6 024	183
total	887	6 454	183

Aux morts au combat il faut ajouter tous les hommes qui ont succombé en Allemagne dans les camps de prisonniers; on a avancé le chiffre de 17 000 dont 11 000 pour l'armée du Rhin.

Malgré les incertitudes qui pèsent sur le bilan final, les chiffres montrent que pour aucun des deux pays les pertes humaines n'ont revêtu un caractère dramatique. Il y a davantage de mutilés et d'estropiés que de morts. La génération qui a subi l'épreuve du feu, les jeunes hommes nés entre 1840 et 1852, n'a pas été fauchée. Les forces vives des deux pays n'ont pas été vraiment atteintes. On est très loin de l'effroyable saignée de la Première Guerre mondiale.

Les pertes matérielles

Elles touchent exclusivement la France et l'Alsace-Lorraine.

On doit d'abord faire l'inventaire des destructions découlant des combats, des bombardements et des actes de guerre divers. Les villes les plus touchées sont Strasbourg, Thionville, Phalsbourg, Sélestat, Toul, Verdun, Longwy, Montmédy, Mézières, Soissons, Péronne.

C'est à Strasbourg et à Belfort, qui ont été bombardées le plus longtemps et avec le plus d'intensité, que les dégâts ont été les plus lourds. Pour Belfort et son canton, où beaucoup de maisons ont été incendiées, les destructions diverses ont été évaluées à plus de 5 millions de francs dont 2,7 pour les biens meubles et immeubles. Outre les places fortes, il y a les villages environnants qui ont été fortifiés, bombardés et dégradés par les cantonnements. Les dégâts sont particulièrement importants dans la région de Metz et autour de Paris où les bombardements de janvier 1871 ont causé des destructions et des incendies notamment à Saint-Cloud, à Saint-Denis et dans les localités de la banlieue sud.

Un second domaine très touché est celui des voies ferrées, moyens de communication et ouvrages d'art (ponts, tunnels, etc.). Les chemins de fer ont subi de graves dommages : gares, prises d'eau, voies et rails, matériel roulant et surtout ouvrages d'art. De nombreux ponts ont sauté : 59 sur le réseau de l'Est, 45 sur celui du Nord, 15 sur le P.L.M., 9 sur le réseau d'Orléans, 9 sur le réseau de l'Ouest (dont 3 ponts ou viaducs sur la Seine). La responsabilité est à peu près partagée entre les Français et les Allemands. Les dommages au seul réseau ferré ont été chiffrés par les compagnies à plus de 12 millions de francs en incluant le manque à gagner important pour l'Est, le Nord, l'Ouest et Orléans. La compagnie la plus touchée est la Compagnie de l'Est qui perd 46 % de son réseau et ses intérêts au grand-duché de Luxembourg dans le réseau Guillaume-Luxembourg. La somme de 315 millions de francs que Bismarck a consenti à retrancher de l'indemnité de guerre n'est pas versée à la Compagnie de l'Est par les pouvoirs publics. Elle est constituée en titres de rente sur lesquels l'État lui verse annuellement une somme de 20,5 millions de francs.

Il faut ajouter les dégâts subis par le réseau du télégraphe, les canaux, la voirie et les ponts (246 ouvrages auraient été partiellement ou totalement détruits).

Un réaménagement partiel des voies de communication s'impose dans l'Est. Il faut construire des voies ferrées pour desservir la région de Briey-Longwy par le territoire français afin d'éviter un crochet en Allemagne par Metz et Thionville. Il faut de nouvelles voies d'eau puisque le canal de la Marne au Rhin achève désormais son parcours en territoire annexé. L'État réalise entre 1876 et 1886 le canal de l'Est avec une branche nord qui emprunte le cours de la Meuse canalisée puis gagne Nancy, et une branche sud qui joint la Moselle à la Saône par Épinal et Gray. L'ensemble, très considérable pour l'époque, a coûté environ 65 millions. C'est un important investissement public.

Financement et coût de la guerre en France

En juillet-août 1870, le gouvernement de Napoléon III doit rapidement trouver des ressources extraordinaires. Comme pour les guerres de Crimée et d'Italie, il les finance par l'emprunt. Le ministre des Finances Magne a recours aux trois méthodes classiques : élévation du plafond des avances de la Banque de France au Trésor (1 600 à 2 400 millions), émission de bons du Trésor (un million de francs), lancement d'un emprunt de 750 millions de francs, emprunt facilement couvert. Par précaution, il décrète le cours forcé des billets car le numéraire pourrait avoir tendance à se cacher. Au total, Magne a dégagé environ 2 500 millions de ressources en francs-or, c'est une somme considérable qui dépasse le budget normal de l'exercice 1870 et permet de voir venir. Au lendemain de Sedan, le nouveau ministre des Finances de la Défense nationale, Ernest Picard trouve une situation financière saine. Il dispose des ressources nécessaires pour couvrir les dépenses nouvelles imposées par la poursuite de la guerre. Ernest Picard a eu d'ailleurs l'honnêteté de rendre hommage à la gestion habile de son prédécesseur Magne ce qui, dans le climat de dénonciation de l'époque, était un acte de courage. En septembre 1870, le ministre des Finances et le gouverneur de la Banque de France décident de rester à Paris. Le premier envoie à Tours un délégué, Roussy, le second, un sous-gouverneur, Cuvier, avec une somme en numéraire de 150 millions de francs. Ce sont ces deux hommes qui vont gérer les finances de la Délégation. À la suite de l'arrivée de Gambetta qui donne aux opérations militaires l'impulsion que l'on sait, les besoins financiers s'accroissent rapidement. Cuvier accepte de faire des avances jusqu'à concurrence du plafond fixé par la loi. D'autre part, il faut des ressources disponibles à l'étranger pour payer les achats d'armes. En octobre 1870, la Délégation envoie à Londres Clément Laurier négocier un emprunt avec la maison Morgan. C'est le second emprunt français de la guerre; il se monte à 250 millions de francs (rendement net 202 millions). Il a été conclu à des conditions très onéreuses (taux réel 8 3/4 à 9 %!) et a permis de payer les fournisseurs anglais et américains. À partir de l'automne, la Délégation se trouve confrontée à un manque de numéraire. Pour faciliter les transactions, les villes et les départements sont amenés à émettre des coupures de 5 et 10 francs. En décembre 1870, la situation financière de la Délégation devient grave; elle dépense au minimum 10 millions de francs par jour. Gambetta qui engage l'expédition de l'Est, doit absolument trouver des ressources nouvelles. Les impôts rentrent à peine, les caisses d'épargne se vident, les communes qui doivent équiper les gardes mobiles retirent leurs placements. Les circuits financiers habituels sont désorganisés. Un nouvel emprunt international est impossible. « Tous les grands financiers fermaient leurs portes. »

Comment trouver des ressources sans faire fonctionner la planche à billets et sans porter atteinte au crédit de l'État? La Délégation, qui craint de rééditer l'expérience des assignats, a deux solutions. Elle les utilisera l'une et l'autre. La première est d'obtenir de nouvelles avances de la Banque de France alors que le plafond est atteint. Elle se heurte au refus du sous-gouverneur, Cuvier, qui refuse obstinément de le dépasser. Après une résistance opiniâtre, il finit par se retirer plutôt que donner sa signature. On trouve un successeur qui accepte une nouvelle avance avec en contrepartie le nantissement des forêts de l'État. La seconde solution, très onéreuse, est l'émission de bons de Trésor pour payer les fournisseurs français; elle a été largement utilisée en décembre, janvier et février.

À Paris, le ministre Ernest Picard, dont la situation est plus facile et les besoins moins élevés que ceux de Tours et de Bordeaux, a pu tenir grâce à deux avances de la Banque de France. Au moment de l'armistice, le cours de la rente est très bas, le bilan de la Banque de France laisse apparaître un gonflement du papier escompté! Sur le marché des changes, la baisse du franc est assez limitée. Elle sera temporaire malgré la Commune, puis les opérations financières liées au transfert en Allemagne de l'indemnité de guerre. Dans l'ensemble, le crédit de la France est demeuré bon et les pays étrangers ont l'impression justifiée que la richesse de la France est à peine écornée et que le pays conserve la capacité de la reconstituer rapidement malgré les ponctions qu'il a subies.

Le coût de la guerre a fait l'objet de nombreuses estimations. Dans l'immédiat, Thiers avait lancé le chiffre approximatif de 8 milliards de francs. Les rapports parlementaires et en particulier celui du ministre Léon Say, dépassent les 9 milliards. Tout dépend de la façon de compter. Doit-on inclure ou non les dépenses militaires et civiles entraînées par la Commune? En bonne logique non, mais la plupart des auteurs contemporains le font. Doit-on prendre en compte les pensions civiles et militaires et la construction du système de fortifications de la frontière de l'Est? La réponse est incontestablement positive. En 1875, Ernest Hendlé aboutit à un chiffre de 13 à 14 milliards de francs. En 1925 Gabriel Hanotaux l'élève à 15,36 milliards. Guy Périer de Féral, fort de l'expérience de la Première Guerre mondiale, s'est livré à une analyse comptable minutieuse des budgets 1870-1876 et des rapports parlementaires. Il obtient un chiffre impressionnant de 16,275 milliards de francs dont 14,685 milliards ont été supportés par l'État. Cette somme représente dix fois le montant du budget de 1870, le dixième du capital de la France estimé alors à 170 milliards de francs. En comparaison, la guerre franco-allemande aurait coûté à la nation quatre fois plus cher que les trois guerres de Crimée, d'Italie et du Mexique dont les charges cumulées n'auraient pas dépassé 4 milliards.

Voici, selon les calculs Guy Périer de Féral la répartition par poste des charges extraordinaires supportées par les finances publiques au titre de la guerre franco-allemande :

Dépenses extraordinaires découlant de la guerre
(en millions de francs)

1)	Dépenses extraordinaires de guerre	2 247 794 564,08
2)	Exécution des traités	5 684 338 035,70
3)	Dommage de guerre	563 551 877,00
4)	Dépenses de reconstitution	2 140 945 666,00
5)	Emprunts	326 624 377,28
6)	Reconnaissances de dette Primes aux porteurs d'emprunt	1 697 836 031,46
7)	Moins-values des emprunts 1870-1871	286 269 816,68
8)	Pertes	1 672 717 177,00
	Total des charges de l'État :	14 685 925 057,20
9)	Départements, communes, particuliers	1 589 012 000,00
	Total	16 275 045 330,00

Le poste le plus lourd et de loin, est celui qui découle de l'exécution des traités : indemnité de guerre, frais d'occupation, règlement du contentieux lié à l'Alsace-Lorraine : on arrive à la somme énorme de 5,684 milliards soit plus de 38 % des charges. Une autre récapitulation aboutit, en incluant les frais d'occupations, au total légèrement supérieur de 5,929 milliards de francs.

Récapitulation des sommes versées à l'Allemagne
(en millions de francs)

Contributions perçues pendant la guerre	251
Contribution de guerre	5 000
Intérêts (sur les 3 milliards restants)	315
Contribution spéciale de Paris	200
Frais d'occupation	340
Total	6 106
Compagnie de l'Est	− 325
Total versé	5 781

Les dépenses extraordinaires de la guerre ont fait l'objet

d'évaluations diverses selon la durée considérée. Pour la période qui va du 18 juillet 1870 au 20 février 1871. Guy de Féral aboutit à 2,247 milliards, un autre calcul donne 2,3 milliards, ce qui est très proche.

Les calculs effectués pour la période du 4 septembre 1870 au 20 février 1871 font apparaître des dépenses voisines d'un milliard de francs : 959 millions de crédits ont été ouverts par décret dont 392 millions à Paris et 566 à Tours et à Bordeaux. Pour l'ensemble de la guerre (18 juillet 1870 au 20 février 1871), 2,3 milliards de crédits auraient été ouverts, il faut ajouter 400 millions de pertes fiscales, soit un coût total de 2,7 milliards. Environ 1,573 milliard a été financé par des ressources extraordinaires : emprunts, avances de la Banque de France, bons du Trésor.

Les moyens dégagés pour reconstituer le potentiel militaire, armement, équipement, fortifications du plan Séré de Rivières, sont presque aussi lourds que les dépenses de guerre puisqu'ils ont dépassé les 2 milliards de francs-or. On remarque aussi l'ampleur des charges financières liées aux différents emprunts et aux bons du Trésor. Les charges financières (avantages consentis aux souscripteurs et aux banques, frais de transfert, etc.) ont dépassé les 2 milliards de francs. Cette somme est à peu près équivalente aux dépenses de guerre, c'est énorme. Si les souscripteurs ont fait une bonne affaire, les emprunts ont été très onéreux pour l'État. Il faut ajouter à ces 2 milliards le remboursement des avances à la Banque de France qui s'est poursuivi jusqu'en 1879.

Le paiement des annuités d'emprunt dépasse les 400 millions dans les années 1870. Léon Say réussit une conversion de l'emprunt Morgan en 1875 dont le coût annuel est abaissé à 17,3 millions de francs sur trente-sept ans. À partir de 1883, une conversion des emprunts 5 % (1871-1873) en rente perpétuelle apporte un nouvel allégement. Le service de la dette est devenu très lourd. En 1869, il était de 554 millions de francs, en 1873, il s'élève à 1 132 millions sur le budget total de 2 782 millions. C'est de loin le plus gros poste budgétaire.

Les dépenses militaires qui viennent en second se montent à 481 millions de francs et sont comptabilisées sur un autre budget que les services de la dette. Il faut aussi prendre en compte les pensions civiles et militaires liées à la guerre (plus de 25 millions par an).

Le titre 10, celui des pertes, est une évaluation comptable de la perte de l'Alsace-Lorraine. Par rapport à la masse des dépenses, les dommages de guerre qui ont été supportés par l'État atteignent une somme assez faible, 563 millions, soit un peu plus de 6 %.

L'ensemble de ces dépenses a été couvert par deux types de ressources, les emprunts et les ressources normales du Trésor. Voici la liste des emprunts contractés (en millions de francs) :

	Date	Montant nominal	Produit net	Taux effectif
Emprunt Magne	23 août 1870	750		4,99
Emprunt Morgan	25 oct. 1870	250	768	7,42
Emprunt de libération	20 juin 1871	2 000	2 225	6,29
Emprunt de libération	15 juil. 1873	3 000	3 498	6,17
Total des emprunts		6 000	6 491	

Le produit net des emprunts s'est élevé à 6 491 millions. Il s'y est ajouté les avances de la Banque de France, 1 510 millions (1 485 réalisés) et plus de 2 millions de bons du Trésor. Au total, plus de 10 milliards de francs ont été empruntés, sous des formes diverses, par l'État. Le reste a été payé par le budget ordinaire et par une faible part des augmentations fiscales (principalement des impôts indirects).

Les dépenses extraordinaires se sont ordonnées dans le temps de la façon suivante. Pour l'exercice 1870, les calculs de Louis de Fontvieille aboutissent à une dépense de 1,336 milliard, soit 47 % du budget de l'État et 5,3 % du produit intérieur brut (estimé à 25 milliards). Dans les débats de la commission d'enquête on cite des chiffres assez proches : 1 373 millions de crédits extraordinaires plus 220 millions d'impôts perdus, soit 1 593 millions. Pour l'exercice 1871, les dépenses sont aussi élevées : 1 424 millions de crédits extraordinaires plus 172 millions de pertes fiscales, soit 1 596 millions. Le total des deux exercices approche 3,2 milliards dont la moitié des dépenses a été couverte par les avances de la Banque de France, l'autre moitié par des emprunts, des bons du Trésor, des aliénations, des ventes, la part des impôts nouveaux votés en 1871 étant très minime.

Les charges budgétaires exceptionnelles s'étendent encore sur les exercices 1872, 1873, 1874 qui supportent 6 milliards de francs consacrés à l'amortissement des emprunts, à la reconstitution des armements perdus, aux travaux de fortification Séré de Rivières, au versement d'indemnités diverses aux particuliers, aux entreprises et aux collectivités locales.

On arrive donc, d'un point de vue strictement budgétaire à un montant qui dépasse 9 milliards en s'arrêtant à 1874. Il y a aussi les remboursements de 1 530 millions d'avance à la Banque de France. À partir de 1874, les excédents budgétaires ont permis de les rembourser par tranches de 200 millions puis de 150 millions de francs. En mars 1879, tous les remboursements sont achevés. À cette date, on peut considérer que les incidences budgétaires de la guerre franco-allemande sont résorbées. Il reste les services de la dette et des pensions.

Une partie des charges liées à la guerre que Guy de Féral estime à 1,310 milliard de francs est restée à la charge des collectivités territoriales (départements et communes), des sociétés et des particuliers. En effet, la législation française en vigueur ne prévoyait pas une réparation intégrale des dommages subis pour faits de guerre. Elle accordait seulement des secours et des allocations. Après 1815, les victimes de l'invasion n'avaient été indemnisées que très partiellement des préjudices subis et le paiement des secours s'était étalé sur plusieurs années. Il en va de même cette fois. Pourtant, au nom des élus des départements envahis, le député de la Meurthe, Claude, dépose auprès de l'Assemblée nationale un projet de loi demandant une prise en charge intégrale des dommages subis. Sans s'y opposer ouvertement, Thiers qui reste favorable à l'ancienne législation parce qu'il veut sauvegarder les intérêts du Trésor public, exclut ce qu'il appelle « les hasards de la guerre ». « L'État, dit-il, n'indemnise jamais les hasards de la guerre, il n'indemnise que les dommages volontaires, intentionnels, réfléchis, dont il est l'auteur. » Dans cet esprit, en attendant les évaluations, il fait voter une somme de 100 millions de francs (environ un huitième des dommages) pour rembourser intégralement les dégâts causés par l'armée française et apporter un soutien aux communes les plus endettées. Puis la discussion marque la pas en attendant une évaluation fiable des dommages. Cette opération se fait en 1871-1872. Les réclamations sont recueillies au premier degré par les maires, puis elles sont examinées par une commission cantonale et enfin par une commission départementale. Le réclamant doit justifier le dommage subi en apportant des bons de réquisition et toutes autres preuves, ce qui est loin d'être toujours possible.

La commission départementale qui intervient en troisième niveau, vérifie et comprime les demandes jugées exagérées. Pour les 34 départements totalement ou partiellement occupés, on aboutit à une somme d'un montant de 821 millions de francs, réduite à 657 millions puis relevé à 687 millions. Ces fluctuations expliquent que dans les divers ouvrages on puisse trouver des chiffres assez différents, cela dépend du niveau de l'instance d'évaluation et des modalités de calcul. Les départements de la Seine-et-Oise, de la Seine, de la Seine-et-Marne et des Ardennes viennent en tête avec respectivement 150 et 70 millions de francs. Le département de la Marne est celui qui a payé le plus d'impôts. Voici, à titre d'exemple, les charges évaluées par départements :

	Impôt et contributions	Réquisitions	Logement	Dommages
Aisne	8 405 532	5 734 909	5 497 988	8 555 543
Eure	2 638 262	2 568 180	955 455	4 335 301
Sarthe	1 873 860	2 824 929	2 014 199	10 897 339
Seine-et-Marne	3 081 946	12 658 452	6 206 600	51 106 207
Seine-et-Oise	5 721 431	11 932 462	12 289 484	121 912 662
Total France	79 558 282	134 154 491	101 455 323	303 658 496

Les communes les plus touchées pas les dégâts matériels sont celles de la région parisienne. Les villes-étapes comme Nancy, Châlons-sur-Marne, Épernay, Épinal ont logé en permanence des troupes et ont payé de lourdes contributions. Bar-le-Duc (environ 15 000 habitants) a payé 104 330 782 francs, Briey (2 300 habitants) a payé 505 638 francs. Tours qui a été occupé seulement deux mois a estimé ses pertes et dégâts à plus de 1 900 000 francs! Sens qui a été occupé du 12 novembre 1870 au 26 mars 1871, aurait payé 842 000 francs de charges de toute nature. Cette petite ville-étape a dû héberger 2 507 officiers, 79 592 soldats, 8 130 voituriers, 77 873 chevaux. 30 000 hommes seraient passés sans billet de logement.

Devant les lenteurs du dédommagement, les habitants et les élus des départements envahis s'impatientent. Le gouvernement finit par accepter le remboursement intégral des impôts directs versés à l'ennemi. Pour le reste, l'Assemblée se range au point de vue de Thiers et vote une somme forfaitaire de 200 millions pour indemniser les dommages des communes, des particuliers et des sociétés. Les localités victimes de pillages, de destructions et d'incendie sont prioritaires. Au total, les communes et les particuliers auront été indemnisés d'une façon très variable, quelquefois insignifiante. L'effort de la communauté nationale a été plus faible que celui consenti par l'Allemagne en faveur de l'Alsace-Lorraine! Il en résulte dans les départements envahis une amertume qui laissera des traces et qui expliquera à l'automne 1914 l'acharnement de Louis Marin à obtenir du Parlement le vote d'une décision de « restitution intégrale » des dommages subis.

Les États allemand et français ont indemnisé les propriétaires privés et les sociétés pour les dommages subis dans des proportions très variables. Les Allemands ont été plus généreux pour les Alsaciens que les Français pour leurs propres nationaux. Ils ont été attentifs à la construction des ouvrages d'art, des églises et des édifices publics. À Thionville où beaucoup de maisons particulières avaient été brûlées, la reconstruction est rapide. Celle de Strasbourg est plus lente car les Allemands engagent une opération d'urbanisme considérable qui met en place les axes directeurs de la ville moderne. Les anciens remparts sont rasés, la surface de la ville est presque triplée (elle passe de 230 à 614 hectares!) et le plan d'aménagement et d'extension élaboré et réalisé par le maire Back veut faire de Strasbourg une capitale. La bibliothèque brûlée est reconstituée; elle est richement dotée et les sociétés savantes de toute l'Allemagne ont voulu, par leurs dons, réparer autant que faire se peut, l'incendie coupable dont l'armée allemande portait la responsabilité. Des personnalités, des oeuvres privées ont aussi apporté leur contribution. L'empereur Guillaume Iᵉʳ a accordé une subvention sur sa cassette pour la reconstruction du temple protestant de Frœschwiller et se déplace en personne pour assister à la dédicace de l'église de la paix (1875).

À Belfort et dans les environs, une association, « Le Sou des Chaumières » placée sous le patronnage de Mme Thiers a reconstruit 150 maisons particulières.

Parmi les charges non indemnisées, il faut faire entrer les emprunts des communes (environ 100 millions de francs) et ceux des départements (environ 39 millions de francs). Ces emprunts ont été amortis en dix à douze ans. Pour payer les annuités, les communes ont dû voter de nouveaux centimes additionnels ou renoncer à de nouveaux équipements ou constructions. Par exemple, la petite commune de Grandvillars près de Belfort avait emprunté auprès d'un banquier suisse de Porrentruy. Elle aurait dépensé 46 846 francs et reçu en remboursement de l'État 3 198 francs! La ville de Nancy avait emprunté plus de 2 millions de francs sous forme d'obligations à 6 %. L'amortissement de ces obligations est resté une charge municipale. Paris et les communes de la Seine s'en sont mieux tirées. L'État a payé plus de la moitié de l'indemnité de guerre de 200 millions. Il a partagé les sommes versées aux propriétaires privés pour les pertes de loyers (un tiers à l'État, deux tiers au département de la Seine). Il a versé à la ville de Paris une allocation forfaitaire de 140 millions pour des dommages évalués à 313 millions (dont plus de 64 millions causés par la guerre civile). Pour le reste, le préfet de la Seine, Léon Say, a augmenté un peu la pression fiscale et surtout lancé un emprunt obligataire de 350 millions en août 1871. Il a été couvert quatorze fois ce qui prouve l'abondance des disponibilités chez les particuliers après le siège, la guerre civile et l'emprunt 5 % de juin 1871!

Il faudrait ajouter, ce qui est impossible à calculer, le manque à gagner dû à l'arrêt des transports et à l'interruption des activités industrielles dans une partie de la zone occupée. Une usine comme celle de Pont-à-Mousson n'a rien produit pendant un an (juillet 1870-juillet 1871). En revanche, les entreprises du Centre, du bassin de Saint-Étienne et du Midi de la France ont pu, en raison des commandes liées à la guerre, enregistrer une activité très supérieure.

De grosses entreprises sidérurgiques comme Châtillon, Fourchambault, La Marine, Firminy, ont continué à investir et à faire des bénéfices. Même Schneider du Creusot qui a dû subir trois grèves, la présence des garibaldiens et la proximité de la guerre, fait un chiffre d'affaires honorable mais doit se résigner à un fléchissement de 50 % des bénéfices. Le redressement est très rapide et les exercices 1872-1873 1873-1874 sont des années exceptionnelles avec des profits exceptionnels. Il en va de même pour Pont-à-Mousson qui efface en deux ans le manque à gagner. Nous n'avons pas de chiffres pour Wendel devenu allemand, mais les ventes de 1872 et 1873 se sont situées à des niveaux très élevés par rapport à l'avant-guerre. Les chiffres fournis par Bertrand Gilles pour Schneider le confirment :

Exercices	Chiffre d'affaires (en millions de francs)	Bénéfices
1868-1869	34	2,3
1869-1870	35,9	2,2
1870-1871	29	1,1
1871-1872	32,3	2,3
1872-1873	42,3	2,7
1873-1874	54,9	4,5

À côté de ces profits industriels et commerciaux liés à une conjoncture favorable, il faut faire une place aux profits frauduleux arrachés à l'État par des fournisseurs et des intermédiaires douteux : ventes d'armes, de vêtements, de chaussures, de produits alimentaires, etc. L'État a dû passer à la hâte et sans contrôle une multitude de marchés, multipliant ainsi les négligences et les occasions de défaillance. Les commissions parlementaires d'enquête ont relevé quelques cas sans aller très avant dans la répression des abus, les monarchistes cherchant à en faire porter les responsabilités aux amis politiques de Gambetta.

Dépenses allemandes de guerre

L'analyse du volet allemand est plus complexe car il n'existe pas de budget commun. Le premier a seulement été établi pour l'exercice 1871. Les dépenses de guerre ont été à la charge des divers États allemands. Les calculs sont compliqués par l'absence de monnaie commune : le thaler prussien (3,75 francs) et le florin de l'Allemagne du Sud (2,25 francs) se partagent l'espace allemand jusqu'à la création au 1er juillet 1873 d'une monnaie basée sur l'or, le Reichsmark (1,25 franc). C'est pourquoi, pour facilité la comparaison, nous avons converti les valeurs en francs.

C'est la Confédération de l'Allemagne du Nord et, en son sein, l'État le plus peuplé et le plus puissant, la Prusse, qui a supporté les charges les plus lourdes. Le trésor de guerre prussien (112 millions de francs) a couvert les dépenses de mobilisation. Puis, comme en 1866, le ministre des Finances prussien, Camphausen, lance un emprunt (450 millions) et émet des bons du Trésor. Comme en France c'est l'emprunt qui doit financer la guerre. Le crédit initial de la Prusse est bas et les épargnants très réticents. Au début d'août, 225 millions avaient été souscrits alors que l'emprunt français lancé par Magne, beaucoup plus élevé, a été totalement couvert.

Ressources de la Confédération
de l'Allemagne du Nord
(en millions de francs)

Trésor de guerre prussien	112
Emprunt de 450 millions (5 %)	225
Bons du Trésor (juillet)	165
Bons du Trésor (novembre)	375
Bons du Trésor (février)	115
Versement indemnité Paris	110
Ressources fin février 1871	1 102

Les victoires militaires ont amélioré le crédit de la Confédération. Un nouvel emprunt, lancé à Londres et à Berlin en octobre, connaît un grand succès. De nouveaux bons du Trésor sont émis en novembre et en février et on peut estimer à un milliard les ressources exceptionnelles dégagées par l'emprunt. Les dépenses de guerre ont été beaucoup plus élevées. À Versailles, Bismarck les a évaluées à 2 milliards, chiffre approximatif qui laisse de côté les fonds secrets gérés par Keudell. Ces dépenses ont gonflé une dette publique déjà lourde à la suite de la guerre de 1866. En l'espace d'un an, elle est passée de 378 millions de thalers (1,4 milliard de francs) à 660 millions en 1871 (2,475 milliards de francs). Tous les autres États allemands ont augmenté leur dette publique. Une étude très méthodique de Rudolf Lenz donne des informations précises sur les dépenses des États du Sud. Elles se seraient montées aux sommes suivantes : Bade 14,348 millions de florins, Wurtemberg 16,677 millions, Bavière 56,187 millions. Au total pour l'Allemagne, Maurice Faivre et Louis Fontvieille aboutissent à des chiffres très inférieurs à ceux de la France, soit 3,44 milliards de marks (6 % du revenu national).

Contrairement à la France, l'activité industrielle n'a subi aucune interruption. Il a fallu fournir des armes, des équipements, du matériel de chemin de fer, des vivres, des vêtements. Malgré le déficit de main-d'œuvre découlant de la mobilisation, les industries ont tourné à plein régime. La prospérité économique et financière s'accompagne de spéculations et d'agiotages qui parfois masquent les activités plus saines : fondation de sociétés, construction, nouvelles activités. Les Allemands ont appelé les années 1870-1873 les *Grunderjahre*, les années de la fondation. Cette prospérité un peu factice dont bénéficient aussi les pays annexés dès l'automne 1871, prend fin au cours de l'année 1873 à la suite de nombreux krachs bancaires. Divers contemporains les ont attribués à l'excès de liquidités lié au transfert des 5 milliards de l'indemnité de guerre. La crise économique qui s'amorce en 1873 a été trop durable et trop profonde pour avoir été causée par des mouvements spéculatifs et des défaillances bancaires. C'est un phénomène européen qui dépasse de loin l'espace allemand.

Alors que la France a subi des pertes financières dont j'ai essayé d'apprécier le montant, l'Empire allemand retire de la guerre un avantage financier certain. Le transfert des 5 milliards laisse un solde positif qui a été affecté à diverses opérations : amortissement des emprunts de guerre, dotation de fonds de retraite pour les blessés et les invalides, indemnisation des familles des victimes de guerre. Une substantielle fraction a été utilisée à des travaux de fortification et d'armement. Les dépenses engagées à cet effet ont été bénéfiques à l'industrie lourde, aux entreprises de terrassement et de travaux publics. Elles n'ont pas servi comme des journalistes superficiels l'ont propagé à des opérations de spéculation. Sur les 5 142 millions de francs perçus par l'Allemagne, l'affectation a été la suivante :

– 1 250 millions au fonds des invalides (700), à la reconstitution du trésor de guerre de Spandau (150), à la construction de chemins de fer stratégiques (350), à la construction des nouveaux bâtiments de Reichstag (50);

– 1 250 millions à l'amortissement des emprunts;

– 1 550 millions à des dépenses d'armement et de fortification; aux dommages de guerre causés en Alsace-Lorraine, à l'indemnisation de sujets allemands victimes de pertes dues à la guerre;

– 800 millions à la frappe de la nouvelle monnaie allemande;

– 625 millions répartis entre les États confédérés (avec 450 millions, la Prusse se taille la part du lion, la Bavière obtient 90 millions, le Wurtemberg 28, le Bade 20);

– 15 millions de dotation (Bismarck et les généraux);

– le solde a servi à régler les dépenses de guerre.

Dans cette répartition, l'Alsace-Lorraine n'a pas été oubliée. Une commission établie à Colmar a évalué les destructions et les frais d'occupation. Thionville, Sélestat, Neuf-Brisach en partie détruites ont été indemnisées ainsi que les communes de la région messine. Pour sa part, Strasbourg qui avait supporté 1 613 000 francs de frais d'occupation, obtient un remboursement de 1,178 million de francs, 435 000 francs restant à sa charge.

Une partie de la somme arrachée à la France a été dépensée par l'État allemand ce qui a stimulé les activités diverses et contribué à nourrir cette abondance de liquidités que l'on constate en Allemagne dans les années qui suivent la guerre. Cette atmosphère d'argent facile, de profit et aussi de spéculation n'est pas une conséquence mécanique du versement des 5 milliards. Elle a d'autres causes, notamment psychologique dont la principale est l'euphorie, la confiance en l'avenir due à la victoire commune, à la fondation d'un grand État.

Au terme de cette analyse, la balance est à tous les points de vue très défavorable à la France. Les pertes allemandes – humaines et financières – sont plus que compensées par l'annexion de nouveaux territoires, l'incorporation de nouveaux habitants et l'indemnité de 5 milliards. Le vainqueur a réussi à faire payer au vaincu le coût de la guerre.

La France a subi des pertes élevées, pertes territoriales, humaines et financières. Le montant cumulé de la guerre étrangère puis civile tourne autour de 18 milliards de francs-or. Le pays est diminué, il n'est pas atteint au cœur. La France reste un pays riche. Le paiement des 5 milliards n'a pas appauvri la France. Les épargnants français ont remplacé par de la rente française une partie des valeurs étrangères qu'ils détenaient. La charge budgétaire annuelle du service de la dette tourne, dans les années 1870, autour de 400 millions de francs. C'est tout à fait supportable dans la mesure où la capacité productive de la France, pas plus que sa capacité d'épargne, n'ont été atteintes. Sur le plan matériel, les séquelles de la guerre ont été vite effacées. En revanche l'affaiblissement de la position internationale et les blessures psychologiques et morales sont de tout autre nature.

CHAPITRE XVI

La libération du territoire

L'occupation du territoire français prévue par les préliminaires, confirmée par le traité de Francfort, est une exigence qui avait eu des précédents. Napoléon Ier avait occupé la Prusse de 1806 à 1808. Après la chute du Premier Empire, les alliés avaient occupé la France pendant trois ans. Les plus âgés des Français se souvenaient encore de la présence des troupes anglaises, russes, prussiennes, bavaroises et autrichiennes dans les départements du Nord et de l'Est. Les derniers soldats s'étaient retirés en novembre 1818 alors que la France de Louis XVIII devait encore 285 millions de francs. Cette fois-ci, Bismarck a exclu une telle faveur. L'occupation militaire est un gage : elle sera totalement levée quand les 5 milliards auront été complètement payés, soit au plus tôt le 2 mars 1875. Thiers qui a dû subir cette clause très dure, sait que la page de la guerre ne sera vraiment tournée que le jour où le pays sera entièrement libéré.

Premier emprunt, premiers transferts

La libération du territoire est d'abord une opération financière de grande envergure qui intéresse autant les pays européens que les Français. Pour recueillir le numéraire indispensable sans déséquilibrer le marché monétaire, l'unique solution est celle d'un emprunt international. Bismarck a exigé en effet le paiement en numéraire (sauf 100 millions des 200 millions de la contribution de guerre de

Paris) par crainte d'une dépréciation du papier-monnaie. Cette exigence intéresse toute la communauté internationale car le numéraire en circulation en France (estimé à 6 milliards de francs contre 2,5 milliards en Grande-Bretagne et 1 milliard en Italie) ne peut couvrir, même étalé sur plusieurs années, la somme à verser. Pour emprunter à l'étranger, il faut inspirer confiance aux prêteurs éventuels.

Dès la fin de février 1871, le futur emprunt français est dans tous les esprits. Ce sera la plus grosse opération jamais encore lancée. À Versailles, des banquiers sont dans la coulisse des négociations. Bleichröder du côté allemand, Rothschild du côté français. À Londres, à Bruxelles, à Berlin, à Vienne, à Francfort, à Paris, les banquiers sont aux aguets et supputent les intentions du gouvernement français. Thiers et Pouyer-Quertier, son ministre des Finances, ont des discussions à ce sujet avec Rouland, gouverneur de la Banque de France et Dutilleul, directeur du mouvement des fonds. La correspondance d'Alphonse de Rothschild partiellement publiée par Bertrand Gilles, montre l'influence du chef de la maison de la rue Laffitte. On s'oriente vers le lancement d'un emprunt de 2,5 milliards de francs avec un large appel au crédit étranger car on aura besoin de devises pour les transferts. Les perspectives de succès paraissent si assurées que les banquiers se disputent les futures participations. Les événements de la Commune remettent tout en question. Le cours de la rente qui a beaucoup baissé, oscille entre 51 et 53,50 francs, l'encaisse-or de la Banque de France a fondu et le montant des billets en circulation dépasse les 2 milliards de francs, somme jamais atteinte depuis que l'institut d'émission existe (1 350 millions en 1869, 2 400 millions en 1871). Dès que Paris est reconquis, Thiers peut envisager le lancement de l'emprunt. Il se décide pour une somme de 2 milliards à 5 % : 1 milliard est affecté aux particuliers au prix d'émission de 82,50 francs, le second milliard est garanti par un syndicat de banques dirigé par Alphonse de Rothschild qui achète le titre à 77,50 francs. L'emprunt ouvert le 27 juin à 9 heures est clos le soir même : 331 906 souscripteurs apportent 4,897 milliards de francs dont l'État appelle seulement 2,225 milliards. C'est un succès pour Thiers, succès relatif car le dernier emprunt de la période de paix lancé en 1867 par Magne (450 millions) avait été souscrit 34 fois alors que celui-ci ne l'est que deux fois et demie. On mesure la différence! La garantie, précaution qui s'est avérée inutile, a été une excellente affaire pour les Rothschild et leurs associés. Sans avoir pris aucun risque, ils touchent une intéressante commission puis réalisent de substantielles plus-values sur la revente des titres dans le public car le 5 % très demandé s'inscrit rapidement à la hausse. Au cours de l'été, la France effectue les premiers versements à l'Allemagne : 500 millions à la mi-juillet, 1 milliard en août. Le syndicat dirigé par Alphonse de Rothschild se taille la part du lion dans les opérations de change et de transfert de fonds auxquelles une vingtaine de banques (dont plusieurs anglaises et allemandes) ont été associées. En contrepartie, les Allemands évacuent la Normandie et la Picardie à la fin de juillet; Rouen est libéré le 22 juillet. À la fin septembre, ils se retirent des forts situés au nord de Paris et de la région parisienne. Ces premiers transferts provoquent la raréfaction du numéraire; la spéculation et la peur d'une catastrophe financière s'en mêlent et le franc baisse sur le marché des changes à la fin de l'été 1871. Cette tension passagère que les contemporains ont jugée inquiétante, a été vite apaisée. Au fur et à mesure des versements, les effectifs allemands stationnés en France sont ramenés de 500 000 hommes fin mai 1871 à 80 000 hommes ce qui diminue d'autant les frais d'entretien.

Au cours de l'été, les relations diplomatiques entre la France et l'Allemagne se régularisent; des chargés d'affaires sont échangés en attendant la nomination d'ambassadeurs. Bismarck envoie à Paris le comte d'Arnim avec mission de faire avancer les problèmes en suspens : versement de l'indemnité de guerre, délais douaniers demandés par les industriels alsaciens. Personnage compliqué, ombrageux, Arnim est boudé par la société parisienne; il est en délicatesse avec Manteuffel qui commande les troupes d'occupation. Bismarck qui n'aime ni l'un ni l'autre, prend parfois appui sur un agent officieux comme Henckel de Donnersmarck. Celui-ci, qui avait assisté Bismarck pendant la guerre et administré quelques semaines Metz conquise, est revenu à Paris et reçoit dans son hôtel des Champs-

Élysées où il a installé une mondaine connue sous le nom de Païva et qu'il vient d'épouser.

Aux ouvertures d'Arnim, Thiers fait d'abord la sourde oreille car il ne veut pas céder aux criailleries des fabricants de Mulhouse. La page de l'Alsace est définitivement tournée dans son esprit. Quand il comprend que Bismarck lie la poursuite de l'évacuation aux concessions à accorder aux Alsaciens, Thiers accélère la négociation et envoie Pouyer-Quertier la conclure à Berlin. Celui-ci aboutit à la convention additionnelle du 12 octobre 1871. Il télégraphie à Thiers de Berlin : « L'évacuation des six départements est assurée ; elle est certaine ; à elle seule, elle exigeait la conclusion du traité. » Il a en effet obtenu la rétrocession de 3 communes (Raon-les-Leau, Raon-sur-Plaine, Igney et la moitié de celle d'Avricourt), l'évacuation de 6 départements (Aisne, Aube, Côte-d'Or, Doubs, Haute-Saône et Jura) et la diminution des frais d'occupation. En contre-partie, la France accélère le paiement de l'indemnité : elle versera au début de 1872 500 millions de francs plus 150 millions au titre des intérêts des 3 milliards restants. Enfin, elle accepte de faire des concessions aux industriels alsaciens. Grâce à leur insistance, ils ont fini par obtenir partiellement gain de cause. L'entrée en franchise sur le territoire français est prolongée jusqu'au 31 décembre 1871 ; ils paieront le quart des droits jusqu'au 31 juillet 1872, la moitié jusqu'au 31 décembre 1872. Du côté allemand, les produits français non finis obtiennent de pénétrer en pays annexé sans payer de droit. C'est le régime bien connu de l'admission temporaire. Dans le cas d'une réexportation, ils payent le supplément de droits afférant à la finition. Ainsi, ce régime transitoire évite une rupture brutale et ménage à l'industrie alsacienne un temps d'adaptation au marché allemand.

À la fin de l'année 1871, seuls restent occupés par 50 000 soldats allemands, 6 départements de l'Est et Belfort.

Occupants et occupés

À la tête des troupes d'occupation, Guillaume Ier a nommé le baron de Manteuffel. Ce général qui s'était illustré autour de Metz et dans le Nord avant d'écraser l'armée de Bourbaki, a aussi la réputation d'être bon diplomate. Il a la confiance absolue de Guillaume Ier, ce dont Bismarck n'est pas sans prendre ombrage. Manteuffel s'installe d'abord à Compiègne puis, après l'évacuation de la région parisienne, établit son quartier général à Nancy au Palais du Gouvernement sur la place de la Carrière. Sous une apparence de rudesse et de brusquerie, le commandant en chef est bienveillant, « plus français par le cœur que par la grammaire » s'est-il défini un jour. Il cherche à apaiser les incidents inévitables. Cette attitude conciliante lui est parfois reprochée par Bismarck et son entourage qui le trouvent « trop français » et orchestrent contre lui des campagnes de presse. Avec habileté, Manteuffel a toujours su résister à ses détracteurs et conserver l'appui de l'empereur et de son fils.

Comme interlocuteur du général prussien, Thiers choisit un jeune diplomate de carrière, le comte Charles de Saint-Vallier qui reçoit le titre de Commissaire extraordinaire. Ce choix est très judicieux. Saint-Vallier, ancien ambassadeur à Stuttgart, connaît l'Allemagne et les Allemands et parle un excellent allemand. Il est distingué et plein de tact et sait trouver les mots et les manières propres à conquérir la confiance de celui qu'il a appelé « le plus ami de nos ennemis ». Saint-Vallier qui est assisté par l'intendant militaire Blondeau, traite directement avec Thiers. La volumineuse correspondance qu'ils ont échangée montre leur souci commun d'arranger les incidents sans s'abaisser. Saint-Vallier a rencontré de nombreuses difficultés chez les maires et les fonctionnaires subalternes qui limitent les contacts avec les Allemands, manquent de tact et font tout ce qu'il faut pour froisser leurs susceptibilités. Il est parfois obligé de les faire rappeler à l'ordre par leur ministre respectif. Il réclame et obtient la tête du préfet de Nancy, Montesquiou, pas assez souple. Voici en quels termes il présente à Thiers ces multiples désagréments : « À Reims, à Sainte-Menehould, à Vitry-le-François, les rapports sont tendus et mauvais; le sage, habile et excellent préfet de la Marne s'épuise en instructions et en admonestations à ses sous-préfets indociles et présomptueux. J'appuie ses efforts de tout mon pouvoir mais il semble que nous luttions contre un déplorable parti pris. À Reims surtout, des difficultés sont à craindre; le général de Schwerin est raide, mais poli; le jeune sous-préfet arrivé nouvellement de Paris où il était journaliste, est cassant et outrecuidant; les autres fonction-naires l'écoutent » (18 mars 1872).

La carte ci-après indique les principales garnisons alle-mandes au début de 1872. Certaines d'entre elles sont assez étoffées. Il y a 2 000 à 3 000 soldats allemands à Belfort, Épinal, Mézières, Reims, Bar-le-Duc, Verdun, Nancy et Luné-ville. Ces villes sont des sièges d'état-major avec de nom-breux officiers. Jusqu'à la fin de 1871, la plupart d'entre eux logent chez l'habitant et les familles bourgeoises doivent accueillir un hôte prussien ou bavarois. Elles aspirent à être libérées de cette présence même si des liens amicaux se sont noués. L'officier allemand est correct, parle presque tou-jours le français et veut faire oublier à ses hôtes la guerre et la défaite. Le capitaine bavarois Tannera a gardé un excellent souvenir des Borderel, une famille de drapiers sedanais chez laquelle il logeait et des repas fins pris à l'hôtel de l'Europe. Les officiers mariés qui touchent des soldes éle-vées ont les moyens de louer des logements en ville et font venir femme et enfants. Ceux-ci vont parfois à l'école fran-çaise. À Nancy, ils sont si nombreux que deux écoles spé-ciales leur sont réservées. Dans chaque ville de garnison, à Nancy, Belfort, Reims, Épinal, Sedan, Lunéville, une petite société allemande s'est formée; elle vit en vase clos à l'écart de la population. Les officiers vont au casino et se reçoivent entre eux. Des amis, des parents viennent d'Allemagne, des collègues viennent d'autres garnisons; ils font des achats et visitent les champs de bataille. Le tourisme est encore pré-maturé car on peut être mal reçu. C'est ce qui arrive à des officiers prussiens qui se voient refuser une consommation puis un repas au Grand-Hôtel de Plombières. Manteuffel, ému par cette impolitesse, a vigoureusement protesté. Des princes allemands circulent; à deux reprises, Frédéric-Charles vient rendre visite à ses anciens régiments. Il a le tact de voyager incognito. À Nancy, dans les magnifiques salons de la place de la Carrière, Manteuffel reçoit ses compatriotes, fait célébrer les fêtes allemandes comme l'anniversaire de Guillaume Ier. Grand, maigre, la barbe grisonnante, il est connu des habitants de Nancy ; il se promène dans les rues à pied, appuyé sur sa canne, ou galope suivi de son ordonnance. Sa silhouette et son uniforme bleu d'officier de cavalerie, sont devenus familiers. Beaucoup d'hommes de troupe vivent encore chez l'habitant jusqu'au début de 1872. Des villes comme Reims, Épinal, Épernay, Remiremont n'ont pas assez de casernes pour les accueillir. Pour soulager les civils du logement militaire, l'intendance et le génie construisent des baraquements en bois recouverts de toile bitumée. Ceux des Vosges sont prêts fin 1871 ; à Épernay, il faut attendre le printemps 1872 et ils n'ont servi que six mois. Pour les construire et acheter le mobilier, il a fallu dégager des crédits et faire venir des charpentiers de la marine. Saint-Vallier s'est employé à vaincre les difficultés et à chercher des solutions. « C'est une nécessité absolue et urgente... de fournir dans les casernes les objets réclamés par les Prussiens. [...] À Nancy cela presse beaucoup ; le général en chef se plaint vivement ; le froid arrive et les couvertures doubles promises depuis un mois manquent encore. L'intendance fait ce qu'elle peut, mais elle est paralysée par le Génie qui montre un mauvais vouloir, uniquement pour témoigner de son indépendance et de sa supériorité sur l'intendance » (30 octobre 1871).

Dans l'ensemble, les officiers allemands sont assez exigeants. Ils font des réflexions sur le chauffage, la literie, l'hygiène, réclament des objets et des équipements. Ils préfèrent néanmoins une solution qui regroupe les hommes, limite les contacts avec les civils et facilite la discipline et les exercices collectifs. Ces baraquements construits à la hâte résistent mal aux intempéries ; ils prennent l'eau, sont mal chauffés. À Charmes, la toiture de l'un d'eux est emportée par une tempête, et en attendant la réparation 60 Prussiens sont soudainement envoyés chez l'habitant qui se croyait définitivement libéré de cette corvée.

Lors des manœuvres les Allemands indemnisent les habitants sous réserve que les réclamations soient justifiées. Les déplacements en revanche sont assimilés à des mouvements. En juillet 1872, la brigade prussienne de Haute-Marne se replie dans les Vosges et passe à Neufchâteau : « Les officiers agissent en maîtres, s'installent à peu près partout où il

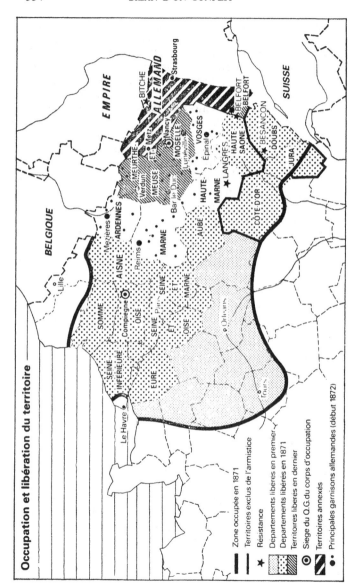

Occupation et libération du territoire

Zone occupée en 1871

Territoires exclus de l'armistice

Résistance

Départements libérés en premier

Départements libérés en 1871

Territoires libérés en dernier

Siège du Q.G. du corps d'occupation

Territoires annexés

Principales garnisons allemandes (début 1872)

leur plaît, mettent les chevaux et les voitures des particuliers dehors pour placer les leurs dans les remises et les écuries. »

L'occupant continue d'occuper les bâtiments officiels. Le fonctionnaire français auquel ils sont affectés a toutes les peines du monde à se faire admettre dans les locaux qui sont les siens. Thiers recommande la prudence et la courtoisie. C'est ainsi que le préfet des Vosges, Ernest de Blignières, doit partager ses bureaux avec des officiers allemands; le sous-préfet de Remiremont habite à l'hôtel jusqu'en août 1872!

Au niveau des pouvoirs de police, la gendarmerie française s'est réinstallée, mais l'état de siège subsiste et les commandants de place allemands gardent le droit d'intervenir. En principe, ils laissent les polices municipales et la gendarmerie exercer leur mission. Celle-ci a la consigne de n'intervenir qu'en cas de nécessité absolue dans les rixes entre soldats et habitants. Cela n'empêche pas les conflits avec les commandants de place qui donnent des ordres sans en référer aux autorités françaises. Par exemple, un commandant allemand, mécontent, fait désarmer en février 1872 la gendarmerie de Rougemont.

La poste et les services télégraphiques sont libres mais il arrive encore en 1871 qu'un commandant de place intervienne dans le fonctionnement du télégraphe et exerce un droit de regard sur le transit des télégrammes. Quant aux journaux, ils ont reparu et doivent se conformer aux lois françaises. Les journalistes sont tenus à la prudence. À plusieurs reprises, des officiers allemands se sont plaints du ton trop vif de la presse et d'appréciations injurieuses à l'égard de l'Allemagne. Ce qui irrite le plus n'est d'ailleurs pas publié dans les territoires occupés, c'est le ton haineux et revanchard des journaux parisiens et leurs dénonciations de la barbarie allemande. Des journaux ont été temporairement suspendus ou saisis.

L'interdiction des armes à feu est une entrave à l'exercice du droit de chasse alors que les soldats et officiers allemands tirent le gibier ou pêchent sans respecter les lois françaises. Après bien des palabres, certains notables finissent par obtenir des dérogations.

Un autre point de friction a été l'exercice du culte protestant. Les aumôniers militaires protestants exigent des locaux pour le culte dominical. Autant par patriotisme que par hostilité au luthérianisme, les curés refusent d'ouvrir leurs églises. Thiers et ses préfets prêchent la conciliation. Il y a des incidents. Parfois la municipalité trouve un local, parfois on aboutit à un compromis : la chapelle du collège à Épinal, la chapelle de l'hospice à Rambervillers, une salle de spectacle à Bar-le-Duc. Dans de nombreuses localités, les curés, la rage au cœur, doivent céder et laisser le pasteur « profaner » leur église. Le pasteur protestant de Belfort, pour d'autres raisons, souffre d'ouvrir le temple aux soldats allemands. Les incidents dans les lieux publics, les cafés et les rues, ont été nombreux. Ils sont souvent le fait de soldats bruyants et excités, toujours ivres disent les Français, qui s'en prennent à de paisibles passants qui les auraient regardés un peu trop fixement, auraient murmuré ou auraient eu des gestes ou des mots déplacés. Les récits parlent de « hussards excités », de Prussiens « ivres » ou « pleins de morgue ». Dans ces rixes et ces bousculades les Français ont aussi leur part de responsabilité. Quant au soldat allemand, il sort facilement son sabre ou sa baïonnette. Des civils ont été poursuivis, frappés, blessés, battus. On pourrait citer de multiples cas. À Valdoie, près de Belfort, des officiers excités sabrent les vitres de quelques maisons particulières. À Épinal, un pasteur a été maltraité par l'ordonnance du général. À Charmes, où les rapports du maire et du commandant de place sont détestables, les habitants se plaignent des « tracasseries continuelles des Allemands ».

Les officiers allemands, dont beaucoup parlent le français, tiennent à leur réputation. Quand ils reçoivent des plaintes sur le comportement d'un soldat, ils n'hésitent pas, après enquête, à sanctionner le coupable et à le faire savoir par voie de presse; quand des dommages matériels ont été constatés, les victimes sont indemnisées par les caisses militaires. Un incident survenu à Épinal montre que le commandant de place ne plaisante pas avec la discipline. Sur le trottoir, devant son domicile, le maire d'Épinal est bousculé par une patrouille et son chapeau jeté à bas par un soldat. Il proteste vigoureusement auprès du sous-officier qui la commande et lui montre la carte de la Kommandantur allemande dont il dispose. Le sous-officier, furieux, déchire la carte. L'agresseur est condamné à huit jours de schlague et à six mois de prison. À chaque fois que Manteuffel a été saisi par Saint-Vallier d'une affaire où un soldat allemand, ivre ou non, s'était livré à quelque brutalité ou inconvenance, il a fait punir le coupable.

Il faut maintenant en venir aux attentats et aux agressions commis contre des soldats allemands. Ils ont été beaucoup plus rares qu'on pourrait le supposer. Ils ont été souvent grossis pour le besoin de la cause par les Allemands pour faire pression sur les Français, par les Français ensuite pour montrer qu'on ne laissait aucun répit à l'ennemi. Tous ont été des actes isolés commis par des individus d'origine populaire et ont été fermement condamnés par les autorités françaises. Un historien allemand qui écrit au moment de l'occupation de la Ruhr, a dressé une liste précise de ces agressions, soit un total de 21 dont 18 ont été commises entre mars et novembre 1871. Dans sept cas, des ressortissants allemands ont trouvé la mort : à Bar-le-Duc, Poligny, Chelles, Montereau, Ay, Saint-Mihiel, Dijon. Les assassins de Chelles et de Montereau qui ont été arrêtés, sont acquittés par un tribunal français. Le gouvernement allemand demande en vain leur extradition. Bismarck est furieux. Il menace de se livrer à des représailles, d'appliquer la loi du talion « puisqu'on ne peut pas obtenir justice » (décembre 1871). Dans les territoires occupés les coupables comparaissent devant les tribunaux allemands. À la suite d'un assassinat dans la Marne, deux Français sont condamnés à mort et exécutés. Dans la plupart des cas, les coupables ne sont pas retrouvés. Même si la blessure est légère, les Allemands appliquent l'état de siège dans toute sa rigueur. Pendant quelques jours, à la suite du meurtre d'un soldat musicien Grosskopf (septembre 1871), les habitants de Bar-le-Duc sont terrorisés.

Entre décembre 1871 et septembre 1873, on peut relever de nombreux incidents. Il y a eu des blessés mais, semblet-il, pas de mort d'hommes. De temps à autre, des fonctionnaires allemands essuient des coups de feu, des agents de la *Feldpost* sont menacés, on trouve des pierres sur les voies ferrées où doivent passer des trains militaires. Les auteurs de ces actes s'évanouissent dans la nature. Le 23 mars 1873, un soldat est grièvement blessé à Saint-Dié. Les autorités locales ayant laissé échapper le coupable, le général commandant la division des Vosges décrète l'état de siège, le désarmement de la population, des perquisitions domiciliaires. L'intervention de Saint-Vallier calme le général et il promet de faire arrêter le coupable. Il fait remarquer que trois jours plus tôt, à la suite d'un incident semblable à Belfort, le coupable avait été arrêté.

Il ne faudrait pas déduire de ces incidents que la vie des occupants soit en permanence en danger. Ce sont des faits isolés que les autorités françaises condamnent. Par rapport à ce qui se passera au xxᵉ siècle, en Allemagne entre 1919 et 1930 et en France entre 1940 et 1944, on est frappé par le déroulement paisible de cette occupation. Les Allemands circulent dans les rues, entrent dans les magasins, se déplacent sans le moindre incident. Le calme cependant est trompeur, la tension latente. La célébration bruyante de la fête de l'empereur (les 22 mars 1872 et 1873) est perçue comme intolérable : service religieux en plein air, défilé de la garnison avec musique, salves d'artillerie etc., toutes ces réjouissances sont autant d'atteintes à l'honneur national. Avec prudence, Manteuffel a interdit les distributions d'argent aux soldats pour éviter l'ivresse et les rixes. Il n'empêche! À chaque instant peut survenir un incident imprévisible que Bismarck, nerveux et susceptible, chercherait à exploiter; c'est pourquoi Thiers est partisan d'une évacuation anticipée. « La présence de troupes allemandes sur notre sol a l'effet d'un corps étranger dans une plaie; c'est un effet inflammatoire des plus dangereux et que je crois sage de faire disparaître, sage pour l'Allemagne, sage pour nous. [...] Si les Allemands se retiraient, vous verriez les passions se calmer à vue d'œil. [...] Je regarde cela comme capital, comme la solution vraie aux difficultés présentes. » (Thiers à Saint-Vallier, mars 1872). Le plus délicat est de passer aux actes avec quelque chance de succès. Comment approcher Bismarck, partenaire ombrageux et difficile, et lui faire comprendre l'intérêt d'engager une négociation sur ce sujet? Manteuffel, qui partage le point de vue des Français, leur conseille de lui expliquer directement qu'ils veulent payer et faire cesser l'occupation étrangère. Le chancelier, souvent souffrant, nerveux, en proie à la morosité, est plutôt d'avis contraire. Il fait de fréquents séjours à Varzin et soupçonne Thiers d'arrière-pensées. Un sursaut français est toujours à craindre « chez une nation aussi explosive que la nation française, l'avenir est incalculable », s'exclame-t-il. Il vaudrait mieux la surveiller le plus longtemps possible. C'est l'avis de Guillaume Iᵉʳ et de certains militaires qui parlent même de prolonger l'occupation! Ils trouvent que la France se relève trop vite, que le vote et l'application rapide de la loi militaire de 1872 sont des signes qui ne trompent pas et qu'elle pourrait, dans un avenir proche, succomber au démon d'une revanche.

Les partisans d'une occupation prolongée tirent argument du ton de la presse parisienne et de la publication en feuilleton d'un roman revenchard d'Erckmann-Chatrian, d'articles où les Allemands sont traités de « barbares », de « pillards », de « soudards », de « sauvages ». Bismarck et Guillaume Iᵉʳ sont traînés dans la boue (« Guillaume le voleur », « Guillaume le forçat », « Guillaume le brigand »). Bismarck feint de s'indigner, fronce le sourcil et laisse planer des mesures de rétorsion. Le nouvel ambassadeur français, le comte de Gontaut-Biron, est un aristocrate légitimiste qui a été bien accueilli par Guillaume Iᵉʳ et les cercles de la Cour, beaucoup moins par Bismarck. Il se veut pourtant rassurant et apaisant comme Saint-Vallier qui, de son côté, explique à ses interlocuteurs allemands que le langage des « buveurs, des orateurs de café » parlant de la revanche prochaine et du non-paiement des 5 milliards ne doit pas être pris pour « l'expression des sentiments de tous les Français ». Pour sa part, Thiers ne s'est jamais départi de la modération. Il veut appliquer le traité et l'appliquer jusqu'au bout. Cet extrait de sa correspondance avec Saint-Vallier me paraît tout à fait significatif de la ligne qui n'a cessé d'être la sienne depuis son arrivée au pouvoir. « Les gens qui parlent de vengeance, de revanche, sont des étourdis, des charlatans du patriotisme dont les déclamations restent sans écho. Les honnêtes gens, les vrais patriotes veulent la paix en laissant à un avenir éloigné le soin de décider de nos destinées à tous... Pour moi, je veux la paix, je la veux pour des motifs très réfléchis

quoique j'ai grande confiance dans la force de mon pays »
(4 mars 1872). Bismarck fait traîner les choses en longueur.
Il est dépressif, souffre de névralgies et de lumbagos et se
terre à Varzin, d'où il souffle le chaud et le froid. Pendant de
longues semaines il est inaccessible aux négociateurs français. Rassuré sur les capacités et la volonté de paiement de la
France, conscient de l'exaspération entretenue par l'occupation, exaspération qui pourrait se retourner contre l'Allemagne, Bismarck finit par se résoudre à la réduire et à faire
accepter cette solution à Guillaume Ier, à condition que les
sommes encore à payer soient versées par anticipation.

Second emprunt, derniers transferts

Thiers est informé des dispositions favorables de Bismarck
par l'intermédiaire des banquiers Hansemann et Bleichröder. Il voit les deux hommes, surtout le second « qui est amical, qui veut l'être et qui est l'homme du chancelier ». Ayant
reçu de Berlin le signal souhaité, Thiers peut lancer le
second emprunt international. L'opération est prévue en
juillet 1872, soit un an après le premier emprunt. Le crédit
du gouvernement français est rétabli. La rapidité et l'efficacité avec lesquelles il a réalisé les premiers transferts, les
cours élevés du 5 % sont le gage du succès. Cette fois-ci, la
somme à emprunter dépasse les 3 milliards de francs.

Dans la coulisse, avant le lancement, se déroulent des
négociations complexes entre l'État et les établissements
financiers qui doivent se contenter de conditions moins
avantageuses que l'année précédente. Alphonse de Rothschild n'obtient pas le monopole pour le placement du troisième milliard. Le syndicat de 31 banques (dont 15 allemandes) qu'il préside doit partager les opérations de
placement et de paiement des traites avec un autre syndicat
dirigé par la Banque de Paris et des Pays-Bas (Paribas). Le
succès est considérable. Plus de 900 000 souscriptions ont
apporté 43,826 milliards de francs (26 milliards viennent de
l'étranger), alors que l'État a finalement appelé 3,498 milliards. Une part importante avait été réservée aux petits
souscripteurs.

Dans la région de l'Est, la réponse est massive : beaucoup d'annexés et notamment de Messins, viennent verser à la « souscription nationale » dont les journaux relèvent avec satisfaction que « le succès s'affermit de jour en jour ». À Épinal, par exemple « dès le premier jour de son ouverture, des sommes importantes ont été souscrites et des petites bourses elles-mêmes ont offert leurs dons ».

L'emprunt est un tel succès qu'il faut le clôturer avant le délai fixé. L'étranger, confiant dans le crédit de la France avait, pour sa part, massivement souscrit. Les sommes recueillies en France montrent le montant élevé des disponibilités et des économies, la plupart du temps en or. C'était la preuve de l'enrichissement du pays et de la capacité de Thiers à mobiliser cette épargne. Contrairement à des affirmations inconsidérées, le Second Empire avait été créateur de richesses. Le prix d'émission plus élevé (84,50 francs) que celui du premier lancement reste encore très attractif.

Les transferts financiers vers l'Allemagne ont été une opération délicate et complexe qui a été menée à bien en un délai rapide. Le ministère des Finances a utilisé quatre moyens pour mobiliser ces sommes : le premier a été le transfert direct du numéraire étranger souscrit à l'emprunt (près de 2 milliards). Le second a été de liquider une partie des valeurs mobilières du portefeuille français à l'étranger et de procéder à des réquisitions directes de numéraire. Une troisième source a été l'utilisation des excédents des balances des comptes et des paiements positives à partir de 1872. Enfin, environ 500 millions ont été versés en or et en numéraire français. Ces transferts se sont faits par étapes au moyen de relais bancaires. Le gouvernement français a ouvert des agences temporaires à Bruxelles, Londres, Amsterdam, Hambourg, Francfort et Berlin. Ces agences ont acheté des devises sur le marché international, réalisé des traites et des effets de commerce de premier ordre sans semer le trouble sur le marché financier. Parfois les services monétaires ont dû frapper des pièces (par exemple des marcs bancos de Hambourg) pour faciliter les transferts et maintenir en circulation des moyens monétaires suffisants. On a observé une tension sur le marché des changes à l'automne 1871. Le franc a fléchi par rapport à la livre (celle-ci est montée à près de 26 francs alors que la parité traditionnelle est de 25 francs). Ce mouvement, infime par rapport aux fluctuations auxquelles le XXᵉ siècle nous a habitués, a beaucoup inquiété les contemporains. Il a été rapidement surmonté.

À l'initiative de Thiers, les négociations pour le paiement du dernier milliard s'amorcent au début de 1873 et aboutissent aux accords du 15 mars 1873 signés à Berlin entre Bismarck et l'ambassadeur Gontaut-Biron. Au terme d'une négociation serrée, Verdun a été substituée à Belfort comme dernière ville occupée. Le nouveau calendrier de paiement est le suivant : 500 millions de francs au 10 mai 1873, 500 millions avant le 5 septembre 1873. En échange, l'Allemagne s'engage à évacuer les cinq départements encore occupés à partir du 5 juillet. Verdun restera en gage et sera évacuée à partir du 5 septembre dès que l'achèvement des versements sera constaté. L'architecte financier de ces dernières opérations est le nouveau ministre des Finances Léon Say. C'est un succès total.

L'ensemble de cette vaste transaction s'est achevé en 37 mois, sans difficulté sérieuse ni désordre. Beaucoup avaient craint que le transfert d'une telle somme sèmerait la confusion dans le système monétaire international. Le célèbre rapport de Léon Say du 20 octobre 1873 donne les précisions techniques et comptables de ces opérations. Doigté et souplesse les définissent. Les contemporains n'ont pas tari d'éloges pour ce chef-d'œuvre de crédit qui a transféré une quantité de pièces plus importante que le stock habituel de la Banque d'Angleterre. Un auteur britannique analysant l'opération pour le *Blackwood's Edinburgh Magazine* en conclut que la France est « vastly rich ». Cinquante ans, vingt ans plus tôt, cette opération l'aurait ruinée. Or il n'en est rien car il constate qu'elle se trouve « dans une situation matérielle de prospérité comme si rien du tout ne s'était passé ». Cette appréciation est un peu rapide, elle traduit néanmoins une impression.

Revenons maintenant en France. Par rapport au calendrier prévu par le traité de Francfort, Thiers a gagné un an et demi. On comprend la satisfaction et la reconnaissance des habitants des départements encore occupés. Les municipalités, les conseils généraux votent des adresses chaleureuses. Par exemple, Saint-Dié félicite Thiers «pour le grand acte [...] l'admirable résultat, la liquidation définitive d'une effroyable contribution de guerre» (mars 1873). Bismarck, qui doit toujours tenir compte des «réticences militaires», a accepté dans l'espoir de consolider la position de Thiers menacée par la majorité monarchiste; il pense aussi que la France ne cherche pas de guerre de revanche; elle est toujours totalement isolée en Europe et l'entente des trois empereurs ne lui laisse aucune chance de trouver un allié quelconque dans un prochain avenir. Deux mois après avoir remporté ce grand succès salué par l'opinion, Thiers est renversé par l'Assemblée nationale le 23 mai 1873. Le motif de la rupture est une question majeure de politique intérieure. Les monarchistes veulent se débarrasser du vieux président devenu un obstacle à leur projet de restauration monarchique. Il est certain que la liquidation définitive des séquelles de la guerre a levé les derniers scrupules de certains députés. Thiers n'est plus nécessaire. Son rôle historique est terminé. Il peut partir. Ce départ et surtout la façon dont il est obtenu sont mal perçus par les républicains de conviction mais aussi par une masse de Français, notamment dans les provinces de l'Est qui approuvaient sa politique. Les municipalités de Nancy et de Lunéville lui proposent de venir dès que les deux villes seront libérées. Il décline courtoisement cette invitation.

Le départ de Thiers ne modifie pas les données des relations franco-allemandes. La majorité royaliste qui porte au pouvoir le maréchal de Mac-Mahon et le duc de Broglie, entend poursuivre vis-à-vis de l'Allemagne la même politique et Mac-Mahon s'en porte garant auprès de Guillaume Ier. Si Manteuffel est sincèrement affecté par le départ de Thiers qu'il admirait beaucoup, il conserve ses mêmes interlocuteurs, l'ambassadeur Saint-Vallier et le préfet Doniol. Bismarck est très mécontent. Il connaissait la fragilité politique de Thiers et avait peut-être au fond de lui-même un peu d'affection pour celui qui avait été son interlocuteur à Versailles. En vérité, il ne se faisait guère d'illusion sur ses intentions profondes mais il pensait qu'il fallait soutenir son gouvernement «tant qu'il représentera pour nous la volonté d'exécution loyale du traité ». C'est l'instruction qu'il donnait à l'ambassadeur Arnim en mai 1872. Après la chute de Thiers à laquelle, par ses intrigues avec les monarchistes, il avait contribué, Bismarck reproche à son ambassadeur de s'être écarté de la ligne de conduite qu'il lui avait tracée. Sa destitution est déjà décidée. Le chancelier attend le moment opportun et décide d'appliquer les clauses de la convention du 15 mars. Il n'en demeure pas moins vigilant et est vite irrité par le ton de la presse et les appels des évêques français condamnant le *Kulturkampf*. Le bénéfice moral et politique de la libération reste acquis à Thiers. Quelques années plus tard, en juin 1877, un député fait allusion à la libération du territoire. Gambetta se lève et se tournant vers Thiers, avec lequel il s'était réconcilié, lance d'une voix forte : « Le libérateur du territoire, le voici ! » À son invitation, la plupart des députés se lèvent, ainsi que les tribunes, et font au frêle petit homme écarté du pouvoir, une immense ovation. Pour une génération, Thiers est le « libérateur du territoire ».

Les Prussiens s'en vont

Dans toutes les villes de l'Est se répètent les mêmes scènes. À Épinal, c'est le « jour béni » de juillet 1873. De bon matin, alors que les Prussiens sont encore là, un drapeau français a été hissé par une main inconnue dans le parc du château à la cime du plus haut sapin. Dès que les Prussiens s'en vont «toutes les fenêtres se fleurissent de drapeaux français. [...] Dans la journée, arrive une compagnie de gendarmes mobiles : on admire avec avidité leurs schakos, leurs aiguillettes saumon ». À Bar-le-Duc, le 23 juillet 1873 est une splendide journée d'été : « Les ateliers sont déserts, les bureaux administratifs abandonnés. Les rues sont encombrées de citoyens attendant avec la plus vive impatience le départ des troupes prussiennes. À chaque heure, les voitures et les trains de chemin de fer amènent en ville de nombreux voyageurs heureux d'assister à l'arrivée des troupes françaises. » À 5 heures, la cloche du vieux beffroi sonne à toute volée annonçant joyeusement à la ville et aux campagnes notre délivrance et le drapeau tricolore placé sur la mairie apprend à nos concitoyens qu'ils sont redevenus français. » Le 1ᵉʳ août 1873, la même joie populaire et tricolore s'empare de Nancy : la foule envahit les rues, les lieux publics, on crie, on chante, on s'embrasse, on déploie des drapeaux tricolores. Les journaux titrent : « Ils sont partis », « Libération », « La Délivrance ». *Le Progrès de l'Est* quotidien républicain est lyrique : « Ô Nancy, Nancy la grande, Nancy la gracieuse, Nancy la superbe [...], tu vas croître encore, croître toujours en population et en richesse. Mais prends garde, [...] placée à la frontière extrême, sans défense, l'ennemi n'a qu'à allonger le bras pour te saisir. » Pancartes et banderoles portent des inscriptions telles que « Honneur à Monsieur Thiers », « Vive Thiers », « Vive le Libérateur du territoire » sont autant de défis lancés au gouvernement conservateur de Mac-Mahon. *Le Progrès de l'Est* écrit : « La première pensée des villes qui sont délivrées de la présence de l'étranger est pour la République et pour vous. » Nul n'a mieux exprimé cette atmosphère que le jeune Henri Poincaré ; trente ans plus tard, l'illustre mathématicien rappelle, dans un témoignage très coloré, l'enthousiasme de ses compatriotes. Son ami alsacien Paul Appel avec lequel il était allé passer à Paris les épreuves d'entrée à l'École normale supérieure, raconte leur retour : « Nous trouvâmes la ville dans l'allégresse : des drapeaux partout à toutes les maisons, à toutes les voitures jusqu'aux charrettes des laitiers et des maraîchers. Les troupes allemandes venaient de partir et précisément pendant la composition de lavis (épreuve de l'École polytechnique), l'avant-garde de l'armée française fit son entrée à Nancy. Jour de joie et de délivrance, bien mélancolique pour nous, les Alsaciens, qui ne pouvions perdre de vue que la libération du territoire français allait s'arrêter, pour longtemps peut-être, aux Vosges. »

Belfort, où Manteuffel avait passé en revue 5 000 soldats allemands est évacuée le 2 août. « Une heure après que l'arrière-garde se fut éloignée par la route, les cloches sonnèrent à toute volée, les maisons étaient ornées de drapeaux, de feuillage, d'écussons, de transparents au nom du président Thiers ; le nom de Denfert ne figurait que sur deux de ces transparents. Pas une maison ne restait sans ornementation. » Le drapeau tricolore flotte sur le château. Bientôt trois compagnies d'infanterie françaises entrent dans la cité libérée.

Le 13 septembre, Manteuffel rassemble les unités de Verdun, les passe en revue sur l'esplanade de la Roche, fait un signe de l'épée et les soldats poussent les trois hourras en l'honneur de l'empereur-roi. Les troupes défilent puis s'éloignent. Manteuffel quitte le dernier la ville, il est 8 heures du matin. Aussitôt après, le 98e régiment de ligne entre, dans l'allégresse générale. C'est un déploiement de drapeaux tricolores, « la cité illumine et pavoise » (Gérard Canini). Le lendemain, Manteuffel est à Étain. C'est dans cette localité, dit-on, qu'un bourrelier s'approchant et lui tendant familièrement la main lui aurait dit : « Au revoir, mais ne revenez plus! » Par Conflans, Jarny, Doncourt, les troupes se dirigent vers la nouvelle frontière. Au moment où elles la franchissent, elles sont congratulées par un brillant état-major d'officiers supérieurs venus de Metz escorté de dragons bleus. Parmi les dernières troupes allemandes se trouve le régiment de Ruppin. Ses soldats, qui s'étaient battus à Duppel, Sadowa, Vionville, Le Mans, regagnent leur garnison de Prusse orientale le 19 octobre 1873!

Le repli des troupes allemandes s'est passé dans le calme le plus complet, sans aucun incident. Les rapports des fonctionnaires français sont unanimes. « Aucune plainte ne nous est parvenue, rapporte au préfet le 17 septembre le commissaire de police de Batilly, l'évacuation s'est faite avec ordre et calme, la population s'est montrée digne et réservée jusqu'à la fin de cette dure expiation. » Dans cette région enfin libérée, il reste la nostalgie des provinces perdues et des populations toutes proches dont on est séparé par une frontière inacceptée. Les journaux parisiens qui ont envoyé des correspondants à la frontière, publient des articles mesurés qui mettent l'accent sur l'attitude conciliante de Manteuffel et qui restent discrets sur le comportement des troupes d'occupation. Rares sont ceux qui rappellent les maux effroyables et les exactions des Prussiens. En revanche, l'utilisation à des fins de politique intérieure est manifeste; les républicains mettent l'accent sur les mérites de Thiers tandis que les partisans du gouvernement le rabaissent ou l'ignorent. Dans le reste du pays, l'événement est passé presque inaperçu !

Du côté allemand, l'occupation qui aurait pu être un redoutable piège, s'achève dans la dignité. L'habile diplomatie de Manteuffel y a été pour beaucoup. Allemands et Français saluent sa réussite. En témoignage de gratitude, Guillaume Ier lui confère la dignité de maréchal. Ce n'est point une retraite car Manteuffel reste proche de l'empereur et estimé du prince héritier. À plusieurs reprises son nom est murmuré pour la chancellerie. Bismarck, très ombrageux, cherche à éloigner de Berlin ce rival potentiel. Il y parvient en 1879 en lui confiant la fonction délicate de gouverneur d'Alsace-Lorraine (*Statthalter*) ce qui oblige Manteuffel à résider à Strasbourg jusqu'à sa mort survenue en 1885.

Quant aux officiers allemands, ils ont gardé de leur séjour en France un souvenir agréable : solde élevée, logement confortable, détente après une guerre assez dure. Certes ils déplorent que les contacts avec les Français soient restés limités et distants. Ils n'ont toutefois pas eu cette âpreté hostile qu'une version un peu simpliste de l'histoire s'est plue ensuite à accréditer. Ceux qui ont vécu dans la Marne ont appris à apprécier le vin de Champagne. Pendant longtemps, des commandes régulières sont venues de Potsdam ou de quelque autre garnison prussienne.

Mémoire de la libération

Pour les gouvernants et une partie des Français la libération du territoire a été un souci lancinant pendant plus de deux ans. Rien à voir avec le phénomène éruptif d'août 1944 où s'associent victoire des Alliés et soulèvement populaire. En 1871-1872 les négociations se sont déroulées dans la coulisse et sont restées ignorées du plus grand nombre. Il n'en demeure pas moins que la libération a laissé des traces dans la mémoire collective.

La plus remarquable et la plus durable est d'ordre financier. La libération c'est d'abord le succès des deux emprunts, les plus considérables du XIXe siècle. L'ensemble des emprunts réalisés par Thiers a porté sur une somme totale de 5,724 milliards en produit brut sur lequel le Trésor a retiré 5,557 milliards en produit net dont les neuf-dixièmes ont été transférés en Allemagne. Laissons de côté les modalités des techniques financières et budgétaires. Ces opérations ont eu une conséquence sociale d'une grande portée. Ils ont créé des millions de titres de rente qui ont été souscrits dans toutes les couches de la population jusque dans les milieux populaires. Placement sûr, la rente est entrée dans les patrimoines y compris les plus modestes et a contribué à consolider la République qui avait su inspirer confiance. Son succès a préparé les Français à accueillir favorablement des emprunts ultérieurs, français ou étrangers. La conversion réalisée en 1883 par Tirard a transformé le 5 % en 3 % perpétuel et ce titre demeure un placement sûr. Dans les esprits le souvenir est resté si positif qu'en 1914-1915, les pouvoirs publics et les banquiers utilisent cet argument pour convaincre les Français d'apporter leur or pour la France. C'est l'une des raisons, parmi d'autres, du succès de ces emprunts.

Si une guerre perdue avait consolidé le crédit de l'État, deux guerres victorieuses vont le détériorer gravement et durablement. Les souscripteurs de 1914-1915 auxquels on avait fait entrevoir la même sécurité que pour les emprunts 1871-1873, ont été ruinés par l'inflation des années 1920.

Une autre trace, plus limitée géographiquement mais fondamentale au niveau des comportements et des nationalités, s'inscrit dans la mémoire c'est celle de la connaissance de l'ennemi. Le contact direct avec les Prussiens, les Bavarois etc... a laissé des traces indélébiles. Les Français occupés ont vu, côtoyé, subi, détesté l'ennemi. Pendant des années les journaux, les chansons, les brochures ne cessent d'en rappeler les épisodes, quitte à les grossir, à les exagérer et à donner toujours aux Allemands, aux Prussiens, le mauvais rôle. On leur reproche une foule d'incidents divers : dégradations et violences, gens insultés, battus, blessés à coups de sabre. L'occupation a été ressentie comme une humiliation, l'humiliation de la présence de l'ennemi et l'obligation de satisfaire à toutes ses exigences. Vingt-cinq ans après, Raymond Poincaré le rappelle aux collégiens de Commercy : « Ces longs mois ont, mieux que les leçons de mes premiers maîtres, trempé mon âme et accoutumé mon esprit à la réflexion. J'ai toujours devant les yeux la vision de ces troupes allemandes manœuvrant dans les rues et les places de ma ville natale. »

Après 1870, il y a deux France, celle qui a été occupée et celle qui est restée libre. La première a eu un contact physique durable avec les Allemands, la seconde ne les connaît que par les récits des soldats ou les articles des journaux. Un vigneron du Midi, un paysan alpin, un pêcheur breton a nécessairement une perception assez floue de l'Allemagne et des provinces perdues. Chez les Français de l'Est, du Centre, de Bourgogne, chez les Parisiens, la guerre puis l'occupation ont été l'un des révélateurs du patriotisme. Leur évocation l'enracine et le fortifie. Le patriotisme n'est ni une construction intellectuelle ni un projet politique, il naît du contact direct, physique avec l'ennemi et surtout avec l'occupant.

Enfin, mêlant la défense de l'ordre public, la sage administration des finances, la volonté de libérer le territoire et de redresser la patrie, se dégage la figure d'Adolphe Thiers. Il est au centre de ces confluences mouvantes et selon leur sensibilité, ses fidèles mettent l'accent sur l'une ou l'autre de ses qualités. La légende de Thiers s'ébauche alors qu'il est encore vivant. Il meurt à l'âge de quatre-vingts ans en septembre 1877 sans avoir pris sa revanche sur les monarchistes qui l'avaient évincé du pouvoir. Sa popularité est alors au zénith. Il est le « sage vieillard », « l'habile financier » qui a su lancer des emprunts si utiles au pays et si profitables aux épargnants.

À la fin des années 1870, le nom de Thiers est donné à de multiples rues, places et avenues. Un comité nancéien – le premier de France – lance une souscription pour dresser sur la place de la gare une statue du « Libérateur du Territoire ». Elle est inaugurée en 1879 devant une foule immense qui fait une ovation aux ministres et aux hommes politiques parisiens venus pour la circonstance et qui entourent la veuve de l'illustre défunt. Dans un récent article de la *Revue d'Histoire moderne et contemporaine*, Pierre Barral analyse la portée nationale de ces discours. Pour les Lorrains, cette inauguration est l'occasion de plusieurs jours de fête avec concerts, feux d'artifice, retraites aux flambeaux, défilés de

sociétés de gymnastique, illuminations de la Pépinière, etc.
Les journaux parisiens ont relaté avec un luxe de détails « la
fête de Nancy ».

Cette cérémonie aurait pu être le signal de beaucoup
d'autres. Or, surprise, quatre villes seulement – et aucune
grande ville parmi elles – ont éprouvé le désir d'élever une
statue à Thiers : Bône, Montbéliard, Saint-Germain-en-Laye
et Saint-Maixent. À cette indifférence surprenante on doit
chercher une explication. La plus vraisemblable est la suivante : dans le cœur des républicains, la place est prise par
Léon Gambetta, prématurément disparu. C'est vers
l'homme de la Défense nationale, chaleureux et énergique
que va spontanément la reconnaissance des Français. Thiers
n'a jamais été aimé des foules et des humbles. En revanche,
il reste la référence des notables, des hauts fonctionnaires,
des parlementaires. Un exemple tout à fait caractéristique
est celui du préfet Henri Doniol, devenu membre de l'Institut qui rend hommage à « son œuvre libératrice » (1897).
Parmi les membres des classes dirigeantes, rares sont ceux
qui, à l'époque, ont eu le courage et l'audace de la critique.
Le colonel Aimé Laussédat est l'un d'eux ; il avait assisté
impuissant aux négociations de Bruxelles et de Francfort et
aux travaux de la commission parlementaire chargée d'examiner le texte du traité de Francfort. Maintenant que sa
parole est libre il ne mâche pas ses mots quitte à déplaire
aux « admirateurs du talent de M. Thiers ». Il déplore « ses
lourdes fautes, son incommensurable orgueil » et il trouve
« exorbitant le titre de " libérateur du territoire " ». Après
avoir relu les notes diplomatiques, la correspondance avec
Gontaut-Biron et Saint-Vallier, on peut penser que Thiers a
donné là peut-être le meilleur de lui-même et c'est ce qui
explique la reconnaissance des populations de l'Est et
l'approbation des historiens républicains modérés. En 1914,
Gabriel Hanotaux écrit : « M. Thiers est toujours " le libérateur du territoire ". »

Cent ans plus tard, les générations se sont succédé. Le
souvenir de l'occupation de 1870-1873 est oublié. À la suite
d'une opération d'urbanisme, la statue de Thiers élevée à
Nancy est déplacée dans l'indifférence et remisée dans un
hangar. Cependant la place conserve son nom et la tour de

béton qui l'écrase et la défigure, est appelée spontanément
« Tour Thiers ». Au même moment, de nombreuses municipalités de gauche découvrent avec horreur l'existence de
rues et d'avenues Thiers et s'empressent de les débaptiser.
Le « Libérateur du Territoire », est oublié tandis que le
« fusilleur de la Commune », redécouvert à l'occasion du
centenaire, est condamné avec indignation. Étonnant ren-
versement des perspectives que seul peut expliquer un
regard différent de nos contemporains sur leur passé.

CHAPITRE XVII

Responsabilités et interprétations

Au lendemain de Sedan, les Français sont indignés. L'unique responsable de nos désastres, c'est Napoléon III et son régime. Puis la guerre se prolonge et les républicains ne sont pas plus heureux. N'auraient-ils pas eux aussi des responsabilités ? C'est ce que pensent les royalistes de l'Assemblée nationale. Le débat sur les responsabilités – politiques, militaires et collectives – divise les Français. Il est inséparable d'une réflexion sur le redressement du pays, réflexion à laquelle participent les intellectuels et les clercs, les journalistes et les hommes politiques. Si les Français sont unanimes sur son urgence, ils sont en désaccord sur les modalités. Monarchie catholique ou république laïque ? Dans ce débat déjà ancien le drame de 1870 apporte aux deux camps des arguments nouveaux ou plutôt donne aux vieux arguments un nouvel éclairage.

La condamnation du Second Empire

À l'automne 1870, elle est générale et unanime. Les Français sont tombés de haut; le succès apparaissait comme devant aller de soi, ils n'imaginaient pas être battus par un seul peuple alors qu'il avait fallu l'Europe entière – la coalition – pour mettre à genoux Napoléon Ier. Napoléon III, le vaincu de Sedan, est cloué au pilori. La déchéance, la proclamation de la République ont été les répliques immédiates des Parisiens. Le désastre de Sedan est la conclusion logique et le châtiment du crime du 2 Décembre. Les républicains sont les plus virulents. Le nouveau préfet de l'Yonne, Hippolyte Ribière lance à ses administrés : « Le gouvernement impérial vient de s'écrouler sous le poids de ses fautes : il s'est jeté dans une guerre téméraire avec des arsenaux vides, des magasins vides, des troupes insuffisantes ; il a mené à sa destruction notre héroïque armée... » L'académicien orléaniste Charles de Rémusat qui se repose dans sa propriété de Haute-Garonne, loin du théâtre de la guerre, ne contient pas sa colère : « La France est dégradée par ta faute, race odieuse des Bonaparte ! Ce dernier coup plongera nos derniers jours dans la tristesse et l'humiliation. » On pourrait citer des dizaines de textes de ce genre où la mauvaise foi et l'ignorance se mêlent à l'indignation et aux convictions sincères. Christian Kiener, maire d'Épinal occupé par les Prussiens, se réjouit d'être « débarrassé de la race des Bonaparte qui n'a jamais fait que le malheur de la France en troublant le repos du monde ». À Paris, la polémique est alimentée par la publication dans les journaux des papiers saisis aux Tuileries. Bernard Ménager a cité des chansons, des articles, des brochures populaires traînant dans la boue Badinguet, le fuyard de Sedan, un abruti au rire hébété et un criminel. Il a commis la faute de ne pas avoir agi en 1866 (on a oublié que l'opinion publique voulait alors la paix), il a commis le crime de vouloir et de déclarer la guerre puis il a rejeté sur la nation la responsabilité de ce crime. L'armée française, « la meilleure armée du monde », a été envoyée se faire battre « par intérêt dynastique, sans préparation, sans alliances ». Pendant plus d'une génération, à la suite de Gambetta, les républicains dénoncent un pouvoir personnel fondé sur le crime et maintenu par la corruption. « Ce que l'Allemagne a vaincu en 1870, s'exclame en 1884 un obscur officier de mobiles qui avait commandé le fort de Bellevue lors du siège de Belfort, c'est l'incurie de l'empire et non pas la race française. »

Quelques-uns poussent plus loin la réflexion et placent les Français devant leurs propres responsabilités. Le suffrage universel s'est laissé égarer, abuser comme l'ont prouvé les résultats du plébiscite de mai 1870. Les Français se sont laissés griser par l'atmosphère de vie facile : « Nous avions rem-

placé la gloire par l'argent, le travail par l'agiotage, la fidélité, l'honneur par le scepticisme, les luttes de partis et de
doctrines par des compétitions d'intérêt. [...] Absoudre et glo-
rifier les mauvaises mœurs, faire une royauté aux femmes
perdues, remplir nos yeux de luxe, nos oreilles du récit de
leurs orgies. [...] Est-ce bien là le spectacle que nous avons
eu! Est-ce bien là la société que nous avons été! Et s'il en est
ainsi, ne devons-nous pas confesser malgré les héros et les
martyrs de la dernière heure que nous étions vaincus avant
ce temps? Oui, nous portions en nous la cause de la défaite.
Oui, nous avons été aussi coupables que malheureux. Oui,
nous avons à guérir l'âme même de la France. » Voilà le
jugement du ministre républicain Jules Simon. Les catholiques partagent cette condamnation. Ils y ajoutent leurs
propres griefs : la politique italienne, le manque d'énergie
pour défendre le pouvoir temporel du pape, les tendances
laïques du ministre de l'Instruction publique Victor Duruy,
la reconnaissance par Napoléon III des principes de 1789.
Tout cela conduit à l'abandon par le plus grand nombre de
la foi des ancêtres, au péché individuel et collectif. La
France a perdu la guerre parce qu'elle a péché, parce qu'elle
s'est éloignée de Dieu. Voilà ce que disent évêques, prêtres,
prédicateurs et journalistes royalistes.

La plupart des Français qui avaient accepté le régime, se
détournent de Napoléon et de ses partisans. Les dirigeants
condamnés à un exil honteux reviennent en 1871 sur la
pointe des pieds. Une petite poignée de bonapartistes siège à
l'Assemblée nationale. De son exil anglais, Napoléon ne se
laisse pas impressionner par ce revers du destin. Il ne désespère pas de voir les Français revenir un jour vers lui ou sa
dynastie. À sa mort (1873), une restauration des Bonaparte
paraît hautement improbable. Toutefois le prince impérial,
préservé par son âge (quatorze ans) de tout contact avec les
affaires, est populaire. Une minorité de Français et pas simplement des clients de la famille Bonaparte, conserve un
attachement à la dynastie. Les candidats bonapartistes
recueillent des suffrages et obtiennent des élus lors des élections partielles. Eugène Rouher, l'ancien « vice-empereur »,
est élu député de la Corse. Il a le courage de monter à la tribune de l'Assemblée nationale et d'essayer de justifier la

politique qu'il avait conduite. Il s'attire une réplique cinglante de Gambetta, mais il tient tête, ne s'abaisse pas. C'est seulement en 1881 qu'il se retire de son plein gré de la vie politique. Au temps de « l'ordre moral », Magne qui avait été un ministre des Finances de l'Empire très apprécié, retrouve pendant quelques mois son portefeuille. Le bonapartisme a survécu à Sedan. C'est la mort prématurée en 1879 du prince impérial qui, en mettant fin aux espoirs de la dynastie, décourage et disperse les partisans.

Parmi les hommes dont la carrière est définitivement brisée, il y a Émile Ollivier, le jeune président du Conseil de juillet 1870. En réponse à un interrupteur, il avait eu à la tribune du Corps législatif cette phrase malheureuse que l'on cite toujours tronquée et qui, sous cette forme, est restée dans l'histoire : « Nous déclarons la guerre d'un cœur léger. » Le « ricochet fatal du mot inoffensif, selon la formule ingénieuse d'Henri Bergson qui lui a succédé à l'Académie française, atteint le seul homme qui avait toujours voulu la paix ». À son retour d'exil en 1873, Émile Ollivier, âgé de moins de cinquante ans, sait que sa carrière est définitivement brisée. Ses anciens amis républicains ne lui pardonneront jamais son ralliement à l'empire. Il consacre une longue et studieuse retraite (il ne mourra qu'en 1913!) à rédiger les dix-huit volumes de *L'Empire libéral*, pour justifier son ralliement à l'empire et sa politique. Avec le recul du temps, on comprend mieux ce libéral parlementaire sincère et attachant, balayé par une guerre qu'il n'avait pas voulue et qu'il n'avait pas su empêcher.

Les deux interprétations de la défaite

Les responsabilités de l'empire étant indiscutables, les Français se divisent et s'opposent sur tout le reste. Les monarchistes de l'Assemblée nationale imputent une part des désastres aux républicains. Ils mettent en place une commission parlementaire d'enquête sur les actes du gouvernement de la Défense nationale qui se livre à une véritable mise en accusation de la République et de Gambetta. Relevons quelques-unes de leurs conclusions. « Les hommes du gouvernement de Paris n'ont pas su mieux faire que l'empire au point de vue diplomatique comme au point de vue civil et militaire. [...] Monsieur Gambetta ministre de la Guerre n'a réussi guère mieux que Monsieur Favre, ministre des Affaires étrangères et négociateur. » Les rapports particuliers sont autant de réquisitoires impitoyables qui ne laissent dans l'ombre aucune faiblesse, aucune négligence. Celui sur l'armée de la Loire incrimine la tradition républicaine coupable « d'avoir voulu imposer aux généraux l'obligation de la victoire ». Beaucoup de mesures de Gambetta sont qualifiées de « violentes » et de « très blâmables ». Freycinet, le délégué général, est jugé « totalement étranger au métier des armes ». On dénonce « les prétentions stratégiques du ministre et de ses conseillers ». La substitution de l'action ministérielle à celle du général en chef aurait eu comme conséquence des « fautes capitales », « cause déterminante de notre défaite ». L'offensive de l'armée de l'Est, la négociation de l'armistice sont jugées avec autant de sévérité. Quant aux faiblesses à l'égard de l'extrême gauche parisienne et méridionale, elles auraient conduit tout droit à la Commune. La gestion financière, les marchés conclus pour l'approvisionnement et l'armement des troupes, les relations avec les représentants des compagnies du chemin de fer sont examinés avec une vigilante critique et une malveillance à peine dissimulées. On parle des « idées et des passions du dictateur. [...] Les procédés révolutionnaires ne l'effrayaient pas et la légende de 1793, chère à son parti, lui rappelait le papier monnaie comme complément de la levée en masse ». Un député conservateur lui reproche d'avoir préféré à des impôts de guerre dont l'impopularité [l']effrayait « des expédients maladroits et inefficaces ». Et il conclut avec gravité : « C'est la destinée et le châtiment des gouvernements révolutionnaires que tout ce qui émane d'eux est suspect aux honnêtes gens. » Les responsabilités des républicains sont antérieures à la guerre. Louis Veuillot leur reproche leur admiration pour cette Prusse protestante, « le péché de l'Europe. [...] Les responsables de la défaite sont les libéraux français qui n'ont cessé avant 1870 d'encenser cette Prusse et qui ont invité la France à se mettre à son école ».

Beaucoup d'officiers qui, à l'automne 1870, sont partis en

captivité en Allemagne et qui ont vécu à l'étranger la période de Défense nationale ont des vues convergentes. La captivité qui les a coupés de leur milieu, a été une épreuve morale et une invitation à la réflexion. Réflexion sur eux-mêmes, réflexion sur les causes de la catastrophe, réflexion sur l'avenir du pays. Quand ils ont été libérés en mars 1871, ils ont immédiatement rejoint l'armée de Versailles pour combattre la Commune. La défaite, la captivité, la guerre civile, voilà ce qu'ils ont vécu en l'espace de moins d'un an. Certains songent à quitter l'armée; quelques-uns, comme le jeune Albert de Mun qui a vécu le siège de Metz et la captivité, vont jusqu'au bout : « L'armée est finie. C'est une gloire d'avoir fait la guerre, j'ai un profond dégoût du métier. Maintenant, les affaires et la tribune. » Et il se consacre à « sa vocation » sociale et politique.

Au-delà des responsabilités politiques et militaires, la défaite a des causes morales et en premier lieu, l'abandon de la religion. La France a été vaincue parce qu'elle aurait oublié le Dieu de ses pères. Elle se serait laissée entraîner dans la fête impériale, dans la démagogie de la République et de la Commune. D'un malheur peut surgir un bien. « L'expiation est une grâce qui en attire d'autres. [...] Dieu promène la guerre sur le genre humain comme le médecin le feu sur un membre paralysé », écrit Louis Veuillot. En parcourant les mandements des évêques, les sermons des prédicateurs, on y lit que c'est par la prière, la pénitence, le retour à Dieu que la France se régénérera et se redressera. L'Alsacien Freppel, évêque d'Angers, parle à Belfort du caractère providentiel de la défaite, « les fautes appellent l'expiation, l'expiation prépare le salut ». Sur un plan plus politique, cela signifie la renonciation aux principes de 1789. En conséquence, le redressement du pays ne peut être que le résultat d'une régénération religieuse et morale. « Que la France redevienne catholique et elle sera invincible », proclame le journaliste Louis Veuillot. « Dieu et Patrie », voilà la devise brodée sur les bannières des zouaves pontificaux, voilà l'orientation de la majorité d' « ordre moral », voilà ce qui inspire le vote de la construction d'une basilique dite du « Vœu national » en l'honneur du Sacré-Cœur sur la colline de Montmartre. Un climat de religiosité diffuse parcourt la société et les pèlerinages de Lourdes, La Salette, Pontmain, Paray-le-Monial sont une des expressions parmi d'autres. Les plus exaltés rêvent d'aller délivrer le pape prisonnier à Rome des Italiens. « Sauvez Rome et la France au nom du Sacré-Cœur. » Ce cantique si souvent chanté, si souvent aussi ridiculisé par ses adversaires, montre la liaison intime entre les événements de Rome et ceux de Paris. L' « ordre moral » a été et est encore tourné en dérision. Ce serait un attentat à la liberté de pensée, une volonté rétrograde de retour à un passé obscurantiste. Parmi ses défenseurs, il y avait une part de rêve et d'illusion; ils croyaient naïvement qu'une France redevenue chrétienne serait la première nation du monde.

L'hostilité à l'évolution démocratique ne se rencontre pas uniquement chez les catholiques. On peut lire pendant la Commune dans la très bourgeoise et très libérale *Revue des Deux Mondes* l'invitation suivante : « Ou la France renoncera à elle-même ou elle renoncera aux chimères de 1789. L'idée de révolution est la parfaite antithèse et l'ennemi de l'idée de patrie. » Des écrivains connus comme Gustave Flaubert, Hippolyte Taine, Edmond de Goncourt, des historiens comme Fustel de Coulanges ou Ernest Renan font part de leurs craintes et aspirent à des régimes d'ordre qui contiendraient les abus du suffrage universel. La réflexion la plus intéressante est celle d'Ernest Renan, auteur de la *Vie de Jésus* et professeur au Collège de France. Il publie en 1871 un livre important *La Réforme intellectuelle et morale de la France*. Renan a admiré et admire encore la science allemande. Sur le plan politique, Renan qui avait fréquenté les bonapartistes de gauche, le prince Napoléon, la princesse Mathilde, Victor Duruy, soutient Monsieur Thiers et penche avec quelque hésitation pour une restauration des Orléans. À ses yeux, la cause profonde de l'abaissement de la France est l'évolution démocratique du pays. Il dresse de la France et de la Prusse un parallèle saisissant bien qu'un peu caricatural : « Le suffrage universel ne comprend pas la nécessité de la science, la supériorité du noble et du savant. Par opposition à la France soumise au régime du laisser-aller et de la bassesse morale, la Prusse a su résister à l'évolution de toute l'Europe vers la médiocrité. L'Allemand, c'est l'homme chaste et viril, le conquérant, le vainqueur, le guer-rier. La Prusse a triomphé parce qu'elle a su préserver au cours de son histoire et une monarchie autoritaire et une noblesse influente. La victoire de la Prusse a été la victoire de la royauté de droit quasi-divin. Une nation ne pourrait se réformer sur le type prussien sans la royauté historique et sans la noblesse. » Une telle analyse serait applaudie des deux mains par les conservateurs si elle ne comportait pas un éloge des nations protestantes et un appel à une instruc-tion publique libérée de la tutelle de l'Église. « La France, fille aînée de l'Église », c'est pour Renan un passé révolu ; il se rapproche bientôt des républicains modérés et devient l'un des intellectuels les plus en vue de la République nais-sante. Cette évolution politique de Renan est aussi celle de la majorité des Français.

Une fraction des conservateurs et des possédants, ceux qui suivent Adolphe Thiers sont effrayés par l'exaltation reli-gieuse des catholiques intransigeants. Ils sont convaincus que la défaite résulte d'un rapport de force défavorable, que ce rapport de force, il faut l'inverser en développant l'ins-truction et en réformant l'armée. Ces hommes devenus républicains de raison retrouvent les républicains de convic-tion, ceux dont ils s'étaient séparés lors de l'armistice et dont Léon Gambetta est le chef de file. Les républicains pensent que la République a une mission à remplir, celle de « refaire la France », de « régénérer le pays », « d'élever et d'armer la nation ». Gambetta ne croit pas à la décadence morale et matérielle de la France. « Au contraire, le pays a tout donné, et les hommes et l'argent, sans compter : on s'est bien battu, aussi bien que pouvaient le faire des troupes inexpéri-mentées... » Il est convaincu des « admirables aptitudes de notre race à produire des penseurs, des savants, des héros et des esprits libres », il envisage « l'avenir avec confiance », à une seule condition, le développement de l'instruction. « Oui, on peut établir, preuves en main que c'est l'infériorité de notre éducation nationale qui nous a conduits aux revers. » Seule la République est en mesure d'opérer une réforme en profondeur du système d'enseignement. Elle doit mettre en place un enseignement laïc, ouvert au plus grand nombre pour que les jeunes générations aient accès aux découvertes de la science et reçoivent une éducation civique. À son retour en France, Gambetta développe ce thème devant les républicains de Bordeaux (juin 1871); lui et ses amis le reprennent inlassablement. Certains d'entre eux vont plus loin. Alors que les catholiques incriminent l'esprit protestant, les républicains avancés pensent que le catholicisme, en freinant la diffusion de l'instruction, en refusant le libre examen et en cherchant à imposer l'esprit d'obéissance et l'autorité, est une des causes profondes de la défaite. Esprit démocratique et patriotisme vont de pair. Le libre citoyen doit défendre sa patrie. « Lorsqu'en France un citoyen est né, il est né un soldat » (Gambetta). Ce patriotisme républicain prend ses racines et puise ses exemples chez les soldats de l'an II. Les gardes mobiles et les francs-tireurs qui se sont levés à l'automne 1870 pour défendre le sol et chasser les Prussiens, en sont les héritiers; ils ont sauvé l'honneur. Dans les années qui suivent la guerre, chansons, poésies, récits et témoignages exaltent les francs-tireurs, les corps-francs qui attaquent les Prussiens, désorganisent leurs communications, bref les mettent en échec. Si la guerre a été perdue, ce n'est pas la faute des Français. On passe sous silence les cas d'insoumission, de désertion, la lâcheté de certains officiers de mobiles, l'héroïsme braillard et vain des clubistes parisiens, les discours enflammés des orateurs du Midi, toutes ces faiblesses sont oubliées. Les efforts de la Défense nationale ont sauvé l'honneur de la France. Le soldat français reste le meilleur. C'est le message que délivre le *Chant du soldat* dont Déroulède, alors républicain dans le sillage de Gambetta, publie en 1874 la première édition. Ces poésies naïves et héroïques ont un immense succès et de nombreuses rééditions. Elles correspondent à une attente. Dans le même esprit et bien que le rapprochement puisse paraître insolite à nos contemporains, Jean Macé, chassé de son Alsace natale, se consacre à la Ligue de l'enseignement. Il combat pour une école primaire laïque et patriote, l'école d'une République qui redressera la patrie.

Au lendemain de la défaite, les querelles franco-françaises, un instant estompées par la guerre et l'armistice reprennent vite tous leurs droits. Monarchie catholique ou République laïque ? Napoléon Bonaparte avait clos provisoirement le débat en imposant l'empire. Il se pose de nouveau avec acuité. C'est à la fois un conflit entre deux conceptions politiques mais aussi entre deux voies pour refaire la France.

Les responsabilités des généraux

Napoléon, chef des armées, porte le poids de toutes les erreurs et fautes de la période impériale, le cas de Bazaine étant à part. Il est significatif que Frossard, le vaincu de Forbach, que Mac-Mahon le vaincu de Frœchswiller, le commandant malheureux de l'armée de Châlons, n'aient pas eu à souffrir de leurs échecs. Mac-Mahon a une chance inouïe, car une grave blessure lui épargne la négociation de la capitulation de Sedan. Il part ensuite en captivité à Aix-la-Chapelle où il prend soin de rester à l'écart de toutes les intrigues bonapartistes. Après sa libération, Thiers qui connaît son obéissance au pouvoir civil, lui confie le commandement de l'armée de Versailles avec mission de réduire la Commune. Il retrouve alors une popularité telle que les conservateurs l'adoptent comme chef de file pour l'opposer à Thiers. Le maréchal passe définitivement à la politique qu'il avait côtoyée jusque-là et succède à Thiers à la présidence de la République en mai 1873. Ni Frœchswiller, ni Sedan n'ont été des handicaps. Son titre de maréchal, sa belle prestance de soldat, son courage et sa dignité ont tout effacé.

Pour la période de la Défense nationale, il faut distinguer Paris et la province. Dans la capitale, le général Trochu, gouverneur militaire, a été critiqué par ses collègues du gouvernement; l'échec de la dernière sortie l'a acculé à la démission. Il n'en a pas moins été élu à l'Assemblée nationale où il a siégé entouré de la considération de ses collègues. C'est à l'extrême gauche que l'on est le plus impitoyable à l'égard des généraux. On se souvient de l'armée, instrument de la répression en 1848 et 1851; on refuse une hiérarchie imposée, on s'indigne de l'attentisme et de la passivité. On répète que les généraux ne veulent pas se battre. Trochu, Vinoy et consorts sont des capitulards; la haine qu'on éprouve à leur égard est à la mesure des espoirs déçus. C'est pourquoi l'assassinat sauvage le 18 mars 1871 des généraux Lecomte et Clément Thomas est une colère populaire contre des incapables, tout juste bons à discuter avec les Prussiens. Le général Chanzy, arrêté à la gare de Lyon et auquel on ne pouvait faire le moindre reproche, a failli subir le même sort. La férocité implacable avec laquelle les officiers de carrière ont mené la répression contre les Communards, s'explique largement par les critiques et les humiliations subies durant le siège. Dans les années qui ont suivi la défaite, l'immobilisme du général Trochu a fait l'objet d'un débat qui n'a guère dépassé les milieux professionnels. Certains lui ont reproché d'avoir trop tardé avant de donner le feu vert à Ducrot pour essayer de percer le blocus de Paris. Il aurait en outre acculé son adjoint à l'échec en lui donnant des moyens insuffisants. Dans ses Mémoires, Trochu s'est expliqué. Il s'était préparé à une attaque prussienne immédiate. Il pensait qu'elle se briserait dans des combats de rues. Cette attaque ne s'étant pas produite, il n'a pas jugé opportun de s'adapter à la situation nouvelle. « Ma première conception du siège de Paris ne fut remplacée dans mon esprit par aucune autre [...], je n'hésite pas à déclarer que tant que la guerre a duré, je n'ai eu ni une idée de stratégie, ni une idée de tactique. » Il n'y a aucune raison de mettre en doute cette autocritique. Comme Bazaine, Trochu s'est réfugié dans l'immobilisme. Il y a une parenté de comportement tout à fait étonnante.

À Tours et à Bordeaux, Gambetta a eu des mots durs et souvent justifiés sur les généraux dont il a eu la responsabilité. À son arrivée il a révoqué La Motte-Rouge qui n'avait pas défendu Orléans, il a révoqué ensuite le républicain Kératry chargé d'organiser l'armée de Bretagne et qui avait enlisé ses recrues dans la boue du camp de Conlie; il a révoqué d'Aurelle qu'il avait nommé à la tête de l'armée de la Loire, lors de la seconde attaque d'Orléans. Les rapports de la commission d'enquête accordent une grande place à ces affaires. Ils reprochent au ministre et à son délégué Freycinet des ingérences dans un domaine où ils étaient incompétents. Ils prennent parti pour les militaires contre les civils au nom de considérations politiques. C'est l'esprit républicain qui animait la défense nationale plus que telle ou telle mesure qui est le fond de ce procès. Les rapports de Gambetta avec les généraux ont été loin d'être aussi détestables que les mémoires d'Aurelle ou les propos de Bourbaki ont semblé l'accréditer. Il y a eu des difficultés, des tensions, des crises. Il voulait à la fois maintenir l'autorité du pouvoir civil et trouver en face de lui des officiers énergiques et offensifs. Il est entré en conflit avec les timorés et les hésitants. Il a su distinguer les amiraux Jaurès et Jauréguiberry, les généraux Chanzy et Clinchant; il a laissé à Faidherbe dans le Nord une totale liberté d'action; il a soutenu Chanzy de toutes ses forces après la défaite du Mans, Chanzy la seule révélation de la période de la défense nationale, le seul à « avoir adapté aux circonstances nouvelles, ses talents et son savoir » (Charles de Gaulle).

Si l'Assemblée royaliste éprouve le besoin d'enquêter sur les actes du gouvernement de la Défense nationale, pas plus Thiers que les parlementaires ne souhaitent qu'on s'interroge sur le comportement et les responsabilités des maréchaux et des généraux. Après la défaite, il faut reconstruire une armée, il ne faut pas jeter sur ses officiers la moindre suspicion, ils ont rétabli l'ordre intérieur en combattant la Commune. Le gouvernement de Thiers et l'Assemblée nationale leur en sont redevables. Les généraux les plus incapables Failly, Frossard, Le Bœuf, La Motte-Rouge, vivent en paix une paisible retraite protégée par l'esprit de corps.

Avoir été battu n'est pas une faute; en revanche avoir capitulé peut en être une. C'est pourquoi les autorités militaires ont constitué une commission d'enquête pour juger les commandants de la vingtaine de places fortes qui avaient capitulé devant l'ennemi. Elle est placée sous la présidence du vieux maréchal Baraguay d'Illiers. Dans chaque cas un verdict a été rendu. Paris, Metz, Nancy, Sedan, Guise, Laon et la Petite-Pierre étant à part, elle a prononcé 7 blâmes, 5 jugements mêlant l'éloge et le blâme et 4 appréciations élogieuses. Parmi ces dernières, on ne s'étonnera pas de trouver les noms de Teyssier commandant de Bitche et de Denfert-Rochereau commandant de Belfort. Parmi les plus sévèrement blâmés, le lieutenant-colonel Massaroli commandant de Longwy et le capitaine Leroy commandant de Marsal, qui sont mis à la retraite d'office. Les juges militaires n'ont guère été portés à l'indulgence à l'égard de leurs collègues malheureux ou simplement malchanceux. Voici un exemple de jugement soigneusement balancé. Le chef d'escadron Huck qui commandait Toul est blâmable pour avoir rendu la place « avant qu'il n'y eût été fait brèche », il « mérite des éloges pour avoir prolongé la résistance malgré les instances réitérées du conseil municipal ». Le général Uhrich du cadre de réserve, commandant de la place de Strasbourg, est sévèrement blâmé et il en est très ulcéré. Le commandant de Mézières, le général Blondeau, se voit reprocher d' « avoir capitulé après vingt-huit heures de bombardement » alors que « les remparts étaient à peine écrêtés » et d'avoir abandonné à l'ennemi « poudres et munitions et d'énormes approvisionnements de vivres ». Blondeau reconnaît avoir « perdu toute autorité sur la garnison ». « Le dernier jour, tous les soldats étaient ivres, les magasins ont été enfoncés et on m'a refusé obéissance. » Il est difficile de rejeter sur Napoléon III ou sur Bazaine ces défaillances dont on pourrait trouver d'autres exemples dans les unités de gardes mobiles.

La question la plus débattue, au moins parmi les officiers, a été celle des promotions exceptionnelles conférées au temps de la Défense nationale. Acculé par la pénurie d'officiers, Gambetta avait suspendu les règles habituelles de l'avancement. Entre octobre 1870 et février 1871, une dizaine de milliers d'officiers s'étaient vus conférer des grades ou avaient obtenu des promotions extraordinaires. Des civils avaient été nommés officiers et même généraux, à titre provisoire il est vrai. Au lendemain de la guerre, cette « orgie de promotions » soulève bien des critiques; on incrimine Gambetta d'avoir favorisé ses amis politiques. Surtout, des officiers prisonniers à Sedan ou à Metz qui avaient moisi en captivité retrouvent en France des camarades bénéficiaires de promotions étonnantes. L'Assemblée nationale se saisit de l'affaire (août 1871). Pour calmer les jalousies et les rancœurs, une commission de révision des grades présidée par le vieux Changarnier est mise en place. Elle a examiné 11 600 dossiers. Aucun général à titre exceptionnel n'a été retenu. Camille Crémer, le vainqueur de la bataille de Nuits est rétrogradé chef de bataillon; ulcéré il démissionne de l'armée. Pour les autres promotions la commission a confirmé environ les deux tiers des grades. Par exemple, dans l'infanterie, 6 844 grades ont été confirmés sur 8 647 cas. Parmi les rétrogradés figure un nom promis ultérieurement à la célébrité, celui de Georges Boulanger qui perd son grade de colonel! Les capitaines de Castelnau et Percin, futurs généraux, redeviennent simples lieutenants.

La plupart des généraux qui ont eu des responsabilités en 1870-1871 achèvent leur carrière confortablement, à l'exception des bonapartistes affirmés comme Le Bœuf, Boyer et Lebrun. Bourbaki retrouve même un commandement! Quelques-uns siègent sur les bancs de l'Assemblée nationale et du Sénat, comme Trochu, d'Aurelle, Ducrot, Faidherbe et Denfert-Rochereau. Après 1875 les militaires d'active n'ont plus le droit d'être candidat. Des conservateurs comme Cissey, Barail, Chabaud-Latour sont ministres au temps de « l'ordre moral ». Chanzy, classé au centre gauche, est député puis sénateur inamovible; il devient successivement gouverneur général de l'Algérie, ambassadeur à Saint-Pétersbourg. Il meurt subitement à Châlons-sur-Marne en 1882 où il commande la région militaire. L'arrivée des républicains au pouvoir (1879) entraîne la mise à la retraite ou en disponibilité des plus âgés des généraux monarchistes. C'est la cause immédiate de la démission de Mac-Mahon qui ne voulait pas sacrifier « ses vieux camarades ». Les postes clés de la hiérarchie militaire sont confiés à des républicains. C'est le général Farre, ancien adjoint de Faidherbe à l'armée du Nord, futur ministre de la Guerre de Jules Ferry et de Freycinet qui est chargé de cette opération. Les amiraux Jaurès, Jauréguiberry, Pothuau deviennent ministres ou ambassadeurs. Charles de Freycinet dont les monarchistes avaient nié les compétences militaires occupe avec distinction et efficacité le portefeuille de la Guerre (1888-1893) dont il est le premier titulaire civil.

Bazaine, le traître

« Et toi, Bazaine, tu t'es conduit en lâche car devant Metz, tu nous as tous trahis! »

Ce vers de mirliton résume le sentiment populaire. Lâcheté, trahison, voilà les deux crimes de Bazaine. Depuis que Gambetta dans sa proclamation vengeresse avait lancé ce mot, celui qui, quelques mois plus tôt était le « glorieux Bazaine », est atteint au cœur, il devient « l'infâme Bazaine », le « traître Bazaine ». Si ce jugement expéditif a été partagé par beaucoup, d'autres sont réservés. Le journal légitimiste, *La Gazette de France*, écrit : « Nous avons été des premiers à trouver insolite la condamnation du maréchal Bazaine par une proclamation ab irato ; mais ceci ne voulait pas dire que le maréchal ne fut pas coupable et, d'ailleurs, nous ne pensions pas qu'il fut seul coupable. » Le capitaine Albert de Mun qui avait vécu le drame de Metz, écrit en captivité à la fin de novembre 1870 : « Pour moi, je le crois capable d'indolence, de mollesse, d'imprévoyance, de calculs faux à force d'être fins. Il a fait trop de politique et pas assez de droiture, mais je ne puis croire à une trahison. »

De son côté, Bazaine n'a pas conscience d'avoir démérité. De sa captivité, à Cassel, il réplique à Gambetta par une lettre publiée à Lille le 12 novembre dans le journal *Le Nord*. Puis il rédige et fait publier à Bruxelles en décembre 1870 une brochure de justification. Il vit isolé à l'écart de Napoléon III et des autres généraux. Personne ne prend sa défense. Aucun de ses pairs ne se solidarise avec lui. Bien au contraire, même les généraux bonapartistes l'accablent. Après le vote du traité de Francfort, un député obscur demande une enquête « sur la capitulation de Metz et des généraux qui y ont pris part ». Le général Changarnier qui avait vécu le siège et négocié la capitulation, monte à la tribune pour faire l'éloge de l'armée de Metz mais ne souffle mot de son chef. Thiers qui est très réservé, ne s'oppose pas au vœu de l'Assemblée. À cette occasion, un député de la Meuse, oncle maternel de Raymond Poincaré, Paulin Gillon intervient pour demander d'approfondir « le mystère politique qui est au fond de cette affaire de Metz ».

Après sa libération par les Allemands, Bazaine juge plus prudent d'attendre en Suisse l'apaisement des esprits. Or c'est le contraire qui se produit. Plusieurs livres virulents le mettent en accusation parmi lesquels *Metz, campagne et négociations* signé « un officier supérieur de l'armée du

Rhin » dont l'auteur est le général d'Andlau. Bazaine revient à Paris pour se justifier (septembre 1871). Thiers et le ministre de la Guerre, Cissey, décident de nommer une commission d'enquête présidée par un général du génie Séré de Rivières. Elle rend un rapport très sévère. Le ministre demande à Bazaine d'y souscrire et d'accepter un blâme sans sanction. Bazaine qui estime ne rien avoir à se reprocher, demande à comparaître devant un conseil de guerre. Dans la presse, le ton monte ; les Parisiens sont révoltés, Bazaine est menacé et pour le protéger, Thiers le consigne à Versailles (mai 1872). Cissey ne croit pas à la culpabilité de Bazaine. Comme Thiers, il est défavorable à un procès public ; il craint à la fois un déballage et la dérobade des autres généraux. L'opinion se fait pressante. Thiers sent qu'il faut lâcher du lest. Beaucoup de rapports préfectoraux le suggèrent. C'est pourquoi malgré ses répugnances il donne l'ordre le 5 mai 1873, au ministre de la Guerre, le général de Cissey, d'ouvrir une information et de constituer le conseil de guerre. La chute de Thiers (23 mai 1873) n'arrête pas la procédure. Mac-Mahon, Broglie et le nouveau ministre de la Guerre, du Barail, ne peuvent plus reculer. Dans ses *Souvenirs* publiés après sa mort, du Barail emploie l'expression de « procès nécessaire ». En son for intérieur, le ministre aurait préféré que l'accusé s'enfuie à l'étranger et soit jugé par contumace. Il s'est résigné au procès à cause de l'opinion publique et aussi parce que Bazaine ne songe pas à se dérober. Il nourrit l'espoir d'être acquitté. « Il s'imagine qu'on ne voudrait pas, qu'on n'oserait pas, qu'on ne pourrait pas le condamner » (du Barail).

La constitution du jury est laborieuse. Beaucoup de généraux ayant été sous les ordres directs du prévenu ne peuvent siéger ; d'autres se dérobent. À l'exception du duc d'Aumale qui accepte la présidence et qui a une certaine stature personnelle et politique, les autres membres du jury sont des hommes de second plan. L'instruction est confiée au général du génie Séré de Rivières, l'homme qui élaborera le nouveau système fortifié de protection de la frontière. Le procès public qui se déroule au Grand Trianon, dure du 25 septembre au 10 décembre 1873. Les journaux reproduisent *in extenso* les dépositions et l'opinion publique les suit avec passion. « Les débats sont lus avec une extrême avidité et on s'efforce partout de démontrer la culpabilité du maréchal » note le sous-préfet de Briey (27 novembre 1873). Bazaine se défend avec acharnement, ténacité, mais il s'embrouille, se contredit et paraît accablé par la sourde hostilité du jury, l'abandon de ses pairs, la dureté partisane de la presse. C'est un homme seul, complètement désarmé, dont l'intelligence et les capacités semblent moyennes, qui paraît avoir été dépassé par le destin qu'il a eu à assumer. La plupart des dépositions sont critiques. Même les généraux, qui, au conseil de guerre du 24 octobre 1870, avaient voté l'ouverture des négociations avec Frédéric-Charles, lui en laissent la responsabilité. Le débat central n'est pas tellement d'ordre militaire. Certes, on peut reprocher à Bazaine telle décision ou plutôt telle absence de décision, mais l'enjeu est politique et moral. Bazaine avait-il le droit d'entrer en négociation avec l'ennemi? La réponse est positive dans le cas de négociations militaires. En revanche, dans le cas d'une négociation politique, il ne pouvait agir de son propre chef, il devait être le mandataire du gouvernement. De quel gouvernement? Tout le problème est là. Bazaine ne reconnaît pas le gouvernement du 4 septembre, révolutionnaire et illégitime à ses yeux; la seule autorité légitime est l'impératrice Eugénie, réfugiée en Grande-Bretagne à Hastings. Dans cette situation confuse, on lui reproche d'avoir immobilisé la meilleure armée française disponible et d'avoir mené un jeu personnel opposé aux intérêts de la nation. Qu'est-ce que l'intérêt national? Au cœur des événements, la réponse est incertaine. C'est l'histoire qui la dégage après coup. Or, pour Bazaine, l'histoire a été cruelle. Son drame est d'avoir été inférieur dans tous les domaines, le militaire, le politique et le diplomatique. Dans aucun d'entre eux, il n'a été en mesure de s'élever jusqu'aux intérêts supérieurs de la nation. Aux explications embarrassées du maréchal, le duc d'Aumale a lancé une réplique fulgurante qui est restée longtemps fameuse : « Mais, Monsieur le Maréchal, il y avait la France! » Dans un tel procès où la passion et la lâcheté se mêlent, un seul verdict est possible : la peine de mort. Tout de suite, d'Aumale perçoit combien il serait injuste de faire porter à un pauvre homme désormais atrocement seul, à l'exception de sa femme et de son frère, tout le poids de la défaite. Il faudrait en outre le dégrader. Quel militaire accepterait de se prêter à cet humiliant cérémonial? C'est pourquoi d'Aumale fait au préalable accepter par le jury le principe du dépôt d'un recours en grâce devant le président de la République Mac-Mahon, dès que la sentence serait rendue. Le 8 décembre, le jury condamne Bazaine à la peine de mort. Le prévenu accueille le verdict avec courage : il était préparé et n'envisage pas de signer un quelconque recours en grâce. C'est le jury lui-même qui le demande à Mac-Mahon. Immédiatement, la peine est commuée en vingt ans de détention dans une enceinte fortifiée avec dispense de dégradation. En raison de l'âge du condamné (soixante-trois ans), c'est l'équivalent de la détention à perpétuité. Il est transféré dans l'île de Sainte-Marguerite au large de Cannes. Grâce à la complicité de sa femme et de quelques amis dévoués, il trompe la vigilance des gardiens. Dans la nuit du 9 août 1874 le gros Bazaine glisse le long d'une corde à nœuds, quitte la forteresse et rejoint un bateau qui l'attend. Cette évasion rocambolesque réussit. Il se réfugie en Espagne.

L'affaire Bazaine a engendré toute une historiographie. La médiocrité du personnage que les contemporains avaient déjà perçue ne fait plus aucun doute. La lecture de sa correspondance le confirme. Il reste l'accusation de trahison. Si l'on entend par trahison passage volontaire et délibéré à l'ennemi, comme l'avaient fait durant la Révolution La Fayette ou Dumouriez ou les adversaires de Napoléon Ier qui avaient servi dans les armées russes ou autrichiennes, Bazaine n'a pas trahi, Bazaine n'est pas passé à l'ennemi, pas plus qu'il n'a livré à l'ennemi des informations ou des secrets. Si l'on considère comme une trahison de ne pas avoir utilisé le potentiel dont on disposait, Bazaine n'est pas le seul à s'être réfugié dans l'immobilisme. Plusieurs commandants de place se sont exposés à ce grief fondé. Certains ont été blâmés, quelques-uns ont été sanctionnés, personne ne les a accusés de trahison. Ce qui dans le cas de Bazaine a fait scandale et fait encore scandale, c'est l'importance des forces qu'il avait sous ses ordres et qu'il a laissées se perdre. C'est ce que de Gaulle appelle « la volonté d'inertie et l'incapacité sournoise ». Voilà les deux tares du commandant en chef de l'armée du Rhin. Quant au mot « trahison », il faut lui donner un sens politique, celui d'avoir « été visiter l'ennemi alors que le devoir était de le combattre à outrance, sans lui parler » (Gambetta, septembre 1871). Un chef militaire sans mandat n'était pas qualifié pour engager des négociations politiques avec l'ennemi. Si Bazaine avait réussi ces négociations, les événements auraient tourné autrement. Mais ces négociations ont échoué et ne pouvaient qu'échouer car Bismarck n'avait aucun intérêt à ce qu'elles réussissent. Laissons à la lucidité de Léon Gambetta le mot de la fin : « M. de Bismarck n'a pas traité, il a négocié, il a traîné les affaires en longueur et a amené Bazaine jusqu'au dernier grain de blé. »

Bismarck, Moltke, les généraux allemands ont toujours affirmé que Bazaine n'avait pas trahi. Les Français ont toujours pensé que les Allemands mentaient. Les responsables se sont bien gardés d'aller à l'encontre d'un préjugé indéracinable. À son Journal, du Barail confie plus tard : « Il fallait un bouc émissaire, il fallait une victime expiatoire qui portât le poids de nos malheurs et qui permît à notre orgueil de se décharger sur elle. »

Le procès de Bazaine a été celui d'un chef incapable, celui d'un homme seul, en aucun cas celui de l'armée. Bien au contraire il était aisé de dissocier le chef coupable de la foule des braves soldats et des courageux officiers. C'est pourquoi Bazaine a été abandonné par tous, chargé en quelque sorte de toutes les fautes. Il est le traître par excellence. Margueritte, Chanzy, Faidherbe, d'Aurelle, Sonis ont sauvé l'honneur. Aux yeux des républicains, le soldat qui est l'antithèse de Bazaine est Denfert-Rochereau. Les conservateurs n'ont pas reconnu ses éminents mérites. Il n'a pas obtenu le grade de général qu'il méritait et il a quitté l'armée pour le Parlement. Lors de ses obsèques, le député républicain Viette oppose « la félonie et la trahison du valet de l'empire [...] à la loyauté et à la fidélité du soldat de la République ».

Bazaine a toujours plaidé non coupable. À peine condamné, il songe à sa réhabilitation. De son vivant, il n'avait pas la moindre chance.

Il meurt dans le dénuement à Madrid en septembre 1888.

Sa femme a fini par l'abandonner et était retournée vivre au Mexique. Les articles des journaux sont d'une extrême virulence. Dans le *Courrier de Meurthe-et-Moselle* publié à Nancy, un jeune journaliste de trente et un ans, Léon Goulette, le futur fondateur de L'*Est républicain*, écrit cette oraison funèbre : « Bazaine avait été nommé pour combattre et il a négocié. Voilà le crime, le crime irrémissible qui le couvre d'infamie, le livre à l'opprobre de la postérité. Il est mort. Qu'on jette son cadavre dans la fosse. Pour sa mémoire, elle est à jamais clouée au pilori » (26 septembre 1888). À peine Achille est-il inhumé que son frère Adolphe poursuit la tentative de réhabilitation. Il se heurte au scepticisme ou au mépris.

Vingt-cinq ans après, un historien militaire connu, le général Palat revient dans *Le Temps* (2 décembre 1913) sur le cas Bazaine. Il dessine de l'homme un portrait cruel : « sensualité impérieuse, attaché à ses satisfactions matérielles [...] inexorable faiblesse ». Il remarque à juste titre : « On lui a imposé des devoirs au-dessus de sa compétence. » Et il conclut, « Bazaine n'a pas vendu Metz ; il n'en a pas moins trahi les intérêts supérieurs du pays. » À chaque génération, un essayiste, un historien amateur, parfois armé de documents inédits, reprend l'offensive et cherche à démontrer avec plus ou moins d'ingéniosité l'innocence de Bazaine. Avec l'aide des pièces conservées au château de Chantilly, ancienne propriété du duc d'Aumale, Maurice Baumont a exposé le dossier dans deux livres, *L'Échiquier de Metz* et *Bazaine victime ou coupable ?*. Longtemps l'accusation de trahison garde une force émotionnelle et ceux qui la manient déclenchent des tempêtes dévastatrices. Alfred Dreyfus n'a-t-il pas été injustement condamné parce que l'on croyait que c'était un traître ? Durant la Grande Guerre, ce sont des politiques qui ont été accusés de trahison et parmi eux Jean-Louis Malvy et Joseph Caillaux. Puis, entre 1940-1944, la trahison a pris un autre visage, celui de la collaboration. Il n'est pas étonnant que dans ce contexte les communistes aient assimilé Pétain à Bazaine. Alors que le souvenir de 1870 est largement estompé, le nom de Bazaine est resté longtemps dans la mémoire populaire synonyme de traître.

Armée et nation

Chaque guerre modifie ou infléchit les relations que la nation entretient avec l'armée. Jamais l'armée et les valeurs militaires n'ont été autant respectées qu'après 1870. On aurait pu penser que la défaite engendrerait critiques, défiances. C'est le contraire qui s'est produit. L'antimilitarisme et le pacifisme sont temporairement disqualifiés. Le retournement est spectaculaire chez les républicains. Méditant les leçons des échecs de la Défense nationale, ils ont abandonné les utopies qui étaient les leurs en matière de défense. Ils ont compris le danger d'envoyer au feu des recrues non préparées et sont désormais acquis à l'instruction militaire. Parmi eux personne ne propose plus la « suppression des armées permanentes » ou l'élection des officiers.

La garde nationale qui n'avait pas fait ses preuves est supprimée (loi du 24 août 1871). Elle ne renaîtra pas de ses cendres. On ne veut plus d'un service irrégulier, intermittent. Les mythes de la levée en masse, de la supériorité du nombre ont été cruellement démentis par les faits. Même des républicains avancés comme Henri Brisson et Jean Macé qui avaient dénoncé la « caste militaire », soutiennent l'effort de défense. Le fondateur de la Ligue de l'enseignement est aussi celui des bataillons scolaires. La reconstitution de l'armée est l'un des soucis majeurs de Thiers. Elle se réalise dans les faits avant de s'inscrire dans des textes de lois. L'armée française s'est reformée contre la Commune puis elle reprend, au fur et à mesure de l'évacuation allemande, possession de tout le territoire national. Sur le plan législatif (service militaire, organisation territoriale, cadres, fortifications), tout est accompli entre 1872 et 1875. Le relèvement est très rapide. Adolphe Thiers qui, en matière militaire, s'estime le plus compétent et le plus lucide, a des vues plutôt classiques. Il ne craint ni les discussions techniques avec les généraux, ni les polémiques avec les parlementaires. On ne sera pas étonné si la loi militaire du 27 juillet 1872, qui porte sa marque, a soulevé des critiques. Elle pose un principe fondamental : le service militaire est un devoir national ; tout citoyen doit être disponible de vingt à quarante ans. Thiers, convaincu de la supériorité de l'armée de métier, fait adopter un service actif long de cinq ans prolongé par quatre ans de réserve et onze ans de territoriale. Une telle durée exclut l'appel de la totalité du contingent. Un quart de celui-ci, tiré au sort, fait seulement six mois. Les exemptés sont nombreux (ecclésiastiques, professeurs, soutiens de famille, etc.). Disposition imitée du volontariat prussien d'un an, les jeunes gens titulaires du baccalauréat et ayant versé une somme de 1 500 francs peuvent faire un service réduit d'un an seulement. Si leur instruction est jugée satisfaisante, ils sortent officiers de réserve. En 1879-1880, le jeune Raymond Poincaré, licencié en droit, fait son service chez les chasseurs de la caserne Sainte-Catherine de Nancy et devient officier de réserve. Il fera ses périodes avec application et régularité. On a supprimé le remplacement jugé injuste et dégageant les classes bourgeoises de tout lien avec l'institution militaire. Au total la nouvelle armée française compte en temps de paix un effectif théorique de 464 000 hommes, soit une augmentation d'environ 140 000 hommes par rapport à celui de juillet 1870. En campagne elle s'élève à 700 000 hommes. Cet effort considérable a pour objectif d'équilibrer l'armée allemande. Dans l'hypothèse d'une guerre – on ne doit jamais l'écarter – la loi du 13 mars 1875 dite loi des cadres, prévoit la formation d'officiers et de sous-officiers qui encadreraient un 4e bataillon qui serait automatiquement formé dès sa déclaration dans les régiments d'infanterie. Il ne s'agit pas d'une augmentation des effectifs comme Bismarck et la presse allemande ont feint de le croire mais de l'adaptation d'une disposition en usage dans l'armée prussienne et destinée à accroître la puissance de l'outil militaire en cas de mobilisation. L'armée reconstituée n'est pas encore totalement une armée citoyenne; le service reste inégal dans la durée avec de nombreuses exemptions. Les républicains critiquent ces dispositions inégalitaires. Ils préféreraient un service actif plus court et plus étendu. En 1877, il est réduit à quatre ans; en 1889 Freycinet, après la suppression de la plupart des exemptions, fait adopter un service universel et égal d'une durée de trois ans.

Une armée vaut autant et peut-être davantage par la qualité de ses officiers et l'esprit qui l'anime. Le corps des officiers est l'objet de toutes les attentions. Dans les années qui suivent la guerre, l'effectif dépasse légèrement les 20 000. Il faut surmonter les épreuves de la défaite, de la captivité et de la participation à la Commune. Puis le corps s'étoffe pour atteindre 27 000 officiers à la fin des années 1880. La majorité des officiers viennent de Saint-Cyr pour l'infanterie et la cavalerie, de Polytechnique pour les armes savantes. C'est la voie royale, celle qui permet d'accéder aux hauts grades. La promotion directe, celle dont Bazaine avait bénéficié, ne disparaît pas mais elle cède la place de plus en plus à la formation de sous-officiers par écoles spéciales créées en 1874. Des écoles de sous-officiers, élèves-officiers de Saumur pour la cavalerie, Versailles pour le génie et l'artillerie, Saint-Maixent pour l'infanterie sortent les officiers de troupes. Ils forment vers 1890 plus du tiers du corps. Au point de vue de la formation comme du recrutement social, les officiers sont loin d'être un milieu homogène. Une fraction d'entre eux vient des classes populaires; la majorité est issue des classes moyennes et s'est élevée par le mérite et l'instruction, la paysannerie continue d'envoyer les meilleurs de ses fils. Joffre, fils d'un tonnelier de Rivesaltes, polytechnicien, a commandé une batterie pendant le siège de Paris. On pourrait citer beaucoup d'autres exemples. Les nobles, qui sont une minorité, restent nombreux dans la cavalerie et la marine. Ils accèdent peut-être plus facilement aux grades élevés car il faut avoir des moyens pour tenir son rang surtout à Paris.

La réflexion sur la défaite a provoqué une floraison de projets les plus divers. L'artillerie, le génie, l'intendance, le service de santé sont réorganisés et rendus plus efficaces. La logistique de la mobilisation est enfin sérieusement étudiée et les plans de concentration en apportent la preuve. Mais la routine, la négligence sous les apparences du respect du règlement, l'enlisement dans la vie de garnison sont des risques permanents dont les effets pervers apparaissent au moment de l'action, c'est-à-dire quand il est trop tard. Sauf chez les officiers issus de Polytechnique, le niveau intellectuel reste médiocre. Certes le saint-cyrien est bachelier, ce qui dans la société de l'époque est une situation exceptionnelle, mais les études faites à l'école développent trop rarement la curiosité et la réflexion; la routine de la vie de garnison a vite fait de les assoupir à jamais. Pour lutter contre cette tendance trop naturelle est fondée en 1876 l'École de guerre. Elle accueille des lieutenants et des capitaines auxquels elle fournit un enseignement à la fois professionnel et général. L'École de guerre naît d'un besoin, celui d'éviter la reconstitution d'un haut commandement incompétent comme celui de 1870. Ses brevetés vont progressivement conquérir les grades élevés et accéder aux fonctions de responsabilité et de décision. Les premières années l'enthousiasme a été grand. Puis il est retombé et les critiques sont venues et, en premier lieu du milieu militaire. On a reproché à l'École de former des « mandarins » et non des chefs, on a reproché aux enseignants de rester fixés sur Napoléon I ᵉʳ et Sedan, de refaire Austerlitz et Saint-Privat au lieu d'incorporer à leur réflexion tous les progrès techniques et scientifiques. L'histoire de cette institution est encore trop mal connue de l'intérieur pour pouvoir porter un jugement définitif. Elle n'a renouvelé ni la stratégie ni la tactique mais elle a été un aiguillon, elle a sélectionné les éléments les plus travailleurs et les plus capables et réduit par là le rôle de la recommandation ou de l'influence politique.

Dans les années qui suivent la guerre, c'est la défense du territoire national, la volonté de repousser une nouvelle invasion qui l'emporte sur toute autre considération. La construction du système fortifié de Séré de Rivières et les plans de mobilisation reflètent cet état d'esprit. Certes chez la plupart se profile toujours l'espoir de reconquérir les provinces perdues. Beaucoup d'officiers sont originaires de la France de l'Est et plus spécialement d'Alsace et de Lorraine annexées. Le souvenir de Metz et de Strasbourg reste présent dans les esprits et les mémoires et est à l'origine de nombreuses vocations. L'exemple du général Ferry, directeur des études à l'École de Guerre à la veille de 1914, cité par Jean-Charles Jauffret dans *L'Histoire de l'officier français* est très révélateur : « Si je choisis l'armée et non une autre voie, c'est parce que ma famille et moi vivions à Nancy et que nous avions durement souffert de l'invasion et que je m'étais promis de prendre une part importante à la guerre contre l'Allemagne lorsqu'elle se produirait. » Chez ces officiers, l'hostilité à l'Allemagne de Moltke, Bismarck et Guillaume Ier est profondément ancrée. Dans leur immense majorité, ils ne sont pas disposés à se laisser entraîner, tête baissée, dans l'aventure inconsidérée de la revanche. Il faut être prêt au cas où..., c'est-à-dire à tout moment.

Sedan, l'incapacité de Napoléon III ont eu des conséquences à terme sur le comportement des officiers. Ils ne se sentent plus liés organiquement à un régime politique, à une dynastie. L'armée n'est plus la propriété d'un souverain, elle est au service de la nation. Certes elle reste un enjeu de pouvoir et combien! La division entre conservateurs royalistes et républicains partage l'armée comme elle partage la nation. Elle influe sur les nominations et l'avancement. Au temps de « l'ordre moral », le chef de l'État, le maréchal de Mac-Mahon est un soldat et les généraux conservateurs tiennent pour l'essentiel des postes de responsabilité. Les républicains craignent que les plus impulsifs ne soient tentés par un coup d'État. Gambetta est inquiet et les généraux républicains comme Chanzy, Faidherbe, Thoumas, Borel aidés par le duc d'Aumale et Galliffet veillent à ce qu'aucune tentation ne prenne corps. En janvier 1879, c'est le pouvoir dans l'armée qui oppose Mac-Mahon aux républicains. Plutôt que de sacrifier ses vieux camarades, le maréchal préfère se retirer et démissionner de la présidence de la République. Les républicains victorieux ont la sagesse de limiter l'épuration à quelques mises à la retraite ou en disponibilité. À la suite des mesures contre les congrégations un mouvement de démission parmi les catholiques, facilite la tâche du pouvoir dans l'armée. Les officiers monarchistes qui continuent de servir sont dans la plupart des cas écartés des postes de responsabilité. Tensions et conflits sont fréquents et auraient pu paralyser l'armée. Ce risque a souvent été évoqué. Il a pu être écarté car tous les officiers partagent le même idéal : la mission supérieure de l'armée est de protéger et de défendre le sol national contre le danger allemand. En désaccord politique grave ou pour des raisons de conscience, un officier peut être conduit à quitter l'armée. Il ne se lance pas dans une quelconque aventure. L'armée française n'est plus une armée de coup d'État. Elle l'a montré au moment de la conquête de l'État par les républicains, elle l'a montré au moment du 16 mai 1877, elle l'a montré en 1887-1889 quand Georges Boulanger, pourtant issu de ses rangs, joue dangereusement avec l'idée de revanche puis se dresse contre le régime.

La plupart des Français veulent une armée forte, nombreuse, respectée. L'armée sort grandie de la défaite de 1870. Le soldat français, brave et courageux, accepte d'aller jusqu'au sacrifice de sa vie. Les légendes des images-batailles diffusées par Pellerin d'Épinal, sont intarissables à ce sujet : il est le digne héritier des soldats de la Révolution et du Premier Empire, ses adversaires eux-mêmes s'inclinent devant sa bravoure. Les discours des hommes politiques, des officiers, des évêques et des prêtres brodent à l'infini sur ce thème inépuisable. L'image sociale du soldat est très positive ; on supporte, sans trop maugréer, les dégâts causés aux récoltes par les manœuvres ; les expropriations indispensables pour les fortifications de Toul, Verdun, Épinal, Belfort, Langres, ont finalement trouvé des solutions amiables. On est fier des soldats, on les entoure, on aime les défilés, les parades, les manœuvres. Les premiers 14 Juillet de la République sont plus des fêtes militaires que des fêtes civiques. Faire son service militaire est un honneur et un devoir ; nul ne songe à s'y dérober. Lors d'un concours de la société de tir La Sentinelle de Jœuf, un conseiller d'arrondissement fait cette remarque banale : « Le patriotisme dans notre contrée est arrivé à un degré extraordinaire. Non seulement chacun veut être un soldat, mais tout le monde comprend les devoirs d'un soldat. » Mieux encore, on aspire à devenir gradé. Dans les milieux populaires, l'officier subalterne ou le sous-officier sortis du rang sont des figures respectées. Après la retraite « bien méritée », on se tourne vers eux pour animer les associations. Il faut faire une mention spéciale à tous les jeunes gens qui ont fui le pays annexé pour échapper au service allemand et qui s'engagent dans l'armée française.

La conscience du danger allemand est si forte que l'antimilitarisme est disqualifié pour toute une génération. Il renaît au cours des années 1890 sous des formes diverses, chez les intellectuels, les anarchistes et les socialistes. C'est un phénomène marginal qui ne touche guère les milieux populaires. C'est l'affaire Dreyfus qui lui donne une inflexion décisive et entraîne un changement de comportement à l'égard de l'armée. Celle-ci est désormais discutée. La période d'admiration et de respect ouverte en 1871 est close.

« La République, cette grande réparatrice »

À la fin des années 1870, les républicains l'emportent sur les monarchistes. Toutes les élections leur sont favorables. En 1879, le maréchal de Mac-Mahon démissionne ; Jules Grévy est élu à la présidence de la République. Une page est tournée de l'histoire politique de la France. Il ne nous appartient ici ni d'en retracer les péripéties, ni d'en proposer une explication. Il suffit de rappeler que la majorité des Français après un temps d'hésitation a suivi l'interprétation républicaine des événements de 1870-1871 et qu'elle a rejeté la solution conservatrice. Les hommes de la Défense nationale, Léon Gambetta, Charles de Freycinet, Jules Ferry reviennent aux affaires. L'optimisme des républicains l'emporte sur le pessimisme de la droite. Ils ont la capacité de « régénérer le pays », « de donner à la France son salut ». Ils expliquent qu'ils sont les seuls à rendre indissoluble le pacte qui unit « le peuple et l'armée ».

Avec le service militaire égal et obligatoire qui finit par s'imposer en 1889, cette armée est devenue une armée de citoyens. La filiation est naturelle avec les soldats de Valmy, de l'an II et les généraux de la Révolution comptent plus que les maréchaux de Napoléon. On explique que la République seule a pu « accomplir les réformes qui rendent l'armée forte, qui assurent son indépendance » et ils célèbrent avec emphase « la vitalité de la France républicaine qui s'est relevée de nos humiliations et de nos défaites ». Comme l'école, l'armée est la grande éducatrice du futur citoyen. L'instruction militaire est un devoir. « Laissez-nous instruire vos enfants sous vos drapeaux tout le temps nécessaire. C'est l'enseignement à tirer du grand drame de 1870 », explique un général vingt-cinq ans après. Instrument de régénération de la patrie, rempart qui protège le sol national de l'invasion, l'armée pourrait être, si les circonstances le permettaient, l'instrument de la revanche. Officiellement, ce mot n'est jamais prononcé. Longtemps il est sur toutes les lèvres. Dans une de ces formules dont il a le secret Gambetta parlait des provinces perdues en ces termes : « Pensons-y toujours. N'en parlons jamais ! »

À cet égard, les républicains ne forment pas un bloc homogène. On rencontre une diversité de comportements qui tiennent à leur âge, à leur origine géographique, à leur culture, à leur expérience de la guerre. Un homme comme Paul Bert, ancien collaborateur de Gambetta et futur proconsul en Indochine, qui avait vécu 1870 à Auxerre, à Bordeaux et à Lille, est très marqué par l'esprit de revanche. Son passage à l'Instruction publique est marqué par l'expérience des « bataillons scolaires ». René Waldeck-Rousseau, très proche politiquement de Paul Bert, a de tout autres positions. Le futur ministre de l'Intérieur (1883-1885) et président du Conseil (1899-1902) a vécu la guerre à Nantes où son père était maire de la ville. Il s'est engagé tardivement en novembre 1870 et n'a pas quitté son cantonnement de Saint-Nazaire. Selon son biographe, Pierre Sorlin, il n'a guère été marqué par le drame de l'annexion de l'Alsace-Lorraine. Il n'a ni le culte de l'armée, ni celui de la patrie. À ses yeux, le relèvement de la France est uniquement « une question intérieure ». Waldeck-Rousseau sera sur ce point un homme d'apaisement.

La victoire politique de l'interprétation républicaine est loin de clore le débat. Les catholiques proclament que les républicains n'ont pas le monopole du patriotisme, que leur patriotisme est aussi valable et aussi respectable que celui de leurs adversaires. Les critiques à l'égard de Gambetta continuent après la mort du tribun et les écrivains de l'Action française reprennent le flambeau contre lui. Quarante ans après, Emile Ollivier vieilli et amer, publie en 1910 une nouvelle et dernière justification intitulée *Philosophie d'une guerre*. La victoire de 1918 conforte avec des nuances la version républicaine. Raymond Poincaré et Georges Clemenceau ont fait fructifier l'héritage de Gambetta. C'est la République qui a permis l'Union sacrée et sauvé le pays.

Avec le temps, les historiens et les écrivains militaires prennent un peu de hauteur de vue. Ils critiquent la guerre impériale et la période de la Défense nationale. Germain Bapst met l'accent sur la maladie de l'empereur. Miné par la souffrance, Napoléon III « n'insista pas assez et n'exerça pas une pression assez puissante » pour imposer ses projets militaires après 1866. C'est l'avis de Charles de Gaulle. Dans *La France et son armée*, il reproche à Napoléon III de ne pas avoir imposé sa conception en brisant les résistances de l'opinion publique, des parlementaires et des techniciens. À l'origine de la défaite, il discerne un manque de caractère de Napoléon III qui n'a pas osé aller à contre-courant. De la période de la Défense nationale, il n'ignore pas les faiblesses : manque d'autorité du gouvernement de Paris, « erreurs dues à l'inexpérience, au parti pris, à l'idéologie », « déboires de l'improvisation », avidité d'une clientèle politique souvent sans scrupule. À Paris le général Trochu a été aussi décevant que les Mac-Mahon, Frossard, Failly, Wimpffen. « Il aurait pu jouer un " grand rôle national ", il lui a manqué « l'audace de l'entreprendre et la fermeté de s'y tenir ». Comme Germain Bapst, écrivain militaire dont il avait médité les œuvres, Charles de Gaulle trouve à la Défense nationale un grand mérite. Gambetta et Freycinet ont dirigé la guerre, incarné une volonté nationale et cherché à dégager « une énergie collective ». Après les désastres de l'été 1870, les combats de l'hiver ont sauvé l'honneur et laissent à la nation un « bénéfice moral ». Bien que nous n'en n'ayons aucune preuve, on peut penser que ces réflexions ont pesé à l'arrière-plan sur la décision historique du 18 juin 1940. Après la Seconde Guerre mondiale, l'attention se détourne de la guerre de 1870. Les événements militaires ne sont plus abordés en eux-mêmes mais dans la mesure où ils auraient préparé la Commune. Les trois volumes consacrés par Henri Guillemin aux *Origines de la Commune* portent en sous-titres : « Cette curieuse guerre de 1870 », « L'héroïque défense de Paris », « La capitulation ». Avec la verve du polémiste, il accable Napoléon III et son régime, il attaque avec virulence les républicains bourgeois – les « Jules » comme il dit, c'est-à-dire Jules Favre, Jules Simon, Jules Ferry. Il les accuse d'avoir saboté la Défense nationale avec leurs complices de Bordeaux, Jules Grévy et Adolphe Thiers. Le mobile caché de ces partisans honteux de la défaite et de la paix aurait été de préserver les intérêts économiques et financiers de la bourgeoisie française pour lesquels ils auraient sacrifié allégrement l'honneur du peuple parisien et les Alsaciens-Lorrains. Il est évident que beaucoup de bourgeois – quelles que soient leurs opinions politiques – répugnaient au service armé. Ils avaient démantelé les projets de Niel. Mais les mêmes hommes se sont engagés en 1870, et dans la majorité des cas, se sont courageusement battus. Parmi les officiers de mobile les défaillances graves ont été l'exception. La défaite ne peut s'expliquer par le comportement d'une classe d'ailleurs très diverse; la conclusion de la paix en février 1871 découle d'une analyse réaliste de la situation militaire et internationale et des aspirations de la majorité des Français. L'ostracisme qui a frappé le Second Empire a été durable. Il a été entretenu par l'enseignement de l'histoire et par le discours républicain relayé par celui de l'extrême gauche. Il a fallu que la France connaisse d'autres désastres, d'autres effondrements pour que celui de 1870-1871 soit, par comparaison, mieux compris. Il faudra aussi que l'histoire explore les domaines économique, bancaire et financier pour que soit proposée une interprétation plus mesurée du Second Empire. La biographie de Napoléon III la plus récente, celle de Monsieur Louis Girard, apporte un éclairage sans complaisance, nuancé et probe sur l'homme du 2 Décembre et le vaincu de Sedan.

CHAPITRE XVIII

Un nouvel équilibre européen ?

Les trois « grands » du concert européen – Russie, Autriche, Angleterre – étaient restés à l'écart de la guerre franco-allemande et de son règlement, le traité de Francfort. Comment l'événement et ses conséquences immédiates ont-ils été perçus en Europe ? Pour les Français, c'est un tremblement de terre, un ébranlement prodigieux, l'un des plus grands événements de l'histoire de l'humanité. Pour les Allemands c'est la résurrection de leur nation. Les autres Européens dont la vie quotidienne n'avait pas été troublée ont compris que la naissance de l'Empire allemand installait au cœur de l'Europe un puissant État militaire qui s'impose comme le pivot des relations internationales. Au ras de l'événement les mieux informés et les plus perspicaces tâtonnent. Les virtualités qui découlent du nouveau rapport de force ne se dégageront que peu à peu.

Une Europe restée stable

Contrairement à ce qui s'est passé en 1815 et à ce qui se passera plus tard deux fois au XXᵉ siècle (1919 et 1945), la carte de l'Europe n'est pas bouleversée. Il y avait eu une Europe du congrès de Vienne; il y aura une Europe du traité de Versailles, il n'y a pas d'Europe modelée par le traité de Francfort. L'annexion de l'Alsace-Lorraine par l'Allemagne est une modification territoriale limitée; elle apparaît tolérable aux puissances neutres. L'autre changement territorial est la disparition du pouvoir temporel du pape. Le royaume d'Italie a profité de la paralysie de la France pour s'emparer de Rome et installer, comme il le souhaitait, sa capitale dans la Ville éternelle. Contre la violence dont il était victime, le pape Pie IX a protesté en vain. Aucun pays n'a volé à son secours. Seule une fraction des catholiques de France et de Belgique s'est sentie concernée par cette spoliation. Ils se seraient battus contre les Piémontais pour restaurer le Saint-Siège dans ses droits séculaires si un gouvernement avait épousé leur cause.

L'Autriche, la Russie, la Grande-Bretagne ont gardé la même assise internationale. La Belgique et la Suisse ont vu leur neutralité respectée par les belligérants. Le petit Luxembourg dont l'existence avait été menacée par les ambitions françaises puis par les pressions prussiennes, l'a échappé belle. Après quelques mois critiques, son statut international s'est affermi. C'est un pays neutre, indépendant et désarmé. Ses chemins de fer sont devenus allemands et son insertion confirmée dans le *Zollverein* facilitera la pénétration ultérieure des intérêts économiques allemands. Quant à l'Espagne dont le trône avait été le prétexte du conflit, elle est restée totalement à l'écart. La question d'Orient, assoupie depuis 1856, ne s'est pas réveillée. Les Russes se sont contentés de remilitariser la mer Noire avec la permission des puissances. Il ont ainsi retrouvé une base pour des opérations futures annulant les fragiles barrières placées par Napoléon III à la faveur de la guerre de Crimée et du congrès de Paris.

Pendant et après la guerre franco-allemande, le calme n'a cessé de régner en Europe. Les Polonais ne se sont pas soulevés, les Tchèques ont arraché au pouvoir autrichien une négociation qui finalement a tourné court car ils sont restés sujets. Seule la France a connu après la défaite des troubles internes, limités dans l'espace et dans le temps. L'influence immédiate de la Commune de Paris a été réduite car les relais qu'elle pouvait trouver dans les autres pays européens étaient dérisoires. L'Internationale des travailleurs dirigée de Londres par Marx et Engels a assisté dans l'impuissance et la douleur à son écrasement. Ses ramifications ont inquiété les gouvernements conservateurs et les polices ont arrêté des correspondants et des sympathisants. Certains y ont vu un complot, ourdi contre la tranquillité des États. Il ne faut pas majorer la portée des textes relevés par les historiens marxistes soviétiques, allemands et français et montés en épingle au xxe siècle. Quant aux écrits de Friedrich Engels et de Karl Marx, dont le plus connu est *La Guerre civile en France*, ils sont restés à l'époque confidentiels. Ils ont été lus et commentés trente, quarante, cinquante ans après. Sans l'usage fait par Lénine et les références rituelles des communistes soviétiques et français, ils seraient tombés dans l'oubli comme les centaines de témoignages et d'écrits contemporains que nous avons consultés et cités.

Dans le domaine économique et financier, les perturbations ont été minimes. La navigation océanique n'a pas été entravée et les États-Unis ont pu écouler sans complexe les stocks d'armes de la guerre de Sécession. Toute une étude serait à faire sur les fabricants et marchands de fusils et de carabines belges et anglais, sur cette faune française et étrangère qui a passé des marchés fructueux pour équiper les armées de Gambetta. Le commerce international a été plutôt stimulé par le conflit. Le canal de Suez ouvert en 1869 a donné d'excellents résultats. Les pays voisins des belligérants comme la Suisse, la Belgique, la Grande-Bretagne en ont tiré habilement parti. Avec le siège de Paris et les incertitudes militaires et politiques, la Bourse de Paris a perdu pendant quelques mois son rôle traditionnel. Les Anglais se réjouissent que la Banque de France et la Bourse aient échappé aux destructions. Pendant ce temps les opérations se sont reportées sur Londres. Ce sont les maisons londoniennes Baring et Morgan qui ont placé les emprunts de guerre. C'est à Londres que se négocient en partie les transferts de fonds de l'après-guerre. Comme les hommes d'affaires et les financiers, les industriels ont connu des années fastes. En 1870, 1871, 1872 : forte demande et hausse des prix sont les leviers de la croissance. En Allemagne la victoire a engendré une euphorie un peu factice et une spéculation effrénée. La crise financière de 1873 puis la récession industrielle mettent en difficulté les banques et les entreprises les plus fragiles. Il faut ajouter que le franc a résisté aux bourrasques de 1870-1872, que le cours forcé des billets a pu être levé assez vite et qu'il a gardé sa parité avec les autres grandes monnaies européennes. Après 1870, ni la France ni l'Europe ne subissent la désastreuse inflation qui rongera les monnaies après 1918 et après 1945 et causera de multiples ravages sociaux et politiques. Pour toutes ces raisons la guerre franco-allemande n'a pas bouleversé l'Europe et ses conséquences ont été assez vite résorbées. Il reste l'essentiel, le changement immédiat et durable du rapport de forces entre France et Allemagne. La défaite de la France a permis l'accession de l'Empire allemand au stade d'État dominant. C'est désormais autour de l'Allemagne que s'ordonnent les relations internationales.

Entre l'été 1870 et l'été 1871, l'attitude des gouvernements et des opinions publiques s'est modifiée. L'Allemagne ne bénéficie plus en Grande-Bretagne, en Suisse, en Belgique du puissant courant de sympathie. C'est en Grande-Bretagne que le retournement est le plus sensible. Les brutalités de l'occupation, le bombardement de Paris, les exigences financières de Bismarck ont mécontenté beaucoup d'Anglais. La passivité du gouvernement Gladstone est critiquée. Les inquiétudes qui s'expriment çà et là ne sont pas suffisantes pour faire sortir la Grande-Bretagne de la non-intervention. En Suisse également les malheurs de Strasbourg et de l'Alsace, la détresse des soldats de Bourbaki ont ému beaucoup de citoyens. Certains de ceux qui penchaient du côté de la Prusse, portent leurs sympathies vers la France républicaine. Les libéraux et les radicaux de langue germanique craignent une mainmise prussienne sur l'Allemagne du Sud et regardent Bismarck avec une certaine méfiance. Les relations culturelles ne sont pas affectées parce que les Suisses alémaniques continuent de faire leurs études universitaires en Allemagne. En Russie, rien n'a changé au niveau des apparences. Les relations entre les Cours restent cordiales mais la puissance nouvelle de l'Allemagne inquiète tous les slavophiles. C'est en Autriche-Hongrie que la situation est la plus intéressante pour l'Allemagne. Bien des rancœurs subsistent dans la noblesse et à la Cour mais les Allemands d'Autriche et de Bohème ont vibré aux victoires allemandes et les dirigeants doivent en tenir compte.

En 1871, Bismarck domine la scène européenne. Le chancelier du Reich âgé maintenant de cinquante-six ans, s'est taillé une autorité exceptionnelle. Il a risqué trois guerres; il a transformé les victoires militaires en succès diplomatiques. Le traité de Prague, le traité de Francfort ont consacré ses talents de négociateur. La façon dont il a manipulé puis déstabilisé Napoléon III, dominé Beust et Thiers, fait de lui un interlocuteur redoutable tantôt modéré, tantôt brutal, toujours cynique et habile. Aucun autre homme politique n'a sa stature. Rares sont ceux qui osent lui tenir tête. Il est à la fois admiré, redouté et détesté. On craint ses initiatives, ses machinations, ses « coups » même quand il y est étranger. Alors qu'en France se succèdent une douzaine de présidents du Conseil et autant de ministres des Affaires étrangères, Bismarck reste aux affaires jusqu'en 1890. Cette longévité, cette stabilité, la liberté d'action dont il dispose lui confèrent une autorité exceptionnelle. On a souvent déformé et caricaturé par des comparaisons ou des assimilations abusives la personnalité de Bismarck. Certes, les propos contradictoires et les boutades méprisantes dont il est coutumier ne rendent pas la tâche aisée. Bismarck n'est ni un pangermaniste avant la lettre ni le précurseur de Hitler. On doit reconnaître qu'il avait assigné au Reich de sages limites territoriales. À ses yeux, deux États allemands sont indispensables au maintien de l'équilibre européen tel qu'il le conçoit : l'Empire allemand et l'empire d'Autriche. Tous deux doivent faire taire leurs griefs pour s'appuyer désormais l'un sur l'autre. Seulement, les rôles respectifs sont inversés : le premier est devenu la clé de voûte des relations européennes et le second doit s'accommoder de cette prééminence. Une dizaine d'années seront nécessaires pour que l'Autriche-Hongrie le reconnaisse et en tire les conséquences.

La formation au centre de l'Europe d'un puissant empire continental donne aux Allemands un élan, une fierté, une confiance dans leurs destinées futures. Les dirigeants s'emploient à rassurer les autres pays européens. Ils ont gagné trois guerres victorieuses, le temple de Mars est désormais fermé pour longtemps car le nouvel État a besoin d'une longue période de paix pour se consolider. Autant les Français s'interrogent sur les causes de leurs « désastres » et gémissent sur leur « décadence », autant les Allemands paraissent satisfaits de vivre enfin ensemble. L'accouchement a été laborieux. Les Allemands donnent l'impression de vouloir rattraper le temps perdu et de construire pacifiquement leur nouvel État.

Réalités et limites de la défaite française

Avant 1870, la France était le « perturbateur potentiel » (André Martel) de l'équilibre européen. Dans son personnage, Napoléon III portait le rêve napoléonien du grand empire ; il s'était toujours gardé de l'exprimer publiquement, mais personne n'était dupe et on avait deviné ses intentions cachées. Au lendemain de Sadowa, pour avoir trop montré ses ambitions territoriales, il s'était retrouvé totalement isolé.

Il avait ensuite présumé de ses forces. Il avait risqué la guerre, avait été vaincu puis déchu. En 1871, les Français ont l'impression d'avoir subi un cataclysme épouvantable auquel ils n'étaient pas préparés ; ils doivent assumer une défaite. Ils vivaient sur les souvenirs glorieux de l'épopée napoléonienne, réveillés par Solférino et Magenta, entretenus avec complaisance par le régime. Les républicains qui ironisaient sur les ambitions guerrières de Napoléon III étaient pacifiques ; ils critiquaient les armées permanentes, instruments des coups d'État et ils pensaient qu'en cas d'invasion les citoyens se lèveraient en masse comme en 1792 pour repousser l'ennemi. Quand les historiens évoquaient les désastres de 1814 et de 1815, c'était pour rappeler que la France avait succombé sous la coalition de l'Europe entière. Russes, Anglais, Autrichiens, Prussiens s'étaient mis de la partie. Dans l'hypothèse d'une guerre entre la France et un autre pays, personne n'avait envisagé que le territoire serait envahi, que Paris serait assiégé, qu'aucune armée de secours ne serait capable de rompre le cercle de fer placé autour de la capitale. Or l'inimaginable s'est produit et avec quelle rapidité ! Défaites successives et accablantes, capitulations désastreuses, amputation territoriale, ponction financière et de surcroît une guerre civile sous les yeux des Prussiens. Beaucoup de Français ont l'impression de toucher le fond de l'abîme et sont accablés. En avril 1871, Gustave

Flaubert écrit : « La guerre de Prusse m'a fait l'objet d'un grand bouleversement de la nature, d'un des cataclysmes comme il en arrive tous les six mille ans. » On pourrait multiplier les citations d'auteurs venus des horizons les plus divers. Doit-on prendre tous ces gémissements au pied de la lettre ? Évidemment non. Les observateurs étrangers même les plus malveillants sont loin d'être aussi pessimistes. La perte de l'Alsace-Lorraine est une amputation douloureuse mais tout à fait supportable. Avec 36 millions d'habitants, la France n'est atteinte ni dans ses forces vives, ni dans sa capacité productive, ni dans sa vitalité intellectuelle et culturelle. Elle conserve toutes ses colonies dont l'Algérie. Les pertes humaines sont minimes, sans comparaison avec l'hécatombe de 1914-1918, douze à quinze fois supérieure ! Les destructions matérielles sont géographiquement limitées et les ponctions financières n'ont pas épuisé le patrimoine national. La France était un pays riche, elle le reste. Le franc conserve sa parité avec les autres monnaies, le crédit de la France est intact. En quelques années tout est effacé sur le plan matériel, l'armée française est reconstituée, la « frontière béante » est protégée. 1870-1871 n'est pas un cataclysme, et cependant c'est une rupture. Il y a un avant-guerre et un après-guerre. Ce n'est pas simplement l'installation lente et laborieuse de la République qui est un changement, c'est surtout l'état d'esprit des Français qui est modifié ainsi que la perception qu'ils ont de leur rayonnement en Europe. Désormais, la France est cantonnée dans l'hexagone. Il n'est plus question de s'aventurer en Italie, en Allemagne, de rêver aux « frontières naturelles ». Le royaume de Belgique, le grand-duché de Luxembourg dont l'existence avait paru menacée, voient leur indépendance consolidée. La rive gauche du Rhin dont certains Français doutaient du caractère allemand, est plus que jamais partie intégrante de la Prusse et de la nation allemande. N'en déplaise à ceux qui croient encore que l'usage du Code civil Napoléon est incompatible avec le sentiment national allemand.

Certains craignent une nouvelle guerre franco-allemande. Ernest Renan qui voyage en Italie à l'automne 1871 est de ceux-là. L'Allemagne « écrasera la démocratie française dès qu'elle lèvera franchement la tête ». Très pessimiste il prédit « d'effroyables désastres auprès desquels ceux de 1870-1871 n'auront été que peu de choses ». Le jeune Ernest Lavisse est plus perspicace. Il écarte un prochain rebondissement de la guerre, ce qui éloigne le « jour de la réparation ». Quand viendra-t-il ? « De longues années s'écouleront avant l'accomplissement de nos désirs », écrit-il en septembre 1871. La République conservatrice de Thiers se résigne à un profil bas ; elle ne peut « former aucun projet ni prétendre à aucune alliance actuelle » (Rémusat). C'est ce qu'on a appelé pudiquement la politique de « recueillement ». La France n'est plus en mesure de prendre des initiatives sur le plan international ; c'est une triste nécessité imposée par la défaite militaire et la précarité de son assise politique. Malgré l'estime et la réputation dont jouit Monsieur Thiers, la France n'en reste pas moins isolée. Pour les autres pays, cette situation est la meilleure garantie de la paix. En 1873, les monarchistes qui arrachent le pouvoir à Thiers rêvent d'une alliance avec l'Autriche. S'il montait sur le trône, le comte de Chambord qui vivait en Autriche depuis vingt-cinq ans, pourrait amener le gouvernement impérial, au nom de la solidarité catholique et conservatrice, à réviser sa position. La restauration ayant échoué, cette hypothèse est restée théorique. Bismarck ne l'avait pas prise à la légère et c'est la principale raison de son hostilité aux monarchistes et au gouvernement de Mac-Mahon. Du côté des autres pays, le risque est faible. Les hommes d'État anglais apprécient la sagesse de Thiers mais trouvent rétrogrades ses orientations protectionnistes et ne s'entendent pas avec l'ambassadeur de Broglie. L'Italie garde rancune à Thiers de ses positions hostiles à l'unité et craint que les monarchistes n'écoutent les évêques qui demandent la restauration du pouvoir temporel. Quant aux Russes, ils savent gré à la France d'avoir abandonné tout soutien aux Polonais et toute intervention dans les affaires d'Orient ; ils sont très bienveillants, très courtois mais on ne peut espérer plus. Sachant que cette conjonction défavorable peut durer, Thiers a complètement abandonné l'idée de déchirer les traités. « Il voulait, il professait la paix au moins pour un temps » (Rémusat). La position de Thiers est résumée dans cette brève analyse : « Ma résolution est de payer les cinq milliards, de maintenir fidèlement et sérieusement la paix, de l'employer à mettre la France en état d'y renoncer et de laisser au temps le soin de lui en marquer le moment. »

La loi militaire qu'il fait voter en 1872 a pour but de rétablir l'équilibre des forces entre les deux pays et de former une armée apte cette fois à repousser une nouvelle invasion. Le redressement militaire français est rapide. Dès 1875, les experts estiment qu'entre la France et l'Allemagne, l'équilibre des forces est rétabli ou sur le point de l'être. La plaie béante de la frontière est fermée par la construction du système fortifié de Séré de Rivières. Bismarck feint de s'inquiéter et lance une campagne d'intimidation restée fameuse sur le thème « la guerre est-elle en vue ? ». Nous sommes moins de cinq ans après Sedan. Le chancelier allemand est agacé par l'emploi fréquent du mot « revanche » par les journalistes, les publicistes, les chansonniers, les écrivains. Jamais aucun homme politique responsable, monarchiste ou républicain, ne l'a prononcé. Gambetta comme la plupart de ses contemporains qui récitent les *Chants du Soldat* de Déroulède, y a sûrement songé. Il fallait être prêt au cas où. La revanche est une aspiration diffuse et largement partagée, ce n'est ni un projet politique ni un projet militaire. Tous les plans militaires français sont défensifs. Bismarck avait de la sensibilité collective des Français et plus spécialement des Parisiens une vision simple : c'est un peuple versatile, prompt à s'enflammer pour des idées fausses et dangereuses, capable de suivre sans réflexion les pires démagogues. Il a toujours craint qu'un homme politique n'attise les passions antiallemandes ou ne se laisse entraîner comme Napoléon III. En quelques semaines tout pourrait de nouveau basculer.

Entre les deux pays rien n'est plus comme avant. Au-delà de leurs divisions, de leurs hésitations, de leurs contradictions, les Français ont, dans les années 1870, une attitude commune sur l'Alsace-Lorraine. La perte des deux provinces a créé entre la France et l'Allemagne un antagonisme irréductible. En 1814-1815, le retour des départements de la rive gauche du Rhin dans la Confédération germanique avait été durement ressenti. La France avait perdu « ses frontières naturelles ». Il fallait toutefois convenir que ces terres n'étaient pas françaises. En revanche l'Alsace et la Lorraine étaient depuis plus longtemps des terres françaises. Leurs habitants se considéraient comme Français et voulaient le rester. En connaissance de cause Bismarck a refusé de les consulter. Il les a annexés comme il l'avait fait quatre ans plus tôt pour les Hessois et les Hanovriens. Aucun État européen n'a protesté contre cette solution de force qui heurte les Français de toutes convictions. Désormais entre les deux pays, la question d'Alsace-Lorraine interdit tout rapprochement ; ils peuvent renouer des relations correctes, commercer, accepter un *modus vivendi* ; aucune réconciliation n'est possible.

Les Français sont amenés à s'interroger sur leur place dans le monde. Tous sont tombés de haut ; ils réfléchissent sur leur destin, sur le rayonnement de leur pays. Les intellectuels – Taine, Renan, Fustel de Coulanges et bien d'autres – lancent un débat auquel les politiques sont aussi mêlés. Ils sentent confusément le risque d'une décadence. La perception de ce risque dicte la réponse. Un redressement est nécessaire car la France ne doit pas s'abandonner, ce serait indigne de sa mission historique. Malgré l'humiliation de la défaite, ce qu'on appelle pudiquement « nos désastres », la majorité des Français sont persuadés que l'effacement de leur pays ne peut être que passager. La France se redressera comme la Prusse après Iéna, comme la Russie après Tilsitt. Avec optimisme les républicains pensent que la France doit assumer une mission universelle. La patrie des Droits de l'Homme doit rester le guide de l'Humanité. Dans une Europe restée monarchique et dominée par la Prusse militariste et réactionnaire, elle a un rôle irremplaçable. Jules Michelet défend cette idée dans *La France devant l'Europe* (1871). Edgar Quinet qui avait été à gauche un des rares à prendre conscience du danger prussien, voit le salut de la France dans *La République* (1871). Les catholiques ont une autre conception. C'est en restant fidèle à la foi de ses pères, en volant au secours du pape que la « fille aînée de l'Église » retrouvera sa véritable mission et sa fonction civilisatrice. La France conserve des atouts et des ressources : le français reste la langue de la culture et l'allemand ne peut lui ravir cette primauté. Paris reste la ville par excellence. « Paris la Babylone », cité pervertie, « Paris rouge », foyer des révolutions doit surmonter ses récentes épreuves, faire mentir ses détracteurs et retrouver son rayonnement mondial. La France reste un pays riche et comme le montre l'empressement des souscripteurs à l'emprunt de libération, l'Europe fait confiance à son crédit. Dans les années 1871-1873, les Français sont hésitants et partagés. On pourrait citer tout un florilège de noires lamentations et de gémissements sur les malheurs des temps, sur la dureté rapace des Prussiens, la légèreté incroyable des Français qui retournent à leurs divisions habituelles. Ce pessimisme qui a des racines antérieures à 1870 nourrit des considérations sur la décadence nationale. La majorité en revanche ne doute pas que la France retrouvera rapidement sa place légitime en Europe.

Hégémonie continentale de l'Allemagne nouvelle

L'Empire allemand occupe une position privilégiée au cœur de l'Europe centrale. L'État petit-allemand fort de ses 38 millions d'habitants est loin de rassembler tous les Allemands; c'est un État national incomplet puisque les Allemands d'Autriche et de Bohême n'ont pas été conviés. Le potentiel allemand n'est pas épuisé. À ce titre l'unité nationale n'est pas achevée. Ce n'était pas le projet de Bismarck et des libéraux. On connaît sa formule célèbre signifiant que le temps des annexions était clos. « Le Reich est saturé. »

Les événements survenus de 1864 à 1871 portent en eux un remodelage de l'espace allemand. Berlin, capitale de la Prusse, devient la capitale du Reich. Les effets de ce changement de statut sont différés. Il faudra une génération pour qu'ils prennent corps. En 1870, Berlin, avec environ 800 000 habitants, était trois fois moins peuplé que Paris. Au début du XXe siècle, la population du grand Berlin atteint 4 millions d'habitants venus des provinces prussiennes, de Silésie, de Saxe, etc. La ville bourdonne d'activités, de richesses et de pauvretés mêlées. Elle est le siège des pouvoirs publics, des grands journaux, des principales banques.

Elle a attiré une partie des énergies de la nouvelle Allemagne. Sa couronne immédiate s'est industrialisée et les faubourgs prolétariens étendent d'année en année leurs ateliers, leurs usines, leurs immenses cités de brique. Certes, elle est loin d'avoir tout confisqué. L'Allemagne du Sud, l'Allemagne rhénane se sont aussi développées avec leur personnalité propre. Il n'empêche que le centre de gravité de l'Allemagne est, dans la plupart des domaines, décalé vers Berlin, ville du pouvoir, mais aussi ville des avant-gardes, des novateurs, ville qui donne le ton à l'Allemagne.

En 1871 ces virtualités sont à peine esquissées. Seul un esprit doué d'un sens remarquable de la prévision pouvait en deviner le mouvement. En revanche, il est aisé de comprendre la position géographique exceptionnelle entre la France et la Russie du nouvel Empire. À peine rentré en Allemagne, Moltke réfléchit sur la guerre qu'il vient de gagner et sur la guerre future que le jeune Empire allemand pourrait dans l'avenir être contraint de mener ou de subir. L'Empire allemand occupe un espace menacé par deux ennemis potentiels : à l'est la Russie, à l'ouest la France. Moltke pense que tôt ou tard la France cherchera la revanche et qu'en raison du changement de statut de l'Allemagne, la longue amitié avec la Russie prendra fin. Les plans stratégiques qu'il fait élaborer envisagent explicitement la guerre sur deux fronts. En avril 1871, à la lumière des six longs mois passés en France, Moltke pense qu'une guerre-éclair victorieuse contre la France serait impossible. Ce serait une guerre longue, une guerre de sept ans, une guerre de trente ans, une guerre populaire, une guerre de partisans. Dans cette hypothèse, l'Allemagne devrait se battre sur deux fronts, à l'Est et à l'Ouest, et rechercher une première décision à l'Est. Officiellement les relations germano-russes sont excellentes. Aucun litige grave n'oppose encore les deux États. Mais les militaires pensent qu'ils surgiront inévitablement. Leur rôle est de se préparer à cette éventualité. Certes, une diplomatie habile peut retarder l'échéance et Bismarck s'y emploiera longtemps avec succès. Ces dispositions d'esprit largement répandues parmi les militaires prussiens montrent à quel point les relations germano-russes sont sensibles et plus imprévisibles que les relations franco-allemandes. Déjà, le schéma de la guerre sur deux fronts est la préoccupation majeure de l'état-major.

L'armée prussienne est au cœur du nouvel État allemand. En six ans, elle a gagné trois guerres et la colonne de la victoire (*Siegessäule*) érigée à Berlin en 1873 en perpétue le souvenir. Il en découle une fierté, un orgueil, un sentiment de supériorité que les pouvoirs publics, les prêtres et les pasteurs, les enseignants, les associations d'anciens combattants ne cessent de rappeler. Être soldat, mourir pour la patrie et le Kaiser est un honneur et une gloire. La plupart des officiers de carrière sont issus d'une catégorie sociale restreinte, celle des propriétaires fonciers prussiens, soit quelques milliers de familles. On retrouve leurs représentants dans la haute fonction publique et l'Église luthérienne. L'influence de la caste des Junkers a souvent été dénoncée à grand renfort de considérations socio-idéologiques. Leur position n'est pas une rente de situation. Ces familles qui ont payé l'impôt du sang sur les champs de bataille de 1866 et 1870 ont souvent été caricaturées; elles n'auraient produit que des hobereaux grossiers et brutaux, buveurs de schnaps et défenseurs bornés de leurs privilèges. C'est oublier qu'à chaque génération, en sont issus des officiers compétents, des fonctionnaires qui ont le sens du service public, des esprits cultivés et distingués.

Le pouvoir militaire – c'est-à-dire l'état-major général – est la colonne vertébrale, le ressort de la puissance du nouveau Reich. Il échappe aux instances fédérales, au chancelier, pour ne relever que de l'empereur auquel les officiers prêtent serment de fidélité. Il ne tolère aucun contrôle ni administratif ni parlementaire. Le chancelier doit être son serviteur parlementaire et faire voter en bloc (parfois pour sept ans!) les crédits militaires. Bismarck n'a jamais pu soumettre à son autorité ni le ministre de la Guerre, ni l'état-major général. Le maréchal Moltke, ferme et discret, est sans doute plus populaire que Bismarck. Jusqu'à l'extrême vieillesse il reste en fonction. Après trente et un ans à la tête de l'état-major, il part vaincu par l'âge en 1888 et impose son successeur. Il avait alors quatre-vingt-huit ans. L'état-major général est l'organe le plus puissant de l'État. Il définit ses propres règles de fonctionnement, se reproduit lui-même par un processus de sélection interne très complexe et ne s'interdit pas un droit de regard sur la sphère politique. Les généraux victorieux de 1870, Kamecke, Blumenthal, Verdy du Vernois, Bronsart von Schellendorf, Waldersee restent en fonction jusqu'aux alentours de 1890. Les capitaines et les colonels devenus à leur tour généraux, sont imprégnés de ces principes. La raison d'État place les militaires au-dessus des règles de la société civile. L'armée a fondé le Reich et garantit sa durée. La moindre critique de son pouvoir est interprétée comme une menace contre la nation. Sa mission est de tenir à distance ses ennemis, ceux de l'intérieur comme ceux de l'extérieur. L'essence du militarisme allemand réside dans l'indépendance absolue des instances militaires et dans le principe énoncé ci-dessus. En dernier ressort, c'est l'armée qui incarne la nation. Empereur, chancelier, ministres, princes, parlementaires, habitants doivent l'accepter et se soumettre. Pour l'Allemagne, pour l'Europe, pour le monde, ce pouvoir est un danger considérable, mais un danger à terme.

En 1871, le Reich victorieux est devenu pacifique. Il n'envisage plus de conquête, il veut préserver l'acquis, il est devenu conservateur de l'ordre établi. Les multiples proclamations pacifiques des généraux et de Bismarck n'ont guère été prises au sérieux alors que ceux-ci étaient probablement sincères. L'Allemagne ne ferait la guerre que si l'ordre européen où elle a conquis une place dominante, était menacé. L'armée doit être puissante pour maintenir en Europe un rapport de force favorable, pour dissuader la France d'une guerre de revanche et la battre une seconde fois si elle passait outre à cette dissuasion.

Toute la politique étrangère de Bismarck repose sur ce schéma. Pour limiter les risques de guerre entre grandes puissances, il faut maintenir l'isolement de la France. Les « systèmes bismarckiens » sur lesquels ont pâli des générations de collégiens, ont, dans leurs subtiles variations, cet objectif fondamental.

La Grande-Bretagne n'éprouve pas le besoin d'entrer dans un réseau d'alliance. Elle n'a aucune raison de se lier. Elle préfère sur le continent l'hégémonie de l'Allemagne à celle de la France. Thiers est sévère à l'égard de la Grande-

Bretagne : « Les Anglais ont commis une faute en se désin-
téressant des affaires d'Europe [...] une politique toute
d'égoïsme, d'indifférence et d'inertie. » Puis le cléricalisme
conservateur de « l'ordre moral » ne l'oriente pas vers un
rapprochement avec la France. La francophilie de quelques
aristocrates, la participation flamboyante du prince de
Galles à la vie parisienne ne modifient guère la perception
des intérêts. Les vieilles défiances et les vieux ressentiments
restent latents et derrière leur affabilité, les hommes politiques anglais ne souhaitent pas que la France joue de nouveau un grand rôle en Europe. Avec habileté Bismarck
exploite ces dispositions. Pourtant il n'a pas toujours bonne
réputation ni à la Cour de Saint-James, ni dans la presse lon-
donienne qu'il a manipulée avec une adresse consommée.
Bismarck ne cesse d'assurer que l'Empire allemand n'est pas
un rival pour la Grande-Bretagne, que ses ambitions restent
uniquement continentales et que sur le continent même,
l'Allemagne a su préserver les intérêts anglais comme l'indépendance de la Belgique. Hors d'Europe, les projets allemands très limités, ne doivent en aucun cas se heurter à
ceux de la Grande-Bretagne. Les affaires coloniales sont un
moyen commode pour entretenir les rivalités d'intérêts entre
la France et la Grande-Bretagne. En Méditerranée orientale,
l'Allemagne prend délibérément la défense des intérêts
anglais contre les ambitions russes ; elle juge préférable une
brouille temporaire avec la Russie plutôt qu'un conflit avec
la Grande-Bretagne. C'est avec les gouvernements conservateurs de Disraeli et de Salisbury que Bismarck a le plus
d'affinités. Il se méfie du libéral Gladstone dont l'idéalisme
moral le gêne et qui pourrait intriguer contre lui avec ses
adversaires libéraux de l'entourage du prince héritier Frédéric dont l'épouse est la fille de la reine Victoria.

L'Empire russe avait été l'alliée privilégiée et le protecteur parfois un peu condescendant de la petite Prusse. Les
liens familiaux entre les dynasties régnantes arrangeaient les
difficultés. Depuis son arrivée au pouvoir, Bismarck avait
cultivé l'alliance russe et la neutralité bienveillante de la
Russie a grandement facilité la victoire allemande. Avec la
formation de l'Empire une page paraît en passe de se tourner. Avec sa perspicacité coutumière, Karl Marx note :

« Celui qui n'est pas tout à fait abasourdi par le tapage du moment [...] se rendra compte que la guerre de 1870 porte en germe une guerre entre l'Allemagne et la Russie tout aussi nécessairement que la guerre de 1866 portait en germe celle de 1870. [...] Je dis nécessairement, inévitablement... » (fin août 1870). En apparence les relations restent cordiales. Mais des signes montrent que rien ne sera plus comme avant. Parmi les militaires allemands apparaît tout un groupe hostile à la Russie. Gortchakov et les diplomates russes sont jaloux des succès de Bismarck. Dès 1875, Gortchakov saisit l'occasion de montrer à son allié que la Russie a son mot à dire dans les affaires européennes. Bon observateur et bien informé, Gambetta note dans une lettre à Juliette Adam : « Le ressentiment est flagrant chez les Russes, il s'agit de l'exploiter ; dans tous les cas, l'Allemagne ne peut plus compter sur ses bons offices comme en 1864, 1866, 1870-1871. »

Les relations entre l'Allemagne et la Russie ne sont pas uniquement bilatérales. L'empire d'Autriche est à la fois un adversaire et un partenaire potentiel des deux premiers États. L'idée de Bismarck est d'associer les trois empires sous son égide. Il faut au préalable faire le point sur les relations entre l'Allemagne et l'Autriche-Hongrie. Après Sadowa, Bismarck avait perçu la réconciliation avec l'empire d'Autriche comme une nécessité historique. Il fallait que le temps fasse son œuvre et que les Autrichiens acceptent le nouvel état de chose. La rapidité de la victoire allemande, la menace russe sur la Galicie avaient contraint l'Autriche à la neutralité. Il faut maintenant s'accommoder des nouvelles circonstances et réviser les objectifs de l'Autriche en matière internationale. Une revanche en Allemagne est désormais exclue. C'est la conviction du chancelier Beust qui s'emploie à persuader François-Joseph. C'est la conviction de l'ambassadeur autrichien à Berlin Wimpffen qui écrit à Beust : « Ma conviction la plus profonde est que le moment n'est pas loin où nous allons pouvoir cultiver et exploiter nos précieuses relations avec l'Allemagne aux dépens des liens prusso-russes et, dans l'intérêt d'un rapprochement durable, il serait peut-être souhaitable de ne pas exposer tout de suite le prince de Bismarck à cette épreuve du feu » (1er avril

1871). Cette orientation est reprise dans un mémoire très réaliste où Beust invite l'empereur François-Joseph à tenir compte du nouveau rapport de force (18 mai 1871). Une rencontre entre François-Joseph et Guillaume Ier à Ischgl renoue les contacts entre les deux souverains. Beust lui-même confère avec Bismarck à Gastein (août 1871) et parle de « l'harmonie rétablie » entre les deux États et il envisage que l'Allemagne serve de « trait d'union pour assurer l'harmonie entre l'Autriche-Hongrie et la Russie. » Il ne devait pas être donné à Beust de mettre en application le rapprochement qu'il préconisait. Son successeur, le Hongrois Andrassy, qui arrive aux Affaires étrangères en octobre 1871, pense que l'Allemagne nouvelle peut l'aider à modérer les exigences de la Russie, en quelque sorte à prendre en considération les intérêts balkaniques de l'Autriche-Hongrie. Le rapprochement austro-russe se réalise sous l'égide de l'Allemagne et se traduit par ce qu'on a appelé dans l'histoire l'Entente des trois empereurs. Cette combinaison diplomatique qui vise à stabiliser l'Europe centrale et balkanique, prend aussi l'allure d'un regroupement conservateur et contre-révolutionnaire. Il cherche à empêcher un rapprochement éventuel avec les monarchistes français si ceux-ci arrivent à rétablir la monarchie. L'Entente des trois empereurs n'est pas une alliance solide ; c'est une simple conjonction d'intérêts qu'une crise balkanique imprévue pourrait désagréger. À moyen terme, l'objectif de Bismarck est d'apprivoiser l'Autriche-Hongrie, de lui démontrer qu'elle ne peut avoir de voisin plus utile, plus soucieux de ses intérêts que l'Allemagne nouvelle. Si beaucoup d'Autrichiens se méfient encore, Andrassy, le Hongrois, comprend ce langage et attend l'occasion de lui donner un contenu plus positif. L'alliance est dans l'air. C'est ce que devine Gambetta ; dans sa correspondance privée, il n'a que sarcasme pour Andrassy, « ce zélé serviteur de la politique bismarckienne » et pour l'Autriche, « une sous-préfecture bismarckienne gérée par Andrassy ». Il faut attendre 1879 pour que Bismarck juge opportun de préparer et de signer le traité de Duplice qui fera entrer l'Autriche-Hongrie dans le sillage de l'Allemagne.

Au lendemain de la guerre franco-allemande, c'est le rapport de force entre la France et l'Allemagne qui est inversé. Les principaux pays européens ont enregistré comme une donnée de fait l'abaissement de la France et l'hégémonie continentale de la nouvelle Allemagne. Aucun d'eux n'a l'intention de remettre en cause les faits accomplis. Aucun d'eux n'a l'intention de soutenir le dossier de l'Alsace-Lorraine. Aucun d'eux n'a l'intention d'aider le pape à retourner à Rome. Les mandements épiscopaux incendiaires laissent de marbre, hormis les sarcasmes méprisants de Bismarck et de Gambetta. En France ils alimentent les combats des républicains contre « l'ordre moral » et les dangers du cléricalisme. Le pape se considère comme prisonnier du Vatican. La question romaine restée purement italienne trouvera une solution, en 1929, cinquante-neuf ans après les événements, au temps de Mussolini! Parmi les pays du concert européen, aucun ne souhaite ou ne peut se rapprocher de la France. La Grande-Bretagne n'en éprouve nul besoin, l'Italie n'a plus d'affinités et d'intérêt. Bien plus, elle modernise ses forts et installe neuf compagnies alpines à la frontière française. La Russie et l'Autriche-Hongrie sont officiellement alliées de l'Empire allemand. Cette situation est-elle irréversible? Rares sont ceux qui le pensent en France, en Allemagne, en Europe. Les deux pays ont une population à peu près équivalente, l'économie industrielle de l'Allemagne ne surclasse pas encore celle de la France qui conserve une supériorité financière. Bismarck, parfaitement informé, pense qu'il faut la dissuader en lui bouchant tout horizon diplomatique. Grâce à son habileté, il réussit pendant vingt ans à la maintenir isolée. Pour que les dirigeants français retrouvent des possibilités de manœuvre, il faudra que les divergences de vues se creusent entre la Russie et l'Allemagne, il faudra que Bismarck quitte définitivement la scène politique. Plus de vingt ans ont été nécessaires pour que la France rompe l'isolement. 1893, année de la signature du traité franco-russe marque la fin des systèmes bismarckiens. Quant aux Anglais pour lesquels 1870-1871 était passé presque inaperçu, c'est seulement trente ans, trente-cinq ans après que les conséquences du traité de Francfort commencent à les inquiéter et qu'ils révisent leurs positions. Le redressement de la position diplomatique fran-

çaise a été beaucoup plus lent que son redressement financier ou militaire.

Pour les diplomates et les hommes politiques français et
allemands, 1870-1871 restera jusqu'en 1914 l'événement
international majeur, celui qui a fixé le cadre de leurs relations. Dès août 1870, Marx et Engels ont mesuré l'ampleur
du changement : « La guerre actuelle ouvre une nouvelle
ère de l'histoire mondiale en ce sens que l'Allemagne a
prouvé qu'elle est capable, de même... l'Autriche allemande,
exclue, de suivre sa voie indépendamment de l'étranger,
qu'elle trouve d'abord son unité dans la caserne prussienne,
c'est une punition qu'elle a amplement méritée. Mais on a
quand même ainsi obtenu un résultat immédiat. » L'Empire
est fait, l'Allemagne est en selle ; la Confédération du Rhin,
la Confédération germanique, la Confédération de l'Allemagne du Nord appartiennent à un passé révolu. L'Allemagne est désormais une puissance européenne dans les
affaires de laquelle les autres États ont cessé d'intervenir.
Elle n'est plus un sujet des relations internationales mais un
acteur majeur. C'est en fonction de ses attitudes, de ses
comportements, de ses propositions que doivent se situer les
autres États. Eux-mêmes n'ont été ni bousculés ni bouleversés. C'est à moyen terme seulement qu'un nouveau rapport
de forces se dégagera entre eux. C'est pourquoi Raymond
Aron considère que Bismarck, « l'un des derniers hommes
d'État que l'Europe ait produits », a réussi « une sorte de
chef-d'œuvre. » Comme en 1866, il a obtenu « l'anéantissement militaire » de son adversaire sans méconnaître « les
contraintes de l'équilibre européen ».

En effet, c'est seulement vingt ans, trente ans après que
les pays restés neutres dans la guerre franco-allemande, ont
pris conscience des changements opérés. De cette perception différée des événements de 1870 découle une révision
de leur politique extérieure. L'Allemagne dont ils avaient
favorisé l'accession au statut de grand État, leur apparaît
désormais un danger. La France cherche et obtient
l'alliance avec l'Empire russe (1893), elle noue avec la
Grande-Bretagne l'Entente cordiale (1904), elle est l'architecte de la Triple-Entente (1907) qui associe les trois pays
pour contenir l'Allemagne. Face à cette recomposition du

paysage international, les héritiers de Bismarck ont oublié son réalisme prudent, son analyse terre à terre et lucide des rapports de forces. Ils ont grandi dans le culte du héros fondateur, de ses succès impressionnants, de sa brutalité, de son machiavélisme cynique. Ils ont été éduqués dans le sentiment d'une supériorité de l'Allemagne. Si d'aventure il fallait risquer une guerre, la victoire ne saurait échapper à la meilleure armée du monde. Les héritiers de Bismarck grisés par le rêve de puissance ont perdu la vertu de mesure que le vieux chancelier avait su conserver. En ce sens, les succès de 1870-1871 ont eu un effet pervers sur la génération qui a grandi dans l'euphorie de la fondation du Reich.

QUATRIÈME PARTIE

Mémoires de la guerre

Une guerre ne s'achève pas avec la fin des combats et la conclusion d'un traité de paix. Sur ceux qui l'ont faite ou subie elle laisse des impressions indélébiles. C'est un grand ébranlement, le plus grand de toute leur existence d'homme ou de femme. En France, il y a eu une génération de 1870, comme il y aura une génération de 1914, une génération de 1940. En Allemagne, une génération est arrivée à l'âge d'homme dans l'euphorie des victoires militaires et de la fondation du Reich. Avec la généralisation de l'enseignement primaire, l'histoire de la guerre est enseignée aux enfants des deux pays. C'est un fait culturel massif et inédit. Aux souvenirs des contemporains et des acteurs vient se mêler une mémoire historique qui est une mémoire construite et qui est placée au service des États. Sur le même matériel historique, deux mémoires s'élaborent, deux mémoires solidaires et en partie antagonistes. En France, le souvenir de la défaite – nos « désastres » – nourrit une volonté de redressement qui peut aller jusqu'au désir de revanche et développe à l'égard de l'Allemagne des comportements d'hostilité. En Allemagne, la mémoire de la victoire est à la fois politique et militaire ; elle s'accompagne de l'exaltation des vertus guerrières et du culte des héros fondateurs ; elle se nourrit de la crainte d'une revanche de la France.

Au lieu d'apaiser les esprits, la mémoire de la guerre n'a-t-elle pas contribué à fixer dans la durée l'opposition des deux nations ?

CHAPITRE XIX

Français et Allemands :
un regard hostile

Au cours de la guerre, des milliers de Français et d'Allemands sont entrés en contact. Personne n'avait prévu, personne n'avait voulu ces rencontres d'une nature un peu particulière. Brusquement, dans l'atmosphère de guerre, la représentation que les deux peuples pouvaient avoir l'un de l'autre s'est modifiée, modification brutale, durable, en apparence irréversible. Entre Allemands et Français, rien n'est plus comme avant. Dans un livre célèbre, *La Crise allemande de la pensée française*, Claude Digeon l'avait mesurée pour les intellectuels. Ce phénomène est beaucoup plus large car il touche l'ensemble des deux peuples.

La perception française des Allemands

Plusieurs millions de Français ont vu les soldats prussiens, bavarois, occuper leurs villes, leurs maisons. Ils ont subi de multiples réquisitions, ont été souvent victimes de pillages et de violences. Ces Allemands sont des hommes jeunes et presque tous des soldats. La guerre les a conduits en dehors de leur pays; ce sont des envahisseurs et des occupants.

Près de 400 000 autres Français ont eu un contact direct de deux à huit mois avec l'Allemagne et la société allemande, ce sont les prisonniers de guerre. Il faut distinguer les officiers des hommes de troupe. Les premiers (un peu plus de 10 000), prisonniers sur parole, ont vécu en ville chez l'habitant sans grand souci matériel. Ils ont bénéficié d'un statut privilégié par rapport aux milliers de soldats qui ont été enfermés dans des camps improvisés où ils ont connu la faim, le froid, les brimades de leurs surveillants. Tous sont revenus avec des impressions, des préjugés, quelques mots d'allemand élémentaire, la conviction que ce peuple était devenu leur ennemi.

La majorité des Français n'ont pas eu de contacts personnels avec des Allemands. Ils les connaissent de manière indirecte par les récits des combattants, les articles innombrables parus dans les journaux pendant et après la guerre et la littérature patriotique populaire. Parmi les Français, rares sont ceux qui ont une connaissance réelle des populations et de la civilisation allemandes. Ces médiateurs entre les deux peuples ont été désarçonnés par la bourrasque de 1870-1871 et ont dû réviser leur rapport à l'Allemagne.

En 1871, la sensibilité dominante est résumée par la formule terrible qui va s'imposer longtemps, celle « d'ennemi héréditaire ». L'hostilité serait ancienne, elle remonterait à des générations, elle est radicalisée par le « crime » du traité de Francfort. Cette hostilité n'appelle aucune concession; elle implique néanmoins lucidité et réalisme : l'Allemagne a gagné parce qu'elle a des qualités dont la France peut et doit s'inspirer. À la fois l'Allemagne est un ennemi et un modèle. De cette contradiction naissent les discours variés que les Français tiennent en même temps sur l'Allemagne et les Allemands.

Quelle était avant 1870 la vision de l'Allemagne chez les Français ? Elle n'est pas facile à établir car elle est diverse, varie selon les lieux, les milieux sociaux, le degré de relation avec l'Allemagne. Elle n'est pas la même à Strasbourg, à Paris, au cœur de l'Auvergne. À ce sujet, des recherches en cours permettront de nuancer notre propos. Il y a d'abord une vision intellectuelle de l'Allemagne qui court de Germaine de Staël aux intellectuels des années 1860. C'est une vision positive de l'Allemagne, la patrie de la culture, de la pensée et de la science. Goethe, Kant, les penseurs des universités allemandes, les savants, sont à l'avant-garde du progrès de l'humanité. Cette admiration, souvent naïve et peu critique, se traduit chez les intellectuels français par une sympathie à l'égard de la Prusse. On peut remonter à cet égard jusqu'à Voltaire. La Prusse est un État protestant, éclairé, libéral. Certes, elle a des faiblesses : ses dirigeants sont autoritaires et imbus d'esprit militaire mais ils sont contre l'Autriche réactionnaire et cléricale; en quelque sorte, ils sont amendables aux yeux des républicains français. L'Allemagne, c'est aussi le pays des poètes romantiques, le pays des châteaux forts, des petites villes médiévales, du Rhin héroïque et enchanté. Victor Hugo et les voyageurs ont répandu l'idée d'une Allemagne un peu rêveuse, pittoresque, attardée dans un rêve médiéval, en tout cas, nullement guerrière, plutôt francophile et sympathique, un peuple heureux de vivre. D'autres Français, et ce sont parfois les mêmes que les précédents, ont la nostalgie de l'épopée révolutionnaire et impériale. Pour eux, l'Allemagne évoque des souvenirs de gloire militaire, Iéna, Austerlitz; elle rappelle aussi des souvenirs douloureux, la débâcle de 1813, le soulèvement national, les traités de 1815 et la perte de la rive gauche du Rhin. Ces Français-là, qui ont le tempérament guerrier, voudraient bien retrouver les frontières naturelles, c'est-à-dire la ligne du Rhin. Comme l'Italie du Nord, l'Allemagne est éventuellement un champ de manœuvre pour les armées françaises, un espace où la France a des revendications territoriales à faire valoir.

Les événements survenus en Allemagne en 1866 ont-ils modifié la perception française de l'Allemagne ? En d'autres termes, la révélation de la puissance militaire de la Prusse a-t-elle inquiété les Français ? Ont-ils compris que la Prusse cessait d'être un pays avec lequel la France entretenait des relations amicales pour devenir un ennemi potentiel ? Dans les sphères officielles, on l'a vite compris, même si les mesures militaires et diplomatiques n'ont pas été à la hauteur du danger. Dans l'opinion publique, le « coup de tonnerre » de Sadowa a réveillé, notamment dans l'Est, les sentiments guerriers. Des intellectuels comme Edgar Quinet ont évoqué le danger prussien, puis l'émotion est retombée, les frontières sont restées paisibles. On ne vit pas sous le régime de cette paix armée, inquiétante, génératrice de tensions, du type de celle qui précédera les conflits de 1914 et de 1939. Les Français continuent de voyager en Allemagne et sont bien accueillis. La Prusse n'est pas toute l'Allemagne. D'autres Allemands pensent et sentent autrement.

En quelques semaines tout s'effondre. Les Français découvrent l'hostilité conquérante, l'étendue d'une espérance nationale qui, sous la conduite de la Prusse, se réalise à leur détriment. La guerre a dressé deux peuples l'un contre l'autre. Le fossé paraît si profond que l'histoire est appelée au secours pour l'expliquer. Une telle catastrophe n'est pas sans racines. On brûle ou on oublie ce que l'on avait adoré et à la hâte, on fait l'inventaire de ce que, dans le passé, on n'avait pas assez remarqué et qui annonçait la catastrophe d'aujourd'hui. L'Allemagne est notre ennemie depuis longtemps. C'est une vérité élémentaire, inébranlable à laquelle l'image, la caricature, la poésie, la chanson, les discours des hommes politiques, l'expérience vécue, apportent toutes sortes de confirmations. On cherche des preuves dans l'histoire : les Cimbres et les Teutons, les Germains, les invasions barbares; on évoque Charles Quint, Louis XIV et Napoléon Ier. Ce peuple allemand est un peuple patient et tenace qui ne nous a pas pardonné le ravage du Palatinat, la perte de Strasbourg, la défaite d'Iéna. Racontant l'invasion dans son département de l'Aisne, Ernest Lavisse explique que « nous n'étions pas les ennemis de l'Allemagne; ce sont les Allemands qui se sont imposés à nous comme tels. Ils avouaient que depuis leur enfance, on leur avait appris à haïr la France qu'ils appellent l'ennemie héréditaire ». Cette appréciation de Lavisse, écrite dans le contexte de l'occupation, délie en quelque sorte les Français de toute responsabilité. Ceux-ci sont les victimes innocentes d'une éducation antifrançaise dispensée par l'école, la caserne, la société. Cet ennemi porte un nom; ce n'est plus le Cosaque de 1815, un sauvage somme toute sympathique, c'est le Prussien, le soldat au casque à pointe, ridiculisé et redoutable, le cavalier éclaireur, l'inquiétant uhlan, qui annonce les réquisitions et les pillages. Tous les Prussiens ont le même type physique – ils forment une « race » – avec un visage fruste mangé par une barbe roussâtre. Ce sont des êtres barbares, voraces, « voisins de l'animalité » (Ernest Lavisse) qui ne pensent qu'à manger et à boire. Le Prussien réquisitionne, pille et gaspille. On n'a pas encore achevé le calcul des caves mises à sac en Alsace, en Bourgogne, en Champagne, dans les pays de Loire. Quand le vin et le

schnaps coulent à flots, il se livre aux pires excès : il bruta-
lise les innocents, les blesse à coups de sabre ou de baïonnette, parfois il les tue. Le thème du Prussien ivre deviendra
un stéréotype comme celui du Prussien sale, qui sent mauvais et qui laisse là où il passe, des odeurs particulières, indé-
finissables, odieuses. Lavisse est révulsé par « sa chemise
noire, grasse de sueur et de poussière ». Le cas observé par
Lavisse est loin d'être isolé. Le soldat en campagne n'a
guère le temps de se laver, mais dans l'ensemble la comparaison est favorable aux soldats allemands. Ils sont mieux
habillés que les soldats français. Il n'empêche, le zouave ou
le mobile français peuvent être en guenilles ou porter un
uniforme disparate, ils ne sont pas sales !

Un autre trait a frappé le Français sceptique et voltairien,
c'est le comportement religieux du soldat allemand. Il fait sa
prière, seul ou en groupe, il assiste le dimanche au culte,
catholique ou protestant selon sa confession. Cela ne
l'empêche pas de convoiter le bien d'autrui. Bref, il concilie
fort bien la piété avec la rapine et le pillage. « [Il] commet
des abominations dignes des Huns et pires que les leurs... »
(octobre 1870).

Un pamphlet anonyme *L'Homme de Prusse* publié à
Bruxelles en décembre 1870 a déjà tout résumé. Les Prussiens sont des barbares qui ont « ruiné la France, brûlé nos
villages, dévalisé les caisses publiques, rançonné les habitants inoffensifs, fusillé sans pitié des gardes nationaux, des
francs-tireurs, des prisonniers, des fonctionnaires publics et
laissé déshonorer nos femmes et nos filles ! ». Introduit clandestinement en zone occupée, cet « infâme libelle » est interdit par les autorités allemandes. Sa détention est punie d'une
amende de 10 000 francs ! En 1871-1872, les publications
développant ces thèmes sont innombrables et leur succès ne
se dément pas. Le littérateur Paul de Saint-Victor sort une
brochure intitulée *Barbares et bandits* tout à fait représenta-
tive. Les Prussiens sont les descendants des Teutons, des
Cimbres et des Vandales :

> Ils sont des barbares et ils s'en vantent. Dans le Walhalla
> du roi de Bavière, dans ce panthéon tragi-comique érigé aux
> grands hommes de la Germanie, les bustes d'Alaric, de Gen-
> séric, de Totila trônent au premier rang. Ces rois de proie,

horreur du monde, exécration de l'histoire, l'Allemagne les glorifie et les canonise; elle les revendique comme ses héros et ses patriarches; elle les encense de loin, aujourd'hui, avec la fusée de ses canons Krupp bombardant Paris. L'Allemagne reprend l'exécution des hautes œuvres de ces bourreaux du vieux monde; elle rentre, avec son artillerie incendiaire, dans la voie scélérate qu'ils lui ont frayée avec la framée et la hache. L'Allemand est fier d'avoir reculé de quinze siècles et d'être redevenu un Germain à l'état sauvage.

Personne ne met en doute de telles divagations car beaucoup de Français ont eux-mêmes vu ou entendu des témoins dignes de foi. Les Prussiens ne respectent pas les lois de la guerre; sur les champs de bataille, ils achèvent les blessés, mutilent les cadavres, les font piétiner par leurs chevaux. La plupart des cas de violence relevés sont liés presque toujours aux agressions des francs-tireurs. Les occupants ont la hantise de ces irréguliers auxquels ils récusent la qualité de combattants; souvent les habitants sont complices. Chaque agression déclenche des représailles qui frappent des innocents et rendent l'ennemi odieux. À Rambervillers, à Châteaudun, à Châtillon-sur-Seine, à Fontenoy-sur-Moselle, les représailles impitoyables préfigurent celles de la Première et de la Seconde Guerre mondiale. Le chapitre des « atrocités prussiennes » est inépuisable. Bien qu'on ne puisse les imputer qu'à une infime minorité, la responsabilité est étendue à l'ensemble. La chanson, la caricature, le discours commémoratif se chargent d'unifier et de simplifier. La rhétorique s'en mêle et l'évocation indignée n'a plus que de lointains rapports avec la réalité pourtant dramatique des faits. Voici comment un prédicateur réputé, le père Montsabré, raconte les événements de Châteaudun : « Les voilà à la besogne; les portes cèdent sous les coups; ils chassent les habitants à la baïonnette et incendient leurs maisons. Après l'incendie, le pillage; après le pillage, l'assassinat, pour couronner tout cela, l'orgie! Elle dure deux jours entiers, après quoi les Barbares s'éclipsent sous le coup d'une alerte » (1872). Le prédicateur et le chansonnier revanchard se rejoignent. Le soldat prussien est un incendiaire, un assassin, à l'occasion un violeur et souvent un lâche qui s'en prend à des innocents. Voici un quatrain typique d'un rimailleur anonyme :

> *Les soldats fous de carnage*
> *qui mirent le feu à mon hameau*
> *Et sans pitié pour son jeune âge,*
> *Tuèrent l'enfant au berceau.*

Les autres Allemands sont plus rarement évoqués. Aux yeux des Français, ils sont les auxiliaires des Prussiens. Cela suffit aussi à les condamner. Les Bavarois bénéficiaient avant la guerre d'un préjugé favorable: ils sont réputés aimables, bons vivants, d'abord facile et volontiers trousseurs de filles. Ils ont un grave défaut, ils volent et principalement des pendules! Je n'ai pas bien saisi l'origine d'une légende aussi répandue qu'invérifiable. On rapporte que Bismarck en aurait aussi emporté une à titre de souvenir lors de son départ de Versailles. À l'école des Prussiens, les Bavarois ont appris à brûler et à tuer; ils sont les auteurs des tueries de Bazeilles et de Châteaudun et ont commis de nombreux excès autour d'Orléans.

Paul Déroulède, qui était prisonnier en Silésie au moment des faits, les raconte à sa manière: « Les Bavarois, les poings pleins de salpêtre, brûlaient homme par homme et maison par maison. » Badois, Saxons, Wurtembergeois sont rarement cités. Les premiers sont maudits des Strasbourgeois car ces voisins, parfois des parents ou des amis, ne les ont pas ménagés. Les Wurtembergeois ont laissé en Champagne où ils ont cantonné un meilleur souvenir que les Prussiens.

Les officiers et les généraux ont impressionné les Français des classes populaires qui les ont observés de loin. À la fois, ils les craignent, à la fois ils admirent leurs uniformes confortables et pratiques, leurs montures, leur autorité sur leurs hommes. Les propriétaires, les curés, les bourgeois, les châtelains qui les ont hébergés et accueillis à leur table ont été frappés par leur connaissance du français, leur politesse courtoise mais aussi leurs exigences. Les contacts n'étaient pas difficiles, à condition de bien vouloir s'y prêter. Or, beaucoup de Français sont restés sur la réserve. Les Allemands sont indignés d'être traités de « barbares » et ils disent à leurs hôtes: « Nous sommes civilisés ». Cette prétention masque, selon Ernest Lavisse, leur « vraie nature [...] sèche et dure » et leur mépris des races latines. Beaucoup les décrivent comme hautains, sûrs d'eux, tantôt pleins de morgue, tantôt affectant un français cérémonieux. Parmi eux on retrouve des hommes qui portent un nom à consonance française. Ces descendants des huguenots chassés par Louis XIV ne sont ni les moins exigeants ni les moins durs. Ils incarnent l'orgueil prussien. Gustave Flaubert est mal tombé : il a dû supporter des « docteurs ès-lettres cassant des glaces à coups de pistolet et volant des pendules; voilà du neuf dans l'histoire. J'ai gardé contre ces messieurs une rancune si profonde que jamais tu ne me verras dans la compagnie d'un Allemand quel qu'il soit. [...] Les armées de Napoléon Ier ont commis des horreurs sans doute, mais ce qui les composait, c'était la partie inférieure du peuple français tandis que, dans l'armée de Guillaume, c'est tout le peuple allemand qui est le coupable ». D'autres bourgeois français ont eu plus de chance que Flaubert et ont conservé de leurs hôtes obligatoires un souvenir plus agréable.

Les contacts avec les généraux ont été rares et lointains sauf peut-être à Versailles où ils étaient plus nombreux et plus disponibles. Le grand public a oublié leurs noms sauf ceux de von der Thann « l'incendiaire » et de Manteuffel dont on rappelle la courtoisie de gentilhomme. Quant à Moltke, comme Guillaume Ier, comme Bismarck, on l'insulte copieusement; il aurait une figure « patibulaire et visqueuse comme celle d'un serpent ».

Les sentiments d'hostilité et de haine se sont cristallisés sur Guillaume Ier, Bismarck et Moltke, « cette trinité machiavélique se croyant un instrument providentiel ». Toute une presse parisienne spécialisée dans l'insulte a multiplié les provocations verbales. À plusieurs reprises Bismarck s'est plaint, sans succès, de ces débordements. Certains de ses mouvements d'humeur ou de raidissement trouvent une part de leur explication dans l'agacement d'un homme dont la cuirasse était à toute épreuve. Dans les années 1880, *L'Anti-Prussien*, *Le Drapeau* et d'autres feuilles revanchardes ont exploité cette veine. Le roi Guillaume Ier, le Hohenzollern, l'héritier du roi-sergent et de Frédéric II, est celui qui incarne les traditions militaires de la Prusse. À ce titre, ce vieillard bien paisible devient le « Néron tudesque ». On l'insulte sans retenue : « Guillaume, empereur du mensonge, roi des esclaves, vieillard stupide, fais donc ta prière, ton arrêt de mort est tout prononcé... » Bismarck est la source de tous nos maux. Pendant vingt ans, il est la cible attitrée de la presse parisienne. C'est un « puissant homme d'État, mais d'une grandeur sinistre » qui a employé ses talents pour nous nuire. Dans la caricature ou la chanson, Bismarck apparaît toujours sous les traits les plus noirs : c'est un ogre ou un animal malfaisant ; il est engoncé dans un uniforme ridicule et inquiétant. Il porte des bottes, une épée, il est coiffé du casque à pointe. De la vision française de Bismarck, quelques traits majeurs se dégagent : le diplomate cauteleux qui a berné le pauvre Napoléon III, le falsificateur de la dépêche d'Ems, le politicien dominateur qui isole la France par un mélange subtil de mensonge et d'intimidation. On répète à satiété ses petites phrases « par le fer et par le sang », « la force prime le droit », comme autant de preuves de son génie malfaisant. On ne peut s'empêcher malgré tout de l'admirer : « Il est grand comme Satan, un Satan beau à contempler. » Ce rapprochement Bismarck-Satan, est fréquent, même sous des plumes distinguées. Non content d'avoir volé l'Alsace-Lorraine, le chancelier de fer est un oppresseur qui écrase les minorités sous la botte prussienne, qui méprise la souveraineté du peuple, qui persécute les catholiques. Tout le monde en France, des conservateurs aux républicains, peut trouver matière à son indignation. Son « crime » est d'avoir porté atteinte à cette « nation, une et indivisible ». Ce hobereau réactionnaire a voulu détruire l'un des acquis idéologiques de la Révolution. Un jour s'établira, malgré lui, une paix du droit. C'est ce qu'espèrent les républicains convaincus.

La longévité politique de Bismarck – le vieux pilote reste aux affaires jusqu'en 1890 – favorise en quelque sorte cette fixation. L'ombre « casquée de Bismarck », selon la formule de Romain Rolland, est toujours menaçante. L'affaire Schnaebelé en 1887 ranime toutes les rancœurs et confirme toutes les préventions. Sa démission apparaît comme un soulagement et la fin d'un cauchemar. Pendant deux générations, Bismarck incarne la malfaisance prussienne, puis

Guillaume II prendra le relais et le Kaiser cristallisera sur ses actes et ses propos l'animosité d'une nouvelle génération de Français. Le nom de Bismarck reste cependant long-temps gravé dans les mémoires car l'enseignement prolonge et simplifie l'expérience de la génération de 1870. Le lycéen devant lequel on démonte les systèmes bismarckiens, retient confusément ou clairement la pointe antifrançaise qui en est le ressort. Bismarck veut nuire à la France. Il devient le pre-mier maillon d'une chaîne néfaste dont Hitler sera l'abou-tissement. Il sera perçu comme l'un des pères du pangerma-nisme et de l'expansionnisme allemand.

Cette vision caricaturale ne pouvait être partagée par les hommes politiques responsables. Ni Thiers, ni Grévy, ni Gambetta, ni Rouvier n'ont adhéré à de tels préjugés. Mais ils ont dû en tenir compte car on ne gouverne pas un pays en faisant table rase de ses passions. On ne comprendra jamais la séduction exercée par Boulanger si on ne garde pas pré-sente à l'esprit cette perception des Allemands et de leurs dirigeants.

De ces images de Bismarck si éloignées de la réalité se dégagent deux enseignements : les Français ont besoin d'un bouc émissaire, étranger si possible, vers lequel ils dérivent leurs propres insuffisances ou leurs propres fautes. Bismarck a excellemment rempli cette fonction. La distorsion entre la réalité et la représentation est un phénomène très fréquent, on peut la remarquer pour la plupart des souverains et des hommes politiques. Les cas de Napoléon III et de Thiers sont à cet égard très intéressants. Ces perceptions outran-cières ou absurdes véhiculent toujours quelques segments de vérité. Bismarck avait voulu limiter la « Grande Nation » et il était parvenu à ses fins. Aucun Français de droite ou de gauche n'avait accepté cet abaissement et en imputait à juste titre la responsabilité au chancelier de l'Empire allemand.

L'Allemagne, un modèle ?

Alors que l'on se bat encore, la réflexion sur la victoire allemande commence. Les intellectuels – Fustel de Cou-langes, Taine, Renan et beaucoup d'autres – s'interrogent.

Pourquoi l'Allemagne a-t-elle gagné ? Le soldat ou l'instituteur ? L'officier ou le professeur d'université ? L'état-major prussien ou les canons Krupp ? À ces questions, une première réponse se dessine bientôt. L'armée allemande a gagné non parce que ses soldats étaient plus courageux que les nôtres, mais parce qu'elle était mieux commandée et à tous les niveaux, mieux instruite. Dans le système d'instruction allemand tout serait supérieur, des écoles primaires à l'université en passant par les lycées classiques et modernes (les fameuses écoles réales). Certains écrivent qu'on peut établir « preuves en mains » que c'est l'infériorité de notre éducation nationale qui nous a conduits aux revers. On pourrait discuter ; de toute façon dans un domaine aussi subjectif, tout est question d'appréciation. Il est piquant de remarquer que les républicains français qui souhaitent instaurer un enseignement laïc regardent vers un système qui reste confessionnel et autoritaire, dont ils admirent l'efficacité.

L'hostilité à l'ordre moral catholique se nourrit d'un regard vers un système d'éducation d'inspiration protestante. C'est la leçon presque immédiate que tire Freycinet de son expérience. Le redressement français auquel on aspire passe par un développement massif de l'instruction. « Pour vaincre l'Allemagne, écrit Fustel de Coulanges, il faut l'imiter. » Cette affirmation rejoint une conviction fondamentale des républicains pour lesquels l'instruction populaire est à la fois un droit, un devoir et une nécessité. Le développement de la Ligue de l'enseignement au cours des années 1870 s'inscrit dans ce droit-fil. Jean Macé, l'Alsacien de Beblenheim, s'établit à Paris. Il est l'un des animateurs de ce mouvement patriotique en faveur de l'école publique gratuite, obligatoire et laïque dont les lois Jules Ferry sont l'aboutissement. Avec une quinzaine d'années de retard sur la Prusse, et sans combler la totalité du retard, la République des républicains accomplit l'effort nécessaire.

La rénovation de l'enseignement secondaire et supérieur passe par l'examen de système allemand. Le linguiste Michel Bréal, un israélite alsacien de culture germanique qui avait été étudiant à Berlin en 1858-1859, retourne en Allemagne en 1873 sur mission du ministre. Dans son rapport, il rappelle l'admiration qui était la sienne. « J'avais pour les universités allemandes, un respect singulier. [...] [En raison du] caractère de désintéressement scientifique de l'enseignement. » Ce qui le frappe maintenant, c'est « le caractère national » de l'enseignement devenu « l'auxiliaire du patriotisme ». Dans un établissement de Berlin, la composition d'histoire porte sur les batailles d'août 1813 c'est-à-dire les prémices de la défaite de Napoléon Iᵉʳ en Allemagne. Déjà, la guerre de 1870 est entrée dans les programmes; son enseignement a pour objectif d'assurer la cohésion nationale.

En avril 1872, Ernest Lavisse, ancien collaborateur de Victor Duruy, un agrégé d'histoire de trente ans, demande au ministre sa mise en disponibilité pour aller étudier en Allemagne et plus spécialement à Berlin. Voici en quels termes il justifie son projet : « Personne n'a senti plus vivement que moi des malheurs dont je ne me consolerai jamais et n'est plus résolu que moi à travailler suivant mes forces à l'œuvre de réparation. Ce ne sont pas des phrases que je fais, mais mon unique et constante pensée. » Il reste près de trois ans en Allemagne où il prépare une thèse de doctorat sur *La Jeunesse de Frédéric II* qu'il soutient en 1875. Il fait les mêmes observations que Michel Bréal et les manuels qu'il rédigera quelques années plus tard à l'intention de l'école primaire s'inspirent d'une expérience identique. Celui que l'on surnommera avec une pointe de commisération « notre instituteur national » a vécu les humiliations du siège de Paris, de la défaite, de l'occupation. Refaire la France, réorganiser le pays, c'est lui donner le sens de son histoire, le souci de sa cohésion et lui inculquer les valeurs qui lui permettront de nouveau de rayonner sur le monde. Aller en Allemagne examiner le fonctionnement de ses établissements d'enseignement n'est pas forcément ressentir une attirance ou souhaiter une collaboration. Ceux qui font le voyage d'Allemagne reviennent rarement en défenseurs de tout ce qui est allemand, mais ils en connaissent la langue, la civilisation, les habitudes mentales; ils sont désormais attentifs au mouvement intellectuel allemand. Ils lisent des livres allemands et en rendent compte dans les revues françaises. Leur souci est de former des élites d'un niveau équivalent, de rattraper éventuellement le retard et de ne plus se laisser distancer. Parmi les universitaires qui ont passé un ou deux ans en Allemagne dans les années 1870 et qui ont ensuite joué un rôle majeur dans l'université et la vie intellectuelle, trois noms s'imposent, ceux du linguiste Michel Bréal et des historiens Ernest Lavisse et Gabriel Monod, le créateur de la *Revue historique*. L'historien Charles Seignobos qui séjourne en Allemagne en 1879 à l'âge de vingt-cinq ans, revient très critique à l'égard des historiens allemands ; Lucien Herr, qui va à Leipzig en 1886-1887, n'est guère enthousiaste. Le philosophe Émile Durkheim, fondateur de l'école française de sociologie, est intéressé, on ne peut dire qu'il soit revenu marqué d'une manière indélébile.

Tout un secteur mériterait un examen attentif, celui des études germaniques. Elles sont profondément transformées, d'abord dans le recrutement du personnel. Jusque-là, les rares chaires d'enseignement supérieur, les postes des lycées parisiens, des grands lycées de province et des écoles militaires avaient été longtemps tenus par des Allemands naturalisés ayant longtemps vécu en France. Ce type de recrutement n'est plus possible car une origine allemande est une tare ; l'accent tudesque l'est aussi et beaucoup d'Alsaciens en ont fait l'amère expérience à leurs dépens. Il faut cependant apprendre la langue de l'ennemi et une catégorie est disponible pour l'enseignement, ce sont les Alsaciens exilés ; beaucoup sont protestants et républicains. L'Alsacien patriote est souvent un excellent enseignant de la langue. A l'égard de l'Allemagne nouvelle et de la civilisation germanique, il nourrit toute une série de préventions et invite davantage à se méfier de l'Allemagne qu'à s'en rapprocher. C'est parmi eux que se trouveront à gauche les interprètes les plus qualifiés du danger allemand. Chez les socialistes, Charles Andler sera, après 1900, l'un d'eux.

Regard porté sur l'Allemagne et réforme des universités sont inséparables mais le processus législatif réglementaire qui conduit à la seconde est lent à s'ébaucher. Il se réalise par toute une série de mesures partielles et aboutit à la loi de 1895 dont Louis Liard est l'infatigable artisan. Ce texte s'inspire assez largement, au niveau du système des études et des méthodes d'enseignement, de ce qui était en usage dans les universités allemandes.

Refaire l'armée française est le second volet. Faut-il s'inspirer des méthodes, des techniques, de la stratégie de l'armée prussienne? Après 1870, les études se multiplient sur le service militaire, la formation des officiers, l'armement, la stratégie et la tactique. Une évidence s'impose, la levée en masse des citoyens non formés est la cause majeure de l'échec militaire des républicains. C'est pourquoi la garde nationale mobile est dissoute et on s'oriente vers une armée plus nombreuse, une armée qui reste une armée de métier associée à une réserve instruite. C'est le sens de la loi de 1872. Ce n'est que progressivement que l'on aboutit au service militaire universel avec un minimum d'exemptions qui sera obtenu par Freycinet en 1889. Dans les années 1870, un effort particulier est fait en matière d'armement, d'artillerie, de transports militaires. Le corps du génie est réorganisé. Tout un travail en profondeur est accompli par des ministres comme Cissey, du Barail, travail auquel les républicains arrivés au pouvoir en 1879 apportent des retouches et des prolongements. Les Français ont compris la nécessité de l'effort militaire. La menace allemande qui pèse sur eux et qu'ils ressentent comme un danger permanent a permis la rénovation de l'armée. La formation des officiers avait été perçue comme un point faible. Il faudrait examiner comment elle a été améliorée sur le plan initial à Saint-Cyr et l'École polytechnique. Pour les officiers d'active, la création de l'École de guerre (1876) a pour but de fournir à ceux qui aspirent aux grades les plus élevés, une formation complémentaire de haut niveau et une réflexion stratégique. Les brevetés de l'École de guerre sont désormais un vivier de qualité pour recruter les cadres dirigeants de l'armée. En 1870, l'absence d'un état-major dissocié du pouvoir politique avait semblé un signe d'infériorité française. Sur ce point, près de vingt ans ont été nécessaires avant d'aboutir à une solution satisfaisante. Longtemps l'état-major général est en fait le cabinet du ministre de la Guerre, il en dépend étroitement et change avec chaque titulaire du portefeuille. Il n'est assuré ni de la stabilité ni de la continuité. C'est Freycinet, en 1889, qui crée le conseil supérieur de la Guerre et l'état-major général dont le chef serait le généralissime en cas de guerre. Ces deux organes deviennent essentiels pour la définition et l'exécution de la politique militaire du pays. Dans le domaine militaire, il y a de nombreux emprunts, mais ces emprunts ont été différés le plus souvent et adaptés à la situation française. L'objectif est, à tous les échelons, d'avoir une armée instruite, capable en temps de paix comme en temps de guerre, d'équilibrer l'armée adverse au niveau des effectifs comme au niveau des moyens.

La France vaincue toujours dangereuse

Plusieurs centaines de milliers d'Allemands ont parcouru la France. 150 à 200 000 d'entre eux ont campé pendant quatre mois autour de Paris. À l'abri des tranchées ou des casemates, les combattants ont contemplé un coin de ciel, repoussé quelques assauts français, deviné au loin Paris dans la brume ou le soleil pâle de l'hiver. Les soldats ont vécu dans leurs unités entre eux et n'ont eu avec les Français que des rapports brefs et distants. Ceux qui sont restés en occupation n'ont guère eu plus de contacts réels avec la société française. C'est pourquoi les témoignages des soldats sont rares et frustes. Des travaux de Maurice Jacob qui a retrouvé et comparé des centaines de souvenirs, on peut retenir quelques idées forces. Pour le soldat, la France est un pays merveilleux, un pays où il fait bon vivre, « comme Dieu en France », un pays où l'on trouve en abondance les céréales, le bétail, les vins et les fruits. Ils se rappellent que les intendants des unités ont pu faire des réquisitions à bon compte dans ce pays de cocagne. Les officiers gardent un souvenir admiratif des villas, des maisons de campagne, des petits châteaux de la région parisienne. Cette vision idyllique est associée à une seconde beaucoup plus critique : les villages français sont sales, les maisons sont inconfortables et, dans le domaine de l'hygiène, les Français sont très arriérés. La « douce France », au climat tempéré est aussi un pays à l'automne pluvieux et à l'hiver rude et neigeux. Les combattants allemands ont souffert de la pluie, de la boue, de la neige, du vent glacial jusque dans l'ouest car il a neigé sur Le Mans et Laval en janvier 1871. Ils ont eu du mal à trouver des sapins pour fêter Noël. Les contacts avec les

Français sont difficiles car l'Allemand est l'ennemi. Le soldat craint la malveillance, le coup de feu du franc-tireur; il est sans cesse sur le qui-vive; en cas d'attentat, les réactions sont si brutales que les officiers n'arrivent pas à contrôler la violence de leurs hommes. Ce sont les comportements classiques de soldats en pays ennemi. On trouverait dans l'histoire contemporaine de l'armée française – et notamment en Indochine et en Algérie – bien des similitudes.

On dispose de quelques témoignages de prisonniers. Ceux qui ont été capturés autour de Paris ont beaucoup souffert; ils ont été insultés, ont croupi dans des locaux infects, ont été mal nourris. Ils gardent de leur captivité un souvenir sinistre et une image très noire de la France. Ceux qui ont été envoyés dans le Midi ou en Algérie ont vu d'autres terres, d'autres cieux et sont revenus chez eux avec des récits pittoresques parfois émerveillés. L'écrivain Théodore Fontane qui a été prisonnier civil a publié des souvenirs souvent cités. Fontane dresse un portrait sans complaisance de la France et des Français : désordre, incohérence, extrémisme verbal. Il a des mots très durs pour Gambetta, un adversaire, un partisan de la revanche, un homme qui rêve de refaire 1793. Ce que dit Fontane avec talent se retrouve dans les souvenirs d'officiers. Beaucoup d'entre eux parlent le français et admirent la culture française. Ils auraient aimé que les Français ne les traitent pas en ennemis. Ils reviennent avec l'impression d'avoir été incompris par les Français qui ont repoussé leurs avances. Ils ont senti monter contre eux la haine. Certains gardent un bon souvenir; ils ont apprécié la cuisine et les vins français, le vin de Champagne, le vin de Bourgogne, le pain blanc, le fromage de Brie. Ils auraient aimé garder des relations. Cela n'a pas été possible. Dans le domaine politique, la France apparaît comme un pays ingouvernable, divisé, traversé par des aspirations contradictoires. Dans le tempérament français se trouvent des ferments permanents de désordre et d'instabilité. Les événements de la Commune les ont confortés dans ce jugement négatif. C'est pourquoi la France reste un pays dangereux pour la paix de l'Europe et qu'il faudra surveiller. Quelques-uns vont plus loin : la France est une nation maudite et impie; en la châtiant, l'Allemagne a été l'instrument d'une mission providentielle. Pour d'autres raisons et d'autres projets, Marx et Engels n'ont que mépris pour cette nation orgueilleuse et présomptueuse. Ils espèrent que sa défaite permettra d'arracher le mouvement ouvrier aux idées néfastes de Proudhon.

Au niveau des dirigeants, il faut distinguer ce qu'ils savent de ce qu'ils disent ou laissent dire dans la presse. À cet égard, Bismarck est très attentif. Sa grande crainte ce sont les Parisiens, « une foule présomptueuse et impressionnable autant qu'ignorante, agitée, effervescente, capable d'entraîner à des résolutions funestes une nation française raisonnable, attachée à la paix ». La France profonde, en quelque sorte, mérite davantage de considération que les habitants de sa capitale. Au-delà de cette distinction qui comporte une part de vérité, Bismarck partage l'opinion répandue que les Français sont inconstants, frivoles, peu portés à la discipline notamment en matière militaire. Cela n'empêche pas ce peuple léger et frivole de donner des leçons, de se croire supérieur aux autres. La France est aussi le pays de la Révolution, elle engendre à chaque génération des fauteurs de troubles qui peuvent embraser l'Europe entière. Révolution peut très bien s'accorder avec esprit de conquête. Les Allemands en ont fait à leurs dépens la triste expérience. Leur « libération » du joug des prêtres et des nobles a été le prélude à l'occupation et à l'asservissement. Louis XIV, Lazare Carnot, les deux Napoléon ont poursuivi des objectifs de conquête au détriment des Allemands. Il était indispensable de briser enfin ce processus et de ramener la Grande Nation dans des limites plus acceptables. L'orgueil français demeure ; il est blessé par la défaite, il peut être le moteur de la revanche. Certains d'ailleurs prononcent déjà le mot. C'est pourquoi il est de l'intérêt de l'Allemagne de maintenir une France faible. « Nous n'avons certainement pas pour devoir de rendre la France puissante en consolidant sa situation intérieure, écrit Bismarck à Arnim, l'inimitié de la France nous oblige à désirer qu'elle reste faible » (novembre 1872). Le danger français demeure une réalité permanente. Grâce à une frontière forte, il faut protéger l'Allemagne des tentations qui pourraient, un jour ou l'autre, s'emparer des dirigeants français. La lecture des journaux allemands est très instructive. Comme les journaux français, ils véhiculent témoignages de guerre, préjugés et stéréotypes. Ils reprennent, pour les appliquer aux Français – exemples à l'appui – les qualificatifs négatifs dont ceux-ci accablent les Allemands. On se renvoie la balle en quelque sorte. À cet égard l'histoire est d'un grand secours. On réactive à usage polémique le sac du Palatinat par Louvois, l'annexion de Strasbourg par Louis XIV, l'occupation de Berlin par Napoléon, les exactions de Davout à Hambourg, etc.

Telles sont les preuves de la rapacité française (*Französische Raublust*). Les Allemands en ont souffert comme les Italiens et les Espagnols. Le peuple français est un peuple de voleurs et de pillards (*Eroberungsvolk*). Quant aux journaux protestants, ils ne manquent jamais de rappeler la révocation de l'édit de Nantes, l'accueil bienveillant des exilés par le Grand Électeur de Prusse. Les descendants des huguenots, choyés par l'État prussien, devenus selon le mot de Bismarck, les « meilleurs des Allemands » ne sont pas les derniers à relever les défauts incurables du peuple qui avait chassé leurs ancêtres. De leur côté, les journaux conservateurs critiquent la République, les avocats républicains bavards qui veulent chasser Dieu de l'école et ont la prétention de donner des leçons au monde entier. Ils mettent l'accent sur la versatilité du peuple français incapable de conserver un régime politique stable ; il oscille entre l'anarchie révolutionnaire, le césarisme conquérant ou le cléricalisme étroit de l' « ordre moral ». Cette instabilité est un danger pour l'Europe car elle débouche sur l'esprit de conquête. On voit combien, à deux générations de distance, les traits négatifs de la domination napoléonienne du début du siècle, ont nourri les composantes antifrançaises du nationalisme allemand. Bismarck a su utiliser ces craintes latentes que Napoléon III, par sa politique d'ingérence, avait réveillées. Le neveu n'allait-il pas reproduire l'aventure conquérante de l'oncle ? Gambetta n'allait-il pas chausser les bottes des révolutionnaires de 1793 ? Les Allemands ne pouvaient tolérer une seconde fois une telle atteinte à leur territoire national. C'est en fonction de ces références qu'il faut comprendre l'application par les Allemands à la France de l'expression « ennemi héréditaire » (*Erbfeind*). Il ne faudrait pas tracer un tableau trop noir. La culture française et la langue française conservent en Allemagne de solides positions dans l'aristocratie et la bourgeoisie cultivée. À la Cour, on parle encore volontiers le français. L'Allemagne qui a vaincu la France est, à bien des égards, une Allemagne imprégnée de culture française. Tous ses hommes politiques, tous ses généraux parlent le français alors que peu de Français, et parmi eux Napoléon III était une exception, connaissent bien l'allemand. La langue française, la culture française, la mode parisienne restent appréciées en Allemagne. Elles déclinent cependant, parce que les contacts sont moins faciles et que les voyageurs allemands en France sont parfois mal accueillis. La génération formée après 1870 connaît moins la France et les Français que celle qui l'a précédée. Elle est imprégnée d'une manière diffuse par les clichés négatifs véhiculés par les médias. Elle grandit dans une atmosphère de fierté, de confiance en elle-même et dans la destinée du Reich. Dans les années 1870 on sent se développer un orgueil culturel national. Parallèlement, l'accent est mis sur la langue et les qualités des peuples germaniques. Écrivains, artistes, musiciens, savants sont les atouts de l'Allemagne nouvelle. La germanité (*Deutschtum*) s'affirme conquérante et dans les zones où elle est en conflit avec une autre culture nationale, elle cherche à la refouler, à la limiter, à la subordonner. On le constate clairement en Alsace-Lorraine dès les premières années de l'annexion. C'est pourquoi la France, dans la mesure où elle n'accepte pas les faits accomplis, ne peut être perçue que négativement. Dans leur immense majorité, les Allemands ne connaissent et ne connaîtront jamais la France ni.les Français. Leurs seules approches sont la presse, les récits de la guerre patriotique, et pour les plus jeunes, l'histoire enseignée à l'école. Ces trois modes d'accès véhiculent implicitement et parfois explicitement l'idée d'ennemi héréditaire et fixent pour longtemps dans les esprits l'antagonisme entre les deux peuples.

1870 a été une guerre nationale qui a soudé les Allemands entre eux puisqu'ils se sont battus ensemble contre une nation qui voulait les affaiblir territorialement et les maintenir divisés. L'histoire commune des Allemands est celle d'une guerre victorieuse contre la France, guerre qui est dans le prolongement de la résistance à Napoléon Ier et de la guerre de libération de 1813. À cet égard on gomme toute une série de réalités, on oublie qu'une partie des Allemands avait accepté la présence française et que les départements de la rive gauche du Rhin étaient en voie d'assimilation rapide. Il est significatif que la guerre de 1870 soit entrée immédiatement dans les programmes scolaires. Cette victoire doit faire comprendre aux générations nouvelles sur lesquelles repose l'avenir du Reich, les vertus morales qui font la force des Allemands réunis. Elle offre à leur admiration des héros positifs : Guillaume Ier, l'empereur tutélaire et bienveillant, Moltke, le général en chef méthodique et prudent, Bismarck le politique habile et ferme. Elle montre aussi que la France est un danger permanent : les Capétiens et les Valois ont grignoté sur la Meuse et la Moselle les terres du Saint Empire romain germanique. Louis XIV a annexé Strasbourg ville allemande, les deux Napoléon ont continué dans cette voie. À deux reprises un sursaut national allemand a empêché le pire. Le nouveau Reich est fragile, il peut être menacé par une revanche française. C'est pourquoi la vigilance s'impose.

Dans les années qui suivent la guerre s'établit en France et en Allemagne un système de représentation de type binaire. Les deux systèmes sont symétriques et inversés.

Vue de France, l'Allemagne est un pays qui privilégie la force brutale, la violence, la discipline ; à l'inverse la France se tient sur le terrain du droit et de la paix. Le soldat prussien est un barbare, un Teuton à peine sorti de la sauvage forêt germanique. Dès qu'il a pris l'habit civil, il devient verbeux, obscur, prétentieux. Le savant allemand est lourd et pédant. À l'opposé, le Français est clair comme la langue qu'il emploie ; il est vif, spirituel, le bon goût lui est en quelque sorte naturel ; sa langue, son art, son génie national le portent vers l'universalité. Ce que la France a perdu en puissance, elle le compense par le rayonnement de sa culture.

Vue de l'Allemagne, la France est un pays conquérant, orgueilleux, instable qui aime faire la leçon aux autres peuples. À l'inverse, l'Allemagne est le pays de la civilisation, de la science, de la fidélité ; elle a un destin historique à accomplir qui vaut bien celui de la « Grande Nation ». Le sérieux et la solidité des races germaniques sont des vertus par rapport à la légèreté impressionnable des races latines. À la limite, ce ne sont plus deux peuples et deux cultures qui s'opposent mais deux races qui se combattent.

Aucun de ces clichés ne résiste à un examen sérieux. Pourtant, on les trouve sous les plumes les plus autorisées, dans la bouche des hommes les plus éminents. Les rapports entre peuples ne s'élaborent pas sur des bases objectives, ils dépendent d'impressions où le faux se mêle au vrai, où le préjugé nourrit l'incompréhension. Beaucoup de ces thèmes, de ces formules étaient dans l'air avant 1870. Victoire d'un côté, défaite de l'autre les ont rendus crédibles et diffusés dans toutes les couches de la population. En l'espace d'un an, l'essentiel est fixé. Puis il est consolidé par la presse, l'école et la commémoration; pour au moins deux générations, il sera le soubassement, le socle des relations franco-allemandes.

La revanche: aspiration ou politique?

La revanche! Ce mot magique a bercé toute une génération de Français. Il avait alors un sens très positif. Aujourd'hui, il a acquis une connotation négative : un cri patriotique un peu coloré, une imprécation anti-allemande à l'accent vengeur sont facilement qualifiés de « revanchards » et jugés sévèrement. L'analyse du phénomène est complexe et redoutable. Sa perception varie selon l'appartenance nationale et selon les époques. Avant d'être un choix politique conscient et délibéré, c'est d'abord un cri du cœur spontané, un refus de la défaite. Beaucoup de Français, un jour ou l'autre, l'on lancé. Raymond Huard le relève chez les républicains du Gard à l'annonce de l'armistice. Il est extrêmement fréquent dans la presse, la littérature, la chanson durant les années 1870. C'est un sentiment populaire ayant un connotation de gauche, un contrepoint en quelque sorte à l'effacement, au « recueillement » imposé par les circonstances à la présence française en Europe et dans le monde.

Le député républicain de Toul Camille Claude écrit de Versailles à son fils René âgé de treize ans : « Tu sais que ces brigands de Prussiens s'en vont le 1er juillet. Comme vous serez un jour appelés à leur flanquer une bonne pile, vous tâcherez de bien prendre leur signalement. À ce moment-là, je serai probablement dans la vieille réserve, mais c'est égal : je vous aiderai de mon mieux à venger la France de toutes les misères qu'elle a subies par eux » (18 mars 1873). L'appel à la revanche est monnaie courante dans les récits des journaux, les caricatures, la littérature de guerre, les romans patriotiques et les chansons qui exaltent les exploits des francs-tireurs. Il faudrait répertorier toutes ces publications, apprécier leur diffusion et leur influence. C'est probablement une aspiration dominante à Paris et dans les régions de l'Est. En Alsace-Lorraine, beaucoup l'attendent et l'espèrent. Selon les rapports de la police allemande c'est une conviction très répandue chez les habitants de Metz et des environs. Le romancier Louis Bertrand, qui situe l'action de *Jean Perbal* dans la région de Briey entre 1871 et 1875, rapporte les réflexions des Briotains qui disaient aux optants réfugiés chez eux : « Ne vous désolez pas! L'an prochain, vous rentrerez chez vous. Les Français vont reprendre Metz et Strasbourg... » Mais en même temps, on réfléchissait que, pour reprendre Metz et Strasbourg, il fallait une nouvelle guerre. « Pendant dix ans nous avons cru que c'était pour le printemps prochain. » Ce texte est révélateur : les Français parlent souvent de la revanche ; elle est prochaine, elle ne fait aucun doute, or, elle est sans cesse remise à l'année suivante. Il ne faut pas prendre au pied de la lettre les tirades enflammées des poètes militaristes, des chansonniers et des conteurs patriotiques. Voici un extrait de *La Briotine*, un chant patriotique et religieux à l'usage des jeunes du patronage de Briey, dont l'inspiration est proche des *Chants du soldat* de Paul Déroulède « l'infatigable sonneur de clairon ». En voici un couplet :

Souvent nous allons voir les terres empourprées
Du sang de nos aînés, gardiens de Saint-Privat.
Sur leurs tombes, implorons la Reine des Armées
Pour que chacun de nous reste un vaillant soldat.

Ces textes qui aujourd'hui paraissent ridicules avaient alors une valeur émotive incontestable ; ils entretenaient un état d'esprit, avaient une fonction de compensation, car les Français n'étaient en majorité pas dupes de la situation réelle de leur pays. La France vivait la revanche, la mimait sans passer à l'action. Il est probable que les Français habitant au sud de la Loire, tous ceux qui n'avaient pas vécu l'invasion, étaient très éloignés de cette préoccupation. Il n'empêche ; en Allemagne, on a les yeux fixés sur la presse parisienne, on relève les chansons à la mode, les poèmes de Déroulède et de ses multiples émules. Dans les journaux allemands, il est courant de lire que la France prépare la revanche, que le danger serait même immédiat. On peut trouver sans difficulté une moisson de textes émanant de journalistes et de publicistes ; on relève les expressions d'hostilité à l'égard de l'Allemagne, de ses dirigeants, de ses habitants. Bismarck sait à merveille utiliser l'aspiration à la revanche auprès de l'opinion publique allemande. De temps à autre, il brandit cet épouvantail et en particulier dès qu'il doit faire voter par le Reichstag des crédits militaires. En 1874, 1881, 1887, il présente les septennats militaires, c'est-à-dire des lois de programmation des crédits militaires pour les sept années à venir. À chaque fois, le discours sur la revanche remplit les colonnes des journaux allemands et l'argument en faveur des crédits militaires s'énonce de lui-même : pour empêcher les Français de se lancer avec leur témérité habituelle, rien n'est plus nécessaire qu'une armée allemande forte et nombreuse. L'équilibre des forces et pourquoi pas, la supériorité allemande, voilà le meilleur antidote à l'aspiration à la revanche.

Cette aspiration à la revanche peut temporairement s'assoupir, notamment à la fin des années 1870. Pour resurgir, elle a besoin d'aiguillon : un incident franco-allemand, une phrase brutale ou cynique de Bismarck et de support (journaux et associations). La création du journal *L'Anti-Prussien*, la fondation de la Ligue des patriotes par Paul Déroulède (1882) avec son appareil de publications et ses manifestations publiques, créent, à Paris en particulier, un climat favorable qui va puissamment s'exprimer entre 1886 et 1889 autour du général Boulanger, d'abord dans la République, puis contre le régime à partir d'avril 1888. Déroulède, le sonneur de clairon, a soufflé sur « la braise qui couvait sous la cendre » (Bismarck). Jamais le sentiment de revanche ne doit être considéré dans une perspective étroitement française. Il doit toujours être replacé dans un jeu de miroir franco-allemand.

Aspiration tantôt latente, tantôt éruptive, aspiration cultivée dans des cercles étroits puis se dilatant brusquement dans la communauté nationale, la revanche a-t-elle été une politique du gouvernement français ? La réponse globale est négative. Les gouvernements français n'ont jamais envisagé vis-à-vis de l'Allemagne une politique militaire offensive. Ils n'ont jamais pris à leur compte les tirades enflammées des poètes et des chansonniers de la revanche. Le mot revanche est exclu du vocabulaire officiel sans cesser d'être sous-jacent. Il est impossible de l'employer publiquement car ce serait donner des arguments à Bismarck et aux partisans de la guerre préventive. Il est tout aussi impossible d'annoncer que la France renonce à la revanche : ce serait un terrible aveu de faiblesse, ce serait se résigner au « crime du traité de Francfort ». C'est pourquoi, au temps de l' « ordre moral » (1878-1879), les conservateurs qui entourent le maréchal de Mac-Mahon restent sur la ligne définie par Thiers. C'est ce qu'on a appelé pudiquement le « recueillement », c'est-à-dire l'effacement international. Ils ont toujours assuré l'Allemagne et les pays européens de leurs intentions pacifiques. Lors de la crise du printemps 1875 amorcée par la soudaine publication par un journal de Berlin d'un article inspiré par Bismarck au titre provocant « La guerre est-elle en vue ? », les dirigeants français ont protesté de leur bonne foi et les autres cabinets européens les ont soutenus. Il n'empêche, la France reste toujours isolée et impuissante. Au congrès de Berlin (1878) présidé par Bismarck, ses représentants restent discrètement au second plan. La politique militaire n'a rien d'agressif ; elle cherche à rétablir l'équilibre des forces entre les deux pays ; la stratégie est strictement défensive. Tous les plans sont conçus pour arrêter et repousser une nouvelle attaque allemande. En cas de mobilisation, la concentration est prévue autour de Langres-Chaumont. Elle rend impossible une offensive brusquée et décisive qui chasserait les

Allemands d'Alsace-Lorraine. On est aux antipodes de la revanche.

Entre cette politique prudente, terre à terre, réaliste et une aspiration à la revanche qui s'exprime dans l'opinion sous des formes et des canaux très divers, la distorsion est considérable. Bismarck, attentif et vigilant, l'a parfaitement saisie. Sa hantise est qu'un gouvernement ne soit, d'un jour à l'autre, débordé, emporté par un brusque et irrésistible mouvement passionnel. Il sait que les gouvernements français, faibles et instables, sont placés sous le feu croisé des journaux. Comme beaucoup de ceux-ci entretiennent les passions antiallemandes, la vigilance s'impose car un dérapage est toujours possible.

Les trois hommes qui dominent sont Jules Grévy, Léon Gambetta et Jules Ferry. Tous les trois ont vécu la guerre franco-allemande. Le sage et prudent Grévy, élu président de la République (1879-1887), a toujours été un partisan convaincu de la paix, des relations convenables avec l'Allemagne, du refus de toute aventure. C'est l'une des raisons, entre autres, de sa méfiance et de son antipathie tenace à l'égard de Gambetta, lequel jouit d'un grand prestige. Les républicains attendent énormément de lui. Dans l'esprit de la plupart des Français, il reste l'homme de la Défense nationale, de la levée en masse, de la guerre à outrance. En réalité, Gambetta a beaucoup évolué ; il a tourné la page de la revanche ; ses intimes le savent, la plupart l'approuvent, quelques-uns comme Juliette Adam lui en font grief et se séparent de lui. Cette inflexion nécessaire, il faut la dire, et la faire accepter par l'opinion publique. Alors qu'il s'approche du pouvoir, il prononce un grand discours à Cherbourg d'où se détache cette phrase : « Les grandes réparations doivent venir du droit. » Est-ce le signe de l'abandon de la revanche ? Depuis quelques années, Bismarck qui cherche sans succès à prendre contact avec Gambetta – en fait les deux hommes ne se rencontreront jamais – enregistre sans être tout à fait convaincu. N'y aurait-il pas dans cette prise de position des considérations tactiques ? Si Gambetta a rompu avec l'idée de revanche, pourquoi maintient-il avec les milieux qui la cultivent, des liens étroits ? Lors du « grand ministère », brève expérience gouvernementale de dix semaines (1881-1882), Bismarck est, à plusieurs reprises, inquiet. La chute rapide du gouvernement Gambetta puis la disparition prématurée de l'homme politique républicain rendent vaines toutes les spéculations. Aurait-il été l'homme de la revanche ? Aurait-il pu trouver un *modus vivendi* entre les deux pays ? Aurait-il dû se résigner – et c'est le plus probable – à une gestion prudente de l'antagonisme franco-allemand ?

Gambetta disparu, c'est Jules Ferry qui s'impose comme président du Conseil et chef de file des républicains. Comme son ami et rival, il a vécu douloureusement le siège et la défaite. Ses fonctions de maire de Paris lui ont valu une persistante impopularité et le surnom de « Ferry-famine » continue de le poursuivre. Il a voté le traité de Francfort par solidarité gouvernementale, comprenant ses collègues qui l'ont repoussé. Député de Saint-Dié, Lorrain de la frontière, Jules Ferry entretient des liens étroits avec l'Alsace. Il garde un vif attachement à la ville de Strasbourg où il a vécu lycéen et où il a encore des parents. Par son mariage avec Eugénie Risler, il est entré dans la grande famille républicaine des Scheurer-Kestner. Ces industriels alsaciens et républicains qui se sont établis en France, conservent des intérêts à Thann. La fidélité de Jules Ferry à l'Alsace est émouvante et très sincère. Comme Gambetta, il pense que le recueillement a été une dure nécessité qui doit prendre fin. La France doit retrouver sa place et son rayonnement. C'est l'expansion coloniale qui peut et doit satisfaire cette ambition légitime. La ténacité dont il fait preuve dans les affaires de Tunisie et du Tonkin a montré qu'il a su traduire ses intentions en actes. Comment concilier cette orientation avec la gestion des relations franco-allemandes ? Comme l'a expliqué Pierre Barral « l'attachement indéfectible à l'Alsace perdue, cette sainte cause » s'accompagne d'un patriotisme réfléchi et raisonné. « La fidélité ne se confond pas avec le tumulte cocardier. » Ferry veut une armée forte dans une optique défensive ; il veut apaiser les incidents, il veut parler avec l'Allemagne tout en restant prudent, tout en restant sur ses gardes.

Ce comportement ferme, digne et réaliste, se heurte à toutes sortes d'incompréhensions. Les journaux de Paul

Déroulède avec lequel Ferry a rompu à propos de la place des *Chants du soldat* dans les programmes scolaires, dénoncent l'abandon de la revanche. Le rapprochement franco-allemand, si discret et si limité soit-il, apparaît comme une trahison inacceptable. À l'arrière-plan de la coalition qui se noue contre Ferry et où s'engouffrent les adversaires de la laïcité, ceux des expéditions militaires lointaines et les mécontents de tout bord, se profile l'idée que la malheureuse Alsace-Lorraine a été sacrifiée. Pis encore, « la défense de la ligne bleue des Vosges » aurait été négligée. Avec une légèreté et une injustice coupables, Georges Clemenceau prête le talent de son éloquence redoutable à la coalition disparate qui abat Jules Ferry (1885). Ferry-Bismarck, rapprochement absurde autant que percutant, est comme Ferry-famine un slogan dévastateur qui pousse à la haine. Jusqu'à la fin de ses jours, Ferry sera victime de leur effet pervers cumulé. Il ne reviendra jamais au pouvoir.

Revanche et boulangisme

La chute du ministère Ferry n'est pas une simple affaire parlementaire. Dans ses composantes complexes, il y a de multiples insatisfactions et frustrations au premier rang desquelles on trouve le refus de la politique de conciliation à l'égard de l'Allemagne. Une partie des républicains patriotes, ceux qui suivent la Ligue des patriotes de Déroulède, une partie des radicaux parisiens trouvent que toute l'énergie nationale doit être tournée contre l'Allemagne, que la délivrance de l'Alsace-Lorraine doit être le but de la politique française. Or, la République a tourné le dos à cette espérance. L'immense déception se traduit sous des formes diverses et notamment par un culte de l'armée et du soldat et le refus des humiliations que ne cesserait d'infliger à la France le prince de Bismarck.

Dans la population parisienne et surtout dans les milieux populaires, on aspire à un sursaut. En quelques mois, le général Georges Boulanger, arrivé au ministère de la Guerre (1886) par la grâce de Georges Clemenceau, bénéficie d'une autorité aussi soudaine qu'imprévisible. Sa belle prestance, ses clins d'œil appuyés au patriotisme cocardier, suffisent. Le chansonnier Paulus a lancé *En revenant de la revue* et le « brave général Boulanger » est l'idole de la France entière. Pour la première fois depuis 1871, la revanche s'est incarnée dans un homme. Le « général revanche »! Boulanger n'a pas cherché ce surnom, il est venu à lui et il ne l'a pas repoussé. Bismarck feint de s'inquiéter malgré les dépêches rassurantes de son ambassadeur. Il fait enquêter sur la Ligue des patriotes et ses prolongements en Alsace-Lorraine. Une fois de plus, il brandit le spectre de la revanche pour faire approuver un troisième septennat militaire. Il agite devant le Parlement allemand une moisson de preuves et de citations (janvier 1887). Mais les députés, incrédules, repoussent le septennat. Le chancelier décide de faire appel aux électeurs et dissout le Reichstag. La campagne électorale est brève et tendue. Bismarck déchaîne la grosse artillerie et pendant un mois la presse développe le thème du risque de la revanche. Convaincus ou impressionnés, les électeurs allemands accordent la majorité demandée et le nouveau Reichstag vote sans sourciller les nouveaux crédits militaires (mars 1887). Bismarck a gagné globalement tout en essuyant en Alsace-Lorraine un revers cuisant : les quinze députés élus sont tous des protestataires, les autonomistes et les partisans d'accommodements divers sont écrasés. On semble revenu à la case-départ, à 1871, à 1874. Bismarck riposte : un ensemble de mesures coercitives s'abat sur les malheureux annexés. Le ton de la presse française s'aigrit. Celui de la presse allemande reste sourcilleux et vigilant. Elle dénonce les ingérences françaises en Alsace-Lorraine.

C'est dans ce contexte tendu qu'éclate l'affaire Schnaebelé. C'est le plus grave des rares incidents de frontière franco-allemands entre 1871 et 1914. Le 21 avril 1887, Guillaume Schnaebelé, commissaire de police spécial en gare de Pagny-sur-Moselle est appelé par son collègue allemand Gautsch de Novéant pour une affaire de service. En territoire allemand, il est assailli, arrêté puis écroué à la prison de Metz sous inculpation d'espionnage. En quelques heures, l'affaire prend une tournure dramatique car la presse fait brusquement monter la tension. Les journaux allemands demandent le châtiment de cet espion français qui aurait été pris en flagrant délit. Les journaux français soulignent que le commissaire aurait été attiré dans un guet-apens sur un ordre express venu de Berlin. Tous les griefs et les haines accumulés contre Bismarck se libèrent brusquement. Le spectre de la guerre surgit. Le gouvernement français qui n'ignorait pas les activités de son agent est surpris. Il veut d'abord savoir ce qui s'est passé car, sur la table de Schnaebelé, on a retrouvé la convocation de Gautsch. Au Conseil des ministres, les avis sont partagés. Flourens, le ministre des Affaires étrangères, souhaite la conciliation et le règlement de cet incident par la voie diplomatique ; Boulanger, ministre de la Guerre, préconise une attitude plus énergique et suggère l'envoi d'un ultimatum exigeant la libération immédiate de Schnaebelé. Effrayé par cette dangereuse escalade, le président de la République, Jules Grévy, fait prévaloir la prudence. De son côté, Bismarck, étranger à l'arrestation de Schnaebelé mais désireux de décapiter l'espionnage français en Alsace-Lorraine, se prête à une négociation et accepte de relâcher le commissaire, moyennant des concessions françaises. Schnaebelé est libéré et invité à la discrétion. Il quitte le service de la frontière, et plusieurs autres agents de services secrets français sont déplacés.

Pendant quelques jours l'opinion française a été très excitée. L'apaisement, surtout à Paris, est lent, car les passions restent vives et trouvent dans l'actualité de multiples motifs d'indignation, par exemple l'éviction du général Boulanger. Grévy s'entend avec le président du Conseil pressenti, Maurice Rouvier, pour former un nouveau cabinet sans Boulanger. L'opération réussit ; Boulanger n'est plus ministre de la Guerre. Il estime avoir été sacrifié à Bismarck. Les journaux l'écrivent et le répètent. Il devient l'idole des partisans de la revanche et le symbole de la résistance aux humiliations imposées par Bismarck. Boulanger doit quitter Paris pour aller à Clermont-Ferrand prendre le commandement de la région militaire. Le soir de son départ, le 8 juillet 1887, ses amis organisent une grande manifestation populaire à la gare de Lyon. Le succès dépasse les prévisions les plus optimistes. Une foule immense, pacifique et patriote, acclame

Boulanger et bloque le départ du train. C'est l'un des jours où à Paris s'est le plus nettement manifestée l'aspiration à la revanche. Boulanger, qui est encore dans la République, sent confusément qu'il est porteur d'une espérance qui le dépasse et qui trouve ses racines dans une politique étrangère trop prudente et sans panache. La volonté d'apaisement voulue par Grévy dans l'affaire Schnaebelé a été mal perçue par une partie des Parisiens. Il ne nous appartient pas ici de reprendre l'aventure boulangiste, brève et tumultueuse, si surprenante dans ses multiples composantes. L'abandon de la revanche a été son point de départ mais rapidement, le mouvement s'est engagé dans la révision du régime politique. Beaucoup de Français ont frémi à l'appel de Boulanger et ont voté pour lui ou ses candidats. Le Paris populaire a été l'épicentre du mouvement et pendant plus de deux ans, s'est laissé entraîner par la fièvre et le délire boulangistes, confirmant toutes les appréhensions de Bismarck sur le comportement irresponsable et imprévisible des Parisiens. En revanche, les départements patriotes de l'Est ont été moins réceptifs. Jules Ferry, Jules Méline, le tout jeune Raymond Poincaré ont condamné l'aventure. Certes, Maurice Barrès est élu député de Nancy dans cette trouble atmosphère et Jules Ferry, victime d'une campagne de dénigrement et de haine, est battu à Saint-Dié par la conjonction de ses adversaires. Cette défaillance temporaire du suffrage universel, ne doit être ni passée sous silence ni être majorée. Mais déjà Boulanger exilé est un homme politiquement mort avant de se suicider au cimetière d'Ixelles sur la tombe de Marguerite de Bonnemains.

Après la déconfiture du boulangisme, l'idée de revanche reflue; l'immense majorité des Français s'en détourne.

La revanche est restée une aspiration sentimentale, affective, irrationnelle, un cri du cœur. Elle s'est appuyée sur de nombreux supports : l'Alsace-Lorraine, les souvenirs de la défaite et de l'occupation, la haine des Prussiens et de Bismarck. Seuls des groupes minoritaires l'ont préconisée et le plus actif et le plus entraînant a été la Ligue des patriotes de Paul Déroulède. Jamais la revanche n'a été une politique : elle aurait débouché sur une nouvelle guerre. Entre 1871 et 1890, aucun gouvernement n'a envisagé une pareille aventure. Et pourtant, dans chaque pays, l'aspiration à la revanche a consolidé, enraciné les stéréotypes, les images et les préjugés réciproques. Elle installe dans la durée les comportements brusquement surgis en 1870.

Du côté allemand, les Français sont légers, présomptueux, imprévisibles, ils n'ont pas accepté leur défaite, ils rêvent d'en découdre. Le devoir de l'Allemagne, gardienne des traités internationaux, est de les empêcher de passer à l'acte. Du côté français, à la germanophilie des années 1820-1860 succède une germanophobie qui prend des aspects racistes, voire xénophobes ; on voit partout des espions allemands à la solde de Bismarck. Sous la conduite de la Prusse, l'Allemagne nouvelle est devenue le pays de la force brutale incontrôlée, le pays qui méprise le droit des peuples à disposer d'eux-mêmes. C'est pourquoi la séduction de la culture allemande a fortement décliné. L'Allemagne universaliste, celle de Goethe et de Mme de Staël, s'est effacée derrière celle de Bismarck et de Krupp. Le mot *Kultur* même se charge pour le grand public d'un sens péjoratif. L'art, l'architecture, la musique allemands sont synonymes de lourdeurs, surcharges et prétentions. Ils ne peuvent rivaliser avec le bon goût et la clarté français.

Ceux qui luttent contre ces préjugés sont minoritaires et ne sont guère entendus. Après 1890, surtout après 1900, on découvre que la supériorité allemande n'est pas seulement militaire mais qu'elle est devenue économique. On découvre le travail des Allemands, l'ingéniosité de la technique allemande, la robustesse pratique des produits allemands, les mines et usines de la Ruhr, les ports de la Baltique, Berlin passée du stade de la ville provinciale endormie au statut de capitale. On est conduit à constater l'accroissement des déséquilibres entre les deux pays et surtout le déséquilibre démographique qui se creuse en faveur de l'Allemagne. Vers 1910, la France atteint péniblement 40 millions d'habitants alors que l'Allemagne dépasse les 60 millions. Ces données nouvelles n'effacent pas les précédentes, notamment dans les milieux populaires. Les préjugés négatifs ont marqué les esprits d'une manière indélébile. L'école, le service militaire, les souvenirs familiaux, les contacts avec les originaires des pays annexés entretiennent l'hostilité. Lors du cinquantenaire du lycée de Bar-le-Duc (1907), Raymond Poincaré rappelle aux lycéens le temps de l'occupation : « Ces uniformes étrangers rencontrés partout dans les rues avec le bruit insolent des sabres qui traînaient sur le trottoirs. » En définitive, l'image qui s'est imposée et qui a unifié toutes les autres, c'est l'image guerrière à laquelle sont associées la force, la brutalité, la volonté de puissance. Dans l'Allemagne impériale, c'est la Prusse qui domine, la Prusse est synonyme d'armée et le Prussien, c'est l'ennemi. En 1914, ces données élémentaires gardent toute leur force.

CHAPITRE XX

La nouvelle frontière et le souvenir des provinces perdues

La nouvelle frontière franco-allemande, longue de 285 km, sépare la France de l'Alsace-Lorraine. Suivons son tracé sur la carte. Elle part du Luxembourg, qui garde avec la France un étroit contact direct, coupe le Pays-Haut du nord vers le sud sans tenir compte d'aucun élément naturel, puis elle adopte un tracé ouest-est, traversant le plateau lorrain jusqu'au Donon. Pendant une centaine de kilomètres elle suit la crête des Vosges, la fameuse « ligne bleue des Vosges », jusqu'au Ballon d'Alsace où elle oblique vers l'est, vers la frontière suisse.

L'Alsace-Lorraine

Ces deux terres, ces deux provinces, n'avaient jamais été associées l'une à l'autre ou du moins sous cette forme. Bismarck leur impose de vivre ensemble. Il aurait pu partager les territoires annexés. D'emblée, il a écarté une solution qui aurait compliqué ses relations passablement embrouillées avec les princes allemands. Il aurait pu aussi les intégrer à la Prusse, mais la répulsion attachée au mot de « Prussien » est si forte qu'il faut abandonner cette solution. Les annexés deviendront, un jour, espère-t-il, des Allemands, jamais des Prussiens. En conséquence Bismarck donne à ce nouveau territoire le nom de *Reichsland Elsass-Lothringens* (la Terre d'Empire d'Alsace-Lorraine). Il la place sous la souveraineté directe de l'empereur. Le découpage départemental français est conservé, et seuls les noms changent : le Bas-Rhin devient la Basse-Alsace (Strasbourg), le Haut-Rhin, la Haute-Alsace (Colmar), la Moselle, la Lorraine (Metz).

Avec habileté, Bismarck se garde bien de mettre en place un statut définitif. Il sait qu'il a besoin d'une marge de manœuvre et de souplesse pour saisir les opportunités. Les précédents historiques auxquels il peut se référer sont plutôt encourageants. Dans la province rhénane annexée à la Prusse en 1815, les résistances se sont estompées et le superficiel vernis français s'est si bien écaillé que les régiments rhénans ont combattu durant la guerre comme les Poméraniens et les Brandebourgeois. Dans les nouvelles provinces prussiennes annexées en 1866 les populations demeurent rétives et doivent encore être surveillées ; elles ont l'avantage de ne pas regarder en dehors du cadre allemand.

Il n'en est pas de même en Alsace-Lorraine où le sentiment national a été bafoué. Pour que les nouveaux fonctionnaires allemands puissent trouver des interlocuteurs, un scrutin municipal est organisé en juillet 1871 selon les modalités de la loi française de 1855. Les républicains avancés et la Ligue d'Alsace appellent à l'abstention. Partout, néanmoins, des listes se forment même dans les grandes villes car il faut préserver les intérêts matériels. C'est dans le Haut-Rhin que l'abstention est la plus élevée. À Mulhouse, la participation est seulement de 6,5 % ; elle s'élève à 18 % à Strasbourg ; elle atteint 37 % à Colmar, 46 % à Metz, près de 60 % à Saverne. Dans la plupart des villages, sauf dans ceux qui sont très proches de la frontière française, la participation est suffisante pour élire des conseils municipaux représentatifs.

Le cas de Metz est assez significatif. Paul Bezanson, adjoint de Félix Maréchal, décédé, recueille la presque unanimité des suffrages exprimés et promet « d'accomplir ses devoirs d'administration sans agitation ». C'est un comportement réaliste qui prend en considération les faits accomplis et les intérêts des habitants. La plupart des notables qui ont l'intention de demeurer en pays annexé s'engagent dans cette voie. De leur côté, les autorités allemandes ne brusquent pas les choses ; elles proposent une formule de serment qui passe sous silence l'empereur et le nouvel état des choses : « Chaque membre, appelé nominativement, lève la main et dit : " Je le promets " après avoir pris l'engagement non politique de remplir fidèlement et loyalement tous les devoirs de sa charge. » On interprète libéralement la loi municipale de 1855 en accordant aux conseils « la faculté supplémentaire de présenter des candidats aux fonctions de maire et d'adjoints ». L'empereur a l'habileté de ratifier le choix des conseils. À Metz, Paul Bezanson, le seul élu sachant parler et écrire l'allemand, est présenté et est agréé. Il se propose de « remplir, en respectant les lois, les fonctions que nous devons aux suffrages de nos concitoyens et qu'en vertu de vos pouvoirs, vous venez de sanctionner ». Bezanson définit là une ligne de conduite prudente, respectueuse de l'ordre établi.

La mise en place de l'appareil administratif est rapide. La Prusse est le modèle et fournit la plupart des nouveaux fonctionnaires. Évitons de raisonner en termes d'assimilation brutale et de comparer la première annexion à celle des nazis en 1940. Si Bismarck a tenu le pays sous une poigne de fer, à tel point que les premières années de l'annexion sont restées dans l'histoire sous le nom de « dictature », les annexés ont eu un temps d'adaptation parfois très long : le mark a remplacé le franc en 1876, le Code civil napoléonien a été maintenu jusqu'en 1900, les dispositions sur les conseils généraux sont encore en usage en 1918 et surtout le Concordat de 1801 et les textes fixant les rapports entre les Églises et l'État sont respectés; les modifications qui interviendront affermiront le cadre général au lieu de le détruire.

Tout de suite, la germanisation est amorcée; c'est à la fois un objectif immédiat et un objectif à long terme. Contrairement à la Pologne où on cherche à déraciner, à extirper une culture nationale, il s'agit ici de favoriser le retour, la réincorporation des Alsaciens à la « vieille Allemagne ». Il faut qu'ils retrouvent sa langue, sa culture, son système de références, qu'ils prennent l'habitude de regarder vers elle et non plus vers Paris. C'est pourquoi l'allemand devient la langue officielle des pouvoirs publics et de l'école sans que le français soit proscrit dans l'immédiat des mairies. Il ne faut pas imaginer l'empire de Guillaume Ier et de Bismarck sur le modèle du Troisième Reich, un régime autoritaire n'est pas un régime totalitaire. Comme l'a annoncé un jour Bismarck, l'objectif fondamental est « d'écailler le superficiel vernis français pour faire réapparaître le vieux fonds allemand » sans violences inutiles. L'étape initiale est celle des recensements linguistiques. Bien que ces dénombrements soient contestés car ils ont fait la part belle aux germanophones, ils permettent de délimiter une zone qui appartient à la germanité (*Deutschtum*), c'est-à-dire les neuf dixièmes de l'Alsace et près des deux tiers de la Lorraine. Dans cette zone, l'école primaire est germanisée en 1872. C'est la pièce essentielle du dispositif de reconquête. À condition de ne rien brusquer et de laisser au temps faire son œuvre, la partie peut être gagnée en l'espace d'une ou deux générations. La pression sociale et la nécessité de connaître l'allemand pour trouver un emploi auront raison des éventuels récalcitrants ou bien ceux-ci seront acculés à émigrer en France.

Dans la partie francophone, principalement la Lorraine, la langue française est respectée; elle est maintenue en usage dans l'administration et est enseignée à l'école primaire, au moins tant que les francophones resteront majoritaires.

Le régime administratif imposé à l'Alsace-Lorraine porte pendant quelques années (de 1871 à 1879) le nom de « présidence supérieure ». À sa tête Bismarck place comme président supérieur un haut fonctionnaire prussien, von Moeller, qui avait mis au pas les habitants de Hesse-Nassau annexés en 1866. Ce protestant austère, qui arrive à Strasbourg en septembre 1871, est travailleur et habile. Il prend des initiatives, introduit la législation d'empire, cherche à nouer les premiers contacts avec les couches de la population qui, par culture ou par intérêt, peuvent être sensibles aux avances allemandes : les protestants plus que les catholiques, les milieux d'affaires plus que les ruraux. Moeller a un statut hybride; c'est un chef de service qui dispose seulement d'une relative liberté d'action, car il est surveillé de Berlin par la chancellerie. Il n'a aucun accès direct auprès de l'empereur, il est sans moyen d'action sur les militaires qui dépendent du ministère prussien de la Guerre.

Moeller est confronté à deux grandes questions d'ailleurs liées : l'exercice du droit d'option prévu par le traité de Francfort et l'introduction des lois allemandes de souveraineté (affaires militaires, nationalité, monnaie, douanes, représentation de l'Alsace-Lorraine au Reichstag).

Le traité de Francfort reconnaissait aux habitants originaires des pays annexés le droit de rester Français à condition de faire une déclaration d'option avant le 1er octobre 1872.

Du côté allemand, le président von Moeller va interpréter le texte initial assez vague, dans un sens restrictif. Il impose aux optants l'obligation de transférer leur domicile en France. L'Allemagne craint des ennuis avec la présence sur son territoire d'individus citoyens français devenus juridiquement des étrangers et qui se sentent gens du pays. Il faut que les adversaires des faits accomplis choisissent. Le phénomène de l'option a été longtemps mal apprécié car les propos patriotiques ont masqué la réalité des chiffres. Du côté français, on a souvent confondu les déclarations d'option avec l'option réelle c'est-à-dire celle qui s'est traduite par un transfert du domicile des optants. Le livre récent d'Alfred Wahl, fondé sur une étude critique des sources, démontre, preuves à l'appui, que l'option a été un phénomène plus limité qu'on ne l'a généralement cru. Dans un souci patriotique, on avait souvent répété que les Alsaciens-Lorrains avaient massivement refusé de devenir Allemands. On avait fini par assimiler l'option à un exode massif. Il faut opérer une première distinction entre les déclarations faites en France (388 150) et les déclarations faites auprès des autorités d'Alsace-Lorraine (160 878). Ces deux chiffres ne s'additionnent pas car il y a des options doubles, triples et même quadruples! Il faut ensuite examiner si les déclarations ont été suivies d'émigration réelle. Nous avons indiqué que les autorités allemandes avaient introduit de leur propre autorité une clause restrictive, celle de l'obligation du transfert du domicile. Après expiration du délai d'option, elles ont opéré des vérifications et pendant plusieurs années ont annulé de nombreuses déclarations.

Alfred Wahl a étudié le cas de Saverne, petite ville de 6 000 habitants :

	Devant une autorité française	Devant une autorité allemande
Nombre d'options,	2 651	774
dont résidents en 1870	1 114	514
Restés ou revenus	380	
Émigrés effectivement	544	200

Ces deux chiffres bruts (544 et 200) sont loin d'indiquer le nombre réel d'optants. Il faut d'abord déduire les options doubles ou multiples et ensuite reconstituer la famille qui est incluse dans l'option du père de famille. Au terme de ces investigations, Alfred Wahl retient le chiffre de 750 optants sur 2 400 options et 6 000 habitants, soit un pourcentage relativement élevé.

À la suite de Wahl, écartons les chiffres approximatifs ou fantaisistes que l'on trouve çà et là. Mesurons l'ampleur réelle du phénomène : 120 000 personnes ont quitté l'Alsace-Lorraine au titre de l'option, parmi lesquelles 113 000 Alsaciens-Lorrains, soit 8,5 % de la population. Près de la moitié, soit environ 50 000 sont des jeunes gens des classes 1851 à 1854 qui refusent le service militaire allemand. Ils sont partis le plus souvent seuls, parfois accompagnés de leur famille. L'option est un phénomène spécifiquement urbain. Il est limité dans les campagnes sauf dans les zones francophones de la Moselle et du Haut-Rhin. La région de Mulhouse, les vallées vosgiennes ont été très affectées; des petites villes comme Bischwiller ont vu partir leurs ouvriers et leurs entreprises et l'exode de cette cité textile en Normandie a souvent été raconté en termes émouvants. À Strasbourg : 4 720 options, 5,4 % des habitants. L'option qui n'est pas un phénomène massif, touche les élites de la population, les professions libérales, les ingénieurs et les contremaîtres, les manufacturiers. Mulhouse et Metz sont les villes les plus atteintes. Dans le cercle de Mulhouse, il y a eu plus de 30 000 options et environ 6 000 départs. Une trentaine de directeurs et de propriétaires d'usines ont opté. Beaucoup de familles se sont divisées. La bourgeoisie mulhousienne garde le contrôle de ses affaires et se partage entre la France, l'Allemagne et la Suisse. En France, Belfort est devenue une « banlieue de Mulhouse ». À Metz, les départs ont commencé en 1871. Au fur et à mesure de l'approche du délai « l'émigration a pris à Metz et aux environs des proportions très considérables ; les maisons sont couvertes d'écriteaux annonçant en vain vente ou location » (16 septembre 1872). On estime que 20 % des Messins ont effectivement opté pour la France. Ils appartiennent à des catégories très variées parmi lesquelles se détachent les fonctionnaires, les professions libérales, les artistes et la bourgeoisie aisée. La société messine a été vidée de sa substance culturelle. Les milieux ruraux n'ont pas été vraiment touchés. De même dans l'artisanat et le commerce les départs sont rares ; on ne pouvait du jour au lendemain fermer une boutique, un atelier ou abandonner des terres héritées des parents. Beaucoup ont dû se résigner aux faits accomplis et devenir Allemands contre leur gré avec l'espoir tenace, quand les circonstances le permettraient, d'aller s'établir en France.

Parmi les confessions religieuses minoritaires, beaucoup de juifs ont préféré quitter le pays annexé, principalement ceux des villes et d'un niveau intellectuel élevé. Les juifs ruraux n'ont guère opté. Parmi les personnalités marquantes, citons les noms de Benjamin Lipmann, grand rabbin de Metz et de Mayer-Dupont, président du consistoire de cette même ville, d'Isaac Lévy, grand rabbin du Haut-Rhin. Beaucoup l'ont fait par patriotisme français, par attachement aux idées de liberté, de tolérance, de justice, symbolisées par la France. Les juifs de Mulhouse comparent leur départ vers la France à l'exode des Hébreux d'Égypte ! Ce mouvement qui pousse vers Paris les juifs d'Alsace et de Lorraine est très antérieur à 1870. Dix ans plus tôt, on estimait qu'un tiers de la communauté juive de la capitale était originaire d'Alsace et de Lorraine. Ce mouvement est accéléré par le traité de Francfort.

Dans les familles de la bourgeoisie, l'éducation des enfants est le souci majeur. Pendant longtemps on refuse de leur imposer des études allemandes. Il est encore plus inacceptable de devenir officier allemand. Pour échapper au service militaire, il faut demander le permis d'émigration avant l'âge de dix-sept ans. C'est pourquoi l'émigration des jeunes gens s'est prolongée bien au-delà du délai d'option. Par exemple les trois fils du maître de forges d'Hayange non optant Henri de Wendel, François, Maurice et Humbert, émigrent dans le courant des années 1880. Le départ des enfants entraîne souvent à terme celui des parents. Après avoir vendu leur commerce, mis leurs biens en gérance, ils viennent achever leurs dernières années en France auprès de leurs enfants. Les autorités allemandes ont laissé faire; d'une certaine manière, ces départs, en affaiblissant les milieux hostiles, leur facilitent la tâche. Sur le long terme, le succès de la germanisation passe par la diminution du nombre des francophones. Vis-à-vis de ceux qui se dérobent au service militaire elles ont adopté une attitude intransigeante. Les déserteurs sont condamnés et l'accès du territoire allemand est interdit jusqu'à la fin des obligations militaires, c'est-à-dire cinquante-cinq ans révolus. Ces cas personnels douloureux ont empoisonné les relations franco-allemandes.

En définitive, l'option et l'émigration qui l'a prolongée ont été, du point de vue allemand, bénéfiques. Elles ont éliminé du territoire annexé des éléments hostiles et facilité leur remplacement par des Allemands du Reich. On le voit dans les grandes villes comme Metz et Strasbourg, dans des petites villes comme Thionville, Saverne ou Sélestat. En quelques années arrivent des enseignants, des magistrats, des postiers, des commerçants qui modifient la structure nationale et culturelle. En 1886, soit seize ans après le traité de Francfort, les émigrés allemands sont majoritaires dans la population de Metz. C'est le cas le plus extrême.

L'attitude des populations annexées de 1871 à 1874 est délicate à saisir. En France, tout paraît aller de soi, les annexés refusent massivement les faits accomplis et sont solidaires de la protestation de Bordeaux. La réalité est plus nuancée et variable. Certes, les Prussiens et l'armée allemande sont unanimement détestés. L'annexion est une violence subie et point acceptée. Ce sentiment est très fort dans les régions de Metz et de Mulhouse. Dans les campagnes germanophones et notamment chez les luthériens ruraux d'Alsace, quelques discrètes sympathies se dessinent. Chez certains industriels comme Frédéric Hartmann de Munster ou Jean Schlumberger de Mulhouse, chez les membres de la Chambre de commerce de Strasbourg, le réalisme l'emporte et les délégations d'industriels alsaciens qui se rendent à Berlin se placent sur le terrain des faits accomplis. Ceux-ci sont conscients qu'il est impossible de revenir en arrière et qu'il faut s'accommoder du nouvel ordre des choses. Chez les catholiques, les attitudes sont d'autant plus hostiles qu'une partie des protestants est satisfaite. Ceux des catholiques alsaciens qui connaissent le mieux l'Allemagne où ils ont des amis, pensent que la prudence la plus élémentaire consiste à ne pas afficher à l'égard du nouveau régime un esprit d'opposition qui pourrait nuire aux intérêts de l'Église d'Alsace. C'est le sentiment de l'évêque de Strasbourg, Mgr André Raess. Sans doute est-il encore trop tôt pour le dire, l'orientation hostile aux catholiques dans laquelle Bismarck s'engage avec le *Kulturkampf*, est un obstacle au ralliement. L'entourage de l'évêque est divisé, l'un de ses vicaires généraux, Rapp, est expulsé. Les mesures qui frappent les jésuites et diverses congrégations irritent tandis que des menaces pèsent sur les petits séminaires qui refusent de se plier au système d'études allemand.

En 1873, Moeller procède, selon les modalités françaises, à l'élection des conseils généraux. Il cherche à dégager des interlocuteurs. La participation est faible, les démissions nombreuses en raison du refus de certains élus de prêter le serment. Finalement, partout où l'élu ne peut siéger des élections sont recommencées et les trois conseils généraux de Lorraine, Basse-Alsace et Haute-Alsace, finissent par être formés. Les élus se placent, soit sur le terrain des faits accomplis, soit acceptent un mandat d'affaires. Ils acceptent une collaboration limitée avec l'administration allemande. Bismarck cherche à exploiter ce succès relatif. Il décide de procéder à l'élection de quinze députés au Reichstag. Mais la conjoncture se tend brusquement, les catholiques, poussés à bout par le *Kulturkampf*, se raidissent; les adversaires décident de renouveler à Berlin la protestation de Bordeaux. En Lorraine, un comité protestataire patronne quatre candidatures, dont celle de Mgr Dupont des Loges évêque de Metz. En Alsace, les prêtres sont massivement candidats dont Mgr Raess à Sélestat. Parmi les élus, se distinguent les curés Winterer, Guerber et Simonis qui représenteront pendant un quart de siècle les catholiques alsaciens. On a parfois comparé les élections de février 1874 à celles de février 1871. Quelle erreur! Tous les élus de 1871, à l'exception d'Édouard Teutsch ou ont émigré ou sont battus.

Le seul terme de comparaison possible est le texte présenté par Édouard Teutsch, l'industriel de Saverne à la tribune du Reichstag le 17 février 1874, texte qui reprend les termes de la protestation de Bordeaux. « Notre annexion à l'Allemagne ne peut être légitimée ni du point de vue de la morale ni du point de vue du droit. » Sa lecture provoque un beau tumulte parmi les députés allemands. En réalité, la déclaration de Teutsch tombe à plat. À peine a-t-il achevé que l'évêque Raess fait une « simple déclaration » où il se place sur la ligne des faits accomplis : « Les Alsaciens de ma confession n'ont aucunement l'intention de mettre en question le traité de Francfort conclu entre deux grandes puissances. Voilà ce que je voulais dire. » Les paroles de Mgr Raess provoquent la stupéfaction. Les députés lorrains et Teutsch qui le désapprouvent quittent Berlin comme ils l'avaient annoncé. Les autres députés ecclésiastiques sont en désaccord avec leur évêque; ils l'écrivent et le lui disent. La déclaration épiscopale met Strasbourg en ébullition; de nombreux prêtres la trouvent inacceptable et l'autorité de Mgr Raess est affaiblie. Néanmoins l'évêque n'est pas ébranlé par ce flot de critiques et de protestations. Il juge les paroles de Teutsch « extravagantes ». « Teutsch a gâté notre affaire et les Messins et quelques-uns de nos messieurs ont prêté la main, dans les meilleures intentions et sans prévoir les suites. » Les députés ecclésiastiques, tout en désavouant l'évêque, décident de siéger; la politique de présence, si inconfortable soit-elle, est la seule convenable, mais ils se lient en refusant d'entrer dans les commissions et ne s'apparentent à aucun groupe; ils se condamnent à être une voix et Bismarck ne se prive pas d'ironiser à leur égard.

Les milieux industriels et les notables presque absents de la députation, sont en revanche nombreux dans les conseils généraux. Ils prennent des contacts avec Moeller et obtiennent à la fin de 1874, la formation d'une assemblée régionale ou Délégation, élue au second degré par les trois conseils généraux. Cette assemblée va accepter de collaborer avec l'administration pour la gestion du pays et laisser aux députés au Reichstag le monopole du discours politique. En Alsace, l'ordre public est maintenu sans difficulté, l'hostilité à la Prusse reste très forte, les sentiments profrançais demeurent mais beaucoup s'accommodent des faits accomplis. La Lorraine est plus passive. La fraction politisée des habitants a émigré; les notables qui sont restés gardent un silence prudent. Les maires élus de Metz et de Strasbourg ont été révoqués et remplacés par des administrateurs allemands. Les adversaires de la présence allemande n'ont plus de chefs de file. Les députés ne sont pas en mesure de remplir cette fonction. Le refus de l'annexion persiste. Il pourrait s'exprimer massivement et spectaculairement si l'occasion en était donnée. Cette hostilité latente n'empêche pas l'Allemagne de contrôler assez facilement le territoire et les habitants.

Les conséquences sur l'espace français

Un événement historique est souvent ambivalent. Les contemporains en ont surtout ressenti les effets négatifs. Les Français ont dénoncé le joug affreux que les Allemands faisaient peser sur la malheureuse Alsace-Lorraine et il aurait été mal venu d'en juger autrement. Le discours sur l'Alsace-Lorraine fait oublier que l'annexion a eu des effets positifs, principalement démographiques et économiques dont ont bénéficié la Lorraine restée française, les régions de l'Est et Paris.

En l'absence d'une étude spécifique, il est très délicat d'apprécier l'apport numérique des provinces perdues et sa répartition. Le flux, important dans les années 1870 (notamment au moment de l'option), se prolonge jusqu'à la fin du siècle. Il touche en premier lieu la France de l'Est. Des Lorrains de Metz et du pays messin viennent habiter Nancy et la vallée de la Moselle. Des Alsaciens franchissent les Vosges pour s'établir dans les villes de Saint-Dié, Épinal, Remiremont et de multiples villages et bourgs. Une partie des Alsaciens-Lorrains n'a fait que transiter et s'est dispersée ensuite dans la France entière, principalement dans la région parisienne. Parmi ces nouveaux venus, toutes les catégories sociales sont représentées, des plus modestes jusqu'aux plus fortunées, mais on doit souligner l'arrivée de beaucoup de dirigeants et de cadres, de familles aisées qui ont transféré une part de leur fortune, ont créé des entreprises et stimulé la vie économique comme la vie intellectuelle. L'apport des Alsaciens protestants est essentiel ; une bourgeoisie nouvelle, active, cultivée, ayant des capacités créatrices, s'établit en Meurthe-et-Moselle et dans les Vosges et le Territoire de Belfort. Nancy est le grand bénéficiaire de ces mouvements ; sa population double et dépasse les 100 000 habitants ; elle devient la capitale administrative, universitaire, financière et économique en recueillant une partie des habitants et des énergies de Metz et de Strasbourg. « Metz n'est plus dans Metz mais dans Nancy », disait-on au début des années 1880 : boutade certes, mais qui exprime bien une réalité. N'oublions pas non plus aux côtés des Messins, la nombreuse colonie alsacienne. Dans un texte célèbre en son temps et de peu postérieur à la défaite, Edgar Quinet avait lancé à ses amis de Nancy cet amical défi : « Faites de Nancy un autre Metz, un autre Strasbourg, au point de vue intellectuel et moral. Vous le pouvez en attirant les générations nouvelles d'Alsace dans un grand centre d'enseignement scientifique que nous fonderons sur notre nouvelle frontière. » Les professeurs de la faculté de médecine de Strasbourg émigrent à Nancy. À leur intention, l'école de médecine est érigée en faculté (1872). L'un d'eux, Hippolyte Bernheim, que sa longue controverse avec Charcot rendra célèbre, déclare : « Nous ne sommes pas une faculté de Strasbourg, mais une faculté française, une partie de l'Université française. » Le défi a été relevé ; à la fin du siècle, le rayonnement de l'Université de Nancy, l'épanouissement artistique de l'« École de Nancy » sont très largement dus aux hommes et aux femmes venus des provinces perdues.

Des colonies d'Alsaciens et de Lorrains se sont établies en de nombreuses régions de France. On en trouve en Champagne, à Reims, à Épernay, Châlons, Mézières, Charleville ; on en trouve dans la vallée de la Saône et du Rhône jusqu'à

Marseille avec des noyaux importants à Dijon et à Lyon. On en trouve en Normandie, dans les centres textiles où se sont installés des patrons alsaciens, à Louviers, à Elbeuf, au Havre. C'est à Elbeuf que s'établit Ernest Hertzog l'un des 33 manufacturiers qui ont quitté Bischwiller. Il est le père de l'écrivain André Maurois. Un autre Alsacien, Jules Siegfried est devenu parlementaire et maire républicain du Havre. Il est le père d'André Siegfried, professeur à l'École libre des sciences politiques, journaliste et écrivain fécond.

Paris a été le point de ralliement des plus pauvres et des plus aisés. La colonie messine de Paris comprend des hommes éminents par leur savoir et leur talent comme le savant Auguste Prost, le folkloriste Puymaigre. Le Messin Félix Alcan ouvre une librairie à Paris, qui est à l'origine des Presses universitaires de France. Beaucoup de fils d'Alsaciens-Lorrains entrent dans la fonction publique ou dans l'armée et apportent à la République modérée des éléments de valeur. Entre 1871 et 1880, Saint-Cyr et Polytechnique ont recruté 178 candidats originaires d'Alsace et de Lorraine (soit 8,3 %). Un nombre important d'officiers et d'officiers généraux sont issus des territoires annexés en 1871 qui deviennent une pépinière de cadres de l'armée française alors que l'armée allemande a compté dans ses rangs un seul général d'origine alsacienne. La colonie alsacienne de Paris est très vivante. Certes, les Alsaciens n'avaient pas attendu 1870 pour vivre dans la capitale. On peut citer le cas, parmi d'autres, du grand journaliste Auguste Nefftzer, le fondateur du *Temps*. La vague des années 1870 renforce les communautés protestante et israélite où les Alsaciens sont très nombreux. Le préfet Boegner qui a été un des grands préfets de la République est le père du pasteur Marc Boegner, futur président de la Fédération protestante de France. Parmi les juifs alsaciens émigrés, citons le nom du rabbin Debré en poste à Sedan puis à Neuilly, père du professeur Robert Debré et grand-père de Michel Debré. On trouve également de nombreux Alsaciens dans l'Université, le germaniste Charles Andler, le sociologue Émile Durkheim, les historiens Gabriel Monod, fondateur de la *Revue historique* et le savant médiéviste Christian Pfister (d'abord à Nancy puis à Paris). Un certain nombre d'intellectuels alsaciens sont établis à Paris, d'autres les ont rejoints plus tard comme l'historien protestant Rodolphe Reuss qui émigre seulement en 1896. La grande famille mulhousienne des Schlumberger, aux nombreux rameaux, est établie à la fois en Alsace et à Paris. L'un de ses descendants, Jean Schlumberger, a été l'un des fondateurs de la *Nouvelle Revue Française* (NRF). En dehors de la fonction publique et des activités industrielles, ces Alsaciens sont nombreux dans la banque, l'industrie textile, le gaz (Louis Goetz), la production d'électricité (Auguste Lalance), la restauration et la brasserie. À Paris, l'Alsace est à la mode, les brasseries alsaciennes sont fréquentées. Vers 1880, Léonard Lipp ouvre l'une d'entre elles dont le succès mondain qu'elle connaîtra ensuite aurait étonné le modeste fondateur.

La plus active de ces associations est l'Association générale des Alsaciens-Lorrains de Paris qui édite un journal *L'Alsacien-Lorrain* et à laquelle sont inscrits beaucoup d'hommes éminents du barreau, de l'université, du monde des affaires. Pourvue d'importants moyens, elle est orientée vers le soutien du régime républicain et dispose de relais dans les cercles proches du pouvoir. Un de leurs chefs de file est Auguste Scheurer-Kestner devenu sénateur inamovible et l'une des consciences de la République. Par sa femme née Eugénie Risler de Thann, Jules Ferry est introduit dans ces milieux et participe aux activités de la loge « Alsace-Lorraine » où se retrouvent les maçons originaires des territoires annexés et à laquelle appartient le père du philosophe Claude Lévi-Strauss. Le grand-père de Raymond Aron en est proche. La sensibilité est plutôt gambettiste mais sans exclusive ni préjugé.

Dans une orientation proche, il faut citer l'action de Jean Macé, de Beblenheim, le fondateur de la Ligue de l'enseignement, cette association qui a joué dans les années 1880 un si grand rôle pour la formation de l'école primaire laïque et républicaine. La femme de Jules Favre, Julie Velten, a tenu une place éminente dans le mouvement pédagogique.

Au début des années 1880, les députés protestataires de Metz (Dominique Antoine) et de Strasbourg (Jacques Kablé) reçoivent le soutien financier des riches Alsaciens-Lorrains de Paris. La police allemande entretient des informateurs et cherche à percer leurs liens avec les hommes politiques influents, sans y parvenir, semble-t-il. Antoine entretient des relations avec l'entourage de Gambetta, ce qui explique peut-être la persistance des méfiances de Bismarck à l'égard de Gambetta. Il n'est pas persuadé que le tribun ait au fond de lui-même renoncé à la revanche comme il l'a dit publiquement. Signe hautement symbolique, le député de Metz au Reichstag, Dominique Antoine, se rend aux obsèques de l'illustre disparu et jette sur son cercueil une poignée de terre de Metz.

Quelques Alsaciens-Lorrains ont été séduits par Boulanger et ont voté pour lui et ses candidats, mais les associations sont restées hostiles et l'ont combattu. Au moment de l'affaire Dreyfus, elles sont discrètes. Dreyfus est originaire de Mulhouse et le vieux Scheurer-Kestner, convaincu de l'innocence du capitaine et qui s'est engagé à fond en faveur de la révision, les détourne de l'attraction nationaliste.

Tous ces émigrés sont loin d'appartenir aux classes dirigeantes. Parmi eux se trouvent beaucoup de gens du peuple, d'ouvriers, notamment dans les métiers du livre et de l'imprimerie. Retenons le nom d'Auguste Keuffer qui a été l'un des fondateurs du syndicat CGT du livre, organisation dont il a été le secrétaire pendant plus de trente ans. Les éléments d'origine populaire sont nombreux dans la banlieue est, à Noisy-le-Sec, à Pantin. À Aubervilliers, un quartier s'est longtemps appelé la petite Prusse parce qu'on y parlait un dialecte germanique. Parmi ces hommes du peuple, citons le nom de Léopold Joseph Messmer, né en 1852 à Marmoutier (Bas-Rhin). Il épouse une Lorraine originaire de Creutzwald. Leur fils s'élève dans l'échelle sociale et s'établit à Vincennes. C'est dans ce foyer que naît en 1916 Pierre Messmer, futur ministre des Armées du général de Gaulle, Premier ministre de Georges Pompidou, et qui renouera avec ses racines familiales en 1968 en devenant député puis maire de Sarrebourg (Moselle). C'est également dans une famille alsacienne de Paris que naît Jean-Julien Weber, futur évêque de Strasbourg.

L'Algérie aussi a bénéficié d'un apport alsacien-lorrain. C'est Mgr Lavigerie, archevêque d'Alger, qui propose le premier d'attribuer des terres et de créer de nouvelles colonies agricoles. Cette idée est reprise par des parlementaires algériens et français et diverses associations comme la Société de protection des Alsaciens-Lorrains du comte d'Haussonville. Elle s'inscrit dans la volonté d'augmenter le peuplement européen stable de l'Algérie. À l'origine, on veut seulement accorder un lot de terres aux familles et aux individus disposant d'un capital d'au moins 5 000 francs, exigence bien trop élevée qu'il faut vite abandonner. Pour accueillir les demandes et instruire les dossiers des futurs colons, des bureaux officiels sont ouverts à Belfort et à Nancy. Les premiers colons, partis en 1871, se heurtent à toutes sortes d'obstacles et découvrent l'indifférence et l'impréparation. L'Algérie est bien loin d'être la terre promise. Le capitaine Zurlinden, officier d'origine alsacienne (et futur ministre de la Guerre), dresse un tableau assez pessimiste : « Les pauvres immigrés végétaient dans leurs villages, dans une inaction complète, sans outils, sans instruments, sans occupations ou distractions d'aucune sorte. Leur situation était réellement lamentable. » Selon Zurlinden, la responsabilité de ces échecs n'incombe pas exclusivement aux autorités car on a envoyé en Algérie « des déclassés, des ouvriers sans travail, des pauvres diables », bref des gens incapables d'être des colons au vrai sens du terme. Ces déconvenues et ces échecs alimentent une campagne allemande de dénigrement. Les autorités du Reichsland accordent des facilités aux agences américaines, préférant le départ définitif vers les États-Unis au renforcement de la colonisation française en Algérie.

À partir du début de l'été 1872, sous l'autorité de l'amiral de Gueydon, gouverneur de l'Algérie, la colonisation est menée avec plus de méthode et de moyens. On accueille les arrivants, on les loge, on les nourrit, on les conduit sur leur concession où l'armée ou des tribus fidèles ont préparé des abris provisoires. On met à leur disposition du bétail, des semences, des instruments aratoires, de la nourriture pour plusieurs mois, puis on se préoccupe de construire des villages en dur. Des œuvres privées aident aussi les Alsaciens-Lorrains par des dons en nature, des aides matérielles ou sanitaires (création d'un orphelinat). Le comte de Chambord a apporté son obole ; la famille d'Orléans, par l'intermédiaire du comte d'Haussonville, a été beaucoup plus active. Jean Dolfuss, le manufacturier de Mulhouse, a coordonné les dons de ses collègues. Certaines installations sont totalement nouvelles, d'autres prennent appui sur les noyaux de population préexistants. Au total, entre 1871 et 1873, environ 5 000 colons sont venus s'installer en Algérie où ils ont formé des villages nouveaux qui s'appellent Rouffach, Eguisheim, Obernai, Landser, Marsal. L'émigration officielle s'est poursuivie jusque dans les années 1880. Elle a été accompagnée et prolongée par une émigration privée plus individuelle. Vers 1914, 22 000 Alsaciens-Lorrains et descendants d'Alsaciens-Lorrains vivent en Algérie. Beaucoup de colons ont abandonné leur lot et sont venus en ville. Ceux d'entre eux qui ont fait souche ont été les artisans de sa mise en valeur et un apport, parmi d'autres, dans la formation complexe de ceux que l'on appellera plus tard les pieds-noirs.

Un nombre plus réduit d'Alsaciens-Lorrains s'est établi à l'étranger. La Suisse, en particulier la région de Bâle, a été un pays d'accueil pour des habitants du Haut-Rhin et de Mulhouse. Parmi les industriels qui se sont installés à Bâle, retenons le nom de Raphael Dreyfus, père d'Alfred Dreyfus. Il a opté et s'est établi à Bâle avec sa femme et ses enfants mineurs laissant son entreprise entre les mains de son fils aîné, Jacques.

Le grand-duché de Luxembourg a servi de refuge à des familles lorraines. Cette émigration de proximité permet de garder des liens avec le pays annexé et d'y surveiller ses affaires. La plupart d'entre eux gardent la nationalité allemande. Un cas significatif est celui des parents de Robert Schuman qui s'étaient établis à Luxembourg. C'est pourquoi le futur père de l'Europe est né en 1886 dans cette ville avec la nationalité de l'Empire allemand. Un rameau de la famille de Gargan (alliée aux Wendel) s'est établi également au grand-duché. Il faut enfin signaler une émigration lointaine aux États-Unis, au Mexique, au Chili, au Brésil. Depuis les années 1815-1820, il existait des réseaux économiques, religieux. Un certain nombre de familles, notamment juives, les ont utilisés dans les années 1870. Sans doute est-il difficile, dans la plupart des cas, de démêler les mobiles politiques de l'attrait du Nouveau Monde. De toute façon, il

se fonde outre-Atlantique des associations d'Alsaciens-
Lorrains qui se réveilleront durant la Grande Guerre, feront
des collectes et manifesteront leur sympathie active à la
cause française.

Un autre apport découlant de l'annexion a été le transfert
vers la France de capitaux et d'entreprises. Transfert
d'entreprises et émigration sont étroitement liés. Entre les
pays annexés, et la France, la circulation des capitaux est
restée totalement libre et la balance est incontestablement
positive du côté français. En l'absence d'études, il est toutefois impossible d'avancer des chiffres ni même de tenter une
évaluation. Il faudrait des travaux d'histoire bancaire permettant de détecter les canaux et de mesurer si possible les
flux. Certains chefs d'entreprise ont décidé de vendre leur
affaire et de reconstruire une nouvelle usine avec le produit
de la vente. Mobiles patriotiques et intérêts commerciaux
(conserver les débouchés sur le marché français) sont étroitement imbriqués. Parmi les transferts totaux et presque
immédiats, le plus spectaculaire est celui de l'imprimerie
Berger-Levrault de Strasbourg. Oscar Berger-Levrault, qui
travaillait beaucoup avec l'administration française et ris-
quait de perdre ce marché très sûr, acquiert un grand terrain
à Nancy où il fait construire une imprimerie neuve. Il vend
à un Allemand son établissement de Strasbourg. Cette greffe
immédiate et réussie crée à Nancy plusieurs centaines
d'emplois très qualifiés. De même nature est le transfert des
forges Dupont-Dreyfus d'Ars-sur-Moselle à Pompey
(Meurthe-et-Moselle). Les propriétaires vendent leur usine à
un groupe allemand et, avec le produit, édifient l'usine
neuve de Pompey où seront forgés les montants de la Tour
Eiffel. C'est le cas dans la chaussure (Nancy recueille plusieurs entreprises messines) et dans la meunerie. Émile Bouchotte vend ses moulins messins et s'installe à Frouard avec
son employé Jean-Baptiste Vilgrain. À la mort de Bouchotte,
la famille Vilgrain reprend l'affaire et la développe en Lorraine puis après la Première Guerre mondiale, dans la banlieue parisienne.

La formule la plus fréquente n'est pas le transfert pur et
simple mais le dédoublement. L'industriel crée une filiale
de l'autre côté de la frontière. Avant 1870, alors que per-

sonne ne s'imaginait que les Vosges deviendraient barrière, les entreprises mulhousiennes avaient déjà essaimé dans les vallées vosgiennes et une répartition du travail s'était esquissée : le tissage dans les Vosges tandis que le Haut-Rhin se réservait la filature et les activités d'ennoblissement. Mulhouse conservait un rôle directeur. L'établissement d'une frontière douanière impose une modification de ces relations. Tout d'abord, pour des raisons commerciales et politiques, la migration va s'accentuer. Grün, constructeur de machines textiles à Guebwiller s'installe à Lure dès 1871, Boeringer et Zurcher quittent Cernay pour Épinal (1881), DMC ouvre une usine à Belfort. Parmi les créations les plus importantes, citons la Blanchisserie et la Teinturerie de Thaon-les-Vosges dont Armand Lederlin est bientôt l'actif directeur.

Dans son ouvrage *L'Industrie textile vosgienne (1765-1981)*, Georges Poull montre que la répartition du travail avec les Alsaciens est progressivement abandonnée. Dans les années 1870, des tissus vosgiens sont encore finis en Alsace où ils bénéficient de l'admission temporaire. Au début des années 1880, la séparation avec le pôle mulhousien est consommée et Épinal qui a accueilli le Syndicat cotonnier de l'Est est devenu un centre cotonnier autonome. Les dédoublements d'entreprises sont en général plus tardifs. Ils sont liés au relèvement des droits de douane entre les deux pays. Pour conserver une part sur le marché français, l'industriel crée une filiale ou, si cette filiale existait déjà, il lui assigne de nouvelles fonctions. Certes, les indienneurs de Mulhouse continuent d'écouler en France leurs tissus hauts de gamme.

La Société alsacienne de construction mécanique, établie à Graffenstaden et qui vend en France des locomotives et des wagons, installe une seconde usine à Belfort où elle fabrique les mêmes locomotives, les mêmes chaudières puis du matériel électrique (câbles et machines); elle est à l'origine d'Alsthom. Dans la haute vallée de l'Orne, en amont de l'usine de Moyeuvre, les Wendel construisent l'usine sidérurgique de Jœuf (1881) pour exploiter le brevet Thomas en France. La frontière n'est pas un obstacle à des échanges quotidiens entre les deux sites. Parmi les dédoublements, relevons les forges Gouvy de Hombourg-Haut qui établissent une filiale à Dieulouard, la manufacture Adt de Forbach qui développe sa filiale à Pont-à-Mousson, la faïencerie de Sarreguemines qui s'installe à Vitry-le-François et Digoin, la fabrique de carreaux Jaunez qui s'installe à Pont-Sainte-Maxence (Oise). Ces dédoublements entretiennent ou relancent le courant d'émigration vers la France. C'est ainsi que Thaon-les-Vosges, petit village, devient une cité cotonnière sous l'impulsion d'Armand Lederlin ; Jœuf, où la famille de Wendel construit une usine sidérurgique complète pour exploiter en France le procédé Thomas, est peuplé principalement de Lorrains annexés venus de Moyeuvre et d'Hayange. Belfort, cité modeste avant 1870, passe de 6 250 habitants à 13 195 en 1871, à 18 112 en 1891.

Dans l'autre sens, les Allemands cherchent plutôt à casser les liens organiques entre la France et les pays annexés. Les sociétés d'assurances doivent se séparer de leur maison-mère française, la Société générale, doit organiser ses succursales alsaciennes sous le nom de Société générale alsacienne de banque (Sogenal) qui prend une raison sociale distincte. Les firmes françaises qui vendent en pays annexé connaissent des difficultés croissantes. C'est le cas des maîtres de forges de la région de Longwy et de l'usine de Pont-à-Mousson qui, au début des années 1880, perdent des débouchés intéressants en Alsace-Lorraine et en Allemagne car ils cessent d'être compétitifs. En Alsace-Lorraine, la tendance des Allemands est de refouler le capital français et d'empêcher par toutes sortes de brimades (expulsions, interdictions de séjour) le fonctionnement des firmes dirigées par les Français. Mais si elles acceptent de se mettre en règle en embauchant un directeur de nationalité allemande, on les laisse en paix. De temps en temps des propositions de rachat sont lancées, la plupart sont repoussées ; c'est le cas des Cristalleries de Saint-Louis. Les relations d'affaires avec les verreries du Pays de Bitche ne sont pas interrompues. Elles sont rendues moins fructueuses par la hausse des droits de douane. L'artiste verrier nancéien Émile Gallé dont le père avait passé un contrat avec Meisenthal, continue d'acheter son verre et de faire réaliser des travaux de gravure en Lorraine annexée jusqu'en 1894, date à laquelle il installe un four dans son usine de La Garenne. Dans les branches nouvelles ou en rapide extension comme les mines et la sidérurgie, les capitaux allemands et belges occupent tout l'espace disponible puisque les Français s'abstiennent désormais.

Examinons maintenant la situation des intérêts allemands en France avant 1870 et notamment des maîtres de forges prussiens qui avaient acquis des positions dans les mines de fer et la fonderie du bassin de Nancy. Ils se trouvent désormais placés dans une position inconfortable et doivent affronter des réactions d'hostilité. C'est pourquoi les sociétés sarroises (comme Burbach et Dilling) réduisent leur participation et investissent dans les usines plus proches de la Lorraine annexée. L'usine de Pont-à-Mousson fondée en 1856, était passée en 1862 entre les mains de Charles Roechling et d'Émile Haldy industriels et négociants à Sarrebruck. Le directeur français, Xavier Rogé, ne peut prendre aucune décision sans l'accord des actionnaires prussiens. Cette subordination hypothèque son développement. À plusieurs reprises des marchés auraient échappé à la firme en raison de sa dénomination allemande « Roechling, Haldy & Cie ». Lors d'une adjudication au Havre dont le maire est l'Alsacien Jules Siegfried, Pont-à-Mousson se serait vu éliminer des soumissions en raison de la nationalité de ses propriétaires. Cet incident fait éclater au grand jour le conflit larvé qui couvait entre Xavier Rogé et Charles Roechling. Ce dernier finit par vendre ses actions. En 1887, Pont-à-Mousson devient une société à majorité française et prend la raison sociale Hauts-Fourneaux et Fonderies de Pont-à-Mousson qu'elle gardera jusqu'à sa fusion avec Saint-Gobain en 1970. Les transferts se font donc de part et d'autre de la frontière comme le montre l'exemple de Charles Roechling. Globalement, la balance a été favorable aux départements français de l'Est. L'apport en capitaux, en entreprises et en travailleurs qualifiés dont ils ont bénéficié les ont enrichis d'une partie de l'énergie créatrice des provinces perdues.

Une frontière ouverte et défendue

Comme la frontière de 1815-1870 entre la France et la Confédération germanique, la frontière de 1871 est une frontière ouverte. Nos compatriotes l'imaginent parfois comme une barrière militarisée, surveillée, hérissée de barbelés que des héros intrépides franchiraient au péril de leur vie. La réalité est toute différente. Certes, le poteau-frontière surmonté de l'aigle impérial est le signe irritant de la nouvelle souveraineté, mais les frontaliers circulent sans entrave, se rendent librement à leurs champs, au village voisin. Les voyageurs qui prennent le train doivent se soumettre au contrôle des douaniers et des gendarmes. Désormais, les trains s'arrêtent longuement à des stations dont on ignorait jusqu'ici l'existence : Pagny-sur-Moselle et Novéant sur la ligne Nancy-Metz, Avricourt sur la ligne Nancy-Strasbourg, Batilly et Amanvillers sur la ligne Briey-Metz. Des commissaires de police spéciaux français et allemands surveillent le mouvement des voyageurs. L'un d'entre eux, Guillaume Schnaebelé, a laissé son nom dans l'histoire à la suite d'un incident grave qui aurait pu conduire à la guerre. De souche alsacienne, Schnaebelé, d'abord professeur, était devenu commissaire spécial à Thionville; remarqué pour son excellente connaissance de l'allemand, il avait accompagné à Ems l'ambassadeur Benedetti. Après 1870, il refuse les propositions allemandes et est nommé en Meurthe-et-Moselle d'abord à Briey puis à Pagny-sur-Moselle sur la ligne Metz-Nancy.

Dans un article des *Annales de l'Est*, Guy Cabourdin a analysé les 398 rapports de Schanebelé conservés aux archives de Meurthe-et-Moselle. Le préfet de ce département porte sur son subordonné une appréciation très flatteuse : « M. Schnaebelé est le meilleur de nos commissaires spéciaux et celui qui fournit les renseignements les plus sûrs. C'est un fonctionnaire exact et actif, très estimé dans le pays. » Outre la vérification de l'identité des voyageurs, ces commissaires spéciaux recueillent des renseignements. Les Allemands, comme les Français, entretiennent un réseau de correspondants. Par ses fonctions antérieures et ses relations, Schnaebelé avait des antennes en pays annexé; comme pour ses collègues, on hésite à prononcer le nom d'espionnage mais, à l'époque, ne l'oublions pas, on voyait des espions partout. La lecture de leurs rapports dont beaucoup sont encore conservés, fourmille de renseignements sur la vie économique, les échanges commerciaux; ils sont nourris par les conversations, les coupures de journaux. Ces textes sont très précieux pour retracer l'atmosphère, la sensibilité de l'époque. Ils montrent une frontière calme et paisible, perméable aux hommes et aux produits. Le commissaire d'Amanvillers note le passage de travailleurs temporaires de la région de Pierrepont qui, « en raison du chômage, viennent comme terrassiers dans les forts de Metz; ils l'avouent à leur grande honte, mais ils doivent nourrir leurs familles ». Les premiers travailleurs italiens migrants apparaissent à cette époque : « Ce sont des terrassiers qui font le va-et-vient entre Metz et Verdun; ils offrent leurs bras là où on les accueille. » Même les personnages importants peuvent voyager incognito. En 1879, Mme Thiers, invitée à Nancy pour l'inauguration de la statue élevée en l'honneur de son mari, avait été accueillie par Frédéric de Carcy dans son bel hôtel du cours Léopold. Malgré les conseils qui lui sont donnés, Mme Thiers veut absolument visiter Metz! « Nous n'avons pas réussi à l'en dissuader; des amis politiques, sa sœur, moi, trouvions à ce voyage des inconvénients. Elle pouvait donner lieu à une manifestation de la part des habitants, qui aurait irrité contre eux les Allemands, ou elle pouvait être l'objet de politesses et d'offres de services faits par les autorités prussiennes, ce qui eut été désagréable à accepter et très délicat à refuser en bons termes. Je l'accompagnai dans cette excursion qui se fit tout à fait incognito! Partis à 8 heures du matin, nous étions de retour à Nancy à 4 heures. »

Le commerce de proximité continue comme auparavant. Ce n'est que très progressivement que les habitants de Briey cesseront d'aller se fournir dans les boutiques de Metz et prendront l'habitude de se rendre à Nancy. Les Français expédient des céréales, des raisins, des vins, des porcs de la Woëvre et du pays de Briey vers Metz. Quant aux ventes de chevaux, c'est une affaire que l'on prend très au sérieux en raison de leur implication militaire : « Un dénommé Lévy, marchand de chevaux à Uckange, qui a opté et s'est établi à Étain, fait du commerce; il conserve quelques chevaux qui seraient destinés à l'armée allemande; cette assertion reste à vérifier », note le commissaire Schnaebelé en avril 1875. En ce qui concerne les produits pondéreux, les Français vendent en Allemagne des produits métallurgiques et des articles de fonderie dans les années 1870. Le traditionnel courant de vente des charbons de la Sarre vers la région de Nancy est davantage affecté par la concurrence de la Belgique et du Nord que par les relations franco-allemandes. L'expédition de minerai du bassin de Nancy vers la Sarre s'arrête parce qu'il est trop coûteux.

Finalement, c'est le retour du protectionnisme avec l'élévation des droits qui entrave le commerce. Cela n'empêche pas les habitants de Metz de venir à Nancy acheter des produits et objets français. Quant aux Allemands de Metz, c'est en touristes qu'ils viennent voir la place Stanislas à condition de rester discrets. Les seules années difficiles se situent entre 1887 et 1891. Pour affaiblir les liens restés trop étroits avec la France, Bismarck a pris une mesure devant laquelle il hésitait depuis longtemps parce que, à l'époque, elle était jugée monstrueuse, celle d'exiger un passeport à l'entrée des pays annexés. Ce document, qu'il fallait demander à l'ambassade d'Allemagne à Paris, était coûteux, long à obtenir et pouvait parfois être refusé. Le but recherché était de réduire les contacts entre les optants établis en France et leurs familles et amis restés en pays annexés. Il n'a guère été atteint car les contrôles étaient moins rigoureux autrefois qu'aujourd'hui. Avec quelque habileté et quelque complicité, on pouvait passer à travers les mailles du filet. Le Messin Paul Jeandelize qui faisait ses études de médecine à Nancy, nous a raconté qu'il allait sans passeport rendre visite à son oncle Henry à Metz; il passait la frontière par les vignes entre Arnaville et Novéant puis, arrivé à Metz, il évitait de se faire remarquer par les policiers municipaux. Dans la plupart des villages où il n'y avait aucun Allemand, cette précaution était inutile quoiqu'il ne fallait pas exclure le risque d'une dénonciation anonyme. Au pire, c'était l'expulsion après quelques jours de détention. Le régime des passeports, très impopulaire, a été une brimade temporaire. Il a duré quatre ans. En 1891, après le départ de Bismarck, Guillaume II accepte de l'abroger, sauf pour les militaires d'active.

Du côté français comme du côté allemand, la frontière a

une signification psychologique et militaire. Pour les Français c'est une frontière de mutilation et de défaite. Le poteau frontière avec « son aigle sinistre » et son inscription « Deutsches Reich » le rappelle sans cesse. Dans *Jean Perbal*, roman qui évoque la vie à Briey, Louis Bertrand relève les multiples signes du patriotisme de la frontière. Mgr Turinaz, un Savoyard nommé évêque de Nancy en 1882, s'identifie à tel point à ses diocésains, qu'il devient l'évêque de la frontière. Comme il aime parler aux foules, il est invité aux cérémonies commémoratives de Mars-la-Tour; il y prononce des « sermons patriotiques » qui ont un retentissement tel que le gouvernement français, craignant des incidents, lui conseille à plusieurs reprises l'abstention. Si l'on relit aujourd'hui ces textes, on s'aperçoit qu'ils ont beaucoup vieilli et perdu leur force d'évocation. Ils étaient accordés aux aspirations et à la sensibilité des contemporains. Dire que « les frontières ne sont pas immuables », que « la France depuis plus de vingt ans, se souvient, se prépare et espère », répéter que l'armée « image vivante de la nation [...] n'a jamais été plus unie, plus disposée à tous les sacrifices » n'est certes pas appeler directement à la revanche, mais c'est, comme le disait Bismarck « entretenir la braise qui couve sous la cendre », c'est ranimer « les patriotiques espérances », c'est-à-dire rappeler que la frontière de 1870 est injuste et que cette injustice aura une fin. À ce propos, achevons par une anecdote révélatrice rapportée par Louis Madelin alors étudiant en histoire à l'université de Nancy et concernant son professeur Christian Pfister. Le savant médiéviste, un Alsacien républicain, avait coutume de passer, entre l'écrit et l'oral, avec ses agrégatifs, une journée de détente. Cette année-là, il les avait emmenés à Brin, un petit village de la rive gauche de la Seille qui servait alors de frontière : « Nous déjeunâmes et, comme il faisait chaud, on alla s'asseoir sur les bords de la petite rivière qui va rejoindre à Metz les eaux de la Moselle. Pfister regardait l'autre rive en silence et moi, à côté de lui, je partageais sans doute ses pensées : " Voyez-vous, Monsieur Madelin, dit-il tout à coup, il faut revenir souvent en face de cette frontière provisoire; il faut un peu se retourner le couteau dans le cœur; croyez-vous que ces braves gens qui cultivent la terre de ce côté-ci ne soient pas des Français ? Et cependant les jeunes gens coifferont le casque à pointe parce que M. de Moltke l'a voulu. N'est-ce pas une infamie? Mais cette histoire-là, ça aura une fin, vous verrez! »

Du côté allemand, on ne l'entend pas de cette oreille; l'Allemagne s'en tient au respect des textes internationaux. Le traité de Francfort a été ratifié par l'Assemblée nationale française, la nouvelle frontière est parfaitement légitime, les faits accomplis en 1871 sont irréversibles. Ils ne peuvent faire l'objet d'une quelconque négociation.

Ces deux positions tout à fait inconciliables n'empêchent pas cette frontière de rester une frontière ouverte. Jusqu'en 1914, les civils la franchissent dans les deux sens sans formalité et les incidents ont été extrêmement rares.

En France comme en Allemagne, on sait que le traité de Francfort est fragile; personne n'est en mesure de dire combien de temps il sera respecté. Tout dépend de l'équilibre des forces et des circonstances. La protection de la frontière s'inscrit dans une politique militaire générale et dans un projet stratégique.

Au lendemain de la défaite, le gouvernement français, isolé, se place dans des perspectives uniquement défensives. Il s'agit de fermer au plus vite la « plaie béante » qui laisse la route de Paris sans protection dans le cas d'une nouvelle invasion. L'Allemagne est l'ennemi principal; on craint de sa part une attaque brusquée. Pour contrer cette hypothèse souvent avancée, on met en place un bouclier formé de trois camps retranchés. Ils seraient autant de foyers de résistance qui obligeraient l'ennemi à s'engager dans deux trouées, au nord de Verdun vers Stenay et entre Nancy et Épinal dans la région de Charmes. Ce nouveau système de protection auquel le général Séré de Rivières a attaché son nom, repose sur les trois môles, les trois zones fortifiées de Verdun, Toul et Épinal. Leur fonction serait de retarder l'ennemi afin de faciliter la concentration de l'armée française prévue plus au sud sur l'axe Langres-Chaumont-Châlons-sur-Marne. Ce choix d'une défense en profondeur sacrifie délibérément Nancy qui, dans l'hypothèse d'un conflit, serait déclarée ville ouverte.

Belfort, « boulevard de la France de l'Est », « lambeau de l'Alsace », bénéficie d'une attention privilégiée. « Il est une question qui ne comporte aucun ajournement, c'est celle de la défense de la trouée de Belfort. » Des forts en maçonnerie sont construits en 1874-1875. La voie ferrée Épinal-Lure est rapidement équipée. En Franche-Comté, dans la vallée de la Saône et jusqu'à Langres, tout un dispositif fortifié vise à empêcher une invasion du même type que celle de 1870.

En arrière de ce bouclier, une seconde ligne est édifiée sur les côtes de Champagne; elle s'appuie sur Châlons, Langres, Dijon à l'est, sur Reims, Laon et la Somme à l'ouest. C'est sur les côtes de Champagne qu'est prévue la concentration d'une forte armée de 200 000 hommes en attendant la mobilisation de l'ensemble des forces disponibles. Dans ce dispositif, le général commandant la VIᵉ région militaire, établi à Châlons, tient un rôle clé. Le bouclier et les fortifications de seconde ligne sont assez rapidement mis en place. Les crédits sont dégagés et à la fin des années 1870 les ouvrages de maçonnerie sont construits. Pour ménager la Belgique dont les forces sont encore, pour l'essentiel, tournées contre la France, Mézières et Charleville restent en l'état. C'est une faiblesse, car, dès cette époque, on ne peut négliger un éventuel passage de l'armée allemande par la Belgique. Les forces de couverture – infanterie et cavalerie – sont choisies parmi les meilleures unités disponibles. Elles ont pour mission de retarder la progression de l'ennemi et protéger la concentration de l'armée prévue autour de Langres-Chaumont, donc assez au sud. Le réseau ferré est amélioré par des rocades permettant de faire converger les troupes vers les lieux où elles prendront la formation de combat. Les erreurs et carences de 1870 ont été assimilées et corrigées. Henry Contamine, dans son ouvrage *La Revanche*, a examiné les plans successifs de concentration. Il montre que leur conception est restée défensive jusqu'à la fin des années 1880. Dans le contexte européen, la frontière de l'Est n'est pas l'unique préoccupation du gouvernement français. Il doit protéger aussi la frontière des Alpes menacée par l'Italie alliée de l'Allemagne. Dans ce but, il fait fortifier les vallées de Tarentaise, de Maurienne et de Haute-Durance. Les multiples forts qui couronnent les sommets dominant Briançon laissent encore, un siècle après, dans le paysage l'inscription de ces préoccupations.

Pour le nouvel Empire allemand, l'Alsace-Lorraine est un glacis protecteur, Bismarck et les généraux prussiens l'ont souvent répété. Comment organiser cet espace au mieux des intérêts stratégiques allemands ? L'état-major allemand accorde plus d'importance au mouvement qu'aux fortifications permanentes. Parmi celles qu'il reçoit en héritage, il fait un rapide inventaire. Marsal et Phalsbourg, places périmées, sont démantelées, Strasbourg est débastionnée, Thionville reste en l'état quoique sa valeur militaire soit à peu près nulle. En revanche les quatre forts extérieurs de Metz commencés par les Français sont achevés et reçoivent les noms des vainqueurs de 1870 : Manstein, Alvensleben, Frédéric-Charles. Ils sont désormais tournés vers Verdun et Toul et ont une fonction de dissuasion et de protection. La ligne des Vosges n'est pas fortifiée, pas plus que le sud de l'Alsace face à Belfort. On pense que l'espace entre Vosges et Rhin est trop étroit pour qu'une attaque française puisse se déployer. Seules les vallées vosgiennes sont verrouillées par des forts d'arrêt pour empêcher les troupes françaises de déboucher à l'improviste en Alsace. De toute façon, l'état-major allemand, convaincu de la supériorité du mouvement, perfectionne son outil militaire dans ce sens. L'Alsace-Lorraine est occupée par des troupes de couverture dont l'objectif est autant la défense que l'affirmation de la nouvelle souveraineté. Le XVe corps d'armée, dont le commandement est à Strasbourg, ne dépasse pas 50 000 soldats. La garnison de Metz reste faible : 7 000 à 8 000 hommes comme à l'époque française. Manifestement, l'état-major allemand ne croit pas à une attaque française brusquée. Les septennats militaires de 1874, 1881 et 1887 lui donnent les moyens matériels et humains de maintenir l'équilibre des forces et probablement une supériorité. Si la supériorité militaire est affaire d'appréciation et peut se discuter, la supériorité diplomatique est sans appel. Certes, depuis 1871, l'état-major envisage l'hypothèse d'une guerre simultanée sur deux fronts, à l'ouest contre la France, à l'est contre la Russie. Tant que la Russie garde un lien avec l'Allemagne, et Bismarck s'y emploie avec succès, ce type de conflit reste impensable. La supériorité de la position allemande est encore accrue par la conclusion du traité de Duplice (1881) c'est-à-dire l'alliance avec l'Autriche-Hongrie et de Triplice (Allemagne, Autriche, Italie) qui oblige la France à fortifier les Alpes.

Deux données, l'une technique, l'autre diplomatique, vont, en se conjuguant, changer la physionomie militaire de la frontière. La nouveauté technique est l'invention de l'obus à la mélinite qui modifie la conception des fortifications permanentes. Les ouvrages bastionnés de pierre deviennent extrêmement vulnérables; il faut les protéger par des couches de sable ou de béton armé, sinon ils sont périmés. Tout le programme Séré de Rivières à peine achevé devient caduc, de même que les forts détachés de Metz. L'avenir est aux fortifications enterrées. Des deux côtés, le système fortifié est à repenser. La seconde donnée est d'ordre diplomatique et découle de la dégradation des relations entre l'Empire allemand et la Russie. Bismarck juge indispensable de conserver un lien avec cette puissance alors que Guillaume II est d'avis contraire. Dans les racines complexes du conflit qui se noue entre Bismarck et l'empereur, l'attitude à adopter à l'égard de la Russie précipite la démission du vieux chancelier (mars 1890).

C'est un changement structurel car, avec des hauts et des bas, l'alliance entre la Prusse et la Russie avait été une constante depuis Napoléon Ier. Cet abandon volontaire laisse les dirigeants russes libres de leurs mouvements. Ils se rapprochent de la France et concluent avec elle en 1893 un traité défensif. L'alliance est fragile, elle n'en est pas moins réelle et oblige l'Allemagne à prendre au sérieux l'hypothèse d'une guerre sur deux fronts. Ces deux données conjuguées conduisent l'état-major allemand à réviser sa stratégie et la répartition de ses forces. Il lui paraît indispensable de fortifier la frontière ou tout au moins un point essentiel. C'est dans ce but qu'est créé le camp retranché de Metz. Les travaux qui s'étendent sur plus de vingt ans aboutissent à la construction des Feste, vastes forts enterrés, bétonnés et cuirassés. Avec Thionville, le périmètre de la place est d'environ 70 km. C'est l'ensemble fortifié le plus puissant du monde; il est quasiment invulnérable. Parallèlement, la densité militaire est étoffée avec la création du XVIe corps d'armée (Metz). Les camps de Bitche, Sarrebourg, Dieuze et

Morhange tiennent l'espace ouvert entre Metz et les Vosges ce que, en langage militaire, on appelle la trouée de Lorraine. Vers l'ouest, les Allemands n'envisagent plus l'offensive, cette attaque brusquée qui soudain jetterait dans la Wœvre toutes les forces de Metz pour submerger Verdun. Ils espèrent dissuader les forces adverses.

Du côté français, l'alerte de 1887 avait contraint à prendre certaines précautions en cas d'attaque brusquée. Le départ de Bismarck, l'évolution de la situation internationale sont des facteurs favorables. À ce moment, Charles de Freycinet accède au ministère de la Guerre où il reste cinq ans (1888-1893). L'œuvre du premier ministre civil de la Guerre qui peut mettre en application quelques-unes des idées qu'il avait depuis son passage à la Délégation de Tours, est considérable : formation d'un véritable état-major de l'armée distinct du cabinet du ministre. En ce qui concerne les frontières de l'Est, on commence la modernisation des forts Séré de Rivières d'Épinal, Toul, Verdun, dont certains sont dotés de protection bétonnée et de tourelles cuirassées. Les forts nouveaux comme Vaux et Douaumont répondent aux nouvelles exigences. On met l'accent sur les fortifications de campagne en avant des forts et on augmente les effectifs de couverture. Un nouveau corps d'armée, le XXᵉ, est créé avec les divisions de Toul et de Nancy. Les garnisons sont renforcées à Toul, Saint-Mihiel, Montmédy, Nancy et Épinal. Les plans de concentration se rapprochent de la frontière et se situent désormais au nord de Châlons, entre Toul et Neufchâteau, entre Épinal et Belfort. On abandonne le comportement défensif pour envisager, en cas de guerre, une offensive en Lorraine avec le gros des forces. Ainsi, vingt à vingt-cinq après 1870, de part et d'autre, la frontière se militarise mais elle reste paisible, civile ; les soldats en manœuvres, français ou allemands, se font photographier à la frontière ; on ne voit ni blockhaus ni barbelés mais la calme étendue des champs et des forêts !

L'image des provinces perdues

Comment les Français perçoivent-ils les provinces perdues? Cette perception a-t-elle évolué dans le temps? Est-elle identique sur l'ensemble du territoire national?

Il faut rappeler que peu de Français ont une connaissance directe des provinces perdues. Il faut distinguer les soldats qui ont séjourné dans une garnison ou ont fait la guerre (à cet égard, Metz est beaucoup plus familier que Strasbourg) et les exilés dont nous avons vu qu'ils étaient inégalement répartis à travers la France. Ces deux catégories n'ont d'ailleurs ni la même perception ni les mêmes intérêts. C'est pourquoi beaucoup de Français vivent sur des stéréotypes et sur des représentations souvent éloignées de la réalité et véhiculées par la presse, la chanson, l'école. Il y a eu un mythe de l'Alsace-Lorraine que les déclarations rituelles des hommes politiques, les discours d'anniversaire ou de commémoration rappellent sans cesse et dont les traits principaux se dessinent immédiatement dans les années qui suivent la guerre.

Quelquefois, les deux provinces sont associées, le plus souvent, elles sont individualisées. L'image qui les rapproche dans le malheur et l'espérance et qui est l'une des plus populaires et des plus répandues, l'une des plus attendrissantes, est celle d'un couple féminin, la jeune Alsacienne et la jeune Lorraine vêtues de leurs costumes régionaux. En arrière-plan se dessinent la carte des provinces perdues, la silhouette d'un village alsacien, les sapins des Vosges ou la tour de la cathédrale de Strasbourg.

Dans toute cérémonie patriotique qui se respecte, les enfants sont là, parfois un garçon, parfois une fille, aux côtés des autorités civiles et militaires. Leur présence est le vivant symbole de l'appartenance à la communauté nationale des deux sœurs perdues.

La représentation de la Lorraine est peut-être plus brouillée que celle de l'Alsace. Au lendemain de la défaite, il y a une prise de conscience régionale qui cherche à effacer les conflits antérieurs entre Metz et Nancy. On découvre que la Lorraine est une province, ce dont on ne se préoccupait guère avant 1870 et que, de part et d'autre de la frontière maudite, vit une communauté humaine et morale dont les Allemands voudraient briser les liens. Ce sont les milieux conservateurs et catholiques qui développent ces thèmes et qui s'expriment lors du pèlerinage à la colline de Sion, le lieu symbolique de « l'unité » de la Lorraine. En 1873, les évêques lorrains ont béni dans le sanctuaire marial une croix de Lorraine brisée avec une inscription en patois « Ce nato po tojo » (Ce n'est pas pour toujours). Cette croix de Lorraine symboliquement brisée est devenue un élément décoratif très utilisé dans les faïences d'Émile Gallé par exemple.

Toujours dans cette même orientation mais avec un décalage de dix à quinze ans, il faut placer l'essor étonnant et prodigieux du culte de Jeanne d'Arc. Beaucoup de prêtres ont joué un rôle dans l'élaboration et la diffusion du mythe. Pourquoi la réponse populaire a-t-elle été si fervente et si durable ? Il ne fait aucun doute que les images de Jeanne qui étaient proposées étaient en accord avec les attitudes et les sensibilités. Le pèlerinage de Domrémy bat tous les records d'affluence, à tel point qu'on doit construire une basilique neuve pour accueillir les foules qui s'y pressent. Le culte de Jeanne d'Arc comporte une dimension religieuse essentielle sur laquelle se greffent des connotations patriotiques. Jeanne est une fille du peuple envoyée par Dieu pour soutenir une juste cause, la délivrance du sol national. La bonne Lorraine tourne ses regards et son épée vers la frontière maudite. Les cantiques, les hymnes que l'on chante en son honneur ont une tonalité antiallemande. Élever une statue de Jeanne d'Arc est un acte à la fois religieux et patriotique. Les Allemands ne s'y sont pas trompés et la diffusion du culte de Jeanne d'Arc en pays annexé leur a paru, à juste titre, un acte d'hostilité délibéré à l'égard de la germanité (*Deutschtum*).

Ce culte de Jeanne d'Arc déborde largement la Lorraine. Il régénère les autres lieux johanniques, Orléans et Rouen, où les expressions du culte mettent l'accent sur d'autres actes de la geste de Jeanne. Jeanne la Lorraine, Jeanne la fille de France, Jeanne la fille du peuple n'est plus seulement dans le patrimoine des catholiques; elle devient un symbole national même pour une partie des républicains.

Cette résurrection du culte de Jeanne d'Arc est un résultat inattendu et différé des événements de 1870. Il colore le patriotisme de la frontière et donne à la Lorraine une place particulière dans la communauté nationale.

L'autre pôle de la mémoire est Metz. L'appartenance de la ville à la Lorraine est secondaire. Ici, on met l'accent sur le passé français et militaire et le patriotisme des Messins. Les publicistes, les officiers racontent la geste militaire de Metz. Depuis 1555, cette ville avait toujours résisté vaillamment comme l'avaient montré les deux sièges de 1814 et 1815. « Metz la pucelle » a été déshonorée par la trahison de Bazaine. À leur manière, les poètes du temps s'indignent et font partager leur indignation. L'un d'eux, l'Alsacien Édouard Siebecker, publie un long texte intitulé « Metz » salué avec respect par la critique (1872). Ces trois vers donnent le ton :

> *Tu pleures en silence. Ô Metz, Metz la Pucelle!*
> *Tu pleures l'affront fait à tes terribles remparts...*
> *Metz est le suprême cri et le suprême vœu!*

Être né à Metz ou avoir habité Metz est le signe du courage et du patriotisme. En 1885, un instituteur donne à ses élèves le sujet de rédaction suivant : « À l'hôpital de Toulon, un jeune sergent subit une amputation pour une blessure subie au Tonkin. Le blessé se réveille, regarde la plaie. " Il vaut mieux subir cela que d'être Prussien ", dit-il. Le sergent était de Metz. »

Petit garçon, Louis Marin se souvient que son père le faisait grimper au sommet de la butte de Sainte-Geneviève d'où par temps clair, on pouvait deviner les tours de la cathédrale de Metz. Maxime Weygand, jeune officier à Lunéville, venait parfois avec des amis à Pont-à-Mousson. « Apercevoir le clocher de Metz était pour nous une fenêtre sur le paradis perdu », se rappelle-t-il en 1931. Dans *Les Meules de Dieu*, Jean de Pange évoque avec ferveur et pudeur « les souvenirs du siège de Metz dans lequel j'ai été élevé ». Paul Verlaine, enfant de Metz, a laissé des vers délicats aujourd'hui bien oubliés où s'exprime la nostalgie de la ville perdue. C'est ce souvenir de Metz que Maurice Barrès a mis en scène et orchestré dans *Colette Baudoche*. Le livre s'ouvre sur cette phrase significative : « Jamais je ne passe par le seuil de cette ville désaffectée sans qu'elle me ramène au sentiment de nos destinées interrompues. » Nous sommes en 1908, quarante ans après.

L'Alsace a une double image, bucolique et militaire. C'est d'abord une campagne admirable « où les bois se lèvent comme de grands rideaux verts sur des villages paisibles inondés de soleil où l'on voit à un tournant de montagne les clochers, les usines traversées de ruisseaux, les ateliers, les moulins, la note éclatante d'un costume inconnu... » (A. Daudet). Les jolis villages alsaciens avec leurs maisons à colombage, leurs nids de cigogne, leurs vignes et leurs houblonnières parsèment un pays riant et prospère, un merveilleux jardin avec les Vosges en arrière-plan. Strasbourg est la ville alsacienne par excellence. Sa cathédrale, ses vieux quartiers ont un cachet que Metz ne peut lui disputer. Quand on évoque l'histoire d'Alsace, ce sont toujours les mêmes épisodes qui reviennent : la campagne de Turenne, le salon du maire Diétrich où Rouget de l'Isle a chanté *La Marseillaise*, la vie exemplaire et héroïque du général Kléber ou des autres soldats alsaciens de la Révolution et de l'Empire. Si on ne peut totalement passer sous silence le passé allemand de l'Alsace, on insiste toujours sur l'attachement volontaire de l'Alsace à la France par l'adhésion à la nation lors de la fête de la Fédération. Cette vision si particulière de l'histoire de l'Alsace, si partielle aussi, ne pouvait manquer d'être ironiquement relevée par les historiens allemands. Il n'empêche, toute l'image que l'école primaire républicaine véhicule à propos de l'Alsace est liée à deux thèmes. Le premier est celui de l'attachement et de la fidélité. À cet égard, le texte d'Alphonse Daudet « La dernière classe. Récit d'un petit Alsacien », paru en 1873 dans *Les Contes du Lundi*, est devenu un morceau d'anthologie des manuels de l'école primaire. Sa force émotionnelle est telle qu'il est resté gravé dans bien des mémoires. Le second est celui du libre choix des peuples à disposer d'eux-mêmes. Les Alsaciens sont devenus Français, non par leur appartenance culturelle initiale, mais par leur libre adhésion. Cette adhésion que des députés légalement élus ont confirmée à

Bordeaux en 1871, à Berlin en 1874, a été foulée au pied par l'Allemagne. Un jour viendra où le droit triomphera de la force.

L'une des scènes le plus souvent rappelées est celle de l'exode des habitants des pays annexés. On a l'impression que ceux-ci se sont vidés de leurs forces vives, on cite sans cesse les tisserands de Bischwiller qui ont quitté l'Alsace pour s'établir très loin à Sedan, à Louviers et au Havre. On cite le nom des jeunes gens qui ont franchi la frontière parce qu'ils refusent de porter le casque à pointe et se sont engagés dans la Légion étrangère ou dans l'armée française. Ce transfert permanent, ce goutte à goutte de l'Alsace-Lorraine vers l'armée française (en 1910, 76 généraux français sont originaires des provinces perdues, 117 en 1917 contre un seul qui deviendra ministre de la Guerre en Allemagne!) est le signe irréfutable d'un attachement inébranlable. Toute une littérature a propagé et entretenu ces thèmes. Le cycle alsacien-Lorrain débute immédiatement après la guerre, puis vient un temps d'oubli; enfin, il se régénère après 1905. Il est d'abord représenté par toute l'œuvre d'Erckmann-Chatrian dont les *Contes et romans nationaux et populaires* connaissent une large diffusion. La magnifique édition Hetzel illustrée par Théophile Schuler évoque les paysages, les forêts vosgiennes, les villages d'Alsace et de Lorraine et leurs habitants. Ils s'inscrivent dans une veine populaire patriote et républicaine.

Le Tour de France par deux enfants de G. Bruno est d'abord un livre de lecture scolaire. Les deux héros, André et Julien Volden sont deux jeunes Phalsbourgeois qui, au lit de mort de leur père, font le serment de quitter la ville pour rester Français. Le livre s'ouvre par le départ d'André et de Julien : « Par un épais brouillard du mois de septembre, deux enfants, deux frères, sortaient de la ville de Phalsbourg en Lorraine. Ils venaient de franchir la grande porte fortifiée qu'on appelle Porte de France. » Tout au long du récit, la terrible épreuve de 1870 est présente; si Phalsbourg est loin et séparée de la France par une frontière maudite, la ville natale reste une référence et un point de comparaison. La première édition a été tirée en 1877. En vingt-cinq ans, 8 millions d'exemplaires ont été vendus; c'est de loin le plus gros succès de librairie de l'époque. *Le Tour de France* a été le livre le plus lu et le plus aimé de toute cette époque. Relevons-en un exemple : le jeune Pierre Gaxotte futur académicien, écolier à Revigny-sur-Ornain (Meuse), raconte que *Le Tour de France* était le livre préféré de son institutrice ; il servait à tout. La remarque de Pierre Gaxotte montre le rôle privilégié de l'école primaire républicaine dans la transmission du souvenir des provinces perdues, les leçons d'histoire, le livre de lecture, les morceaux choisis associent souvent ces deux noms, Alsace et Lorraine, et les gravent dans les mémoires. La carte murale que les jeunes Français ont sous les yeux est celle d'une France mutilée, d'une France amputée de ses deux provinces de l'Est. Pour cette simple raison, l'oubli est impossible – on l'a bien vu en 1914. Mais est-ce une préoccupation quotidienne du pêcheur breton, du paysan landais, du vigneron provençal, du mineur de Commentry ? Assurément non. Dans ses profondeurs, après une génération, la France n'a pas oublié, mais elle ne se sent plus concernée par le sort des Alsaciens-Lorrains. Les provinces perdues sont enveloppées d'une discrète nostalgie. Beaucoup d'annexés le ressentent ainsi dans les années 1890. La France les a abandonnés et ils se résignent à entrer, un peu contraints et forcés, dans le système allemand parce qu'ils ne peuvent pas faire autrement. Il reste des milieux et des régions où l'indifférence apparente est balayée dès qu'on évoque le destin de la malheureuse Alsace-Lorraine. Les régions proches de la frontière, où les émigrés sont nombreux et les liens maintenus les plus sensibles. Une ville comme Nancy est très révélatrice. Toute la France de l'Est, du centre, celle qui a été balayée par la guerre, qui a subi l'occupation allemande, conserve un attachement aux provinces perdues, et ce dans tous les milieux et dans la plupart des sensibilités politiques. On a trop souvent fait de l'attachement à l'Alsace-Lorraine l'apanage des nationalistes, de la Ligue des patriotes de Paul Déroulède. Ceux-ci ne se privent pas d'exploiter contre la République le thème de l'Alsace-Lorraine. Ils crient si fort que l'on n'entend qu'eux et que les historiens ont oublié les autres. Il y a un attachement républicain à l'Alsace-Lorraine entretenu par les associations d'Alsaciens-Lorrains et qu'il ne faudrait pas oublier.

Un homme comme Raymond Poincaré, un homme comme Georges Clemenceau partagent leurs aspirations. Certes, ils ne sont pas prêts à se lancer dans la folle aventure de la revanche. Ils l'ont montré, sans oublier.

Paris est probablement la ville où le souvenir des provinces perdues reste le plus vif. Cette sensibilité particulière s'explique par de multiples raisons : activité de la presse et de l'édition, présence des associations patriotiques, activité des milieux liés de près ou de loin à l'armée. Les associations d'Alsaciens-Lorrains constituent des foyers où les thèmes les concernant sont pieusement conservés, où la littérature alsacienne et lorraine garde des lecteurs. Parfois un livre de souvenirs, un essai, un roman trouve, en raison du nom de son auteur ou parce que le climat général ou l'air du temps s'y prêtent, une notoriété qui dépasse les milieux relativement étroits où est maintenu intact le culte du souvenir.

Au début du XXᵉ siècle, alors que l'Alsace et la Lorraine ne sont plus guère au premier rang des préoccupations de l'opinion, que la germanisation semble progresser tant en Alsace qu'en Lorraine, ce sont les milieux nationalistes qui maintiennent la flamme. Parmi les crimes commis par la République, Charles Maurras dénonce l'abandon de la malheureuse Alsace-Lorraine que les francs-maçons ignorent ou méprisent. La Ligue des patriotes veille à entretenir la flamme. Chaque année, ses membres se rendent en cortège au pied de la statue voilée de Strasbourg.

Le pèlerinage de Metz ou de Strasbourg est un rite fréquent chez les journalistes et les écrivains. On cite toujours Maurice Barrès, il n'a été ni le premier ni le seul. À la fin d'août 1896, alors que les couronnes déposées au pied des monuments se fanent, Paul et Victor Margueritte visitent les champs de bataille et rédigent un alerte reportage publié dans la *Revue de Paris* que dirige Ernest Lavisse. « À huit heures de la porte Maillot, nous sommes à la porte de Metz. » Ils descendent du train à Batilly en terre française car ils veulent comparer de chaque côté la nouvelle frontière. « Ce pays n'est qu'un vaste cimetière, partout des tombes, des croix. » Ils se recueillent à Mars-la-Tour, sur la tombe du général Legrand puis passent la frontière à Amanvillers pour se rendre à Saint-Privat. Ils sont arrêtés par deux poteaux; « le second est plus fort, plus haut, il est orné d'un large écusson; en exergue se détache le *Deutsches Reich*, Empire allemand ». Les deux voyageurs bavardent avec les annexés. Ils constatent : « La terre est française, le cœur est français », et pourtant ils doivent subir la différence d'heure (déjà l'heure allemande!), les enseignes germaniques : *Gasthof*, auberge, *Burgermeisterei*, mairie, *Kaiserliches Postamt*, poste impériale etc.

Ils descendent sur Metz suivant la route de Rozerieulles empruntée un quart de siècle plus tôt par l'armée du Rhin. Ce n'est pas sans un serrement de cœur qu'ils aperçoivent les remparts (Metz ne sera débastionnée qu'à partir de 1902), et la masse sombre du Saint-Quentin. Au niveau des apparences, Metz n'a guère changé. Le militaire domine comme jadis : guérites, corps de garde, casernes, terrains d'exercice. Mais les uniformes ont changé! « Les soldats allemands pullulent. [...] C'est un fourmillement de casques à pointe et de casquettes plates. » Dans les cafés et les brasseries, on ne voit que soldats et officiers. Sur l'esplanade, ils sont frappés par la statue du Kaiser barbu sur « un cheval de légende, qui étend son bras dominateur sur la ville ». On leur montre la silhouette d'un cavalier : c'est le général von Haeseler, le commandant du XVIe corps d'armée, qui passe, accompagné de deux ordonnances. « Cet homme ne dort jamais et tient tout de même éveillé. Au plafond de sa chambre est peinte la carte de la frontière. La légende affirme qu'il ne la quitte pas des yeux. » Dans ce reportage affleurent déjà quelques-uns des thèmes que Maurice Barrès saura exploiter quelques années plus tard avec infiniment de talent : Metz, ville des gloires perdues, Metz ville dépossédée de son âme, Metz ville fidèle malgré tout, malgré cette présence allemande qui veut modifier son vieux visage français.

En 1905, le discours de Guillaume II à Tanger, les péripéties de la première crise marocaine, la menace allemande, réveillent une fraction de l'opinion publique qui redécouvre les provinces perdues. Les romans alsaciens ou lorrains trouvent des lecteurs nombreux et fervents. Le succès de *Colette Baudoche* (1908), roman messin de Barrès, est largement dû à cette conjoncture bénéfique. Les publications de Georges Ducrocq sur les « Provinces inébranlables » et du petit groupe qui gravite autour de la revue *Les Marches de l'Est* vont dans le même sens, sans bénéficier toutefois du même succès. Il y a en quelque sorte confiscation du souvenir par les nationalistes. C'est vers eux que se tourne le vieux Dominique Antoine, ancien député protestataire de Metz (1881-1887), expulsé par Bismarck d'Alsace-Lorraine en 1887. Ses amis républicains l'ont bien traité. Comme Édouard Teutsch, il avait été nommé trésorier-payeur général. Il prend une confortable retraite à Nancy en 1911. Il a soixante-six ans et la morosité le gagne. Il rédige un testament dont voici quelques lignes : « Malheureuse Alsace-Lorraine! Depuis de nombreuses années, je suis désespéré par l'abandon de la France à son égard et pour dire le mot vrai : abandon qui est lâcheté. Je suis écœuré par notre politique intérieure qui a amoindri, sinon détruit : armée, marine, diplomatie, conscience. Voilà ce que le pays qui nous a livrés met au regard de notre fidélité, de nos luttes, de nos souffrances » (1911). Le vieux protestataire se montre désabusé et sans espérance. « Il faut se résigner à l'inéluctable » écrit-il par ailleurs. L'acceptation tacite des « faits accomplis » n'est pas incompatible avec une affectueuse nostalgie.

À Nancy, se tient au cours de l'été 1909, une grande exposition internationale. L'une des principales attractions – et des plus visitées – est un village alsacien avec des habitants en costume. Lors de l'inauguration officielle, le maire, Ludovic Beauchet, accompagné du ministre Louis Barthou évoque « la permanence inébranlable de nos affections » et il conclut : « Ce village n'est pas seulement une attraction intéressante, il est là aussi et surtout pour affirmer la survivance d'une union intime et affectueuse entre les deux provinces sœurs. » Et le ministre embrasse « les petites filles en costume du pays ». Beaucoup de nostalgie, un brin d'émotion, pas d'esprit de revanche. Ce n'est pas un discours de Déroulède devant la statue de Strasbourg! Ernest Lavisse, dont les liens avec l'Alsace sont antérieurs à 1870, est depuis un quart de siècle une personnalité de l'Université et du monde intellectuel. Il se rend à Strasbourg en 1911, voit des amis, parle en privé devant les jeunes étudiants. Dans un article de la *Revue de Paris*, il réfléchit et médite sur le destin de l'Alsace, de la France et de l'Allemagne. La guerre entre les deux pays, hypothèse qu'il n'écartait pas après 1870, reste toujours possible. « Faut-il encore et toujours prévoir la guerre ? Je ne sais pas, je ne sais pas, personne ne sait! » L'historien refuse la haine et le mépris de l'Allemagne : « Nous savons ce qu'est et ce que vaut le génie de l'Allemagne. [...] Une sympathie est possible entre les deux pays. Cette sympathie peut devenir collaboration. » Dans l'esprit de Lavisse, les jeunes Alsaciens pourraient remplir « cette mission pacificatrice, conciliatrice ». Et il conclut : « Pacifier, concilier la France et l'Allemagne, quel beau rêve! Je l'ai fait souvent. » Le vieil historien de soixante-neuf ans n'a pas au fond de son cœur accepté « les faits accomplis », il est sensible « au charme infini de notre délicieuse Alsace » qu'il voudrait revoir française, mais il aspire au maintien de la paix, à une difficile entente entre les deux pays.

En contrepoint voici le témoignage de Marc Bloch, un jeune historien d'une autre génération qui, comme Lavisse, a fait le voyage d'Allemagne. Fils et neveu d'israélites alsaciens partis volontairement après 1870, Marc Bloch a été élevé à Paris dans un milieu intellectuel qui avait gardé « le culte de ces traditions patriotiques dont les israélites de l'exode alsacien furent toujours les plus fervents mainteneurs ». Dans *L'Étrange Défaite*, ouvrage rédigé au lendemain du désastre de 1940 et avant son entrée dans la Résistance, le médiéviste esquisse des comparaisons entre les deux avant-guerres. Ses réflexions rejoignent celles de beaucoup d'autres. L'image des provinces martyres [était] enveloppée [...] dans une ombre discrète... » « Elle a ressurgi et s'est de nouveau imposée après les premiers combats. » Et il a cette phrase révélatrice et évocatrice : « Durant la paix, sur une opinion soucieuse avant tout de la sécurité du foyer, jamais les beaux yeux des Alsaciennes des lithographies n'auraient eu assez d'impact pour lui faire accepter que dans le seul dessein d'en sécher les larmes, on précipitât de gaieté de cœur, le pays vers les plus atroces dangers. » Nous sommes à Paris, dans un milieu intellectuel et patriote. L'Alsace-Lorraine est enveloppée dans un halo de discrète et sensible nostalgie. On est ému aux larmes, on rit des caricatures féroces de l'oncle Hansi. Pour la majorité des Français, l'Alsace-Lorraine est au mieux un vague souvenir scolaire.

Au terme de cette analyse, deux conclusions s'imposent. En premier lieu, la frontière de 1871 reste inacceptée par les Français. C'est pourtant une frontière paisible qui n'empêche ni le passage des hommes, ni le mouvement des capitaux, ni les échanges commerciaux. C'est une frontière qui s'est militarisée où l'un et l'autre pays ont mis en place un système de défense en profondeur. La militarisation accrue est une des conséquences de l'antagonisme franco-allemand. Mais l'équilibre des forces sans cesse réajusté est un puissant facteur de paix et n'a pas été incompatible avec le développement sur la frontière de la grande industrie du fer.

En second lieu, si l'Alsace-Lorraine a causé beaucoup de préoccupations aux dirigeants du Reich, elle n'a jamais été un souci majeur. Les grandes puissances ont accepté l'annexion et la France n'a aucun moyen de faire rouvrir le dossier. Dans le territoire annexé, les multiples péripéties, déclarations, protestations, alternances de mesures de rigueur et de mesures libérales n'ont jamais remis en cause la présence allemande. L'intégration au monde allemand s'est heurtée à de multiples obstacles; elle est lente, mais au début du XXᵉ siècle elle progresse dans tous les domaines avec l'octroi de l'autonomie en 1911. Même les Alsaciens les plus nationalistes, comme l'abbé Wetterlé, envisagent l'avenir de leur pays dans le cadre allemand. À Metz, le chanoine Collin, le directeur du francophile *Lorrain* ne pense pas autrement. Les adversaires de l'Allemagne sont réduits à défendre contre le germanisme le particularisme alsacien-lorrain.

Entre la France et l'Allemagne, l'Alsace-Lorraine n'est pas une cause de guerre; elle reste encore un obstacle à une réconciliation.

CHAPITRE XXI

Commémoration et souvenir

Par rapport à ce qu'ont vécu les hommes du xxᵉ siècle, les événements de 1870-1871 apparaissent comme une brève parenthèse. Un an plus tard tout paraît normal : les populations sont partout au travail, les usines produisent et dépassent les résultats de l'avant-guerre. Peut-on s'en tenir à ces simples apparences ? Évidemment non.

La guerre de 1870 a laissé une empreinte dans les mémoires individuelles et collectives des deux pays. Pendant combien de temps ? Comment disparaît-elle ? Il faut aussi s'interroger sur la portée des résultats politiques et territoriaux acquis. L'Alsace-Lorraine est-elle restée allemande ? L'Empire allemand tel que Bismarck l'a construit s'est-il révélé un État durable ? Au regard de l'histoire de l'Europe et des relations franco-allemandes, 1870-1871 a-t-il été effacé par les bouleversements de 1918 et de 1945 ? Les cicatrices ouvertes lors de « l'année terrible » sont-elles complètement refermées ?

Naissance de la commémoration

En France comme en Allemagne, la commémoration est un fait massif presque immédiat. À peine la paix a-t-elle été rétablie que s'ébauche le culte du souvenir. Les initiatives sont multiples : individus, amicales régimentaires, municipalités, associations ou comités spécialement constitués. Les pouvoirs publics sont rarement à l'origine. Quand ils sont sollicités, ils apportent leur appui financier et moral, puis ils participent aux cérémonies. De part et d'autre, le rituel civique et militaire est assez proche mais la signification n'est pas la même. Du côté allemand, c'est la célébration des victoires fondatrices; du côté français s'opère un travail naturel de sélection. Même dans les combats perdus, les actes d'héroïsme individuels et collectifs dignes d'admiration n'ont pas manqué; beaucoup de soldats ont versé leur sang pour la patrie. Le sacrifice de ces morts exemplaires qui sont tombés au champ d'honneur doit être sauvé de l'oubli. C'est autour du culte des morts que s'organise la commémoration. Il en va de même en Allemagne. Dans ce dernier pays, la géographie des lieux sacrés est limitée à l'Alsace-Lorraine alors que celle de la France est beaucoup plus étendue.

En France comme en Allemagne, la construction de monuments commémoratifs débute dans les années qui suivent la guerre. Elle se poursuit encore quarante ans après. Les monuments sont très variés dans leur ampleur comme dans leur facture. Ils se dressent sur les champs de bataille ou dans un espace symbolique : place publique, cimetière, église, lieu élevé. La voie la plus courante est celle de la souscription publique. Un comité, mais parfois des particuliers – un prêtre ou un officier – lancent une souscription parmi les habitants. Dans les cas exceptionnels, l'appel est national (Mars-la-Tour) et même international (Belfort). Souvent, la réponse est généreuse et les dons affluent au-delà des besoins. Pour le projet du *Lion de Belfort* confié au sculpteur Auguste Bartholdi, un enfant de Colmar, la souscription a apporté 92 000 francs!

Les premiers monuments commémoratifs tout simples sont inaugurés pour le premier anniversaire : celui de la municipalité de Metz au polygone de Chambières le 7 septembre 1871, ceux de La Salle et de Nompatelize le 6 octobre 1871. Celui de Forbach, érigé sur l'initiative d'Auguste Dornès, ancien député de la Moselle, est inauguré en septembre 1872. Celui de Sainte-Marie-aux-Chênes (ex-Moselle) est le fruit d'une collecte lancée par le général comte de Geslin parmi ses anciens soldats et les habitants. C'est un pilastre dont le chapiteau est surmonté de « l'image de la mère de Dieu représentée dans une attitude suppliante, ses yeux sont dirigés vers le ciel et ses mains tendues vers la France ». Le monument est inauguré quelques jours après l'expiration de l'option. Geslin s'adresse aux participants en ces termes : « Vous avez au fond du cœur deux pensées qui n'en font qu'une : la pensée religieuse et la pensée patriotique. » Les Allemands ont laissé faire.

En France, les habitants de Briey sont parmi les premiers à élever par souscription publique un monument en l'honneur des soldats morts dans leur ville. « C'est une pyramide de 6 m de hauteur, bâtie entre deux massifs de rochers ; il est entouré d'une clôture de chaîne de fer réunie par des projectiles de gros calibre. » Il est inauguré le 18 août 1872, deuxième anniversaire de Saint-Privat. « Nous ne devons pas avoir de haine, mais nous devons nous souvenir », commente le sous-préfet. À Belfort on érige au cimetière des mobiles une pyramide de grès rose inaugurée en 1873.

Les plus prestigieux des monuments sont édifiés sur les lieux des combats, Champigny avec ossuaire, Mars-la-Tour (1875), Châteaudun (1876). Il y a parfois un certain décalage avec les événements. Le conseil général de la Seine dégage en 1880 un crédit de 250 000 francs et ouvre un concours pour un monument *La Défense de Paris*. Le groupe sculpté par Louis Barries est placé au rond-point de Buzenval, d'où étaient partis les combattants de janvier 1871, et inauguré le 12 août 1883.

Les monuments sont très variés. Les plus modestes sont des stèles décorées de palmes, de drapeaux ou d'attributs guerriers. Une jeune fille ou une jeune femme sculptée symbolise à la fois l'avenir et la République. Les inscriptions ont parfois une signification républicaine. C'est le cas de ceux de Raon-l'Étape, Rambervillers et Épinal. À Raon-l'Étape, Jules Ferry s'écrie avec conviction : « La République, il y a quatre ans a sauvé l'honneur. C'est elle qui refera la patrie. »

Le plus célèbre, et qui l'est demeuré, est le *Lion de Belfort*. Bartholdi a voulu suggérer l'énergie, l'esprit de résistance. Il conçoit un animal colossal (22 m de long et 11 m de haut) en grès rose des Vosges comme celui de la cathédrale de Strasbourg. La sculpture est placée à mi-hauteur sur les flancs de la citadelle défendue par Denfert-Rochereau, afin d'être visible de très loin. « Le monument, écrit le sculpteur à la municipalité, représente sous forme colossale un lion harcelé, acculé et terrible dans sa fureur. » Il est achevé en 1880. Aucune inauguration officielle ne célèbre l'événement, car les relations entre la ville et le sculpteur se sont dégradées. Le lion devient vite le symbole de la cité, et une réplique en est installée à Paris, place Denfert-Rochereau (1896). Avec le reliquat de la souscription du *Lion*, la ville fait construire en 1884 un second monument « quand même » édifié en souvenir de Denfert et de Thiers. Les deux hommes sont associés dans les inscriptions. Le groupe allégorique représente une Alsacienne qui prend le fusil d'un mobile blessé. Quelques monuments sont très personnalisés, comme ceux de Chanzy au Mans et de Faidherbe à Lille.

Le monument *La Défense de Paris* est un groupe allégorique de trois personnages : la ville de Paris, grande et belle femme qui s'appuie sur un canon et tient de l'autre main un large drapeau français; un garde mobile debout, prêt à la lutte, qui déploie sa capote sur Paris; à leurs pieds un jeune garde mobile blessé cherche une dernière cartouche à glisser dans son chassepot.

D'autres monuments sont religieux. À Loigny (Loiret), où un curé royaliste avait pris l'initiative de la souscription, c'est l'église entière qui est monument en hommage aux zouaves pontificaux et aux volontaires de l'Ouest. Elle est de style néo-roman avec une crypte et un ossuaire. Dans la crypte « où dort Sonis en attendant Charette », un vitrail relie « Gaston de Sonis, le "*miles Christi*", " le soldat du Christ " aux Macchabées et aux martyrs ». Sur d'autres vitraux figurent le Sacré-Cœur, Saint Louis, saint Henri sous les traits du comte de Chambord. Parmi les artistes, auteurs de monuments commémoratifs, Auguste Bartholdi s'est taillé une grande réputation. S'il est resté dans l'histoire pour la statue de la Liberté placée à l'entrée du port de New York, on doit, entre autres, au « Déroulède de la Sculpture » : *La Suisse secourant les douleurs de Strasbourg, Les Aéronautes de Paris*, etc.

Du côté allemand, les initiatives ont été très rapides. M. Henri Wilmin a recensé les monuments construits par les régiments prussiens sur les hauteurs de Spicheren : « Le 74e prussien a été le premier à inaugurer le sien au Roteberg le 6 août 1871, soit un an après les combats. L'année suivante, c'est le tour des monuments du 55e au Ehrental, des 39e et 40e au Roteberg, du 77e prussien près de Stiring. Plus tard, le 48e et le 12e ont érigé leurs monuments sur les hauteurs. » Un gigantesque mémorial, véritable temple de 20 m de haut, le Winterbergdenkmal, œuvre de l'architecte Lieber de Düsseldorf est inauguré le 9 août 1874 en présence de von Kamecke, ministre de la Guerre. Il domine tout le champ de bataille. Il a bénéficié des dons des villes allemandes et de l'empereur Guillaume Ier.

Sur les champs de bataille autour de Metz, c'est une floraison de monuments principalement régimentaires. En l'espace de vingt-cinq ans, 53 monuments ont été érigés dont deux français, sans compter les cimetières, les tombes groupées et les tombes isolées. Certains monuments sont grandioses comme celui du 1er corps d'armée à Noisseville ou celui de la brigade Bredow à Rezonville.

Au nord de l'Alsace, les monuments sont nombreux : au Giesberg près de Wissembourg, un obélisque veillé par quatre lions de bronze rappelle les combats furieux qui s'y sont déroulés. Sur un petit monument, on peut lire cette inscription : « La première tombe prussienne pour l'unité allemande. » À Wœrth, les monuments sont de style très varié. Le monument bavarois néo-gothique est surmonté d'un génie victorieux ailé qui soutient un soldat blessé ; un monument hessois est en forme de pyramide tronquée, un autre en forme de tour crénelée. Les monuments prussiens sont plus sobres ; sur l'un d'eux a été sculpté un portrait en relief de Guillaume Ier.

Sur beaucoup de monuments régimentaires, on peut lire la liste des hommes et des officiers tombés au combat. Très souvent, ceux qui sont morts en Bourgogne, autour de Paris et sur la Loire ont été inscrits avec leurs camarades morts en Alsace-Lorraine. Le monument résume en quelque sorte l'unité, la totalité de la guerre et il a été édifié sur un sol devenu allemand grâce au courage des Prussiens, des Bavarois, des Saxons, des Hessois, etc. À Berlin, est érigée la colonne de la Victoire (*Siegessäule*). C'est un monument public inauguré en présence de Guillaume Ier en 1873.

La commémoration ne saurait se limiter à la célébration des anniversaires des victoires ou à l'exaltation du courage patriotique des combattants. Elle débouche naturellement sur le culte du souvenir, de la famille impériale et des dirigeants de l'État. La victoire commune des Allemands a prouvé leur clairvoyance, leur aptitude à gouverner et à commander. Ils sont en quelque sorte à la fois les organisateurs et les bénéficiaires de leur propre culte et légitiment par là la forme d'État qu'ils ont donnée à l'Allemagne. La presse, les associations d'anciens combattants, les manuels scolaires sont les vecteurs privilégiés. L'empereur Guillaume Ier, son fils Frédéric le vainqueur de Frœschwiller, son neveu Frédéric-Charles, le Prince rouge (à cause de la tunique rouge des hussards de Zieten qu'il affectionnait) sont devenus des héros populaires. Ne chante-t-on pas en l'honneur de l'empereur, l'hymne qui commence par ces mots : « Salut à toi, vainqueur couronné de lauriers » ? Tous les enfants des écoles l'ont, jusqu'en 1918, appris et récité en maintes occasions. L'empereur victorieux, l'empereur sage, l'empereur qui a rassemblé la nation et l'a fait respecter par l'Europe, voilà les thèmes inépuisables auxquels les commémorations de 1870 apportent toutes sortes d'illustration. Dans ce panthéon glorieux, Moltke entre de son vivant. Assisté par Waldersee depuis 1881, il reste à la tête du grand état-major jusqu'à l'âge de quatre-vingt-huit ans; il prend sa retraite en 1888 et prononce son dernier discours devant le Reichstag en 1890. L'âge l'a rendu plus pâle et plus laconique encore. Les journaux rapportent ses bons mots avec admiration. Rien n'arrête ce grand laborieux; même en congé, il est prêt à se mettre au travail; même par mauvais temps, il monte son cheval. Sa verte vieillesse est à l'image du chêne qu'il a planté à l'entrée de sa propriété silésienne de Kreisau. Son caractère est semblable au bloc de granit dressé près du chêne et sur lequel sont gravés ces simples mots « Sedan I. IX. 1870 ».

La transfiguration de la défaite

En France s'opère en l'espace de quelques années une véritable mutation. Certes, ni Sedan ni Saint-Privat ni les capitulations de Metz et de Paris – nos désastres – ne sont oubliés mais l'accent est déplacé sur un fait particulier, secondaire par rapport à la bataille, intéressant parce qu'il est susceptible d'une interprétation héroïque. On ne parle plus de Sedan mais de la charge des chasseurs d'Afrique ou des marsouins de Bazeilles. La bataille du 18 août se réduit à la défense du cimetière de Saint-Privat. Les écrivains, les peintres, les graveurs s'emparent du thème de la guerre et le transfigurent. Le cas le plus révélateur est celui de la défense du village de Bazeilles (au sud de Sedan) par une unité d'infanterie de marine. Dans une maison de ce village, la maison Bourgerie, des marsouins de la division Vassoigne s'étaient défendus avec la dernière énergie contre les Bavarois. Cette maison, baptisée « la maison des dernières cartouches », reste telle qu'elle était, avec son plafond crevé, ses traces de mitraille, l'horloge arrêtée à 11 h 35. Au salon de 1873, Alphonse de Neuville fait sensation avec le tableau *La Maison des dernières cartouches*. D'innombrables gravures à bon marché ont rendu populaire ce fait d'armes isolé qui transfigure la défaite de Sedan. Robert Debré, né à Sedan en 1882, fils d'un rabbin alsacien qui avait opté pour la France, raconte dans *L'Honneur de vivre* : « Mon père me conduisait volontiers dans la campagne des environs. Nous allions jusqu'à Balan et à Bazeilles où l'on visitait " la maison des dernières cartouches " telle qu'elle était après la bataille. Une reproduction du tableau d'Alphonse de Neuville me fut donnée alors et soigneusement encadrée. [...] Cette vision s'est définitivement fixée dans ma mémoire et j'en ai retrouvé les moindres détails. »

À côté d'Alphonse de Neuville, il faut citer les noms d'Edouard Detaille et d'Aimé Morot (la charge du 3ᵉ cuirassier à Reichshoffen). Alphonse de Neuville est resté le plus connu. Chaque année, il expose au salon. Après avoir représenté les victoires de Crimée et d'Italie, il a, dans les années 1870, traité divers épisodes de la guerre franco-allemande : *Une tranchée sous Paris, Bivouac devant Le Bourget* sont inspirés par son expérience personnelle de garde mobile. Plusieurs toiles évoquent les combats de Lorraine : *Surprise aux environs de Metz, Passerelle de la gare de Stiring, Panorama de Rezonville*. La plus célèbre est *Le Cimetière de Saint-*

Privat à tel point que, sur le tombeau de l'artiste, on a
sculpté la porte du cimetière de Saint-Privat. Beaucoup de
tableaux de Neuville ont été répandus sous forme de gravures bon marché. À la fin de la vie du peintre, il semble
que le public soit quelque peu lassé de ces scènes militaires
et souhaite autre chose. Neuville remarque : « Il me revient
de divers côtés que l'on trouve que je m'attarde bien longtemps sur la triste guerre de 1870-71, que les souvenirs sont
bien effacés. Je sais qu'il est facile, sur le boulevard, de ne
plus penser à tout cela! » Devant l'oubli qui vient, l'ancien
combattant du siège de Paris se redresse : « Quoi qu'on en
dise, nous n'avons pas été vaincus sans gloire! »

Si les grands tableaux militaires trouvent moins d'amateurs, les images continuent de se vendre, en particulier
celles de l'Imagerie Pellerin d'Épinal qui avait contribué à
diffuser la légende napoléonienne. Elle sort, quelques mois
après les événements, une série de gravures coloriées représentant les principales batailles. Ces images ont fait l'objet de
multiples tirages et restent disponibles jusqu'en 1914. Examinons la représentation de la bataille de Gravelotte
(16 août 1870), la seconde des batailles autour de Metz.
L'impression générale est celle d'une offensive française
débordante qui refoule sur la gauche les soldats prussiens.
Les Français occupent au moins les trois quarts du premier
plan. À droite, on remarque l'infanterie française sur les
rangs de laquelle vient se briser une charge de cavalerie
prussienne. À gauche, les cuirassiers français s'élancent,
sabre au clair, entraînés par un officier. Les Prussiens culbu-
tés sous la violence de la charge se défendent, la baïonnette
au canon; on pressent qu'ils vont fléchir et que les nôtres
l'emporteront bientôt; la bravoure française s'inscrit dans la
dynamique de l'image. Ni dans l'image ni dans la légende,
rien ne suggère la faute fatale du commandement de
Bazaine qui avait laissé le champ de bataille à ses adversaires, leur permettant de se ressaisir.

Aucune de ces gravures ne prétend reconstituer la réalité
des combats; ce sont des interprétations. Seuls, les uniformes, les couleurs, les coiffures sont reproduits avec une
exactitude scrupuleuse; le casque à pointe identifie le Prussien, le képi et le pantalon rouge, le Français. La légende est

un récit héroïque qui fait corps avec l'image qu'elle explique, commente, et souligne. Elle fait appel à l'imagination et à la sensibilité; elle invite naturellement à admirer et peut-être plus tard, à imiter des hommes ordinaires qui, ce jour-là, se sont dépassés. Du grognard de la Grande Armée au moblot du siège de Paris, le lien naturel est la bravoure. Le soldat français est le personnage central de l'image; il est courageux, intrépide; « héroïques soldats », « braves turcos », « braves cuirassiers », lit-on dans les notices.

Le soldat de 1870 est fier de ses chefs dont le nom est mentionné avec respect. Les ordres sont exécutés sans murmure, les officiers paient de leur personne et, entraîneurs magnifiques et téméraires, ils se portent sans peur en avant : « Électrisés par la voix de leur général, ces braves soldats s'élancèrent à la baïonnette et, par exemple de furia francese, mirent bientôt en fuite les Bavarois », lit-on dans la notice de la bataille de Coulmiers. Cette confiance absolue explique pourquoi le soldat accepte de faire sans murmure le sacrifice de sa vie : « La charge sonne, les escadrons frémissent et s'ébranlent, ces braves cuirassiers sachant d'avance qu'ils marchent à leur mort, s'élancent contre l'infanterie et l'artillerie prussiennes. » Pourtant, il faut bien expliquer les défaites. À Gravelotte, l'auteur invoque l'infériorité numérique : « Gravelotte, quoi qu'il en soit, cette sanglante bataille fait le plus grand honneur aux soldats français qui, comme dans tant d'autres luttes, ont combattu un contre trois. » Arithmétique militaire totalement fantaisiste! L'honneur cependant est sauf. Que peuvent les braves Français devant des « positions formidables », des « forces imposantes » ? Ils se battent et ne succombent qu'après plusieurs heures de combats acharnés, se retirant sans céder à la débandade, à la panique, à la fuite. L'exploit individuel anonyme est fréquent. À Saint-Privat, « un dragon, au plus épais de la mêlée, reçoit cinq coups de sabre sur la tête; son casque est tombé, le sang ruisselle et lui inonde la figure, il continue à combattre; lui et son cheval font des trouées dans les rangs prussiens et son sabre s'enfonce dans les poitrines des ennemis ». Le mâle courage s'est incliné devant la supériorité de l'artillerie prussienne « formidable artillerie », « fusillades et canonnades des plus meurtrières », « vingt-quatre pièces de canons », « les obus pleuvaient par centaines. »

Finalement, la bravoure estompe la défaite : « Reischoffen, mille fois honneur aux cuirassiers français. » Sur ce champ de bataille, les intrépides cuirassiers ont été les dignes émules de leurs devanciers d'Eylau et de la Moskova. La filiation est établie avec l'épopée impériale ; l'image est construite sur un système de valeurs et de références qui transfigure le réel et donne aux combats une dimension épique.

Les écrivains intègrent très vite la guerre, soit qu'ils l'aient eux-mêmes faite, soit qu'ils en aient été les témoins. Nous ne reviendrons pas sur les grands, Renan, Taine, Fustel de Coulanges ni sur les réflexions que leur inspirent le destin de la France et l'avenir de la civilisation. Parcourons la poésie, les chansons, les nouvelles, le roman : la guerre est là, tragique et douloureuse, héroïque et dramatique. Dans *Le Dormeur du val*, Arthur Rimbaud évoque le jeune homme innocent fauché dans la fleur de l'âge. De multiples poésies et chansons traitent le thème du jeune homme victime d'une balle perdue ou de la barbarie prussienne, pleuré dans la dignité par sa vieille mère et sa douce fiancée. Le combattant héroïque, la charge désespérée des cavaliers, la hardiesse du franc-tireur, voilà les thèmes courants assurés du succès. Les deux mots les plus employés sont « devoir » et « sacrifice ». Les soldats qui « ont méprisé le Dreyse et les canons, [...] ces nobles cuirassiers [...] jeunes, grands et beaux [...], ces guerriers fabuleux ayant au pied des ailes » ont effacé la trahison. Cette transfiguration héroïque qui transforme la défaite en victoire morale est dominante mais pas générale. Joris-Karl Huysmans raconte de façon très terre à terre son expérience de garde mobile dans *Sac au dos*, un récit réaliste de son passage au camp de Châlons. Guy de Maupassant, dans *L'Horrible*, fait le récit de la retraite en Normandie. « La terre était couverte de neige. La nuit tombait. On n'avait rien mangé depuis la veille. On fuyait vite, les Prussiens n'étaient pas loin. [...] Nous allions toujours, glacés jusqu'aux moëlles, [...] écrasés par le chagrin, par la défaite, par le désespoir, surtout étreints par l'abominable sensation de l'abandon, de la fin, de la mort, du néant. »

Dans un autre registre, les *Contes du Lundi* d'Alphonse Daudet associent le comique et la nostalgie. Les activités burlesques de la compagnie des francs-tireurs de Tarascon font rire; on est si loin des Allemands qu'il est presque impossible de prendre la guerre au sérieux. Avec *La Dernière Classe*, l'atmosphère devient plus grave. Nous sommes dans un village d'Alsace. La germanisation de l'école va commencer et le maître fait gravement, sérieusement sa dernière leçon de français. En filigrane se profile l'attachement inébranlable de l'Alsace et des Alsaciens à la langue et à la culture françaises. Pendant deux générations, ce récit a été lu et expliqué à l'école primaire et a contribué à maintenir vivant le mythe de l'Alsace française. Le premier auteur important à avoir volontairement intégré 1870 dans un cycle romanesque est Émile Zola. *La Débâcle* paraît en 1892, soit vingt ans après les événements. C'est la bataille de Sedan qui est au cœur de son récit. Zola s'est soigneusement documenté : visite des lieux, interrogation de multiples témoins. Aujourd'hui encore le livre frappe par sa précision, sa capacité d'évocation. Dès sa parution, il est violemment attaqué; on reproche à l'auteur son ignorance et l'insistance qu'il met à décrire le processus de désintégration militaire et psychologique. Alors que la commémoration transfigure la défaite, Zola met l'accent jusqu'à la caricature sur ce qu'on appellerait aujourd'hui l'une des manifestations du mal français. Quand on a vécu d'autres débâcles plus terribles que celle de 1870, les outrances de Zola paraissent bien timides. Elles ont tellement choqué que l'écrivain est apparu comme antipatriote et antimilitariste. On ne comprendrait ni ses prises de position ni les haines dont il a été l'objet lors de l'affaire Dreyfus sans les polémiques consécutives à *La Débâcle*. En fait, Zola a été attaqué parce qu'il était en contradiction avec l'interprétation majoritaire des Français : la guerre avait été perdue parce que les Français avaient succombé sous le nombre et parce qu'ils avaient été mal préparés par l'empire. Certes, Émile Zola accable l'empire, et bien des détails puisés dans des souvenirs publiés ou dans des informations recueillies sur place ou auprès de témoins oculaires peuvent être recoupées. Mais, en remettant en cause la légende héroïque, Zola se place en porte-à-faux et apparaît – ce qu'il ne voulait pas être et n'était pas – comme un adversaire de l'armée.

Associations et souvenir

Le phénomène associatif est précoce et massif en Allemagne. Les amicales régimentaires pullulent et accueillent tous les anciens de l'unité, pas seulement les combattants de 1866 et de 1870. Les associations d'anciens combattants se fédèrent au niveau des États puis au niveau du Reich dans la *Kyffhäuserbund Kriegerverband* qui dispose de puissants moyens et du concours actif des pouvoirs publics et des autorités militaires intéressées au premier chef. L'Association allemande des combattants (*Deutscher Kriegerbund*) essaime en Alsace-Lorraine en 1874 avec de multiples *Kriegervereine* locales. La fondation de l'Association pour l'ornementation et l'entretien des tombes militaires et des monuments de Metz et des champs de bataille est un moment décisif car cette société locale sert d'organe de liaison entre les pouvoirs publics, les autorités militaires et les municipalités. Sous son actif patronage, se multiplient les initiatives.

Du côté français, les amicales régimentaires se fondent souvent vingt à vingt-cinq ans après celles des Allemands. Elles organisent le banquet annuel, participent aux obsèques des vétérans, au mieux publient un bulletin ou un historique du régiment. Pour trouver des organisations capables d'initiatives, il faut attendre la fondation de l'Association des anciens combattants de Gravelotte et de l'armée du Rhin. Elle est fondée en avril 1888. Sa devise révélatrice est la suivante : « Patrie, Souvenirs, Espérance. » Le Souvenir français, fondé en 1887 par l'Alsacien Xavier Niessen et le Messin Victor Flosse, n'est pas à proprement parler une association d'anciens combattants. Ouvert à tous, le Souvenir français se fixe comme objectif l'entretien des tombes militaires. Avec les années, il élargit le cadre initial de sa mission et s'intéresse à tout ce qui se passe dans les provinces perdues. Il bénéficie de la sollicitude des républicains car il ne s'est pas laissé entraîner dans le sillage du nationalisme. Il est reconnu d'utilité publique en 1906. Le Souvenir français est à l'origine de nombreux monuments, principalement des monuments aux morts dans l'Est, la région parisienne, les pays de Loire. D'autres associations sont plus modestes ; par exemple, celle qui rassemble à partir de 1893 les anciens mobiles de la Savoie et de la Haute-Savoie. Un groupe de survivants a décidé de convoquer une réunion pour renouer des liens bien affaiblis. Après la messe, les mobiles défilent le clairon en tête. Celui-ci retrouve son chef, le marquis de Costa. Le journaliste note : « Il l'étreint en pleurant, il lui rappelle que tous deux ont été blessés ensemble. [...] La foule s'est respectueusement découverte. » On pourrait citer beaucoup d'autres exemples. Ce qui est frappant, c'est le décalage entre les événements et la fondation de l'association. Vingt, vingt-cinq ans, parfois plus.

La célébration du souvenir s'insère dans un calendrier dont l'anniversaire est le point central. Certains millésimes, comme le vingt-cinquième anniversaire en 1895, le quarantième en 1910, ont été entourés d'un éclat particulier avec des manifestations étalées sur plusieurs jours.

Une fois fixée, la cérémonie demeure stable. En France, c'est souvent un prêtre qui a pris la première initiative, construit ou aménagé l'église ou la chapelle. Il est le gardien du souvenir, le gardien des lieux, le point fixe autour duquel tout s'organise. Dans les localités républicaines où l'esprit laïc s'est imposé, ce sont les municipalités qui, avec l'aide des associations et de l'armée, organisent des cérémonies. Dans ce cas, il est rare que le prêtre soit exclu ou s'il l'est temporairement lors des événements de la séparation, il reprend sa place naturelle dès que l'apaisement survient. Le prêtre et le soldat sont les officiants naturels du culte du souvenir. La patrie est au-dessus des divisions entre Français.

Parmi les cérémonies françaises, la journée du 16 août à Mars-la-Tour est l'une des plus connues. Dans cet humble village qui devient le lieu sacré français par excellence, tout est réuni : un vaste champ de bataille, un cimetière où reposent plusieurs milliers de soldats, un musée où sont rassemblés portraits, uniformes, armes et trophées, un monument imposant avec des bas-reliefs sculptés. Pendant des années, Mars-la-Tour a attiré des foules considérables. On vient de très loin en famille pour retrouver amis et parents venus de Metz et des villages du pays messin, car plusieurs milliers de personnes franchissent ce jour-là la frontière pour se retremper dans une atmosphère française. La cheville ouvrière est le curé du lieu, Joseph Faller, le fils d'un serrurier messin que la République finira par décorer de la Légion d'honneur. L'armée assiste ès-qualité ; les autorités civiles sont discrètes, les hommes politiques sont invités à titre personnel. La journée commence par une messe solennelle ; comme l'église est trop petite, la foule stationne à l'extérieur. Parfois l'office est célébré en plein air. Puis un cortège se forme, mi-procession, mi-défilé, le clergé précédant les militaires et la foule. On se dirige vers le monument décoré pour la circonstance et entouré de troupes en armes. Une sonnerie annonce la bénédiction en l'honneur des morts qui reposent dans la crypte. L'invité d'honneur parle le dernier. Mgr Turinaz y a prononcé quelques-uns de ses « sermons patriotiques ». Sur un tableau souvent reproduit, le peintre Monchablon a représenté l'évêque revêtu de ses ornements sacerdotaux s'adressant, le visage inspiré, à une foule immense ; à gauche de l'estrade un vieux général, le visage creusé, à droite deux officiers plus jeunes, ce sont les fils du général Durand blessé mortellement à Doncourt. Près des soldats, une Alsacienne et une Lorraine en habits de deuil symbolisent les provinces perdues ; à l'arrière-plan, une foule indistincte se tient devant le monument et agite une forêt de drapeaux. Aux yeux des Allemands, Mgr Turinaz est non seulement l'évêque de la frontière mais celui de la revanche. L'après-midi est consacré à la visite du champ de bataille ; certains passent la frontière et foulent le territoire annexé ; on regarde les défilés et les parades, on écoute les musiques militaires. Chacun rentre chez soi. Aller à Mars-la-Tour n'était pas seulement un pèlerinage du souvenir, c'était aussi une façon de nourrir l'espérance.

Les rites allemands sont proches de ceux des Français : mêmes lieux de culte, mêmes dates anniversaires. Toutefois, l'espace géographique de la célébration est obligatoirement limité aux champs de bataille d'Alsace et de Lorraine. Les pouvoirs publics, l'armée, les associations d'anciens combattants prennent les choses en main par rapport aux initiatives privées secondaires et toujours subordonnées. Dans les cas exceptionnels, l'empereur Guillaume II se déplace en personne; habituellement, il est toujours représenté.

Le volet religieux se déroule principalement au temple où le pasteur militaire luthérien est l'interprète habituel auprès du Très-Haut, des prières de la nation allemande, mais un « service divin », comme on disait alors, est célébré aussi par les autres cultes reconnus, à l'église catholique et à la synagogue. L'Empire allemand est un État chrétien, comme le rappelle la fameuse invocation « *Gott mit uns* » (Dieu avec nous) qui a eu le don d'irriter tant de Français. Le cérémonial militaire est plus complexe que celui observé en France car l'armée tient dans l'État la première place. L'empereur lui-même est un soldat. La fête militaire débute la veille par une retraite aux flambeaux dans les rues de Metz; le matin, après le service divin à l'église de la Garnison ou en plein air, on se rend sur le plateau de Gravelotte où se déroulent des défilés et des parades. Devant les monuments, sonneries et discours accompagnent le dépôt des couronnes de lauriers; la partie musicale – chants patriotiques par des chorales, exécution de morceaux du répertoire par les musiques militaires – est beaucoup plus développée qu'en France.

La commémoration peut être indépendante du lieu des combats. Chaque année l'empire célèbre en grande pompe dans les casernes et les écoles le jour de Sedan (*Sedantag*), ce jour de victoire décisive, ce jour fondateur du Reich allemand. Cette autocélébration de la puissance militaire et du génie des généraux de 1870 entretient des sentiments de fierté et de gloire chez les écoliers et les soldats qui font leur service. Chez les chefs militaires, le cas de Sedan nourrit les projets de manœuvre et les réflexions stratégiques. Dans l'hypothèse d'une nouvelle guerre, l'armée allemande doit être en mesure d'imposer la bataille décisive celle qui acculerait les Français à un nouveau Sedan. De leur côté, les Français vivent dans la hantise d'un second Sedan et il faut tout faire pour l'éviter.

Dans tous les discours commémoratifs, la mort est présente, elle est interprétée et transfigurée. Le thème le plus fréquent est la mort héroïque du combattant blessé mortellement au cœur de la mêlée. Il a accompli son devoir jusqu'au sacrifice de sa vie. Les deux mots clés sont « devoir » et

« sacrifice ». Ces soldats héroïques qui ont méprisé le Dreyse et le canon, ont effacé toutes les lâchetés et toutes les trahisons ; ils sont des exemples pour les générations futures. Le turco anonyme de Chanteau, dont la tombe a été restaurée par le Souvenir français, aurait arrêté à lui seul près d'Orléans, tout un régiment allemand. Le général de Sonis, blessé à Loigny à la tête des zouaves pontificaux est devenu un héros mutilé, un exemple vivant de courage, de dignité, d'esprit de sacrifice. Sa légende dorée s'explique très aisément. Plus les années passent, plus la rhétorique héroïque se donne libre cours : « Ces nobles cuirassiers [...], jeunes, grands et beaux, ces guerriers fabuleux ayant au pied des ailes [...] les pantalons rouges, les bleus chasseurs d'Afrique. » Les vaincus eux-mêmes sont transfigurés.

Terminons par un exemple : en 1895, l'archiprêtre de la cathédrale de Saint-Dié, Brignon, et le député des Vosges Camille Krantz évoquent à Nompatelize (Vosges) la bataille dont ils furent les témoins. L'archiprêtre rappelle : « Je vois encore ce repli de terrain où son artillerie enfantine répondait fièrement de ses deux pièces de quatre à l'artillerie formidable qui avait bombardé Strasbourg et fait brèche à ses remparts. Je vois ces soldats improvisés, arrachés depuis deux mois à leur famille et à leurs ateliers, sachant à peine manier leur arme, tenant en échec, toute une journée, une armée aguerrie, disciplinée, victorieuse, rompue au métier et aux fatigues de la guerre. » Krantz évoque la figure d'un héros, le capitaine Schoedelen : « Debout au milieu des tirailleurs couchés, il s'offrait en cible vivante aux balles prussiennes. Une première balle l'atteint au front, il n'en a cure ; bientôt la seconde lui casse le coude, il refuse d'aller se faire panser à quelques mètres à l'arrière, met tranquillement son bras en écharpe et demeure impassible à son poste, une troisième balle enfin le couche à terre grièvement blessé [...] C'est là qu'il est surpris par l'ennemi vainqueur ; il est en habits civils, n'ayant pas pris le loisir depuis Sedan de revêtir l'uniforme : les Allemands l'achèvent sans pitié. »

Du côté allemand, le discours commémoratif insiste sur la victoire, victoire due au courage des combattants allemands aussi bien qu'à la supériorité des chefs, aux qualités d'organisation et de cohésion du peuple allemand. Les Français sont courageux certes, mais aussi légers, inconstants, indisciplinés. Sur les champs de bataille, il y avait des Prussiens, des vieilles et des nouvelles provinces, des Bavarois, des Wurtembergeois, des Saxons, des Hessois, etc. Ils se sont comportés en Allemands. Le discours commémoratif est respectueux des particularismes et des traditions; il est en même temps unitaire, il contribue à justifier l'ordre politique nouveau, celui pour lequel les héros de Gravelotte et de Saint-Privat sont morts, celui de l'empire (Reich) et de la patrie (Vaterland). Le sacrifice de la garde prussienne a été l'une des matrices de l'unité nationale. C'est pourquoi le discours sur 1870 a une force politique, celle de rappeler aux générations nouvelles l'œuvre des fondateurs de l'empire et de légitimer le culte de l'empereur. L'empereur est d'abord un soldat victorieux. Dans les écoles primaires, les événements de 1870 sont enseignés comme l'aboutissement logique de l'histoire. Guillaume Ier, Bismarck et Moltke entrent de leur vivant dans la galerie des héros germaniques; ils accomplissent ce que Charlemagne et Frédéric Barberousse avaient entrevu. À côté de ces grands noms, la foule des soldats anonymes, ceux qui ont péri sur les champs de bataille, ne doit pas être oubliée. Mieux que les discours, les poésies peuvent fixer dans les mémoires leur souvenir. Dans les livres de classe, les poèmes de guerre figurent en bonne place. L'un des plus significatifs est *La Trompette de Vionville* de Ferdinand Freiligrath :

> *Ils ont craché la mort et le malheur*
> *Nous ne l'avons pas toléré.*
> *Deux colonnes d'infanterie, deux batteries*
> *Nos chevaux les ont culbutées.*

> *Ce fut une chevauchée sanglante*
> *Sans doute ils cédèrent sous nos coups*
> *Mais les deux régiments chevauchant au combat,*
> *Un homme sur deux est resté.*

> *Poitrine transpercée, front béant*
> *Blêmes, ils gisaient sur l'herbe*

Emportés dans la force de la jeunesse!
Allons trompette, sonne le rassemblement!

Et il prit la trompette, et il souffla,
Alors la vaillante, éclatant de colère
Qui nous avait conduits au merveilleux combat
La trompette avait perdu sa voix.

Seule une sourde plainte, un cri plein de douleur
Jaillit de l'embouchure;
Une balle avait traversé son métal:
La blessée gémissait sur les morts!

En France, les *Chants du soldat* de Paul Déroulède sont de la même veine. Ils ont connu un succès durable et de multiples rééditions. Ces poèmes sont éliminés des manuels de l'école publique sur l'intervention de Jules Ferry. Jusqu'en 1918, on les trouve dans les recueils en usage dans les écoles catholiques.

Les services commémoratifs montrent l'étroite imbrication du militaire et du religieux. À cette époque le prêtre et le soldat sont toujours associés. En Lorraine annexée, la plus connue de ces manifestations, au cours de laquelle Maurice Barrès place la scène centrale de son récit *Colette Baudoche*, est une messe en l'honneur des soldats français morts sous Metz, célébrée à la cathédrale de Metz le 8 septembre de chaque année. Un groupe de femmes, les Dames de Metz, veille à l'accomplissement du vœu de Mgr Dupont des Loges. La liturgie et les prières sont celles des morts; les officiants sont revêtus d'ornement noirs; dans le chœur, un catafalque recouvert d'un drap noir et décoré d'un drapeau tricolore, rappelle les disparus. Les Allemands ont toléré cet office jusqu'en 1914 sans être jamais dupes de sa signification politique.

En France, dans les cérémonies religieuses de ce type, les militaires sont aux places d'honneur, des drapeaux tricolores voilés de crêpe entourent le catafalque; les anciens combattants ont revêtu leurs vieux uniformes; clairons et tambours exécutent des sonneries. Le sermon qui appelle à la paix et à l'espérance a une note patriotique plus ou moins accentuée. Au plus fort des luttes anticléricales, on souligne avec force que la patrie est au-dessus des conflits présents. C'est autour d'elle que se rétablit l'unité menacée. Au-delà des divergences politiques, le souvenir de 1870 auquel se rattache le culte des morts est l'un des facteurs de cohésion de la communauté nationale.

Les enterrements d'anciens combattants entrent aussi dans la liturgie du souvenir. En France et en Allemagne, l'église ou le temple sont décorés à cette occasion de drapeaux et d'oriflammes; musique et sonneries évoquent une atmosphère guerrière.

Témoignages et récits militaires

C'est là un domaine à peine exploré que j'évoque ici de façon plus intuitive que scientifique. Tant en France qu'en Allemagne, plusieurs milliers de titres ont paru; 1870 a été longtemps une valeur sûre pour les maisons d'édition.

Comme pour les œuvres littéraires, il faudrait connaître leur tirage et apprécier leur diffusion. Il y a des milieux qui sont plus sensibles que d'autres, en priorité les familles militaires et les anciens combattants. En 1910, soit quarante ans après les événements, ces derniers qui ont entre soixante et soixante-dix ans sont encore assez nombreux pour être des acheteurs potentiels. Les publications et les catalogues des libraires montrent qu'il existe un public intéressé. De toute façon, il serait dangereux de raisonner uniquement en termes d'achat. Mais a-t-on les moyens d'apprécier la lecture et l'imprégnation des esprits?

Comment le souvenir de 1870 a-t-il été maintenu, réveillé, infléchi, déformé par la masse de ces publications? Il n'y a pas une réponse unique mais des réponses, variables selon les milieux, les générations, les préoccupations. La question ne se pose pas dans les mêmes termes en 1875 et en 1910. Plus on s'éloigne de l'événement, plus l'enseignement est le vecteur du souvenir.

Le récit officiel du grand état-major allemand est une imposante publication très vite rédigée qui paraît à partir de 1875, un ensemble précis, méthodique, détaillé des opérations dans une perspective allemande. Traduit en français, c'est un ouvrage de bibliothèque, de consultation et de référence. Du côté français, aucun livre semblable n'a été rédigé. La seule publication d'envergure est le récit, honnête et complet, du lieutenant-colonel Léonce Rousset paru entre 1904 et 1910. Les ouvrages des généraux Bonnal, Foch, Lehautcourt sont plus techniques et du style de ce qui s'élabore à l'École de guerre.

Les grands chefs et la plupart des généraux ont publié, sinon des mémoires dignes de ce nom, du moins des livres sur les combats qu'ils ont dirigés ou auxquels ils ont été mêlés. Ils décrivent les opérations avec un luxe de détails dans lesquels leurs anciens soldats pourraient éventuellement se retrouver et qui les rendent depuis longtemps totalement illisibles. Ils restent précieux pour les documents qu'ils renferment, les notes d'atmosphère et le souci d'autojustification qui les animent. Les Mémoires de Moltke, écrits dans l'extrême vieillesse (en 1888), avec le récit de l'état-major à portée de main, sont l'un des rares ouvrages de ce type à apporter une vue d'ensemble. Il a tendance à voir la guerre plus rationnellement qu'elle ne s'est déroulée en réalité. Rappelons que, sauf pour Sedan et le siège de Paris, Moltke n'a pas été un témoin oculaire des combats. Le document le plus intéressant est le *Journal intime* au jour le jour de Bronsart von Schellendorf, l'un des « demi-dieux » de l'état-major allemand. Sa publication posthume (en 1954) est passée inaperçue.

Jusqu'en 1914, de nombreux officiers ont apporté leurs témoignages. Une foule de livres de valeur et d'intérêt inégaux ont été publiés sur les combats en Alsace, les sièges de Metz et de Paris, les combats sur la Loire, etc. Les éditeurs spécialisés dans ces publications ont des catalogues très fournis. C'est le cas en France de Berger-Levrault, Lavauzelle, Chapelot, Le Dentu, etc.

Dans les grandes revues comme la *Revue des Deux Mondes*, la *Revue de Paris*, *Le Correspondant*, les récits de guerre et les considérations politiques et militaires abondent. Il en va de même dans les journaux. À l'occasion des anniversaires et des commémorations, on trouve des articles très détaillés, des récits, des témoignages parfois inédits. Ce qui compte, c'est moins l'originalité que la reprise, la répétition, l'insistance. À tout propos, dans les régions de l'Est, les journaux reviennent sur 1870. Par exemple, au début de 1914, *L'Est républicain* (Nancy) publie en feuilleton pendant près de deux mois les bonnes feuilles d'un ouvrage d'Émile Chantriot sur *L'Occupation allemande en Lorraine*.

On pourrait citer beaucoup de titres. Retenons simplement entre les mémoires, les témoignages et l'histoire, les récits de Dick de Lonlay remarquablement illustrés, riches en anecdotes pittoresques ou tragiques, ils sont agréables à lire, ont eu un succès populaire durable et mérité. Jusqu'en 1914, le nombre de ces volumes publiés s'accroît sans cesse : des capitaines de mobiles, des lieutenants de zouaves, des aumôniers, des prisonniers rédigent leurs souvenirs ou reconstituent le journal de marche de leurs unités. Parfois des enfants publient des lettres de guerre de leur père. Ces témoignages parcellaires, souvent truffés d'erreurs et d'approximations, apportent des détails irremplaçables. C'est la guerre vue d'en bas au niveau du combattant, les marches, les bivouacs, la réception et l'exécution des ordres. Les soldats dorment, mangent, attendent, se battent, sont parfois blessés ou faits prisonniers. La souffrance et la mort, la pluie et le froid, le contact avec les civils, la rencontre de l'ennemi, toutes ces données font le quotidien de la guerre.

Pour les livres de guerre, il y a deux publics nationaux distincts, l'un français, l'autre allemand; chacun d'eux n'a ni les mêmes attentes ni les mêmes préjugés. C'est pourquoi la plupart de ces livres n'ont pas été traduits, à part quelques ouvrages techniques allemands destinés aux spécialistes militaires. Parmi ceux qui ont été proposés au public français, relevons les Mémoires de Moltke, le livre de Colmar von der Golz sur *Gambetta et ses armées*, quelques brochures du journaliste et critique militaire Carl Bleibtreu qui amorce une critique prudente de la personnalité et du rôle de Moltke et les chroniques de Frœschwiller du pasteur Klein. La première édition allemande publiée en 1876 a un succès considérable et a de multiples rééditions. Trois éditions françaises paraissent sous le titre de *La Chronique de Frœschwiller. Scènes vécues*; la dernière est tirée en 1914. Toute une recherche serait à entreprendre sur les traductions allemandes d'ouvrages français; signalons à titre d'exemple que le *Journal* de Paul Déroulède publié en 1876 a été traduit en 1907.

Enfin, le tourisme militaire devient en Allemagne un fait social auquel s'intéressent naturellement les éditeurs. Les associations d'anciens combattants organisent des pèlerinages sur les champs de bataille, principalement en Alsace-Lorraine. Quelques-uns se sont hasardés en Bourgogne, sur la Loire et aux alentours de Paris. Les guides des champs de bataille avec croquis et cartes apparaissent vers 1890-1900 d'abord en allemand, puis en français; c'est le début d'un genre promu ultérieurement à une étonnante fortune...

Vingt-cinq ans après. Quarante ans après

Le vingt-cinquième anniversaire est célébré avec un éclat particulier. Des milliers de vétérans accourent de toute l'Allemagne pour entourer Guillaume II venu inaugurer à Gravelotte la Halle du souvenir et son musée édifié grâce à une souscription nationale. A quelques kilomètres de Mars-la-Tour, Gravelotte devient le lieu sacré allemand. En 1897, le centenaire de la naissance de Guillaume Ier est célébré; à cette occasion, on plante un jeune chêne choisi dans le *Saxenwald*, la forêt donnée en 1871 à Bismarck au nom de la nation allemande reconnaissante.

En France, il y a de nombreuses manifestations autour de Paris. C'est à Belfort que la cérémonie a le plus d'éclat. Les anciens mobiles du Rhône, de Haute-Saône et de Saône-et-Loire, de Haute-Garonne sont venus nombreux ainsi que des Alsaciens. Le maire républicain de Belfort rappelle le souvenir de Denfert et la résistance de la forteresse, « un rayon lumineux » sur le fond sombre de l'histoire de la guerre de 1870-1871. Il souligne que la France s'est redressée et que ce redressement est dû à la République. « Le gouvernement de la République a réparé tous les désastres, scellé une indissoluble alliance avec une grande et chevaleresque nation, organisé une armée nationale prête à défendre le sol sacré de la Patrie, et à repousser l'envahisseur. » Il n'est plus question de revanche. En dehors des jours anniversaires, la ferveur commémorative décline. On

élève encore quelques monuments nouveaux : celui de Chagny rappelle les combats sur la Lisaine, celui de Fontenoy-
sur-Moselle, la destruction par les francs-tireurs du pont de
la voie ferrée Paris-Strasbourg. Ce dernier est inauguré en
1898 par l'évêque de Nancy, Mgr Turinaz, en présence de
15 000 personnes.

La lecture des journaux apporte quelques éléments sur le
nombre de participants, sur le degré de ferveur, rarement
sur leur indifférence. Il semble évident qu'à la fin des
années 1890, en France comme en Allemagne, on remarque
une baisse de la fréquentation. Le chanoine Collin, le directeur du *Lorrain*, journal catholique de langue française,
publié à Metz, dont l'une des fonctions a été de rallumer la
flamme, fait en 1901 des commentaires désabusés : « Les
souvenirs de 1870 sont devenus un sujet presque banal ; on a
tant parlé, tant écrit, tant pleuré sur les jours dont nous
allons célébrer silencieusement le triste anniversaire, qu'il
ne reste vraiment rien de nouveau à dire [...] on dirait qu'un
siècle a passé sur ces événements. [...] La patrie, c'est bon
pour les réunions publiques et pour les fêtes, mais on ne
rêve plus autant qu'autrefois à l'amère joie de donner sa vie
pour elle. [...] Les peuples apaisent leurs rancunes [...]
trouvent peu à peu les moyens de s'entendre et finissent par
confondre certains de leurs intérêts, comme ils viennent de
le faire en Chine. » (Allusion à l'expédition européenne de
Pékin sous le commandement du maréchal allemand Waldersee.) Bien que la désaffection soit réelle, il serait prématuré de conclure que le temps de l'oubli est venu. Durant ces
années de latence et de désenchantement, la transmission du
souvenir continue. À l'école, à l'armée, les générations nouvelles reçoivent une formation.

Les familles sont un autre lieu privilégié de la transmission orale. Les mémoires familiales des méfaits de l'occupation, des souffrances des sièges, de la barbarie prussienne
restent intactes et inépuisables. Les récits de 1870 ont impré-
gné la jeunesse de nombreux Français. C'est le cas dans la
famille de Charles de Gaulle où la guerre franco-allemande
avait laissé une profonde empreinte. Dans la première page
de ses *Mémoires de guerre*, Charles de Gaulle (né en 1890)
évoque cette imprégnation au sein du milieu familial :

« Rien ne m'émouvait autant que le récit de nos malheurs passés : rappel de mon père de la vaine sortie du Bourget et de Stains où il avait été blessé, évocation par ma mère de son désespoir de petite fille à la vue de ses parents en larmes : " Bazaine a capitulé ! " » Le jeune garçon est entré au collège ; il a appris l'histoire d'une façon plus systématique et avec passion. Déjà sa vocation militaire se dessine. L'un des premiers textes de la plume de Charles de Gaulle, resté inédit jusqu'à sa publication par son fils Philippe, est une composition d'histoire sur le traité de Francfort et ses conséquences. Nous sommes en 1905, l'année du discours de Tanger. Ce discours de Guillaume II est un coup de gong, il ouvre la première crise marocaine, première tension sérieuse entre la France et l'Allemagne depuis 1887. L'affaire finit par trouver une solution provisoire dans une conférence internationale. Elle n'en réveille pas moins les souvenirs de 1870. Ceux-ci épousent la courbe des relations franco-allemandes. Dans les phases de détente, les cérémonies commémoratives apparaissent des gestes de routine réservés aux vétérans et aux officiers et soldats venus en raison de leur fonction. On met l'accent sur l'apaisement, sur la paix. Guillaume II commande à un sculpteur de Kreutznach une œuvre l'*Ange de Gravelotte* qui symbolise cette aspiration. Il l'inaugure alors qu'à la suite du discours de Tanger les relations entre la France et l'Allemagne se sont dégradées.

Après 1905, la libéralisation de la vie publique dans les pays annexés va donner à la commémoration de 1870 une dimension et une audience que Bismarck n'aurait jamais tolérées. Grâce à une législation nouvelle, des associations françaises comme l'Association des anciens de Gravelotte et de l'armée du Rhin et le Souvenir français vont fonder en Alsace et en Lorraine des filiales qui ont un statut légal, recrutent des adhérents. Les plus actives d'entre elles est le Souvenir français dont Jean-Pierre Jean, un typographe de Vallières devient un animateur inlassable et va donner un nouveau souffle à la construction des monuments commémoratifs. Les Alsaciens-Lorrains annexés veulent avoir les leurs, distincts de ceux des Allemands. Le Souvenir français commence par collaborer avec les associations allemandes d'anciens combattants pour regrouper dans des cimetières les restes épars des soldats de 1870. Français et Allemands accomplissent ensemble ce « devoir sacré ». Lors des cérémonies qui l'accompagnent, les drapeaux des *Kriegervereine* s'inclinent près de celui du Souvenir ; des officiers allemands en uniforme sont là aux côtés de Jean-Pierre Jean et de ses amis. Enhardi par cette tolérance, celui-ci lance l'idée d'un monument en l'honneur des soldats français tombés à Noisseville ; il recueille le soutien des notables et obtient l'autorisation de Guillaume II. Le monument de Noisseville, dont la sculpture est due à Emmanuel Hannaux, est inauguré le 4 octobre 1908. C'est une date dans l'histoire de la Lorraine annexée. Une foule nombreuse, ardente et paisible a répondu à l'appel du comité ; quelques semaines plus tard paraît en librairie le « roman messin » de Maurice Barrès, *Colette Baudoche*, coïncidence qui n'est pas purement fortuite, car Maurice Barrès connaît, fréquente et apprécie le groupe qui a préparé Noisseville. Les thèmes qu'il a mis en perspective à l'intention du public sont certes ceux qui lui sont chers et qu'il a mûris au contact de ses amis messins. Le succès qu'il rencontre montre que le livre est accordé à une attente de l'opinion, à cette partie de l'opinion du moins qui a gardé la nostalgie des provinces perdues et qui croit en leur « fidélité inébranlable ».

Parmi les lecteurs immédiats du roman de Barrès, retenons un nom, celui de François de Wendel, maître de forges à Hayange (Lorraine annexée) et à Jœuf (Meurthe-et-Moselle). François de Wendel est un homme jeune – trente-cinq ans – ambitieux, qui aspire à de grandes responsabilités politiques et industrielles. Il a passé sa jeunesse à Hayange puis, comme ses deux autres frères, a demandé le permis d'émigration et s'est installé en France. L'évocation du milieu français de Metz, celui que reflète le journal messin *Le Lorrain* dont il est le soutien financier et le lecteur assidu, réveille ses nostalgies intimes et ses aspirations. Il a confié à son journal ces réflexions révélatrices : « Au plus profond que je me retrouve, avant tout et toujours dans mon cœur, c'est bien " la Revanche " ; c'est en vue de cela que petit garçon et jeune homme, je voulais devenir officier, passer par Saint-Cyr. C'est en vue de servir cette idée que, ramené par mes parents vers l'industrie, j'ai immédiatement tourné les yeux vers la politique. Au fond, la politique-parti m'indiffère, mes convictions sont tièdes, mais le but suprême, celui-là, je le suis bien. [...] Nous n'avons pas besoin des morts et des tombeaux pour nous émouvoir. Il nous suffit de voir les noms des villages et des positions sur lesquels nous pouvions et devions vaincre. » Contrairement à son collègue et rival, Camille Cavallier, qui conserve un souvenir très vif de la défaite et de l'occupation de Pont-à-Mousson, François de Wendel n'a pas vécu 1870 (il est né en 1874) mais par son milieu et ses activités industrielles quotidiennes, il est placé sur la frontière et son patriotisme s'enracine dans une méditation sur le drame de 1870. L'évocation littéraire rejoint et confirme des faits concrets vécus dans la vie quotidienne des gens qu'il fréquente et des entreprises qu'il gère.

Revenons à Noisseville, cérémonie qui a été soutenue par tous les notables, et parmi eux par Charles de Wendel, député au Reichstag, l'associé, le cousin germain et aussi le rival bientôt évincé de François. Noisseville a une suite et une signification que les Allemands ont vite comprise; parmi une population qui, dans la majorité, n'avait pas vécu les événements de 1870, le souvenir de la patrie perdue est lié à l'évocation de ses soldats. Des groupements du Souvenir français naissent un peu partout. L'« esprit de Noisseville » incorpore au « pieux devoir » dû aux morts, une note d'espérance et cette espérance est antiallemande.

Dans la foulée de Noisseville, Jean-Pierre Jean s'enhardit et, avec l'aide de ses amis alsaciens, il projette d'édifier un monument du même type à Wissembourg. Cette fois, les Allemands acceptent avec beaucoup de réticence et sont très vigilants lors des cérémonies d'inauguration. En contrepartie, ils demandent et obtiennent du gouvernement français l'érection d'un monument allemand à Mars-la-Tour mais ils doivent se résigner à une inauguration discrète, sans éclat guerrier.

Les cérémonies du quarantième anniversaire sont grandioses des deux côtés de la frontière; elles attirent de grandes foules. À Mars-la-Tour, c'est Raymond Poincaré, ancien ministre, sénateur de la Meuse, membre de l'Académie française, qui est l'invité d'honneur. Il était déjà venu à plusieurs reprises, accompagné de ses amis Alfred Mézières et Albert Lebrun. Le discours qu'il prononce commence par une note personnelle : « Ici, les Français dont l'enfance a été, comme la mienne, bouleversée par l'invasion, font un mélancolique retour sur eux-mêmes et se rappellent qu'ils ont grandi dans l'espoir d'une justice réparatrice, sentent mieux que le temps passe et qu'ils n'auront pas rempli leur destinée. » On perçoit un regret très vite tempéré : « La France veut sincèrement la paix, elle ne fera jamais rien pour la troubler, elle fera toujours pour la maintenir, tout ce qui sera compatible avec sa dignité. Mais la paix ne nous condamne ni à l'oubli ni à l'infidélité. » Au toast qui clôt le banquet, Raymond Poincaré conclut sur un ton plus politique : « Nous voulons une France forte, nous ne la séparons pas de la République qui désormais la personnifie, ni de l'armée qui a la charge sacrée de la défendre. » En Lorraine annexée, Guillaume II qui n'avait pu se déplacer, délègue ses pouvoirs au vieux maréchal Haeseler qui, en dépit de ses soixante-quinze ans passés, se dépense sans compter pour expliquer aux milliers de vétérans venus de toute l'Allemagne, les combats de 1870 auxquels il a participé et la protection de la marche de l'Ouest. À Belfort, le *Lion* est embrasé par des feux de bengale.

Quarante ans après, c'est le titre que Jules Claretie donne à un reportage sur les champs de bataille et le pays annexé. Le jeune journaliste aventureux est devenu administrateur de la Comédie-Française! À Mars-la-Tour où il est sacré « citoyen d'honneur », il prononce un petit discours dont j'extrais ces deux phrases : « Il est juste que ce nom belliqueux et fier retentisse comme un éveil de clairon [...] car on peut tout prendre à l'homme excepté l'espérance. » Ensuite, il se rend à Metz où il rencontre Jean-Pierre Jean, président du Souvenir français.

Dans ce contexte, l'abbé Pierre Weiter, professeur de religion au lycée de Metz, publie un livre intitulé *Le Drame de Metz* (1911). C'est un recueil de témoignages de soldats et de témoins, très concret, très poignant. C'est le siège au quotidien raconté par ceux qui l'ont vécu : l'interminable attente, la dissolution des énergies, l'humiliation de la capitulation, le départ vers la captivité, l'hiver 1870-1871 dans les camps allemands. L'ouvrage trouve un public puisqu'il faut faire trois tirages successifs. Il a été imprimé et vendu à Metz, à Metz ville allemande depuis quarante ans, à Metz dont la moitié de la population est d'origine et de culture allemandes. C'est un signe de l'intérêt persistant ou retrouvé pour les événements de 1870.

Un autre signe est la reprise de la construction des monuments commémoratifs. À Belfort, celui des *Trois Sièges* esquissé par Auguste Bartholdi, est achevé et inauguré en présence de nombreux Alsaciens. En Meurthe-et-Moselle, on inaugure ceux de Blâmont (1910), de Baccarat (1912), de Bosserville (1912).

À Valence, d'anciens mobiles inaugurent un monument sur lequel on peut lire la devise républicaine « vaincre ou mourir ». Les Phalsbourgeois de Paris, l'une des nombreuses associations d'Alsaciens-Lorrains de la capitale veulent commémorer le siège de 1870. Ils lancent une souscription et trouvent les fonds nécessaires pour élever à Phalsbourg un sobre monument de grès sur lequel se détachent les mots suivants « *Memoriam et Spem* » (Souvenir et Espérance). Au printemps 1914, un régiment d'infanterie de Westphalie installe à Saint-Privat un bronze représentant saint Georges terrassant le dragon.

Un autre signe du regain d'intérêt est la création d'une médaille commémorative. Réclamée depuis longtemps par les associations, le projet obtient l'approbation du Parlement en 1911. Le ministre de la Guerre Berteaux choisit une médaille de bronze : de face la République casquée ; au revers un trophée avec des drapeaux ; le ruban est vert rayé de noir ; l'inscription gravée « Aux défenseurs de la patrie » est apaisante alors que Maurice Barrès avait proposé, pensant aux vétérans alsaciens-lorrains, un revanchard « Souviens-toi ». Les autorités allemandes qui s'étaient émues d'un tel projet, décident d'être tolérantes à l'égard de la médaille officielle et se résignent à ce que des Alsaciens-Lorrains puissent la recevoir.

Au-delà des questions générales qui s'inscrivent dans le domaine des relations internationales, on comprend les raisons de l'irritation des autorités allemandes. À de multiples signes, elles sentent que la référence à 1870 est lourde d'hostilité. Au début de 1914 meurt le vieux chanoine Faller, gardien du pèlerinage de Mars-la-Tour. Les obsèques sont suivies par une foule impressionnante. Le coadjuteur de l'évêque de Nancy, Mgr Charles Ruch, officie. Ce fils d'Alsacien salue avec émotion les vertus du prêtre patriote ; il célèbre le culte de l'armée, facteur d'unité nationale. C'est un discours d'union sacrée avant la lettre. À une trentaine de kilomètres de là, la petite commune de Vry, au nord de Metz, est en fête. Après les vêpres, les 300 habitants assistent à la remise à sept d'entre eux de la médaille commémorative de 1870. Le maire, le curé, l'instituteur parlent avec discrétion mais leurs propos sont lourds de sous-entendus. Irrité depuis longtemps, Guillaume II ordonne l'interdiction du Souvenir français devenu entre-temps le Souvenir alsacien-lorrain ; des procès sont engagés contre Jean-Pierre Jean et ses amis. Dans le climat de tension entretenu par les débats sur la loi des trois ans du service militaire, l'utilisation anti-allemande du souvenir de 1870 éveille parmi les annexés des échos que les Allemands ne peuvent tolérer. Nous sommes en Lorraine annexée de langue française où la sensibilité est à fleur de peau.

La France peut-elle tourner la page ?

Le culte du souvenir est une chose, la politique en est une autre, les dirigeants doivent tenir compte de la persistance de l'empreinte de 1870. Trente ans après, est-il possible, sinon d'oublier, du moins d'adopter une attitude plus réaliste ?

Avec des nuances et des inflexions, la politique allemande des gouvernants républicains reste très stable. La ligne définie par Thiers – prudente et mesurée – reste celle de Léon Gambetta, de Jules Ferry, de Jules Grévy, d'Émile Loubet, de Georges Clemenceau. Gambetta, auquel son jusqu'auboutisme de 1871 avait coûté très cher, déclare à la fin de sa vie : « Les grandes réparations doivent venir du droit. » Quant au Vosgien Jules Ferry qui avait avec l'Alsace tant de liens d'affection, il cherche avec discrétion un terrain d'entente avec l'Empire allemand et, levant les yeux avec tristesse vers la « ligne bleue des Vosges », il conseille d'attendre que « l'heure sonne enfin au cadran de la destinée ». Ce sage réalisme qui lui a été vivement reproché, non sans grave injustice à son égard, n'est ni l'abandon, ni le pacifisme. Il signifie que la France n'engagera pas la guerre de son propre chef. Si elle était attaquée elle riposterait et la préparation de cette éventuelle riposte est un devoir national.

Cette ligne réaliste et prudente a été, coûte que coûte, maintenue pendant la poussée boulangiste. Après son reflux, il est clair qu'elle correspond aux vœux de la majorité du pays. La démission de Bismarck (1890) va-t-elle inciter les gouvernements français à la modifier ? Ils ne sont pas les maîtres du jeu. Cela dépend des dispositions et du comportement international de l'Allemagne. Or, au début des années 1890, un changement important intervient à la suite d'un choix volontaire de l'Allemagne. Celle-ci abandonne l'un des principes fondamentaux de Bismarck, le maintien d'un lien entre l'Allemagne et la Russie. Cette dernière puissance, désormais libre, peut se rapprocher de la France. Des négociations s'engagent entre les deux pays et aboutissent à la conclusion en 1893 d'une alliance défensive. L'opinion publique française salue ce succès avec joie. Pour la première fois, le cercle de fer mis en place par Bismarck est rompu. La France a mis fin à l'isolement international qu'elle subissait depuis 1870. Ce succès incontestable a aussi son revers. L'Empire russe n'accepte pas de soutenir, de la part de la France, la remise en cause des faits accomplis. En clair, le nouvel allié ne fera rien pour la restitution de l'Alsace-Lorraine. Plus que jamais les faits accomplis en 1871 sont consolidés sur le plan international.

Parallèlement, les relations avec l'Allemagne de Guillaume II se sont apaisées. Par rapport aux dernières années de la période de Bismarck c'est la détente et dans tous les domaines. Le calme règne en Alsace-Lorraine. Le moment est peut-être venu d'améliorer les relations entre les deux pays et les Allemands émettent quelques signaux dans ce sens. Or, rien ne s'engage. Nous touchons du doigt un aspect essentiel du comportement de l'opinion publique française ou du moins d'une fraction d'entre elle. Elle accepte l'apaisement avec l'Allemagne à condition de ne pas le dire, à condition surtout de ne faire aucun geste public qui semblerait accréditer une quelconque concession à l'ennemi héréditaire. C'est parce qu'il aurait été sacrifié à Bismarck en 1887 que le général Boulanger a trouvé une popularité prodigieuse dans des couches sociales variées et dans des milieux ayant des convictions en apparence inconciliables. Voilà pourquoi un rapprochement avec l'Allemagne est impossible. Le traité de Francfort a creusé entre les deux nations un fossé tel qu'aucune prévenance, qu'aucune concession mineure ne peut le combler. On peut oublier les 5 milliards, on ne peut oublier les deux provinces perdues. Un homme comme Maurice Rouvier, dont le réalisme est bien connu, sait qu'il y a des limites à ne pas franchir, des limites que l'opinion publique ne pourrait tolérer voire dépasser. Elle attend une réparation; cette réparation ne peut être qu'une restitution. À deux reprises, en 1887 (avec le général Boulanger) et en 1905 (avec Théophile Delcassé), il a accepté d'assainir les relations franco-allemandes en sacrifiant un ministre jugé dangereux. Il n'a pas cru devoir aller au-delà.

Dans une période de détente entre la France et l'Allemagne, alors que Guillaume II multiplie les avances et les prévenances (1901), le sage président de la République, Émile Loubet, s'entretient souvent en privé de cette lancinante question avec son collaborateur Abel Combarieu. Parlant des avances des Allemands, Combarieu écrit : « C'est toujours la même antienne. [...] Le président n'a pas varié là-dessus. [...] Une politique de rapprochement avec l'Allemagne est impossible tant que les Français n'auront pas admis légalement et définitivement toutes les conséquences du traité de Francfort. [...] Or nous ne pouvons apporter un acquiescement libre, spontané, à la spoliation de 1871. » Dans cette dernière ligne, c'est un président de la République qui parle, en privé il est vrai; il exprime, dans cette courte phrase, l'opinion de la quasi-totalité de la classe politique et de la nation : ni guerre de revanche, ni prescription. La France a été spoliée. Tous les gouvernements sont restés sur la ligne d'un *modus vivendi* parfois grincheux mais acceptable envers l'Allemagne. Les deux pays vivent sous le régime de la paix armée. D'un côté on redoute la revanche, de l'autre on craint une nouvelle invasion. On se surveille, on se suspecte, on s'espionne ; les journaux entretiennent un état d'esprit hostile. Sans cet arrière-plan, on ne comprendrait rien aux passions déchaînées par l'affaire Dreyfus.

Les dirigeants qui sont au pouvoir au début du xxᵉ siècle ont tous vécu 1870. Sur ceux qui étaient jeunes voire des enfants, le souvenir de la guerre perdue continue de peser comme il pèse sur la plupart des Français. Leur orientation reste celle des fondateurs de la République. Même s'ils se sentent plus forts depuis que le pays s'est sorti de l'isolement, aucun homme politique ne peut renoncer publiquement à l'Alsace-Lorraine ni amorcer une réconciliation du type de celle qui était intervenue en 1879, seize ans après Sadowa, entre l'Allemagne et l'Autriche-Hongrie. Celui qui s'y risquerait serait foudroyé. En 1911, Joseph Caillaux, président du Conseil, lors de l'affaire d'Agadir, engage des négociations avec l'Allemagne. Il négocie et signe un traité (novembre 1911). En échange de concessions territoriales françaises en Afrique équatoriale, l'Allemagne s'engage à laisser à la France les mains libres au Maroc. Ce traité est ratifié et appliqué mais, entre-temps, Caillaux a été évincé du pouvoir. Aux yeux d'une partie de l'opinion, il est devenu un suspect voire un traître, et durant la guerre, il le paiera très cher, trop cher. Si le souvenir des provinces perdues s'est quelque peu estompé et se teinte d'une discrète nostalgie, la génération qui a vécu 1870 reste vigilante. Ses représentants qui ont passé la soixantaine sont relayés par des cadets qui ont été bercés des récits de guerre et de l'invasion. Raymond Poincaré en est un exemple, loin d'être isolé. C'est pourquoi 1870, la première des guerres franco-allemandes, la plus lointaine et la plus oubliée de nos contemporains – la moins meurtrière, faut-il aussi le rappeler –, est celle dont l'influence sur les sensibilités et les comportements a été la plus étendue dans le temps.

Quarante ans après, il ne paraît pas possible de tourner la page. Est-ce pour autant un facteur de tension entre les deux pays ? Assurément non. La tension qui se développe à partir de 1912 vient d'ailleurs, des conflits coloniaux, du contexte international. L'hostilité à l'égard de l'Allemagne, sous-jacente, peut se réveiller au moindre incident surtout à Paris et dans les régions de l'Est, mais ce n'est pas un facteur de guerre. Faut-il rappeler que la frontière franco-allemande, beaucoup plus militarisée en 1910 qu'en 1875, reste une frontière paisible. Entre l'Alsace-Lorraine et la France, les hommes, les capitaux et les marchandises circulent; les sociétés minières du Pays-Haut poursuivent sans entrave leurs activités. Certes, Raymond Poidevin a relevé à partir de 1912 dans tous les domaines, des signes d'agacement, de nervosité voire d'hostilité. En Alsace-Lorraine, la politique allemande semble revenir aux méthodes prussiennes. Peut-on parler, malgré les prédictions de certains, d'un retour aux rigueurs bismarckiennes de 1887? Assurément non. En France, les Allemands peuvent circuler, voyager, commercer. Un exemple parmi d'autres : sur les champs de bataille français, au printemps 1914, des vétérans allemands de 1870 font un voyage de treize jours, dont six passés à Paris et autour de Paris. Ce pèlerinage touristique s'est, semble-t-il, déroulé sans incident. Il ne faudrait pas exagérer le rôle psychologique de la commémoration de 1870. On peut la considérer comme un baromètre des relations franco-allemandes. Dans les moments de détente, les cérémonies sont routinières, officielles et peu suivies. Quand la tension franco-allemande remonte, la foule se presse à nouveau aux cérémonies. Elle renoue instinctivement avec la ferveur un peu oubliée des premières années et les souvenirs revivent dans toute leur intensité.

1870-1914

Publicistes, hommes politiques, historiens ont souvent présenté 1870 comme la préface logique de 1914-1918. La filiation serait incontestable. Or rien, cependant, n'est automatique. Pendant quarante-trois ans, l'antagonisme franco-allemand a pu être géré pacifiquement. La guerre n'était pas son issue inéluctable. Simplement, elle était possible dans la mesure où, dans les deux pays, les esprits étaient préparés à un affrontement. Pour l'éviter, il fallait du doigté, de la souplesse, une volonté de dénouer pacifiquement les crises. Celles de 1875, 1887, 1905, 1911 avaient été désamorcées. Celle de juillet 1914, qui ne ressemble en aucune manière à celle de juillet 1870, aurait pu aussi être résolue pacifiquement. Nous savons qu'il n'en a pas été ainsi.

Dans les semaines de juillet 1914, durant lesquelles s'est noué le drame de l'Europe, l'Alsace-Lorraine ne joue aucun rôle, la frontière franco-allemande reste paisible jusqu'aux derniers jours de juillet. Le processus qui conduit à la guerre européenne vient d'ailleurs; il a été maintes fois analysé.

Pour la très grande majorité des Français, la guerre est une surprise. Comme l'a démontré Jean-Jacques Becker, contrairement à des clichés très répandus, les Français ne vivaient pas dans une atmosphère de veillée d'armes. À l'inverse de 1870, la mobilisation de 1914 touche la plupart des familles. C'est un phénomène de masse qui concerne toutes les régions, toutes les catégories sociales. La réception de la feuille de route n'est pas une bonne nouvelle. Sauf pour une infime minorité, la mobilisation est pourtant acceptée; elle se réalise sans élan mais dans un calme et une discipline presque totale. La leçon de 1870 a porté ses fruits. À ce moment, rares sont les mobilisés qui évoquent la revanche et l'Alsace-Lorraine. Dans les jours d'août qui suivent la déclaration de guerre, c'est « l'indignation contre l'agression » et non l'esprit de revanche qui est « le moteur de l'union sacrée ». Les Français ont un comportement défensif. À cet égard, les conclusions de Jean-Jacques Becker dans *1914. Comment les Français sont entrés en guerre* sont probablement définitives.

Parmi les descendants d'Alsaciens-Lorrains et les habitants des provinces de l'Est, on trouve des réactions plus vigoureuses. Les pères exilés qui n'ont plus l'âge d'être soldats ont transmis à leurs fils le dépôt sacré de la revanche. Le jeune Marcel Hamann d'une famille lorraine établie à Pantin part en août 1914. Voici un extrait significatif de l'une de ses premières lettres : « Nous attendons le moment fatal pour nous battre. Tout laisse à supposer que l'Allemagne est perdue. Si toutefois mon régiment, le 160 ^{e}, avait l'honneur de se rendre à Metz et d'y rester pendant quelque temps, j'irai chercher nos pendules de 1870 qui sont à Freimingen [nom allemand de la localité de Freyming, près de Forbach]. L'Alsace et la Lorraine reviendront à la France, pas trop tôt! » Marcel Hamann sera tué à la côte de Tahure le 11 juin 1916. Cette réaction, tout à fait compréhensible, est très minoritaire. La plupart des mobilisés de 1914 ne sont pas partis aux frontières avec l'espoir de la revanche chevillé au cœur. Dans les deux peuples, ceux qui rêvent d'une guerre fraîche et joyeuse ne sont qu'une infime minorité. Beaucoup tremblent et espèrent une guerre rapide. Leurs illusions tomberont vite!

Si la mobilisation a été facile, c'est parce que l'hypothèse d'une guerre a été intériorisée par tous les Français et les Allemands. À cet égard, les souvenirs de 1870 transmis par l'école, l'armée, les journaux, souvenirs interprétés et sans cesse présents ont été le socle, le soubassement de l'hostilité des deux peuples; ils ont joué un rôle de catalyseur qui a contribué à l'Union sacrée (phénomène commun à la France et à l'Allemagne) et entraîné dans leurs profondeurs toutes les catégories sociales et toutes les sensibilités politiques. En France, deux autres facteurs viennent en quelque sorte conforter ces résurgences : la France est attaquée, cette fois-ci elle n'a pas voulu la guerre, les Français défendent leur sol national et les premiers combats en démontrent l'urgence. Le discours des politiques est second. La France défend le droit, la liberté, la République contre une Allemagne militariste qui incarne la force brutale, le refus de la justice et de la morale internationale. On retrouve là toute une thématique dans laquelle les républicains de la Défense nationale avaient déjà puisé. Spontanément, les gouvernants de 1914 retrouvent les accents de l'énergie patriotique et guerrière de Gambetta.

Au niveau du déroulement de la guerre, les nouveautés sont radicales : 1914 n'est plus un face à face franco-allemand, 1914 est tout de suite une guerre sur deux fronts, bientôt une guerre mondiale, dans les colonies, sur les mers. Toutefois, les apparences semblent parfois renvoyer à la guerre précédente. Sur toutes les lèvres viennent spontanément des comparaisons avec 1870. Ne commettons pas les mêmes fautes! Les pessimistes sont hantés par le spectre d'un nouveau Sedan. Le choc initial peut être décisif; il oppose, comme en 1870, la France et l'Allemagne. La marche rapide des armées allemandes à travers la France du Nord présente peu d'analogie avec celle de 1870. Les troupes françaises bousculées battent en retraite mais gardent leur cohésion et Joffre, le général en chef, redresse *in extremis* la situation sur la Marne. La guerre de mouvement dans le style de Moltke l'ancien n'a pas donné les résultats attendus.

En septembre 1914, Paris vit dans la crainte d'un second siège. Le départ précipité des pouvoirs publics pour Bordeaux est de mauvais augure. La victoire de la Marne écarte le danger dans l'immédiat. L'est-il définitivement ? Avec le retour du gouvernement à la fin de l'année 1914, l'angoisse se dissipe. Paris ne connaîtra pas les horreurs d'un second siège. Autre rapprochement spontané avec la guerre précédente : les massacres de civils et les destructions qui réveillent les souvenirs de 1870 et les récits de l'invasion et de l'occupation. La barbarie allemande s'impose de nouveau comme une évidence. L'Allemand de 1914 – on dit encore le Prussien mais bientôt le mot « boche » s'impose – est encore plus cruel et dévastateur que son prédécesseur de 1870. Les Français s'opposent à la barbarie ; ils combattent pour leur sol, la civilisation, le droit. Ils défendent à la fois leur patrie et les valeurs universelles. Cette justification de la guerre qui s'appuie sur de multiples faits concrets, chaque jour plus nombreux, fait souvent référence à la mémoire de 1870. Beaucoup d'anciens sont encore vivants. Ils peuvent attester, conseiller, encourager. En dépit de leur âge, certains sont encore en mesure d'établir un lien direct. Charles de Freycinet, quatre-vingt-sept ans, toujours lucide, devient ministre d'État. Il vivra jusqu'en 1923 et verra la victoire et le retour de l'Alsace-Lorraine. À la présidence du Sénat, se trouve Antonin Dubost, sénateur de l'Isère, ancien préfet de Gambetta. L'un des hommes les plus en vue est Georges Clemenceau. Il a soixante-quatorze ans en 1914. Beaucoup – et l'intéressé le premier – pensent que son avenir est derrière lui. Son énergie reste intacte à tel point que, malgré son âge, il s'impose comme le recours dans les jours noirs de novembre 1917 et qu'il accède à la présidence du Conseil. Le jeune maire avancé de Montmartre de 1870 est devenu pour tous les Français le « Père la Victoire ». Parmi les officiers, rares sont en juillet 1914, ceux qui sont encore dans le service actif. Relevons quelques noms : Gallieni, ancien sous-lieutenant de l'armée impériale fait prisonnier à Sedan, est en septembre 1914 un énergique gouverneur de Paris, l'homme des taxis de la Marne ; Castelnau, saint-cyrien de dix-neuf ans en 1870 avait fait toute la campagne de la Loire comme sous-lieutenant et lieutenant. En septembre 1914, le « capucin botté » est le vainqueur du Grand-Couronné, il sauve Nancy de l'occupation. Aux côtés de Joffre, Nivelle et Foch, il est jusqu'en 1918 l'un des généraux les plus remarquables de l'armée française. Ferdinand Foch est trop jeune pour avoir combattu en 1870. Il a été intensément associé au drame de Metz. En 1871, il était pensionnaire chez les jésuites de Saint-Clément. C'est dans une ville marquée par les premiers mois de l'annexion qu'il prépare avec succès le concours d'admission à Polytechnique. Retenons enfin le nom du lieutenant-colonel Rousset, le meilleur historien militaire français de la guerre 1870. Il a rédigé une œuvre méthodique, précise et digne de foi à laquelle ce livre doit beaucoup. Durant la guerre, il est le chroniqueur militaire du *Petit Parisien*, le quotidien ayant alors le plus fort tirage.

En Allemagne, Moltke le jeune, le neveu et l'héritier du grand Moltke de 1870, est chef d'état-major général en 1914 ; il manque le rendez-vous familial avec la victoire. La manœuvre de la Marne le prend à contre-pied. Il doit remettre sa démission à l'empereur dès l'automne de 1914, et le nom de Moltke tombe dans l'oubli. La gloire se conquiert, elle ne se transmet pas...

Comme en 1870, la guerre se déroule sur le sol français et la population civile allemande n'en perçoit pas tout de suite les conséquences directes. Il faut attendre les restrictions pour que le poids du conflit pèse de plus en plus lourdement sur les non-combattants. On avait annoncé une guerre brève, une guerre rapide de mouvement. Sur le front de l'Ouest, la décision escomptée n'intervient pas et la guerre de position s'installe à l'automne 1914 sur un front continu qui n'a plus rien de commun avec celui de 1870. Un nom doit être rappelé, celui de Paul von Hindenburg en retraite depuis 1911. Comme Philippe Pétain, il reprend en 1914 un service actif. À soixante-sept ans il reçoit le commandement du front de l'Est, à soixante-neuf ans, il accède au commandement en chef, la fonction que Moltke l'ancien avait occupée en 1870-1871. Jusqu'en 1918, les anniversaires de 1870 sont célébrés dans les unités allemandes. Le commandant en chef fête Saint-Privat le 18 août 1918 sur le front français avec le 3e régiment de la garde. Ce fut probablement la dernière cérémonie de ce genre.

L'âpreté et la durée de la Première Guerre mondiale s'expliquent par de multiples facteurs; le principal d'entre eux est l'engagement total des deux peuples dans le conflit. Cet engagement total, jamais observé jusque-là, est le fruit d'une cohésion nationale dont l'intériorisation du souvenir de 1870 est le soubassement.

1918 efface-t-il 1870?

Jusqu'à une date récente, on a écrit et pensé que les buts de guerre français, contrairement aux buts de guerre allemands dont Fritz Fischer a rappelé récemment l'étendue, ont été exprimés assez tardivement et qu'ils se sont bornés à l'Alsace-Lorraine. C'est le point de vue soutenu, sous réserve de documents nouveaux, par Pierre Renouvin dans un article intitulé « Les buts de guerre du gouvernement français » paru en 1966. En août 1917, dans un moment difficile, le général Pétain écrit : « L'Alsace-Lorraine doit redevenir française. [...] Nous menons pour nos droits une guerre de restitution. » Il exprime là l'opinion de l'immense majorité des Français. Dans un article intitulé « La France et les Marches de l'Est » publié en 1979, Georges-Henri Soutou a montré, à la lumière de documents inédits, que les milieux dirigeants français ont envisagé des objectifs beaucoup plus ambitieux qu'une simple restitution des provinces perdues. Des réunions et des textes de 1916 et 1917 le prouvent. Il ne s'agirait plus en cas de victoire d'effacer 1870. On parle des frontières de 1814 et de 1790, ce qui ferait entrer la région de la Sarre dans les éventuelles annexions françaises. Le mobile économique – le bassin houiller – est essentiel mais loin d'être déterminant. Certains hommes politiques répu-

blicains vont plus loin et renouent avec l'idée « napoléonienne » des frontières naturelles, de la ligne du Rhin. Ils
élaborent un programme rhénan dont le mot clé est « garantie ». Ce mot est tout « un programme à lui seul d'ailleurs
extensible ». Il peut signifier l'annexion du Luxembourg, la
présence militaire française sur la rive gauche du Rhin, la
neutralisation et l'occupation prolongée de la Rhénanie, la
création d'un État rhénan qui démantèlerait la Prusse. Les
mobiles sont à la fois économiques et stratégiques. Ils vont
plus loin que la simple réparation de l'injustice du traité de
Francfort. Ils visent la destruction de la Prusse et la fin de
l'unité allemande. 1914-1918 n'est plus un face à face
franco-allemand. La Grande-Bretagne et les États-Unis sont
là et ont des vues en opposition avec les ambitions françaises. Les alliés sont d'accord pour effacer 1870 ; ils ne
veulent plus aller au-delà.

1918 efface-t-il 1870 ? Dans l'euphorie qui suit le 11
novembre 1918, la réponse en France paraît aller de soi :
l'Allemagne est vaincue, Guillaume II a abdiqué et la République est proclamée en Allemagne. L'Alsace-Lorraine se
pare de tricolore et accueille dans l'allégresse les poilus libérateurs. Au niveau des apparences, on a l'impression qu'une
page néfaste est définitivement tournée.

Du côté français, la victoire militaire efface les désastres
de 1870. La Marne, Verdun font oublier Metz et Sedan ; les
noms de Foch, Joffre et Pétain, ceux de Bazaine et de Mac-
Mahon. La République est vraiment la grande régénératrice.
Poincaré et Clemenceau ont réussi là où Favre et Gambetta
avaient échoué. Le traité de Versailles efface celui de Francfort. Négocié à Paris au sein du Conseil des Quatre, il est
signé en juin 1919 dans cette même galerie des Glaces où
Guillaume Ier s'était fait proclamer empereur : Versailles,
lieu symbolique de l'abaissement français, Versailles, lieu
symbolique de la signature de la paix du droit. Le plus
important est la réparation de l'injustice territoriale : l'Alsace
et la Lorraine, les deux provinces perdues, redeviennent
françaises. C'est le triomphe du droit sur la force. Dans les
villes de Metz et de Strasbourg, les habitants renversent les
statues de Frédéric-Charles, le Prince rouge et de l'empereur Guillaume Ier et autres symboles de la domination alle-

mande. Les « patriotiques espérances » sont accomplies, les soldats allemands, les fonctionnaires allemands, les industriels allemands sont renvoyés dans leur pays. Strasbourg et Metz redeviennent des villes françaises. Un lent et délicat travail de réintégration s'engage. On n'efface pas d'un trait de plume quarante-huit ans de présence positive en bien des domaines.

Les habitudes, la langue, la culture soulignent les différences entre les provinces recouvrées et la France de l'intérieur. La frontière est invisible, elle n'en est pas moins réelle; elle est soulignée par le maintien de textes et des dispositions d'ordre juridique, social, commercial, religieux, scolaire élaborés sous l'annexion ou simplement conservés du passé français. L'Alsace-Lorraine et la France n'ont pas, pendant près d'un demi-siècle, vécu au même rythme. La République laïque s'engage à maintenir en vigueur l'école primaire publique confessionnelle (disparue en France depuis les lois Ferry) et le Concordat (abrogé en 1905). La tentative d'introduction des lois laïques par Édouard Herriot se solde en 1924 par un échec. De même, le découpage départemental issu du traité de Francfort est conservé. En 1919, Clemenceau avait envisagé de reconstituer les départements antérieurs à 1870; il doit, pour des raisons psychologiques et administratives, y renoncer. Toutes les tentatives ultérieures ont échoué et les départements de 1871 se sont maintenus jusqu'à nos jours.

En 1924, l'Alsace-Lorraine disparaît comme entité territoriale particulière. C'est la suppression du commissariat de Strasbourg, mais les exigences de la gestion obligent le gouvernement à conserver des services d'Alsace-Lorraine tantôt rattachés au ministère de l'Intérieur, tantôt à la présidence du Conseil. Il faut notamment traiter d'une façon spéciale tout ce qui se rattache aux Cultes et à l'Instruction publique. À la fin des années 1920, le gouvernement français doit faire face en Alsace à un mouvement autonomiste assez turbulent qui dispose de solides assises sociologiques et culturelles. Les tensions s'apaisent ensuite mais une minorité regrette l'ancien Reichsland et entretient des liens secrets avec des organismes allemands.

1918 recouvre le souvenir de 1870. Il y a désormais

d'autres victoires à proclamer, d'autres morts à pleurer, et par centaines de milliers. Par la force des choses, 1870 est relégué dans un passé un peu flou.

Quelques anciens sont associés. Les noms des généraux d'Aurelle de Paladines, Chanzy et Faidherbe, des colonels Teyssier et Denfert-Rochereau sont gravés sur les murs du Panthéon aux côtés de ceux des vainqueurs de la Grande Guerre. Plus rapidement que leurs aînés de 1870, les poilus fondent leurs associations; ils ont des droits à faire valoir, des solidarités à maintenir, des idéaux à faire vivre. À bien des égards, 1870 sert de modèle commémoratif comme de modèle associatif. Pour rappeler les terribles combats de 1916, la ville de Verdun s'inspire explicitement du rituel commémoratif de Mars-la-Tour. Sur les hauts lieux de 1870, les cérémonies anniversaires sont fidèlement respectées, mais, année après année, les rangs des participants deviennent plus clairsemés. La réputation du maréchal Lyautey, invité d'honneur à Mars-la-Tour en 1927, ne suffit pas pour attirer les grandes foules. Les associations se réduisent à de petits groupes d'octogénaires et les derniers survivants de Gravelotte, du siège de Paris ou des armées de la Loire s'éteignent peu à peu. En 1931, Albert Lebrun, ancien député de Briey-Longwy, sénateur de Meurthe-et-Moselle, est élu président de la République. À l'occasion d'un voyage officiel à Metz, il tient à passer par Mars-la-Tour, dont il est le citoyen d'honneur. Il évoque les grandes foules d'antan, la frontière enfin effacée, la paix victorieuse – pas encore menacée – qui a rendu Metz à la France. Il relie les derniers souvenirs de 1870 aux combattants de Bois-le-Prêtre, des Éparges et de Verdun. Au cours des années 1930, 1870 n'apparaît plus guère que dans les notices nécrologiques. Les familles des défunts tiennent à rappeler leurs titres militaires : « ancien soldat de l'armée du Rhin », « mobile de 1870 », « engagé volontaire de 1870 », « médaillé militaire de 1870 ».

Du côté allemand, la défaite de 1918 est un tremblement de terre. C'est la révolution, l'anarchie intérieure. L'édifice politique construit en 1870-1871 paraît se désagréger. Comme Napoléon III, Guillaume II est emporté par la débâcle de ses armées, et avec lui s'effondrent toutes les dynasties allemandes. L'une des clés de voûte du Reich, le Kaiser, l'empereur, le principe de légitimité, la référence à laquelle on s'identifiait, fait soudainement défaut. Ce qu'une victoire avait créé, une défaite le balaie. À l'âge de onze ans, le jeune prince Guillaume avait assisté à l'apothéose de son père et de son grand-père; à l'âge de cinquante-huit ans, il subit l'exil et meurt en 1942 en terre étrangère.

La République est proclamée. Après l'effacement peu glorieux de la monarchie militaire prussienne, Weimar renoue spontanément avec les idéaux de 1848. En réalité les changements sont superficiels et n'affectent pas les acquis essentiels de 1871. Le traité de Versailles préserve l'assise territoriale de l'Allemagne car la perte de l'Alsace-Lorraine et des provinces polonaises est marginale. Le mot Reich, qui continue à désigner l'État allemand, est un symbole de continuité. Il renvoie à un imaginaire de puissance auquel les classes dirigeantes, les officiers, les pasteurs de l'Église luthérienne n'ont pas renoncé. Le maréchal Hindenburg, élu par le suffrage universel président de la République (1925), incarne cette continuité; il est le lien vivant avec la génération des fondateurs, lui qui avait été un combattant de 1870. Sous sa direction tutélaire, le Reich continue, les officiers retrouvent leur place dans l'État. En apparence, l'armée a perdu ses effectifs et ses moyens, mais la Reichswehr est une structure légère qui peut être rapidement la matrice d'une force armée aux dimensions de la puissance démographique et économique. Autre continuité avec l'avant-guerre, l'antagonisme franco-allemand reste aussi inquiétant.

La paix de Versailles est rejetée par la majorité des Allemands; c'est le *Diktat*, la paix dictée qui appelle une revanche. Par un chassé-croisé dont l'histoire est coutumière, l'idée de revanche passe du côté allemand. C'est une aspiration diffuse, confuse, tantôt masquée, tantôt brutalement exprimée. Elle s'appuie sur un sentiment d'injustice, sur la perte de l'égalité des droits avec les autres États, sur la condamnation morale du peuple allemand rendu responsable collectivement des crimes de guerre, sur la conviction que l'infériorité de l'Allemagne est voulue et maintenue par la France seule. Dans les deux pays, les éléments favorables à un apaisement sont minoritaires et ne peuvent compter sur une adhésion majoritaire. Certes, les souvenirs de 1870 sont recouverts par ceux de la Grande Guerre. Mais la thématique antiallemande en France et la thématique antifrançaise en Allemagne ne sont pas fondamentalement changées. Les Boches ont remplacé les Prussiens. L'occupation de la rive gauche du Rhin par les Français, aggravée par l'expédition de la Ruhr (1923-1924) et le régime spécifique de la Sarre ont apporté aux Allemands ce qui, jusque-là, leur manquait à moins de remonter à Louis XIV et Napoléon Ier : les méfaits d'une occupation par des troupes étrangères avec des victimes et des martyrs. 1914-1918 régénère et transmet à de nouvelles générations les visions négatives et hostiles que les deux peuples avaient l'un de l'autre. À ce titre aussi, la guerre de 1870-1871 reste un événement fondateur.

Adolf Hitler et le parti nazi ont grandi et ont pris appui sur ce terreau nationaliste. Par une habile utilisation de ses ressorts, Hitler parvient au pouvoir le 30 janvier 1933. Le Troisième Reich succède au Deuxième. Intuitivement, Hitler avait saisi tout ce que ce mot si commode, si plastique, pouvait évoquer de résonances et nourrir de rêves de puissance, tout ce à quoi Versailles avait prétendu mettre un terme. La continuité du vocabulaire autorise parfois des parallèles audacieux. Il faut s'en garder car le Troisième Reich est radicalement différent du Deuxième. Il unifie, centralise, détruit le fédéralisme que Bismarck avait conservé comme clé de voûte de l'État. Aux yeux de Hitler, l'État petit-allemand, étape historique utile, est maintenant dépassé; son assise trop étroite pour une ambition européenne et mondiale, doit s'élargir à tous les Allemands. Avec un programme raciste et une passion nationaliste auxquels Bismarck était étranger, Hitler, un Allemand d'Autriche, reprend le projet grand-allemand. La disparition de l'Empire austro-hongrois en 1918 rend désormais possible une Grande Allemagne. Les Allemands d'Autriche, des Sudètes, de Posnanie n'ont plus de références et se sentent des orphelins arbitrairement privés de patrie. On mesure ici combien la destruction de l'Empire austro-hongrois, en libérant de multiples forces centrifuges, a déstabilisé l'Europe centrale et combien le principe des nationalités a eu des effets pervers. C'est pourquoi la comparaison Hitler-Bismarck, parfois esquissée, parfois suggérée, se déroule sur de fausses analogies. La constellation diplomatique a changé, les objectifs ne sont plus les mêmes ainsi que les méthodes et les moyens. S'il faut à tout prix suggérer une filiation, c'est entre Hitler et Guillaume II qu'elle serait la plus nette, et c'est une filiation dans l'erreur. Comme l'empereur, négligeant les leçons de l'expérience et le simple bon sens, Hitler joue le sort du Troisième Reich sur un coup de dés à l'Est. Comme le Kaiser, il commet l'erreur fatale celle de la rupture avec la Russie et de la guerre sur deux fronts. Le résultat est la catastrophe allemande de 1945 sans commune mesure avec la défaite de 1918. Le résultat est la destruction du Reich allemand établi entre 1866 et 1871. Victorieuse, l'URSS s'installe au cœur de l'Europe centrale, anéantit le rêve grand-allemand et détruit l'État petit-allemand. Avec ce dernier, elle détruit sa matrice, la Prusse et son assise sociologique, les familles nobles qui, de génération en génération, avaient fourni hauts fonctionnaires et officiers. Celles-ci sont déracinées comme est déraciné le militarisme prusso-allemand dont les victoires de 1866 et 1870 avaient permis l'émergence au niveau de l'Europe. Hitler a détruit l'Allemagne de Bismarck. Berlin, dont la fortune et le rayonnement s'étaient épanouis à partir des virtualités ouvertes en 1870, est dépossédée de sa fonction de capitale et se retrouve bientôt une ville divisée avec un statut singulier, unique au monde. Le mot Reich que Bismarck avait ressuscité et que les nazis avaient dévoyé, est désormais synonyme de démesure et de folie criminelle. Il est rejeté. Un mot un peu désuet, un mot d'avant 1870 revient sur les lèvres et dans les textes, le mot *Bund*, c'est-à-dire la fédération. Au lieu d'être un pôle à vocation hégémonique, l'espace allemand est partagé entre trois États : République fédérale d'Allemagne, République démocratique allemande, Autriche. La construction politique élaborée en 1870-1871 a duré seulement trois quarts de siècle, c'est-à-dire un temps court au regard de l'histoire millénaire des peuples germaniques.

La défaite française de 1940 semble reproduire celle de

1870 : même effondrement militaire, même rejet du régime légal rendu responsable de la défaite, nouvelle annexion de l'Alsace-Lorraine. La géographie s'en mêle puisqu'une seconde fois la ville de Sedan est le lieu d'une catastrophe militaire. Si des parallèles sont esquissés, les différences sont telles que les comparaisons tournent court. En 1940, on voit resurgir des thèmes connus : abaissement national, décadence de la France. On recherche les responsables militaires et civils de la défaite et on rejette les défaillances sur le régime antérieur. La « Révolution nationale » a aussi l'ambition initiale de régénérer le pays. Les hommes qui entourent le maréchal Pétain n'ont aucune sympathie pour Thiers et Gambetta. Certains d'entre eux sont les héritiers royalistes de l'Assemblée nationale. Comme leurs aînés avaient accablé l'empire et la République, ils incriminent le Front populaire et le régime parlementaire. Dans les accusations proférées à Riom contre Léon Blum et Édouard Daladier, on retrouve les accents des royalistes contre Gambetta et les républicains de la Défense nationale. Dans la France du Nord et de l'Est, l'occupation fait spontanément surgir des attitudes de refus puis de résistance. Le soldat de la Wehrmacht est le successeur du Prussien de 1870 et du Boche de 1914-1918. Il appartient à la même race, il a la même conduite; sa présence entraîne les mêmes réactions. La résistance s'enracine sur ce terreau bien plus que sur l'antifascisme. En 1944-1945, pour la seconde fois, l'Alsace-Lorraine annexée au Reich nazi est recouvrée. Comme Clemenceau en 1919, le général de Gaulle se garde bien de modifier les limites départementales. La législation nationale est réintroduite tout en maintenant les textes en vigueur en 1939 et hérités du Deuxième Reich. C'est le cas notamment du régime des cultes et du statut confessionnel de l'école publique. Peu à peu le particularisme juridique – ce qu'on appelle le statut local – s'est progressivement effrité dans les domaines religieux et scolaire.

1870 s'éloigne, quatre générations et bientôt cinq se sont succédé. Avec la mise en place des régions, le Territoire de Belfort, création de 1871, est rattaché non à la région Alsace, mais à celle de Franche-Comté. Les relations spécifiques et combien délicates entre la Moselle et l'Alsace qui relèvent aussi de cet héritage, sont peu à peu dénouées : création de l'académie Nancy-Metz et de l'université de Metz, résurrection d'une cour d'appel à Metz, indépendante de celle de Colmar. En 1969, Metz est devenue la capitale de la région lorraine et s'est par là même émancipée de Strasbourg. Dans de nombreux domaines, un siècle a été nécessaire pour effacer des décisions allemandes qui avaient placé la Moselle sous la tutelle de l'Alsace. En revanche, la géographie départementale est restée stable. Les limites départementales antérieures à 1870 n'ont jamais été rétablies. La Meurthe-et-Moselle, regroupement imposé par la défaite des départements amputés de la Meurthe et de la Moselle, conserve sa forme étrange avec le Pays-Haut étiré jusqu'à la frontière belge. Dans un proche avenir, rien ne laisse prévoir une modification quelconque de cette situation figée.

Au plan du souvenir, 1914-1918 et 1939-1945 ont tout aboli. Beaucoup de monuments ont été détruits ou se dégradent. Personne ne songe plus à les restaurer. Dans les meilleurs des cas comme à Remiremont, le monument de 1870 est transporté au cimetière communal. À Mars-la-Tour, haut lieu du souvenir, où aucun prêtre, aucun officier en retraite n'assure plus la relève, les rassemblements appartiennent à un passé révolu. Le musée, à l'abandon, est fermé. À quoi bon remuer ces vieilleries ?

1970. Le centième anniversaire ramène temporairement le projecteur. La presse et les médias rendent brièvement compte des rares cérémonies et des expositions. Quelques revues publient des numéros spéciaux. Un seul monument nouveau a été édifié, en Alsace, à Frœschwiller. Il a été inauguré par Michel Debré, alors ministre des Armées, qui a évoqué ses origines alsaciennes et l'exil de ses grands-parents. Depuis peu, les monuments anciens sont redécouverts. On les répertorie, on les répare, on les met en valeur, car ils sont souvent de belle facture. C'est le cas notamment dans la région messine où les monuments allemands longtemps négligés et même volontairement dégradés, commencent à être restaurés. Les collectionneurs s'intéressent aux armes, aux casques et aux uniformes.

À la bourse des antiquités militaires, le casque à pointe de 1870 devient un objet de plus en plus recherché. L'attention au patrimoine annonce une redécouverte de la première guerre franco-allemande. Les souvenirs se sont estompés, et la tradition orale ne transmet plus guère que des bribes dérisoires. La première des guerres franco-allemandes a été recouverte, effacée et dépassée en horreur par les deux suivantes. L'exclamation de Victor Hugo – « L'année terrible » – a perdu sa signification vitale et prête aujourd'hui à sourire. De cette guerre lointaine surgissent confusément de la mémoire quelques images résiduelles : les cuirassiers de Reichshoffen, le voyage de Gambetta en ballon, le traître Bazaine, la gentille Alsacienne et la Lorraine sa sœur, la ligne bleue des Vosges, les casques à pointe...

La division de l'Allemagne, la modification radicale du système international, la volonté de quelques hommes d'État comme Robert Schuman, Charles de Gaulle, Konrad Adenauer, qui tous les trois, dans leur histoire familiale, avaient incorporé le choc de 1870, ont permis l'apaisement définitif des vieux conflits territoriaux (Alsace-Lorraine d'une part, Sarre d'autre part). Ils ont ouvert la voie à une réconciliation entre les peuples français et allemand et dans le cadre de l'Europe, à une étroite coopération des États.

Au même titre que la Première Guerre mondiale, celle de 1870-1871 est entrée dans le champ de la réconciliation franco-allemande. À Verdun, lieu symbolique par excellence, les dirigeants des deux peuples se sont rencontrés et ont échangé des paroles de paix. En 1985, près de Saint-Privat-la-Montagne, a été inaugurée une nécropole où des soldats français et allemands reposent désormais côte à côte sans distinction de nationalité. « Poteau indicateur pour la paix », tel a été le sens donné à ce monument. Plus d'un siècle a été nécessaire pour que l'évocation de 1870 passe de la dénonciation de l'ennemi à la volonté sincère de réconciliation.

ANNEXES

I. Préliminaire de paix (Versailles, 26 février 1871)

Entre le chef du pouvoir exécutif de la République française, M. Thiers, et le ministre des affaires étrangères, M. Jules Favre, représentant la France, d'un côté, et, de l'autre, le chancelier de l'empire germanique, M. le comte Otto de Bismarck-Schœnhausen, muni des pleins pouvoirs de S. M. l'Empereur d'Allemagne, roi de Prusse;

Le ministre d'État et des Affaires étrangères de S. M. le roi de Bavière, M. le comte Otto de Bray-Steinburg;

Le ministre des Affaires étrangères de S.M. le roi de Wurtemberg, M. le baron Auguste de Waechter;

Le ministre d'État, président du conseil des ministres de S.A.R. Mgr le grand-duc de Bade, M. Jules Jolly; représentants l'Empire germanique;

Les pleins pouvoirs des deux parties contractantes ayant été trouvés en bonne et due forme, il a été convenu ce qui suit, pour servir de base préliminaire à la paix définitive à conclure ultérieurement:

ART. 1. – La France renonce en faveur de l'Empire allemand à tous ses droits et titres sur les territoires situés à l'est de la frontière ci-après désignée:

La ligne de démarcation commence à la frontière nord-ouest du canton de Cattenom, vers le grand-duché de Luxembourg, suit, vers le sud, les frontières occidentales des cantons de Cattenom et Thionville, passe par le canton de Briey en longeant les frontières occidentales des communes de Montois-la-Montagne et Roncourt, ainsi que les frontières orientales des communes de Sainte-Marie-aux-Chênes, Saint-Ail, Habonville, atteint la frontière du canton de Gorze qu'elle traverse le long des frontières communales de Vionville, Bouxières et Onville, suit la frontière sud-ouest resp. sud de l'arrondissement de Metz, la frontière occidentale de l'arrondissement de Château-Salins jusqu'à la commune de Pettoncourt dont elle embrasse les frontières occidentale et méridionale, pour suivre la crête des montagnes entre la Seille et le Moncel, jusqu'à la frontière de l'arrondissement de Sarrebourg au sud de Garde.

La démarcation coïncide ensuite avec la frontière de cet arrondissement jusqu'à la commune de Tanconville, dont elle atteint la frontière au nord ; de là elle suit la crête des montagnes entre les sources de la Sarre blanche et de la Vezouze jusqu'à la frontière du canton de Schirmeck, longe la frontière occidentale de ce canton, embrasse les communes de Saales, Bourg-Bruche, Colroy-la-Roche, Plaine, Ranrupt, Saulxures et Saint-Blaise-la-Roche du canton de Saales et coïncide avec la frontière occidentale des départements du Bas-Rhin et du Haut-Rhin jusqu'au canton de Belfort, dont elle quitte la frontière méridionale non loin de Vourvenans pour traverser le canton de Delle, aux limites méridionales des communes de Bourogne et Froide-Fontaine et atteindre la frontière suisse, en longeant les frontières orientales des communes de Jonchery et Delle.

L'Empire allemand possédera ces territoires à perpétuité, en toute souveraineté et propriété. Une commission territoriale, composée des représentants des hautes parties contractantes, en nombre égal des deux côtés, sera chargée, immédiatement après l'échange des ratifications du présent traité, d'exécuter sur le terrain le tracé de la nouvelle frontière, conformément aux stipulations précédentes.

Cette commission présidera au partage des biens-fonds et capitaux qui, jusqu'ici, ont appartenu en commun à des districts ou des communes séparés par la nouvelle frontière ; en cas de désaccord sur le tracé et les mesures d'exécution, les membres de la commission en référeront à leurs gouvernements respectifs.

La frontière, telle qu'elle vient d'être décrite, se trouve marquée en vert sur deux exemplaires conformes de la carte du territoire formant le gouvernement général d'Alsace, publiée à Berlin en septembre 1870, par la division géographique et statistique de l'État-major général, et dont un exemplaire sera joint à chacune des deux expéditions du présent traité.

Toutefois, le tracé indiqué a subi les modifications suivantes, de l'accord des deux parties contractantes : dans l'ancien département de la Moselle, les villages de Sainte-Marie-aux-Chênes, près de Saint-Privat-la-Montagne, et de Vionville, à l'ouest de Rezonville, seront cédés à l'Allemagne ; par contre, la ville et les fortifications de Belfort resteront à la France avec un rayon qui sera déterminé ultérieurement.

Art. 2. – La France paiera à S.M. l'Empereur d'Allemagne la somme de 5 milliards de francs. Le paiement d'au moins 1 milliard de francs aura lieu dans le courant de l'année 1871, et celui de tout le reste de la dette dans un espace de trois années, à partir de la ratification des présentes.

Art. 3. – L'évacuation des territoires français occupés par les troupes allemandes commencera après la ratification du présent traité par l'Assemblée nationale, siégeant à Bordeaux. Immédiatement après cette ratification, les troupes allemandes quitteront l'intérieur de la ville de Paris, ainsi que les forts situés sur la rive gauche de la Seine et, dans le plus bref délai possible, fixé par une entente entre les autorités militaires des deux pays, elles évacueront entièrement les départements du Calvados, de l'Orne, de la Sarthe, d'Eure-et-Loir, du Loiret, de Loir-et-Cher, d'Indre-et-Loire, de l'Yonne, etc., de plus, les départements de la Seine-Inférieure, de l'Eure, de Seine-et-Oise, de Seine-et-Marne, de l'Aube et de la Côte-d'Or jusqu'à la rive gauche de la Seine. Les troupes françaises se retireront en même temps derrière la Loire, qu'elles ne pourront dépasser avant la signature du traité de paix définitif. Sont exceptées de cette disposition la garnison de Paris dont le nombre ne pourra pas dépasser 40 000 hommes, et les garnisons indispensables à la sûreté des places fortes. L'évacuation des départements situés entre la rive droite de la Seine et la frontière de l'Est, par les troupes allemandes, s'opérera graduellement après la ratification du traité de paix définitif, et le paiement du premier demi-milliard de la contribution stipulée par l'article 2, en commençant par les départements les plus rapprochés de Paris, et se continuera au fur et à mesure que les versements de la contribution, seront effectués. Après le premier versement d'un demi-milliard, cette évacuation aura lieu dans les départements suivants : Somme, Oise et les parties des départements de la Seine-Inférieure, Seine-et-Oise et Seine-et-Marne, situées sur la rive droite de la Seine, ainsi que la partie du département de la Seine et les forts situés sur la rive droite. Après le paiement de 2 milliards, l'occupation allemande ne comprendra plus que le département de la Marne, des Ardennes, de la Haute-Marne, de la Meuse, des Vosges, de la Meurthe, ainsi que la forteresse de Belfort avec son territoire qui serviront de gage pour les 3 milliards restants, et où le nombre des troupes allemandes ne dépassera pas 50 000 hommes. S.M. l'Empereur sera disposée à substituer à la garantie territoriale, consistant dans l'occupation partielle du territoire français, une garantie financière, si elle est offerte par le gouvernement français dans des conditions reconnues suffisantes par S.M. l'Empereur et Roi pour les intérêts de l'Allemagne. Les 3 milliards dont l'acquittement aura été différé porteront intérêt à 5 % à partir de la ratification de la présente convention.

ART. 4. – Les troupes allemandes s'abstiendront de faire des réquisitions soit en argent, soit en nature dans les départements occupés. Par contre, l'alimentation des troupes allemandes qui resteront en France aura lieu aux frais du gouvernement français, dans la mesure convenue par une entente avec l'intendance militaire allemande.

ART. 5. – Les intérêts des habitants des territoires cédés par la France, en tout ce qui concerne leur commerce et leurs droits civils, seront réglés aussi favorablement que possible lorsque seront arrêtées les conditions de la paix définitive. Il sera fixé à cet effet un espace de temps pendant lequel ils jouiront de facilités particulières pour la circulation de leurs produits. Le gouvernement allemand n'apportera aucun obstacle à la libre émigration des habitants des territoires cédés et ne pourra prendre contre eux aucune mesure atteignant leurs personnes ou leurs propriétés.

ART. 6. – Les prisonniers de guerre qui n'auront pas déjà été mis en liberté par voie d'échange seront rendus immédiatement après la ratification des présents préliminaires. Afin d'accélérer le transport des prisonniers français, le gouvernement français mettra à la disposition des autorités allemandes, à l'intérieur du territoire allemand, une partie du matériel roulant de ses chemins de fer dans une mesure qui sera déterminée par des arrangements spéciaux et aux prix payés en France par le gouvernement français pour les transports militaires.

Art. 7. – L'ouverture des négociations pour le traité de paix définitif à conclure sur la base des présents préliminaires aura lieu à Bruxelles immédiatement après la ratification de ces derniers par l'Assemblée nationale et par S.M. l'Empereur d'Allemagne.

Art. 8. – Après la conclusion et la ratification du traité de paix définitif, l'administration des départements devant encore rester occupés par les troupes allemandes, sera remise aux autorités françaises; mais ces dernières seront tenues de se conformer aux ordres que le commandant des troupes allemandes croirait devoir donner dans l'intérêt de la sûreté, de l'entretien et de la distribution des troupes.

Dans les départements occupés, la perception des impôts après la ratification du présent traité s'opérera pour le compte du gouvernement français et par le moyen de ses employés.

Art. 9. – Il est bien entendu que les présentes ne peuvent donner à l'autorité militaire allemande aucun droit sur les parties du territoire qu'elle n'occupe point actuellement.

Art. 10. – Les présentes seront immédiatement soumises à la ratification de l'Assemblée nationale française siégeant à Bordeaux et à S.M. l'Empereur d'Allemagne.

En foi de quoi, les soussignés ont revêtu le présent traité préliminaire de leurs signatures et de leurs sceaux.

Fait à Versailles, le 26 février 1871.

Bismarck.

A. Thiers.
Jules Favre.

Les royaumes de Bavière et Wurtemberg et le grand-duché de Bade ayant pris part à la guerre actuelle, comme alliés de la Prusse, et faisant partie maintenant de l'Empire germanique, les soussignés adhèrent à la présente convention au nom de leurs souverains respectifs.

Versailles, le 26 février 1871.

Comte de Bray Steinburg,
Baron de Waechter.
Mittnacht.
Jolly.

II. Traité de Francfort (10 mai 1871)

M. Jules Favre, ministre des Affaires étrangères de la République française, M. Augustin-Thomas-Joseph Pouyer-Quertier, ministre des finances de la République française, et M. Marc-Thomas-Eugène de Goulard, membre de l'Assemblée nationale, stipulant au nom de la République française, d'un côté;

De l'autre le prince Otto de Bismarck-Schœnhausen, chancelier de l'Empire germanique, le comte Harry d'Arnim, envoyé extraordinaire et ministre plénipotentiaire de S.M. l'Empereur d'Allemagne près du Saint-Siège, stipulant au nom de S.M. l'Empereur d'Allemagne;

S'étant mis d'accord pour convertir en traité de paix définitif le traité de préliminaires de paix du 26 février de l'année courante, modifié ainsi qu'il va l'être par les dispositions qui suivent, ont arrêté :

ART. 1. – La distance de la ville de Belfort à la ligne de la frontière, telle qu'elle a été d'abord proposée lors des négociations de Versailles et telle qu'elle se trouve marquée sur la carte annexée à l'instrument ratifié du traité des préliminaires du 26 février, est considérée comme indiquant la mesure du rayon qui, en vertu de la clause y relative du premier article des préliminaires, doit rester à la France avec la ville et les fortifications de Belfort.

Le gouvernement allemand est disposé à élargir ce rayon de manière qu'il comprenne les cantons de Belfort, de Delle et de Giromagny, ainsi que la partie occidentale du canton de Fontaine, à l'ouest d'une ligne à tracer du point où le canal du Rhône au Rhin sort du canton de Delle, au sud de Montreux-le-Château, jusqu'à la limite nord du canton entre Bourg et Félon, où cette ligne joindrait la limite est du canton de Giromagny.

Le gouvernement allemand, toutefois, ne cédera les territoires susindiqués qu'à la condition que la République française, de son côté, consentira à une rectification de frontière le long des limites occidentales des cantons de Cattenom et de Thionville qui laissera à l'Allemagne le terrain à l'est d'une ligne partant de la frontière du Luxembourg entre Hussigny et Redingen, laissant à la France les villages de Thil et de Villerupt, se prolongeant entre Errouville et Aumetz, entre Beuvillers et Boulange, entre Trieux et Lomeringen, et joignant l'ancienne ligne de frontière entre Avril et Moyeuvre.

La commission internationale, dont il est question dans l'article 1 des préliminaires, se rendra sur le terrain immédiatement après l'échange des ratifications du présent traité pour exécuter les travaux qui lui incombent et pour faire le tracé de la nouvelle frontière, conformément aux dispositions précédentes.

ART. 2. – Les sujets français, originaires des territoires cédés, domiciliés actuellement sur ce territoire, qui entendront conserver la nationalité française, jouiront, jusqu'au 1ᵉʳ octobre 1872, et moyennant une déclaration préalable faite à l'autorité compétente, de la faculté de transporter leur domicile en France et de s'y fixer, sans que ce droit puisse être altéré par les lois sur le service militaire, auquel cas la qualité de citoyen français leur sera maintenue.

Ils seront libres de conserver leurs immeubles situés sur le territoire réuni à l'Allemagne.

Aucun habitant des territoires cédés ne pourra être poursuivi, inquiété ou recherché, dans sa personne ou dans ses biens, à raison de ses actes politiques ou militaires pendant la guerre.

Art. 3. – Le gouvernement français remettra au gouvernement allemand les archives, documents et registres concernant l'administration civile, militaire et judiciaire des territoires cédés. Si quelques-uns de ces titres avaient été déplacés, ils seront restitués par le gouvernement français, sur la demande du gouvernement allemand.

Art. 4. – Le gouvernement français remettra au gouvernement de l'Empire d'Allemagne, dans le terme de six mois à dater de l'échange des ratifications de ce traité :

1° Le montant des sommes déposées par les départements, les communes et les établissements publics des territoires cédés;

2° Le montant des primes d'enrôlement et de remplacement appartenant aux militaires et marins originaires des territoires cédés, qui auront opté pour la nationalité allemande;

3° Le montant des cautionnements des comptables de l'État;

4° Le montant des sommes versées pour consignations judiciaires, par suite de mesures prises par les autorités administratives ou judiciaires dans les territoires cédés.

Art. 5. – Les deux nations jouiront d'un traitement égal en ce qui concerne la navigation sur la Moselle, le canal de la Marne au Rhin, le canal du Rhône au Rhin, le canal de la Sarre et les eaux navigables communiquant avec ces voies de navigation. Le droit de flottage sera maintenu.

Art. 6. – Les hautes parties contractantes étant d'avis que les circonscriptions diocésaines des territoires cédés à l'Empire allemand doivent coïncider avec la nouvelle frontière déterminée par l'article 1 ci-dessus, se concerteront après la ratification du présent traité, sans retard, sur les mesures à prendre en commun à cet effet.

Les communautés appartenant, soit à l'Église réformée, soit à la confession d'Augsbourg, établies sur les territoires cédés par la France, cesseront de relever du consistoire supérieur et du directoire siégeant à Strasbourg.

Les communautés israélites des territoires situés à l'est de la nouvelle frontière cesseront de dépendre du consistoire central israélite siégeant à Paris.

Art. 7. – Le paiement de 500 millions aura lieu dans les trente jours qui suivront le rétablissement de l'autorité du gouvernement français dans la ville de Paris. Un milliard sera payé dans le courant de l'année et un demi-milliard au 1ᵉʳ mai 1872. Les trois derniers milliards resteront payables au 2 mars 1874, ainsi qu'il a été stipulé par le traité de paix préliminaire. A partir du 2 mars de l'année courante, les intérêts de ces 3 milliards de francs seront payés chaque année, le 3 mars, à raison de 5 % par an.

Toute somme payée en avance sur les trois derniers milliards cessera de porter des intérêts à partir du jour du paiement effectué.

Tous les paiements ne pourront être faits que dans les principales villes de commerce de l'Allemagne et seront effectués en métal or ou argent, en billets de la Banque d'Angleterre, billets de la Banque de Prusse, billets de la Banque royale des Pays-Bas, billets de la Banque nationale de Belgique, en billets à ordre ou en lettres de change négociables, de premier ordre, valeur comptant.

Le gouvernement allemand ayant fixé en France la valeur du thaler prussien à 3,75 F, le gouvernement français accepte la conversion des monnaies des deux pays au taux ci-dessus indiqué.

Le gouvernement français informera le gouvernement allemand, trois mois d'avance, de tout paiement qu'il compte faire aux caisses de l'Empire allemand.

Après le paiement du premier demi-milliard et la ratification du traité de paix définitif, les départements de la Somme, de la Seine-Inférieure et de l'Eure seront évacués en tant qu'ils se trouveront encore occupés par les troupes allemandes. L'évacuation des départements de l'Oise, de Seine-et-Oise, de Seine-et-Marne et de la Seine, ainsi que celle des forts de Paris, aura lieu aussitôt que le gouvernement allemand jugera le rétablissement de l'ordre, tant en France que dans Paris, suffisant pour assurer l'exécution des engagements contractés par la France.

Dans tous les cas, cette évacuation aura lieu lors du paiement du troisième demi-milliard.

Les troupes allemandes, dans l'intérêt de leur sécurité, auront la disposition de la zone neutre située entre la ligne de démarcation allemande et l'enceinte de Paris, sur la rive droite de la Seine.

Les stipulations du traité du 26 février, relatives à l'occupation des territoires français après le paiement des 2 milliards, resteront en vigueur. Aucune des déductions que le gouvernement français serait en droit de faire ne pourra être exercée sur le paiement des 500 premiers millions.

ART. 8. – Les troupes allemandes continueront à s'abstenir des réquisitions en nature et en argent dans les territoires occupés; cette obligation de leur part étant corrélative aux obligations contractées pour leur entretien par le gouvernement français. Dans le cas où, malgré les réclamations réitérées du gouvernement allemand, le gouvernement français serait en retard d'exécuter lesdites obligations, les troupes allemandes auront le droit de se procurer ce qui sera nécessaire à leurs besoins en levant des impôts et des réquisitions dans les départements occupés et même en dehors de ceux-ci, si leurs ressources n'étaient pas suffisantes.

Relativement à l'alimentation des troupes allemandes, le régime actuellement en vigueur sera maintenu jusqu'à l'évacuation des forts de Paris.

En vertu de la convention de Ferrières, du 11 mars 1871, les réductions indiquées par cette convention seront mises à exécution après l'évacuation des forts.

Dès que l'effectif de l'armée allemande sera réduit au-dessous du chiffre de 500 000 hommes, il sera tenu compte des réductions opérées au-dessous de ce chiffre pour établir une diminution proportionnelle dans le prix d'entretien des troupes payé par le gouvernement français.

ART. 9. – Le traitement exceptionnel accordé maintenant aux produits de l'industrie des territoires cédés pour l'importation en France sera maintenu pour un espace de temps de six mois, depuis le 1ᵉʳ mars, dans les conditions faites avec les délégués de l'Alsace.

ART. 10. – Le gouvernement allemand continuera à faire rentrer les prisonniers de guerre en s'entendant avec le gouvernement français. Le gouvernement français renverra dans leurs foyers ceux de ces prisonniers qui sont libérables. Quant à ceux qui n'ont point achevé leur temps de service, ils se retireront derrière la Loire. Il est entendu que l'armée de Paris et de Versailles, après le rétablissement de l'autorité du gouvernement français à Paris, et jusqu'à l'évacuation des forts par les troupes allemandes, n'excédera pas 80 000 hommes. Jusqu'à cette évacuation, le gouvernement français ne pourra faire aucune concentration de troupes sur la rive droite de la Loire, mais il pourvoira aux garnisons régulières des villes placées dans cette zone, suivant les nécessités du maintien de l'ordre et de la paix publique.

Au fur et à mesure que s'opérera l'évacuation, les chefs de corps conviendront ensemble d'une zone neutre entre les armées des deux nations.

20 000 prisonniers seront dirigés sans délai sur Lyon, à la condition qu'ils seront expédiés immédiatement en Algérie, après leur organisation, pour être employés dans cette colonie.

ART. 11. – Les traités de commerce avec les différents États de l'Allemagne ayant été annulés par la guerre, le gouvernement français et le gouvernement allemand prendront pour base de leurs relations commerciales le régime du traitement réciproque sur le pied de la nation la plus favorisée.

Sont compris dans cette règle les droits d'entrée et de sortie, le transit, les formalités douanières, l'admission et le traitement des sujets des deux nations ainsi que de leurs agents.

Toutefois, seront exceptées de la règle susdite les faveurs qu'une des parties contractantes, par des traités de commerce, a accordées ou accordera à des États autres que ceux qui suivent : l'Angleterre, la Belgique, les Pays-Bas, la Suisse, l'Autriche, la Russie.

Les traités de navigation ainsi que la convention relative au service international des chemins de fer dans ses rapports avec la douane, et la convention pour la garantie réciproque de la propriété des œuvres d'esprit et d'art, seront remis en vigueur.

Néanmoins, le gouvernement français se réserve la faculté d'établir sur les navires allemands et leurs cargaisons des droits de tonnage et de pavillon, sous la réserve que ces droits ne soient pas plus élevés que ceux qui grèveront les bâtiments et les cargaisons des nations susmentionnées.

Art. 12. – Tous les Allemands expulsés conserveront la jouissance pleine et entière de tous les biens qu'ils ont acquis en France.

Ceux des Allemands qui avaient obtenu l'autorisation exigée par les lois françaises pour fixer leur domicile en France sont réintégrés dans tous leurs droits, et peuvent, en conséquence, établir de nouveau leur domicile sur le territoire français.

Le délai stipulé par les lois françaises pour obtenir la naturalisation sera considéré comme n'étant pas interrompu par l'état de guerre pour les personnes qui profiteront de la faculté ci-dessus mentionnée de revenir en France dans un délai de six mois, après l'échange des ratifications de ce traité et il sera tenu compte du temps écoulé entre leur expulsion et leur retour sur le territoire français, comme s'ils n'avaient jamais cessé de résider en France.

Les conditions ci-dessus seront appliquées en parfaite réciprocité aux sujets français résidant ou désirant résider en Allemagne.

Art. 13. – Les bâtiments allemands qui étaient condamnés par les conseils de prises, avant le 2 mars 1871, seront considérés comme condamnés définitivement.

Ceux qui n'auraient pas été condamnés à la date susindiquée seront rendus avec la cargaison, en tant qu'elle existe encore. Si la restitution des bâtiments et de la cargaison n'est plus possible, leur valeur, fixée d'après le prix de la vente, sera rendue à leurs propriétaires.

Art. 14. – Chacune des deux parties continuera sur son territoire les travaux entrepris pour la canalisation de la Moselle. Les intérêts communs des parties séparées des deux départements de la Meurthe et de la Moselle seront liquidés.

Art. 15. – Les hautes parties contractantes s'engagent mutuellement à étendre aux sujets respectifs les mesures qu'elles pourront juger utile d'adopter en faveur de ceux de leurs nationaux qui, par suite des événements de la guerre, auraient été mis dans l'impossibilité d'arriver en temps utile à la sauvegarde ou à la conservation de leurs droits.

Art. 16. – Les deux gouvernements français et allemand s'engagent réciproquement à faire respecter et entretenir les tombeaux des soldats ensevelis sur leurs territoires respectifs.

Art. 17. – Le règlement des points accessoires sur lesquels un accord doit être établi, en conséquence de ce traité et du traité préliminaire, sera l'objet de négociations ultérieures qui auront lieu à Francfort.

ART. 18. – Les ratifications du présent traité par l'Assemblée nationale et par le chef du pouvoir exécutif de la République française d'un côté, et de l'autre, par S.M. l'Empereur d'Allemagne, seront échangées à Francfort, dans le délai de dix jours, ou plus tôt si faire se peut.

En foi de quoi, les plénipotentiaires respectifs l'ont signé et y ont apposé le cachet de leurs armes.

Francfort, le 10 mai 1871.

Jules FAVRE.
POUYER-QUERTIER.   BISMARCK.
DE GOULARD.   ARNIM.

CHRONOLOGIE

Juillet 1870

2 juillet   Annonce d'une nouvelle candidature du prince Léopold de Hohenzollern à la couronne d'Espagne.

5 juillet   Discours agressif du duc de Gramont, ministre des Affaires étrangères à la tribune du Corps législatif.

7 juillet   Le gouvernement français demande à la Prusse le retrait de cette candidature.

12 juillet   L'ambassadeur d'Espagne à Paris Olozaga annonce au gouvernement français la renonciation du prince de Hohenzollern.

13 juillet   Dépêche d'Ems.

15 juillet   Le gouvernement français fait voter les crédits de guerre par le Corps législatif. Guillaume Ier décrète la mobilisation de l'armée prussienne.

17 juillet   Appel à l'activité de la garde mobile.

19 juillet   Déclaration de guerre de la France à la Prusse.

20 juillet   Neutralité de l'Autriche et de l'Italie.

27 juillet   Metz, Thionville, Longwy, Bitche, Marsal, Phalsbourg, Montmédy, Verdun et Toul déclarés en état de siège.

28 juillet   Arrivée de Napoléon III à Metz. Il prend le commandement de l'armée du Rhin.

31 juillet   Guillaume Ier, Moltke et Bismarck quittent Berlin. Ordre de marche de l'armée allemande.

Août 1870

2 août   Escarmouche près de Sarrebruck. État-major allemand à Mayence.

4 août   Attaque allemande de Wissembourg.

6 août   Batailles de Spicheren et de Wœrth.

7 août   Département de la Seine en état de siège.

9 août   Démission du gouvernement Ollivier.

10 août	Formation du gouvernement Palikao.
12 août	Occupation de Nancy. Rétablissement de la garde nationale sédentaire. Bazaine reçoit le commandement en chef de l'armée du Rhin.
14 août	Bataille de Borny-Noisseville.
16 août	Bataille de Rezonville-Mars-la-Tour. Napoléon III gagne Verdun et Châlons-sur-Marne.
18 août	Bataille de Saint-Privat. Occupation de Bar-le-Duc. À Châlons, Napoléon III nomme le général Trochu gouverneur de Paris.
20 août	Début du blocus de Metz. La troisième armée allemande marche vers Paris.
23 août	Mac-Mahon quitte le camp de Châlons.
25 août	Moltke ordonne à la troisième armée de se diriger vers le Nord.
30 août	« Surprise » de Beaumont.
31 août	Combat de Noisseville.

Septembre 1870

1er septembre	Bataille de Sedan.
2 septembre	Capitulation de Sedan. Napoléon prisonnier de guerre. Il part pour Wilhelmshöhe.
4 septembre	Paris : déchéance de l'empire. Proclamation de la République. Mise en place du gouvernement de la Défense nationale sous la présidence du général Trochu.
10 septembre	Delbrück s'entretient à Reims avec Bismarck des questions constitutionnelles.
11 septembre	Départ de la Délégation du gouvernement pour Tours.
12 septembre	Thiers quitte Paris pour Londres.
19 septembre	Début du siège de Paris. Combat de Châtillon.
20 septembre	Les troupes italiennes occupent Rome.
20-21 septembre	Entretien de Ferrières entre Bismarck et le ministre des Affaires étrangères Jules Favre.
23 septembre	Capitulation de Toul.
22-26 septembre	Entretiens de Delbrück à Munich avec les représentants des États du Sud.
25-26 septembre	Passage de Thiers à Vienne.
28 septembre	Capitulation de Strasbourg.
31 septembre	Attaques de Chevilly et de Choisy-le-Roi.

Octobre 1870

3 octobre	Le grand-duc de Bade propose d'entrer dans la Confédération de l'Allemagne du Nord.
5 octobre	Guillaume Ier établit son quartier général à Versailles.
6 octobre	Bataille de Nompatelize-La Bourgonce.
7 octobre	Attaque du parc de la Malmaison. Gambetta quitte

	Paris en ballon.
9 octobre	Rome, capitale de l'Italie.
11 octobre	Arrivée de Léon Gambetta à Tours. Occupation d'Orléans par les Bavarois.
12 octobre	Thiers quitte Saint-Pétersbourg.
21 octobre	Combat de la Malmaison.
23 octobre	Arrivée de la délégation bavaroise à Versailles.
27 octobre	Signature de la capitulation de Metz.
29 octobre	Entrée des Prussiens à Metz.
30 octobre	Combat du Bourget. Thiers passe à Paris et se rend à Versailles.
31 octobre	Journée révolutionnaire à Paris et dans plusieurs villes du Midi. Dénonciation par la Russie de la démilitarisation de la mer Noire. Prise de Dijon.

Novembre 1870

1ᵉʳ novembre	Premiers entretiens Thiers-Bismarck à Versailles.
2 novembre	Mobilisation des hommes valides de 21 à 40 ans. Levée en masse. Début du siège de Belfort.
6 novembre	Rupture des pourparlers entre Thiers et Bismarck.
7 novembre	Départ de la première armée allemande vers l'Oise.
8 novembre	Décret réglementant la levée en masse. Capitulation de Verdun.
9 novembre	Bataille de Coulmiers.
10 novembre	Délivrance d'Orléans.
15 novembre	Accord entre le Bade et la Hesse et la Confédération de l'Allemagne du Nord.
23 novembre	Accord avec la Bavière.
24 novembre	Capitulation de Thionville.
25 novembre	Accord avec le Wurtemberg.
28 novembre	Combat de Beaune-la-Rolande.
30 novembre	Lettre de Louis II de Bavière à Guillaume Iᵉʳ.

Décembre 1870

1ᵉʳ-3 décembre	Tentative de percée de l'armée de Paris à Champigny.
2-4 décembre	Armée de la Loire battue à Loigny et Patay.
5 décembre	Seconde occupation d'Orléans. Manteuffel entre à Rouen.
8 décembre	Accord entre les États du Sud et la Confédération de l'Allemagne du Nord sur la future constitution allemande. Transfert de la Délégation de Tours à Bordeaux.
14 décembre	Capitulation de Phalsbourg et de Montmédy.
18 décembre	Bataille de Nuits-Saint-Georges. Guillaume Iᵉʳ reçoit à Versailles une délégation du Reichstag de l'Allemagne du Nord.
20 décembre	Approbation des conventions par la seconde chambre de Hesse. La Confédération de l'Allemagne du Nord

devient l'Empire allemand.

21 décembre   Approbation des conventions par la seconde chambre de Bade. Sortie malheureuse du Bourget.

23 décembre   Approbation des conventions par la seconde chambre de Wurtemberg. Bataille de Pont-Noyelles.

27 décembre   Bombardement allemand des forts de l'Est et occupation du plateau d'Avron.

Janvier 1871

1er janvier   L'Empire allemand entre juridiquement en vigueur.

3 janvier   Bataille de Bapaume. Capitulation de Mézières.

5 janvier   Début du bombardement des forts du Sud et de la rive gauche de Paris.

9 janvier   Bourbaki attaque à Villersexel.

10-12 janvier   Bataille en avant du Mans. Frédéric-Charles entre au Mans.

14-17 janvier   Défaite d'Héricourt. Combats sur la Lisaine.

18 janvier   Proclamation de l'Empire allemand dans la galerie des Glaces de Versailles.

19 janvier   Défaite de Saint-Quentin. Sortie de Buzenval et Montretout.

21 janvier   La chambre des députés de Bavière approuve les accords.

22 janvier   Destruction du pont de Fontenoy-sur-Moselle. Démission du général Trochu. Vinoy gouverneur de Paris. Retraite de l'armée Bourbaki sur Pontarlier.

23 janvier   Jules Favre se rend à Versailles conférer avec Bismarck.

25 janvier   Capitulation de Longwy.

26 janvier   Signature à Versailles d'un armistice de 21 jours (sauf pour l'Est). Cessez-le-feu le 26 à minuit. Tentative de suicide de Bourbaki à Besançon. Clinchant lui succède à la tête de l'armée de l'Est.

27 janvier   Négociation à Versailles des conventions militaires. Les combats se poursuivent en Bourgogne et en Franche-Comté laissées en dehors.

29 janvier   Les Allemands prennent possession des forts entourant Paris.

Février 1871

1er-2 février   Passage en Suisse de l'armée Bourbaki.

6 février   Démission de Léon Gambetta à Bordeaux. Le premier train de vivres entre à Paris.

8 février   Élection de l'Assemblée nationale française.

13 février   Cessez-le-feu dans l'Est.

14 février   Réunion à Bordeaux de l'Assemblée nationale.

16 février   Reddition de Belfort.

17 février   Adolphe Thiers élu chef de l'exécutif provisoire.

20 février   Formation du Bundesrat.
21-26 février   Négociations de paix à Versailles entre Bismarck et Thiers.
26 février   Signature des préliminaires de paix.

Mars 1871

1ᵉʳ mars   Défilé des troupes allemandes sur les Champs-Élysées. Ratification par l'Assemblée nationale des préliminaires de paix.
3 mars   Élection du premier Reichstag allemand.
12 mars   La forteresse de Bitche ouvre ses portes.
13 mars   Acte final de la conférence de Londres mettant fin à la neutralisation de la mer Noire.
15 mars   Retour de Guillaume Iᵉʳ en Allemagne.
18 mars   Affaire des canons de Montmartre. Thiers évacue Paris.
21 mars   Proclamation de la Commune de Paris. Ouverture du premier Reichstag allemand à Berlin. Bismarck est élevé à la dignité de prince et devient chancelier du Reich.
22 mars   Célébration solennelle de l'anniversaire de naissance de Guillaume Iᵉʳ.
26 mars   Élection du Conseil général de la Commune.

Avril 1871

4 avril   Ouverture des négociations de Bruxelles.
8 avril   Thiers nomme le maréchal de Mac-Mahon à la tête de l'armée de Versailles.
14 avril   Acceptation par le Reichstag de la Constitution du Reich.
16 avril   Entrée en vigueur de la Constitution.

Mai 1871

6 mai   Ouverture des négociations franco-allemandes à Francfort-sur-le-Main.
10 mai   Signature du traité de Francfort.
13 mai   Vote de la loi des « garanties » refusées par Pie IX.
18 mai   Approbation du traité par l'Assemblée nationale.
21-28 mai   Semaine sanglante.

Juin 1871

9 juin   Incorporation de l'Alsace-Lorraine dans l'Empire allemand.
16 juin   Parade de la victoire à Berlin.
23 juin   Premier emprunt lancé par Thiers.

Octobre 1871

12 octobre   Convention additionnelle au traité de paix (douanière et territoriale).

Juin 1872

    29 juin   Convention spéciale concernant le paiement du reste de l'indemnité de guerre.

Juillet 1872

    4 juillet   Lancement du second emprunt de libération.
    21 juillet   Vote de la loi militaire par l'Assemblée nationale.

Octobre 1872

    1er octobre   Expiration du délai d'option accordé aux natifs des territoires annexés.

Mars 1873

    15 mars   Convention additionnelle relative au paiement complet de l'indemnité de guerre et à l'entière évacuation du territoire français.

Mai 1873

    24 mai   Démission d'Adolphe Thiers. Mac-Mahon président de la République.

Août 1873

    1er août   Évacuation de Nancy.

Septembre 1873

    13 septembre   Évacuation de Verdun. Libération totale du territoire français.

SOURCES ET BIBLIOGRAPHIE

Au fil des années, la plupart des sources militaires, diplomatiques et politiques se rapportant à la guerre de 1870-1871 ont été publiées. Récits et mémoires sont innombrables et leur inventaire critique reste à faire. Aujourd'hui rien d'essentiel ne semble être demeuré inédit. Dans les archives comme dans les collections de journaux, on peut trouver encore beaucoup de documents inexploités qui renseignent sur la guerre au jour le jour, sur le comportement et l'état d'esprit des combattants, sur les équipements, l'intendance, les services de santé, sur les réactions des civils. Du côté français les Archives de la Guerre conservées au château de Vincennes (série L) et les différents dépôts départementaux offrent à cet égard de multiples ressources. Du côté allemand, les archives militaires prussiennes ont sombré corps et biens lors de la dernière guerre mondiale. À Munich et à Stuttgart, il reste beaucoup de documents inédits sur la participation de la Bavière et du Wurtemberg aux événements militaires de 1870-1871. De toute façon, un nouveau regard s'impose sur cette immense masse documentaire qui dort sur les rayons des bibliothèques. La bibliographie de la première guerre franco-allemande est à la fois ancienne et écrasante. De 1871 à 1914 ce thème fait la fortune des éditeurs. Brutalement la Grande Guerre a tari la production. À l'exception d'un bref regain d'intérêt lors du centenaire, la bibliographie récente, surtout la recherche savante, est de faible ampleur. Nous n'avons pas la prétention ni d'avoir lu ni d'avoir parcouru ces milliers de livres et d'articles, ces dizaines de milliers de coupures de presse parus entre 1871 et 1914. Nous espérons seulement que rien d'essentiel ne nous a échappé.

Cette bibliographie est volontairement sélective. Nous avons renoncé à y faire entrer tous les livres sur l'histoire intérieure française de 1869 à 1880, tous les livres sur la fondation du Reich et la bibliothèque immense et répétitive consacrée à la Commune de Paris. Nous avons préféré proposer au lecteur un choix varié parmi les sources imprimées, les récits et les témoignages, les livres savants ou techniques et les articles érudits. Un premier bilan a été dressé par : PALAT (commandant), *Bibliographie générale de la guerre de 1870-1871*, Paris, 1896, 596 p.

Pour une approche plus récente on pourra consulter :

« Le conflit franco-allemand de 1870-1871 », *Cahiers d'Histoire militaire*, II, 1970.

MAURIN (Jules), « De la guerre de 1870-1871 à la guerre de 1914-1918 : orientation bibliographique », *Revue internationale d'Histoire militaire*, 1985.

PAUL (Pierre), « Essai de bibliographie sur la guerre de 1870-1871 », *Revue historique de l'armée*, I, 1971.

Abréviations utilisées dans la bibliographie

H.Z. : Historische Zeitschrift.
P.L. : Pays lorrain.
R.D.M. : Revue des Deux Mondes.
R.H.A. : Revue historique de l'armée.

I. SOURCES IMPRIMÉES

1. Documents officiels

Dépêches, circulaires, décrets, proclamations et discours de Léon Gambetta, publiés par Joseph Reinach, Paris, 1886.
Die grosse Politik der Europäischen Kabinette, t. I, Berlin, 1922.
Diplomatischen Dokumente der Schweiz, 1848-1945, Band II (1866-1872), Bern, 1985.
Documents diplomatiques français, 1871-1879, Paris, 1929-1930.
Enquête parlementaire sur l'insurrection du dix-huit mars, 3 vol., Versailles, 1873.
Enquête parlementaire sur les actes du gouvernement de la Défense nationale, Déposition des témoins, 7 vol., Versailles, 1872.
Gouvernement de la Défense nationale, 4 septembre 1870-16 février 1871, Procès-verbaux des séances du Conseil, Paris (1945).
Occupation et Libération du territoire, 1871-1873, Paris, 1903.
Procès Bazaine, compte rendu sténographique, Paris, 1874.
SÉRÉ DE RIVIÈRES (Adolphe, général), *Rapport au procès du maréchal Bazaine*, Paris, 1874.
VILLEFORT, *Recueil des traités, conventions, lois, décrets et autres actes relatifs à la paix avec l'Allemagne*, Paris, 1871-1873.

2. Souvenirs et mémoires militaires

A. Souvenirs militaires français

AURELLE DE PALADINES (Louis, général d'), *Campagne de 1870-1871. La première armée de la Loire*, Paris, 1871.
BAZAINE (Achille), *L'Armée du Rhin depuis le 12 août jusqu'au 29 octobre 1870*, Paris, 1872.

CHANZY (Antoine-Eugène, général), *La Deuxième Armée de la Loire. Campagne de 1870-1871*, Paris, 1872.

DU BARAIL (François, général), *Mes Souvenirs*, t. III, Paris, 1896.

DUCROT (Auguste, général), *La Défense de Paris, 1870-1871*, Paris, 1872.

FAIDHERBE (Louis, général), *Campagne de l'armée du Nord en 1870-1871*, Paris, 1871.

FREYCINET (Charles de Saulces de), *Souvenirs 1848-1878*, Paris.

GLUCK (Émile), *Guerre de 1870-1871. Le 4ᵉ bataillon de la mobile du Haut-Rhin*, Mulhouse, 1873.

HILD (Joseph-Antoine), *La campagne de 1870-1871. Belfort et les bataillons mobiles de la Haute-Saône*, Paris, 1872.

LA RONCIÈRE LE NOURY (baron Camille de, vice-amiral), *La Marine au siège de Paris*, Paris, 1872.

LEBRUN (Barthélemy-Louis, général), *Souvenirs militaires. Bazeilles-Sedan*, Paris, 2ᵉ éd., 1884.

PALIKAO (Charles Guillaume de Cousin de Montauban, général), *Un ministère de la Guerre de vingt-quatre jours du 10 août au 4 septembre 1870*, Paris, 1871.

RÉMY (Pierre), *Le 3ᵉ bataillon de la Mobile des Vosges*, Épinal, 1915.

THOUMAS (Charles-Antoine, général), *Souvenirs de la guerre de 1870-1871. Paris-Tours-Bordeaux*, Paris, 1893.

TROCHU (Jules, général), *Œuvres posthumes. Le Siège de Paris*, Tours, 1894.

VINOY (Joseph, général), *L'Armistice et la Commune. Opérations de l'armée de Paris et de l'armée de réserve*, Paris, 1872.

ZURLINDEN (Émile-Auguste, général), *La Guerre de 1870-1871. Réflexions et souvenirs*, Paris, 1904.

B. Mémoires, souvenirs militaires allemands

BRAUN geb. von Kretschmann Lily (Hrsg.), *Kriegsbriefe aus den Jahren 1870-1871 von Hans von Kretschmann*, Berlin, 1911.

BRONSART VON SCHELLENDORF (Paul), *Geheimes Kriegstagebuch, 1870-1871*, Bonn, 1954.

HINDENBURG (Paul von), *Aus meinem Leben*, Leipzig, 1920.

KAISER FRIEDRICH III, *Das Kriegstagebuch von 1870-1871*, Hrsg. O. Meisner, Berlin und Leipzig, 1926.

LASKER (Eduard), « Aus Eduard Lasker's Nachlass. Sein Briefwechsel aus den Jahren 1870-1871 », *Deutsche Revue*, 1892.

MOLTKE (Helmuth Graf von), *Gesammelte Schriften und Denkwürdigkeiten*, Berlin, 1891-1892.

MOLTKE (Helmuth von), *Mémoires. Lettres à sa mère et à ses frères Adolphe et Louis (1823-1888)*, Paris, 1892.

MOLTKE (Helmuth von), *Correspondance militaire. Guerre de 1870-1871*, 2 vol., Paris, 1899-1900.

NOTZMER (Ernst von), *Bei der Landwehr vor Metz und die Schlacht von Beaune-La-Rolande*, Gotha, 1894.

PARDEILLAN (Paul de), *1870-1871. Chevauchées prussiennes du Rhin à la Manche*, Paris (s.d.).

ROON (Albrecht von), *Denkwürdigkeiten aus dem Leben des Generalfeldmarschalls, Kriegsministers Grafen von Roon*, Breslau, 1897.

TANNERA (Karl von), *Ernste und heitere Erinnerungen eines Ordonnanz-offiziers im Feldzug, 1870-1871*, Nördlingen, 1887-1889, Munchen, 1896.

TREITSCHKE (Heinrich von), *Zehn Jahre deutscher Kämpfe 1865-1874*, Berlin, 1874.

VERDY DU VERNOIS (Julius), *Im Grossen Hauptquartier, 1870-1871*, Berlin, 1895.

WALDERSEE (Alfred von), *Denkwürdigkeiten des Generalfeldmarschalls Grafen Waldersee*, Hrsg. O. Meisner, Stuttgart und Berlin, 1922.

3. Récits, mémoires et témoignages civils

A. Récits et témoignages français

BRIEL (Adolphe), *Fontenoy, l'incendie et la restauration*, Nancy, 1874.

CARCY (Frédéric de), *Mémoires-Souvenirs*, présentés par Odette Voilliard, Metz, 1979.

DAUDET (Alphonse), *Les Contes du Lundi*, 2 vol., Paris, 1874.

DEBRÉ (Robert), *L'Honneur de vivre*, Paris, 1972.

DÉROULÈDE (Paul), *Chants du soldat. Marches et sonneries*, Paris, 1888 (1re éd. 1872).

DOLL (Edouard), *Journal du siège de Belfort*, Mulhouse, 1909.

DONIOL (Henri), *Monsieur Thiers, le Comte de Saint-Vallier, le général de Manteuffel. Libération du territoire 1871-1873*, Paris, 1897.

FAVRE (Jules), *Le Gouvernement de la Défense nationale*, Paris, 1872.

FLOURENS (Gustave), *Paris livré*, Paris, 1871.

FREYCINET (Charles de), *La Guerre en province pendant le siège de Paris*, Paris, 1871.

GABRIAC (Marquis de), *Souvenirs diplomatiques d'Allemagne et de Russie, (1870-1872)*, Paris, 1896.

GAMBETTA (Léon), *Gambetta par Gambetta. Lettres intimes et souvenirs* publiés par P.B. Gheusi, 1909.

GAMBETTA (Léon), *Lettres de Gambetta, 1868-1882*, recueillies et annotées par Daniel Halévy et Émile Pillias, Paris, 1938.

GONCOURT (Edmond et Jules de), *Journal, II (1864-1878)*, Paris, 1959.

GONTAUT-BIRON (Comte Elie de), *Mon ambassade en Allemagne (1872-1873)*, Paris, 1906.

HALÉVY (Ludovic), *Récits de guerre. L'invasion, 1870-1871*, Paris (1892).

HANOTAUX (Gabriel), *Mon Temps. I : De l'Empire à la République*, Paris, 1933.

HAUMANT (Marc), *Au lendemain du siège, Belfort 1873-1874*, Tours, 1912.

HAUSSONVILLE (Joseph Othenin comte d'), *Mon journal pendant la guerre*, Paris, 1905.

HUGO (Victor), *L'Année terrible, 1870, 1871, 1872*, présentée et annotée par Yves Gobin, Paris, 1985.

HUGO (Victor), *Carnets intimes, 1870-1871*, édités et présentés par Henri Guillemin, Paris, 1959.

HUYSMANS (Joris-Karl), *Œuvres complètes*, t. I : *Sac au dos*, Paris, 1928.

LAVISSE (Ernest), *Souvenirs*, préface de Jacques et Mona Ozouf, Paris, 1989.

MAUPASSANT (Guy de), *Contes et Nouvelles*, Paris, 1974-1979.

MARGUERITTE (Paul), *Une époque. I Le désastre; II Les Tronçons du glaive; III Les Braves Gens; IV La Commune*, Paris, 1885 (nombreuses rééditions postérieures).

MIRBEAU (Octave), *Œuvres complètes, I Le Calvaire*, Paris, 1934.

REMUSAT (Charles de), *Mémoires de ma vie, V (1857-1875)*, Paris, 1963.

RENAN (Ernest) et BERTHELOT (Marcelin), *Correspondance, 1847-1892*, Paris, 1898.

RENAN (Ernest), *Œuvres complètes*, t. I : *La Réforme intellectuelle et morale*, Paris, 1949.

ROBERT (Édouard), *Souvenirs du siège de Belfort et poésies alsaciennes-lorraines*, Oran, 1888.

ROSSEL (Louis), *Mémoires, procès et correspondance*, présentés par Roger Stéphane, Paris, 1960.

ROSSEL (Louis), *Papiers posthumes*, recueillis et annotés par Jules Amige, Paris, 1871.

SAND (George), *Correspondance générale*, éditée par Georges Lubint, XVII, Paris, 1987.

SAND (George), « Journal de la guerre (juillet 1870-mars 1871) », *Revue de Paris*, 1915.

STEENACKERS (François), *Les Télégraphes et les postes pendant la guerre de 1870*, Paris, 1883.

THIERS (Adolphe), *Correspondance 1871-1875*, 2 vol., Paris, 1900.

THIERS (Adolphe), *Notes et souvenirs de Monsieur Thiers*, Paris, 1905. *Versailles pendant l'occupation. Recueil de documents pour servir à l'histoire de l'invasion allemande*, Versailles, 1873.

WOLFF (Paul), *Le Siège de Belfort en 1870-1871*, Bruxelles, 1877.

ZOLA (Émile), *La Débâcle*, Paris, 1892.

B. Mémoires et témoignages allemands

Il faut d'abord recourir au recueil très précieux suivi d'une riche bibliographie :

Die Gründung des Deutschen Reiches 1870/71 in Augenzeugenberichten, Hrsg. von Ernst Deurlein, München, 1971.

BAMBERGER (Ludwig), *Bismarcks grosses Spiel. Die Geheimen Tagebücher.* Hrsg. von E. Feder, Frankfurt-am-Main, 1932.

BISMARCK (Otto von), *Gedanken und Erinnerungen*, Stuttgart, 1965.

BISMARCK (Otto von), *Pensées et souvenirs*, présentation de Joseph Rovan, Paris, 1984.

BISMARCK (Otto von), *Lettres de Bismarck à sa femme pendant la guerre de 1870*, Paris, 1903.

BRANDENBURG (Erich Hrsg.), *Briefe Kaiser Wilhelms des Ersten*, Leipzig, 1911.

BULOW (Bernhard, prince de), *Mémoires du chancelier Prince de Bulow*, t. I, Paris, 1929-1931.

BUSCH (Moritz), *Tagebuchblätter*, Leipzig, 1899.

BUSCH (Maurice), *Le Comte de Bismarck et sa suite*, Paris, 1879.
BUSCH (Moritz), *Mit Bismarck vor Paris*, München, 1942.
FONTANE (Theodor), *Aus den Tagen der Okkupation. Eine Osterreise durch Nord-Frankreich und Elsass-Lothringen*, Berlin, 1871.
HOHENLOHE-SCHILLINGSFURST (Fürst Chlodwig zu), *Denkwürdigkeiten*, Stuttgart und Leipzig, 1906.
HOHENLOHE-SCHILLINGSFURST (Prince Clovis de), *Un siècle de politique allemande. Mémoires*, 3 vol., Paris, 1909.
MARX (Karl), *Correspondance*, XI, Paris, 1985.
MARX (Karl), ENGELS (Friedrich), *Werke*, t. XVII (1864-1870), t. XVIII (1870-1872), Institut für Marxismus-Leninismus, Berlin, 1968.
LILIENCRON (Detlev von), *Gesammelte Werke*, t. VII : *Kriegsnovellen*, Berlin, 1912.
PIETSCH (Ludwig), *Der deutsch-französische Krieg 1870-1871, von Berlin bis Paris, Kriegsbilder*, Berlin, 1874.

C. Récits de journalistes anglais

FORBES (Archibald), *My Experience of the War between France and Germany*, London, 1871.
La Campagne de 1870, récit des événements militaires depuis la déclaration de guerre jusqu'à la capitulation de Paris, traduction du *Times*, Paris, 1871.
RUSSEL (Wilhelm Howard), *My Diary During the Last Great War*, London-New York, 1874.

D. Récits de prisonniers de guerre

BIBESCO (Georges), *Prisonnier. Coblence 1870-1871*, Paris, 1899.
BRUCHON (Philippe), *Souvenirs d'un Châlonnais. Neuf mois de captivité en Poméranie*, Paris, 1886.
CHOPPIN (Henri), *Journal de captivité d'un officier de l'armée du Rhin*, Paris-Nancy, 1912.
DERBLAY (André), *Journal d'un aumônier des prisonniers français*, Paris, 1871.
DESVAUX (Nicolas), « Journal intime », *Cahiers de la Sabretache*, 1910.
DEROULÈDE (Paul), *1870-1871. Feuilles de route. Des Bois de Verrières à la forteresse de Breslau*, Paris, 1907.
FAUTRAS (Gustave), *De l'Oder à la Loire. Récits de captivité d'un prisonnier civil en 1870-1871*, Paris, 1904.
FONTANE (Theodor), *Souvenirs d'un prisonnier de guerre allemand en 1870*, Paris, 1892.
LEOPOLD, *Les Français au bagne allemand*, Beaumes-les-Dames, 1884.
LOUIS (Désiré), *Souvenirs d'un prisonnier de guerre en Allemagne*, Paris, 1898.
MOUSSAC (Georges de), *Dans la mêlée. Journal d'un cuirassier de 1870-1871*, Paris, 1911.

II. OUVRAGES GÉNÉRAUX ET BIOGRAPHIES

1. Relations internationales et relations franco-allemandes

BRIDGE (Francis), *From Sadowa to Sarajevo. The Foreign Policy of Austria-Hungary, 1866-1914*, London, 1972.
BURY (Patrick), « L'opinion britannique et les affaires françaises », *Revue diplomatique*, 1970.
COLIN (Ernst), *The United States Diplomatic Pouch in the Siege of Paris*, s.l., 1986.
DEMOULIN (Robert), « Documents inédits sur la crise internationale de 1870 », *Bulletin de la Commission royale d'Histoire*, 1957.
DIOSZEGI (Istum), *Österreich-Ungarn und der französischpreussische Krieg, 1870-1871*, Budapest, 1974.
DIOZEGI (Istum), *Die Aussenpolitik des österreichisch-ungarischen Monarchie, 1871-1877*, Budapest, 1981.
Europäische Entscheidungen, 1867-1871, Frankfurt, Wien, Berlin, 1979.
« Europa und die Reichsgründung », *Historische Zeitschrift*, 1980.
Europa vor dem Krieg von 1870, (Hrsg. Eberhard Kolb), Munchen, 1987.
HILLGRUBER (Andreas), *Bismarcks Aussenpolitik*, Freiburg, 1981.
LEVILLAIN (Philippe), RIEMENSCHNEIDER (Rainer), *La Guerre de 1870/71 et ses conséquences*, Bonn, 1990.
MILLMANN (Richard), *British Foreign Policy and the Coming of the Franco-Prussian War*, Oxford, 1965.
MITCHELL (Alban), *Bismarck and the French Nation, 1848-1890*, New York, 1971.
POIDEVIN (Raymond), BARIÉTY (Jacques), *Les Relations franco-allemandes, 1815-1975*, Paris, 1977.
POIDEVIN (Raymond), SIEBURG (Heinz Otto), *Aspects des relations franco-allemandes à l'époque du Second Empire, 1851-1866*, Metz, 1982.
RAYMOND (N.D.), *British Policy and Opinion During the Franco-Prussian War*, New York, 1921.
« Dimensions et résonances de l'année 1871 », *Revue d'Histoire moderne et contemporaine*, avril-juin 1972.
SOREL (Albert), *Histoire diplomatique de la guerre franco-allemande*, 2 vol., Paris, 1875.
TAYLOR (A.J.P.), *The Struggle for Mastery in Europa (1848-1918)*, Oxford, 1954.
VALFREY (Jules), *Histoire de la diplomatie du gouvernement de la Défense nationale*, 3 vol., Paris, 1871-1873.

2. Histoire française

BOURGIN (Georges), *La IIIᵉ République (1871-1914)*, révisée par J. Néré, Paris, 1967.
CARON (François), *La France des patriotes*, Paris, 1985.

CHASTENET (Jacques), *Histoire de la III⁰ République*, t. I, Paris, 1952.

CLARETIE (Jules), *Histoire de la révolution de 1870-1871*, 5 vol., Paris, 1875.

GADILLE (Jacques), *La Pensée et l'action des évêques français au début de la Troisième République, 1870-1883*, Paris, 1967.

GIRARD (Louis), *La Garde nationale 1814-1870*, Paris, 1964.

HANOTAUX (Gabriel), *Histoire de la fondation de la III⁰ République*, 4 vol., Paris, 1925-1926.

MAYEUR (Jean-Marie), *Les Débuts de la III⁰ République*, Paris, 1973.

OLLIVIER (Émile), *L'Empire libéral. Études, récits, souvenirs*, 18 vol., Paris, 1895-1915.

SEIGNOBOS (Charles), *Le Déclin de l'Empire et l'établissement de la III⁰ République (1859-1875)*, (t. VII de l'*Histoire de la France contemporaine* d'Ernest Lavisse), Paris, 1921.

SERMAN (William), *Les Origines des officiers français, 1848-1870*, Paris, 1979.

SERMAN (William), *Les Officiers français dans la nation, 1848-1914*, Paris, 1982.

SERMAN (William), *La Commune de Paris*, Paris, 1986.

3. La fondation du Second Reich

BARTHEL (Horst), ENGELBERG (Ernst), *Die grosspreussisch-militaristische Reichsgründung, 1871*, 2 vol., Berlin, 1971.

BECKER (Josef), HILLGRUBER (Andreas), *Die deutsche Frage im 19. und 20. Jahrhundert*, München, 1983.

BÖHME (Helmut), *Deutschlands Weg zur Grossmacht*, Köln 1972.

BORN (Karl-Erich), *Von Reichsgründung bis zum 1. Weltkrieg*, B. Gebhardt, *Handbuch der deutschen Geschichte*, Band 16, Stuttgart, 12. Auflage, 1988.

BRANDENBURG (Erich), *Die Reichsgründung*, 2 vol., Leipzig, 1922.

CRAIG (Gordon Alexander), *Germany 1866-1945*, Oxford, 1981.

ENGELBERG (Ernst), *Deutschland von 1849 bis 1871*, Berlin, 1959.

GALL (Lothar), « Bismarck, Preussen, das Reich und Europa », *H.Z.*, 1982.

LUTZ (Heinrich), *Österreich, Ungarn und die Gründung des Deutschen Reiches*, Wien, 1980.

RITTER (Gerhard), *Staatskunst und Kriegshandwerk. Das Problem des Militarismus in Deutschland*, I, München, 1959.

SCHIEDER (Theodor), *Vom Deutschen Bund zum deutschen Reich*, B. Gebhardt, *Handbuch der Deutschen Geschichte*, Band 15, Stuttgart, 1988.

SCHIEDER (Theodor), *Reichsgründung, Tatsachen, Kontroversen, Interpretationen*, Stuttgart, 1970.

SCHIEDER (Theodor), *Das deutsche Kaiserreich von 1871 als Nationalstaat*, Köln, 1961.

SRBIK (Heinrich von), *Deutsche Einheit*, 4 vol., München, 1936-1939.

SYBEL (Heinrich von), *Die Begründung des Deutschen Reiches durch Wilhelm I*, 7 vol., München, 1889-1894.

4. Biographies

AMSON (Daniel), *Adolphe Crémieux*, Paris, 1989.

BAPST (Germain), *Le Maréchal Canrobert*, Paris, 1913.

BARRAL (Pierre), *Jules Ferry, une volonté pour la République*, Nancy, 1986.

CHUQUET (Arthur), *Le Général Chanzy, 1823-1883*, Paris, 1890.

DUROSELLE (Jean-Baptiste), *Clemenceau*, Paris, 1988.

GALL (Lothar), *Bismarck, der weisse Revolutionär*, Frankfurt, Berlin, Wien, 1980. Traduction française, *Bismarck, le révolutionnaire blanc*, Paris, 1984.

GIRARD (Louis), *Napoléon III*, Paris, 1986.

GOGUEL (François), « Le colonel Denfert-Rochereau », *Bulletin de la Société de l'histoire du protestantisme français*, 1978.

GRASC (Yves), *Castelnau, ou l'art de commander, 1851-1944*, Paris, 1990.

GUGLIOTTA (Georges), *Le général de Cissey (1810-1882)*, thèse, Montpellier, 1988.

GUIRAL (Pierre), *Adolphe Thiers, ou de la nécessité en politique*, Paris, 1986.

KROSIGK (Hans von), *General Feldmarschall von Steinmetz, 1787-1877*, Berlin, 1900.

MARGUERITTE (Paul), *Mon père*, Paris, 1884.

MARTIN, *La Vie d'un grand journaliste, Auguste Nefftzer*, Paris,

SEECKT (Hans von, général), *Moltke, ein Vorbild*, Leipzig, 1931.

SEGUIN (Philippe), *Louis-Napoléon le Grand*, Paris, 1990.

STERN (Fritz), *L'Or et le fer. Bismarck et son banquier Bleichröder*, trad. fr., Paris, 1990.

III. LE DÉROULEMENT DE LA GUERRE

Il faut placer en tête d'une bibliographie foisonnante deux ouvrages qui ont une valeur documentaire exceptionnelle et qui pour le détail des opérations militaires peuvent encore servir de référence.

– *Der deutsch-französische Krieg 1870-1871*, redigiert von der kriegsgeschichtlichen Abtheilung des grossen Generalstabes, Berlin, 1872-1881, 20 vol. + atlas. La traduction française de ce récit monumental a été réalisé par le capitaine COSTA DE SERDA et publiée à Paris de 1873 à 1882 sous le titre *La Guerre franco-allemande de 1870-1871*, rédigée par la section historique du grand état-major prussien.

– ROUSSET (Léonce lt.-colonel), *Histoire générale de la guerre franco-allemande*, 7 vol., Paris, 1900-1910).

1. Histoires générales du conflit

AMBERT (Joachim), *La Guerre de 1870-1871*, Paris, 1873.

BORBSTAEDT (colonel A.), *Campagne de 1870-1871. Opérations des armées allemandes*, traduction E. Costa de Serda, Paris, 1872.

BOYER (Pierre), « Contribution militaire de l'Algérie à la guerre de 1870-1871 », *Cahiers de Montpellier*, 1980.

BUDDE (Hermann), *Die französischen Eisenbahnen im deutschen Kriegsbetriebe, 1870-1871*, Paris, 1904.

BURY (John), *Gambetta, défenseur du territoire, 1870-1871*, Paris, 1937.

CANONGE (Frédéric), *Histoire de l'invasion allemande en 1870-1871*, Paris, 1905.

CHALLERT (Jean), *L'Artillerie de terre en France pendant un siècle, Histoire technique (1816-1919)*, Paris, 1935.

CHANAL (Michel), *La Guerre de 1870*, Paris-Bruxelles, 1972.

CHUQUET (Arthur), *La Guerre de 1870-1871*, Paris, 1895.

DUQUET (Alfred), *Guerre de 1870-1871*, Paris, 1880-1899.

Entscheidung 1870. Der deutsch-französische Krieg, Stuttgart, 1970.

GUERIN (André), *La folle guerre de 1870*, Paris, 1970.

GUILLEMIN (Henri), *Les Origines de la Commune* t. I : *Cette curieuse guerre de 1870*, Paris, 1956. t. II : *L'Héroïque Défense de Paris*, 1959. t. III, *La Capitulation*, 1960.

HOWARD (Michael), *The Franco-Prussian War*, London, 1962.

JACQUEMIN (Émile), *Les Chemins de fer pendant la guerre de 1870-1871*, Paris, 1872.

JAURÈS (Jean), *La Guerre de 1870-1871*, 1ʳᵉ éd. 1908, Paris, rééd. 1971.

LONLAY (Dick de), *Français et Allemands, Histoire anecdotique de la guerre de 1870-1871*, 4 vol., Paris, 1888-1891.

LEHAUTCOURT (Pierre), *Histoire de la guerre de 1870-1871*, 15 vol., Paris-Nancy, 1893-1905.

LEHAUTCOURT (Pierre), *Guerre de 1870-1871*, 2 vol., Paris.

MAZADE (Charles de), *La Guerre de France (1870-1871)*, 2 vol., Paris, 1875.

MOLTKE (Helmuth von), *La Guerre de 1870*, traduction d'E. Jaeglé, Paris, 1896.

PFLUG-HARTTUNG (Joseph von), *Krieg und Sieg, 1870-1871*, Berlin, 1895.

Revue historique de l'armée, 1971, n° 1 (numéro spécial).

ROUSSET (lt.-colonel, Léonce), *Les Combattants de 1870-1871*, Paris, 1891.

STAHLIN (Karl), *Der deutsch-französische Krieg 1870-1871*, Heidelberg, 1912.

WELSCHINGER (Henri), *La Guerre de 1870. Causes et responsabilités*, 2 vol., Paris, 1912.

2. Période impériale. Sièges de Metz et de Strasbourg.

A. Combats

BATON (Robert), *Security Considerations on the Defeat of the French Army of Rhine*, thèse, Kansas, 1982.

BESSER (Ludwig von), *Der Ehrentag der deutschen Cavallerie*, Berlin, 1873.

BONNAL (Henri), *Étude de critique stratégique et tactique : Frœschwiller*, Paris, 1889.

BONNAL (Henri), *L'Esprit de la guerre moderne. La manœuvre de Saint-Privat*, Paris, 1904.

CASTELNAU (général), « De Saint-Cloud à Wilhelmshöhe », *Revue de Paris*, 1929.

CLARETIE (Jules), *Le Champ de bataille de Sedan, 1er septembre 1871*, Paris, 1871.

DUQUET (Alfred), *Guerre de 1870-1871. Les grandes batailles de Metz*, Paris, 1888.

ERB (général), *L'Artillerie dans les batailles de Metz*, Paris, 1906.

GAMBIEZ (Fernand, général), « Le rendez-vous du destin à Sedan », *R.H.A.*, 1971.

GASSELIN (R.) *L'Artillerie allemande dans les combats de Wissembourg et de Wœrth*, Nancy, 1877.

HIEGEL (Henri), « Sarreguemines et sa région en juillet-août 1870 », *Pays lorrain*, 1970.

HOLMÈS (Robert), *The Road to Sedan. The French Army*, London, 1984.

JAUFFRET, (Jean-Charles), « Monsieur Thiers et le Comité de Défense », *Les Cahiers de Montpellier*, 1982.

KLEIN (Charles), *La Chronique de Frœschwiller, scènes vécues*, Neufchâtel-Paris, 1914; réimpression Pont-à-Mousson, 1987.

KOLB (Eberhad), *Der Kriegs ausbruch. Politische Entscheidungsprozesse und Verantwortlichkeiten in der Julikrise 1870*, Göttingen, 1970.

LEHAUTCOURT (Pierre, pseudonyme général Palat), *Étude de tactique appliquée : l'attaque de Saint-Privat, 18 août 1870*, Paris, 1901.

LEHAUTCOURT (Pierre), *La Cavalerie allemande et l'armée de Châlons*, Paris-Nancy, 1912.

LEHMANN (Gustav), *Die Mobilmachung von 1870-1871*, Berlin, 1905.

LEROY (Oscar), *Mars-la-Tour*, Paris, 1877.

MORITZ (Victor), *Froechviller (6 août 1870)*, Strasbourg, 1970.

PICARD (Ernest), *1870, la guerre en Lorraine*, Paris, 1911.

PICARD (Ernest), *1870, la perte de l'Alsace*, Paris, 1907.

PICARD (Ernest), *Sedan*, Paris, 1912.

Revue historique ardennaise, janvier-juin 1970.

ROCOLLE (Pierre), « Anatomie d'une mobilisation », *Revue historique des armées*, 1971.

ROTH (François), *La guerre de 1870-1871 en Lorraine*, Nancy, 1984.

« Spicheren, bataille, 6 août 1870 », *Revue militaire générale*, 1908.

VOLUTER (Georges), *Nous et la bataille de Woerth. Témoignages et souvenirs*, Wœrth, 1971.

WILMIN (Henri), « La bataille de Forbach », *Pays Lorrain*, 1970.

B. Siège de Metz

BAPST (Germain), *Le Siège de Metz en 1870*, Paris, 1926.

BAUMONT (Maurice), *L'Échiquier de Metz*, Paris, 1971.

BAUMONT (Maurice), *Bazaine ou les secrets d'un maréchal*, Paris, 1978.

BAZAINE (Achille), *Capitulation de Metz, rapport officiel du maréchal*, Lyon, 1871.

BAZAINE (Achille), *L'armée du Rhin depuis le 12 août 1870 jusqu'au 29 octobre 1870*, Paris, 1872.

BAZAINE (Achille), *Épisodes de la guerre de 1870 et le blocus de Metz*, Madrid, 1883.

CHABERT (François), *Histoire de Metz en 1870-1871*, Nancy, 1878.

COFFINIÈRES DE NORDECK (Grégoire-Félix, général), *Capitulation de Metz, réponse du général Coffinières de Nordeck à ses détracteurs*, Bruxelles, 1871.

CUVIER (Othon), « Éphémérides du siège de Metz », *Cahiers lorrains*, 1970.

DILLAYE (Frédéric), *Vie et mort de l'armée du Rhin. Journal d'un témoin*, Paris, 1910.

FARINET (Alexandre), *L'Agonie d'une armée*, Paris, 1914.

GRELLOIS (Eugène), *Histoire médicale du blocus de Metz*, Paris, 1872.

JARRAS (général), *Souvenirs*, Paris, 1892.

KLEIN (Félix), *Vie de Mgr Dupont des Loges*, Paris, 1925.

KLIPFFEL (Louis), « La garde nationale de Metz en 1870 », *Pays lorrain*, 1930.

MARÉCHAL (Mad. Felix), « Le blocus de Metz en 1870 », *Pays lorrain*, 1910.
Le Blocus de Metz, Metz, 1871.

Metz et le problème des territoires annexés, 1871-1873, Metz, 1972.

ROSSEL (Louis), « La capitulation de Metz », *Marches de l'Est*, 1910.

WETTER (Pierre), *Le Blocus de Metz*, Metz, 1912.

C. Strasbourg

GOLDSCHMIDT (Dr D.) *1870. Autour de Strasbourg assiégé*, Strasbourg, 1912.

LIVET (Georges), (s.d.), *Histoire de Strasbourg*, Toulouse, 1986.

NOUZILLE (Jean), « Le dernier siège de Strasbourg », *Revue historique des armées*, 1981.

REUSS (Rodolphe), *Histoire de Strasbourg*, Paris, 1921.

UHRICH (général), *Documents relatifs au siège de Strasbourg*, Paris, 1872.

D. Crise de juillet 1870 et débats
sur l'annexion de l'Alsace et de la Lorraine

BECKER (Josef), « Zum Problem der Bismarckschen Politik in der spanischen Thronfrage 1870 », *H.Z.*, 1971.

BECKER (Josef), « Baden, Bismarck und die Annexion von Elsass und Lothringen », *Zeitschrift für die Geschichte des Oberrheins*, 1967.

BONNIN (Georges), *Bismarck and the Hohenzollern Candidature for the Spanish Throne*, London, 1957.

GALL (Lothar), « Zur Frage der Annexion von Elsass und Lothringen », *H.Z.*, 1968.

KOLB (Eberhard), « Bismarck und das Aûfkommen der Annexionsforderung 1870 », *H.Z.*, 1969.

KONETZKE (Richard), « Spanien, die Vorgeschichte des Krieges von 1870 und die deutsche Reichsgründung », *H.Z.*, 1972.

3. *Siège de Paris*

AMBERT (Joachim, général), *Gaulois et Germains, récits militaires, le siège de Paris*, IV, Paris, 1885.

BAUER (Henri), *Mémoires d'un jeune homme*, Paris, 1895.

BEUGY D'HAGERNE (Auguste), *La Garde mobile de la Drôme au siège de Paris*, Valence, 1873.

BLUME (général von), *Die Beschiessung von Paris, 1870-1871*, Berlin, 1899.

BOIVILLE (René de), *Au siège de Paris. Le 1ᵉʳ bataillon des mobiles de la Somme*, Abbeville, 1899.

CLARETIE (Jules), *Récits de guerre. Paris assiégé, 1870-1871*, Paris, 1898.

DEBUCHY (Victor), *Les Ballons du siège de Paris*, Paris, 1973.

DOMINIQUE (Pierre), *Le Siège de Paris*, Paris, 1932.

GARNIER (Francis), *Le Siège de Paris, journal d'un officier de marine*, Paris, 1872.

HORNE (Alistair), *Le Siège de Paris, le siège et la Commune, 1870-1871*, Paris, 1967.

LACOMBE (Fernand), « Les transmissions pendant le siège de Paris », *R.H.A.*, 1966.

Le Journal du siège de Paris, publié par *Le Gaulois*, Paris, 1871.

LISSAGARAY (Prosper), *Histoire de la Commune de 1871*, rééd., Paris, 1970.

RIALS (Stéphane), *De Trochu à Thiers (1871-1873), Nouvelle Histoire de Paris*, Paris, 1985.

ROBINET DE CLERY (Gabriel), *Les Avant-postes pendant le siège de Paris*, Paris, 1887.

ROBLIN (Jean), *Et Ducrot passa la Marne, 30 novembre 1870*, Champigny, 1971.

SARCEY (Francisque), *Le Siège de Paris*, Paris, 1871.

TROQUET (Claude), *La Banlieue Est pendant le siège de Paris*, Vincennes, 1981.

VEUILLOT (Louis), *Paris pendant les deux sièges*, 2 vol., Paris, 1871.

4. La guerre en province

A. Lorraine et Champagne

BARDY (Henry), *Saint-Dié pendant l'occupation prussienne*, Saint-Dié, 1903.

BERTIN (Pierre), « La guérilla dans les communications allemandes de l'Est de la France », *R.H.A.*, 1971.

CARTHAL (Jean), *L'Occupation de Lunéville par les Allemands*, Nancy, 1913.

CHANTRIOT (ÉMILE), *Les Allemands en Lorraine 1870-1873*, Paris-Nancy, 1919.

CHANTRIOT (Émile), *L'Administration des départements occupés en 1870-1873*, Paris-Nancy, 1916.

DIANCOURT (Victor), *Les Allemands à Reims*, Reims, 1884.

FARENC (Claude), *Problèmes de l'occupation allemande en Champagne, 1870-1873*, thèse, Paris I, 1979.

FARENC (Claude), « Guerre, information et propagande en 1870-1871, le cas de la Champagne », *Revue d'Histoire moderne et contemporaine*, 1984.

HIERY (Hermann), « Der Kreis Saarburg in Lothringen, 1870 », *Zeitschrift für die Geschichte der Saargegend*, 1985.

LACROIX (Louis), *Journal d'un habitant de Nancy pendant l'annexion de 1870-1873*, Bar-le-Duc, 1873.

LAGUERRE (Jean-Jacques), *Les Allemands à Bar-le-Duc et dans la Meuse, 1870-1873*, Bar-le-Duc, 1874.

MÉZIÈRES (Alfred), « La Lorraine pendant l'armistice », *R.D.M.*, 1871.

MORLOT (Victor), « Le siège de Toul », *P.L.*, 1970.

PERROUT (René), *Au seuil de l'Alsace*, Paris, 1913.

RAMBAUD (Alfred), « La Lorraine sous le régime prussien », *R.D.M.*, 1871.

RAMBAUX (E., lieutenant), *La Guerre de partisans en Lorraine, 1870-1873, le pont de Fontenoy*, Nancy, 1873.

ROTH (François), « Le dernier siège de Phalsbourg », *Cahiers lorrains*, 1985.

SADOUL (Louis), « La Guerre de 1870 et l'occupation de Raon-l'Étape », *P.L.*, 1931.

VAIREL (Abbé), *Essai sur Nompatelize*, Saint-Dié, 1896.

B. Nord et Normandie

BOCSTAEL (Pierre van), *Un mobile de l'armée de Faidherbe*, C.R.D.P., Lille, 1971.

BAUSSY (Henri), *La Ligne de la Somme*, Paris, 1875.

DESCHAUMES (Edmond), *L'Armée du Nord (1870-1871), Campagne du général Faidherbe*, Paris, 1895.

FAIDHERBE (Louis, général), *Campagne de l'armée du Nord en 1870-1871*, Paris, 1871.

GENSOUL (Louis), *Souvenirs de l'armée du Nord*, Paris, 1914.

MENAGER (Bernard), *La Vie politique dans le département du Nord de 1851 à 1877*, Lille, 1979.

MERCIER (Georges), *La Guerre de 1870-1871 en Haute-Normandie*, Rouen, 1972.

LAVISSE (Ernest), *L'Invasion dans l'Aisne*, Laon, 1872.

C. Bourgogne et Franche-Comté

DUC (Lucien), *Souvenir du siège de Belfort, Correspondance et journal d'un mobile du Rhône*, Aix-en-Provence, 1871.

DUTRIEZ (lt.-colonel), « L'agonie de l'armée Bourbaki – Haut-Doubs, 26 janvier-1er février 1871 », *R.H.A.*, 1978.

GARIBALDI (Giuseppe), *Mémoires d'une chemise rouge*, Paris, 1981.

JACKY (E.D.), *L'Occupation des frontières suisses en 1870-1871 et l'entrée en Suisse de l'armée française de l'Est*, Neuchâtel, 1912.

Langres pendant la guerre de 1870, Paris, 1873.

MENY (Marcel), *Siège et défense de Belfort, 1870-1871*, Paris, 1875.

PALAT (Edmond), *Campagne de l'Est en 1870-1871*, 2 vol., Paris, 1896.

SCHOULLER (Georges), *La Vie et la population belfortaine pendant le siège*, Montbéliard, 1970.

VICTORION (Pascal), *Journal d'un moblot au siège de Belfort*, Belfort, 1895.

D. Loire

AUBIN (Victor), *La Touraine pendant la guerre*, Paris, 1902.

BERTIN (Léon), *Les Prussiens dans l'Eure. Vernon et ses environs*, Vernon, 1902.

BONTIN (capitaine) et LORNILLE (lieutenant), *Les Levées dans le département de l'Yonne pendant la guerre de 1870-1871 et la défense locale*, Auxerre, 1915.

DAUPHINE (V.) et HUMBERT (L.) *L'Invasion allemande dans l'arrondissement de Sens*, Sens, 1871.

DESCHAUMES (Edmond), *La Retraite infernale des armées de la Loire*, Paris, 1891.

DUTRAIT-CROZON (Henri), *Gambetta et la Défense nationale*, Paris, 1934.

ERARD (sergent), *Souvenirs d'un mobile de la Sarthe*, Le Mans, 1911.

FAURE (Maryse), *Le Département du Cher pendant l'année terrible*, D.E.S., Paris, 1969.

GOLZ (Colmar von der), *Gambetta et ses armées*, Paris, 1877.

HOFF (Pierre, contrôleur général), « Le ministère de la Guerre à Tours et à Bordeaux en 1870-1871 », *R.H.A.*, 1979.

Invasion prussienne dans l'Eure-et-Loir, rapports des maires, Chartres, 1872.

L'Année terrible dans le Cher, 1870-1871, Bourges, 1970.

LAURENCIN (Michel), « L'opinion publique de province devant la guerre franco-allemande de 1870-1871, le témoignage du Journal d'Indre-et-Loire », *R.H.A.*, 1971.

LEDENT (capitaine), *Les Allemands dans le Gâtinais*, Paris, 1910.

Les Prussiens à Tonnerre. Journal de Jules Hardy, Tonnerre, 1915.

LOBIER (Daniel), *Les hommes sur le théâtre d'opérations de la Loire*, maîtrise, Tours, 1970.

MONTBRIOT (PAUL), *Journal de l'invasion de Châteaudun*, Châteaudun, 1871.

Sarthois pendant l'année terrible, 1870-1871, Études et témoignages, Le Mans, 1971.

SERREAU (René), *L'Armée de la Loire*, Orléans, 1970.

SONIS (commandant Henri), *Le 17e corps à Loigny*, Paris-Nancy, 1909.

RIVIÈRE (Armand), *Trois mois de dictature en province. Le gouvernement de la Défense nationale à Tours*, Paris, 1875.

THOUMIÈRES (Eugène), *Deux mois à Tours, capitale provisoire pendant le siège de Paris*, Paris, 1898.

ROE (Art), « L'assaut de Loigny (2 décembre 1870) », *R.D.M.*, 1894.

5. *Stratégie et réflexions sur l'art de la guerre*

ARON (Raymond), *Clausewitz. Penser la guerre*, 2 vol., Paris, 1976.

BLEIBTREU (Karl), *La Légende de Moltke, contribution critique à la guerre de 1870*, traduction par P.A. Veiling, 1897.

CARRIAS (Eugène), *La Pensée militaire française*, Paris, 1960.

CARRÈRE (René), *1870-1871, Guerre ancienne ou guerre moderne ?*, *Études polémologiques*, 1972.

CONTAMINE (Henry), « Puissance de feu et manœuvre », *Revue de la Défense nationale*, 1970.

FAIVRE (Maurice), *La Nation armée*, doct. Paris I, 1985.

FOCH (Ferdinand), *De la conduite de la guerre*, Paris, 1904.

FRÉDÉRIC-CHARLES (prince de Prusse), *L'Art de combattre l'armée française*, Paris, 1871.

GAULLE (Charles de), *La France et son armée*, Paris, 1938.

GOLZ (Colmar von der, général), *Gambetta et ses armées*, Paris, 1872.

GOLZ (Colmar von der, général), *La Nation armée*, Paris, 1884.

GRIVAUX (Jean-Frédéric), *L'Armée et l'instauration de la République; une coexistence ambiguë (1870-1889)*, thèse, Paris II.

HOHENLOHE-INGELFINGEN (prince Kraft von), *Lettres sur la cavalerie*, traduction française d'Ernest Jaeglé, Paris, 1885.

HOHENLOHE-INGELFINGEN (prince Kraft von), *Lettres sur l'infanterie*, traduction française d'Ernest Jaeglé, Paris, 1885.

HOHENLOHE-INGELFINGEN (prince Kraft von), *Lettres sur l'artillerie*, Paris, 1886.

MESSMER (Pierre), LARCAN (Alain), *Les Écrits militaires de Charles de Gaulle*, Paris, 1985.

OLLIVIER (Emile), *Histoire et Philosophie d'une guerre*, Paris, 1910.

PALAT (Edmond, général), *Le 1er déploiement stratégique des Allemands en 1870*, Paris-Nancy, 1903.

PALAT (Edmond, général), *La Stratégie de Moltke en 1870*, Paris-Nancy, 1907.

PALAT (Edmond, général), *La philosophie de la guerre d'après Clausewitz*, Paris, 1921.

POUGUES (lt.-colonel), « La guerre de 1870 et ses répercussions sur les débuts de 1914 », *R.H.A.*, 1988.

ROUSSET (Léonce, lt.-colonel), *Les Maîtres de la guerre, Frédéric II, Napoléon, Moltke*, Paris, 1924.

SCHNEIDER (Fernand), « La guerre de 1870-1871. Rétrospective historique » *Revue militaire générale*, 1970.

TROCHU (Louis-Jules), *L'Armée française en 1867*, Paris, 1867.

WOYDE (général de), *Causes des succès et des revers dans la guerre de 1870*, traduction par le capitaine Thiry, Paris, 1900.

IV. CONSÉQUENCES DE LA GUERRE FRANCO-ALLEMANDE

1. Négociations de paix et année 1871

BOURELLY (Jules, général), « La rétrocession de Belfort à la France », *R.D.M.*, 1905.

GIESSBERG (Robert), *The Treaty of Francfort. A Study of Diplomatic History*, Philadelphie, 1966.

GILLES (Bertrand), « Les emprunts de libération de 1871-1872 », *Mélanges Pouthas*, Paris, 1973.

HERZFELD (Hans), *Deutschland und das geschlagene Frankreich 1871-1873*, Berlin, 1924.

KOCH (Ursula), « La Commune de Paris vue de Berlin », *Revue Historique*, 1970.

KOCH (Ursula), *La Presse berlinoise et les événements de 1871*, thèse, Paris X, 1973.

KOCH (Ursula), *Berliner Presse und europäisches Geschehen 1871*, Berlin, 1978.

KOLB (Eberhard), « Die Pariser Commune Aufstand und die Beendigung des deutschfranzösischen Krieges », *H.Z.*, 1972.

KOLB (Eberhard), « Der schwierige Weg zum Frieden. Das Problem der Kriegsbeendigung von 1870-1871 », *H.Z.*, 1971.

LAUSSEDAT (Aimé), *La Délimitation de la frontière franco-allemande. Impressions et souvenirs*, Paris, 1885.

LINNENBACH (Karl), *Deutschland als Sieger im besetzten Frankreich, 1871-1873*, Berlin, 1924.

MAY (Gaston), *Le Traité de Francfort, étude d'histoire diplomatique*, Paris-Nancy, 1909.

NEFF (Eugène), « La libération de Belfort, 2 août 1873 », *Bulletin de la Société belfortaine d'émulation*, 1954.

POIDEVIN (Raymond), « Aspects économiques des négociations franco-allemandes (juin-septembre 1871) », *Revue d'Histoire moderne et contemporaine*, 1971.

TOMBS (Richard), *The War against Paris, 1871*, Cambridge, 1981.

WOLTER (Heinz), « Das lothringische Erzgebiet als Kriegsziel der deutscher Grossbourgeoisie im deutsch-französischen Krieg, 1870-1871 », *Zeitschrift für Geschichte Wissenschaft*, 1971.

2. Conséquences à moyen terme

BARBIER (Frédéric), « Le transfert des industries alsaciennes en Lorraine après la guerre de 1870. L'exemple de Berger-Levrault », *Actes du 103ᵉ Congrès national des Sociétés savantes*, Nancy-Metz, 1978.

BARRAL (Pierre), « Jules Ferry, député des Vosges », *Jules Ferry, fondateur de la République*, E.H.E.S.S., 1985.

BARRAL (Pierre), HENRY (Jean), « Le parrain de Ferry et de Méline, Nicolas Claude », *Annales de l'Est*, 1987.

BARTHÉLEMY (Joseph), *La Réparation des dommages de guerre*, Paris, 1917.

BOUVIER (Jean), *Les Rothschild*, Paris, 1967.

CHABERT (Philippe), *Alphonse de Neuville, l'épopée de la défaite*, Paris, 1976.

CABOURDIN (Guy), « Schnaebelé et l'Alsace-Lorraine (1871-1882) », *Annales de l'Est*, 1963.

CARON (Vicki), *Between France and Germany. The Jews of Alsace-Lorraine, 1871-1914*, Stanford, 1988.

CONTAMINE (Henry), *La Revanche, 1871-1914*, Paris, 1957.

DIGEON (Claude), *La Crise allemande de la pensée française, 1870-1914*, Paris, 1959.

ENGEL (Dr), *Die Verluste der deutschen Armeen im Kriege gegen Frankreich*, Berlin, 1872.

GIRARDET (Raoul), *La Société militaire dans la France contemporaine 1815-1939*, Paris, 1953.

GIRARDET (Raoul), *Le Nationalisme français, anthologie, 1871-1914*, Paris, 1983.

GÖDDE-BAUMANS (Beate), « L'idée des deux Allemagnes dans l'historiographie française des années 1871-1914 », *Francia*, 1984.

GRAND-CARTERET (John), *Bismarck en caricatures*, Paris, 1888.

HOFF (Pierre), « Le ministre de la Guerre de 1871 à 1914 », *R.H.A.*, 1983.

JAUFFRET (Jean-Charles), *Parlement, Gouvernement, Commandement, l'armée de métier sous la Troisième République, 1871-1914*, Paris, I, 1987.

JACOB (Maurice), *La France et les Français dans les souvenirs de guerre allemands (1814-1918)*, thèse, Nancy, 1984.

KREMER (Hans-Jürgen), « Die Krieger-und Militärvereine in der Innenpolitik des Grosshertzogtums Baden 1870-1914 », *Zeitschrift für die Geschichte des Oberrheins*, 1985.

LAVISSE (Ernest), *Essai sur l'Allemagne impériale*, Paris, 1888.

LENZ (Rudolf), *Kosten und Finanzierung des deutsch-französischen Krieges 1870-71*, Boppard, 1971.

LERMINA (Jules), *La France martyre*, Paris, 1887.

MARION (Marcel), *Histoire financière de la France depuis 1715*, Paris, 1914.

MITCHELL (Alban), *The German Influence in France after 1870. The Formation of French Republic*, Chapel Hill, 1979.

MITCHELL (Allan), « A Situation of Inferiority. French Military Reorganization after the Defeat of 1870 », *American Historical Review*, 1981.

MOHRT (Michel), *Les Intellectuels devant la défaite*, Paris, 1942.

NEYMARCK (Alfred), *La rente française. Son origine... ses avantages*, Paris, 1873.

NEYMARCK (Alfred), *Finances contemporaines*, 7 vol., Paris, 1903-1911.

PÉRIER DE FÉRAL (Guy), « Les charges de la guerre de 1870 », *Revue de Sciences et de législation financière*, 1928.

ROTH (François), *La Lorraine annexée, 1870-1918*, Nancy, 1976.

TISSOT (Victor), *Voyage au pays des milliards*, Paris, 1873.

SAY (Léon), *Les Finances de la France sous la Troisième République*, Paris, 1897.

WAHL (Alfred), *L'Option et l'émigration des Alsaciens-Lorrains (1871-1872)*, Gap, 1974.

3. Commémoration et souvenir

BADEL (Émile), *Mars-la-Tours et son monument national*, Nancy, 1897.

BARRÈS (Maurice), *Les bastions de l'Est. Au service de l'Allemagne*, Paris, 1906.

BARRÈS (Maurice), *Colette Baudoche*, Paris, 1909.

BARRÈS (Maurice), « Mes Cahiers », *Œuvres complètes*, t. XIII à XX, Paris, 1965-1969.

BAZIN (René), *Les Oberlé*, Paris, 1901.

BERGERAT (Émile), *Les Poèmes de la guerre, 1870-1871*, Paris, 1871.

BERTRAND (Louis), *Mademoiselle de Jessincourt*, Paris, 1911.

BERTRAND (Louis), *Jean Perbal*, Paris, 1902.

BINZ (Abbé), *Allocution prononcée à Notre-Dame de Paris, le 16 août 1904*, Paris, 1904.

BLOCH (Marc), *L'Étrange Défaite*, Paris, 1946.

BRUNO (Gordiano, pseudonyme de Mad. Alfred Fouillée), *Le Tour de France par deux enfants*, Paris, 1877 (1ᵉʳ éd.).

BUSSLER (Wilhelm), *Die Kriegerdenkmäler um Metz*, Metz, 1895.

CLARÉTIE (Jules), *Quarante ans après. Impressions d'Alsace-Lorraine*, Paris, 1910.

DIOT (Alain), *La Pierre du sacrifice ou l'art de la guerre. Les monuments aux morts en France*, thèse, Paris I, 1980.

DITTRICH (Max), *Deutsche Heldengräber im Reichsland, Wanderstudien über die Schlachtfelder von 1870 in Elsass-Lothringen*, Dresden, 1895.

DORIZI (Henri), *Les Champs de bataille de 1870*, Paris, 1911.

GRANDLIEU (Philippe de), *L'Ossuaire de Loigny*, Paris, 1890.

HANSEN (Wilhelm), *Nationaldenkmäler und Nationalfeste im 19. Jahrhundert*, Lüneburg, 1976.

Inauguration d'un monument à la mémoire des soldats français morts à Sainte-Marie-aux-Chênes le 18 août 1870, Saint-Nicolas-de-Port, 1872.

JEAN (Jean-Pierre), *La Lorraine et ses champs de bataille*, Metz, 1908.

JEAN (Jean-Pierre), *Le Souvenir français en Lorraine et en Alsace, 1908-1910*, Metz, 1910.

JEAN (Jean-Pierre), *Le Livre d'or du Souvenir français*, Metz, 1929.

LAGNY (Michèle), *Culte et Images de Jeanne d'Arc en Lorraine, 1870-1920*, thèse de 3ᵉ cycle, Nancy, 1973.

LE MOIGNE (Yves), « Imagerie militaire et opinion publique. Les carnets de la Sabretache de 1893 à 1914 », *Actes du 103ᵉ Congrès national des Sociétés savantes*, Paris, 1979.

LE MOIGNE (Yves), « Les Francs-tireurs de Metz et la Société des vétérans de 1870 », *Annuaire de la Société d'histoire et d'archéologie de la Moselle*, 1976.

MAAS (Annette), *Kriegerdenkmäler von Metz 1870-1871-1918*, Maîtrise, Nancy, 1988.

PANGE (Jean de), *Les Meules de Dieu*, Paris, 1951.

SARTRE (Jean-Paul), *Les Mots*, Paris, 1964.

ROGGE (Bernhard), *Sedanbüchlein*, Dresden, 1895.

TOUROT (Laurence), *Le Rôle des monuments commémoratifs de la guerre de 1870 érigés à Belfort de 1873 à 1910*, Maîtrise, Paris I, 1983.

TURINAZ (Mgr Charles-François), *Discours patriotiques*, Nancy, 1900.

TURQUAN (Jacques), *Les Héros de la défaite*, Paris, 1888.

4. 1870 – 1914-1918

BECKER (Jean-Jacques), *Comment les Français sont entrés dans la guerre. Contribution à l'étude de l'opinion publique, printemps-été 1914*, Paris, 1977.

FISCHER (Fritz), *Griff nach der Weltmacht. Die Kriegszielpolitik des kaiserlichen Deutschland*, Düsseldorf, 1961. Traduction française sous le titre *Les Buts de guerre de l'Allemagne impériale 1914-1918*, Paris, 1970.

RENOUVIN (Pierre), « Les buts de guerre du gouvernement français 1914-1918 », *R.H.*, 1966.

SOUTOU (Georges-Henri), « La France et les Marches de l'Est », *R.H.*, 1979.

INDEX

TABLE DES CARTES

TABLE DES MATIÈRES

COLLECTION « PLURIEL »

HISTOIRE

ADLER Laure
Les Maisons closes

AGULHON Maurice
De Gaulle. Histoire, symbole, mythe
La République (de 1880 à nos jours)
t. 1 : *L'Élan fondateur et la grande*
blessure (1880-1932)
t. 2 : *Nouveaux drames et nouveaux*
espoirs (de 1932 à nos jours)

ALEXANDRE-BIDON Danièle
LETT Didier
Les Enfants au Moyen Âge

ANATI Emmanuel
La Religion des origines

ANDREU Guillemette
Les Égyptiens au temps
des pharaons

ANTOINE Michel
Louis XV

BALLET Pascale
La Vie quotidienne à Alexandrie

BARTOV Omer
L'Armée d'Hitler

BEAUFRE Général
Introduction à la stratégie

BÉAUR Gérard
La Terre et les hommes. Angleterre et
France aux XVIIᵉ et XVIIIᵉ siècles

BECHTEL Guy
La Chair, le diable et le confesseur

BECKER Annette
Oubliés de la Grande Guerre

BENNASSAR Bartolomé,
VINCENT Bernard
Le Temps de l'Espagne,
XVIᵉ-XVIIᵉ siècles

BENNASSAR Bartolomé
L'Inquisition espagnole,
XVᵉ-XIXᵉ siècles

BERCÉ Yves-Marie
Fête et révolte. Des mentalités
populaires du XVIᵉ au XVIIIᵉ siècles

BERNAND André
Alexandrie la grande
Sorciers grecs

BLUCHE François
Le Despotisme éclairé
Louis XIV

BOLOGNE Jean-Claude
Histoire de la pudeur
Histoire du mariage en Occident

BOTTÉRO Jean
Babylone et la Bible

BOTTÉRO Jean,
HERRENSCHMIDT Clarisse,
VERNANT Jean-Pierre
L'Orient ancien et nous

BOUKOVSKY Vladimir
Jugement à Moscou

BRANTHOMME Henry,
CHÉLINI Jean
Les Chemins de Dieu
Histoire des pèlerinages
non-chrétiens

BREDIN Jean-Denis
Un tribunal au garde-à-vous

BROSSAT Alain
Les Tondues, un carnaval moche

CAHEN Claude
L'Islam, des origines
au début de l'empire ottoman

CAMPORESI Piero
Les Baumes de l'amour

CARCOPINO Jérôme
Rome à l'apogée de l'Empire

CARRÈRE D'ENCAUSSE Hélène
Lénine
Nicolas II

Fayard s'engage pour
l'environnement en réduisant
l'empreinte carbone de ses livres.
Rendez-vous sur
www.fayard-durable.fr

PAPIER À BASE DE
FIBRES CERTIFIÉES
L'empreinte carbone en éq. CO_2
de cet exemplaire est de 2.7 kg

Achevé d'imprimer en France en juillet 2021
par Dupliprint à Domont (95)
N° d'impression : 2021074232 - N° d'édition : 2707263/09